思想的・睿智的・獨見的

經典名著文庫

學術評議

丘為君　吳惠林　宋鎮照　林玉体　邱燮友
洪漢鼎　孫效智　秦夢群　高明士　高宣揚
張光宇　張炳陽　陳秀蓉　陳思賢　陳清秀
陳鼓應　曾永義　黃光國　黃光雄　黃昆輝
黃政傑　楊維哲　葉海煙　葉國良　廖達琪
劉滄龍　黎建球　盧美貴　薛化元　謝宗林
簡成熙　顏厥安（以姓氏筆畫排序）

策劃　楊榮川

五南圖書出版公司　印行

經典名著文庫

學術評議者簡介（依姓氏筆畫排序）

- 丘為君　美國俄亥俄州立大學歷史研究所博士
- 吳惠林　美國芝加哥大學經濟系訪問研究、臺灣大學經濟系博士
- 宋鎮照　美國佛羅里達大學社會學博士
- 林玉体　美國愛荷華大學哲學博士
- 邱燮友　國立臺灣師範大學國文研究所文學碩士
- 洪漢鼎　德國杜塞爾多夫大學榮譽博士
- 孫效智　德國慕尼黑哲學院哲學博士
- 秦夢群　美國麥迪遜威斯康辛大學博士
- 高明士　日本東京大學歷史學博士
- 高宣揚　巴黎第一大學哲學系博士
- 張光宇　美國加州大學柏克萊校區語言學博士
- 張炳陽　國立臺灣大學哲學研究所博士
- 陳秀蓉　國立臺灣大學理學院心理學研究所臨床心理學組博士
- 陳思賢　美國約翰霍普金斯大學政治學博士
- 陳清秀　美國喬治城大學訪問研究、臺灣大學法學博士
- 陳鼓應　國立臺灣大學哲學研究所
- 曾永義　國家文學博士、中央研究院院士
- 黃光國　美國夏威夷大學社會心理學博士
- 黃光雄　國家教育學博士
- 黃昆輝　美國北科羅拉多州立大學博士
- 黃政傑　美國麥迪遜威斯康辛大學博士
- 楊維哲　美國普林斯頓大學數學博士
- 葉海煙　私立輔仁大學哲學研究所博士
- 葉國良　國立臺灣大學中文所博士
- 廖達琪　美國密西根大學政治學博士
- 劉滄龍　德國柏林洪堡大學哲學博士
- 黎建球　私立輔仁大學哲學研究所博士
- 盧美貴　國立臺灣師範大學教育學博士
- 薛化元　國立臺灣大學歷史學系博士
- 謝宗林　美國聖路易華盛頓大學經濟研究所博士候選人
- 簡成熙　國立高雄師範大學教育研究所博士
- 顏厥安　德國慕尼黑大學法學博士

經典名著文庫 114

人的行為：經濟學專論（上）

Human Action: A Treatise on Economics

路德維希・馮・米塞斯（Ludwig von Mises） 著
謝宗林 譯

經典永恆・名著常在

五十週年的獻禮・「經典名著文庫」出版緣起

總策劃 楊榮川

閱讀好書就像與過去幾世紀的諸多傑出人物交談一樣——笛卡兒

五南，五十年了。半個世紀，人生旅程的一大半，我們走過來了。不敢說有多大成就，至少沒有凋零。

五南忝爲學術出版的一員，在大專教材、學術專著、知識讀本出版已逾壹萬參仟種之後，面對著當今圖書界媚俗的追逐、淺碟化的內容以及碎片化的資訊圖景當中，我們思索著：邁向百年的未來歷程裡，我們能爲知識界、文化學術界做些什麼？在速食文化的生態下，有什麼值得讓人雋永品味的？

歷代經典．當今名著，經過時間的洗禮，千錘百鍊，流傳至今，光芒耀人；不僅使我們能領悟前人的智慧，同時也增深加廣我們思考的深度與視野。十九世紀唯意志論開創者叔本華，在其〈論閱讀和書籍〉文中指出：「對任何時代所謂的暢銷書要持謹慎的態度。」他覺得讀書應該精挑細選，把時間用來閱讀那些「古今中外的偉大人物的著作」，閱讀那些「站在人類之巔的著作及享受不朽聲譽的人們的作品」。閱讀就要「讀原著」，是他的體悟。他甚至認爲，閱讀經典原著，勝過於親炙教誨。他說：

「一個人的著作是這個人的思想菁華。所以，儘管一個人具有偉大的思想能力，但閱讀這個人的著作總會比與這個人的交往獲得更多的內容。就最重要的方面而言，閱讀這些著作的確可以取代，甚至遠遠超過與這個人的近身交往。」

爲什麼?原因正在於這些著作正是他思想的完整呈現，是他所有的思考、研究和學習的結果；而與這個人的交往卻是片斷的、支離的、隨機的。何況，想與之交談，如今時空，只能徒呼負負，空留神往而已。

三十歲就當芝加哥大學校長、四十六歲榮任名譽校長的赫欽斯（Robert M. Hutchins, 1899-1977），是力倡人文教育的大師。「教育要教眞理」，是其名言，強調「經典就是人文教育最佳的方式」。他認爲：

「西方學術思想傳遞下來的永恆學識，即那些不因時代變遷而有所減損其價值的古代經典及現代名著，乃是眞正的文化菁華所在。」

這些經典在一定程度上代表西方文明發展的軌跡，故而他爲大學擬訂了從柏拉圖的《理想國》，以至愛因斯坦的《相對論》，構成著名的「大學百本經典名著課程」。成爲大學通識教育課程的典範。

歷代經典．當今名著，超越了時空，價值永恆。五南跟業界一樣，過去已偶有引進，但都未系統化的完整舖陳。我們決心投入巨資，有計劃的系統梳選，成立「經典名著文庫」，希望收入古今中外思想性的、充滿睿智與獨見的經典、名著，包括：

- 歷經千百年的時間洗禮，依然耀明的著作。遠溯二千三百年前，亞里斯多德的《尼各馬科倫理學》、柏拉圖的《理想國》，還有奧古斯丁的《懺悔錄》。
- 聲震寰宇、澤流遐裔的著作。西方哲學不用說，東方哲學中，我國的孔孟、老莊哲學，古印度毗耶娑（Vyāsa）的《薄伽梵歌》、日本鈴木大拙的《禪與心理分析》，都不缺漏。
- 成就一家之言，獨領風騷之名著。諸如伽森狄（Pierre Gassendi）與笛卡兒論戰的《對笛卡兒沉思錄的詰難》、達爾文（Darwin）的《物種起源》、米塞斯（Mises）的《人的行爲》，以至當今印度獲得諾貝爾經濟學獎阿馬蒂亞・森（Amartya Sen）的《貧困與饑荒》，及法國當代的哲學家及漢學家朱利安（François Jullien）的《功效論》。

梳選的書目已超過七百種，初期計劃首爲三百種。先從思想性的經典開始，漸次及於專業性的論著。「江山代有才人出，各領風騷數百年」，這是一項理想性的、永續性的巨大出版工程。不在意讀者的眾寡，只考慮它的學術價值，力求完整展現先哲思想的軌跡。雖然不符合商業經營模式的考量，但只要能爲知識界開啓一片智慧之窗，營造一座百花綻放的世界文明公園，任君遨遊、取菁吸蜜、嘉惠學子，於願足矣！

最後，要感謝學界的支持與熱心參與。擔任「學術評議」的專家，義務的提供建言；各書「導讀」的撰寫者，不計代價地導引讀者進入堂奧；而著譯者日以繼夜，伏案疾書，更是辛苦，感謝你們。也期待熱心文化傳承的智者參與耕耘，共同經營這座「世界文明公園」。如能得到廣大讀者的共鳴與滋潤，那麼經典永恆，名著常在。就不是夢想了！

二〇一七年八月一日　於

五南圖書出版公司

導讀——將「眞人」找回來

而今聽雨僧廬下，鬢已星星也。悲歡離合總無情，一任階前點滴到天明

——蔣捷〈虞美人〉

二〇一七年四月二十一日於臺北市

二〇二〇年二月二日一修

這是奧地利或稱奧國學派第三代大師米塞斯（Ludwig von Mises, 1881-1973）的不朽巨著《人的行爲》第三次「中譯本」。最早的中文譯本是一九七六年由臺灣銀行經濟研究室出版的，譯者是一九九五年過世的自由經濟前輩，《自由中國》半月刊主筆夏道平先生。

《人的行為》中譯本源起

由於先天的性向，更由於數十年來關於世局的體驗與思索，夏先生對奧國學派的經濟思想和其相關的社會哲學，有一份濃厚的偏好。他體認到：米塞斯是把經濟學納入社會哲學或行爲通論的架構中來處理，與當代主流經濟學者所宗奉的凱因斯（John Maynard Keynes, 1883-1946）偏於把經濟學寄託於數學或統計學部門有所不同。這一差異，關乎他們個人學問造詣之深淺廣狹者，乃至關乎經濟學之是否被確實了

解者，其事小；關乎其影響於人類文明演化之分歧者，其事大。面對這個關係重大的分歧路口，夏先生選擇認同具深厚廣博的社會哲學基礎的奧國學派經濟思想，且花四年的時間將該學派代表人物米塞斯的代表作——多達八十多萬字的《人的行爲》譯成中文，傳布到華人世界。

十五年之後的一九九一年，經歷東西兩方的緊張冷戰，臺海兩岸的雷霆鬥、日月昏，到左右兩端的極權暴政相繼轉向政治民主、經濟自由。該一變局顯現出奴役與自由的意理一消一長，也密切關係到米塞斯《人的行爲》這本書的「時運」轉移。由一九八九年六月的香港《信報財經月刊》上，所發表的林行止先生的〈中國駐美大使索取米塞斯的《人的行爲》——共產主義的「照妖鏡」〉一文，顯見共產中國領導人也注意、關切到《人的行爲》，而米塞斯是批評社會主義、共產主義最激烈的。巧的是，當時遠流出版公司的詹宏志和蘇拾平兩位先生竟然跟我提議，將夏先生早年花下心血翻譯的米塞斯三本大作，重新校訂再行出版。當時還在世的夏先生以年歲已大作爲藉口，要求我負責校訂工作，由於對米塞斯的經濟思想了解有限又沒對照原著，加上趕時效，我只就中譯文不通順和有疑問處提問夏先生並修正。

「修訂版中譯本」十多年後出現

如夏先生在〈修訂版譯者序〉中所言，該次的修訂，絕大部分是在單字和標點符號的改錯，以及文句的潤飾上。也正如夏先生說的：「嚴謹的翻譯，尤其是理論性的翻譯之求嚴謹，眞是一件難事。我相信這個譯本如再修訂一次、兩次，仍不免還有缺失。」這裡，有必要講一下夏先生爲何要我負責校訂。

早在一九八三年，我就踏入「自由經濟」的思路，也漸漸相信，一個個活生生的個人，才是經濟思考的起點和終點，但到一九九〇年，在七年的摸索過程中，雖摸到了這一思考方式，但對此種思考方式的淵源，以及此派先輩大師的思想、修養卻極度陌生，頂多只知道芝加哥學派的幾位學者。我只是就自己所接觸過的一般學理反覆思索，再以實際社會所發生的現象，相互印證推敲而已。就在夏先生因一九八〇年代初「蔣（碩傑）王（作榮）論戰」也進入中華經濟研究院（中經院）之後，於相互言談中得其教誨，才對幾位古典經濟學大師的哲理略知一、二，米塞斯這個名字，也是自那時才知道的。由於俗務纏身，一直無從獲得研讀米塞斯大作的時間，雖然夏先生屢次暗示，甚至明說，也都無所動作。

眼看一年復一年的過去，我對自由經濟理論的精髓沒下過苦功鑽研，就在快被夏先生視爲「朽木不可雕」的當兒，遠流公司的詹、蘇兩位先生提議修訂米塞斯大作中文譯本，夏先生藉著要我擔任校訂工作的堂皇理由，逼我看完他翻譯的三本米塞斯大作中譯。雖然只能算是快速瀏覽、囫圇吞棗，卻在無形當中領悟到「經濟學是人的行爲學之一部分」，而當代主流經濟學屬於技術層面的分析工具，愈來愈多，早已欠缺清醒的社會哲學作爲基礎，對人性以及人的社會欠缺基本的認識。問題的出現就在那個「人」的正確概念，沒有被當代經濟學和讀經濟學的人時時刻刻緊緊把握住。經濟學和經濟學家所必須了解的「人」，與生物學家和動物學家心目中的「人」不一樣。經濟學家雖也知道「人」具有一般動物的慾望、衝動和本能的反應，但更重要的是「人」還具有異於禽獸的意志、理念和邏輯思考。當前的主流經濟學，完全摒棄人的修養或倫理道德，以數理模式機械化人的行爲，將人「物化」、「機械化」。我也深深認同米塞斯一九四九年《人的行爲》英文版第二三五頁中所寫的：「當今大多數大學裡，以經濟學爲名所傳授的東西，實際上是在否定經濟學。」

社會主義橫行全球

不過，就在所謂的「科學、嚴謹」數理化模式和計量方法愈來愈走紅之後，奧國學派不但被邊緣化，在當今的經濟學教學中已不見蹤影，米塞斯的著作也當然乏人問津，被束諸高閣、甚至被丟棄了。二十一世紀的今日，雖然共產主義表面上退縮了，但社會主義卻橫行全球，共產國家實施的是「熱的社會主義」，自由民主國家施行的是「冷的社會主義」，以「社會福利」的名義所向披靡，由共產世界來到自由世界的人都驚訝地感嘆：「這裡好像共產主義一樣，只是不講暴力革命那一套。表面上是自由社會，實質上好像全世界都是在搞共產主義。」連最民主自由、世界第一經濟強權的美國都不例外。而川普的當選雖被稱爲「敲響社會主義的警鐘」，但其實困難重重。世人還是迷戀社會主義，由二〇一四年法國經濟學者皮凱提（Thomas Piketty）厚達七百頁的《21世紀資本論》全球暢銷，就可知其一斑；因果顚倒、本末倒置的說法竟獲普遍認同，可知揭穿社會主義有多麼困難。

在臺灣，二十一世紀小英政府也被認爲秉持左派思想，以「一例一休」政策爲代表的社會主義政策就發揮其戕害人民福祉的魔力，而年金改革、揭「公平正義」旗幟的改革政策也都脫不了社會主義的實質。年輕人的未來被出賣，世代之爭激烈上演，可以說都是實施社會主義政策所肇致的，唯有讓世人清清楚楚看清社會主義的眞相，打從心底徹底將之抹殺才能「找回被出賣的未來」，而《人的行爲》正是這樣一本最好的救命書，對尚未被毒害的小小年紀少男少女尤其重要。可是，遠流版的《人的行爲》中譯修訂本已絕版，而夏先生又早已過世，無法再負起修訂再版的重任！

說也眞巧，和我同時受夏先生感召修習奧國學派學理，且早已通讀米塞斯等大師著作，頗受夏先生推崇的中經院同事兼好友謝宗林先生，多年前提早退休後，感悟到要重新翻譯《人的行爲》作爲傳家之寶。

經我得知，勸他交由出版社公開出版，其過程已在謝宗林〈譯者序〉和洪瑞彬〈校訂者序〉中清楚交代，在這裡，我只想對這兩位志趣相投的好友及具有識見的五南出版公司之朋友表示謝意。

傳諸萬世的全新《人的行為》中譯本

所以，這個譯本是全新的，經過二十六個年頭之後於二〇一七年重新面世，由精讀過前兩次翻譯版本的謝宗林這位眞正的專業者精心翻譯，並請專人予以清晰、流暢、可親和可讀的校正，應該是頗完美的版本，能分享到的讀者可說是一種福氣。不過，這本愈陳愈香一千多頁的不朽巨著，七大篇三十九章的篇幅，畢竟稍嫌笨重，趁二〇二〇年再版將之分成上下兩冊，各一半頁數。即便如此，本書終究還是很不容易消化的。因此，最後，我就重述夏先生在一九九一年〈修訂版譯者序〉最後向讀者提出的建議：

「大家都知道，今天的讀書人，包括在校的學生和已有某些成就的學者專家，多半是些連散步也要抄捷徑的效率迷。效率迷要找精神食糧，喜歡去的是速簡餐廳，看到大部頭的書，很少不皺眉頭而肯耐心從頭到尾啃下去的。何況這本巨著又是當代經濟學界的冷門書哩！所以我建議：凡是稍有意願接觸這本書的人士，請首先翻開目錄，找自己有點興趣的章節看一看，想一想，如果覺得有些『實獲我心』之處，我想，就可能逐漸樂於進而追索其理論體系，而再從頭細讀全書。」共勉之！

譯者序

眾裡尋他千百度，驀然回首，那人卻在燈火闌珊處。

——辛棄疾〈青玉案〉

謝宗林，二〇二〇年二月於臺北市

懷舊

這個中文譯本的英文原著*Human Action: A Treatise on Economics*（London, 1949）是一本多重意義的「老」書。一方面，原著於一九四九年在美國紐約和英國倫敦首次發行，而內涵據稱增刪不多、編印錯漏卻不少的第二版，於一九六三年繼續由同一家出版社發行；一九六六年更換出版社發行的第三版，改正了前一版的印刷疏漏[1]；無論哪一版，出書的時間距今都已超過半個世紀；更不用說它是米塞斯（Ludwig von Mises, 1881-1973）根據他本人整整花了六年在日內瓦講學期間（1934-1940）沉潛寫作，成功整合他個人早期在貨幣理論方面的貢獻、奧國學派奠基者孟格爾（Carl Menger, 1840-1921）的價值理論，以及一九二〇年代社會主義經濟計算大辯論的教訓，精心撰述，於一九四〇年出版的德文巨著*Nationalökonomie, Theorie des Handelns und Wirtschaftens*的架構和內容改寫而來的。

另一方面，經濟學界自一九三〇年代以來，瓦爾拉式（一般均衡）、馬歇爾式（部分均衡）、凱因斯式（總體計量）等所謂「新經濟學」當道，初學者甚少機會接觸*Human Action*這種延續、改進古典經濟學，可歸類爲形式原理演繹的理論著作，因爲他們的老師執迷於自然科學的實證方法論（positivism），往往將*Human Action*這種非量化、無數學方程式的論證著述，視爲過氣的、「非科學的」、無實用意義的文學，避之唯恐不及。於是，大學圖書館收藏的*Human Action*每每變成塵封於角落、乏人問津的「舊」書。

再說，本書譯者進行本翻譯工作時所使用的原著紙本，還眞是一本舊書，那是夏道平先生（1907-1995）在中華經濟研究院任特約研究員時，贈予我這個後學的；這紙本的扉頁上有夏先生親筆的「民國四九年八月二十八日購於臺北市南昌街」幾字。印象中，該書在夏先生知道我當時對另一位，通常也被歸入奧國學派的經濟學家海耶克（F. A. Hayek, 1899-1992）和他一樣感興趣時，也就是在夏先生辭世前兩、三年，便一直和夏先生其餘的英文藏書擱在我的書架上了。

夏先生[2]原籍湖北，卻因緣際會成爲臺灣戒嚴時期自由經濟思想的播種者。先生於一九四九年隨國民政府播遷來臺，同年十一月，即與在大陸時期因共事而結識的雷震、胡適等自由主義政治家和知識分子，創辦了至今仍然讓人懷念的《自由中國》半月刊，爲該刊一位主要的撰稿人。從創刊至一九六〇年九月遭國民政府查禁爲止，《自由中國》總計出刊二百四十九期，刊載社論四百二十九篇，其中一百一十六篇出自夏先生之手，此外尚有不少以先生本名或筆名撰寫和翻譯的文章與短評。先生爲文，結構嚴謹、義理完整、磅礴大器，每每振聾發聵、膾炙人口。

一九五七年夏先生的一位同鄉從美國寄來一期*U.S. News & World Report*，其中恰有文章摘要介紹米塞斯的《反資本主義者的心境》，引起先生的興趣，於是開始著手翻譯全書。《自由中國》遭禁後，夏先生從臺灣時政論壇抽身，轉而專注於譯介米塞斯與海耶克的著作，先後在政治大學、東海大學、輔仁大學、東吳大學等校任教，傳播奧國經濟學派的自由經濟理念。

米塞斯逃避納粹的迫害，於一九四〇年輾轉移居美國紐約，開始以英文寫作，主要的英文原著計有六本，按出版年分，分別是*Omnipotent Government: The Rise of Total State and Total War* (1944)、*Bureaucracy* (1944)、*Human Action: A Treatise on Economics* (1949)、*The Anti-capitalistic Mentality* (1956)、*Theory and History: An Interpretation of Social and Economic Evolution* (1957) 和*The Ultimate Foundation of Economic Science: An Essay on Method* (1962)。這六本著作中，夏先生先後翻譯了*The Anti-capitalistic Mentality*（中文譯名：《反資本主義者的心境》，一九五七年首版）、*The Ultimate Foundation of Economic Science: An Essay on Method*（中文譯名：《經濟學的終極基礎》，一九六八年首版），和*Human Action: A Treatise on Economics*（中文譯名：《人的行爲：經濟學專論》，一九七六年首版）。此外，先生還翻譯了海耶克早期的一本論文集*Individualism and Economic Order*（中文譯名：《個人主義與經濟秩序》，一九七〇年首版），和另一位自由主義經濟學家洛卜克（Wilhelm Röpke, 1900-1966）的*The Economics of the Free Society*（中文譯名：《自由社會的經濟學》，一九七九年首版）。米塞斯、海耶克和洛卜克，是成立於一九四七年，以提倡自由市場經濟爲宗旨的Mont Pelerin Society[3]（蒙貝勒蘭學會）的發起人。夏先生也是該學會的會員。夏先生所有前述譯著，於一九九〇年代初，皆在中經院同事吳惠林博士費心校訂後，由臺北遠流出版公司重新發行。

夏先生的自我要求很高，因此對於前述所有校訂後的翻譯作品，仍然覺得不夠滿意。例如，對於校訂再版的《人的行爲》，他說：「嚴謹的翻譯，尤其是理論性的翻譯之求嚴謹，眞是一件難事。我相信這個譯本如再修訂一次、兩次，仍不免還有缺失。」

除魅

夏先生以珍愛的藏書贈我，不無鼓勵我延續他譯介奧國學派自由經濟思想的志業。另一方面，我在十多年前從職場退休後，不時想要盤點：自己鑽研經濟學數十年，究竟學到多少可以確信的理論知識？因此，我偶爾會翻閱尚未丟棄的經濟學書籍，也時常瀏覽美國米塞斯研究院的網站，但從來沒想到要重新翻譯*Human Action*。直到大約七年前，當時，我碰巧讀到一篇，在瓦爾拉式效用函數分析架構下（含約束條件下的優化邏輯），批評米塞斯利息理論的文章，該文作者被歸類為新成長中的奧國學派經濟學者；一時之間，我居然順著該文的邏輯，繞進了思想的迷宮，甚至一度嘗試以效用函數分析的術語，妄想解釋米塞斯所堅持的行為概念[4]；後來才警覺：行為和效用函數分析絕不相容——效用函數分析架構中，找不到人的行為[5]。這整個過程讓我醒悟：對於人的行為，自己之前的認知太過膚淺，否則絕不可能繼續受到效用函數分析的魅惑。

是的，我之所以翻譯這本書，主要是想透過精讀米塞斯，以廓清我之前在沒有米塞斯思想的指引下，鑽研經濟學的過程中，累積潛伏下來的一切謬思和妄念，讓求知的心靈得大解脫。至於在譯文的清晰、流暢和可親可讀方面，如果有任何優於夏先生的地方，那也得完全歸功於本書的校訂者洪瑞彬和劉天祥兩位先生。這本書能透過吳惠林兄和五南出版社的介紹，獲得原本素未謀面的洪瑞彬兄，以及迄今緣慳一面的劉天祥先生費心校訂，實乃人生一大幸事，謹在此再次感謝兩位先生的貢獻。另外，我也要感謝五南出版社編輯部的同仁；他們的費心校稿與糾錯，大大增進了這本譯作的品質。

提醒

前面點到本書譯者因醒悟效用函數分析之弊，而得以進入本書所闡述的理論殿堂。由於每個人的學習背景不完全相同，有助於我的機緣，他人不見得適用；要從本書獲益，所須跨越的具體認知障礙，或許人人不同。米塞斯本人認爲，要掌握行爲學的大意，以及行爲學這門知識的特性，須仔細思考某些重大的行爲學議題，例如，報酬律[6]、李嘉圖的結社律[7]、經濟計算問題[8]等等。[9]無論如何，我相信，任何人只要心靈足夠開放、成熟，便都能夠在細品米塞斯說理的過程中得到啓發。

以下簡略說明米塞斯六本主要英文著作之間的關係，希望有助於讀者對米塞斯思想的進一步鑽研。

就米塞斯思想鋪陳的邏輯而言，《人的行爲》無疑居於核心，而且該書是根據一九四〇年發表的*Nationalökonomie, Theorie des Handelns und Wirtschaftens*架構和內容改寫而來，所以出版順序實質上也應算是在其餘五本著作之前。在《人的行爲》裡，米塞斯將人的行爲科學嚴格區分爲兩部分：行爲學和歷史。經濟學，鑲嵌在行爲學當中，是行爲學不可分割的一部分；研究主題是市場現象。行爲學和經濟學的最終基礎，是人的行爲這個概念；這個概念不單是學者用來解釋市場或其他社會現象的概念，更是每個人以每一個具體行爲所彰顯的眞實存在；「人的行爲」不是理論家的假設。不過，行爲學和經濟學，以想像、推理的方式，只處理一般行爲元素的形式結構，而不處理個別行爲的具體內容；如此所確立的定理，在其前提和推演過程所假設的條件給定的情況下，是嚴格有效的。而處理個別行爲具體內容的行爲科學，是歷史；歷史學家固然應用行爲學，也不該違背行爲學，但需要應用情理學或歷史「了解」（thymological or historical understanding）的方法，處理所有歷史的獨特性問題；如此建構而成的歷史命題，必然反映歷史學家的個性，因此不具有行爲學定理那種可被證明的確定性，和無可置疑的說服力，而且本質上不具普效性，尤其是不能用於預測未來。[10]

《人的行爲》主要是一本理論性著作，闡述行爲學中發展最完備的部分——經濟學，至於歷史專屬的研究方法和特質，雖然在《人的行爲》中有必要的對照論述，但篇幅不多，更不用說個別的歷史問題討論。

一九四四年出版的*Omnipotent Government*算是在補充《人的行爲》中關於極權主義政府興起的歷史論述；而同年出版的*Bureaucracy*屬於行爲學理論部分，它補充《人的行爲》在討論市場經濟架構中的利潤管理制度（profit management）時，作爲對照，點到的行政管理制度。

一九五六年的*The Anti-capitalistic Mentality*是米塞斯作爲歷史學家，嘗試從Thymology（夏譯：情意學，而筆者則比較偏好譯爲情理學）的角度了解當時歐美社會反商情結的由來，這是一本一百二十頁左右的袖珍小書。

和*The Anti-capitalistic Mentality*只處理某個歷史現象不同，一九五七年的*Theory and History*卻是在比較一般的層次，說明歷史專屬的研究方法和特質，補充《人的行爲》第二章〈人的行爲科學在認識論層次的一些問題〉歷史方面討論的不足。

一九六二年的*The Ultimate Foundation of Economic Science: An Essay on Method*批評實證主義（又稱實證論），指出某些人根據實證主義反對經濟學，無異於反智；這彌補了《人的行爲》第三章〈經濟學和對理性的反叛〉只討論多元邏輯說之反叛理性與經濟學，而未言明實證主義也同屬一丘之貉。米塞斯指出，「今天這兩種學說——馬克斯的多元邏輯說和實證論，彼此很和諧的對『左派』給以理論的支持。就哲學家、數學家、生物學家這方面來講，有邏輯實證論或經驗實證論的奧祕教條；另一方面，平凡老實的大眾，仍然是受辯證唯物論的一些片斷湊合的東西所煽動。」[11]是的，在米塞斯看來，多元邏輯說和實證主義之反對經濟學，就是對理性的反叛，因爲經濟學純粹是憑理性，從確實存在的行爲元素出發，一步步推演建立起的。[12]

最後，似乎該談一下海耶克。夏先生經由鑽研米塞斯，進而對海耶克產生濃厚的興趣，對海耶克的評價似乎還高於米塞斯。他說，米塞斯的廣博更勝於精深；海耶克的精深更勝於廣博。再者，海耶克的字句鍛鍊，行文嚴謹，那種爐火純青的氣象，米塞斯似乎稍遜一籌。[13]甚至在譯完《經濟學的最後基礎》後，沒直接繼續翻譯米塞斯的其他著作，而急忙著手翻譯海耶克的《個人主義與經濟秩序》。

但海耶克和米塞斯的思想差異，其實是很大、很根本的。米塞斯強調人的理性（reason），認爲人類文明的每一次進步，都是由於人類憑理性能認識到，以合作代替對抗，有利於每一個人長期或「正確了解的」利益。[14]而海耶克思想中，反對或鄙薄理性的色彩，卻是頗爲濃厚的。譬如，他在〈個人主義：眞的和假的〉一文裡說：「人類的理性（reason）不存在於單數……人類的理性必須理解爲人際關係的一個過程。在這個過程中，任何人的貢獻都被別人試驗與糾正。」[15]而米塞斯卻說：「人，作爲一個能思想與行爲的生物，在脫離他的前人類狀態而成爲人的時候，便已經是一個社會性的生物。理性、語言與合作的演化，是同一個過程的結果；它們是不可分割、必然連結在一起的。但是，這個過程發生在個人身上，也完全表現在個人行爲的變化上。這個過程，除了發生在個人身上，沒發生在其他實體上。除了個人的行爲，沒有別的社會基層。」[16]。說到底，我都不太肯定海耶克眞的堅守他自己鼓吹的眞個人主義，遑論思想精深。

米塞斯和海耶克兩人之間，像前述這樣針鋒相對的思想分歧，還有許多[17]。除了米塞斯[18]堅持行爲學（含經濟學）純粹是先驗的、形式的和演繹的性質，而海耶克[19]卻主張經濟學也含有經驗科學的成分之外，這裡僅就《人的行爲》所處理的一個重大議題——社會主義經濟計算問題，略述米塞斯和海耶克兩人的基本分歧。這涉及「均衡」這個概念在經濟理論中所扮演的角色。米塞斯主張：(1)「均衡」（或「均勻輪轉的經濟」）只是理論家在推理過程中所使用的一個思考工具，行爲人不會也不需要考慮「均衡」狀態；(2)個人行爲和市場過程總是趨向「均衡」，因爲行爲總是趨向完全滿足（或無行爲狀態），而市場過程總是趨向消滅企業家的利潤和虧損；但行爲和市場永遠達不到「均衡」，因爲在趨向「均衡」的過程中，市場基本情況必然會不斷變化，而這又因爲變化是生命的本質；(3)市場過程的驅動力，來自爲了追求利潤與規避虧損，而不斷伺機調整生產結構以適應未來消費者需求的企業家；(4)以貨幣爲依據的經濟計算，是生產手段私有制下企業家行爲的思考工具，也是市場過程趨向「均衡」，生產結構和消費契合度改善的指南針；(5)社會主義下，因爲沒有自由的生產手段市場，沒有生產手段價格，任何人都不可能進行經濟計算，比較不同生產結構的利弊得失；(6)所以，社會主義不可能理性的使用生產要素，社會主義不可能實現，不可能成爲有效的社會分工合作體系。

海耶克也認爲社會主義不是一種可以落實的社會分工合作體系，但他所持的理由是：理論上，社會主義經濟計畫當局可以利用數理經濟學用來描述市場「均衡」的那組微分方程式，替代市場經濟計算，但實際上，要應用該替代方法，就必須每天重新給像神話般龐大的那組方程式求解；而這個無法想像的龐大工作負荷，將使這個替代市場經濟計算的想法顯得荒謬。簡言之，海耶克認爲，社會主義理論上可以落實，但基於技術性的理由，實際上很難落實。注意，他暗地裡認爲，「市場機能」實際上能夠很快達到市場「均衡」。

針對海耶克所持的理由，米塞斯很客氣的指出，由於實際經濟體系永遠處於不均衡狀態，所以即使沒有任何技術性的困難阻止人們獲知某個假想的均衡狀態下，情況將會是怎樣，這種知識對於天天必須選擇和採取行動的行爲人（包括社會主義經濟計畫當局）也不會有什麼用處。[20]他倒是還可以批評海耶克和一般數理經濟學家一樣，誤以爲經濟「均衡」並非只是理論家作爲思想工具所虛擬的一個想像，而是有其實際對應的狀態。其實，就神化「市場機能」，未加以分析這一點而言，海耶克也頗有資格被歸入瓦爾拉學派。

對讀者來說，仔細思考、掌握奧國學派和瓦爾拉學派之間的這點差異，也可能是踏入米塞斯思想世界的試金石。

校訂者序

回首向來蕭瑟處，歸去，也無風雨也無晴

——蘇東坡〈定風波〉

洪瑞彬，二〇二〇年二月於臺北市

二〇一三年中，我驀然回首，發現個人進入行政院經濟建設委員會服務，已歷經了十六位主任委員、十六任行政院長。不勝唏噓的是，當年列爲就業首選的這個職場，曾經是叱吒風雲的「美援會」、「經合會」，號稱「財經小內閣」的樞紐部會，竟然可以形同兒戲，五年之內更換了五位主任委員！一個歸去來兮的念頭驀地從內心深處升起，於是就在任職即將屆滿三十五年的八月一日，毅然提出退休申請，並順利如願地在八月底獲准、十月二日起卸下一切重擔，過起閒雲野鶴般的生活來。

多年知交、自由主義經濟學者吳惠林兄一向抬愛，知我再無公務縈身，立即來電鼓勵，邀我一起投入經典經濟名著的譯述工作，因爲太重要了。他經常舉一個範例，說他的同學謝宗林兄雖然離開職場多年，但仍然熱中於古典經濟思想，特別是「奧地利學派」自由主義經濟學說的研究與傳承，刻正從事系列經典著作的重新翻譯，希望我也能加入這個行列。也因爲如此，我與本書的譯者謝宗林兄雖然素昧平生，卻早已久仰大名，暗地裡欽敬幾分。

二〇一六年中，惠林兄再度來電，說宗林兄稍早重譯米塞斯（Ludwig von Mises）的名著《人的行爲》，已經大致完成；但鑑於該書乃是經典之作，務必求其盡善盡美，故還不斷在精讀、修訂之中，由衷希望我能協助該書的檢閱、校訂與潤飾，使可讀性更爲提高云云。

說到《人的行爲》，不禁想起該書一九九一年遠流「修訂版」的翻譯者夏道平先生。回憶二十多年前，個人何其有幸，由於惠林兄的引見，能夠多次親臨請益、躬聆雅教，對於夏先生嚴肅中不失親和，論述中常帶幽默的風範，印象極爲深刻，那種如沐春風的感覺，恍如昨日。沒想到古道尙存，夏先生作古多年，居然還有衣缽傳人！於是電話中幾乎不假思索，就答應了惠林兄的邀請，他也擇日安排了三人之會，終於順利促成了一樁美事。而接下來的幾次會晤、餐敘，宗林兄對學問的專注、對論述的熱忱，在言談中總是自然流露，令人動容。尤其難得的是，宗林兄的翻譯自我要求極高，本已字斟句酌，堪稱是嘔心瀝血之作，遠非一般譯者能及；但他還是不厭其煩，對於我有時過度的挑剔與苛求，總能夠虛心接受，重新就相關字句、語意再加推敲，務求更爲順暢、易懂。

另一個讓我感慨萬千的是，宗林兄幾次語帶激動地對我說他自己，還有兒女，早已錯過機會，無法在就學階段吸收正確的經濟知識、觀念了，但是他的孫子還來得及；他一定要傾全力將米塞斯的觀念精準呈現，傳授年輕一代經濟學的眞知灼見，避免重蹈上一代慘遭扭曲、誤導的覆轍。這是多麼深刻的領悟！多麼沉痛的吶喊！回顧我自己，大學、研究所主修的就是經濟，隨後大半生在職場接觸、處理的，也盡是經濟問題、經濟事務，只是捫心自問，距離米塞斯所闡述市場機能的眞諦，相去何其遙遠！

夏先生在當年的序文中說得好：不朽的名著，沒有「時效」問題，因而也沒有「過時」的翻譯；有的，只是無常的「時運」。的確，往者已矣，來者可追。希望這個重譯本的出版，能夠在社會各界形成新的潮流，發揮激濁揚清的作用，讓世人有所依循、迷途知返，庶幾不負奧地利學派先哲薪火一脈相傳的苦心！

前言

從一九三四年秋一直到一九四〇年夏，我有幸在瑞士日內瓦的國際關係研究所（Graduate Institute of International Studies）擔任國際經濟關係講座，該研究所是由兩位卓越的學者Paul Mantoux和William E. Rappard所創立和持續領導的學術機構。在寧靜的研究氣氛中，我著手執行一個舊計畫——寫一本綜合性的經濟學專論，題爲*Nationalökonomie, Theorie des Handelns und Wirtschaftens*。一九四〇年五月，該書就在一片憂鬱的戰爭氣氛中於日內瓦出版了。

目前這個英文版本，並不是前書的翻譯本；雖然整體內容結構幾乎沒什麼改變，但所有部分都已重新改寫。

我特別要向我的好友Henry Hazlitt表達感謝，承蒙他費心閱讀這本書的手稿，給了許多最有價值的建議。我也必須感謝Arthur Goddard先生在詞句、文體方面的指教，惠我良多。此外，我很感激耶魯大學出版部的編輯Eugene A. Davidson先生和經濟教育基金會的總裁Leonard E. Read先生的支持和鼓勵。

這幾位先生對於本書內涵的任何見解，不負任何直接或間接的責任。這是毋庸贅言的。

路德維希．馮．米塞斯（Ludwig von Mises）

一九四九年二月於紐約

目次

下冊

導　論

第一節　經濟學與人的行為學

經濟學是所有科學當中最年輕的。沒錯，過去兩百餘年，許多新科學從古希臘人熟知的學科中誕生出來。然而，那不過是一些在舊有的學識體系裡已有位置的局部知識，現在變成獨立的學門罷了。原有的研究領域，現在分得更精細，也採用一些新的研究方法；一些過去沒注意到的角落被發現了，而人們也開始從不同於古人的一些觀點來研究事物；領域本身並沒有擴大。但經濟學就不同了，它給人開拓了一個從前不可能觸及，也從未想到的科學領域。種種市場現象的發生順序和相互依存，竟然有其規律！這種規律的發現，超出傳統學識體系的範圍。它所傳達的知識，既不能當成邏輯學，也不能當成數學、心理學、物理學或生物學看待。

自古以來，哲學家一直熱中於捉摸上帝或天理，究竟想在人的歷史過程中實現哪些目的。他們探索人的命運和演化所遵循的法則。然而這方面的努力，甚至那些沒有任何神學傾向的思想家也都徹底失敗，因爲他們堅持了一個錯誤的方法。他們把人類當成一個整體來論述，或論述其他一些像是國家、民族或教派等整體概念。他們很隨意的設定一些目的，認爲這些整體的行動必然導向那些目的。但是，他們無法圓滿回答：究竟是些什麼因素，驅使各個不同的人如此這般行爲，以致所謂不可撼動的整體演化過程所瞄準的目標終於達到。他們不得不乞靈於　些絕望的幻想，譬如，神靈透過啓示，或委派先知與聖化的領袖作爲神的使者，做了神奇的干涉；或是上帝早先規劃好的和諧；或是上帝早先注定的命運；或是某一神祕、匪夷所思的「世界精神」或「民族靈魂」運作使然。其他思想家則說，是某一「天理的詭計」在人心植入了某些衝動，驅使人不經意的沿著天理指定的道路前進。

另外有些哲學家則比較務實。他們沒去揣測天理或上帝的意圖，而是從實際統治觀點看待人間世事。他們一心一意想要樹立政治行爲的一些規則，企圖建立一套關於統治和政治家的技術。他們當中喜歡理論遐想的，勾勒一些野心勃勃的計畫，想要徹底改革和重建社會。他們當中比較謙虛的，則滿足於蒐集與系統化整理歷史經驗資料。但是，他們全都認爲，社會活動的過程，不像人的思想推理程序或自然現象的發生順序，沒有什麼規律性和恆久性可言。他們不去**探索社會合作的一些法則**，因爲他們認爲人能隨心所欲組織社會。如果社會情況滿足不了改革者的願望，如果事實證明改革者的烏托邦無法實現，這樣的過錯，乃是人欠缺道德所致。社會問題被當成倫理問題。他們認爲，要建構理想社會，欠缺的只是好的統治者和善良的公民。只要人們正直，任何烏托邦都有可能實現。

但是，市場現象竟然有必然的相互依存關係！這個發現推翻了前面的見解。人們雖然感到困惑，還是必須面對這個嶄新的社會觀。他們驚愕的發現，在善與惡、正與邪，或公道與不公道之外，還能從另一個角度觀察人的行爲。在社會活動過程中，現象的發生總是遵循某一規律。人，如果想達到目的，就必須順應該規律調整自己的行爲。以思想檢查員臧否人事物的態度，根據完全任意的標準和主觀的價值判斷，看待社會事實，是沒用的；反而必須像物理學家研究自然法則那樣，**研究人的行爲與社會合作法則**。於是，研究人的行爲與社會合作，被當成一門旨在探索某些眞實給定關係的科學，而不再被當成一門討論事物應該如何安排的規範性學科；這樣的轉變，不管是對知識、對哲學或對社會行爲而言，都是一次影響巨大的思想革命。

然而，在隨後一百多年內，此一思想方法的根本改變，所產生的實際效果卻極爲有限，因爲人以爲該根本的改變，只對整個行爲領域當中一個狹小部分有影響，也就是只對市場現象的研究有影響。古典經濟學家在研究進程中，遇到了一個他們未能移除的障礙，就是使用價值和交換價值在表面上的矛盾。古典價值理論的缺陷，迫使古典經濟學家限制科學探索的範圍。直到十九世紀後期，政治經濟學仍舊只是一門研究人的行爲中「經濟面」的科學，亦即，只是一個關於財富和自私的理論。它所論述的人的行爲，僅限於那種被——很不滿意的——稱爲利潤動機驅使的行爲，而且它還宣稱，還有一些其他行爲存在，而怎麼論述這些行爲則是其他學科的任務。古典經濟學家所啓動的思想變革大業，直到現代主觀主義經濟學接棒後才完成，也就是才把市場價格理論改造成一個關於人的選擇與行爲的一般理論。

有很長一段時間，學者並未看出，從古典價值理論過渡到主觀價值理論，不只是以一個比較圓滿的市場交換理論取代一個比較不圓滿的。一般選擇與偏好理論所涵蓋的，遠遠超出從坎蒂隆（Cantillon）、休謨（Hume）、亞當・史密斯（Adam Smith），直到約翰・穆勒（John Stuart Mill）等經濟學家所圈定的經濟問題範圍。它遠遠不只是一門關於人如何在「經濟面」努力的理論、遠遠的不只是一門關於人如何努力獲取財貨和改善物質生活的理論，而是一門研究人的一切行爲的科學。人怎麼選擇，就是怎麼決定。人在選擇時，不只是在各式各樣的物質和服務之間取捨；所有的人文價值，都可供人選擇。一切目的和手段，物質的和理想的，崇高的和卑微的，高貴的和粗俗的，全都排成一個序列，聽從一個決定，從它們當中挑選一個出來，而把其餘晾在一旁。人想要的，或想避免的，沒有一樣會待在這個獨特的等級與偏好順序的排列之外。現代價值理論拓寬科學的眼界，也擴大經濟研究的領域。從古典學派的政治經濟學中，誕生了一門關於人的行爲的一般理論，可以稱爲行爲學（praxeology）[1]。經濟或市場交換（catallactics）問題[2]被鑲嵌在一門比較全面的科學裡，再也不可能和這門科學分離。即使只論述狹義的經濟問題，也不可能避免從選擇行爲開始；於是，經濟學成爲一門比較全面的科學——行爲學——的一部分，儘管這部分是行爲學當中，迄今發展得最完整的。

第二節　人的行為科學在認識論層次的一些問題

在這門新科學裡，一切似乎都是可爭議的。在傳統的知識體系裡，它是外來者；學者感到困惑，不知道怎樣把它歸類、給它指定一個適合的位置。而另一方面，他們卻又相信，要把經濟學編入知識目錄中，毋須重排或擴大整個編目架構，舊有的編目系統已夠完整。如果經濟學在裡面找不到適合的位置，那過錯只可能出在經濟學家對經濟問題的論述還不夠圓滿成熟。

如果把那些關於經濟學的本質、範圍和邏輯特性的辯論，當成是眾多掉書袋的教授訴諸詭辯、賣弄學問，而不予理睬，那就完全誤解了那些辯論的意義。初學者普遍有一錯覺，以爲當學究在一旁對什麼是最適當的研究程序和方法大肆揮灑廢話時，經濟學本身不管不顧這些無用的爭辯，悄悄自行其是的得到發展。奧地利經濟學家和自命爲「霍亨索倫皇室（the House of Hohenzollern）知識護衛隊」的普魯士歷史學派之間關於研究方法的爭論（Methodenstreit），以及克拉克（John Bates Clark）學派和美國制度經濟學派之間的爭論，所爭論的不只是哪一種研究方法最有成效，而是有比這問題更關係重大的爭議。眞正的問題是：行爲學的知識基礎何在，以及行爲學邏輯的正當性。許多撰述者，根據一種對行爲學思維完全陌生的知識分類體系，以及根據一種——除了邏輯學和數學外——只承認實證的自然科學和歷史學具有科學地位的思維模式，企圖否定經濟理論的價值和有效性。歷史主義（historicism）學派企圖以經濟史取代經濟理論；而實證論（positivism）學派則建議用一種似是而非的社會科學來取代經濟理論，主張這種社會科學應該採用牛頓力學的邏輯結構與模式。這兩派有一點卻是相同的：他們都根本否定經濟思想的一切成就。

要經濟學家在面對所有這些攻擊時還保持沉默，是不可能的。

前述這些全盤否定經濟學的激進主義，很快就被一種更爲全面的虛無主義超越了。自古以來，人在思想、在說話和在行爲時，無不把人心邏輯結構的統一性和恆久性，當成一個毋庸置疑的事實；一切科學的探索，向來根據這個假定。然而，在討論經濟學的知識基礎和邏輯特性時，有些論述者連這個假定也否定了，這是人類有史以來的頭一遭。馬克思主義宣稱，某個人如何思想，取決於他屬於哪一個社會階級；每一個社會階級都有它自己獨特的思想邏輯；思想的成果，除了是思想者自私的階級利益「在意識型態上的假面具」外，不可能有別的意義。「知識社會學」的任務，就是要拆穿各種哲學、各種科學理論的假面具，揭露它們只是空洞的「意識型態」罷了。而經濟學則是「資產階級」的一個權宜工具，經濟學家是「阿諛諂媚」資本的人；只有將來社會主義烏托邦的無階級社會，才會以眞理取代形形色色的「意識型態」謊言。

前述這個多元邏輯說（polylogism）後來也以其他形式散播與傳述。歷史主義論聲稱，人的思想與行爲的邏輯結構，很可能會隨著歷史的演化而改變。種族多元邏輯說聲稱，每一個種族都有它自己獨特的思想與行爲邏輯。最後，還有非理性說（irrationalism）聲稱，人的行爲取決於一些非理性因素，因此理性本身不適合說明人的行爲。

所有這些學說指陳的，都遠遠超出經濟學的範圍。它們不僅質疑經濟學和行爲學，也質疑其他一切人的知識和一般推理論證。它們不僅質疑經濟學，也同樣質疑數學和物理學。因此，反駁它們的任務，似乎輪不到任何知識學門單獨來承擔，而是該由認識論和哲學來承擔。這讓一些經濟學家有一個看似正當的理由，可以不顧認識論層次的問題，忽略多元邏輯說或非理性說所提出的一些異議，而埋頭、悄悄的繼續研究。物理學家不在乎有人汙衊物理學的理論，是屬於資產階級的、西方的或猶太人的；同樣的，經濟學家也應該忽視類似的汙衊和詆毀；他應該聽任狗兒吠、毋須爲狗吠縈懷。在他看來，這種場合應很適合想起史賓諾沙（Spinoza）的格言：的確，正如光明爲它自己和黑暗劃定界線，眞理也爲它自己和謊言定下辨識的標準。

然而，這種情況對經濟學的意義，和對數學或自然科學的意義，還是不太一樣。多元邏輯說和非理性說者，攻擊行爲學和經濟學。雖然他們以指涉所有知識部門的一般名詞和概念堆砌他們的陳述，但實際針對的，卻是人的行爲科學。他們說，相信科學研究所獲致的成果，對所有時代、所有種族和所有社會階級，都同樣有效，其實只是幻想；而他們也樂於將某些物理學和生物學的理論貶抑爲資產階級的或西方的理論。但是，如果解決實際問題需要應用這些被汙衊的理論，他們就會忘掉自己先前的批評。蘇俄的生產科技毫不顧忌的應用資產階級的物理學、化學和生物學研究的一切成果，無異承認那些成果對所有階級都有效。納粹的工程師和醫生，打從心底不排斥應用「低等」民族和國家所獲致的各種理論、發現和發明。所有種族、所有國家、所有宗教、所有語言族群和所有階級的人，都以實際行動清楚證明，就邏輯學、數學和自然科學而言，他們不贊同多元邏輯說和非理性說。

但是，就行爲學和經濟學而言，情形卻完全不同。多元邏輯說、歷史主義和非理性說之所以發展出來，主要的動機就是要提供一個理由，藉以在決定經濟政策時，不顧經濟學的教誨。社會主義者、種族主義者、民族主義者和國家至上主義者，百般努力想要駁倒經濟學家的理論，同時想要證明他們自己那些看似有理的學說是正確的，結果都以失敗告終。正是這種挫折，促使他們否定一切人的思想、推理——不管是在世俗活動的領域，或是在科學研究的領域——所依據的那些邏輯的和認識論的原則。

只因爲這些異議有背後的政治動機而抹煞它們，是不應該的。任何科學家都沒有權利事先認定，他的理論所遭到的反對是沒有根據的，是反對者受到激情和黨派偏見影響引起的。他有義務回應每一項指責，不管指責背後的動機或背景如何。同樣不應該的是，保持緘默面對這個時常被當作定論宣揚的意見：經濟學的那些定理只在一些假設性的條件下才有效，而這些條件在實際生活中從未實現過，所以那些定理對於理解眞實世界沒有用處。很奇怪，有些經濟學家似乎贊同該意見，仍舊默默的、繼續自顧自的劃他們的曲線，設定他們的方程式；既不關心他們的推理論述有什麼實際意義，也不關心他們的理論和眞實的世界與行爲有什麼關聯。

這樣的態度是不值得推許的。任何科學研究的第一件事，是詳盡描述和界定在哪些條件和假設下，它的一切陳述將切實有效。將物理學樹立成經濟研究應該遵循的典範，是一個錯誤。但是，那些堅持要這樣一路錯到底的人，至少應該從物理學者學到一件事，那就是沒有哪一個物理學家會認爲，澄清物理定律的一些假設和條件，不是物理學研究的分內工作。經濟學勢必要答覆的主要問題是：它的各項陳述和實際存在的人的行爲世界有什麼關聯，因爲理解這行爲世界是經濟學研究的目標。

因此，徹底駁斥如下這個主張，便著落在經濟學身上：經濟學教導的東西，只對西方文明短暫的、且已消失的自由主義時期的資本主義體系有效。除了經濟學，沒有其他任何學科，有責任審視所有不同觀點、宣稱經濟學對解釋人的行爲問題沒用的意見。經濟思想體系的鋪陳、建構，必須禁得起任何來自非理性說、歷史主義、泛物理主義（panphysicalism）、觸動主義（behaviorism），和所有各種變相的多元邏輯說的批評。幾乎每天都有人提出新的論點來證明經濟學的努力荒唐無用，而經濟學家還裝作無視於這一切，這種情況實在令人無法忍受。

傳統的經濟理論架構不再足以論述經濟問題；必須把市場交換學（catallactics）建立在一門探討人的一般行爲的科學——行爲學——所提供的堅實基礎上。這個論述程序，不僅將確保經濟學免於許多莫須有的批評，而且也將澄清許多迄今甚至還沒獲得充分認識、更不用說已圓滿解決的問題，尤其是「經濟計算」這個根本問題。

第三節　經濟理論與人的行為實踐

有許多人習慣責怪經濟學落後。很明顯的，經濟理論確實還不夠完美。不過，人的知識也沒有所謂完美這回事。就此而論，人的其他任何成就，也同樣沒有所謂完美這回事。人，注定不會無所不知。最詳盡的、似乎已能完全滿足我們求知慾的理論，也許有一天會遭到修改，或由新的理論取代。科學不可能給我們絕對、最終的定論，而只能給我們智力所能及，和當下流行的科學思想範圍內，可以相信的意見。在探索知識的無窮進程中，任何科學體系都只不過是一個中途站，必然免不了人的任何努力都難免的缺失。但承認這些事實，並不等於說當今的經濟學是落後的，而只是說經濟學是一個有生命的東西——而生命必然意謂不完美和改變。

以所謂落後責備經濟學的批評，來自兩個不同的觀點。

一方面，有些博物學家和物理學家，譴責經濟學不是一門自然科學，譴責經濟學沒採用實驗室那一套方法和程序。本書的一個任務，就是要揭露這種想法的謬誤。在這個導論裡，針對這種想法的心理背景，說幾句也許就夠了。心胸狹窄的人，通常對別人和他不同的每一點，都不以爲然。寓言故事裡的駱駝，對所有沒駝峰的動物都看不順眼，而Ruritania國的國民，則抱怨Laputan島的居民不是Ruritania國的國民。實驗室裡的研究工作者認爲，實驗室是唯一稱得上做研究的處所，而要表達科學思想的成果，微分方程式則是唯一健全的方法；他根本不可能知道人的行爲在認識論層次的問題。在他看來，經濟學，就是某種形式的力學，不可能是別的東西。

其次，有些人斷言，社會科學必定有些不對勁，否則社會情況怎麼會這麼糟。在過去兩三百年間，自然科學已經取得驚人的成果，而這些成果的實際應用，也已成功改善一般人民的生活達到空前的水準；相對的，社會科學的任務顯然徹底失敗，完全沒讓社會情況變得更好；社會科學並未撲滅苦難與饑餓，根絕經濟危機與失業，杜絕戰爭與暴政；社會科學是沒有效果的，對人類幸福的增進毫無貢獻。

這些發牢騷的人沒看出，若非實際應用經濟學的教誨，堅定實施了自由的經濟政策，生產技術的巨大進步，以及財富和物質幸福的增加，是不可能發生的。正是古典經濟學家鼓吹的那些想法，廢除了古老的法律、習慣和偏見，對技術進步所施加的各種束縛，解放了改革者和企業家的天才，使之免於地方行會、政府監管和各種社會壓力的箝制。正是古典經濟學家削弱了征服者和剝奪者的威望，並揭示了商業活動衍生出來的社會利益。若非經濟學家徹底摧毀了前資本主義時期的心態，一切偉大的現代發明將得不到應用。通常稱作「工業革命」的那一段歷史，正是這些經濟學家的學說激發了思想革命的一個結果。這些經濟學家證明如下這些古老的信條是錯的：以生產比較好、且比較便宜的產品來超越競爭對手，是不公平與不正當的；偏離傳統的生產方法，是邪惡的；各種機器都是邪惡的東西，因為機器造成失業；公民政府的任務，是阻止有效率的商人賺錢致富，並保護比較沒效率的商人，免受比較有效率的商人競爭；以政府強制力或其他社會權力的脅迫，限制企業家的自由，是促進全國人民福祉的適當手段。英國的政治經濟學和法國的重農主義學說，是現代資本主義的先導者；它們使自然科學的進步成為可能，從而讓群眾獲得海量的利益。

我們這個時代的過錯，恰恰在於一般人不知道，這些自由的經濟政策，在過去兩百年的技術演進中，所扮演的角色。人們誤信，生產方法的進步只是湊巧和自由放任的政策同時發生。人們受到馬克思神話的蠱惑而認為，現代的工業生產模式，是神祕的「物質生產力」發揮作用的結果，完全無關任何思想因素。他們相信，古典經濟學不是資本主義興起的一個原因，反倒是資本主義興起的結果，是資本主義「意識型態的上層結構」，亦即，古典經濟學是刻意爲資本家剝削者的不當得利辯護的理論。因此，廢除資本主義，以社會主義極權體制取代市場經濟和自由企業，將不至於妨害生產技術的繼續進步。相反的，由於移除了資本家爲了一己之私所設下的諸多阻撓技術進步的障礙，廢除資本主義將有助於技術進步。

我們這個正在進行著毀滅戰爭和社會解體的時代，主要的特徵就在於人們反叛經濟學。卡萊爾（Thomas Carlyle）稱經濟學爲一門「鬱悶的科學」；馬克思汙衊經濟學家爲「資產階級的阿諛者」。江湖騙子——那些自誇擁有祕方，可助人迅速進入人間天堂者——以「正統的」或「反動的」等字眼輕蔑經濟學爲樂。煽動家自誇他們已擊敗經濟學獲得勝利。自稱「實際行動派」的人，以吹噓自己鄙視經濟學，且對「躺坐在靠背椅上空想的」經濟學家的學說一無所知爲榮。過去數十年來的經濟政策，便是這樣一種心態所導致的：嘲笑任何健全的經濟理論，反而吹捧經濟理論的毀謗者所提出的一些看似有理的虛僞學說。所謂「正統的」經濟學，在許多國家被禁止進入大學，幾乎不爲主要的政治家、政客和作家所知。目前這麼嚴峻的經濟形勢，肯定不能怪罪一門被統治者和群眾一致輕蔑、忽視的科學。

必須強調的是，過去兩百年間，白種人發展出來的這個現代文明，它的命運和經濟學的命運是連在一起、不可切割的。這個文明所以能誕生在這世上，全是因爲人們接受了某些想法的支配，而這些想法正是經濟學的教誨在經濟政策問題上的應用。如果世界各國繼續在各種拒絕經濟思想的學說迷惑下，堅持目前所採取的政策路線，則現代文明將會，而且必定會消亡。

沒錯，經濟學是一門理論性科學，因此避諱任何價值判斷。告訴人應該追求什麼目的，不是它的任務。它是一門研究手段的科學，研究什麼手段適合用來達成人所選定的目的；它肯定不是一門研究如何選擇目的的學科。最終的決定、各種目的的價值的評等和選擇，不屬於任何科學的研究範圍。科學絕不可能告訴任何人應該如何行動；它僅僅指出，人如果想達到某些確定的目的，必須如何行動。

也許在許多人看來，這實在太微不足道了；在他們看來，一門局限於研究實然問題的科學，一門不能對最高、最終目的，表示任何價值判斷的科學，對人的生活和行動，是沒有什麼重要性可言的。這個看法也是一個錯誤。然而，揭露這個錯誤不是本導論的任務，而是這整本書的一個任務。

第四節　摘要

之所以必須有前面那些預備性質的論述，全是爲了解釋：爲什麼本書將經濟問題擺在人的一般行爲理論這個比較寬廣的架構內。不管是依現階段的經濟思想來看，或是依現階段關於根本的社會組織問題的政治性討論來看，將傳統意義的市場交換問題或經濟問題隔離起來論述，不再是行得通的辦法。經濟學只是人的一般行爲科學的一部分，必須認眞當作這樣來論述。

第一篇　人的行爲

第一章　行爲人

第一節　有意的行為和動物的反應

人的行爲，是有意的動作。或者，我們可以說：行爲是意志付諸實施，成爲一個手段，去達成一定目的；行爲，意在達成某些目的或目標；行爲，是自我（Ego）對外來刺激或外在情況，所做的有意義反應；行爲，是個人有意識的自我調整，藉以適應制約其生命的宇宙狀態。如此這般以不同的詞句改寫定義，也許有助於澄清行爲的定義，避免可能的誤解。但本段開頭所下的定義本身便已夠充分，毋須補充或注釋。

有意識或有意的動作，和無意識的動作，形成強烈對比；這裡所謂無意識的動作，指人體細胞和神經對刺激的反射動作，以及不由自主的反應。有些學者有時候傾向認爲，有意識的動作，和人體內運轉中的一些力量不由自主的反應，兩者之間的界線多少是不明確的。的確，某一具體動作究竟該視爲自主的或不由自主的，有時候不容易確定；就此而言，他們的看法是對的。但是，有意識和無意識之間的概念區別，還是很鮮明，能清楚界定的。

對行爲的自我而言，人體器官和細胞的無意識動作，以及任何其他外界事實，一樣都是給定的資料。行爲人必須把自己體內所發生的一切，以及其他資料，譬如，天氣或鄰居的態度，一起納入考量。當然，在某一範圍內，有意的動作能夠抵銷身體因素的作用。在某一程度內，要控制身體因素的無意識動作，是辦得到的。人，有時候能透過意志力，成功克服疾病、彌補先天或後天體格缺陷、壓制身體的反射動作。這種控制能做到什麼程度，有意的行爲就延伸到什麼程度。如果某個人放棄控制其身體細胞和神經中樞不由自主的反應，雖然他能夠控制；那麼，從我們的觀點來看，他的放棄控制，是有意的行爲。

我們這門科學所探討的領域，是人的行爲，不是行爲背後的心理活動。這一點正是人的一般行爲理論——行爲學——不同於心理學的地方。心理學的主題，是導致或可能導致具體行爲的內心活動。行爲學的主題，則是行爲本身。這也決定了行爲學和潛意識這個心理分析概念的關係。心理分析也是心理學，它不研究行爲，而只研究哪些力量與因素，促使某個人趨向某一具體行爲。心理分析所謂的潛意識，是心理學的概念，不是行爲學的概念。行爲本身的性質，不會因爲行爲是出自頭腦清楚的考量，或是出自遺忘的記憶和壓抑的慾望——這些記憶與慾望，可以說隱藏在看不見的內心深處指揮著意志——而有所不同。一個受到潛意識衝動（或本能的衝動）驅使而去殺人的凶手，和另一個在未經專業訓練的觀察者看來行爲異常、毫無意義的神經官能症患者，兩者同樣都行爲了；兩者也都像任何人那樣，意圖達成某些目的。心理分析值得肯定的一點，就是證明了，即使是神經官能症患者和精神病患者的動作也是有意義的，他們也在行爲，也意圖達成某些目的，雖然我們這些自認爲正常清醒的人，把他們據以決定目的取捨的思維稱作沒條理、把他們選來達成目的的手段稱作與目的相違悖。

行爲學所用的「潛意識」一詞，和心理分析所用的「潛意識」一詞，分屬兩個不同的思想和研究體系。行爲學受惠於心理分析，不亞於其他知識部門受惠的程度。因此，更有必要知道行爲學和心理分析的分界線何在。

行爲不只表示偏好。人，在某些不可避免、或相信不可避免的事態發展場合，也會表示偏好。譬如，某人也許偏好晴天、不喜陰雨天，因此他但願太陽趕快驅散烏雲。只是一味但願、希望的人，並未積極干預事態的發展，也未干預自己的命運走向。但行爲人選擇、決定，並且努力要達到某一目的。在兩件不可得兼的事物中，他選其一、而捨其他。所以，行爲總是既有取、也有捨。

表示願望或希望，以及宣示計畫，只要意圖藉由該表示或宣示以實現一定的目的，也可算是一種行爲的方式。但是，表示或宣示的動作，絕不可和相關願望或計畫所指涉的行爲相混淆；願望與計畫的表示或宣示動作，不等於所宣示、推薦或拒絕的那些行爲。行爲是眞實的東西。做數的總是人的行動，而不是說了多少計畫好的、但未實踐的行爲。另一方面，行爲必須和勞動實踐清楚區別開來。行爲的意思是：要達成某些目的而運用了某些手段。運用的手段之一，通常是行爲人自己的勞動，但並不必然總是如此。在某些特殊情況，需要用到的手段，可能只是一句話而已。下命令或禁令的人，是在行爲，儘管他沒付出任何勞動。講話或不講話、笑一笑或緊繃著臉，也許都是行爲。享受消費，和克制力所能及的消費享受，一樣都是行爲。

所以，行爲學對「積極的」或有活力的人，以及對「消極的」或懶惰的人，是一視同仁、一概而論的。活力旺盛的人，勤奮努力爭取改善自己的生活環境，他的行爲既不會多於、也不會少於無精打采的人，儘管後者懶惰散漫、凡事順其自然。因爲，什麼都不做，把自己投閒置散，也是行爲，也一樣在決定事態的發展。哪裡有人爲干預的可能性，哪裡便有個人行爲，無論個人是否進行干預或順其自然。某個對自己能改變的情況甘心忍受的人，和另一個要達到某種情況而干預事態發展的人，兩者同樣是在行爲。一個人，若是能影響自身某些生理的或本能的因素運作，卻不去影響它們，也是在行爲。不僅做了什麼是行爲，沒做什麼可能做到的，也是行爲。

我們也可以說，行爲是個人意志的表現；但這對我們的知識無所增益。因爲，「意志」一詞，除了指人能在不同事態之間做出選擇、能夠偏好某個事態而捨棄其他，且能夠根據做出的選擇採取行動、試圖達到所選定的事態之外，沒有別的意思。

第二節　行為的先決條件

某個人所處的那種既沒有任何行爲、也不可能導致任何行爲的狀態，稱爲滿意或滿足。行爲人渴望以某個比較滿意的情況，取代另一個比較不滿意的情況。他的心裡想著某個會使自己更舒適的情況，他的行爲則以實現這個自己想要的情況爲目的。促使個人行爲的誘因，總是某些不舒適的感覺。[1]一個對自己的處境完全滿足的人，不會有任何動機去改變事態。他既沒有什麼願望，也沒有什麼渴求；他覺得完全幸福快樂；他不去行爲；他只管無憂無慮的活著。

但要促使某個人有所行爲，光有不適的感覺和想到某個更好的情況，是不夠的。需要存在第三條件：這個人必須預期，有意的行動能夠去除或至少減輕自己感到的不適。不具備這個條件，便不可能有行爲。對於無可避免或防止的事態，人必須屈服；他必須認命。

前述三個是人的行爲的一般條件。人是生活在這三條件下的生物。人，不只是智慧的人種（homo sapiens），更是行爲的人種（homo agens）。人類血脈的後裔，如果因爲先天或後天缺陷而無可救藥的不適合行爲（此係就「行爲」一詞的嚴格意義而言，而不限於該詞的法律意義），實際上便不算是人。雖然從法律和生物學觀點來看，他們是人，但他們欠缺人性的根本特徵。新生的嬰兒也不是行爲人；它還沒走完從受孕到各種潛在人性得到充分發展的全部歷程。在這歷程終點，它將成爲行爲人。

論快樂

在日常口語上，我們以「快樂」稱成功達到目的的人。一個比較適切描述其處境的說法，是他現在比從前更快樂些。然而，並沒有任何有效的理由，可以反對習慣用語將人的行爲定義爲追求快樂。

但我們必須避免一些常見的誤解。行爲的最終目的，總是在於滿足行爲人的慾望。要分辨較多、較少的滿足，沒有別的標準，除了個人的價值判斷；而這價值判斷，人人不同，即便是同一個人，也會因時、因地而異。究竟是什麼會讓一個人覺得不適或較少不適，是由這個人根據自己的意志和判斷標準來認定的，也就是由他根據自己主觀的價值排序來認定。誰也不能規定什麼情況理當讓別人更快樂。

前述事實的確立，完全不涉及利己主義和利他主義、唯物主義和唯心主義、個人主義和集體主義、無神論和宗教信仰等等對立的概念。有些人唯一的目的，是改善他們自身的處境。另外有些人，一旦知道別人有煩惱，就會覺得宛如自己有煩惱，甚或更不舒心。有些人只求滿足自己在男女關係、美食、好酒、華屋和其他物質層面的慾望。另外有些人，比較喜歡通常所謂「比較高級的」和「理想的」滿足。有些人急於調整自己的行爲，以適應社會合作的要求；另外有些執拗的人，藐視社會生活的規矩。對有些人來說，塵世旅程的最終目的，是爲享受大堂的至福生活而做準備。另外有些人，不相信任何宗教的開導，不允許自己的行爲受到任何教義的影響。

行爲學不處理行爲的最終目的。行爲學的一切發現，對各種行爲，不管其目的爲何，都同樣有效。行爲學是一門探討手段的科學，不是一門關於目的的科學；它所使用的「快樂」一詞，只有純粹形式上的意義。在行爲學的術語裡，人唯一的目的是快樂，是一句同義反覆語，沒有任何關於什麼情況可以令人快樂的具體內涵。

人的行爲的誘因，總是某種不適的感覺，而行爲的目的，總是要盡可能去除這種不適，亦即，要讓行爲人覺得比較快樂；這個想法是幸福主義（Eudaemonism）和享樂主義（Hedonism）學說的精髓。伊比鳩魯學派（Epicurean）所謂心神寧靜，是人的一切活動想要達到、卻從未完全達到的那個完全快樂滿足的狀態。相較於這個偉大的認識，某些小缺失便顯得無關緊要；譬如，許多該哲學門派的代表人物未能認清，痛苦和快樂是兩個純粹形式上的概念，反而賦予它們物質上和肉體上的具體意義。神學的、神祕的和其他屬於他律倫理（heteronomous ethics）的學派，都沒動搖過伊比鳩魯主義的核心，因爲除了指出伊比鳩魯學派輕忽「比較高等」和「比較高貴」的快樂，他們未能提出任何反對理由。沒錯，在許多早期擁護幸福主義、享樂主義和功利主義（Utilitarianism）的著作中，有些論點確實容易引起誤解。但是，現代哲學家的用字遣詞，尤其是經濟學家的用字遣詞，是如此精確、直接，想必不太可能產生誤解。

論本能和衝動

本能社會學（instinct-sociology）的方法，對理解人的行爲的根本問題，不會有任何助益。這個學派把人的行爲按具體目標分成若干類，並且給每一類行爲指派一個特殊的本能，當作誘因或動機。在這派學者看來，人，好比是一個被各種天生的本能和意向驅使的存在。他們以爲，這樣的解釋徹底搗毀了經濟學和功利主義倫理學所教導的那些可恨的東西。然而，費爾巴哈（Feuerbach）業已適切指出，每一個本能都是追求快樂的本能。[2]本能心理學（instinct-psychology）和本能社會學的方法，在於隨意將行爲的直接目標分門別類，並且爲每一類目標指派一個對應的根本原動力。行爲學指出，凡是行爲，目標都是要消除一定的不適感；而本能心理學則說，某一行爲的目標，是要滿足某一本能的衝動。

本能學派的許多擁護者自以爲已充分證明，行爲不是理性決定的，而是出自一些藏在內心深處的天生力量、衝動、本能和意向，並且這些都不是理性可以闡明的。他們自以爲已經成功揭露理性主義的淺薄，甚至鄙薄、貶抑經濟學，是「從一些虛僞的心理假設出發，得出的一些虛僞的結論，所組成的一套廉價的謊言」。[3]然而，理性主義、行爲學和經濟學並不討論行爲的最終原動力和最終目標，而只討論那些用來達成既定目的的手段。不管某個衝動或本能的來源是多麼深不可測，人們選來滿足這個衝動或本能的手段，總是經由利弊得失的理性考量決定的。

在情感衝動下行爲的人，也是在行爲。情緒性行爲和其他行爲的差別，只在於同樣的付出與收穫，卻得到不同的價值排序。激動的情緒擾亂價值排序。人在情感激動時，和在冷靜考慮時相比，把目標看得比較重，而把必須付出的代價看得比較輕。論者從未懷疑，即使情緒激動，手段與目的也是經過思慮考量的，而且屈服於激情衝動的代價如果提高，可能影響相關思慮的結果。懲罰情緒激動或酒醉時所犯下的罪行，如果刑度比懲罰其他罪行來得溫和，那就等於鼓勵人在情緒激動或酒醉時放縱犯行。嚴厲的報復威脅，即使對一個被看似不可抗拒的激情所驅使的人，也不是沒有嚇阻作用的。

我們以假設動物屈服於當下的主要衝動，來解釋動物的行動。在我們陳述動物進食、雌雄同居和攻擊其他動物或人的時候，我們會提到動物有攝取營養、生殖和侵略的本能。我們假設這些本能是天生的，而且強制要求滿足。

但是，講到人，那就不同了。人這種存在，並非必須向最迫切要求滿足的衝動屈服。人這種存在，能夠克制本能、情緒和衝動；他能讓自己的行動合乎理性。他放棄滿足某個熱烈的衝動，以便滿足其他慾望；他不是慾望的傀儡。一個男人不會凌辱每一個激起他慾望的女性；他不會吞噬每一塊勾引他的食物；他不會擊倒每一個他想殺掉的人。他把自己的各種願望和欲求排成一個輕重緩急的先後順序，然後從中選擇；簡言之，他行爲。人和其他動物的差別，就在於他有所意圖的調整他的行動。人這種存在，是有抑制力的，能控制自己的衝動和慾望，能壓制本能的慾望和衝動。

有時候，也許會出現這麼一個衝動，它是如此強烈，以致它的滿足可能帶來的任何壞處，看起來都沒嚴重到足以遏止某人去滿足它。即使在這種場合，也是有選擇行爲的。那人決定對該慾望衝動屈服。[4]

第三節　人的行為是最終的給定

自古以來，論者便渴望知道什麼是最原始的動因，亦即，什麼是一切存在與變化的原因、是化生一切東西的最終本體，並且是其本身的原因。科學比較謙虛；它知道人的心智，以及人對知識的追求，是有限度的。它想追溯每個現象背後的原因。但它看出，這種追本溯源的努力，必然會遇到一些無法攀越的壁壘。有些現象是不可能進一步分析、不可能進一步追溯到其他現象的；它們是最終給定的存在。科學研究的進步，也許能成功證明，某個先前認爲是最終給定的東西，可以進一步分解爲若干成分。但總是會有一些現象，是不可能進一步分解、不可能進一步分析的，是最終給定的存在。

一元論說，最終本體只有一個；二元論說，有兩個；多元論說，有許多個。爲這些問題而爭吵，是沒有任何意義的。這些玄學的爭辯，是沒完沒了的。我們現有的知識沒辦法解決它們，亦即，沒辦法提供一個但凡明理的人都必須認可的答案。

唯物主義的一元論認爲，人的思想和意志，是身體器官、腦細胞和神經運作的產物。人的思想、意志和行爲，都是一些物質過程產生的，而且將來有一天，使用物理和化學的研究方法，可以徹底解釋這些過程。這也是玄學的假說，雖然它的支持者認爲，它是不可動搖、不可否認的科學眞理。

曾有人提出各種學說，解釋心靈和身體之間的關係。這些學說都只是臆測，沒有任何觀測事實作爲依據。所能確定的，只是心理和生理過程有些關聯。至於這些關聯的性質，以及它們如何運作，我們幾乎一無所知。

具體的價值判斷和具體的人的行爲，是不可能進一步分析的。即使我們能合理假定或相信，它們絕對取決於它們的原因。但是，只要我們不知道外在的事實——物理的和生理的——怎樣在人的內心產生具體的思想和意志、從而導致具體的行動，我們就必須面對一個不可踰越的方法二元論（methodological dualism）。就我們現有的知識而言，實證論（positivism）、一元論和泛物理主義的根本陳述，只是玄學的臆測、沒有任何科學基礎，對科學研究，既沒有意義、也沒有用處。理性和經驗提示我們，有兩個分離的領域：一是物理的、化學的和生理的現象所屬的外在世界，另一是思想、感覺、價值排序和有意的行爲所屬的內在世界。就我們現在所知，沒有橋梁連接這兩個領域。相同的外在事件，有時候導致不同的內在反應，而不同的外在事件，有時候產生相同的內在反應。我們不知道爲什麼會這樣。

面對這樣的事態，我們不得不對一元論和唯物主義的根本陳述持保留態度。我們可以相信、也可以不相信，自然科學有一天，將比照解釋某一化合物的產生，是一定組合的化學元素必然、不可避免的結果那樣，成功解釋具體的想法、價值判斷和行爲的產生。但是，在那一天之前，我們必須默認方法二元論。

人的行爲，是產生改變的手段之一，是宇宙活動和宇宙生成的一個因素；所以，是科學研究的一個合理對象。鑑於——至少在目前的情況下——人的行爲不可能追溯到其背後的原因，所以必須視爲最終的給定，而且必須當作最終的給定來研究。

沒錯，人的行爲所造成的改變，和宇宙偉力的運作效果相比，不過是滄海一粟。從永恆和宇宙無限的觀點看來，人是極其渺小的一丁點微塵。但是，對人來說，人的行爲及其變遷，卻是眞實的東西。行爲，是人的天性，人這種存在的精髓，是人維持生命，提升自己超越動植物水準的手段。人的一切努力，不管是多麼容易敗壞、消散，對人和對研究人的科學來說，都是第一重要的。

第四節　理性和非理性；主觀主義與行為學研究的客觀性

人的行爲必然總是理性的。所以，「理性的行爲」是一個贅詞，因此必須揚棄不用。理性的和非理性的這兩詞，若用來形容行爲的最終目的，是不適當、且無意義的。行爲的最終目的，總是要滿足行爲人的某些願望。因爲任何別人都不能以自己的價值判斷取代行爲人的價值判斷，所以批判別人的目的與意志是沒用的。任何人都沒資格說，哪一種情況會使別人比較快樂或較少不滿意。批評者，或者是告訴我們說，如果他自己處在其同胞的位置，肯定會以什麼爲目的；或者是以獨裁者的傲慢心態，輕率抹煞某個同胞的意志和心願，宣告該同胞的情況應該怎樣，才比較合乎批評者自己的心意。

某一行爲，通常稱爲非理性的，如果它捨棄「物質的」和實質的利益，反而追求「理想的」或「比較高層次的」滿足。例如，人們就這個意思說——有時候意味贊同、有時候則意味不贊同——某人基於非理性的考量，捨棄生命、健康或財富，以換取「比較高層次的」目的，諸如，忠於他的宗教、哲理和政治信仰，或爲了祖國的自由、興盛而盡忠。然而，和追求其他人生目的相比，努力追求這些比較高層次的目的，既不是比較理性的，也不是比較非理性的。有人誤以爲，追求維繫生命健康的基本必需品，比追求其他東西或生活便利品更理性、更自然或更正當。沒錯，維持飽暖是人和其他哺乳類動物共同的渴求，而且欠缺食物和住所的人，通常會將自己的努力集中在滿足這些迫切的需要，而不太搭理其他事物。活下去的衝動、保全自己性命的衝動和利用每個機會增強自己生命力的衝動，是生命的根本特徵，凡是活著的生物都有這些衝動。然而，人，並非不能避免、必然服從這些衝動。

所有其他動物，在任何情況下，都受求生的衝動和繁衍後代的衝動驅使著，然而，人，即使面對這兩種衝動，也有能力控制自己。他能控制自己的性慾，也能控制自己的求生意志。當唯一能活下去的情況似乎不能忍受時，他能拋棄自己的生命。人，能夠爲某一志業而犧牲性命或自殺。對人來說，活下去，是選擇的結果，是價值判斷的結果。

願望富裕地活著，這願望也一樣是選擇的結果。禁慾者確實存在，以及有些人爲了堅持信仰，或爲了維持尊嚴、自尊而放棄物質利益，都顯示並非人人必然追求比較富裕的物質生活，反而意謂這種追求不過是人的選擇罷了。當然，絕大多數人偏愛生命甚於死亡、偏愛財富甚於貧窮。

有人武斷地主張，唯有滿足身體的生理需要，才是「自然的」，所以才是「理性的」，而滿足其他一切需要，則是「人爲的」，所以是「非理性的」。然而，人性的一個特徵是，人不僅和其他一切動物一樣追求食物、住所和配偶，人還追求其他種類的滿足。人有專屬於人的願望和需要，我們也許可以稱這些願望和需要，比起人和其他哺乳類動物共同的那些願望和需要而言，「更爲高級」。[5]

理性的和非理性的，當用來形容那些選來達成目的的手段時，隱含批評那些手段是否合適、充分。批評者贊同或不贊同某一手段，端看它是否最適合用來達成所求的目的。然而，事實上，人的理性並非永不出錯；相反的，人常常在選擇和實施手段時犯錯。不適合目的的行爲，達不到預期的目的；行爲和目的相違悖，但該行爲仍是理性的，亦即，它仍是一次合理的——雖然是不完善的——思索考量的結果，而且也是一次力求達到某一確定目標的嘗試——雖然是一次無效的嘗試。一百年前的醫生，採用了某些我們這一代的醫生——根據現在的病理學——認爲出自拙劣的醫學指導、所以無效率的方法，去治療癌症。但是，一百年前的醫生所採取的那些無效率的醫療行爲，並不是非理性的；他們當時已盡心盡力了。而一百年後，很可能又有更多的醫生掌握更有效率的方法去治療癌症。那時候的醫生將比我們現在的醫生更有效率，但不是更理性。

行爲的反面，並不是非理性的行爲，而是行爲人的意志不能控制的身體器官和本能，對刺激的被動反應。在某些情況下，人對同一刺激，既能有被動的反應，也能有行爲的反應。例如，某人吸進了某一毒物，他的身體器官會有被動的抗毒反應；另外，他自己也可能以行爲加以干預，譬如，主動服用解毒劑。

理性和非理性這兩概念的對立，所牽涉到的問題，在自然科學和社會科學之間沒有什麼不同。科學總是、而且必定是理性的。科學努力的目的，是要經由有系統的整理全部可以取得的知識，來理解宇宙的現象。然而，前面曾指出，持續把事物分析成它們的組成元素，遲早必定到達再也不可能進一步分析下去的地步。人的心智甚至不可能想像，有哪一種知識不是止步於某一最終的給定、止步於某個不能進一步分析與還原的事物。把人的心智帶到這地步的科學方法，始終是理性的。至於那最終給定的事物，也許可稱爲非理性的事實。

現在很流行責怪各種社會科學，指責它們是純粹理性的。最普遍反對經濟學的理由，指責經濟學忽視生活和現實的非理性層面，指責經濟學企圖把無限多樣的現象強壓硬擠、塞入枯燥的理性體系和空洞的抽象概念中。沒有更爲荒謬的指責了。像每一門知識那樣，經濟學也是憑著理性的分析方法，一直走到不能再進一步分析的地步。然後，它停下來，確認它事實上已面對某個最終的給定，亦即，面對某個不能——至少就我們現階段的知識狀態而言——進一步分析的現象。[6]

行爲學和經濟學傳授的定理，對人的任何行爲都是有效的，不管行爲的動機、原因和目標是什麼。對任何科學研究而言，最終的價值判斷和行爲的最終目的，都是給定的事實；它們是不能進一步分析的。行爲學討論人們選來達成這些最終目的的方法和手段。行爲學的研究對象是手段，而非目的。

我們便是就這個意思在講人的一般行爲科學所秉持的主觀主義。這門行爲科學把行爲人選定的最終目的當作給定的事實。行爲學對於這些事實，完全保持中立的態度、完全不下任何價值判斷。行爲學採用的唯一標準，是選用的手段是否適合達成選定的目的。在幸福主義說快樂的場合，以及在功利主義和經濟學說效用的場合，都必須用主觀主義的意思來解讀這些用語，把它們當作是行爲人的目的，因爲那目的在行爲人看來是可取的。我們所堅持的這個形式主義，有深遠的意義。幸福主義、享樂主義和功利主義的現代意義，比它們在較早時候的物質意義進步的地方，就在於這個形式主義。同樣的，現代的主觀價值理論，比古典政治經濟學所闡述的客觀價值理論進步的地方，也在於同一形式主義。同時，我們這門科學的客觀性也植基於這個主觀主義。行爲學因爲秉持主觀主義，把行爲人的價值判斷當作不能進一步批判、檢視的最終給定事實，所以行爲學本身超出一切黨派紛爭、不關心所有教條主義學派或道德學派之間的衝突、不做任何價值批判、沒有預設的取捨和價值判斷、是普遍有效的、完全關於人、也絕對適用於人的。

第五節　因果觀是行為的一個必要條件

人所以能行爲，是因爲人能在這宇宙中發現一些決定變化與生成的因果關係。行爲的實踐，需要、也預設因果範疇[7]。只有能夠從因果觀點來觀察這世界的人，才具備行爲能力。我們可以就這個意思說，因果是行爲的一個範疇。「手段與目的」範疇，預設「因果」範疇。人，在現象間沒有因果關係和規律的世界裡，不會有任何推理和行爲的餘地。這樣的世界是一團混亂，人在其中將茫茫然找不到任何方向和指引。人，甚至無法想像這樣混亂的世界是個什麼情況。

人，在看不出任何因果關係時，不能行爲。這個陳述是不可逆的。即使人知道有關的因果關係，如果人不能影響其中的原因，也不能行爲。

因果研究的原型是這樣的：我必須在什麼地方，以及怎樣出手干預，才能改變事態的發展，從沒我干預時，事態原本會繼續發展下去的方向，轉移到一個比較符合我願望的方向？就這個意思，人提出這樣的問題：是誰或是什麼，在事物的背後影響事物的發展？他探索規律和「法則」，因爲他想要干預事態的發展。直到後來，這種素樸意義的探索，才被玄學廣泛延伸、詮釋成探索事物存在的最終原因。需要經過好幾個世紀，才終於把一些誇大不實的想法拉回到原來比較謙遜的問題：我必須在什麼地方干預，或者我是否能夠干預，以便達到這個或那個目的？

在過去數十年間，對於因果問題的論述，由於某些傑出物理學者的混淆，頗令人失望。但願這一頁令人不快的哲學史，對未來的哲學家有警惕的作用。

有些變化的原因，至少就目前來說，不爲我們所知。有時候我們成功取得一部分知識，以致我們能說：在百分之七十的所有案例中，A導致B，在其餘的案例中，A導致C，或甚至導致D、E、F等等。若要以更精確的知識取代這個殘缺不全的知識，就必須把A拆解成它的組合成分。只要還做不到這一點，我們就必須默認某個統計法則。但是，這對因果觀的行爲學意義沒有影響。在某些方面完全或部分無知，並不會抹煞因果範疇的角色。

因果觀和不完全歸納，在哲學、認識論和玄學層次所引發的一些問題，不在行爲學的討論範圍內。我們只須確認這個事實，即：人要有所行爲，必須知道某些事件、過程或事態之間的因果關係。而且只在人知道因果關係的範圍內，人的行爲才能達到所求的目的。我們完全知道，這麼說，是在繞圈子。因爲唯一能提出來證明我們已經正確知道某一因果關係的證據，就是該知識所引導的行爲導致預期的結果。但是，我們所以無法避免這個引發惡性循環的證據，正因爲因果觀是行爲的一個範疇。而也因爲它是行爲的一個範疇，所以行爲學不得不對這個根本的哲學問題稍加注意。

第六節　他我

如果我們準備按最爲廣義的意思接受「因果關係」這個用語，那麼，目的論（teleology）便可以視爲一門探索因果關係的學問。目的因（final causes）是所有原因當中最先被視爲原因的。人起初認爲，要達成某一目的的行爲或準行爲，是某一事件的原因。

原始人和嬰幼兒一樣，出於一種擬人化的心態，認爲每一變化和每一件事很可能都是某個生靈行爲的結果，而且該生靈的行爲方式和他們自己一樣。他們相信，動物、植物、山岳、河流和噴泉，甚至地上的石頭和天上的星星，都像他們自己那樣，也是有感覺、有意願和有行爲的存在。直到後來文化發展到某個階段，人才拋棄這些萬物有靈論的想法，而以機械論的世界觀取代。事實證明，機械論是一個如此令人滿意的行動指導原則，以致人最後相信機械論能解決一切思想和科學研究的問題。唯物論和泛物理主義宣告，機械論是所有知識的精髓，而自然科學所使用的實驗和數理方法則是唯一科學的思想模式。一切變化，都必須理解爲服從力學定律的運動。

因果觀和不完全歸納的認知原則，在基本的邏輯和認識論層次，還有一些問題尚待解決；但機械論的擁護者絲毫不介意這些問題。在他們看來，因果觀和不完全歸納是健全的認知原則，因爲它們有效。實驗室裡的實驗，產生理論所預測的結果，而工廠裡的機器，也按照科技學所預測的方式運轉；他們說，這些事實證明，現代自然科學的方法和發現是健全的。即使科學不能給我們眞理——而又有誰知道眞理眞正的意思是什麼呢？——無論如何，有一點是確定的，即：科學有效的引領我們走向成功。

然而，正是當我們接受這個實用觀點時，泛物理主義教條的空洞性才顯而易見。前面業已指出，科學還沒成功解決身心關係的問題。泛物理主義者肯定不能硬說，他們建議的那些研究步驟在人與人的互動關係和社會科學的領域曾產生過實效。但毋庸置疑的是，一個自我，在和他人交往時，所秉持的那個原則——把他人當作一個像自己這樣思想和行爲的存在，已經在平常生活中，以及在科學研究中顯示出效用。該原則實際有效，是不可否認的。

把同胞當作是和我（即自我）一樣思想與行爲的存在，這個作法效果不錯，那是毋庸置疑的；另一方面，以自然科學論述研究對象的方式來論述我們的同胞，是泛物理主義的基本認知原則所要求的作法，但這個作法看來似乎沒有希望獲得和前面那個作法類似的實效。「理解別人的動作」，這個命題所引起的一些認識論層次的問題，其錯綜複雜的程度，並不亞於因果觀和不完全歸納所引起的那些問題。我們可以承認，我們無法提供決定性的證據，證明我的思維邏輯是所有他人的思維邏輯、所以當然絕對是人的唯一思維邏輯，或證明我的行爲範疇是所有他人的行爲範疇、所以當然絕對是所有人的行爲範疇。然而，實用主義者必須記住，我們的這些主張，在平常生活中，以及在科學研究中，都是有效的；而實證主義者也必不可忘記如下這個事實：在向他的同胞表述自己的意見時，他默默的、暗中預設自己的思維邏輯，在他和他的同胞之間是有效的，從而他也是在預設，他我（the Alter Ego）的思想和行爲領域確實存在。[8]

思想和行爲，是人性的特色。只有人，才有這兩特徵。人之所以爲人，除了是屬於動物學物種分類所謂有智慧的人種外，就在於這兩特徵。思想與行爲的關係，不屬於行爲學研究的範圍。行爲學只須確認如下這個事實就夠了，即：人心所能理解的邏輯只有一種，而且也只有一種模式的行爲，既是人的行爲，又是人心所能理解的行爲。是否有，或者什麼地方可能有，其他超乎人或次於人的存在，有一種不同於人的思想和行爲方式？這顯然不是我們的心智所能回答的問題。我們必須把努力限定在研究人的行爲。

這種和人的思想連結在一起、難解難分的人的行爲，有一邏輯必然的條件限制。和人心的邏輯結構相悖的邏輯關係，人心無法理解。同樣的，某一行爲模式，如果其範疇不同於我們自己的行爲範疇，那麼，該行爲模式，人心也無法理解。

對人來說，只有兩個認知原則可以用來理解實際世界，亦即，目的論和因果觀。凡是不能納入這兩原則其中之一的東西，人心絕對無法發現。某一事件，如果不能依據這兩原則其中之一給予解釋，那麼，對人來說，便是不可思議的、神祕的。某一變化，或者理解爲機械論的因果關係運作的結果，或者理解爲有意的行動的結果；對人心來說，不存在第三種解釋。[9]沒錯，前面說，目的論可以視爲一種因果觀。但是，確認這個事實，並不等於抹煞這兩個原則之間的根本差異。

泛機械論的世界觀堅持方法一元論；它只承認機械論的因果觀，因爲它把一切認知價值全歸給機械論的因果觀，要不然，它至少把比目的論更高一些的認知價值全歸給機械論的因果觀。這是玄學的迷信。由於人的理性是有限的，因果觀和目的論這兩認知原則，都不是完美無缺的，都不會爲我們帶來終極的知識。因果觀導向一個無限追溯背後原因的過程，這個過程是理性永遠不能窮盡的。而另一方面，一旦究竟是什麼在移動最原始的動力源這個問題被提出來，目的論也就會被發現是有所欠缺的。這兩方法的任何一個，都會中止在某個不能進一步分析、也不能進一步解釋的最終給定事物面前。推理論證和科學探索，絕不可能爲我們帶來完全的心神寧靜、必然的確定，和對一切事物的完全認識。那些追求這些目的的人，必須祈求信仰的幫助，必須努力以擁抱某一宗教信條，或某一玄學教條爲手段，來安撫他的心靈。

如果我們不想超越理性和經驗的領域，那就不得不承認我們的同胞在行爲。我們絕不可囿於流行的成見或武斷的意見，而任意忽視該事實。日常的經驗不僅證明，要研究我們的自然環境，唯一適當的方法，是因果觀這個認知原則所提供的方法；而日常的經驗，也同樣令人信服地證明，我們的同胞和我們自己一樣都是行爲人。要理解人的行爲，只有一套解釋和分析的理論體系可用，那就是從認識和分析我們自己的行爲，所得到的那一套理論體系。

研究和分析他人的行爲，和靈魂或不朽靈魂是否存在，是完全不相干的兩個問題。如果經驗主義（empiricism）、觸動主義（behaviorism）和實證論（positivism）的那些反對意見，只是針對所有靈魂理論，那對我們的問題就沒什麼用處。我們的問題是：如果我們不把人的行爲理解爲有意義、有目的、爲達到某些特定目的而採取的行動，是否還可能理解人的行爲。觸動主義和實證主義，想要把自然科學的實驗方法，運用到人的行爲事實上；它們把人的行爲想成是對各種刺激的反應。但這些刺激本身卻不是自然科學的方法所能描述的；任何人想描述它們，都必須提到行爲人賦予它們什麼意義。我們或許可以把提供商品待售稱作一個「刺激」，但是，如果漏掉相關行爲人賦予這個情況的意義，這個提供動作當中最要緊的部分，以及把它和別的提供動作區分開來的一些特徵，是不可能描述到的。人，是爲了達到某些確定目的，才有所動作的；這個事實，任何辯證的伎倆都不可能使它神祕消失。正是這種有意的行動——亦即，行爲——才是我們這門科學的主題。如果我們忽視行爲人賦予所處情況——亦即，給定事態——的意義，或忽視他針對該情況所採取的行動被他自己賦予的意義，我們將無從下手論述我們的主題。

對物理學者來說，探索目的因，是不恰當的，因爲沒有任何跡象顯示，作爲物理學主題的那些事件，必須看作是某個存在，像人那樣爲了達到某些目的，而有所行爲的結果。同樣的道理，對行爲學者來說，忽視行爲人的意志和意圖的作用，也是不恰當的，因爲那些意志和意圖無疑是給定的事實。如果忽視那些事實，那就不再是在研究人的行爲。很多時候——但並非總是如此——問題中的那些事件，可以從行爲學的觀點來研究，也可以從自然科學的觀點來研究。但是，一個從物理和化學觀點來論述火器發射事件的人，不會是一個行爲學者。他忽略的，正是行爲學想要闡明的那些問題。

論本能的益處

前面曾說，只有兩條研究路徑，因果觀和目的論；這個事實，從所謂本能的益處這個問題的論述中得到證明。有些類型的反應動作，一方面，不能用自然科學探索因果的方法徹底給予解釋，另一方面，也不能視爲有意的行爲。人心爲了理解這些動作，不得不採取某個權宜辦法。我們賦予它準行爲的性質；我們這是在講有益的本能。

我們注意到兩件事情：第一，活著的有機體按照某個規律模式反應外來刺激，是它固有的傾向；第二，對加強和保全該有機體的生命力，這種反應動作有好效果。如果我們能把這種動作看成是有意達成某些目的的結果，我們就能以行爲稱之，從而按照行爲學目的論的方法論述之。但是，因爲我們找不到任何跡象，顯示在此動作的背後存在一個有意識的心靈，所以我們假定有某個未知因素——我們稱之爲本能——在發生作用。我們說，該本能指揮動物做出準有意的行動，一如指揮人的肌肉和神經做出雖然無意識、不過卻有益的反應。然而，我們只是把此種動作中未獲解釋的因素，看成一股眞實存在的力量，並且稱之爲本能；只是這樣，並沒有增加我們的知識。我們絕不可忘記，本能一詞只不過是豎立在某處的界標，標示我們沒有能力，至少迄目前爲止，把我們的科學研究推進、越過這個界標。

生物學已經成功爲許多先前歸因於本能作用的過程，找到「自然的」解釋，亦即，找到機械論因果的解釋。不過，還是有許多過程，不能解釋爲力學或化學刺激，所引起的力學或化學反應。許多動物展現的態度傾向，除非假定有某個指揮因素在發生作用，否則是不可能理解的。

觸動主義的目標，是想用動物心理學的方法，從外部來研究人的行爲。這個目標是虛幻的。動物的動作表現，只要不是像呼吸和新陳代謝那種純生理過程，便只能借助行爲學所闡明的一些和意義有關的概念來研究。觸動主義者從頭到尾都懷著行爲學的目的和成敗概念，在看待他的研究對象。他不知不覺的把有益或有害的行爲學概念，應用在他所研究的主題上。他從不在口頭上提到意識或目標追求，但他這是在自我催眠。事實上，他在心裡頭到處爲研究對象尋找目標，並且以某個夾雜不清的有益概念爲標準，衡量其研究對象的每個態度。研究人的動作表現的科學——只要不是生理學——絕不可能不提意義和目的。不可能從動物心理學，或從觀察新生嬰幼兒無意識的被動反應，學到任何東西。相反的，恰恰是動物心理學和嬰幼兒心理學，不可能放棄人的行爲科學給予的幫助。沒有行爲學所闡明的那些行爲範疇，我們將無從想像或理解動物和嬰幼兒的動作。

觀察動物的本能表現，讓人的內心充滿驚愕，也引起一些沒人能滿意解答的問題。然而，動物、乃至植物以一種準有意的方式展現被動反應，這個事實，和人會思想與行爲的事實相比，以及和物理學所描述的那些在無機的宇宙中盛行的功能對應關係相比，甚或和那些在有機的宇宙中發生的生物過程相比，既不是比較神奇、也不是比較不神奇。所有這些所謂神奇，只有一個意思，那就是，對我們這顆好奇、探索的心靈來說，它們是最終給定的事實。

我們稱爲動物本能的東西，便是這樣的一個最終的給定。像運動、力量、生命和意識這些概念那樣，本能這個概念也只是一個用來表示某一最終給定因素的術語。可以肯定的是，它既沒「解釋」什麼，也沒指出什麼是原因、或最終的原因。[10]

絕對的目的

爲了避免對行爲學所探討的行爲範疇產生任何可能的誤解，強調一個老生常談的眞理，似乎是個好辦法。

行爲學，像論述人的實際行爲的歷史科學那樣，論述人有意的行爲。如果它提到目的，指的就是行爲人想要達到的目的；如果它講到意義，指的就是行爲人賦予其行爲的意義。

行爲學和歷史都是人心的表現，因此都受限於凡人有限的智力。對於一個絕對完美、客觀的心靈有什麼意圖，對於事態的發展和歷史的演化過程中有什麼內在固有的客觀意義，以及對於上帝、大自然、世界精神或昭昭天命，試圖透過指揮宇宙與人間世事，想要實現什麼計畫，行爲學和歷史不敢妄稱知道什麼。它們和所謂的歷史哲學沒有任何共同點。它們不像黑格爾（Hegel）、孔德（Comte）、馬克思（Marx），以及其他許多論述者的著作那樣，自稱揭露了什麼是生命與歷史眞正、客觀和絕對的意義。

脫離塵世的人

有些哲學規勸世人，持身處世的最終目的，是棄絕任何行爲。這些哲學把生命看作絕對的厄運，充滿痛苦、煎熬和悲楚。它們絕對否定凡人有意的努力能讓生命變得可以忍受。只有意識、意志和生命完全消失，才能獲得幸福。趨向極樂、至福和救贖的唯一途徑，是變成像植物那樣完全消極、淡漠和呆滯。至善是放棄思想和行爲。

這些是眾多印度哲學，特別是佛教，以及叔本華（Schopenhauer）學說的眞髓。行爲學對它們沒有評論。對於一切價值判斷和最終目的的選擇，它是中立的。它的課題，不是要贊同什麼、或不贊同什麼，而只是要確立一些事實。

行爲學的主題，是人的行爲。有些人不在這主題範圍內，這些人已經成功徹底壓制人之所以爲人的一切特徵：意志、願望、思想和努力追求某些目的。行爲學論述行爲人，而不論述已經蛻變成植物的人，也不論述已經完全變成出世無爲的存在。

第二章　人的行爲科學在認識論層次的一些問題

第一節　行為學與歷史

人的行爲科學有兩個主要學門：行爲學與歷史。

歷史蒐集與系統化整理一切和人的行爲有關的經驗資料。它論述人的行爲的具體內容，研究人的一切無窮無盡、多種多樣的行爲。它研究一切個人行爲，包括行爲所有偶然的、特殊的和具體的含義。它細察引導行爲人的那些觀念，以及行爲的後果。它囊括人的活動的每一個面向。它一方面是通史，另一方面則是各種範圍比較狹窄的歷史，諸如政治和軍事史，思想和哲學史，經濟史，技術史，文學、藝術和科學史，宗教史，風俗習慣史，乃至人的許多其他生活面的歷史。譬如，民族學和人類學，就不屬生物學的部分而言，是一門歷史；心理學，就既不是生理學、不是認識論、也不是哲學的部分而言，便屬於歷史。還有語言學，就既不是邏輯學、也不是發音生理學的部分而言，也是歷史。[1]

所有歷史科學的主題，都是過去具體的行爲。它們不可能傳授對人的所有行爲都有效的知識，尤其不可能傳授對將來有效的知識。研究歷史讓人變得比較明智、持重，但是，歷史本身不會提供可用來解決具體問題的知識與技巧。

自然科學也論述過去的事件，每一個經驗都是過去某件事情的經驗、不會有未來某件事情的經驗。但是，自然科學賴以成功的那種經驗是得自實驗的經驗，其中的每一個變動因素都孤立起來觀察；以這個方式累積起來的大量事實，可加以歸納。這種推論方式基本上很奇怪，雖然結果證明它方便實用，不過，在認識論層次，如何爲它圓滿定位，仍是一個尚未解決的問題。

至於人的行爲科學論述的主題，永遠是和複雜現象相關的經驗；對人的行爲，絕不可能做實驗室裡的那種實驗。我們絕不可能觀察到某個因素單獨變動對行爲的影響，因爲我們絕不可能維持所有其他影響因素固定不變。因此，歷史經驗是複雜現象的經驗，這種經驗所提供的事實，不是自然科學那種經過實驗檢測過的、簡單孤立的事實。歷史經驗所傳達的訊息，不能用作建構理論或預測未來行爲的素材。每一個歷史經驗都容許不同的解釋，而且也的確被人以各種不同的方式解釋著。

所以，實證論（positivism）和類似的玄學所預設的那些認知前提，都是虛幻的臆測，絕不可能按照物理學或其他自然科學的模式改造人的行爲科學；當然也無法爲人的行爲和社會活動建立任何後驗的（a posteriori）理論。自然科學的假說，可以根據實驗室的實驗結果，予以接受或拒絕，但歷史經驗不是科學實驗，既不能證明、也不能駁倒一般性的行爲理論。在人的行爲科學領域，對一般性的理論命題，不可能進行實驗予以驗證或否定。

各種不同的因果鏈交錯、糾結而產生的複雜現象，不能用來檢驗任何理論。相反的，這種現象，唯有根據某些已經從其他來源發展出來的理論加以解釋，才可以理解。對於自然現象，事件的解釋絕不可違悖已經圓滿驗證過的理論；而歷史事件的解釋卻不可能有這樣的限制，於是，許多論者乃隨意引用相當武斷的解釋。只要有什麼事情需要解釋，人的心智從不會茫然，總能量身定做，發明一些虛幻的、沒有任何道理可言的理論出來。

在人的歷史領域，行爲學提供一個解釋事件時不可逾越的限制。這個限制，和實驗檢測過的理論，要求自然科學家，在解釋個別的物理、化學或生理事件時，必須遵守的限制類似。行爲學是理論性和系統性的科學，不是歷史科學。它的範圍是人的行爲，只要是人的行爲都包括在內，不管具體行爲發生在什麼樣的環境，有哪些偶然的或個別的因素。行爲學是純粹形式的、一般性的知識體系，完全不涉及實際行爲的具體內涵和特徵。它追求適用於所有行爲的知識，只要行爲的條件完全對應它的假設和推論所隱含的條件。它的陳述和命題不是從經驗推衍出來的，而是像邏輯學和數學的陳述和命題那樣，是先驗的（a priori）；它們不需要根據經驗或事實予以驗證或否定，不管是在邏輯上或是在時序上，它們都是先於對歷史事實的任何理解，是理解歷史事實的先決條件。如果不知道行爲學的陳述和命題，便不可能在歷史過程中，看出什麼所以然來，除了萬花筒般的變化和混亂，不可能感知到任何有意義的經驗。

第二節　形式的和先驗的行為學特質

當代哲學流行一個趨勢，就是否認有任何先驗的知識存在。很多人主張，人的一切知識都是從經驗推衍出來的。這種態度不難了解，應是對往昔神學狂妄的言論，以及對某些似是而非的歷史哲學和自然哲學的過度反應。玄學家勤於依靠直覺去發現道德戒律、發現歷史演化的意義、發現靈魂和物質的性質，以及發現決定物理、化學和生理事件的定律。玄學家那些輕浮飄渺的學說，對實事求是的自然科學知識，採取不以爲意、不理不睬的態度。玄學家深信，毋須參考經驗，只需憑藉理智或理性，便能解釋所有的事情、回答所有的問題。

現代自然科學的成功，靠的是觀察和實驗的方法。毫無疑問，經驗主義（empiricism）和實用主義（pragmatism）所描述的認知原則，如果僅限於自然科學的方法，那是對的；但同樣無可置疑的是，就它們也竭力排斥一切先驗的知識，甚至把邏輯學、數學和行爲學當成經驗的、實驗的學科而言，那就完全錯了。

對於行爲學，哲學家的認知錯誤，除了由於他們對經濟學完全無知[2]，也經常由於他們的歷史知識不足到令人吃驚的地步。在哲學家眼中，論述哲學議題是高貴的職業，絕不可和其他賺取金錢報酬的低級行業相提並論。大學教授對於他們本身從研究哲理取得收入深感痛恨；一想到自己就像工匠和農場工人那樣賺錢，便覺得不舒服。哲學家認爲涉及金錢的事情是卑鄙的，研究眞理和絕對永恆的價值這等崇高的議題，不該關注金錢的事情，因爲那會汙染他們的心靈。所有當代哲學家筆下，沒有任何一句話透露一絲熟悉經濟學的味道，即使是最基本的經濟學議題。

人的思想是否有一些先驗的元素——亦即，思想是否必須具備，或不可避免要有一些智能條件，而這些條件實際上先於每一個具體概念的形成或具體經驗的察覺？這個有沒有的問題，千萬不可和人如何獲得人特有的心智能力這等起源問題搞混。人，是缺乏這種能力的非人祖先的後裔。這些非人祖先有某種天賦潛能，經過無數年代的演化，變成有理性能力的生物。這個轉變是不斷變化的宇宙環境，影響一代代的非人祖先而後達成的。因此，經驗主義者下結論說，根本的人心思考原理是經驗的產物，是人對環境適應的結果。

順著這個想法的邏輯，可導致進一步的結論：在我們的非人祖先和有智慧的人種之間有若干發展階段。有些似人而非人的生物，雖然尚未具備人的理性能力，卻已經生具一些初步的推理元素。他們的心靈，還不是邏輯的心靈，而是前邏輯的（或者說，非常不完美的邏輯）心靈。他們那些散漫、有缺陷的邏輯功能，一步步從前邏輯階段向邏輯階段演化。理性、知性和邏輯能力是歷史現象。有邏輯史，就像有技術史那樣。沒有任何證據暗示，我們現在所知的邏輯，是知性演化的最終階段。人的邏輯是一個介於前人類的非邏輯和超人類的邏輯之間的歷史階段。理性與心靈，作爲人最有效的求生稟賦，是鑲嵌在不斷流逝的生物演化長河中的東西。它們既不是永恆的、也不是不變的，而是短暫的。

再說，每個人在各自的發展過程中，不僅同樣都經歷生理的蛻變，從一個簡單的細胞變成一個非常複雜的哺乳類有機體，而且也同樣都經歷心靈的蛻變，從一個純植物性和動物性的生物變成一個理性的心靈。心靈的這種變化，並非完成於出生前的胚胎階段，而只能完成於新生的小孩逐步覺醒人的意識之時。每個人在年幼時，都從黑暗的深淵出發，歷經好幾個不同的心靈邏輯結構發展階段，才終於覺醒人的意識。

然後，還有動物的例子。我們全然知道有一道無法跨越的鴻溝，把人的理性，和動物的大腦以及神經系統的被動反應程序，分隔開來。但是，同時我們也覺得動物的大腦中，有一些力量不斷朝理性之光拚命掙扎。那些力量就好像囚犯急於衝破永恆黑暗的監獄牢籠，急於脫離自動機器般的無意志存在狀態（automatism），卻是什麼也衝不破、怎麼也逃不掉。我們感覺和它們相同，因爲我們自己也處在類似的位置：徒然要把智能器官的作用界限往外推，妄想追求不可能達到的完美認識。

但是，人心有沒有先驗的元素，是一個根本不同的問題。它和意識或理性如何產生的問題無關，而只問人心的邏輯結構有什麼基本必備的特徵。

基本的邏輯關係是不能證明或否定的。要證明它們正確或不正確，首先都必須假定它們正確有效。對一個自己不知道基本邏輯關係的人，不可能闡明基本的邏輯關係；任何人企圖按照下定義的規則去定義它們，必定失敗。它們是最原始、最根本的命題，先於任何名目的或實質的定義。它們是終極的、無法進一步分析的概念；任何違背它們的邏輯關係，人心完全無法想像；不管超越人類的生物會怎樣看待它們，對人類來說，它們是不可否認的、絕對必然的，是感知、領悟和經驗不可或缺的先決條件。

基本的邏輯關係也是人的記憶不可或缺的先決條件。自然科學界現在傾向把記憶描述爲更一般的現象的一種特例。每一個有機體都保存先前所受刺激的影響，而無機物的現狀，則是由它過去所受一切影響塑造而成的。宇宙現狀就是過去歷史的產物。所以，打個不太相配的比喻，我們可以說，地球的地質結構保存了所有早先宇宙變化的記憶，而每個人的身體則是其祖先和其本人的命運與際遇的沉澱。然而，人的記憶和宇宙演化的結構統一性與連續性，其實是完全不同的兩回事。記憶是意識現象，因此有其邏輯先驗的條件。成年人不記得他身爲胎兒與乳兒時的任何事情；對於這個事實，心理學家向來覺得困惑。佛洛伊德（Freud）嘗試解釋這個失憶現象，說它是潛意識壓抑不愉快的回憶所致。其實眞正的原因是，無意識狀態是沒有什麼經驗可記憶的。無論是對胎兒、乳兒或成年人來說，像自動機器般的純動物性、無意識的反應，都不是可供記憶的材料。只有意識清醒時的狀態，才能有記憶。

人心不是一張白紙，可供外部事件寫上它們自己的歷史；人心具備一套工具，藉以掌握事實和經驗。人，在從阿米巴演化到現在這個樣子的過程中，獲得了這一套工具，亦即，人心的邏輯結構。然而，這一套工具在邏輯上是先於任何經驗的，亦即，它們是經驗的先決條件。

人，並非只受外來刺激完全支配的動物，雖然這些刺激不可避免的決定了他的生活環境。人也是一個自主行爲的生物。而行爲範疇，就其爲人心固有的概念而言，在邏輯上是先於任何具體行爲的。

人，沒有這樣的創造力，去想像和基本邏輯關係相悖的邏輯關係，或想像和因果觀與目的論相悖的認知原則；這樣的事實迫使我們承認某個認識論原則。這個原則，也許可稱爲方法論的先驗主義（methodological apriorism）。

每個人在日常行動中都一再見證，一般思想與行爲範疇的不變性和普遍性。他對同胞講話、想要告知或說服他們，也會問別人或回答別人的問題。他之所以能這麼行動，完全是因爲他能倚仗某個大家共同的東西——亦即，人的理性有一共同的邏輯結構。對人心來說，A可能同時也是非A，或偏好A甚於B又同時偏好B甚於A，這樣的想法，根本是不可思議和荒謬的。我們不可能理解任何前邏輯或超邏輯的思維。

我們甚至不能想像沒有因果觀和目的論範疇的世界。

在人心能夠理解的領域之外，是否還有其他領域，存在著某種截然不同於人的思想和行爲的東西？這樣的問題，對人來說，無關緊要；任何來自這種領域的東西，絕不會被人認知，絕不會進入人心、成爲知識。事物本身（things-in themselves）是否不同於我們眼裡所見的那個樣子？是否有我們不能揣測的世界？是否有我們不能理解的想法？這些都是毫無意義的問題，都超出人的認知範圍。人的知識受制於人心的邏輯結構，如果人心選擇人的行爲作爲研究主題，則所指的行爲，除了是人心特有的行爲範疇，以及是人心對不斷生成與變化的外在世界的投射外，不可能有別的意思。所有行爲學的定理，都僅指涉行爲隱含的範疇，而且也僅在這些範疇的運作範圍內有效。關於人從未夢想過，而且也不能想像的那些世界或關係，行爲學不會妄想要傳達什麼知識。

所以，行爲學是關於人的，這個說法有雙重意思。一是，行爲學所陳述的那些定理，在它們的前提所精確界定的範圍內，對一切人的行爲普遍有效。二是，行爲學只研究人的行爲，對於非人的，不管是次於人的或超越人的行爲，它不期望知道些什麼。

關於原始人的邏輯據稱和現代文明人不同的傳說

有一普遍的誤解，認爲布留爾（Lucien Levy-Bruhl）的著作支持這麼一個學說：原始人，不管是過去的或現代的，其心智邏輯結構，和現代文明人截然不同。其實正好相反，布留爾在仔細檢視所有民族學研究資料後，就原始人的心智功能所給的報告，清楚指明：根本的邏輯關係，以及思想和行爲的那些範疇，在野蠻人心智活動中所扮演的角色，和在現代文明生活中所扮演的角色，沒什麼兩樣。原始人的思想內容和現代文明人的思想內容雖然不同，但兩者的形式和邏輯結構卻是一樣的。

沒錯，布留爾本人認為，原始人的心態本質是「神祕的和前邏輯的」；原始人所使用的集體表述觀念（collective representations）受制於「互滲律」（law of participation），因此不在乎「矛盾律」（law of contradiction）。然而，布留爾所謂的前邏輯和邏輯思想的區分，指的是思想內容上的不同，而不是思想形式上或範疇結構上的不同。因為他宣稱，即使是像我們這樣的現代人，也常使用一些受制於「互滲律」的觀念，以及這些「互滲律」觀念之間的關係；這些觀念和關係，或多或少與遵循推演律（law of reasoning）的邏輯觀念和關係分庭抗禮，或多或少干擾推演律的觀念和關係，卻不能根除，兩者總是相伴相隨。「前邏輯的和神祕的觀念，和邏輯的觀念比肩並存。」[3]

布留爾貶抑基督教的基本教義，將其歸類到前邏輯心靈的領域。[4]沒錯，對於基督教的某些教義，以及神學對那些教義的解釋，一般人也許能夠、也的確已提出過不少反對的理由。但是，絕不會有人敢說，基督教的神職人員和哲學家，特別是聖奧古斯丁（St. Augustine）和聖湯瑪士（St. Thomas）等人所擁有的心靈，其邏輯結構和現代文明人截然不同。相信奇蹟和不相信奇蹟者之間的爭論，涉及到的是思想的內容，而不是思想的邏輯形式。試圖證明可能有奇蹟或確實發生過奇蹟的人，也許錯了；但是毫無疑問，要揭露這種想法的錯誤，譬如，像休謨（David Hume）和穆勒（John S. Mill）等人精采的文章所揭露的錯誤，所涉及的邏輯，其錯綜複雜度，不亞於要拆穿任何哲學或經濟學謬誤時必須克服的複雜度。

探險家和傳教士報導稱，非洲和玻里尼西亞的原始人，每當對事物有了最初步的認識後，便突然停下來，只要能避免推演深究，就絕不去推演深究。[5]歐洲和美國的教育家對他們的學生，有時候也有相同的報導。關於尼日河（the Niger）畔的摩西族（the Mossi），布留爾引述某位傳教士的報告說：「和他們交談，只能談女人、食物和農作收穫（在雨季時）。」[6]但許多我們這一輩的人，乃至牛頓、康德和布留爾的鄰居，比較喜歡談的還不是一樣，又有什麼其他話題？

從布留爾的研究中可以得到的結論，用他自己的話來表達最清楚：「原始人的心靈，就像現代文明人的心靈一樣，急於爲發生在周遭的事情找到理由，只是他們尋找理由的方向，和現代文明人大不相同。」[7]

一個渴望豐收的農夫，根據他的思想內容，可能選擇不同的手段。他可能舉行一些魔術般的儀式、可能出發去朝聖、可能給他的守護神像供奉一根蠟燭，或者可能施用更多、更好的肥料。但是，不管他做了什麼，總歸是行爲，亦即，總是爲了達到某些目的而使用了某些手段。廣義而言，魔術也是一種技術。驅魔應是一個思慮過的有目的的行爲，只是驅魔所根據的那個世界觀，現代人大多譴責爲迷信、判定驅魔是不適當的方法。但是，行爲這個概念，只隱含行爲者相信所施用的手段將產生想要的效果，並不隱含行爲需有正確的理論指導，也不隱含需有保證成功的技術、或保證行爲達到所追求的目的。

就所有的人來說，不管是什麼種族、什麼年代或什麼國家，心靈的邏輯結構都是一樣的。民族學或歷史並未提供任何事實牴觸這個主張。[8]

第三節　先驗和真實

先驗的推理是純概念的、純演繹的，除了邏輯上的恆眞式和分析性的論斷，它產生不了別的東西。它的所有含義，都是從一些前提邏輯推演出來的，都已經蘊含在前提裡面。因此，某個流行的反對意見認爲，先驗的推理對我們的知識並無所增益。但其實不然。

幾何學的所有定理都已經蘊含在公理（axioms）裡，譬如，直角三角形的概念已經蘊含畢氏定理，這個定理是一個恆眞式，是幾何學演繹所導致的一個分析性論斷。然而沒有人會說，整個幾何學，尤其是畢氏定理，沒擴大我們的知識。從純粹演繹性質的推理所得到的認識，也是創造性的，它爲我們的心靈打開通道，通向先前封閉的領域。先驗推理的重大任務，一方面是要把所有隱含在範疇、概念和前提裡的關係凸顯出來，另一方面則是要顯示什麼是它們所未隱含的。先驗推理的使命，是要把先前隱藏起來的和不爲人知的，變得明顯可見、容易理解。[9]

貨幣理論的所有定理也都已隱含在貨幣的概念裡了。譬如，除了已實質蘊含在貨幣概念裡的關係，貨幣數量學說並沒給我們的知識增添任何東西。這個學說變換、發揚和展開貨幣概念；它僅僅分析貨幣概念，就像畢氏定理分析直角三角形的概念那樣，它只是一個邏輯恆眞式。然而，沒有人會否認貨幣數量學說的認知價值。對沒受過經濟學啓蒙的人來說，它仍然是個陌生的命題。前人爲了解決一些和貨幣相關的問題，歷經的那一長串失敗的嘗試，充分表明，要達到現階段的知識程度談何容易。

先驗的科學理論體系未能提供我們對於眞實現象的完整認識，但這不是它的瑕疵。先驗的概念和定理，是打開通道、通向完整掌握眞實的思考工具。毫無疑問，它們本身還不是關於所有眞實事物的全部知識；但是，理論和理解活生生、不斷變化的眞實，並不是相互對立的。沒有理論，或者說，沒有先驗的、一般性的人的行爲科學理論，絕不可能理解眞實的人的行爲世界。

長久以來，理性和經驗的關係一直是哲學的根本問題。像所有其他認識論問題，哲學家在論述這個問題時，只想到自然科學，從未正視人的行爲科學。因此，對行爲學來說，哲學家在認識論方面的貢獻毫無用處。

哲學家處理經濟學在認識論層次的問題時，通常採用某個專爲自然科學設想的解決方案。有些撰述者引用龐加萊（Poincare）的慣例主義（conventionalism），[10]把經濟學據以推演的那些前提，看成是某種語意或假設慣例。[11]其他撰述者則偏向默認愛因斯坦（Einstein）的想法。愛因斯坦曾提問：「人的理性，完全不倚賴經驗，所創作出來的數學怎能如此精妙切合眞實的事物呢？人的理性，難道眞能經由純粹的推論演繹，毋須經驗的協助，就能發現眞實事物的面貌？」而他自己的答案則是：「數學的定理，如果指涉眞實，便不是確定的，而如果是確定的，便不指涉眞實。」[12]

然而，人的行爲科學和自然科學截然不同。所有熱中依照自然科學模式，爲人的行爲科學建構認識論體系的論述者，他們所犯的錯誤都低劣到可嘆！

人的行爲，即作爲行爲學主題的那種眞實的存在，和人的推論演繹，本就出自同一來源。行爲和理性是同源、同質的，甚至可以說，是同一事物的兩個面向。理性所以能夠經由純粹的推論演繹，揭露行爲的根本面貌，就是因爲行爲是理性的衍生物。正確的行爲學推論演繹而得的定理，不僅和正確的數學定理一樣完全確定、無可爭辯，而且還帶著數學定理必然確定、無可爭辯的特性，嚴絲密縫的指陳出現在日常生活與歷史中的眞實行爲。行爲學傳達的，是嚴密準確的眞實知識。

行爲學的出發點，不在於選擇某些假設作爲公理或決定某個研究程序，而在於嚴謹思考行爲的本質。任何行爲，無一不是完整呈現行爲學據以推演的那些範疇的。任何想得到的行爲模式，無一不能清楚區分、精確分隔手段與目的，或成本與收益。絕不會有什麼事件只是近似或不完全符合交易行爲這個經濟學概念。也就是只有交易與非交易；而且所有關於交易的一般定理及其含義，對於任何交易行爲，都嚴格有效。交易與非交易之間或直接交易與間接交易之間，絕沒有什麼過渡階段，絕不可能有任何牴觸行爲學定理的經驗。

這種牴觸的經驗，自始便不可能有。因爲和人的行爲有關的所有經驗，都以行爲學據以推演的那些範疇爲其先決條件；而且唯有應用那些範疇，才可能經驗到人的行爲。如果我們心中沒有行爲學推演而得的概念體系，就絕不可能辨識或理解人的行爲。我們僅僅會看到一些動作，而看不到買或賣，看不到價格、工資率、利率等等。唯有應用行爲學的理論體系，才能得到關於買賣行爲的經驗；但那時候我們是否察覺到這種經驗，便和我們的感官是否察覺到有哪些人爲的具體動作，或外在非人爲因素有哪些具體變動伴隨著該經驗，沒有絲毫關係。沒有行爲學知識的協助，我們永遠不會了解交易媒介是什麼。如果沒有這種預先存在的知識，在我們碰到錢幣時，我們將只會把它看成一種金屬圓板而已。關於貨幣的經驗，需要經驗主體事先熟悉交易媒介這個行爲學概念。

關於人的行爲的經驗和自然現象的經驗，兩者不同的關鍵在於，前者需要、並且預設行爲學的知識。這也是爲什麼自然科學的方法，不適用於研究行爲學、經濟學和歷史的原因所在。[13]

在論斷行爲學的先驗性質時，我們並不是想另起爐灶，企圖創立一門和傳統人的行爲科學不同的新科學。我們並非主張理論性的人的行爲科學應該是先驗的，而是主張人的行爲科學現在就是先驗的，而且一直以來都是先驗的。要嚴謹思考人的行爲所引起的問題，便必然要用上先驗的推論。關於這一點，不管是誰在思考或討論問題，不管是旨在探索純知識的理論家，或是渴望理解正在發生的變化，想要發覺哪種公共政策或私人策略最符合他們自己利益的政治家、政客與普通公民，都不會有什麼分別。一開始，人們也許會爭論某個具體經驗有什麼意義，但這爭論必然會從相關事件的那些偶然的和附帶的特點，轉向分析一些根本原則，從而不知不覺就不再提起具體發生了些什麼事實；儘管這爭論是由此具體事實引起的。自然科學的歷史，是一部因牴觸經驗而被拋棄的理論與假說的記錄，例如，該記得伽利略（Galileo）所駁倒的那些古老的力學謬論或燃素理論的命運吧！然而，經濟學的歷史裡，卻沒有這樣的記錄。一些邏輯上不相容的理論還是各有各的擁護者，往往引用同一事件，證明各自的觀點已經通過經驗的檢定。事實上，同一個複雜現象的經驗——在人的行爲世界裡，其實也沒有什麼不是複雜現象的經驗——總是能根據各種對立的理論給予解釋。至於這解釋大家認爲滿意或不滿意，就要看事前根據先驗的推理分別建立起來的那些對立的理論，到底大家認爲滿意或不滿意。[14]

歷史不可能傳授任何一般性的規則、原則或定律。沒有辦法從歷史經驗提煉出任何和人的行動方針或政策有關的理論或定律。如果歷史事件不能根據有系統的行爲學先驗知識予以澄清、安排和解釋，歷史將只是把許多不相連的事件胡亂堆積在一起的一堆資料罷了。

第四節　個人主義方法論

行爲學論述的，是個人的行爲；至於人與人的合作，則是在探索和研究的道路上進一步達到的認識。社會行爲，譬如，人與人合作的行爲，是當成（包羅更廣泛的）個人行爲的一個特例來論述的。

行爲學所秉持的個人主義方法論（methodological individualism），一向遭到各種玄學門派的激烈批評，被汙衊爲「唯名論」（nominalism）的謬論。批評者說，「個人」是一個空洞抽象的概念，眞實存在的人，必然總是某個社會集合體的一個成員；不可能想像有什麼樣的人，會和人群分離、和社會沒有聯繫。人之爲人，是社會演化的產物。人最爲突出的特徵——理性，只可能出現在社會的相互關係架構中。人的思想無不倚賴語言所提供的概念和觀念，而語言顯然就是一個社會現象。人，總是某個集體的成員，而在邏輯上和時序上，集體都先於它的成分或成員。所以，批評者認爲，對個人的研究，也應排在對社會集體的研究之後。科學要論述人的問題，唯一適當的方法，是全體主義（universalism）或集體主義（collectivism）的方法。

可是，邏輯上集體或其成分誰先誰後的爭議，其實毫無意義。邏輯上，集體和其成分是兩個關聯詞；既然都是邏輯的概念，它們兩者都是獨立於時間之外的，沒有誰先誰後的問題。

同樣不適當的，是前述批評者牽扯中古世紀繁瑣哲學所謂實在論（realism）與唯名論的爭議。在人的行爲世界裡，沒人爭辯，社會是否確實存在；也沒人敢否認，國家、自治州、市政府、政黨、宗教團體等等，是影響人間世事發展的眞實因素。行爲學雖秉持個人主義的方法論，但不只絕不爭辯這些集合體的重要性，甚至認爲描述與分析它們的生成、消失、結構變化與運作，是行爲學的主要任務之一。它並且還選用了唯一可以滿意解決這些問題的方法。

首先必須認清，所有行爲都是由個人執行的。集合體始終是透過某個或某些人的行爲來運作的，集合體作爲個人行爲的二次源（secondary source），和這些人的行爲發生關係。某個行爲的性質，取決於行爲人，和所有受到該行爲影響的人，對該行爲有什麼樣的意義認定。這種意義認定，可能判定某個行爲是個人的行爲，而另一個行爲則是某個國家或某個市政府的行爲。處決犯人的，是刑場的劊子手，不是國家；而從劊子手的行爲中，認出它是國家行爲的，則是相關人等所了解、認定的意義。又譬如，一群武裝人員占領某個地方。也是相關人等所了解的意義，把這占領行爲歸屬於他們的國家，而不歸屬於執行占領行動的軍官和士兵。如果我們仔細考察相關人等所完成的各個行爲的意義，我們就必然會了解集合體行爲的一切。因爲社會集合體不存在於其個別成員的行爲之外。一個集合體的生命，存活在構成該集合體的那些個人的行爲中。無法想像，有什麼社會集合體不是倚賴個人的行爲在發揮作用。一個社會集合體的眞實性，就在於它能指揮某些人完成一定的行爲。所以，認識集合體的途徑，唯有透過個人的行爲分析。

人，作爲一個能思想與行爲的生物，在脫離他的前人類狀態而成爲人的時候，便已經是一個社會性的生物。理性、語言與社會合作的演化，是同一過程的結果；它們是不可分割、必然連結在一起的。但是，這個過程發生在個人身上，也完全表現在個人行爲的變化上。這個過程，除了發生在個人身上，沒發生在其他實體上。除了個人的行爲，沒有別的社會基底。

只有在個人的行爲上，才可能看出有國家、有自治州、有教會，乃至有分工下的社會合作。絕不曾有人看出有某個國家，卻沒看出它的國民。就此意義而言，我們可以說，社會集合體是透過個人的行爲而顯現的。這不是說，個人在時序上先於集合體存在，而是說，個人的特定行爲構成了特定集合體。

至於一個集合體是否只是其成分的簡單加總或是涵蓋更多，則毋須爭論；同樣毋須爭論的是，集合體是否爲自成一類的實體，是否有它的意志、計畫、目的和行爲，乃至有一獨特的「靈魂」。這種掉書袋子的爭論是沒有用的。某個集合體就是某些個人行爲當中的一個特別面向，因此是影響事態發展的一個眞實的存在。

只有陷入幻想的人，才會以爲集合體的形象可以想像。集合體絕不是某種可以看見的東西；對於集合體的認識，總是要先了解相關行爲人認爲他們個別的行爲有什麼意義之後，才可能達到。我們能看見一大群人，至於這一群人究竟只是單純的團聚，或是（現代心理學所謂沒有個性的）烏合的群眾，或是有組織的團體，或是其他種類的社會集合體，則只有在了解這群人心中認爲他們來到現場的意義後，才答得出來。而這裡所謂的意義，總是每個人自己認爲的意義。要認識社會團體，靠的不是我們的感官，而是我們的了解，這是一個心智過程。

那些主張要從集體著手研究人的行爲的人，會碰到一個無法跨越的障礙，那就是，事實上，個人——最原始部落裡的人除外——能同時屬於、而且實際上也屬於許多不同的集合體。許多社會團體同時並存、而且彼此對立所引起的問題，只有個人主義方法論才能解決。【15】

我和我們

「自我」（Ego）指個別的行爲者自身。「自我」無疑是給定的存在，是不可能被任何推論或狡辯分解掉或變不見的。

「我們」這個詞，指的永遠是把兩個以上的「自我」加在一起而成的東西。如果某人說「我」，毋須追問便可確定它的意義。至於「你」的意義，同樣毋須追問，只要確切指明代表何許人，「他」的意義也同樣毋須追問。但是，如果某人說「我們」，那就需要更多的訊息，才能確定包含在「我們」這個代名詞裡的「自我」究竟是哪些人。說「我們」的，總是一個、一個的人；即便他們齊聲說「我們」，它仍然是一個、一個人的說詞。

「我們」不能行爲，除非其中每一個人都爲自己而行爲。「我們」當中這些人，或者能全體一致地行爲；或者當中某個人可以代表他們全體而行爲。在某個人代表全體行爲的場合，行爲人以外的那些人的合作，在於他們促成某種情況，讓該個人的行爲對他們來說一樣有效。所謂社會集合體的官員代表全體行爲，只就這個意義而說；也就是，該集合體的個別成員或者促成，或者允許該代表人的行爲也關係到他們。

現代心理學企圖分解「自我」，或想要拆穿，說「自我」是個幻覺；這種努力是沒意義的。行爲學的「自我」是無可置疑的。任何人不管過去是什麼，也不管將來可能變成什麼，他在選擇與行爲的當下，就是一個「自我」。

必須分辨光榮的多數和邏輯的多數（以及純禮儀的莊嚴的多數）。[16]如果某個從未嘗試溜冰的加拿大人說：「我們是世界上最優秀的冰上曲棍球球員！」或某個義大利莽漢驕傲的宣稱：「我們是世界上最傑出的畫家！」沒人會受騙上當。但是，當涉及政治和經濟問題時，光榮的多數往往演變成帝權的多數[17]，因此具有不可忽視的作用——它讓某些影響國際經濟政策的學說更容易讓人接受。

第五節　單一主義方法論

行爲學的研究，不只從個人的行爲著手，更要從個人的單一個行爲著手。它不是籠統的論述一般人的一切行爲，而是論述某個確定的人、在某個確定的時間、某個確定的地點所完成的某一個具體的行爲。但是，行爲學關心的，當然不是這個具體行爲的那些偶然的、附帶的特點，也不是這個行爲和所有其他行爲有什麼不同；它只關心在這個行爲的執行中，有哪些必然的、普遍的含義。

自古以來，全體主義的哲學一直阻礙學者適切掌握行爲學問題；直到我們這一代，全體主義者還是完全不知道如何下手處理行爲學問題。全體主義、集體主義和概念實在論（conceptual realism）者只想到全體的和全稱的東西。他們思考論述的對象是人類、民族、國家、階級、美德與惡行、對與錯、整個類別的慾望與商品。例如，他們問：爲什麼「黃金」的價值高於「鐵」的價值？於是，他們永遠找不到答案，只碰到矛盾和悖論。最著名的例子是古典經濟學家所謂價值悖論的問題；它甚至阻撓古典經濟學進步。

行爲學問的是：行爲當中，究竟發生了什麼？說某人那時在那裡行爲，或今天在這裡行爲，或無論何時在哪裡行爲，那行爲是什麼意思？如果他選了某樣東西而拒絕了其餘，後果會是什麼？

選擇的動作，永遠都是做選擇的那個人，在可供他自由選擇的幾個不同的機會中做出決定。人，從來不是在善與惡之間做選擇，而是在某種觀點稱爲善或稱爲惡的兩個具體的行爲模式之間做選擇。人，從來不是在一般的「黃金」和一般的「鐵」之間做選擇，而是永遠在某一確定量的「黃金」和另一確定量的

「鐵」之間做選擇。每一個行爲的直接後果都極爲有限；如果我們想得到正確的結論，首先必須注意這些限制。

人生就是不間歇的一序列、一個接著一個的行爲。各個行爲絕不是孤立的，每一個行爲都是一連串行爲中的一個環節；一連串行爲合起來，在某一較高層次構成一個行爲，追求較遙遠的目的。每一個行爲都有兩個面向：一方面，擺在一個比較遠大的行爲框架裡，它是該比較遠大行爲的一部分行爲，要完成所設定的一部分目的；另一方面，相對於它自己的諸多部分所要達成的各個目的而言，它本身就是一個完整的行爲。

至於這兩面向中，究竟是那個比較遠大的行爲、抑或是針對比較直接目的的某一部分行爲，將被凸顯出來，端看行爲人當下所籌謀的計畫範圍大小而定。行爲學毋須處理完形心理學（gestalt-psychology）所提出的那一類問題。偉大事業的完成之道，總是必須經由完成一樁又一樁小部分的工作。沒錯，一座大教堂是比一堆石塊疊在一起還要多的東西。然而，蓋成一座大教堂的唯一程序，卻是把一個石塊疊在另一個石塊上。對建築師來說，主題是一整座教堂。對石匠來說，主題是一面牆，而對磚匠來說，主題是一個又一個石塊。對行爲學來說，重要的是這個事實：要完成比較遠大的工作，唯一的方法是從基礎開始，一步一步、一點一滴的做。

第六節　人的行為的具體內容；個人與不斷改變的行為特點

人的行爲的內容，也就是，人想要達到的目的，以及爲了達到目的所採用的手段，取決於行爲人的個人特性。個人是某一條綿長的動物血脈演化的產物，這條血脈的演化，形成了他所繼承的生理遺產。他生爲其祖先的後裔和繼承人，先人所經歷的一切，沉澱、積聚成爲他的生物性遺產。當他出生時，他不是出生在這一般意義的世界上，而是出生在某個具體的環境中。在他人生旅途的每一刻，先天的、遺傳的生物性特質，以及歲月在他身、心留下的一切痕跡，決定他是一個什麼樣的人。這些是他的命與運。就玄學所謂「自由」的意義而言，他的意志顯然不是「自由」的。他的意志，取決於他的人生背景，也就是，取決於他本人和他的先人曾遭受的一切影響。

傳承和環境引導個人行爲，向他建議行爲的目的和手段。他並不是只以一般人的身分活著：他是他的家族之子、他的種族之子、他的民族之子，以及他的時代之子；他是某個國家的公民、某個社會團體的成員、某種職業的從事者；他是某種宗教、某種玄學、某種哲學和某種政治理念的追隨者；他是許多爭執和論戰中某一方的黨員。他的種種觀念和價值標準，不是他自己創造的，而是從別人那裡承襲過來的。他的想法是環境灌輸給他的。只有極少數天賦才具的人，能想出嶄新、原創的觀念，能改變傳統的信仰和理論體系。

普通人不會去思考大問題，對於大問題，他仰賴權威人士的意見。他就像羊群裡的一頭羊，「像每一個端正的傢伙必定會做的」那樣行爲。正是這種心智上的惰性，表徵某個人是一個普通人。然而，普通人也會選擇，選擇採取傳統的行爲模式或別人的行爲模式，因爲他相信那麼做最適合獲得幸福。而且他也會隨時改變想法，從而改變行爲模式，只要他相信改變比較符合自己的利益。

個人的日常行爲大多是單純的習慣性動作，他不會特別注意執行什麼動作。通常他所以做這事或那事，是因爲從小就被訓練要做這些事，也可能是因爲別人同樣在做這些事，或因爲他周遭的人習慣做這些事。他養成一些習慣、發展出一些自動反應，也沉湎於這些習慣和自動反應，只因爲他還覺得它們的效果良好。不過，一旦他發現這些習慣和自動反應可能妨礙他想達成的一些更重要的目的，他就會改變他的心態。一個在水源乾淨的地方長大的人，養成了放心飲水、洗澡和泡浴的習慣；可是當他遷移到水源受到病菌汙染的地方時，他對一些從未煩惱過的行動步驟就會給予最高度注意。他會時時刻刻提醒自己，千萬別再沒頭沒腦、沉湎於過去習慣的程序和自動反應，以免受到傷害。在尋常時候，即使某個行為可以說是自動自發完成的，也絕不表示該行為不是出自清醒的意志和刻意的選擇。沉湎於某個可能改變的習慣，也是一種行爲。

行爲學不論述不斷變化的行爲內容，而只論述行爲的純粹形式，以及行爲根本性質的一般結構。至於具體行爲的那些偶然與環境特點，則是歷史論述的對象。

第七節　歷史的範圍和專門的研究方法

一切和人的行爲有關的經驗資料，其研究都屬於歷史的範疇。歷史學家蒐集、批判、篩選所有可以取得的文件，以這種證據爲基礎，著手進行眞正的歷史工作。

有人堅決主張：歷史的任務，是揭露事實，敘明過去事件究竟如何發生，不容許添加任何預設的想法或價值判斷（亦即，對所有價值判斷保持中立）。歷史學家的報告應該是一幅忠實記錄過去的圖像，宛如一張供我們的心眼審視的照片，不偏不倚的完整呈現所有事實，爲我們的心眼重現過去事件的全貌。

且說，若要眞實重現過去，所需的複製工作不是人力可能做到的。歷史並不是過去事件的一個臨摹、復刻，而是一個濃縮的概念化描寫。歷史學家不會只讓歷史事件自說自話、不加以解釋，而是會根據某個通盤想法去介紹歷史事件，以及根據這個想法背後的一些理念，鋪陳歷史事件。他只介紹與他所採通盤想法有關的事實，不會滴水不漏的介紹所有發生的事實。他不會毫無預先設想就著手處理歷史文件；相反的，他必然會運用當代科學知識所提供的全套工具，亦即，應用當代邏輯學、數學、行爲學和自然科學給予他的一切教誨。

不用說，歷史學家絕不可心存成見或受黨派信條影響而有所偏頗。那些把歷史事件當成武器，進行黨派鬥爭的論述者，稱不上歷史學家，而不過是宣傳員、辯護者罷了。這些人不在乎獲得知識，而僅僅熱中於爲自己擁護的黨綱辯護；他們是在爲某個玄學學說、某個宗教教義、某個民族主義、某個政治或社會學說的教條而奮鬥。他們盜用歷史的名義當作幌子，掩護他們的宣傳，矇騙輕信者。而歷史學家則必須以認知爲首要目標，要求自己保持不偏不倚；必須準此意義，對任何價值判斷保持中立。

在邏輯學、數學和行爲學等先驗科學的領域，以及在注重實驗的自然科學領域，價值中立的要求很容易滿足。就這幾門科學而言，要明確分辨什麼是科學、不偏不倚的論述，以及什麼是受到迷信、先入之見和激情扭曲的論述，在邏輯上並不困難。但就歷史而言，要遵從價值中立的要求就比較困難。因爲歷史的主題——受到偶然、環境因素影響的人的行爲的具體內容，歸根究柢是種種價值判斷，以及價值判斷對變化中的實際世界的行爲投射。歷史學家的研究工作，每一步都和價值判斷有關；歷史事件中行爲主角的價值判斷，正是他研究主題的底層基礎。

有人斷言，歷史學家自己不可能避免價值判斷。絕沒有哪個歷史學家會把所有發生的事實都記錄下來，即使是純眞的編年史作者和新聞記者也不會那麼做。他必定會鑑別、選擇一些他認爲值得記錄的事實，其餘事件置之不理。而這選擇，本身便隱含某種價值判斷；它必然受限於歷史學家的世界觀，也因而未必是公正不偏的，更可能是一些先入之見的產物。歷史，除了是扭曲的事實，不可能是別的東西；它絕不可能是眞正科學的，絕不可能價值中立、只在乎發現眞實。

毋庸置疑，歷史學家可能濫用他在選擇事實時所擁有的自由裁量權。黨派偏見引導歷史學家的選擇，這種事情可能發生，也的確發生過。然而，這方面涉及的一些問題，比起上述那個流行意見希望我們相信的，要複雜多了。要解決這些問題，必須對歷史研究方法先有比較徹底的了解。

在處理歷史問題時，歷史學家應用邏輯學、數學、自然科學，以及行爲學，特別是行爲學所提供的一切知識。然而，這些非歷史學科所提供的思考工具，並不足以完成他的任務。對他來說，那些都是不可或缺的輔助工具，然而光靠它們，不可能回答他要處理的問題。

歷史的進程，取決於許多個人的行爲，以及這些行爲的效果。而這些行爲則取決於行爲人的價值判斷，亦即，取決於行爲人渴望達到哪些目的，以及他們爲了達成這些目的而採用了哪些手段。手段的選擇，則取決於行爲人所掌握的全部技術知識。在許多情況下，藉由行爲學或自然科學的觀點可以看出，那些被採用的手段會有哪些效果；但是很多事情仍然有待釐清，不是這些非歷史學科所能幫忙的。

歷史學的特殊任務，就是研究那些不能應用非歷史學科所提供的知識來分析的價值判斷和行爲效果；爲了完成這種任務，它使用一種特殊的方法。歷史學家的眞正問題不外是解釋事情究竟如何發生，但是只靠非歷史學科所提供的定理，並不可能解決這個問題。因爲在每一個需要解釋的問題底部，總還有一些東西並不是非歷史學科的知識所能分析的。於是，歷史學處理每一個事件當中一些個別、獨特的價值判斷和行爲效果時，就運用它特有的了解（understanding）方法進行研究。

就每一個歷史事實來說，當邏輯學、數學、行爲學和自然科學等非歷史科學所提供的一切解釋手段已經用盡，還留在事實底部的那個獨特或個別的東西，就是最終給定的因素或最終資料（ultimate datum）。自然科學對於自身領域的最終資料，除了認定是最終資料外，沒有別的可說；但是歷史則不然，它能夠嘗試讓它的最終資料變得可以理解。雖然最終資料不可能還原成某些前因——如果能夠這樣還原，就不是最終資料了——歷史學家卻能夠了解它們，因爲他自己便是一個人。在柏格森（Henri

Bergson）的哲學中，這種了解稱爲直覺（intuition），也就是，「一種同理心，指個人賴以代入某個對象的內心來鑑別它有哪些獨特的，所以也是難以形容的性質。」[18]德國的認識論稱此爲人文科學特殊的了解，或簡稱爲了解（verstechen）。這是所有歷史學家和所有其他人，在評論人世間的陳年往事和預測未來時常用的方法。了解方法的發現和界定，乃是現代認識論最重要的貢獻之一。當然，這裡不是在規劃一門尚未存在、但即將建立的新科學，也不是在爲哪一門既有的科學建議新的研究方法。

了解絕不可和贊同混淆，即使是有條件、附帶的贊同。歷史學家、民族學家和心理學家，有時候會記錄一些他們自己覺得根本是醜惡、討厭的行爲；其實他們只當作已發生的行爲加以了解，也就是，要確認該等行爲背後有哪些目的，執行時又採用了哪些技術面、行爲面的方法。他們了解某一行爲，不等於贊同該一行爲，或企圖爲它辯護。

了解也絕不可和神入（empathy）鑑賞某一現象混淆。神入和了解是截然不同的兩種心態。後者是從歷史的角度了解一件藝術作品，以確定它在世事流變中的位置、意義及重要性；前者則是從情感的角度品味、鑑賞它。這是不同的兩回事。某個人能以歷史學家的眼光看待一座大教堂，也能以熱情崇拜者或冷漠觀光客的眼光，來看待同一座教堂，也就是同一個人可以展現這兩種不同的反應模式，既能夠神入鑑賞，又能夠合乎科學的了解、掌握。

歷史專用的了解，嘗試確立這樣的事實：某人或某一群人，曾基於某一明確的價值判斷和選擇，爲了達成某些明確的目的，採用某些技術方面、醫療方面和行爲方面的特定學理所提示的某些明確的手段，從事某一明確的行爲。了解還試圖進一步評估這個行爲，看它究竟產生了哪些效果，以及該等效果的強度；它試圖爲每一個行爲定位，也就是要評定這個行爲在世事發展過程中，究竟曾發揮過哪些有分量的影響。

了解，是要在心裡掌握那些不能被邏輯學、數學、行爲學和自然科學完全釐清的現象，它的適用範圍也就僅限於所有這些非歷史學科未能釐清的部分；它絕不可牴觸所有這些非歷史學科的教誨。[19]有數不清的歷史文件曾經作證，這世界上有眞正肉體存在的魔鬼；雖然那些文件在其他部分還是相當可靠的。還有許多法庭，遵循正當的法律程序，根據證人的證詞和被告的供詞，曾經確立魔鬼和女巫肉體交媾的事實。然而，如果有哪一個歷史學家試圖堅持「魔鬼並非只是神經錯亂者的幻覺，而是眞實存在、並且干預了人間事務」的說法，那麼，訴諸了解，絕不可能證明該歷史學家是對的。

這一點，當涉及自然科學時會普遍得到承認，然而一旦涉及經濟理論時，有些歷史學家卻採取另一種態度。他們試圖訴諸一些據稱呈現實情、但牴觸經濟學定理的歷史文件與資料，來抗拒經濟學定理。他們沒意識到，複雜的現象，既不能證明、也不能否定任何定理，所以不能作爲反對任何理論陳述的證據。經濟史之所以可能存在，完全是因爲有一個能夠釐清經濟行爲的經濟理論。如果沒有經濟理論，關於經濟事實的報告，將不過是一堆不相關的、任何人都可以任意解釋的資料。

第八節　想像和了解

人的行爲科學的任務，在於理解人的行爲的意義和影響分量（relevance）。爲此，人的行爲科學應用兩個不同的認知方法：想像（conception）和了解（understanding）。想像是行爲學的思考工具；了解是歷史學專用的思考工具。

行爲學的認知，是概念上的認知。行爲學，指涉人的行爲必然隱含的意義，是關於人的所有行爲的共性與範疇的認知。

歷史學的認知，指涉每一事件或每一類事件當中獨特、個別的成分。它首先會借助所有非歷史學科所提供的思考工具，分析每一個研究對象；在完成這個預備工作後，再面對自己的特殊問題：以了解方法，釐清歷史事件當中獨特、個別的成分。

上面提過，有人說，歷史絕不可能是科學的，因爲歷史的了解繫於歷史學家主觀的價值判斷。一般認爲，了解，不過是武斷的含蓄說法。歷史學家的著述，總是片面的、偏頗的，它們報導的不是事實，而是在扭曲事實。

沒錯，持各種不同觀點寫成的歷史書籍確實隨處可見。關於宗教改革，有舊教觀點寫成的歷史，也有新教觀點寫成的歷史。有「無產階級」的歷史和「資產階級」的歷史；有托利黨（Tory）的歷史學家和輝格黨（Whig）的歷史學家。每 個國家、每一個黨派、每一個語言族群，都有各自的歷史學家和各自對歷史的看法。

但是，歷史解釋出現差異的問題，絕不可和冒充歷史學家的宣傳手、辯護者故意扭曲事實的問題相混淆。對於那些根據原始資料就能毫無疑問確認的事實，必須先確立起來，作爲歷史學家研究的預備工作。在這方面，了解是不適用的；因爲這是需要應用所有非歷史學科所能提供的工具來完成的工作。作爲歷史研究主題的相關事件，是經過嚴謹檢視存在的記錄後拼湊起來的。只要歷史學家在嚴格檢視記錄資料時，所根據的那些非歷史學科理論，是合理、可靠、確定的，那麼，對於相關事件本身的確立，便不可能會有什麼意見分歧。在這方面，對於某個歷史學家的陳述，究竟是正確或牴觸事實，是得到既存文件佐證或否定，或因原始資料所提供的資訊不夠充分，所以含糊不明，專家可能會有不同的意見，但這都是根據既存證據的合理解釋後所產生的分歧。這方面的討論不至於出現任何武斷的陳述。

問題在於，歷史學家對非歷史學科的教導常常看法不一。於是，在嚴格檢視歷史記錄的過程中，以及對於應該從那些記錄得出什麼結論，當然就會發生分歧，乃至引發難以調和的衝突。但是，這種衝突、分歧的原因，不是歷史學家對於具體的歷史現象抱持什麼主觀、任意的看法，而是起因於非歷史學科尚有一些未獲解決的爭議。

某個中國古代的歷史學家可能會說，某某皇帝失德導致乾旱成災，而當該皇帝懺悔罪過後，天就降下甘霖。現代歷史學家沒有人會接受這樣的說法。因爲該說法所根據的氣象學說，違背現代自然科學一致公認的基本知識。但是，對於其他許多神學的、生物學的和經濟學的問題，沒有這種全體一致的看法。於是，不同歷史學家的見解便有了分歧。

某個擁護日耳曼雅里安主義（Nordic-Aryanism）種族學說的人，對於任何有關「低等」種族的知識和道德成就的報導，肯定斥之爲神話，完全不予採信。他對待這種報導的方式，肯定會像現代歷史學家對上述那位中國古代學者的反應那樣。至於有關基督教歷史中的任何現象，在認爲福音書是聖經的一方和認爲福音書是凡人文件的另一方之間，不可能會有一致的看法。對於許多宗教事實的問題，舊教和新教的歷史學家看法相左，因爲所根據的神學觀念彼此不同。還有重商主義或新重商主義者，必然和經濟學家產生分歧；一篇一九一四年至一九二三年間的德國貨幣史報告，肯定會受到作者所秉持貨幣學說的制約。又法國大革命期間的許多事實，在君權神授論者的筆下，必然和持不同看法者呈現完全不同的面貌。

歷史學家的意見所以分歧，原因不在於他們身爲歷史學家，而在於他們針對研究主題所應用的非歷史科學。他們的意見分歧，就像對於盧爾德（Lourdes）奇蹟，相信不可知論（agnostic）的醫生，看法和那些以蒐集這些奇蹟相關證據爲宗旨的醫事委員會成員不一致那樣。只有相信歷史事實會自動在白紙般的人心寫下故事的人，才會責怪歷史學家之間產生的意見分歧吧！這些人未能意識到，歷史研究絕不可能沒有一些先入之見；不同的歷史學者各自的先入之見不合，也就是他們所引用的非歷史學科教誨彼此不同，必然會影響歷史事實的確認。

這些先入之見，也會影響歷史學家對於歷史事實取、捨之間的抉擇。在推究母牛沒有泌乳的原因時，一個現代的獸醫肯定會忽略所有關於巫婆邪惡之眼的報告；但若時間往前推移三百年，他的看法很可能不一樣。同樣的，歷史學家要研究某一事實，也會根據所掌握的非歷史科學知識，從無數發生在該事實之前的事件中，選擇採用那些對該事實的產生——或延後產生——可能有影響的事件，而忽略不可能有影響的事件。

因此，非歷史科學所傳授的知識若有變化，必然導致歷史的重寫。每一個世代必定都會重新處理前人曾經處理的一些歷史問題，因爲這些歷史問題在新世代的眼光看來和以往不同。舊時代的神學世界觀，導致了和現代自然科學不相容的歷史論述；主觀主義的經濟學產生的歷史著作，和根據重商主義學說寫成的歷史書籍當然也大不相同。毫無疑問，歷史學家的論述分歧，有一部分源自非歷史學科的意見不合。就這部分而言，分歧不是歷史研究據說曖昧、不確定的本質所造成的；相反的，分歧其實是一些通常稱爲確定、精準的非歷史科學內部有些爭議所導致的。

爲了避免任何可能的誤解，在此最好再多強調幾個重點。上面提到的歷史論述分歧，絕不可和下面幾點混淆：

一、惡意扭曲事實。

二、試圖從法律或道德觀點，辯護或譴責任何行爲。

三、在嚴格客觀陳述事態演變的程序中，只是附帶插入一些流露價值判斷的評語。一部細菌學專著不會喪失它的客觀性，儘管作者接受以人爲本的觀點，把保全人的生命當作最終目的，並根據此一價值標準，稱有效的抗菌方法爲「好」方法，而稱無效的抗菌方法爲「壞」方法。倘若改由細菌來寫這種書，很可能會顛倒這些價值判斷，但是，實質內容和人的細菌學家所寫的那一部書不會有所不同。同樣的，某個歐洲的歷史學者，在論述十三世紀蒙古人入侵歐洲的歷史時，可能會提到「有利的」和「不利的」事件，因爲他採取保衛西方文明的歐洲人立場。但是，像這樣贊同某一方的價值標準，不一定必然會干擾到實質研究內容；即使是蒙古的歷史學家，也可能完全贊同該歐洲學者的研究論述，除了一些無心的評語。

四、在外交或軍事對抗中，表述某一方的行爲。對立的群體之間的衝突，可以從想法、動機和目的觀點來研究：究竟是些什麼想法、動機和目的，在催促任何一方採取行動？要充分明瞭事情的經過，必須考察雙方都做了些什麼；因爲結局的演變，是雙方互動的結果。但若要了解他們的行爲，歷史學家必須努力的是：要站在關鍵時刻採取行爲的那個人的角度，來看待事態的發展；而不能只是從後人的時空位置，以現有的知識觀點來看待那些事情。美國南北戰爭爆發前夕的林肯政策史，當然不是一部完整的歷史；不過，也沒有所謂完整的歷史研究。不管歷史學家同情的是北方聯邦主義者或南方邦聯主義者，或者是絕對中立，他都能客觀研究林肯在一八六一年春季所採取的政策。若要回答像南北戰爭怎麼會爆發這種較廣泛的問題，這樣的一份研究是必不可少的預備工作。

解決了上述這些問題之後，現在終於可以著手處理眞正的問題：歷史的了解中，是否有什麼主觀成分？如果眞的有，那主觀成分又是怎樣影響歷史研究的結果呢？

歷史了解的任務，如果是要確立相關人等受到什麼價值判斷的刺激、指望什麼手段等等的事實，那麼在眞正的歷史學家之間，也就是在專注於認知往事的人彼此之間，是不可能有什麼意見不合的。中間也許會有些不確定的意見存在，因爲可取得的原始資料所提供的資訊不充分；但這只涉及歷史學家必須做到的研究預備工作而已，和歷史的了解沒什麼關係。

不過，歷史了解還有第二任務要完成。它必須鑑定行爲產生哪些效果，進而估量那些效果的大小；或者說，它必須考證每一個動機、每一個行爲的影響分量（relevance）。

此處碰到物理和化學相對於人的行爲科學的一個主要差異。物理和化學所研究的事件領域中，某些數量之間有固定不變的關係存在（或至少，一般假定其存在），而且透過實驗室的實驗，能相當精準的發現這些固定不變的數量關係。而在人的行爲領域，除了以物理和化學爲基礎的生產科技及醫療技術外，這種固定不變的數量關係並不存在。有一段時間，經濟學家相信，在貨幣數量變化對商品價格的影響效果方面，存在這樣一個固定不變的數量關係。論者宣稱，流通中貨幣數量的增減，必然導致商品價格成比例的漲跌。現代經濟學已經清楚且無可反駁的揭露這個陳述的謬誤；[20]那些企圖以「計量經濟學」取代「定性經濟學」的經濟學家，是完全錯誤的。在經濟學的領域，沒有固定不變的數量關係，因此，測量是不可能的。如果某位統計學者確定，在亞特蘭提斯（Atlantis），某一段時間內馬鈴薯的供給量每增加百分之十，價格隨後就下跌百分之八，他可沒確立在另一個國家或另一個時期，馬鈴薯的供給量一旦變化，就會發生什麼或可能發生什麼。他並未「測量」到馬鈴薯的「需求彈性」，而是只確立了一個獨特、個別的歷史事實罷了。聰明人絕不會懷疑，人的行爲是會變的，不管是對於馬鈴薯或其他每一樣商品。不同的人，對於相同的東西會有不同的價值評等；而同一個人，當所處的情況改變，他對任何東西的價值評等也會跟著改變。[21]

在經濟史之外，從來沒有哪個人敢主張，人的歷史領域充斥著種種固定不變的數量關係。過去，在歐洲人和其他人種的落後民族發生武裝衝突時，一個歐洲士兵通常敵得過好幾個土著勇士；這是事實。但是，從來沒有哪個人會愚蠢到要去「測量」歐洲人的優越量！

測量之所以不可行，不是因爲技術上沒有確定量值的方法，而是因爲沒有固定不變的量值關係。若只是技術不足造成的，那至少在某些情況下，近似的估計也應該是可能的；但主要的事實卻是，並沒有固定不變的量值關係。經濟學不像無知的實證主義者一再重複強調的那樣，因爲不是「計量的」，所以落後。經濟學不是計量的，而且也不去測量，因爲在經濟學的領域沒有常數。那些指涉經濟事件的統計數字，是歷史資料；它們告訴我們在某個不能重複的歷史場合，到底發生了什麼事。對於物理事件，我們可以根據實驗所確立的一些固定的量值關係給予解釋，但是歷史事件不可能以這樣的方式給予解釋。

歷史學家能列舉所有結合起來促成某一已知效果的諸多成因，也同樣能列舉所有和前述成因作用相反、因此可能延後或減輕該效果的諸多反因。但是，除非運用了解，否則歷史學家無法以任何計量方式分解所有這些正、反因素交錯導致的最後效果，也就是，除非運用了解，否則歷史學家無法給產生P效果的n個因素中的每一個因素分配專屬的影響分量。在歷史的領域，可以說，了解等同於計量分析和測量。

科技能告訴我們，一塊鋼板必須多厚，才不會被三百碼外一支溫徹斯特來福槍所射出的一顆子彈貫穿；它因此能回答這個問題：爲什麼某個人躲在一塊已知厚度的鋼板後面，被一顆子彈射傷了或沒被射傷？歷史則無法同樣有把握的解釋：爲什麼牛奶價格上漲百分之十，或爲什麼羅斯福總統在一九四四年大選中擊敗杜威州長，或法國爲什麼在一八七〇年至一九四〇年間是共和政體。這些問題，除了運用了解，不容許別的處理方法。

了解，試圖給每一個歷史因素分配專屬於它的影響分量。在了解的操作過程中，沒有武斷和隨意的餘地。歷史學家因爲竭盡力氣想要提供一個滿意的事實解釋，他的自由受到限制了。追求眞相必然是他的指導方針，但是也必然會有一主觀的成分滲入了解。歷史學家的了解，總是會沾染一些他的個性色彩；歷史的了解，反映各該了解者的心靈。

先驗的科學——邏輯學、數學和行爲學——志在取得某種對所有具備人心邏輯結構的生靈來說，都絕對有效的知識。自然科學志在取得對所有不僅具備人的理性能力、也同時具備人的感覺能力的生靈來說，都有效的認知。人的邏輯和感覺的一致性，賦予這幾門科學知識普遍有效的性質。這至少是物理學家的研究方針。直到近幾年，物理學家才開始意識到他們的努力有其極限，而放棄前輩學者一些過分自負的豪語，並且發現了「測不準原理」。他們現在終於意識到：尚有一些無法觀察到的東西存在，它們的不可觀察性，是一個認識論層次的原則問題。[22]

歷史的了解絕不可能產生必須被所有人接受的結論。對於非歷史科學的教誨，以及對於毋須訴諸影響分量方面的了解便能確立的那些事實，也許不會有任何兩個歷史學家的意見不合；但對於那些事實的影響分量，他們的了解很可能不一致。他們可能完全同意，因素a、b和c一起作用產生了效果P；然而，對於P，a、b和c個別貢獻的分量大小爲何，他們的了解就可能大不相同了。就了解旨在給每一個因素分配專屬於它的影響分量而言，歷史學家的主觀判斷很可能影響了解的結論。當然，這種判斷不是價值判斷，並不表示歷史學家的偏好，而是對於影響分量的判斷。[23]

歷史學家可能因爲不同的理由而產生分歧。例如，他們對非歷史科學的教誨可能有不一致的看法；他們對歷史記錄的掌握或多或少不完整，以致推理的結果有所不同；他們對於行爲人的動機、目的和行爲人所採用的手段，可能有不同的了解。所有這些分歧，都能透過「客觀的」推理予以解決；對於因爲這些理由而產生的分歧，還是有可能達成全體一致的看法。但是，就歷史學者在影響分量方面的判斷分歧而言，要找到一個所有心智健全的人都必須接受的解決方案，那就不可能了。

科學家運用心智的方法，和普通人在日常生活中進行推理時所運用的方法，本質上並無不同。科學家使用的那些思考工具，普通人也同樣在使用；只不過科學家會更有技巧、更審慎的使用它們。了解不是歷史學家的特權，而是每個人都在做的事情。每個人在觀察所處環境的情況時，都是歷史學家；在處理未來事件不確定的問題時，也都會使用了解。因此，每個人其實都時常使用了解，因爲他必須一再調整自己的行爲，以適應未來的情況。對於決定未來情況的各種因素的影響分量進行某種了解，是投機者特有的推理方式。儘管我們的研究才開始不久，且讓我們在此強調這一點，即：行爲必然總是針對未來的情況，所以也總是針對不確定的情況，因此行爲總是投機。可以說，行爲人就是以歷史學者的那雙眼睛看向未來。

自然的歷史和人的歷史

宇宙進化論、地質學和生物演化史，是歷史方面的學科，因爲它們論述一些發生在過去的獨特事件。然而，它們只運用自然科學的認知方法，毋須用到了解。它們有時候必須對某些量值進行近似的估計。這些估計雖然不如「精確的」測量那樣完美，卻是一種確定數量關係的方法，而不是判斷影響分量的方法。那些量值估計絕不可和人的行爲領域中的事態混淆；因爲人的行爲特徵在於沒有固定不變的數量關係。

本書所謂的歷史，指的只是人的行爲的歷史，這種歷史特用的思考工具，就是了解。

一般認爲，現代自然科學的一切成就，完全歸功於實驗方法；這個看法有時候遭到攻擊；批評者說，天文學便是一個反證！然而現代天文學，基本上是把地球上實驗所發現的物理學定律，應用在諸多天體上。早期的天文學主要是建立在「天體的運動路線不會改變」這個假設上，哥白尼（Copernicus）和克卜勒（Kepler）只是試圖猜測，地球繞著太陽運動的路線是個什麼樣子。當時由於圓形被認爲是「最完美的」曲線，哥白尼的理論便選中了它。後來，基於類似的猜測，克卜勒用橢圓形取代圓形。直到牛頓的發現問世，天文學才成爲一門眞正的自然科學。

第九節　論理想類型

歷史，論述獨特、不能重複的事件，也就是論述不可逆的人間世事流變。描述一個歷史事件，不可能沒提到涉及哪些人、發生在何時何地。如果敘述某件事可以不用提到這些人、時、地，那就不是歷史的一個事件，而只是自然科學的一個事實。X教授於一九四五年二月二十日在他的實驗室完成了某項實驗，這樣的報導，是在敘述一個歷史事件。物理學家相信，抽離做實驗的那個人和實驗的時間、地點，是一個正確的作法。他只敘述那些，在他看來，和產生實驗的結果有關聯的情境；他認爲，只要重複這些情境，便可再產生相同的實驗結果。他的說法把一個歷史事件改變成自然科學實驗的一個事實；他不理會那個積極參與實驗過程的實驗者，而是試圖把那個實驗者想成是一個中立觀察、敘述純粹事實的人。不過，處理這種心態的認識論問題，並不是行爲學的任務。物理學家現在終於開始發現，他們過去習以爲常、自比爲神那樣的心態，實在有些不妥。

每一個歷史事件，雖然是獨特、不能重複的，卻具有一個共同特徵：所有歷史事件都是人的行爲。歷史把它們當作人的行爲來理解，它應用行爲學的認知工具[24]，「想像」它們的意義，並且在審視它們個別、獨特的特徵時，「了解」它們的意義。對歷史來說，要緊的始終是相關人等各自認爲的意義：行爲人認爲他們想要改變的那個事態對他們自己的意義、他們所採取的行爲對他們自己的意義，以及行爲所產生的那些效果對他們自己的意義。

歷史學家根據事件的意義，對無限多樣的事件加以安排、分類。歷史學家用來系統化其研究對象——人、觀念、慣例、制度、社會團體和人造器物等等——的唯一原則，是意義的親和性（affinity）。歷史學者根據意義的親和性，把眞實現象中的諸多性質加以安排成爲若干理想類型（ideal types）。

理想類型是一種特別的概念，專門用於歷史研究和研究成果的表述。它們是了解的概念。因此，它們完全不同於行爲學的範疇和概念，也不同於自然科學的概念。理想類型不是分類的概念，因爲對於一個理想類型的描述，不是某某個案若擁有哪些特徵，就毫無疑義，確定屬於該理想類型。一個理想類型是不可能加以定義的；沒錯，要描述一個理想類型，就必須列舉一些特徵，這些特徵若是出現，便可以大致確定，我們在某個具體場合面對的，是否屬於該理想類型的一個案例；但是，理想類型概念奇特之處，就在於並非所有列舉來描述某一理想類型的那些特徵，都必須出現在該理想類型的任何一個案例裡；欠缺某些特徵，是否排除某個具體案例不能納入該理想類型中，取決於歷史學家的了解對相關特徵的影響分量所做的判斷。理想類型本身，便是針對行爲人的動機、想法和目的，以及他們所採取的手段，進行了解之後的一個結果。

理想類型和統計中位數或平均數毫無關係。它的那些特徵，大多不可能測定出什麼數值，單憑這個理由，就不可能牽扯到平均數的計算。但是，主要的理由，還是另有所在。統計平均數表示某一種類的成員在某些方面的特徵表現，這些特徵在最初根據其他某些方面的特徵來界定或形容該種類的成員時，並沒被提到。統計學家必須先知道該種類涵蓋哪些成員，然後才能開始調查各個成員在某些特徵上的表現，再利用調查結果確立某一平均數。我們可以確認美國聯邦參議員的平均年齡，或者也可以計算某個年齡層的人民在某個特殊方面的平均表現；但是，要讓某一種類所涵蓋的成員取決於他們的某個平均數，在邏輯上是說不通的。

研究歷史問題絕不可能不藉助於理想類型。歷史學家即使只研究某個人或某個獨特事件，也無可避免要提到理想類型。如果他說到拿破崙（Napoleon），他必定提到一些像是指揮官、獨裁者和革命領袖這樣的理想類型；而如果他研究法國大革命，他必定提到一些像是革命、舊政權解體和無政府狀態這樣的理想類型。也許提到某個理想類型，只是要指出它不適用於手上正在處理的問題。但是，所有歷史事件都是使用理想類型來描述和解釋的。普通人，在處理過去或未來的事件時，也必定要用到理想類型，而且總是不知不覺的用到。

使用某個特定的理想類型是否恰當或是否有利於適切掌握某一現象，只能用了解來確定。倒不是理想類型決定了解的模式，而是了解的模式要求建構和使用相應的理想類型。

建構理想類型，必須利用所有非歷史科學發展出的觀念和概念。歷史的一切認知，當然受制於其他科學的發現；既倚賴這些發現，也絕不可牴觸這些發現。但是，歷史學的主題和方法有別於其他科學，而每一門非歷史科學根本不需用到了解的方法。因此，理想類型絕不可和非歷史科學的概念混淆。對行爲的範疇和行爲學的概念而言，這句話一樣有效。沒錯，對歷史研究來說，行爲的範疇和行爲學的概念，是必不可少的思考工具；然而，那些範疇和概念並不指陳獨特、個別事件的了解，也就是說不指陳所有歷史主題的了解。所以說，理想類型絕不可能只是簡單採用了某個行爲學的概念而已。

許多場合會發生這樣的情況：行爲學用來表示某個行爲學概念的名詞，歷史學家會用來表示某一理想類型。於是，歷史學家用同一字眼表示的，是兩個不同的東西；他用這個字眼，有時候表示它在行爲學的意義，但更多時候用來表示某一理想類型。在表示理想類型時，歷史學家賦予該字眼一個不同於原本在行爲學的意義；他用同一字眼，卻把它移轉到不同的研究領域，從而改變了它的意義。這兩個名詞意味不同的東西，可說是同字異義詞。經濟學名詞「企業家」所屬的階層，不同於經濟史和敘述性經濟學裡的理想類型「企業家」所屬的階層（而法律名詞「企業家」則屬於第三個階層）。經濟學名詞「企業家」是一個精確定義的理論概念，在市場經濟理論架構裡，它表示融合在個人身上的某個明確的市場操作功能（an integrated function），或者說，表示該功能的化身。[25]歷史學的理想類型「企業家」所涵蓋的成員，和經濟學的「企業家」功能化身所指陳的對象不同。在使用歷史學的「企業家」理想類型時，沒有人會想到擦鞋童、身兼車主的出租車司機、小商人和小農（儘管這些種類的人身上都融合了「企業家」功能）。經濟學所確立的關於「企業家」的定理，對屬於該類的所有成員，不管所處的時空背景、所在行業爲何，都嚴格有效。而經濟史就「企業家」理想類型所確立的命題，則可能因時代、國家、行業，和其他許多條件的具體情況有別而有所不同。一般化的企業家理想類型，對歷史來說，也沒什麼用處；歷史比較在意的，是下列這些企業家類型：傑佛遜時代的美國企業家、威廉二世時代的德國重工業、第一次世界大戰前數十年間的新英格蘭紡織業、信奉新教的巴黎大銀行家、白手起家的企業家等等。

某一特定理想類型，是否適合使用，完全要看了解的模式是什麼。像時下普遍使用的兩個理想類型：左翼政黨（改革進步論者）和右翼政黨（法西斯主義者），前者包含西方的民主政體、某些拉丁美洲的獨裁政體和俄羅斯的布爾什維克政體；後者則包含義大利的法西斯政體和德國的納粹政體。這樣的類型化是採用某一特定了解模式的結果。另一個了解模式，如果是拿民主政體和獨裁政體對照，則俄羅斯的布爾什維克政體、法西斯政體和德國的納粹政體屬於獨裁政府的理想類型，而西方的政治體系則屬於民主政府的理想類型。

自稱研究政治科學的經濟面問題的德國歷史學派，以及美國的制度學派，所犯的根本錯誤，在於把經濟學解讀成是在描述「經濟人」（homo oeconomicus）這個理想類型的行爲。按照這樣的解讀，傳統或正統經濟學不是在研究眞正活著的人怎樣行爲，而是在研究某個虛構的或假想的形象；這種解讀認爲，經濟學想像某種純然只接受「經濟」動機驅策的生命，這種生命的全副心思都擈在爲自己謀取最大可能的物質或金錢利益；然而這樣一種假想的存在，現實中不會有，也未曾有與之相對的實體；它是似是而非的空想哲學所杜撰的一種幽靈。不會有人只想要變得盡可能富有；許多人甚至完全不受這種卑鄙慾望的影響。因此，在研究人的生活和歷史時，參考這樣一種虛幻的怪物是沒用的。

這樣的解讀即使眞是古典經濟學的意思，經濟人無疑也不是一個理想類型。理想類型不是人的許多不同目的和慾望中某一面的化身。理想類型始終是眞實的複雜現象，透過了解，在我們心裡形成的概念印象（representation）——也許是關於人，也許是關於制度，也許是關於意識型態的概念印象。

古典經濟學家想要解釋價格的形成。他們完全知道，價格，事實上，不是某一特殊群體活動的產物，而是市場社會所有成員互動的結果。這就是他們說需求和供給決定價格形成的意思。然而，古典經濟學家儘管努力，卻未能提出一個滿意的價值理論。他們不知道怎樣解決表面上的價值矛盾。他們爲如下所謂的矛盾大感困惑：「黃金」比「鐵」更有價值，雖然後者比前者更「有用」。於是，他們沒能建構一個一般的價值理論，也沒能把市場交換和生產現象背後的原因追溯到最後的源頭——消費者行爲。這個缺陷迫使他們放棄一個遠大的計畫，亦即，放棄發展一般性的人的行爲理論。他們只得滿足於只能解釋商人活動的理論，沒能把這活動背後的原因，追溯到「每個人的選擇」這個最後決定因素上。他們只研究熱中於在最便宜的市場買進、在最昂貴的市場賣出的商人的行爲，而完全將消費者遺棄在他們的理論想像範圍外。後來，古典經濟學的追隨者爲這樣的缺陷辯解，說它是一個故意的、而且也是方法上必須的程序。這些追隨者說，古典經濟學家故意設計，把研究範圍限縮在只研究人的某一方面的努力，亦即，只研究「經濟」方面的努力；故意使用一個「完全只受經濟動機驅策的人」這樣虛構的形象，故意忽略所有別的動機，雖然古典經濟學家完全知道，眞正的人，事實上也受許多別的「非經濟」動機驅動。有一群追隨者主張，處理這些別的動機，不是經濟學的任務，而是別的知識部門的任務；而另一群追隨者雖承認，處理這些「非經濟」動機，以及價格形成所受影響，也是經濟學的任務，不過他們認爲，這任務必須留給未來世代去完成。在稍後的論述中，我們將證明，在人的行爲動機中，區分「經濟的」和「非經濟的」是站不住腳的。[26]在這裡，只須知道：所謂人的「經濟面」行爲的詮釋，完全誤傳了古典經濟學家的學說，就好了。其實古典經濟學家絕沒想要做這詮釋硬套在他們頭上的那些事，他們想要理解眞正的價格形成；而不是想要理解：如果人不是在實際影響他們的那些情況下行爲，而是在某些虛構的情況下行爲，那虛構的價格將會怎樣形成。他們試圖解釋、而且也實實在在解釋的那些價格，是眞實的市場價格，儘管他們沒將價格形成的背後原因一直追溯到消費者的選擇上。他們筆下的需求和供給，是所有鼓動人或買或賣的動機所形成的眞實因素。古典經濟學家的理論出現錯誤，錯在沒把需求追溯到消費者的選擇上；也就是欠缺一個滿意的需求理論。但是，在古典經濟學家的專題論文中，當提到需求這個概念時，他們的想法並不是：需求完全是由那些有別於「非經濟」動機的「經濟」動機所決定的。由於他們把理論構思限縮在商人的行爲上，也就未能處理最終消費者的動機。儘管如此，他們的價格理論其實是想用來解釋眞實價格的，不管鼓動消費者購買的動機或想法是什麼。

現代主觀主義的經濟學，從解決表面的價值矛盾開始，既沒把論述的定理限縮到僅對商人的行爲有效，也沒分析那虛構的「經濟人」行爲。它處理每一個人的行爲當中不可能改變的那些範疇，而不處理行爲動機。經濟學關於商品價格、工資率和利率的定理，對所有這些現象都是有效的，不管促使人去買賣或不去買賣的動機是什麼。時至今日，但願不會有人再訴諸「經濟人」這種幽靈，重蹈失敗，嘗試爲古典經濟學家辯解缺陷。

第十節　經濟學的程序

行爲學的範圍是徹底說明人的行爲。要推衍出行爲學的所有定理，唯一要件就是知道人的行爲本質是什麼。這知識正是我們自己的知識，因爲我們是人；人類的任何一個後裔，除非遭受病魔侵犯，變成只是植物般的存在，否則不會欠缺這種知識。要認識行爲學的定理，不需要特別的經驗；但若要將行爲學定理揭露給任何生靈認識，這生靈對於什麼是人的行爲，就必須要有先驗的知識，否則不管經驗多麼豐富，也不可能做到。認知這些定理的唯一途徑，就是針對我們對於「人的行爲」範疇固有的認識，進行邏輯分析。我們必須想想自己，仔細反省「人的行爲」範疇結構。就像邏輯學和數學，行爲學的知識就在人心中，並非來自外界，所以不假外求。

行爲學的所有概念和定理，都隱含在人的行爲範疇中。行爲學研究的第一步任務，就是抽取和推衍這些概念和定理，詳細說明它們的含義，精確解釋、演繹行爲本身的一般條件。在說明完任何行爲所需要的那些條件之後，第二步必須進而精確解釋——當然還是在行爲本身概念和形式意義上——一些特別的行爲模式所需要的那些比較不一般的條件。處理這第二步任務的一個可行方式，也許是描述所有想像得到的條件，並且從這些條件推衍出邏輯上容許的一切推論。這樣一個包羅萬象的行爲理論體系，不僅將指陳人在眞實世界裡的行爲，也同樣將指陳人在某些假想世界裡的行爲；亦即，這樣全包的行爲理論體系，不僅論述人在實際生活情況下的所有行為，也同樣將論述人在某些純屬虛構、實際上絕無可能實現的情況下的所有行爲，只要這行爲在邏輯上是可能想像的。

但是，科學的目的，是要認識眞實。它可不是單純的頭腦體操或邏輯遊戲。所以，行爲學將探索範圍加以限制，只在眞實世界給定的那些條件和前提下研究人的行爲。對於未實現和不可能實現的情況下的行爲，它只從兩個觀點研究。一是，它研究某些雖然從未出現過，但將來可能出現的事態；二是，它也研究某些假想、且絕不可能實現的情況，如果必須透過這樣的研究，才能滿意掌握目前的實際狀況究竟是怎麼一回事。

然而，這樣參考經驗，對行爲學和經濟學的先驗特質，不會有任何減損；經驗只是把我們的好奇心導向某些問題或從一些別的問題上移開，只是提示我們該探索什麼而已，它可沒告訴我們怎樣進行知識的探索。再說，並非經驗，而是唯獨思考，教我們知道，若要理解眞實世界，在哪些場合必須研究一些不可能實現的假想情況。

譬如，勞動的反效用並非勞動固有的一個先驗性質。我們能毫無矛盾的想像，在某個世界裡，勞動不會產生不愉快，而且我們也能描述這樣的世界裡的主要事態。[27]但是，在我們這個眞實的世界裡，事態的發展受制於勞動的反效用。只有根據「勞動是不愉快的一個來源」，這樣的假設所推衍出來的定理，才適用於理解我們這個世界的事態發展。

經驗教我們認識，勞動有反效用；但是，經驗沒直接教我們認識該事實。沒有哪一個現象會自我介紹，說它是勞動的反效用。只有經驗資料，被我們根據先驗的知識給予解釋，說人們認爲：閒暇，亦即，沒有勞動，在其他情況不變下，是一個比付出勞動更愜意的情況。我們看到，有人放棄以更多工作來換取利益，亦即，看到他們準備爲獲得閒暇，而付出其他方面的犧牲。我們根據這個事實，推論閒暇被當作一個好處、受到珍視，而勞動則被視爲一項負擔。除非先有行爲學的直覺，否則我們絕不可能得出這個結論。

又如間接交換理論，以及進一步建構起來的所有相關理論，譬如，循環信用理論，只適用於解釋實行間接交換的世界裡的事件。在以物易物的世界裡，間接交換理論將只是一個智力遊戲；在那樣的世界裡，就算經濟科學眞能出現，經濟學家也不太可能爲間接交換、貨幣和所有其他相關問題，花費任何心思。然而，在現在這個世界裡，它卻是經濟理論的一個基本成分。

行爲學的眼光聚焦於理解眞實的世界，集中努力研究那些有助於達成這個目的的問題。這個事實沒改變行爲學理論的先驗性質，不過，對行爲學當中，迄今唯一得到詳盡闡述的部分——經濟學——用來表述研究成果的方式，卻有特別的影響。

經濟學並沒追隨邏輯學和數學的程序，它並沒鋪陳一整套純粹先驗的，完全不指涉眞實世界的邏輯推理。經濟學，在爲了推理而引進一些假設時，一定會弄清楚，將那些假設納入處理，確實有助於理解眞實世界。經濟學在長篇專著和短篇論文中，沒嚴格分開純科學的理論論述，和實際應用科學理論於解決一些具體的歷史和政治問題；也就是說，在安排、表述研究成果時，經濟學採用了一個特別的形式，它讓先驗的理論說明和歷史現象的解釋交錯呈現。

經濟學所以採取這樣的論述程序，顯然是基於主題本質的要求。關於這個程序的便利性，它已給了事實證明。然而，我們絕不可忽視如下的事實，即：操作這個奇特、而且邏輯上有點怪異的程序，需要特別謹愼和微妙的分辨能力，以致一些沒有鑑別能力和一知半解的人，一再因爲粗心大意，搞混了這程序所隱含的兩個不同的認知方法，而步上誤解的歧途。

歷史方法的經濟學，或制度經濟學這種學科，根本不存在。我們有經濟學、也有經濟史，這兩門學問絕不可混淆。經濟學的每一個定理，在所有前提、假設都給定的每一個場合，都是必然有效的；反之，在這些情況沒確立的場合，那些定理沒有實際意義。像那些指涉間接交換的定理，就不適用於沒有間接交換的情況。但是，這無損於它們的邏輯正確。[28]

這一點，由於許多政府和強大的壓力團體竭力貶抑經濟學、汙衊經濟學家，而遭到蒙蔽。君主和民主政體的多數黨，因掌握大權而心醉神迷。他們不得不承認自己受制於自然法則，卻拒絕有經濟法則這種觀念。他們難道不是最高的立法者？難道沒有權力粉碎每一個反對者？沒有哪一個軍閥準備承認什麼界線，除了更強大的武裝力量迫使他接受的那些界線；而卑躬屈膝的三流學者，總會隨時呈上一些投合其主子需要的學說，更助長掌權者自負的氣燄。這些學者把那些胡編亂湊的先入之見，叫做「歷史的經濟學」。事實上，經濟史是一長串政府政策失敗的記錄，而這些政策所以失敗，全因政策設計大膽忽視經濟法則！

任何人如果沒注意到經濟學本身對掌權者的自負是一個挑戰，那就不可能了解經濟思想史。經濟學家絕不可能是獨裁者、政治煽動者的寵兒！對掌權者和煽動家來說，經濟學家總是麻煩製造者，他們心裡愈認爲經濟學家的異議有道理，就愈心煩、愈討厭他。

面對所有這種瘋狂的躁動，適切的應對辦法，是確立如下的事實：所有行爲學和經濟學推理的出發點，人的行爲範疇，禁得起任何批評者和反對者的檢驗。不管訴諸什麼歷史的或經驗的考慮，都不可能從如下這個命題挑出什麼毛病：人，有意識的想要達到某些他所選擇的目的。即使提出所有關於非理性、人的靈魂高深莫測、生命現象的自發性、各種無自主意識的自動機說（automatism）、反射動作和各種向性運動說，等等的長篇大論，都不可能證明如下這句話有任何錯誤：人，利用理性謀求各種願望的實現。從一個不可動搖的基礎出發，也就是從人的行爲範疇出發，行爲學和經濟學憑藉邏輯、一步一步推理前進，不僅精確定義各個假設和條件，構建一套概念體系，並且透過邏輯上無可挑剔的演繹程序，得出所有隱含的命題。反對者面對這樣得到的結果，只有兩種可能的心態：一是設法揭露這些結論在推衍的程序中，哪一個環節的邏輯錯誤；二是必須承認它們是正確、有效的。

提出異議，說生命和現實不合乎邏輯，那是沒用的。生命和現實本身既不是合乎邏輯的，也不是不合乎邏輯的；它們根本是給定的事實。不過，邏輯卻是唯一可供人用來理解生命和現實的工具。只提出異議，說生命和歷史是神奇莫測、妙不可言的，說人的理性絕不可能洞悉生命和歷史的內核，那也是沒用的。這些批評者自相矛盾，一邊說什麼和什麼妙不可言，一邊又侈言那高深莫測的什麼和什麼的理論——當然，都是一些謬理僞論。有許多東西或許不是人心所能探索得到的，但是，就人能夠探索得到的知識範圍來說，不管這知識是多麼有限，人只有一條探索途徑可走，就是藉由理性打開的那條途徑！

同樣沒用的是，挑撥歷史的了解和經濟學的定理，試圖製造矛盾。歷史的了解，是專門用來說明非歷史科學不能完全說明的問題。歷史的了解，絕不能牴觸非歷史科學發展出來的理論，也做不到什麼別的事情，除了一方面確立如下的事實：人被某些想法促動而想達到某些目的，而爲達到這些目的，又使用了某些手段；而另一方面，則是在各種非歷史科學幫不上忙的情況下，努力給每一個歷史因素分配它們各自的影響分量。歷史的了解，不容許現代的歷史學家有權利宣稱：驅邪曾經是治療乳牛疾病的適當手段。它也不會允許他們主張：在古羅馬時代或印加帝國，某個經濟法則是無效的。

人，不可能永不犯錯。人，探索眞相——亦即，人會在心靈和理性結構允許他理解眞相的範圍內，面對眞相、尋求最適當的理解。但是，人絕不可能變得無所不知。他絕不可能絕對確定：他的探索沒被誤導，或他確認爲正確的不會是個錯誤。人所能做的，只有一再把所有的理論交出來，重複接受最嚴格的審查。對經濟學家來說，這意謂，要把所有定理追溯到不容置疑、且確定無誤的最終基礎——人的行爲範疇；並且要從這個基礎開始，直到每一個受檢查的定理的每一個論證步驟，就所涉及的一切假設和推論，進行最認眞、仔細的審查檢驗。我們不敢說，這個程序保證不會犯錯；但那無疑是避免犯錯的最有效方法。

行爲學是推衍而來的一套理論系統，經濟學也是。行爲學和經濟學的理論說服力，得自於理論推衍的出發點——人的行爲範疇。經濟學的任何定理，如果沒被一條無可辯駁的推理鎖鏈紮實緊扣在這個基礎上，那就不能認爲是健全可靠的。任何論述如果沒有這種聯繫，都是主觀武斷的，都是無根的浮萍。經濟學的任何特定環節，如果沒能納入完整的行爲理論體系裡，是不可能處理、論述的。

每一門實證科學，都是從一個一個獨特的事件開始，再經過獨特、個別的論述，前進到比較一般化的論述。那樣的論述很容易專門化，它們在論述某些環節時，可以毋須注意整個領域或全局。但是，經濟學家絕不可以是某個環節的專家，他在處理任何問題時，自始至終都必須注視整個理論體系。

歷史學家時常在這一方面犯錯。他們會隨時準備發明一些特別定理；他們有時候沒意識到，研究複雜的現象，是不可能萃取出什麼因果關係的。他們也主張，直接研究事實，不牽扯任何他們貶抑爲先入之見的概念或定理。但是這樣的主張其實自以爲是，是沒用的。事實上，他們不知不覺應用了一些早已被揭露爲荒謬、自相矛盾的民粹學說。

第十一節 行為學概念的一些限制

行爲學的範疇和概念，是爲理解人的行爲而設的。如果有人嘗試用來處理一些和人的行爲不同的情況，當然就會變得自相矛盾、荒謬不倫。哲學家的心靈，既然無法接受原始宗教那種幼稚的擬人說（anthropomorphism），卻又試圖利用行爲學的概念，給某個完全沒有人的一些限制和弱點的絕對存在，界定它的屬性，那豈不是和幼稚的擬人說一樣，值得懷疑。

歐洲中古世紀的哲學家和神學家，乃至理性時代的有神論者和自然神論者都一樣，想像有一個絕對完美的，而且是永恆不變、無所不能、無所不知的存在；可是，這個絕對完美的存在還有計畫和行爲，想要達成某些目的，並且使用某些手段來達到這些目的。問題是，行爲，只能歸屬於某個不滿足的存在；而反覆行爲，則只能歸屬於某個沒有能力一勞永逸、去除不適或不滿的存在。也就是說一個有行爲的存在是不滿足的，不會是無所不能的；如果他滿足，就不會行爲；而如果他無所不能，必定早已徹底去除不滿。對一個無所不能的存在來說，不會有在各種不滿足狀態之間做選擇的壓力，毋須兩害相權取其輕。無所不能，意思就是有能力達成一切、有能力享受完全的滿足，不受任何條件的限制，這和行爲概念本身根本就不相容。對一個無所不能的存在來說，絕不會有目的和手段這兩個行爲範疇，它超越人的一切想像、概念和了解。對無所不能的存在來說，每一個「手段」都可提供無限的服務，它能應用每一個「手段」達成任何目的；它甚至毋須使用任何手段，就能達成每一個目的。人的思想能力，根本不足以想通無所不能這個概念的邏輯結果，因爲必然會遇到的一些根本無解的悖論。無所不能的存在，可否有能力做成某一件對它未來的干預免疫的事情？如果它有這個能力，那麼它的能力就是有限制的，就不再是無所不能的；如果它欠缺這個能力，那麼僅憑這個事實，它便不是無所不能的。

還有，無所不能和無所不知是相容的嗎？無所不知的前提，是未來所有要發生的事情都已經確定、不可改變了。如果眞有無所不知，無所不能便不可思議了。對任何動因（agent）來說，事態發展中，預定的事情不能改變，就是限制了它的能力。

行爲，是有限的潛能和控制力的對外投射。行爲，對應的是某個受約束的人；有限的心智能力約束了他、身體的生理天性約束了他、環境變遷無常約束了他，而他賴以享受福祉的外在要素數量稀少也約束了他。如果有人想要描述某個絕對完美的事物，一旦去牽扯人生這些不完美和弱點，那就一無是處了。絕對完美的觀念，在每一方面都是自相矛盾的。絕對完美的狀態，必須設想爲完成的、最後的和不再會有任何改變的狀態；改變只可能損害它的完美，把它轉變成一個比較不完美的狀態。僅僅「可能發生改變」的可能性，便和絕對完美的概念不相容了。但是，沒有改變——亦即，完美的永恆不變、堅定不移和固定不動，就等於沒有生命。生命和完美是不相容的，而死亡和完美也是一樣。

活著的東西是不完美的，因爲它經常改變；死掉的東西也是不完美的，因爲它沒活著。

活著並不斷行爲的人，他們的語言，在各種程度的比較上，可形成各種比較級和最高級的詞彙。但是，絕對性可不是一種程度，它是一個極限的觀念。絕對的東西是不能確定的、無法想像的和不可言喻的，它是一個夢幻的概念。世間不存在完美的幸福、完美的人、永恆的極樂等等事物，任何人若想描述世外桃源或天使之鄉是什麼情況，都會導致悖論。凡是有各種情況發生的地方，就會有各種限制和不完美；有各種想要克服障礙的努力，就會有挫折和不滿。

在哲學家已經拋棄了對絕對事物的探求之後，空想家開始接手這個已被拋棄的工作。他們編織各種關於完美國家的夢想；他們根本沒意識到，國家這個用來強制與脅迫的社會機構，是一個用來對付人的不完美的制度，它的核心功能是懲罰少數人，以保障多數人使免於某些行爲的傷害。如果人都是「完美的」，那就不需要任何強制與脅迫。但是，空想家卻不理會人的天性，和人生一些無法改變的情況。戈德溫（William Godwin）認爲，在廢除了私有財產制之後，人也許會變得永恆不朽。[29]傅立葉（Charles Fourier）則喋喋不休，囈語某個容納檸檬汽水而不是鹹水的海洋。[30]馬克思（Karl Marx）的經濟理論輕率忽視物質生產要素稀少的事實。托洛茨基（Leon Trotsky）啓示說，在無產階級的天堂裡，「人的平均類型將上升，達到亞里斯多德、歌德（Goethe）、馬克思的高度；而且，在這個山脊之上，將有新的高峰出現。」[31]

如今，最流行的妄想，是經濟穩定和安全。稍後，我們再來檢驗這兩句流行口號。

第三章　經濟學和對理性的反叛

第一節　對理性的反叛

確實有些哲學家傾向高估人的理性能力。他們相信，人憑藉邏輯推理，可以發現宇宙事件的最終動因，乃至發現原動者（prime mover）想在創造宇宙和決定宇宙的演化進程當中，完成什麼內在目的。這些哲學家闡述「絕對的」東西，熟悉得像是他們懷裡的掛錶一樣。他們宣布永恆絕對的價值，毫不猶豫；確立絕對約束所有人類的道德戒律，勇往直前。

然後，有一大批烏托邦作家。他們起草各種人間天堂的計畫，讓純粹理性獨領風騷、統治一切。他們根本沒意識到，所謂絕對理性和不證自明的眞理，只是他們自己的奇思幻想。他們輕率標榜自己絕對不會犯錯，並且宣稱不容異議，主張以暴力鎭壓所有反對者和異端。他們志在爲自己、或爲他們所提計畫的實踐者，建立獨裁地位。在他們看來，要拯救苦難的人類，別無他法。

譬如，黑格爾（George Hegel）。他是知識淵博的思想家，著作豐富猶如寶藏，充滿激勵思想的觀念。但他身陷妄想的泥淖，妄稱自己的言語是「絕對精神」（Geist）的化身。這宇宙中簡直沒有黑格爾不知道的事物。可惜，他的言語充滿模稜兩可，能有多種不同的解釋。右翼的黑格爾信徒說，黑格爾支持普魯士專制政體與普魯士教會教條。左翼的黑格爾信徒則說，黑格爾支持無神論、毫不妥協的革命激進主義，以及各種無政府主義。

又如，孔德（Auguste Comte）。他恰好知道什麼樣的未來正等著人類去面對。而且，他想當然以爲自己是最高的立法者。例如，他認爲天文學的一些研究毫無用處，所以要禁止那方面的研究；他曾計畫以某個新宗教取代基督教，還挑選了某位女士，說命中注定要在新教派取代聖母瑪利亞。孔德可以獲得原諒，畢竟他是個瘋子——就病理學所賦予的完整意思來說；但是，他的眾多追隨者可以嗎？

這一類事實可以提的還有很多。不過，它們可不是什麼反對理智、反對理性主義和理性的有效論據。這些因爲高估人的理性能力而導致的妄想或夢想，和下面這個眞正的問題沒有絲毫關係：人，在可以取得知識的範圍內，盡力求取最大可能的知識時，理性是不是他可使用的唯一與合適的工具？誠實、盡責的眞理追求者，從來不會妄稱：理性和科學研究能回答所有問題。他們完全知道，人的理性能力有其先天限制。他們不該爲海克爾（Ernst Haeckel）哲學的各種粗疏，以及各個唯物主義學派的過分簡化，而蒙受無妄之災、橫遭譴責。

理性主義的哲學家始終致力表明一個觀念：不管是先驗的理論，或是實證的研究，都有著不能踰越的範圍。[1]英國政治經濟學的首位代表——休謨（David Hume），以及功利主義者和美國的實用主義者，肯定沒犯過誇大人類獲得眞理能力的過失。就過去兩百餘年的哲學而論，與其責怪它過分相信人的理性能達成什麼，或許更有理由責怪它過分強調不可知論和懷疑論。

對理性的反叛所以成爲這個時代特有的心態，並不是導因於哲學家欠缺謙虛、謹愼和自省的功夫；顯然也不是由於現代自然科學在演進過程中遭遇了什麼挫敗所導致的。科技與醫術的驚人進步，所傳遞的肯定理性的訊息，是任何人都不可能忽視的。不管是從直觀主義和神祕主義的角度，或是從別的什麼觀點出發，要攻擊現代科學，是絕不可能的。對理性的反叛，瞄準的不是自然科學，而是針對另一個目標，瞄準經濟學。攻擊自然科學，只是攻擊了經濟學之後，於邏輯上不得不然的結果。邏輯不允許攻擊者只在某個知識領域廢黜理性，而沒在其他知識部門也質疑理性的地位。

社會思潮的這個大動盪，脫胎於十九世紀中葉的歷史背景。當時，經濟學家已經完全駁倒社會主義空想家所提出的各種匪夷所思的妄想。古典經濟學的一些缺陷，對於經濟學家理解爲什麼社會主義者的每一個計畫必定無法實現雖然有所阻礙，但是，他們知道的已經夠多，足以證明之前提出來的所有社會主義計畫，都是無效的，共產主義者的想法完蛋了。社會主義者對於他們的計畫所遇到的毀滅性批評，根本無法提出任何反駁理由，也提不出任何論據支持他們的計畫。當時，社會主義看似徹底完蛋了。

要讓社會主義者脫離這個絕境，唯一的辦法就是，他們可以攻擊邏輯和理性，可以用神祕的直覺取代邏輯推理。馬克思的歷史性角色，就是提出這個脫困之道。他援引黑格爾的神祕辯證主義，輕率標榜自己有預測未來的能力。黑格爾妄稱自己知道創造宇宙的「絕對精神」是要實現腓特烈．威廉三世（Frederick William III）在普魯士的專制統治。不過，對於「絕對精神」的計畫，馬克思可比黑格爾更清楚明白。他自以爲知道歷史演化的目的，就是要建立社會主義的太平盛世；社會主義肯定會「像自然法則是人力無法改變的那樣」來臨。而且，根據黑格爾，因爲每一個後來的歷史階段都是一個較高、較好的階段，所以毫無疑問，人類演化的最後和終極階段——社會主義，在各方面將會是完美的。因此，社會主義共和國如何運作的細節，用不著討論。歷史，在適當的時機，將會把每件事物安排得盡善盡美，不需要難免一死的凡人給什麼意見。

馬克思還有一個主要的障礙等待克服，就是經濟學家的毀滅性批評。他想出一個方便的解決辦法。他宣稱，人的理性本質上不適合探尋眞理：不同的社會階級有不同的心靈邏輯結構，也就是不同的思維模式；世上沒有普遍有效的邏輯這種東西；人的心靈，除了「意識型態」外，絕不可能產生什麼。在馬克思的術語裡，「意識型態」專指一套想法，用來掩飾思想者所屬社會階級的私利。因此，經濟學家的「資產階級」心靈，除了產生爲資本主義辯解的論述外，絕對不可能產生別的想法。「資產階級」科學所傳授的想法，作爲「資產階級」邏輯的衍生物，對無產階級是無效的。無產階級，一個正在興起的階級，注定要廢黜所有階級，並且把地球改造成伊甸園。

但是，當然，無產階級的邏輯不僅僅是一個階級邏輯。「無產階級的邏輯所產生的想法，不是黨派偏頗的想法，而是單純邏輯發散出來的芬芳。」[2]再則，由於特殊的榮幸，某些獲得歷史揀選的資產階級分子，他們的邏輯倒沒有沾染到凡是資產階級都有的原罪。卡爾．馬克思，一個富有的律師之子，娶了一個普魯士鄉紳的女兒，和他的拍檔，一個富有的紡織品製造業者腓特烈．恩格斯（Frederick Engels），兩人從未懷疑自己，儘管他們都有資產階級的背景，但不僅不受他們所宣稱的定律約束，而且還生具發現絕對眞理的能力。

描述什麼樣的歷史背景讓這樣一個粗糙的學說流行起來，乃是歷史的任務。經濟學另有任務，就是不僅必須分析馬克思的多元邏輯說，也必須分析以它爲樣本翻製出來的其他派別多元邏輯說，進而揭露所有多元邏輯說的眾多謬誤與矛盾。

第二節　多元邏輯說的邏輯面

馬克思的多元邏輯說宣稱，不同的社會階級有不同的心靈邏輯結構。種族主義的多元邏輯說和馬克思的多元邏輯說，只有一點不同；種族主義的多元邏輯說認爲，每一個種族都有其特別的心靈邏輯結構，並且主張每一種族內的所有成員，不管階級屬性爲何，都生具同一種特別的心靈邏輯結構。

這裡毋須追究，這些學說所使用的社會階級和種族概念，有些什麼問題。沒必要問馬克思主義者，一個成功晉升資產階級行列的無產階級者，到底在何時、又如何從無產階級心靈變成資產階級心靈。同樣的，要求種族主義者解釋那些混血的人會有什麼特別的心靈邏輯結構，也是多餘的。因為有更嚴厲的反對理由，將在下面提出來。

無論是馬克思主義者、種族主義者、抑或是其他任何派別的多元邏輯說的支持者，他們除了宣稱心靈的邏輯結構因階級、種族或國家不同而有所不同外，從未有任何進一步的說明。他們從來不敢精確說明，無產階級的邏輯和資產階級的邏輯，或雅里安人的邏輯和非雅里安人的邏輯究竟有何不同，還有德國人的邏輯和法國人或英國人的邏輯又是怎樣不同。在馬克思主義者看來，李嘉圖的比較成本理論是騙人的，因為李嘉圖是資產階級分子；德國的種族主義者譴責同一理論，因為李嘉圖是猶太人；而德國的民族主義者的譴責，則是因為李嘉圖是英國人。有些德國教授提出所有這三方面的論據，一起反對李嘉圖理論的有效性。然而，全盤駁斥一個理論，光靠揭露其作者的背景是不夠的。必須做到的是，首先，要詳細說明一套不同於批評對象所用的論述邏輯；然後，必須一點一滴的檢視那個有爭議的理論，指出它的推理程序中，哪個環節的哪些推論——雖然從原論述者的邏輯觀點來說是正確的——從無產階級的或雅里安的或德國人的邏輯觀點來說，是無效的。而最後，應該解釋，以批評者自己的邏輯，取代原論述者不妥的推論後，會導致什麼樣的結論。眾所周知，從來沒有、而且也絕不可能有什麼人嘗試這麼做。

接下來，有這樣的事實：屬於同一階級、種族或民族的人，彼此之間對於一些基本問題意見不合。納粹黨員會說，很不幸，有一些沒按照正確的德國人方式思想的德國人。但是，如果德國人並非總是必然按照他應該遵循的邏輯來思想，而是也許會像某個具備非德國人邏輯的人那樣思想，那麼，由誰來決定哪一個德國人的想法是德國的，以及哪一個是非德國的？已故的弗蘭茨．奧本海默教授（Franz Oppenheimer）說：「個人在照料自己的利益時，時常犯錯；換成一整個階級，長期而言絕不會犯錯。」[3]這句話似乎暗示，多數決是絕對不會錯的。然而，納粹黨員拒絕多數決，因為據說這方式顯然是非德國的。馬克思主義者口頭上支持多數決的民主原則，[4]但是每當考驗來臨時，他們總是支持少數決，只要這是自己黨的決定。我們可別忘記，列寧怎樣以武力解散那個在他自己主政下，由全國男女普選產生的制憲議會，因爲這議會的代表只有約五分之一是布爾什維克黨員（Bolshevik）。

支持多元邏輯說的人，如果言行一致，將不得不堅持某些想法是正確的，因爲那些想法是對的階級、對的民族或對的種族的某個成員想出來的。但是，言行一致可不是他們的美德。於是，馬克思主義者一旦贊同某個人的學說，便隨時會給他冠上「無產階級思想家」的稱號。而所有他們不贊同的人，則被他們虐稱爲「階級敵人」或「社會叛徒」。希特勒甚至夠坦白、敢承認：唯一可供他用來辨認誰是眞正德國人、誰是雜種人或外族人的辦法，是說出一個純正德國人的計畫，然後看誰立刻會支持它。[5]一個黑頭髮的人，體型一點也不符合金頭髮的雅里安優等種族的原型，居然可以冒稱自己天賦奇才與權利，能發現唯一適合德國人心靈的學說；同時要把所有不接受這個學說的人，不管他們的身體有些什麼特徵，逐出德國人的行列；要證明整個納粹學說的虛僞，有前述這一點就夠了。

第三節　多元邏輯說的行為面

在馬克思主義的術語裡，一個意識型態是指一個學說，這學說從無產階級的正確邏輯觀點來看是錯的，但卻有益於把它發展起來的那個階級的私利。意識型態，客觀上是錯誤的，不過，正因爲它是錯誤的，所以它能增進其論述者所屬階級的利益。許多馬克思主義者認爲，人渴求知識，不會只是爲了知識本身的緣故；只消強調這一點，便已證明他們對於意識型態的原則性看法是正確的。科學家的目的，是爲成功的行爲鋪路；各種理論總是著眼於實際應用而發展出來。世上不存在純科學，以及對眞理的無私探求。

爲了方便討論，我們可以承認：所有探求眞理的努力，背後的動機都考慮到實際應用眞理以達到某個目的。但這並未回答下面這個問題：一個「意識型態的」——亦即，一個錯誤的理論，爲什麼會比一個正確的理論提供更好的幫助呢？實際應用某個理論，如果導致根據該理論所預測的結果，那麼，這樣的事實會被普遍視爲證實該理論正確。但是，馬克思主義者卻說，錯誤的理論，從任何觀點，都比正確的理論更有用。這樣的說法實在荒謬。

人使用槍砲後，爲了改進這些武器，發展稱作彈道學的科學。但是，當然，正因爲人很想打到獵物和自相殘殺，所以人熱切想要發展一門正確的彈道學。一門只是「意識型態的」彈道學，肯定不會有什麼用處。

在馬克思主義者看來，科學家只爲知識本身而努力的說法，只不過是科學家「自大的藉口」。於是，他們宣稱，麥斯威爾（Maxwell）在渴求無線電報生意興隆的慾望引領下，終於發明電磁波理論。[6]然而，不管所言是否屬實，對意識型態的問題來說，其實都無關緊要；眞正的問題是：十九世紀的工業主義思潮據說認爲，無線電報是「點金石和青春不老泉」[7]。那麼試問，這個據稱的事實，促使麥斯威爾構想出來的，究竟是一個正確的理論，還是一個意識型態的上層建築，僅代表資產階級的階級私利？毫無疑問的，人所以致力於細菌學的研究，不僅是因爲人渴望克服傳染病，也是因爲葡萄酒和乳酪生產者渴望改善他們的生產方法。不過，他們研究所獲得的結果，肯定不是馬克思主義者所謂「意識型態的」。

馬克思之所以發明他的意識型態學說，是因爲他想釜底抽薪，從根本逐漸削弱經濟學的威信。他完全知道，他無力駁斥經濟學家對各種社會主義計畫所提出的那些反對意見。事實上，他深深著迷英國古典經濟學的理論體系，乃至堅決認爲該理論體系無懈可擊。對於古典價值理論在一些審愼學者心裡所引起的那些疑慮，他或者從來沒聽人說過，或者即使聽人說過，也不了解它們的分量。他自己的經濟學觀念，幾乎不過是李嘉圖學說斷章取義後的版本。當傑逢斯（Jevons）和孟格爾（Menger）開創經濟思想的新紀元時，馬克思在經濟學方面的寫作生涯已經結束；《資本論》的第一卷業已出版了好幾年。對於邊際價值理論，馬克思的唯一反應是推遲了《資本論》後面幾卷的出版；那幾卷《資本論》直到他死後才公諸於世。

在發展意識型態學說時，馬克思專門針對經濟學和功利主義的社會哲學。他的唯一意圖是摧毀經濟理論的信譽，因爲他無法靠邏輯和推理駁倒它。他之所以給自己的學說套上普遍法則的形式，聲稱通盤適用於凡是有社會階級存在的歷史階段，只因爲一個說法，若只適用於某一個別的歷史事件，根本不配稱爲法則。基於相同的理由，他也沒把自己說法的有效性限制在經濟領域，而聲稱通用於所有知識部門。

在馬克思看來，資產階級的經濟學爲資產階級提供雙重幫助：它首先幫助資產階級對抗古老的封建主義和君主專制，然後又幫助資產階級對抗新興的無產階級。經濟學爲資本家的剝削行爲，提供一個理性、道德的辯解；或者說，如果我們希望使用一個在馬克思死後才發展出來概念，經濟學「合理化」資本家的一些主張。[8]資本家，據說在潛意識裡，深以自身行爲背後那種卑鄙貪婪的動機爲恥，急於避免社會的指責，於是鼓勵他們的諂媚者，亦即經濟學家，發表一些恭維資本家的學說，以重建他們在公眾眼裡的形象。

且說，關於哪些誘因激勵某個人（或某一群人）去構想某個定理（或某套理論），我們訴諸「合理化」的概念，或可得到關於該人（或該群人）心理狀態的描述。不過，關於他（或他們）提出的定理（或理論）是否有效，求助於合理化的概念，是不會有什麼結果的。如果該定理（或理論）證明站不住腳，那麼，「合理化」便是關於哪些心理因素使得相關作者這麼容易犯錯的一個解釋。但是，如果我們在相關作者所提出來的理論中挑不出任何毛病，那麼，不管怎樣訴諸「合理化」概念，都不可能駁倒該理論的有效性。即使經濟學家在潛意識裡真的沒有別的想法，一心只想辯解和袒護資本家自私的主張，他們的理論也可能是完全正確的。要揭露某個錯誤的理論，除了以邏輯推理駁倒它、並用比較高明的理論取代它外，沒有別的辦法。在處理畢氏定理或比較成本理論時，我們對於哪些心理因素促使畢達哥拉斯和李嘉圖建構這些定理不感興趣，雖然對歷史學家和傳記作者來說，這些因素可能很重要。對科學來說，唯一要緊的問題是，這些定理是否禁得起理性檢視的考驗；至於相關論述者的社會或種族背景，則無關緊要。

人在追逐私利時，確實會設法利用一些多少廣爲輿論接受的學說，也很想發明和散布一些新學說，一些他們在增進自己的利益時可能用得上的學說。但這解釋不了：這些據說對少數人有利、而對其餘多數人不利的學說，爲什麼會獲得輿論贊同。不管這些「意識型態的」學說是不是某個「虛假意識」的產物，源自該「虛假意識」促使論述者不知不覺按一種對他所屬階級的利益有利的方式思想；也不管它們是否爲故意扭曲眞理後的產物；無論如何，它們必定會和其他階級的意識型態狹路相逢，而且必定各自想要把對方排擠掉。於是，彼此衝突的意識型態之間必定出現對抗；至於這種衝突的勝敗，馬克思主義者將其解釋爲歷史旨意介入的結果。據說，「絕對精神」這個神祕的原動者，按照某一確定方案運作，它必引領人類，經過各個不同的預備階段，而抵達終點——社會主義極樂世界。每一個歷史階段，本質上乃是某一生產科技狀態的產物，其餘一切特徵，都是各該生產科技狀態必然附帶產生的意識型態上層建築。「絕對精神」引領人，在適當時機想出那些和他們所處歷史階段相配的科技理念，並且落實那些理念；其餘都是科技狀態的副產物。就像手磨機產生封建社會；蒸汽磨機產生資本主義。[9]人的意志和理性，在這些歷史變遷中，只扮演輔助角色。不容改變的歷史發展定律，迫使人——不管他們有些什麼意志——按照和他們所處時代的物質基礎相配的模式去思想、去行動。人如果相信自己可以在不同的想法之間，或在所謂的眞理和錯誤之間自由選擇，那就是在愚弄自己。不是他們本身在主動思想，而是歷史旨意，在他們的思想中，顯化了它自己。

這是一個純然神祕的學說，什麼證明都沒給，除了訴諸黑格爾的辯證法支持。據說，資本主義的私有財產制是個人私有財產制的第一次否定；就像自然法則不容改變那樣，前述否定必然也導致它本身的否定，亦即，最終導致生產工具的共同所有制。[10]然而，一個神祕的、以直覺爲基礎的學說，不會因爲參照另一個同樣神祕的學說，而減少本身的神祕性。這個臨時用來唬弄應急的說法，一點也沒回答這個問題：爲什麼一個思想家發展的必然是符合其階級利益的意識型態？爲了方便討論，我們可以承認，人的思想必定導引出某些增進其本身利益的學說。但是，個人的利益必然和他所屬階級全體的利益完全相同嗎？馬克思本人曾經不得不承認，把無產階級人民組成一個階級，進而組成一個政黨，這個組黨的工作，不斷因爲工人本身之間的競爭而遭到挫敗。[11]一個無可爭辯的事實是：那些能按工會的工資率獲得僱用的工人，和那些因爲強制實施工會工資率，阻止了勞動供需找到相互匹配的適當價格，以致仍然失業的工人，兩者之間有一不可調和的利益衝突。同樣無可爭辯的是：就移民障礙來說，人口相對過多國家的工人利益，和人口相對稀少國家的工人利益，兩者之間也存在衝突的關係。所謂無產階級者基於自身利益，一致要求以社會主義取代資本主義，這個說法，只是馬克思和其他社會主義者一個武斷的論述前提。他們斷言，社會主義是無產階級思想的發散物，所以肯定有利於無產階級自身的利益。但只憑這個臆斷，根本證明不了他們前面的說法。

關於英國外貿政策的變遷，有一根據西斯蒙迪（Sismondi）、李斯特（Frederick List）、馬克思和德國歷史學派思想的解釋相當流行，是這麼說的：十八世紀下半葉和十九世紀大部分時間，英國資產階級基於階級利益，要求自由的貿易政策。所以，英國的政治經濟學詳細論述自由貿易的學說，配合英國製造業者所組織的全民運動，終於成功廢除保護性關稅。然而後來情況變了，英國的資產階級，不再禁得起外國製造業的競爭，亟需關稅保護。因此，經濟學家轉而以關稅保護理論取代陳舊過時的自由貿易意識型態，英國也因而重新擁抱貿易保護主義。

這個解釋的第一個錯誤，是把「資產階級」當成一個同質的階級，也就是誤以爲所有階級成員的利益都是相同的。商人總是不得不調整經營方式，以適應他所處國家的制度情況。長期而言，身爲企業家和資本家，有或沒有關稅，都不會讓他受惠或受害；在給定的制度情況下，他一定會轉向生產那些他最能獲利的商品。制度情況變動，只可能傷害或增進他的短期利益。但這變動對不同產業、不同企業的影響方式和影響程度不太可能相同。對某一產業或企業有利的某項制度措施，可能對其餘產業或企業有害。對商人來說，要緊的只是有限的幾項關稅。而就這些關稅項目來說，不同產業和企業之間的利害關係大多是相互衝突的。

有人說，在自由貿易思想占優勢的時代，英國所有製造業部門的利益是相同的，而且拋棄貿易保護主義能使它們一致受惠。這個說法絕非事實。即使當時英國工廠的生產技術遠比世界其餘國家先進，這個事實也不意味外國的競爭對英國工廠來說無傷大雅。現今美國工廠也享有類似的優勢地位。然而，有很大一部分美國製造業者認爲，自己亟需貿易保護，以對抗其他國家技術落後產業的競爭。

每一個產業或企業確實能從政府授予它的各種特權獲得好處。但是，如果政府將這些特權也按同一程度授予其他產業和企業，那麼，每一個不僅身爲消費者，也身爲原料、半成品、機器和其他設備購買者的商人，在某一方面損失的利益，將和他在其他方面獲得的利益一樣多、甚至更多。自私的集體利益也許能促使某個人爲他自己的產業或企業要求貿易保護。但是，這種利益絕不可能促使他爲所有產業或企業要求普遍的貿易保護，除非他確定自己將比別的產業或企業獲得更大程度的保護。

再則，從當時英國製造業者的階級利害觀點來看，對於廢除糧食法，他們也不比其他英國公民更感興趣。當時英國的地主確實反對廢除糧食法，因爲農產品價格下跌會降低土地租金。如果硬要說當時英國製造業者，對於糧食法，有什麼特別的階級利益，那也只可能是某些人，根據早已遭到拋棄的工資鐵則，以及所謂利潤來自剝削工人這種同樣站不住腳的學說，判讀出來的。

在以分工爲基礎組織起來的世界裡，每一個改變都會以種種方式影響許多群體的短期利益。所以，總是很容易「揭露」每一個贊成改變現狀的學說，說它其實是掩飾某一特殊群體私利的「意識型態」表述。當今許多作家的主要職業，就是做這種「揭露」工作。這種寫作模式不是馬克思發明的；在他之前，人們早已熟知這種寫作模式了。這種寫作模式的最奇怪應用，是十八世紀有一些作家，試圖把宗教信仰解釋爲神職人員對世人的一種欺矇，旨在爲神職人員自己和他們的盟友——封建剝削階級——贏得權力和財富。馬克思主義者贊同這個看法，他們說，宗教是「群眾的鴉片」。[12]支持這種說法的人從來沒想到，凡是有某些私利贊成某件事情，必然也會有其他一些私利反對該件事情。把任何一件事情歸因於它讓某一特殊階級獲利，絕不是一個能令人滿意的解釋。眞正需要回答的問題是：因它而利益受損的那些人，當初爲什麼沒成功阻撓可望因它而獲利的另一些人的努力？

短期而言，每一企業和產業的利益都在於增加自家產品的銷售。然而，長期而言，不同產業的報酬率有傾向均等的強大趨勢。如果對某一產業的產品需求增加，提高了該產業的利潤，就會有更多資本湧入該產業，於是新企業的競爭會降低產業內各企業的利潤。長期而言，銷售危害社會的商品所獲得的利潤，絕不會高於銷售有益社會的商品。如果某一產業被宣布爲非法，從事該業者必須冒法律追訴、懲罰和坐牢的風險，那麼，該業的毛利必須高到足以補償所承擔的風險。不過，這不會影響淨報酬的高低。

富人，亦即，營運中的工廠老闆，對於守護自由競爭，沒有特別的階級興趣。他們反對自己的財富被徵用和沒收，不過，他們基於既得利益，毋寧是贊成一些保護措施的，因爲可以阻止新進企業挑戰他們既有的地位。那些爲自由企業和自由競爭而奮鬥的人，不是在保護今日富人的利益，而是希望那些我們現在還不知其名，但具有獨創性、能讓未來世代的生活更愜意的人，可以不受約束，成為明日的企業家，實現創意。市場自由競爭的守護者，希望經濟進步的道路保持暢通；他們是社會進步的代言人。

十九世紀自由貿易思想的成功，是古典經濟學的某些理論造成的。這些理論的威信是如此崇高，以致私利受到傷害的那些階級無力阻擋輿論的支持與贊同，也無法阻擋國會立法落實這些理論。其實是思想形塑歷史，而非歷史形塑思想。

和神祕主義者或幻想家爭論是沒用的，因為他們以直覺為基礎建立他們的主張，而且也不準備把他們的主張交付給理性審查。馬克思主義者自以為：他們心裡的聲音所宣告的，是歷史的自我顯化。如果別人聽不到這聲音，那只證明歷史沒有揀選這些人。仍在黑暗中摸索的人，純粹出於傲慢，才膽敢反駁已受到啓迪的人。仍在黑暗中摸索的人，如果還懂得做人的基本禮儀，就應該乖乖匍匐在某個角落、閉上嘴巴。

然而，即使科學顯然絕不可能成功說服那些不承認理性至上的人，科學也不可能放棄理性思考。在幾個彼此衝突的學說之間，科學必須強調，訴諸直覺不可能解決誰對誰錯的問題。一個不可否認的事實是，在我們這個時代，馬克思主義不是唯一的學說。除了馬克思主義，還有別的「意識型態」。馬克思主義者宣稱，應用這些別的學說肯定會傷害許多人的利益。但是，支持那些學說的人，也會以一模一樣的話語回敬馬克思主義者。

當然，如果某個學說的論述者不具無產階級背景，馬克思主義者會認為該學說是錯的。但誰是無產階級者？馬克思博士、製造業者和「剝削者」恩格斯、俄國鄉紳的後裔列寧，肯定都不是無產階級背景出身的；而希特勒和墨索里尼倒是純正的無產階級，而且在貧窮中度過他們的青春期。布爾什維克黨和孟什維克黨之間、或史達林和托洛斯基之間的衝突，不能當成不同階級之間的衝突，而是互稱對方為叛徒的一些狂熱教派之間的衝突。

馬克思哲學的精髓是這樣的：我們是對的，因爲我們是正在興起的無產階級的代言人。邏輯推理不能證明我們的說法錯誤，因爲我們的說法源自決定人類命運的那個至高權力的啓示。我們的對手是錯的，因爲他們欠缺引導我們的那個直覺。由於他們的階級屬性，他們不具備純正的無產階級邏輯，以致遭到各種意識型態的蒙蔽。當然，這不是他們的過錯。高深莫測的歷史裁定，已經揀選了我們，並且注定了他們的敗亡。將來是屬於我們的。

第四節　種族主義的多元邏輯說

馬克思主義的多元邏輯說，是爲了營救站不住腳的各種社會主義學說，而緊急拿來唬弄人的失敗辦法。由於試圖以直覺取代理性思辨，它訴諸一些通俗的迷信。正是這種心態，促使馬克思主義的多元邏輯說和它的分支——所謂「知識社會學」，站在和科學與理性不可調和的敵對位置。

這和種族主義多元邏輯說的情況不同。種族主義的多元邏輯說，符合當今的實證主義哲學所隱含的一些雖然錯誤、但是時髦的思想傾向。人類分成好幾個不同種族，這是一個已確立的事實。不同種族有不同的體型特徵。唯物主義的哲學家聲稱，思想是大腦的一種分泌物，就像膽汁是膽囊的分泌物那樣。對這些哲學家來說，預先就拋棄不同種族的大腦分泌物性質根本不同的假說，不符合他們一貫堅持實證的立場。雖然解剖學迄今尚未成功發現，不同種族的大腦細胞有什麼解剖學方面的差異，但尚未發現並不能否定「不同種族有不同的心靈邏輯結構」這個假說；不排除未來的研究可能發現不同種族的大腦細胞有解剖學方面的差異。

某些民族學者說，談論不同文明的高低，以及談論異族據稱落後的文明，是一個錯誤。許多不同種族的文明，確實不同於白種人的西方文明，但也不能說它們是次等的文明。每一個種族都有它特有的心態。把取自其他種族文明的一些尺度，應用在任何種族的文明發展上，是不對的。西方人稱中國的文明爲一種遭到禁錮的文明（arrested civilization），稱新幾內亞島上居民的文明爲原始的野蠻狀態。但是，中國人和新幾內亞的土著鄙視西方人的文明，不亞於西方人鄙視他們的文明。這種關於文明的評價，是價值判斷，因此是任意武斷的；別的種族有不同於西方人的心靈結構，他們的文明合乎他們的心靈，就像西方人的文明合乎西方人的心靈。西方人不可能理解，他們稱爲落後的事物，爲什麼在別的種族看來不是落後的。從別的種族的邏輯觀點來看，他們的文明比西方人的進步主義文明更好，更可以和他們生活所在的自然環境和諧共存。

這些民族學者的意見，如果旨在強調表達價值判斷不是歷史學家的任務，而民族學者也是歷史學家，那他們就是對的。但如果他們的意思是說，引導這些別的種族進行各種活動的動機，不同於激勵白種人活動的動機，那他們就全然錯了。亞洲人和非洲人，不亞於具有歐洲血統的人，同樣渴望成功爭取生存，同樣熱切使用理性，作爲爭取生存的最主要工具。他們曾戮力於清除猛獸、疾病，避免饑荒，並提高勞動生產力。毫無疑問，他們和白種人相比，過去在追求這些目標的成就，不是那麼成功；他們現在渴望從西方文明的所有成就沾光受惠，就是明證。如果蒙古人或非洲人在受到痛苦的疾病折磨時，竟然拒絕某位歐洲醫生的幫助，因爲他們的心態或他們的世界觀讓他們相信，忍受痛苦比解除痛苦更幸福，那麼，那些民族學者的觀點將是對的。但是，在聖雄甘地進入某家現代化醫院治療盲腸炎時，便等同否認了他自己的全部哲學。

北美的印地安人欠缺創意，未能發明輪子；阿爾卑斯山上的居民不夠敏銳，未能建造可以使他們的艱苦生活變得更愜意的雪橇。這些缺點，可不是由於他們的心態不同於早已在使用輪子和雪橇的種族；而是因爲能力不足所造成的失敗；即使是從印地安人和阿爾卑斯山民的觀點來判斷，那也是失敗。

然而，前述考慮僅指涉決定具體行爲背後的動機，沒牽涉到下面這個唯一眞正要緊的問題：就心靈的邏輯結構而言，不同的種族之間是否有什麼差異？而這正是種族主義者肯定主張的。[13]

關於人心的邏輯結構和思想與行爲的範疇原理等根本議題，讀者可以先參考前面幾章的相關論述。這裡再添加幾點觀察心得，應該就可以結束討論種族主義和其他派別的多元邏輯說。

人的思想與行爲範疇，既不是理論家的任意發明，也不是理論家的慣例約定。它們不是宇宙和宇宙事態發展之外的事物，而是生物界的事實；它們在生命和現實中有其特定的功能。它們是人爭取生存的工具；人在努力調整自己以盡可能適應這宇宙的眞實狀態時，會應用它們；在能力範圍內盡可能去除讓他感到不適的事物時，也應用它們。所以，人的思想與行爲範疇適合這外在世界的結構，反映這世界和現實的性質。它們實際行得通，就這個意義而言，它們是眞實和有效的。

因此，聲稱先驗的領悟和純粹的推理不會傳達任何關於現實和這宇宙結構的訊息，是不正確的。根本的邏輯關係和思想與行爲的那些範疇，是人的一切知識的最終基礎；它們是適合外在現實結構的，它們給人心揭露這個結構，就此意義而言，它們對人來說，是基本的本體存在事實。[14]我們不知道，一個超人的智能會想些或知道些什麼。對人來說，每一個認知，都以他自己的心靈邏輯結構爲其前提條件，都隱含在這個結構中。各種實證科學的滿意結果和它們的實際應用，恰恰證實我們在這裡強調的眞理。在人的行爲能達到自己所選目的的範圍內，沒有不可知論（agnosticism）存在的空間。

如果曾經有些種族演化出某個不同於我們所認識的心靈邏輯結構，那麼，他們在利用理性輔助自己爭取生存的歷史過程中，想必已經失敗。唯一可能保護他們免於滅絕的生存工具，想必是他們的本能反應。由於大自然的選擇，這些種族當中試圖利用他們的理性指導行動的個體，想必已遭淘汰；只有完全倚賴本能行動的個體，才可能存活下來。這意味，只有還沒上升到動物智能水準之上的個體，才有存活的機會。

關於中國和印度的高等文明，以及關於亞洲、美洲、澳洲和非洲的原始文明，西方的學者已經累積了大量的資料。可以肯定的說，關於這些種族，所有值得知道的都已經知道了。但是，從來沒有哪個支持種族多元邏輯說的學者，曾嘗試利用這些資料，描述這些種族和文明據稱不同的心靈邏輯。

第五節　多元邏輯說和了解

有一些支持馬克思主義和種族主義的人，以一種奇特的方式，闡述他們的同道在認識論方面的看法。他們傾向承認：任何種族、民族和階級，人心的邏輯結構都是一樣的。他們聲稱，馬克思主義和種族主義從來無意否認這個不可否認的事實。他們認爲這些主義眞正想說：每個人對歷史的了解、審美的品味和價值判斷，都受到個人生活背景的制約。但在提倡多元邏輯說的論述者筆下，顯然不可能找到任何論述佐證這個奇特的解釋；然而，該解釋當作一個獨立的學說來看，還是必須加以分析。

這裡毋須再強調，個人的價值判斷和他的目的抉擇，反映他天生的身體特徵，以及他人生中的一切酸甜苦辣、悲歡離合。[15]但是，承認這個事實，絕不等於相信種族遺傳或階級屬性最終決定價值判斷和目的抉擇。根本的世界觀與行爲模式方面的差異，和另一方面的種族、國籍或階級屬性差異，兩者之間沒有對應關係。

在價值判斷方面，最大的分歧，莫過於禁欲主義者和那些一心渴望無憂無慮享受生活者之間的分歧了。在虔誠的修士、修女和其餘人類之間，有一道不可跨越的鴻溝把他們隔開。但是，在所有種族、民族、階級和種姓當中，都曾有過一些獻身於修士理想的人。這些人當中，有的是國王、富裕貴族的兒女，有的則是乞丐。聖方濟各、聖克拉拉和他們的熱情追隨者，是義大利的在地人，而當地其餘居民可不能被形容爲厭倦世俗享樂。奉持清教主義的是盎格魯撒克遜人，但是，英國在都鐸王室、斯圖亞特王室和漢諾威王室的統治時期，崇尚聲色淫蕩的，也是盎格魯撒克遜人。十九世紀最傑出的禁欲主義提倡者托爾斯泰伯爵，是以揮霍、放蕩聞名的俄國貴族中的一個富有成員。托爾斯泰認爲，他自己所攻擊的那個人生哲學的菁華，具體顯化爲貝多芬的克萊采奏鳴曲（Kreutzer Sonata），而這首名曲卻是極端貧窮的父母所生兒子的傳世之作。

在審美的品味方面，情形也是一樣。所有種族和國家自古以來，既有古典的藝術，也有浪漫的藝術。馬克思主義者用盡所有熱烈宣傳的伎倆，也未曾造就出專屬無產階級的藝術或文學。那些所謂「無產階級的」作家、畫家和音樂家，既未曾創造出新的風格，也未曾確立新的審美品味。他們的品味只有一個特徵：傾向於把所有他們不喜歡的事物，稱爲「資產階級的」，而把所有他們喜歡的事物稱爲「無產階級的」。

不管歷史學家或一般行爲人，對歷史的了解，總是反映他們個人的性格或個性。[16]但是，只要歷史學家和政治家對眞理滿懷渴望，只要他們是能幹而且稱職的，就絕不會容許他們自己爲黨派的偏見所蒙蔽。對歷史學家或政治家來說，不管他個人認爲某一因素的介入是有益的或是有害的，都無關緊要；因爲對某一個起作用的因素，不管是低估或高估它的影響分量，都不可能給他本人帶來任何好處。只有笨拙的冒牌歷史學家才相信，他們能以扭曲歷史爲手段來壯大他們的志業。十九世紀爭議最多的歷史人物，莫過於拿破崙一世和三世、俾斯麥、馬克思、格蘭斯頓（Gladstone）和迪斯雷利（Disraeli）；他們的一些傳記，在價值判斷方面，有很大的爭議；但在了解這些人物所扮演的角色方面，那些傳記幾乎沒什麼爭議。

至於政治家的了解，也是這樣。一個新教教義的提倡者怎麼能從誤解天主教教義的巨大威力與威信得到什麼好處？或者，一個自由主義者又怎能從誤解社會主義思想的影響分量得到什麼好處？一個政治家若想成功，必須就事論事的看待事事物物；不管是什麼人，沉溺於一廂情願的想法，肯定會失敗。影響分量的判斷和價值判斷不同之處，在於前者意在評估某個不以評估者的意志為轉移的事態發展。但是，這種評估肯定會沾染上評估者的個性色彩，絕不可能獲得所有人一致同意。這裡我們必須再次提出這個問題：一個種族或一個階級，究竟能從遭到「意識型態」扭曲的了解，取得什麼好處？

正如前面已經指出的，在諸多歷史研究之間，真正嚴重的分歧，源自歷史學家對於某些非歷史科學傳授的東西意見不合，而非學者之間對歷史的了解模式各不相同所致。

現在許多歷史學家和論述者滿腦子都是馬克思主義的教條，認為各種社會主義計畫的實現，既不可避免，也是至善的目的，而且勞工運動被託付「以暴力革命推翻資本主義，實現社會主義」的歷史使命。基於這個教條，他們把如下的主張視為理所當然：那些被歷史揀選的「左派」政黨，在追求落實他們的政策時，應該訴諸暴力和謀殺。革命不能以和平的方法來完成。不值得為諸如屠殺末代沙皇的四個女兒、托洛斯基、或數以萬計的俄國資產階級者、等等這樣的瑣事浪費心思。既然「沒把雞蛋打碎，就做不出蛋捲」，為什麼要明白提起那些碎雞蛋呢？但是，當然，要是有某個遭到攻擊的人膽敢保衛自己甚或反擊的話，那就不同了。罷工工人所犯下的蓄意搗蛋、破壞和暴力等行為，只有極少數歷史學家和作家提及，而對於鐵路公司試圖保護財產、所屬員工以及乘客免於這種攻擊，所有歷史學家和論述者都會大書特書。

這樣的差別對待，既不是由於價值判斷，也不是由於了解的分歧。它們是不同的經濟和歷史演化理論相互敵對的結果。如果社會主義的來臨是不可避免的，而且只能藉由革命的方法來達成，那麼，「進步分子」所犯下的謀殺罪行，便只是無關宏旨的小插曲。至於「反動分子」的自我防衛和反擊，因為可能推遲社會主義的最後勝利，所以事關重大，是值得注意的事；而革命的破壞與屠殺行為，根本就是例行的日常瑣事。

第六節　堅持理性的理由

審愼的理性主義者不會自以爲，人的理性能使人無所不知。他們充分意識到這個事實：不管知識能怎樣增加，總是還會有一些事物是最終給定的，是絕不可能進一步解釋的。但他們也認爲，人在能夠達到認知的範圍內，必須倚仗理性。最終的給定，是非理性的事物；能被知道的事物，只要被知道了，必然是理性的。世間既不會有非理性的認知模式，也不會有非理性的科學。

對於未解決的問題，提出各種不同的假說是可以容許的，只要不牴觸邏輯和無可爭議的經驗資料。但是，假說畢竟只是假說罷了。

我們不知道究竟什麼原因使人的能力天生就有差異。科學根本無從解釋：爲什麼牛頓和莫札特這麼富有創作才華？爲什麼大多數人沒有這種才華？但是，科學知道，把一個天才的偉大歸因於他的祖先或他的種族，絕不是一個滿意的答案。眞正的問題恰恰是：爲什麼這樣一個人和他的兄弟不同，也和同種族的其餘成員不同？

至於把白種人的偉大成就歸因於種族優越，或許稍微比較不是那麼離譜，然而這只不過是一個含糊的假說，而且也和現代文明基礎是其他種族的人所奠定的史實不符。我們無法知道，將來是否會由別的種族取代西方文明。

然而，這樣的假說，還是必須就它本身的優缺點給予評價。雖然種族主義者以該假說爲基礎，理所當然的認定：不同種族之間有不可調和的衝突，優秀種族必須征服、奴役劣等種族。儘管種族主義者就「人的能力不均等」的事實，所作出的這個錯誤的解讀和誇大的演繹，早已遭到李嘉圖「結社律」的駁斥和拋棄，但我們絕不能因此就提前判定該假說是錯的。[17]只有愚蠢的人，才會以否認明顯的事實為手段，對抗白種人優越的假說。一個再怎麼否認也沒用的事實是：迄今為止，某些種族對於文明的發展，或者毫無貢獻或者極少貢獻，因此，就此意義而言，是劣等的。

如果有人渴望，無論如何也要從馬克思的教義中提取出一絲眞理，他或許可以說：各種情緒對個人的推理思考影響很大。從來沒人敢否認這個明顯的事實，而且這個事實的發現，也不能歸功於馬克思主義。但對認識論來說，這個事實沒有任何意義。有許多不同心理因素可能導致推理思考成功或失誤。列舉和分類這些原因，是心理學的任務。

嫉妒是一個普遍的人性缺點。許多知識分子肯定嫉妒成功商人的高收入，而這種情緒肯定驅使他們傾向社會主義。這些知識分子以為，社會主義國家當局開給他們的薪水，將比他們在資本主義下賺的多。但是，即使證實這種嫉妒情緒確實存在，也解除不了科學應以最仔細的態度審查各種社會主義學說的責任。在處理每一個學說時，科學家必須假定：該學說的支持者除了渴求知識外，別無居心。但是，各種派別的多元邏輯說，在處理一些觀點對立的學說時，常會以揭露該等學說撰述者的背景和動機取代純理論的審查。這樣的論辯程序，和推理思考的基本原則是不相容的。

要詆毀某個理論，如果只能批判它的歷史背景、它的時代「精神」、發源國家的物質條件和撰述者的個性特色，那是一個不管用的蒙混辦法。任何理論，只接受理性的審判；用來審判的標準，永遠是理性這個標準。一個理論，或者是正確的，或者是不正確的。有時候，以我們當下的知識，不允許對某一理論是否正確做出裁定。但是，一個理論，如果對無產階級者或中國人是無效的，絕不可能對資產階級者或美國人有效。

如果馬克思主義者和種族主義者是對的，那就不可能解釋：爲什麼掌權者急於鎮壓和他們看法不同的理論，並迫害那些理論的支持者。確實有一些政府和政黨不容異己，急於宣告所有異議者非法，並急於剷除異議者；這個事實本身，恰恰是理性勝出的證明。一個學說，如果反對者使用警察、劊子手和暴民去打擊它，固然不能視爲該學說正確的一個證明，但卻可以證明另一個事實：那些訴諸暴力，鎮壓不同學說的人，潛意識裡其實深信他們自己的學說是站不住腳的。

要證明邏輯和行爲學那些先驗基礎的有效性，絕不可能不參照這些基礎本身。理性是一個最終給定，不能再用理性加以分析或質疑。人的理性確實存在，這本身就是一個非理性事實。關於理性的屬性，唯一能說：它是區別人和其他動物的標誌，而且已經造就一切專屬於人的事物。

有些人聲稱，如果人放棄應用理性，努力讓自己只接受直覺和本能的指引，人將會比較快樂。要回應這些人，除了剖析人的社會結構，給他們說分明，沒有別的辦法。經濟學對社會合作的起源與如何運作的描述，正可以爲理性和非理性之間的最終抉擇，提供所有必要的資訊。如果人要重新考慮是否釋放他自己，免於理性的駕馭，他就必須知道自己將不得不放棄些什麼。

第四章　行爲範疇的初步分析

第一節　目的和手段

行爲所追求的結果，稱爲行爲的終點、目的或目標。一般人在日常言語中也使用終點、目的或目標，表示中間點的目的或目標；行爲人想要達到這些中間點，只因爲他相信通過它們可達到最終目的或目標。嚴格來說，任何行爲的最終目的或目標，總是要減緩某一不自在的感覺或不適感。

手段，是指有助於達到任何目的或目標的事物。嚴格來說，我們這個給定的宇宙裡，不存在手段；在這個宇宙中，只有事物。如果某人的理性打算利用某事物以達到某一目的，而該人的行爲，基於這個打算，也眞的使用了該事物，則該事物就變成一個手段。運用理性思考的人先看出一些事物的功能，知道它們能幫助他達到目的，而他後來的行爲則使它們變成手段。在這裡，頭等重要的是，必須知道：這外在世界的成分，只有透過人心的操作和人心的衍生物——人的行爲，才會變成手段。外在事物本身，只是這自然世界的現象和各種自然科學研究的主題；把外在事物轉變成手段的，是人的意圖和行爲。行爲學不研究外在世界，只研究人對這外在世界的作爲。對行爲學來說，眞實存在的，不是這自然的世界，而是人針對這給定的世界狀態有意圖的反應。經濟學不是關於外在事物或什麼具體的物質實物，而是關於人，關於人的意圖和行爲。貨物、商品和財富，以及所有其他的行爲觀念，不是自然界的成分，而是人的意圖與行爲的成分。想要研究它們的人，絕不能看向外在世界，而必須在行爲人的意圖中尋找它們。

人的意圖和行爲，作爲行爲學的研究主題，指的不是如果全部的人都受到某一絕對有效的哲學啓發、並且都具備某一完美的技術知識，人應該或將會有怎樣的意圖和行爲。在一門以會犯錯的人爲研究主題的科學框架裡，像絕對有效、無所不知這等觀念，沒有容身的空間。凡是人意在達成的事物，都是目的；凡是行爲人認爲是手段的事物，都是手段。

各種科技學和醫療學的任務，是在它們個別領域裡去誤存眞。經濟學的任務，則是在社會行爲的領域揭露錯誤的學說。但是，如果人不遵循科學的忠告，而執著於錯誤成見，那麼，這些錯誤便是眞實的存在，必須當作眞實來處理。譬如，經濟學家認爲，外匯管制不適合訴諸這類管制的人想要達成的目的。然而，如果輿論不拋棄這類謬見，而政府也因此採取這類管制，事態的發展便由此錯誤心態決定。現代醫學認爲，曼陀羅有醫療效果的說法是無稽之談；但是，只要人把這個無稽之談視爲眞理，曼陀羅便仍舊是一項經濟財，要取得它，還是須支付價格。在各種事物的價格研究方面，經濟學不問，某一事物在別人看來是什麼，而只問，在意圖取得該事物的人看來，該事物有什麼意義。因爲，經濟學研究眞實的價格，研究在實際的交換中支付和收取的價格，而不研究如果人不是實際這樣想、這樣行爲的話，可能會出現怎樣的價格。

任何手段必然總是有限的，亦即，就有意使用某一手段的人所期待於該手段的服務而言，數量總是稀少的。如果某一事物能提供的服務數量是無限的，就不會有任何關於它的行爲；換言之，它就不是一個手段。在可供使用的事物沒有數量不足之虞時，人不需要有什麼行爲。

有些人習慣稱目的爲最終的好處（the ultimate good），而稱手段爲財貨（goods）。使用這種術語的經濟學家，主要是由於習慣像技術專家、而不像行爲學家那樣思考。這類經濟學家區分自由財（free goods）和經濟財（economic goods）。他們稱那些供應數量充裕、人毋須節約使用的事物爲自由財。然而，這種財貨根本不是任何行爲的對象，它們是人類幸福的一般條件，是人所在自然環境的一部分；只有經濟財才是承載行爲的基礎。經濟學只處理經濟財，不處理自由財。

有些經濟財本身適合直接滿足人的需要，並且它們的功能也毋須倚賴其他經濟財的合作，這種經濟財稱爲消費財或第一順位財貨。有些只能間接、而且還須其他財貨互補配合，才能滿足需要的手段，稱爲生產財、生產要素，或較遙遠、較高順位財貨。生產財給予的服務在於，當它和互補的生產財結合時，帶來某一產品。這產品也許是消費財，也許是生產財，當再和別的生產財結合，最後將帶來某一消費財。我們能想像各種生產財，按照距離其所結合生產的消費財的遠近，排成一序列；距離消費財的生產最近的生產財排在第二順位，而用來生產第二順位財貨的生產財則排在第三順位，依此類推。

將各種財貨如此排序的用意，是要爲價值和生產要素價格的理論鋪墊一個基礎。下面將說明，那些較高順位的財貨，其價值評估和價格，怎樣倚賴結合它們而生產出來的一些較低順位財貨所獲得的價值評估和價格。外在事物最先和最終的價值評估，都僅指涉消費財。所有其他事物，都按照它們在消費財的生產過程中所發揮的作用而獲得價值評估。

所以，實際上，毋須爲各種生產財排序，按各自不同的順位，從第二順位排起一直排到第 n 順位。同樣多餘的是，爲某一具體財貨究竟該稱爲最低順位的財貨，或者該排到某一較高的順位，而進行迂腐的討論。究竟是生咖啡豆，或烘焙過的咖啡豆，或研磨過的咖啡粉，或已經泡好的咖啡飲料，或只有泡好、且加奶油和糖的咖啡飲料，該稱爲可供立即消費的消費財？這個問題無關緊要。無論採用哪一個排序方式，都無關宏旨。因爲，關於價值評估的問題，如果我們也把較高順位財貨視爲（其他某些財貨結合後的）產品，則我們就某一消費財所陳述的一切，也能適用於任何較高順位財貨（除了最高順位財貨）。

經濟財不一定是有形的物質；非物質的經濟財稱爲服務。

第二節　價值排序

行爲人在可供他選擇的不同機會當中，選取一個；他偏好其中某個機會，而捨棄其他。有些人習慣說，當行爲人在安排行爲時，他心中有一價值或需要排序。根據這個排序，他滿足一個較高的價值，或者說滿足最迫切的需要，而捨棄較低的價值，或者說捨棄較不迫切的需要不予滿足。對於這個陳述事態的方式，沒有什麼好反對的。然而，我們切不可忘記，價值或需要排序，只在眞實的行爲中顯現它本身。這種排序不是獨立存在於個人實際行爲之外的東西。關於這種排序，我們所知的一切，唯一的來源，是觀察某個人的行爲。每一個行爲，總是完全符合某一價值或需要排序的，因爲這種排序只不過是論述者的一個概念工具，專門用來解讀某個人的行爲。

道德或倫理學說，致力於確立人的行爲應該遵循——但不必然總是遵循——的價值排序。道德或倫理學家自認爲，分辨是非對錯，和勸告世人應該追求什麼至善目的，是他們的天命。這些學說屬於規範性學科，志在認知什麼應該存在。對於事實，這些學說不是價值中立的；它們依據某一任意選定的標準審判事實。

這不是行爲學和經濟學的心態。行爲學和經濟學充分認識到這個事實：人的行爲的最終目的，是不接受任何絕對標準審查的。最終目的，是最終的給定，是純主觀的、因人而異的；而且就同一個人在人生不同階段而言，最終目的也很可能是不同的。行爲學和經濟學不研究目的，只研究和目的有關的手段，亦即，只研究行爲人用來達成所選定目的的各種手段。對於像奢靡淫逸是否比禁慾苦修更有價值這等問題，行爲學和經濟學不表示任何意見。對於各種手段，行爲學和經濟學只應用一個評斷標準，那就是：手段是否適合達成行爲人所欲達成的目的。

所以，在經濟學裡，像反常和變態這樣的觀念，無處容身。經濟學不會說：某個人是反常的，因爲他偏好不討喜的甚於討喜的，偏好有害的甚於有益的，和偏好痛苦的甚於愉快的。經濟學只會說：他是不同於別人的；他喜歡別人討厭的；他認爲有用的，別人巴不得躲避；他以忍受痛苦爲樂，而別人則認爲痛苦有害而避之唯恐不及。正常和變態，這兩極對立的觀念，在人類學的意義上，可以用來區分像眾人那樣行動的常人，以及與眾不同或非典型的怪人；在生物學的意義上，可以用來區分習於保持生命力的人，和習於自我傷害的人；在倫理學的意義上，可以用來區分舉止端正的人，和行爲不當的人。然而，在人的行爲這門理論性科學的框架裡，這種區分觀念並無容身的空間。任何對最終目的的審查，其實都是純主觀的，所以都是任意武斷的。

價值，係指行爲人對各種不同最終目的判定有多重要。只有最終目的，才有主要和原始的價值。各種手段的價值，則是按照它們對最終目的的達成有多少貢獻，而推衍出來的；某一手段的價值評估，是從該手段適合用來達成的那些目的的價值評估引申出來的。對人來說，各種手段的重要性，全在於它們讓他有希望達成一些目的。

價值不是固有的，不是事物內在的什麼性質。價值存在於人的心中，是人對環境情況的反應。同樣的，價值既不是掛在嘴上，也不是藏在學說裡，而是反映在人的行爲上。值得注意的，不是某個人或某一群人關於價值說了什麼，而是他們怎樣行爲。道德家誇誇其談的演說和各個政黨膨風高調的黨綱，它們本身確實值得當作這樣的演說和黨綱給予注意。但它們對人間世事的影響，僅限於它們所眞正決定的行爲。

第三節　生理觀點的需要排序

儘管不斷有人提出相反說法，絕大多數人最在意的，還是首先改善他們的物質生活情況。他們想要更多、更好的食物，更舒適的住家和衣服，和千百種其他令人愉快的事物。他們追求富裕和健康。應用生理學把這些目標視爲給定，試圖確定什麼手段，最適合提供最大可能的滿足。根據這個觀點，應用生理學區分什麼是人「眞正的」需要，而什麼又是想像、虛假的慾望；它教導人應該怎樣行爲，教導人應該使用什麼手段。

這類教條的重要性是明顯的。從生理學觀點來看，生理學家是對的；他確實應該區分什麼是明智的行爲和什麼是違背目的的行爲；他是對的，他確實應該區別明智的和不明智的營養攝取方法；他可以譴責某些行爲模式荒謬，違背「眞正的」需要。然而，對我們這門研究人的行爲現實的科學來說，這種判斷卻是離題的。對行爲學和經濟學來說，要緊的不是人應該做什麼，而是人確實做了什麼。衛生學稱酒精和尼古丁爲毒物，這也許是對的，也許是錯的。但經濟學必須解釋的，是香菸和烈酒在實際情況下的價格，而不是在和實際不同的情況下會是什麼價格。

在經濟學的領域裡，沒有空間容納和實際行爲所反映的價值排序不同的需要排序。經濟學研究眞實的人——如是的軟弱，且容易犯錯的人，不是研究什麼理想的存在，或像神那般無所不知和完美的存在。

第四節　行為即交換

行爲是一個嘗試，嘗試以一個比較滿意的事態取代另一個比較不滿意的事態。我們稱這樣故意引起的改變爲交換。一個比較不可喜的情況交出去，換來一個比較可喜的情況。爲了得到某個比較滿意的事物，比較不滿意的事物捨棄了。那個捨棄掉的事物稱爲代價——爲達到所追求目的而需付出的犧牲。這代價的價值，稱爲成本。成本等於某個人爲了達到所追求目的，而必須捨棄的那個滿足在他眼裡的價值。

所需付出的代價價值（或實際成本），和所達到目標的價值，兩者之間的差距，稱爲利得、利潤或淨收益。這個最原始意義的利潤概念，是純主觀的，是行爲人幸福感的增加——一種既不能測量、也不能秤重的心理現象。在不適感的去除上，會有一個比較多、一個比較少的感覺；但是，滿足感大的，超過滿足感小的，到底有多少，只能被感覺到，而絕不可能以某種客觀方式加以確認或確定。價值判斷不是測量，而是排列強弱高低順序、區分等級。價值判斷表示某一偏好和順序，但不表示長短和輕重。只有序數能套用在價值判斷上，而基數就不行。

談論任何價值計算，都是徒勞的。只有基數才能計算。兩個事態的價值評估之間的差距，完全是心理的、個人主觀的。不可能有什麼辦法，將該價值差投射或投影到外在世界。價值只能被個人感覺到，而不可能傳達或傳授給任何別人。價值是強弱自知的一種感覺。

生理學和心理學已經發展出一些辦法，據稱可用來爲原則上不可行的強度測量找到替代方法。經濟學毋須審視這些相當可疑的代用辦法。這些辦法的支持者自己也意識到，它們不適用於價值判斷。然而，即使它們適用，和經濟學的問題也不會有任何關係。因爲經濟學研究行爲本身，而不是研究某些特定行爲背後的生理或心理事實。

行爲沒達到所預期的目的，乃是司空見慣的事。有時候，結果雖然比預期目的爲差，但和先前的事態相比，仍算是有所改善；這時，還是有利潤，雖然是少於預期的利潤。但有時候，行爲所產生的事態比行爲想改變的事態更糟糕。這時，行爲所得結果的價值評估，和行爲所花成本的價值評估，兩者之間的差距，稱爲損失。

第五章　時　間

第一節　行為學的時間特質

改變，隱含時間順序或時序觀念。一個僵固、永恆不變的宇宙是沒有時間的，然而卻也是死的。改變和時間，是不可分割、連結在一起的兩個觀念。行爲意在改變，所以行爲發生在時間順序中。超脫時間的存在和超脫時間的行爲，甚至不是人的理性所能想像的。

行爲人分辨行爲前的時間、行爲用掉的時間，以及行爲結束後的時間。他對時間的經過，不可能無動於衷，不可能沒有關於時間的價值評估。

邏輯和數學處理理想的思想體系，這個體系裡的各個關係和含義，是同時並存、互相依存的；我們不妨說它們是同步的，或者是沒有時間的。一個完美的心靈，一念之間便可掌握它們全部。但是，人沒有這個完美的能力，思考本身因而變成一個行爲，一步一步從比較不圓滿、認知不足的狀態，前進到比較圓滿、比較完整領悟的狀態。但是，取得知識的那個時間順序，和先驗演繹的思想體系裡所有成分的邏輯同時性，兩者絕不可混淆。在該體系裡，前因和後果的觀念只有比喻的意義。該體系本身，既沒隱含時間觀念，也沒隱含因果觀念；只有元素之間的函數對應，但是，沒有原因、也沒有結果。

從認識論觀點來看，行爲學體系有別於邏輯體系之處，就在於它隱含時間和因果觀念。行爲學體系也是先驗和演繹的；當成一個體系來說，它是沒有時間的；但是，改變是它的一個元素；早一點和晚一點，以及原因和結果，這些觀念也是它的成分。前因和後果，是行爲學推理的基本概念；同樣的，事態發展的不可逆性也是。在行爲學體系的框架裡，任何提到函數對應的論述，其比喻和誤導的意義，不亞於在邏輯體系的框架裡提到前因和後果的論述。[1]

第二節 過去、現在和未來

是行爲讓人有時間觀念，讓人意識到時間的流逝。時間觀念，是一個行爲範疇。

行爲總是針對未來；本質上，行爲必然總是爲了更好的未來而計畫與行動。行爲的目標，總是要使未來的情況，變得比沒有行爲干預下預期出現的情況更爲滿意。促使個人採取行動的不適感所以存在，乃是因爲他對未來預期發生的一些情況感到不滿意；他認爲如果現在不設法改變它們，這些未來情況很可能發生。無論如何，行爲只能影響未來，絕不可能影響隨著每一剎那消逝成爲過去的現在。當行爲人計畫，把比較不滿意的現在狀態，轉變成比較滿意的未來狀態時，他開始意識到時間。

對沉思冥想者來說，時間純粹是一段連續，「純粹的一段連續，其中的流動是連續的，人從某個狀態，微不可察的，過渡到另一個狀態：連續，眞的經歷過的連續」。[2]現在的「此刻」不斷挪移到過去，然後只保留在記憶中。哲學家說，人在回想過去時，開始意識到時間。[3]然而，其實不是回憶，而是想要改善生活情況的意志，把改變和時間觀念傳達給人。

我們以各種機械裝置測量的時間，永遠是過去的時間，而哲學家談到時間觀念時，所指的時間，或者是過去的，或者是未來的時間。從這些角度來看，現在只不過是分隔過去和未來的一個理想界線。但是，從行爲學的角度來看，在過去和未來之間，有一眞實延伸的現在。行爲本身位於眞實的現在當中，因爲行爲使用現在這一刻，使這一刻的眞實具體顯化。[4]後來的回顧反思，在過去的那一刻，首先會認出那一刻的行爲和那一刻給該行爲提供的條件。那個不再能去做的或享用的事物，因爲做它或享用它的時機已經消逝，對比的是過去和現在。那個尚不能去做的或享用的事物，因爲做它的條件或讓它成熟的時間尚未到來，對比的是將來和過去。而現在，則是給行爲提供一些在此之前嫌太早、在此之後又嫌太晚的機會和任務。

現在，視爲一段連續，是提供給行爲的那些條件和機會的延續。每一個行爲都要求一些特別的外在條件，爲了達到所追求的目標，行爲必須調整，以適應這些條件。所以，不同的行爲領域，適用的現在概念也不盡相同。現在的概念，和各種以空間移動來測量時間流逝的方法，沒有絲毫關係。從行爲學的角度來看，現在可以包括已經過去的時間，一如它可以包括仍然實際存在的此刻，如果前者和後者一樣都是同一行爲的時機延續。現在，依不同的行爲而定，對應的可能是中古世紀、十九世紀、去年、上個月或昨天，也可能是剛過去的那一小時、一分鐘或一秒鐘。如果某人說：「如今，人們不再崇拜宙斯。」他心中的現在，和心想「現在轉彎還太早」的汽車駕駛心中的現在，是不相同的。

由於未來是不確定的，所以，我們能把多久的未來視爲此刻和現在，總是未定與含糊的。如果某人在一九一三年說：現在——此刻——在歐洲，思想自由是無可置疑的，他當時很可能沒預見到，這個現在很快將成爲過去。

第三節　時間的安排利用

人，躲不過時間流逝的影響；他誕生、成長、變老、然後逝去。他的時間是稀少的，必須審愼安排時間的利用，就像必須審愼安排利用其他稀少的生產要素。

時間的安排利用，有一奇特的性質，源自於時間順序的獨特性和不可逆性。這些事實的重要性，顯露在行爲學理論的每一個環節。

在這裡只須強調一個事實。時間的安排利用，是獨立於經濟財和服務的安排利用之外的。即使在萬物豐裕的世外桃源，只要人不是永恆不朽的、沒有天賦永恆的青春，以及堅不可摧的健康活力，人也將被迫在時間方面做出取捨安排。身在世外桃源，雖然他的一切慾望都能立即滿足，毋須任何勞動付出，但還是不得不安排享用各種滿足的時間表，因爲有一些滿足狀態並不相容，是不能同時完成的。對這個人來說，時間還是稀少的，還是免不了早一點或晚一點的安排考量。

第四節　行為之間的時序關係

個人的兩個行爲，絕不可能是同步的；它們在時間上的關係，是一個早一點和晚一點的關係。不同個人的行爲，只能根據一些測量時間的物理方法，視爲同時發生。在行爲學裡，只有人與人之間彼此協調好的個別努力，才說得上同時發生或同步。[5]

個人的行爲，一個接著一個發生，絕不可能發生在同一時刻；它們只能或早或晚的一個接著一個發生。有一些行爲確實是一舉數得，有助於好幾個目的，然而，把這一類行爲當成同時並存的許多不同行爲來論述，那就混淆事實了。

有些人從來沒意識到「價值排序」一詞的眞正意義，對於有許多扞格不容假定「個人的諸多不同行爲可能同時發生」的問題，也從來不予理會。他們一向把個人的諸多不同行爲解讀爲：某一獨立於、並且先於這些行爲的價值排序的結果；而且還把那些行爲解讀爲：某一事先設計好的計畫的結果；因爲他們認爲那些行爲就是要實現該計畫的。該價值排序和該計畫——通常認爲涵蓋某一段連續時間，並且在該段期間內保持不變——於是實體化爲諸多不同行爲的共同原因和動機。同時並存，這個對於諸多不同行爲絕不適用的概念，於是就這麼輕易的出現在該價值排序和該計畫中。但是，這樣的解讀忽略了這個事實：價值排序只不過是我們論述者建構的思想工具。價值排序，其實只表露在實際行爲中，只能在實際行爲的觀察中認出。所以，拿價值排序和實際行爲對比，或拿價值排序作爲標準來評斷實際行爲，是不允許的。

同樣的，拿實際行爲和先前爲未來行爲所擬定的計畫或方案做比較，從而區分理性的和據稱非理性的行爲，也是不允許的。昨天爲今天的某些行爲設定了一些並非今天實際瞄準的目標，也許是非常有趣的觀察。但是，昨天的計畫並不能提供任何比其他觀念或標準更客觀、更不武斷的觀念或標準，可以用來臧否今天的實際行爲。

有人嘗試經由如下推理，導出非理性行爲的概念：如果對 a 的偏好甚於對 b 的偏好，而且對 b 的偏好也甚於對 c 的偏好，那麼，就邏輯而言，對 a 的偏好應該甚於對 c 的偏好。但是，如果實際上對 c 的偏好甚於對 a 的偏好，那麼，我們面對的，據說就是一個不能稱爲具一致性和理性的行爲模式。[6]這類推理沒考慮到個人的兩個行爲絕不可能同時並存的事實。如果在某一行爲中，對 a 的偏好甚於對 b 的偏好，而在另一行爲中，對 b 的偏好甚於對 c 的偏好，那麼，不管這兩個行爲間隔多久時間，都不允許建構一個統一的價值排序，遑論其中 a 排在 b 之前，而 b 則排在 c 之前。同樣的，把後來第三個行爲視爲和這兩個先前的行爲同時發生，也是不允許的。前述例子證明的，不過是價值判斷並非不會改變；所以，解讀某人某些不同而且必然不是同時並存的行爲，從而提取出來的價值排序，很可能是自相矛盾的。[7]

我們絕不可混淆邏輯學意義的一致性（亦即，沒有矛盾）和行爲學意義的一致性（亦即，堅定不移或始終如一堅持相同原則）。邏輯的一致性只屬於思想領域，而堅定不移只屬於行爲領域。

堅定不移和理性是完全不同的概念。如果某人的價值判斷已經變了，但是純粹爲了要顯示堅定不移，還始終不懈的忠於曾經擁護的行爲原則，那就不是理性，而根本就是頑固。行爲只有在某方面，才會堅定不移：永遠偏好比較有價值的甚於比較沒價值的。如果價值判斷變了，行爲也必定改變；情況改變了，還忠於舊計畫，是愚蠢。一個邏輯體系必須一致、沒有任何矛盾，因爲它隱含一切成分和定理同時並存。就必然先後發生在時間順序中的行爲而言，絲毫沒有任何這種邏輯一致性的問題。行爲必須適合行爲人的意圖，而行爲人的意圖要求調整行爲以適應不斷改變的情況。

沉著鎮定一向被視爲人的美德。某人是沉著鎮定的，如果他的思考和行動調整能力是如此迅捷，以致新情況的出現，和他因應新情況的行動調整，兩者的間隔時間短得不能再短。如果堅定不移被解釋爲：完全不顧情況的變化，堅持忠於某一先前設計出來的計畫；那麼，沉著鎮定和迅捷反應，恰好是堅定不移的反面。

當某個投機者走進股票交易所，他也許已爲即將進行的買賣操作擬好了一份明確的計畫。然而，不管他是否堅持該計畫，即使是按熱中於分辨理性、非理性的那些人賦予「理性」一詞的意思來說，他的一切行爲也都是理性的。這個投機者在這一日當中也許做了一些交易，而在某個沒把市場情況變化考慮進去的旁觀者看來，那些交易不能解讀爲堅定不移的行爲結果。但是，這個投機者想要賺取利潤、避免損失的心意卻是堅定不移的。因此，他必須根據市場情況的變化、根據他白己對於未來價格發展的判斷變化，調整操作行爲。[8]

除非將「非理性」建立在某個主觀任意的價值判斷上，否則任何人，不管怎樣絞盡腦汁，都不可能構想出什麼「非理性的」行爲概念。且讓我們假設某個人選擇顚三倒四的行爲，不爲別的，只爲反駁行爲學說「沒有非理性行爲」的主張。這情況就是，某個人想要達到某一特殊目的，也就是要反駁行爲學的一個定理，他的行爲表現和他在其他情況下不一樣。爲了反駁行爲學，他選了一個不恰當的手段，如此而已。

第六章　不確定性

第一節　不確定性和行為

未來不確定，已隱含在行爲的概念裡了。人行爲的事實，和未來不確定的事實，絕不是不相干的兩回事；它們只是確立同一事實的兩個不同方式，可說是一體兩面。

我們可以假定，一切事件和變化的結果，都是由一套永恆不變、支配整個宇宙生成和發展的法則，一個一個特別決定的。我們可以把所有現象間的必然聯繫和相互依存，亦即，所有現象的因果串連，視爲根本的、最後的事實。我們可以完全拋棄「不確定的機遇」這個概念。但是，不管對無所不知的心靈來說，這樣的情況是什麼或看起來像什麼，對行爲人來說，事實仍然是：未來永遠是個謎。如果人知道未來，他將用不著選擇，也用不著行爲。他將像一個沒有自主意識、只會反應外來刺激的自動機。

某些哲學家隨時準備駁斥「人的意志」這個概念，他們說，那不過是幻覺和自欺，因爲人的行爲必然不知不覺的遵循不可避免的因果律。從原動者或原因本身的觀點來看，他們也許是對的，也許是錯的。然而，從人的觀點來看，行爲是終極給定的事實。我們沒說，在選擇和行爲上，人是「自由的」。我們只確立人選擇和行爲的事實；但是，我們不知道如何應用自然科學的方法，解答人爲什麼這樣行爲、而不那樣行爲的問題。

自然科學沒帶給人可以預測的未來，而只是使人可以預言：某些確切的行爲將獲得什麼確切的結果。但是，它留下我們無法預測的兩個領域：未被充分認識的自然現象領域，以及人的行爲抉擇領域。對於這兩個領域的無知，使得人的一切行爲沾染上不確定性。必然的確定性，只有在先驗理論的演繹體系範圍內才有。對於眞實世界的認識，頂多只能達到或然性的判斷，亦即，得到可能爲眞的判斷。

是否允許把實證的自然科學中的某些定理視爲確定？行爲學不研究這個問題。從行爲學的角度來看，這個問題也沒有什麼實際的意義。無論如何，物理和化學的那些定理的或然性程度是這麼的高，以致就任何實際意義而言，我們大可把它們視爲確定。對於按照科技學公式建造起來的一部機器會怎樣運轉，我們實際能準確預測；但是，假使我們打算給消費者供應某一部機器的產品，那麼，該部機器的建造便只是一個較廣泛計畫中的一部分而已。這個計畫是不是最適當，取決於未來的情況發展；在計畫執行時，這是不可能準確預測得到的。因此，對於建造什麼機器將會產生什麼技術性的結果，不管我們事先知道的多麼確定，都不可能消除整個計畫內在的不確定性。人們未來的需要和價值判斷、對於情況變化的反應、未來的科技知識、未來的意識型態和政策，絕不可能確定預知，頂多只能預測某某情況有幾分或然性。畢竟每一個行爲，都指向未知的未來。就這個意思來說，每一個行爲總是必然帶有幾分風險的投機。

眞假和確定性是一般認識論關心的議題；或然性問題，則是行爲學的主要議題。

第二節　或然性的意義

或然性（probability）問題的論述，被數學家混淆了。關於或然性的演算，一開始便出現疑義、曖昧。當默勒（Chevalier de Mere）向巴斯卡（Pascal）請教骰子擲點遊戲的一些問題時，這位偉大的數學家本該坦率的告訴他的朋友實情，亦即，在純粹憑機遇定輸贏的賭局裡，數學對賭徒沒有任何用處。不料他反而把回答包裹在充斥符號的數學語言裡。原本用幾句通俗的言語就不難解釋明白的道理，居然被他用一種絕大多數人都不熟悉、所以都心存敬畏的術語來表述。人們猜想，那令人費解的公式或許可能含有某些重要的、不爲外行人所知的啓示，進而誤以爲世上存在一個科學的賭博方法，賭贏的祕訣就在深奧的數學教誨裡。莊嚴神祕的巴斯卡就這樣不經意的成爲賭博業的守護神；而眾多關於或然性演算的教科書，一直免費爲賭場宣傳，原因正是那些教科書對外行人來說，簡直是神祕的天書。

在科學研究的領域，或然性演算的疑義所造成的破壞同樣不小。每一個知識部門的歷史，都有好幾起關於誤用或然性演算的記錄，以致穆勒（John Stuart Mill）評論道：或然性演算是「數學的眞正恥辱」。[1]而某些最糟糕的錯誤，則已經發生在當代有關物理學研究方法的解釋上。

或然性推論的問題，比構成或然性演算領域的那些問題，還要廣泛得多。只因爲全神貫注於或然性的數學處理，才會導致「或然性指的永遠是次數頻率」這樣的偏見。

一個進一步的錯誤是，有人把或然性推論的問題和自然科學應用的那種歸納推理的問題搞混了。有一個幾年前還很流行、後來失敗的哲學思維模式，其特色就在於嘗試以某種通用的或然性理論取代確定的因果觀。

一則或然的陳述，是指關於陳述的內涵，我們的知識是有所欠缺的；我們不知道每一樣必須知道的事物，而難以確定該則陳述是眞、是假。但是，另一方面，關於該則陳述，我們確實知道一些東西，也就是我們比單純的不清楚或不知道，能說得更多一點。

有兩種完全不同的或然性場合；其一，可以稱爲類的或然性（或次數頻率的或然性）；另一，可以稱爲個案的或然性（或人的行爲科學裡的特殊了解）。前者的應用領域，是完全由因果範疇統攝的自然科學領域；後者的應用領域，是完全由目的範疇統攝的人的行爲科學領域。

第三節　類的或然性

類的或然性（class probability），意思是：就牽涉到的問題而言，我們知道或假定知道，關於某一類事件（或現象）全體的所有情況；但是，關於一個一個出現的實際事件（或現象），我們除了知道它們是屬於這一類的事件（或現象）外，別無所知。

譬如，我們知道，某一彩票箱裡有九十張彩票，其中五張將被抽出來。我們知道該全體彩票的一切情況。但是，關於將被一張一張抽出的彩票，我們除了知道它們是該全體彩票中的幾張外，其他什麼也不知道。

又譬如，假設我們有一張完整的死亡率表，涵蓋過去某一段期間、發生在某一地區的所有死亡事件。如果我們假定死亡率不會發生任何變化，便可以說，我們知道一切關於該地區全體人口的死亡情形；但是，關於一個一個居民的預期壽命，我們除了知道他們是該地區全體人口中的成員外，其他根本一無所知。

或然性的演算爲這樣有所欠缺的知識，提供了以數學的符號術語包裝、表述的方式。或然性的演算既不會擴大、也不會加深，更不會補足我們的知識。它只把那有所欠缺的知識轉譯成數學語言，數學的演算只是以代數公式重複我們事先就知道的東西罷了。那些演算不會帶給我們任何有關實際的、個別事件的消息，並且對我們關於全體的知識，當然也不會有任何增益，因爲在我們一開始考慮相關問題時，該知識便已經是完美無缺的，或假定是完美無缺的。

一般人相信，或然性的演算能給賭徒提供資訊，藉以消除或減低賭博的風險；這是一個嚴重的誤解。事實和一般人的誤解剛好相反，或然性的演算和其他任何邏輯或數學的推理模式一樣，對賭徒完全沒有用處。賭博行爲的特徵，就在於面對未知的事物，面對純粹的機遇。賭徒賭贏的希望，並非以什麼實質的考慮爲基礎。不迷信的賭徒是這樣想的：「有一微小的機會我可能（或換句話說，『並非不可能』）贏；我準備拿出必要的賭注。我很清楚知道，在拿出這賭注時，我表現得就像是一個傻瓜；但是，最大的傻瓜有最好的運氣。管他的！」

冷靜的推理必定可以讓賭徒明白：在一個抽獎總額小於彩票銷售總額的抽獎賭局中，他買兩張彩票而不只買一張，不會增加他賭贏的機遇。如果他買了全部彩票，他肯定會輸掉他的一部分賭資。然而，每一個買彩票的顧客都深信買愈多愈好。流連在賭場和吃角子老虎機旁的賭客，總是賭個不停。他們想也不想的事實是：因爲基本的勝率有利於莊家而不利於玩家，所以玩家持續賭得愈久，賭輸的結果就會變得愈確定。賭博的魅力恰恰在於：賭博的不可預測性和賭博冒險過程中的運氣變化。

且讓我們假設：有十張彩票，分別寫上十個不同人的名字，放進一個箱子裡。將一張彩票抽出，而名字在該張彩票上的人，必須支付一百元。這時，一個保險人如果能把保險合約按每份保費十元賣給這十人當中的每一個人，他便能允諾全額賠償輸者；他將收到一百元，也將付給這十人當中的某個人同一金額。但是，倘若他按照或然性演算所決定的保費，只承保這十人當中的某一個人，那麼，他將不是在從事保險生意，而是在賭博。他將是在拿自己代替那個被保險人。他將收到十元，同時也將面臨這機遇：保有這十元，或輸掉這十元外加九十元。

如果某個人允諾，在另一個人死亡時支付一筆金額；而爲實踐此一允諾，收取一筆對應於或然性演算所決定的平均餘命的保費，那麼，他便不是一個保險人，而是一個賭徒。保險，不管是按照營利原則經營，或是按照互助原則經營，都要求同一類事件的全部或可以合理視爲全部的份數加入保險。它的基本概念，是風險的集中和分散，不是或然性的演算。它所需要的數學演算，是加減乘除這四則基礎的算術演算。或然性的演算，則純粹是脫離主題的花邊演出。

這個論斷顯然得到下面事實的證明：毋須求助於任何概率精算的方法，僅憑集中和分散的原則，便可以消除有害的風險。每個人在日常生活中都這麼做。每個生意人，都會把營業過程中經常發生的一些損失所需的補償，算進他的正常成本。「經常」在這裡的意思是：這些損失的金額，就各種損失全體而言，是已知的，或假定是已知的。譬如，水果商可能知道，在某一堆蘋果中，每五十個就會有一個將腐爛；但是，他不知道哪一個蘋果會腐爛。他處理這種損失的方式，就像他處理其他成本項目那樣。

上面就類的或然性的本質所給的定義，是唯一在邏輯上完善的定義。它避開了所有指涉「可能的事件有相等或然性」這樣的或然性定義所隱含的低級循環弊病。我們說，關於實際的一些個別事件，我們除了知道它們是某一類的事件外，別無所知，儘管該類事件全體的情況是完全已知的；上面點到的那個惡性循環，就這樣清除掉了。再則，我們也毋須爲所給的定義再畫蛇添足，附加一個所謂「個別事件的發生順序沒有任何規則可言」的條件。

保險的特徵，就在於它處理同一類事件的全體。因爲我們自以爲知道同一類事件全體的一切情況，所以經營保險事業似乎沒涉及什麼特別的風險。

同樣的道理，賭場莊家的生意，或彩票抽獎的生意，也都沒有特別的風險。從彩票企業的觀點來看，只要所有的彩票能賣出，結果是可預測的。如果還留下一些彩票沒賣出，那麼，彩票企業的老闆相對於這些庫存彩票，和每一個彩票買主相對於買入的彩票，立場是完全一樣的。

第四節　個案的或然性

個案的或然性，意思是：關於某一特定事件，我們知道一些決定結果會是什麼的因素；但是，除了這些因素外，另有一些影響結果的因素，我們一無所知。

個案的或然性和類的或然性，除了我們的知識不完整，沒有任何共同點。

當然，在許多場合，人們會根據關於某一類事件全體的知識，嘗試預測某一特定的未來事件。譬如，某位醫生如果知道同一疾病的患者當中有百分之七十康復了，他也許會斷定他的病人完全康復的可能性。如果他正確表達他的判斷，他只會說，康復的或然性是〇・七，也就是在十個病人當中平均不超過三個死亡。所有關於外在或自然科學領域事件的預測，都是這種性質。它們其實不是關於問題中的個案將會發生什麼情況的預測，而是在陳述各種可能發生的情況出現的次數或頻率。它們或者是根據統計資料，或者只是根據非統計經驗推衍出來的粗略估計。

就這種類型的或然性陳述而言，我們面對的，不是個案的或然性。事實上，關於問題中的個案，我們除了知道它是某一類的個案，其他一無所知，儘管我們知道或自以爲知道該類全體個案將發生哪些情況。

譬如，一個外科醫生告訴某個考慮接受手術的病人說，每一百個接受該項手術的病人有三十個死亡。如果這病人問，這個死亡數目是否已經滿了，他便是誤解了那位外科醫生的陳述。他已經陷入所謂「賭徒之謬誤」的錯誤。他搞混了個案的或然性和類的或然性，就像下面這位輪盤賭徒一樣：在連續出現十次紅色後，這位仁兄認定下一次出現黑色的或然性，比這十次連續紅色之前要來得大。

所有醫療方面的預測，若只根據生理學的知識，都只涉及類的或然性。當一個醫生聽到某個不認識的人染上某一特定疾病時，根據他的一般醫療經驗，將會說：該病人康復與否的可能性是七比三。但如果這位醫生親自治療這位病人，他也許會有不同的意見。如果這位病人還年輕、充滿活力，在染上這種疾病之前健康良好，這位醫生也許會認爲死亡的比例還要更低些；這位病人康復與否的可能性，不是七比三，而是九比一。這個判斷也許不是以什麼人蒐集到的統計資料爲基礎，而只是醫生根據自己處理過的病例經驗、不失精確的總結，但是前後兩個判斷的推理模式仍然是相同的。這位醫生知道的，始終只是某一類病例的全體情況。在這個案例中，這一類病例全體係指：染上討論中的疾病、年輕、發病前充滿活力的人全體而言。

個案的或然性，是人的行爲問題處理方式的一個特徵。在行爲學的領域，任何涉及次數或頻率的概念都是不合適的。因爲行爲學的一切陳述，始終是針對某些獨特的事件而言，這些獨特的事件是眞正獨特的——亦即，就行爲學要討論的問題而言——不是哪一類事件中的幾個個別的事件。我們也能想像「美國的總統選舉」這一類事件。爲了進行某些種類的推理，譬如，爲了從憲法的角度論述美國總統選舉問題，這類概念也許實際證明是有用的，或甚至是必要的。但是，如果我們是在論述一九四四年的美國總統選舉——或者是在選舉前論述未來選舉的結果，或者是在選舉後分析、論述哪些因素決定了選舉結果，那我們就是在處理一個個別的、獨特的和不可重複的個案。這個案的特徵，就在於它的獨特性；它自成一類。所有可能允許我們把它歸入其他任何一類的那些表徵，對我們要討論的問題，沒有絲毫影響分量。

有兩支足球隊——藍隊和黃隊，明天要比賽。過去，藍隊總是擊敗黃隊。這個歷史事實，並不是什麼關於某一類事件全體的知識。如果我們竟然把該歷史事實當成是關於某一類事件全體的知識，那我們將不得不推論說，藍隊總是勝利的，而黃隊總是被擊敗的；對於比賽的結果，我們將不會不確定，也就是我們將確知藍隊將會再度獲勝。然而，我們其實認爲，對於明天比賽的結果，我們的預測只是或然的判斷；此一認知心態顯示，我們並沒把過去的比賽當成同一類事件來推論。

另一方面，我們相信，藍隊過去勝利的事實，對於明天比賽的結果，並不是無足輕重的。我們認爲，藍隊過去勝利的事實，是偏向預測藍隊將再次獲勝的一個理由。如果我們正確的按照適合於類的或然性的推理方式進行推論，就不會認爲該事實有什麼重要性可言。相反的，如果我們沒抗拒「賭徒之謬誤」的錯誤推論，我們將推論說：明天的比賽將導致黃隊勝利。

如果我們拿出一筆錢賭注某隊獲勝，律師會把這種行爲稱爲打賭（betting），而如果牽涉到的是類的或然性，他們會稱它爲賭博（gambling）。

在類的或然性領域之外，或然性一詞所隱含的一切意思，通常指涉處理歷史事件的獨特性或個性（individuality）時所牽涉到的那個特別的推理模式——歷史科學專用的或特殊的了解。

了解，總是根據不完整的知識。我們也許知道行爲人的一些動機，知道他們想要達到的目的，以及爲了達到目的所計畫應用的手段。對於這些因素預期產生的結果，我們有一定的看法。但是，這知識是有缺陷的，在評估這些因素的影響力量方面，我們不能預先排除我們可能犯錯；我們也許未能把某些因素適當納入考量，因爲我們全然沒料到會出現這些未納入考量的因素帶來干擾，或者因爲我們所料的干擾方向不正確。

賭博、類似工程施作的科技操縱和投機，是面對未來的三種不同方式。

賭徒對於決定輸贏的事件一無所知。他只知道，一系列類似事件當中，結果是他想要的那一種事件的次數或頻率；而這知識對他的賭博大業毫無用處。他得倚靠運氣，那是他唯一的計畫。

生命本身暴露在許多風險中。任何時候，人都有遭到意外災難傷害的危險；對這些意外，人或者不能控制，或者至少不能充分控制。每個人都倚賴幸運，指望不被雷擊、不被毒蛇咬。人生難免賭博的成分。人，透過購買保險，可以移除這些災難和意外所造成的一些錢財損失；買了保險後，他倚賴相反的運氣。

對被保險人而言，保險是賭博；如果災難沒發生，他的保費就白繳了。[2]相對於不可控制的自然事件，人總是處在賭徒那樣的位置。

另一方面，工程師對於如何在技術上滿意解決問題，亦即，如何滿意建造一部機器，他知道一切必須知道的。在他的能力控制範圍內，只要還留有一些不確定的邊邊角角，他便會嘗試以安全係數的設計把它們排除。工程師只知道可以解決的問題，以及在目前的知識狀態下不能解決的問題。有時候，他也許能從不順利的經驗中發現，原來他的知識不是自己曾以爲的那樣完整，或者發現過去他未能意識到，自以爲能控制的一些問題，其實還存在著一些曖昧模糊。於是，他將努力嘗試使他的知識變得更完整。當然，他絕不可能完全排除人生中存在的賭博成分；但是，只在確定的範圍內操作，就是他的原則。他企圖完全操控他的行爲中的所有元素。

當今，大家習慣講「社會工程」。像「經濟計畫」那樣，「社會工程」是獨裁和集權專制的同義詞；獨裁者的理念，是要以工程師在建造橋梁、道路和機器時處理材料的方式，來處理眾人。社會工程師的意志，將取代他視同材料、計畫用來建構其烏托邦的那些同胞的意志。人將分成兩種：一種是全能的獨裁者；另一種是他的下屬和走卒，這些人被降格，成爲只是獨裁者計畫中的棋子、獨裁者機器裡的小齒輪。如果這理念行得通，那麼，社會工程師當然用不著煩惱怎樣去了解同胞的行爲；他將可以隨意處理他們，就像科技處理木材和鋼筋那樣。

而在這眞實的世界中，行爲人面對的是這樣的事實：周遭都是與他一樣的同胞，各自都爲私人的利益在行爲著。於是他不得不調整自己的行爲以適應他人的行爲，這使得他成爲一個投機者；至於投機的成敗，端看他了解未來的能力大小而定。每一項投資，都是某種方式的投機。在人間世事進展的過程中，沒有什麼穩定，因此也就沒有什麼安全可言。

第五節　個案的或然性數値評估

個案的或然性不容許任何數値評估。通常認爲是數値評估的東西，在經過更仔細的審視後，會呈現一種不同的性質。

在一九四四年美國總統選舉前夕，人們可能會說：

一、我準備拿出三美元對賭一美元，打賭羅斯福勝選。

二、在全體選民中，我猜將有四千五百萬人出來投票，其中二千五百萬人會投給羅斯福。

三、我估計羅斯福勝選的可能性是九比一。

四、我確定羅斯福將勝選。

陳述四顯然是不精確的。如果這個陳述者站在證人席上宣誓後被問到，是否像確定冰塊暴露在一百五十度的高溫下將融化那樣確定羅斯福將勝選，這位仁兄肯定會回答「不」，也肯定會改正陳述，聲明說：我個人完全相信羅斯福將連任，那是我的意見，但這當然不是確定的事，只是我個人對這次選舉情況的一個了解方式。

陳述一也是類似的情形。這位仁兄相信，他打這個賭，風險很小。那三比一的關係，不是什麼關於哪位候選人勝選可能性的斷言；只是他認爲羅斯福將勝選，以及他癖好打賭，這兩個因素交互作用的結果。

陳述二是對即將發生的事件結果如何的一個評估。那些數字指涉的，不是或然性的程度、大小，而是預期的投票結果。這樣的一則陳述，也許是根據像蓋洛普民意調查那樣的系統性調查，或只是根據某些粗略的估計。

陳述三的情形不一樣，這是一則以算術語言表述的、關於預期結果的命題。它的意思肯定不是說：在十個同一類的個案中，有九個是有利於羅斯福的，另一個則是不利的。它不可能指涉類的或然性，但又能有什麼別的意思嗎？

其實它是一個比喻性質的表述。日常談話中使用的比喻，大多是把一個抽象的事物，在想像中視同另一個能用感官直接捕捉到的事物。但是，這並非比喻必然具備的一個特徵，事實上只是因爲對我們來說，具體的事物通常比抽象的事物更熟悉所致。比喻的目的，無非在於拿某個大家比較熟悉的事物作爲對照，來解釋另一個大家比較不熟悉的事物。所以，比喻的型態多半是：把抽象的事物等同某個大家比較熟悉的具體事物。在我們現在這個例子裡，比喻的特點在於：嘗試從一門比較高級的數學——或然性的演算——借來某個類似的事物，作爲一個比擬，幫忙解釋某個複雜的事態。這門數學的性質，湊巧比了解的認識論性質分析更爲大家所熟悉罷了。

以邏輯的標準批判比喻性質的表述，是沒意義的。比擬和比喻，總是有缺陷，在邏輯上總是難以令人滿意。一般的作法是尋找潛在的比較基礎，來代替邏輯批判。但是，對於此刻正在討論的這個比喻來說，甚至連這個作法也是不容許的。因爲這個比喻的根據，是一個本身在或然性演算的框架裡也是錯誤的概念，亦即，賭徒之謬誤。斷言羅斯福勝選的可能性是九比一，意思是：相對於即將來臨的選舉，羅斯福所處的位置，宛如一個買了彩票箱裡百分之九十彩票的人，相對可能抽中頭獎的或然性。它隱含，就我們關注的那個獨特個案的結果，這九比一的比率，提供一些實質的訊息。毋須贅言，這是一個錯誤的念頭。

自然科學的領域，在處理各種假說時，同樣不容許借助或然性的演算。各種假說，都是自然科學家有意識的根據邏輯上不夠充分的論據，所提出的試驗性質的解釋。關於任何假說，充其量只能說：這假說有沒有抵觸邏輯的原則，或者有沒有抵觸經實驗確立、並且被當眞的事實。任何假說如果抵觸邏輯，那就站不住腳；但如果某個假說抵觸實驗事實，該假說——依據目前的實驗知識狀態——還不至於立即被判定站不住腳（對於假說，個人的信念強度是純主觀的）。不管是次數頻率的或然性，還是歷史的了解，都和接受或拒絕自然科學假說的問題無關。

假說這個術語，如果用來稱呼歷史事件的特殊了解模式，那就是用詞不當。假設有某位歷史學家斷言，在羅曼諾夫（Romanoff）王朝淪亡事件上，這個王室具有德國背景的事實一節，有一定的影響分量。他的了解所根據的那些事實，是無可爭議的。當時的蘇俄，人們確實普遍憎恨德國人；而羅曼諾夫家族中繼承王位的這一脈，在過去兩百年間，一直只和德裔貴族的子孫通婚，也因此許多蘇俄人、乃至那些認為沙皇保羅不是彼得三世之子的人，將它視為已經德國化的家族。但是，仍然存在一個問題：前述這些事實，在導致羅曼諾夫王朝被推翻的一連串事件中，究竟產生多少影響分量？面對這種問題，除了歷史的了解所提供的那種說明之外，不可能有別種說明。

第六節　打賭、賭博和競技比賽

打賭（betting），是某人冒著錢財或其他東西輸贏的風險，在某一事件的預期結果判斷上，和另一人交手對壘；而關於該事件將會有什麼結果，打賭的雙方都僅憑藉了解所得到的知識。於是，人們可以打賭某個即將揭曉的選舉結果或網球比賽的結果。或者，他們可以打賭，關於某個被宣稱為事實的眞假，誰的意見是對的、誰的意見是錯的。

賭博（gambling），在某一點上和打賭是相同的，它也指某人冒著錢財或其他東西輸贏的風險，在某一事件的結果判斷上，和另一人交手對壘。但是，賭博和打賭的相關判斷所根據的知識不同；在賭博的場合，他們只知道同一類事件全體的結果，其他一無所知。

有時候，打賭和賭博是結合在一起的。對賽馬的結果有影響的，除了馬主、馴馬師和騎師等人的行爲外，還有馬的品質。那些在賽馬場裡投注的人，大多是賭徒。但是，有些行家自以爲，透過了解，他們多少知道對賽馬的結果有影響的那些人未來的行爲；就這些他們自以爲多少了解的因素影響他們的決定而言，他們是打賭者。再則，他們也許自以爲懂馬，於是先把不同的比賽馬分成幾類，然後根據他們對同一類馬全體的知識，來預測某一匹馬的表現。就此而言，他們是賭徒。

本書後面幾章將會論述商人用來處理未來不確定所引發問題的方法。這裡只須添加一點觀察心得。

從事競技比賽（playing games），可能是一個目的、也可能是一個手段。有些人會渴望從比賽過程中的運氣變化獲得刺激和興奮；或者有些人虛榮心強，在需要狡猾精明、技術老練的比賽中，可以因爲展現個人技巧與精明而大大獲得滿足。對這些人來說，比賽是目的。但是，對想要贏得比賽獎金的職業選手來說，比賽只是手段而已。

所以，參加比賽可以稱作行爲。但是，這句話不容許倒過來說，不能把每一個行爲稱作一次比賽，或宛如比賽那樣對待一切行爲。參加比賽的直接目的，是按照比賽的規則擊敗對手。這是一種異常的、特別的行爲方式。大多數行爲，不是以打敗或損害什麼人爲目的，而是旨在改善某些情況。有時候，行爲所取得的改善，可能犧牲了其他一些人的利益。但是，行爲的結果肯定不是總是如此。平實的說，在以分工爲基礎的社會體系裡，正常操作的行爲肯定不會損人利己。

競技比賽和市場社會中的企業經營沒有任何可比性。撲克牌玩家憑藉的，是智取對手贏錢。商人憑藉的，是供應顧客想要獲得的財貨來賺錢。撲克牌玩家的策略，和虛張聲勢者的策略，也許有類似之處，但我們毋須研究這個問題。有些人把企業經營手法解讀爲詭計哄騙，這是走在一條錯誤的思路上。

競技比賽的特徵，是兩個或兩個以上的選手或隊伍之間的對抗。[3]在社會裡，亦即，在一個以分工爲基礎的行爲秩序裡，企業經營的特徵，在於社會成員之間彼此努力的和諧一致；一旦他們開始相互對抗，社會便出現解體的趨勢。

如果對抗意指不相容利益之間的敵對衝突，那麼在市場經濟的框架裡，競爭便不涉及對抗。沒錯，在競爭者心裡，市場競爭有時候、甚或常常引起強烈憎恨與惡感的情緒，而這些情緒通常和傷害他人的意圖相伴。所以，心理學家往往搞混戰鬥和市場競爭。但是，行爲學必須小心提防這種不自然的、引人誤解的曖昧用語。從行爲學的觀點來看，市場競爭和戰鬥有一個根本差異。在一個彼此合作的體系裡，競爭者志在成就卓越與超群；競爭的作用，是讓社會體系中的每一個成員分派到某個位置，一個能做到最好、可以幫助社會整體和所有成員的位置；競爭是爲社會體系中每一個任務，挑選最能幹的人去完成該任務的方法。凡是在有社會分工合作的地方，都必須應用某種挑選方法；只有在下面這樣的地方，才沒有競爭：什麼人分派到什麼工作崗位，只憑獨裁者的決定作成；而相關人等從來也沒想到要尋找或創造最有利於他們自己的時機，努力去呈現他們本身的美德和能力，以幫助獨裁者作成這方面的決定。

有關競爭的作用，將在稍後進一步論述。[4]這裡，只須強調，把互相毀滅的術語應用在社會裡實際的、相互合作的問題上，是引人誤解的。軍事術語絕不適合用來描述企業運作。例如，講「征服某個市場」就是一個不良的比喻。市場上，某一企業提供比競爭者更好或更便宜的產品，這種事實哪有征服的意味？說企業在經營上有什麼策略，除了是引人注目的比喻，不會有別的意思。

第七節　行為學的預測

行爲學的知識，讓我們能夠預測：不同模式的行爲，將會產生哪些必然確定的結果。但是，這種必然確定的預測，當然絕不可能隱含任何和數量有關的訊息。在人的行爲領域，和數量有關的那些問題，除了以了解來釐清外，不可能有別種釐清方式。

正如我們稍後將敘明的，在其他情況不變的情況下，我們能預測 a 產品的需求下降，將導致 a 產品的價格下跌。但是，我們不能預測下跌的程度；程度的問題只能用了解的方式來回答。

以定量分析心態嘗試處理經濟問題的方法，所隱含的根本缺陷，就在於它忽視如下這個事實：在各種所謂的經濟屬性之間，沒有固定不變的關係。各種商品之間的價值評比和交換率的形成，既不具穩定性，也沒有連續性。新的給定因素每一出現，都將導致整個價格結構的全盤調整。了解，藉由嘗試掌握相關人等心裡究竟想些什麼，有助於處理如何預測未來情況的問題。了解，作爲一個幫助行爲的方法，不能令人滿意，因此我們可以抱怨，實證主義者也可以傲慢的鄙視它。但是，實證主義者這種任意的判斷，不該、也不能掩蓋如下這個事實：處理未來情況不確定所引起的問題，了解是唯一適當的方法。

第七章　在這世界裡的行爲

第一節　邊際效用法則

行爲人，會分類、也分等級；起初，他只知有序數，不知有基數。但是，行爲人必須自我調整行爲以便適應的那個外在世界，是一個有確定數量關係的世界。在這個世界裡，因果之間一直存在著數量關係；否則，一定數量的某種東西如果可以提供無限數量的服務，這種東西便不是稀少的，行爲人便絕不可能把它當作手段來考慮。

行爲人所以重視某些事物，乃是因爲他認爲它們是去除他不適感的手段。從自然科學觀點來看，能滿足行爲人需要的各種事物，看起來非常不一樣。然而，在行爲人看來，這些事物幾乎算是屬於同一種。在考慮各種迥然不同的滿足狀態和達到這些滿足的手段，對他本人的重要性時，行爲人把一切事物都排成一**個**序列；他只看到這些事物對增加他本人的滿足有多少影響分量。在行爲人的判斷中，得自享用食物的滿足，和得自欣賞藝術品的滿足，只是比較迫切或比較不迫切的需要滿足。價值判斷和行爲，把所有這些需要排成一個序列，比較渴望滿足的排在前面，比較不渴望滿足的排在後面。對行爲人來說，這世上就只有對他本人的生活多少有些影響分量和迫切性的種種事物，其他都視若無睹了。

數量和品質是外在事物的屬性，對行爲而言，它們僅僅具有間接的重要性和意義。因爲每一件事物只能產生有限的效果，所以某些事物才被認爲是稀少的，也才被當作手段；因爲不同事物產生的效果不同，所以行爲人才會區分不同種類的事物；因爲相同數量和品質的手段總是傾向產生相同的某種效果，所以行爲人在同一種手段的各個特定單位之間不作區分。但是，這並不意謂行爲人認爲：同一種手段當中，任何單位的價值或重要性相同。因爲每一單位手段都分別得到一個價值判斷；在價值排序中，每一單位手段都有它自己被指定的排序位置；但是，同一種手段的不同單位，在價値排序中的位置，可以隨意互換。

行爲人如果不得不在兩種或兩種以上的不同類手段之間做選擇，他會給每一種手段的每一單位分派價值順序，亦即爲每一單位，而不是爲每一整類手段指定特殊排序。這時，他爲同一種手段、不同單位指定的價値排序位置，未必一個緊接著一個。

價值判斷，爲各種手段單位分派排序位置，只反映在行爲中、並透過行爲來完成。某一排序位置分派的手段單位，數量究竟多大，取決於每一個行爲個別、獨特的情況。行爲，不是按某個抽象的理論，對什麼自然的或超自然的數量單位判斷價值；行爲面對的，總是一些不可兼得的選項，總是必須在各個定量的手段之間做出抉擇。把可以作爲這種選項的最小數量稱爲一個單位，並無不可。但是，必須愼防陷入誤解，而以爲這些單位總計的價值，就是這些單位價值的一個衍生現象，或誤以爲這些單位總計的價值是這些單位價值的總計。

假設某人擁有五單位商品 a 和三單位商品 b。他認爲 a 商品各單位的排序位置是1、2、4、7和8，而 b 商品各單位的排序位置則是3、5和6。這意思是：如果他必須在兩單位的 a 和兩單位的 b 之間做選擇，他將捨去兩單位的 a 而不是兩單位的 b。但是，如果他必須在三單位的 a 和兩單位的 b 之間做選擇，他將捨去兩單位的 b 而不是三單位的 a。在判斷數個單位合起來的一堆手段的價值時，要緊的總是、而且也只是，該堆東西全體的效用——亦即，利用該堆東西可望增加的幸福，或者同樣的意思，捨去該堆東西將導致的幸福減損。這裡沒牽涉到什麼算術運算，既沒有加法運算、也沒有乘法運算；牽涉到的只是判斷：有沒有獲得討論中的那一單位、那一堆或那一供應量，對效用會有什麼影響。

效用在這裡的意思，不過是：一定量的手段，對感覺到的不適有一定的去除效果。行爲人認爲，某件事物能提供的服務，傾向增進他本人的幸福，因此稱該服務爲該事物的效用。對行爲學來說，效用一詞，等於一件事物——某人相信該事物能去除不適感——被認爲有多重要的程度。效用的行爲學意義（以早期奧地利經濟學派的術語來說，就是主觀的使用價值），和效用的技術性意義（以同一學派的術語來說，就是客觀的使用價值），必須明確加以區分。客觀意義的使用價值，是一件事物和該事物所能產生效果之間的關係。當人們使用像是煤的「熱值」或「熱力」這種名詞時，他們指的就是客觀的使用價值。而主觀的使用價值並非總是以眞正客觀的使用價值爲基礎，有些事物被賦予主觀的使用價值，因爲人們誤以爲該等事物能產生某些他們想要的效果；另一方面，有些事物能產生人們想要的效果，卻未被賦予主觀的使用價值，因爲人們不知道那客觀的事實。

且讓我們回顧，在孟格爾、傑逢斯和瓦爾拉推敲鋪陳現代價值理論的前夕，主流經濟思想的狀態究竟如何。任何學者想要建構一門基本的價值和價格理論，首先都必然想到效用。的確，假定各種事物皆按照效用被評斷價值，是再合理不過的了。但是，老一輩的經濟學家面臨一個難題，一直都未能解決。他們注意到，有些事物的「效用」比較大，可是被評定的價值卻低於「效用」比較小的其他事物。例如，鐵被評定的價值低於黃金。這個事實似乎否定了以效用和使用價值爲基礎的價值和價格理論。爲此，老一輩的經濟學家不得不拋棄以效用爲基礎的理論，而嘗試以其他理論解釋價值和市場交換現象。

直到很久之後，經濟學家才發現：這個表面上的悖論，乃是對價值問題的構想出錯的結果。決定所有市場交換比率的價值判斷與選擇，不是那種在鐵和黃金之間的價值判斷與選擇。行爲人的立場，並沒有必要在所有的黃金和所有的鐵之間做出選擇。行爲人在某個特定時間、地點和自己所了解的情況下，在某一特定量的黃金和另一特定量的鐵之間做選擇。他在選擇一百英兩黃金或一百噸鐵的時候所做的決定，和他如果落在一個非常不可能的處境，必須選擇所有的黃金或所有的鐵時將做出的決定，毫無關係。對行爲人的實際選擇有影響的，只是他自己是否覺得一百英兩黃金所能直接、間接給他的滿足，大於（或小於）一百噸鐵所能直接、間接給他的滿足。他不是在就黃金和鐵的「絕對」價值，表達某一學理的或哲理的判斷；也不是在判斷：究竟是黃金、還是鐵，對人類比較重要；他並不像一個著書立說的學者那樣，在長篇闊論歷史哲學或倫理原則；他只不過是在他本人不可兼得的兩個滿足之間作抉擇。

取和捨，以及取捨所反映的選擇與決定，不是在測量什麼。行爲不測量效用或價值，行爲在不可兼得的選項之間作抉擇；沒有總效用或總價值這一類抽象的問題。[1]任何邏輯的推衍、運算程序，都不可能根據某一特定數量（或數目）事物的價值，推導出某一較大或較小數量（或數目）的同種類事物的價值；即使知道某個供應量的每一部分的價值，也沒有辦法計算出該供應量的總價值；即使知道全部供應量的價值，也沒有辦法確定該供應量當中某一部分的價值。在價值判斷和價值領域，沒有算術的運算；沒有價值計算這回事。兩種事物總供應量的價值排序，可能不同於這兩種供應量中個別部分的價值排序。一個獨自過活、擁有七頭牛和七匹馬的人，可能認爲一匹馬的價值高於一頭牛的價值，並且在面對必須選擇放棄一頭牛或放棄一匹馬的情況時，寧可捨去一頭牛，而不是捨去一匹馬。但同一個人、同一時間，在面對選擇放棄馬的全部供應量或放棄牛的全部供應量的情況時，卻可能寧可保有全部的牛，而不是保有全部的馬。因此，總效用和總價值的概念是毫無意義的，除非應用在人必須在幾種總供應量之間做選擇的場合。究竟是一般的黃金，還是一般的鐵，比較有效用、比較有價值？這個問題，只有在全人類或孑然孤立的一部分人，必須在所有可供利用的黃金和所有可供利用的鐵之間作取捨的場合，才是一個合理的問題。

價值判斷永遠僅指涉具體的選擇所關切的那一批供應量。一批供應量，根據定義，總是包含若干同一性質的單位，每一單位都能提供和別的單位相同的服務，並且也能用來代替別的單位。所以，就選擇而言，哪一個特定單位構成選擇的對象，是無關緊要的；當必須選擇是否放棄供應量中的一個單位時，該供應量中的所有單位被認爲是一樣有用、一樣有價值的。如果供應量因失去一個單位而變少了，行爲人必須重新決定怎樣使用剩下來的各個單位。顯然，較小供應量不能提供較大供應量能提供的所有服務。在給各個單位分派的諸多用途中，那個在新供應量使用方案中不再獲得供應的用途，在行爲人的眼裡，是他先前給較大供應量中各個單位，分派的所有用途中最不迫切的用途。他從使用一個單位的供應在這個用途所得到的滿足，是原先較大供應量中，各個單位給予他的各種滿足當中最小的滿足。如果行爲人面臨必須決定是否放棄全部供應量中的一個單位，他只須考慮這個邊際滿足的價值。當行爲人面對某一同質的供應量中，一個單位價值大小的問題時，他會根據全部供應量各個單位的用途當中，最不重要的那個用途的價值來做決定；也就是根據邊際效用做決定。

如果某人面臨放棄他所擁有 a 財貨供應量的一個單位，或放棄他所擁有 b 財貨供應量的一個單位的兩難抉擇，他不會比較 a 總供應量的總價值和 b 總供應量的總價值，而會比較 a 和 b 的邊際價值。他也許認爲 a 總供應量的價值高於 b 總供應量的價值，但是，b 的邊際價值卻可能高於 a 的邊際價值。

同樣的推理，也適用於行爲人藉由取得一定數目的額外單位，使任何商品的供應量增加的場合。

要描述這些事實，經濟學毋須使用心理學的術語；要證明這些事實，經濟學也毋須訴諸心理學的推理和論據。如果我們說，行爲人的選擇，不是由一整類需要被認爲有多少價值來決定，而是由一些具體需要被認爲有多少價值來決定的，不管這些具體需要歸屬於哪一類，我們並沒因此而給我們的知識增加任何新東西，而且也沒把我們的知識追溯到更熟悉或更一般的知識基礎。這種以「需要種類」的概念來討論價值問題的方式，只有當我們回想起所謂價值悖論在經濟思想史所扮演的角色時，才變得可以理解。過去有些人反對主觀價值理論，他們認爲：麵包一般比絲綢更有價值，因爲「營養需要類」比「奢侈衣著需要類」

更重要；孟格爾和龐巴衛克（Böhm-Bawerk）爲了反駁這種論點，不得不使用「需要種類」這個概念。[2]今天看來，「需要種類」的概念，完全是多餘的。它對行爲沒有任何意義，所以，它對價值理論也沒有任何意義；另外，它很容易導致錯誤和混淆。概念和分類，是思想的工具；它們只在使用到它們的那些理論的脈絡中才具有意義，才有存在的理由。[3]把各種需要劃分成若干「需要種類」，只爲了確立這樣的分類對價值理論沒有任何用處，實在是一樁蠢事。

邊際效用法則與邊際價值遞減，和高森（Gossen）的需要飽足定律（高森的第一定律），完全沒有關係。在論述邊際效用時，我們既沒談到感官享受，也沒談到飽足和饜膩。在確立邊際效用如下的定義時，我們並沒有逾越行爲學推理的範圍：在某人給某一供應量同質的各個單位分派的各種用途中，那個當供應量是 n 個單位時會獲得供應的用途，但當供應量是 n － 1個單位而其他情況不變時將不會獲得供應的用途，我們稱爲最不迫切的用途或邊際用途，而衍生自邊際用途的效用，我們稱爲邊際效用。要達到這個認知，我們不需要什麼生理的或心理的經驗、知識或推理。它是根據我們的假設必然得出的結論，我們的假設：一是人行爲（或選擇）；二是某一同質的供應量在第一個場合有 n 個單位，而在第二個場合只有 n － 1個單位。在這些條件下，不會有別的結論可以想像。我們的陳述是形式的、先驗的，不是建立在任何經驗上的。

只有兩種互不相容的可能情況。在促使個人行爲的那種不適感，和不可能再有任何行爲的那種心理狀態（不管是因爲完全滿足的狀態已經達到，或這個人對於怎樣進一步改善他的處境已經無能爲力），兩者之間或者有、或者沒有各種不同的中間階段。如果沒有中間階段，那只可能有一個行爲；一旦完成了這個行爲，一個不可能再有任何行爲的狀態將會來臨。這種沒有中間階段的情況，顯然牴觸我們的假設：行爲之後還有行爲；這種情況不再隱含行爲範疇所預設的那些一般條件。於是，只剩下有中間階段的情況可以考慮。但是，在這種有中間階段的情況下，在逐漸趨近不可能再有任何行爲的那種狀態的過程中，存在著許多不同程度的滿足狀態。因此，邊際效用（遞減）法則，就已經隱含在行爲範疇裡了。它只不過是下面這則陳述的另一面：提供比較多滿足的選項，被偏好的程度，大於提供比較少滿足的選項。如果供應量從n－1個單位增加到n個單位，這增加的單位只可能用來滿足一個比n－1個單位可能滿足的各種需要當中最不迫切或最不痛苦的需要，還要不迫切或不痛苦的需要。

邊際效用法則並不指涉客觀的使用價值，而僅指涉主觀的使用價值。邊際效用法則不指涉各種事物本身有什麼物理的或化學的能量，一般能產生什麼確切效果；它僅指涉處在特定情況中的行爲人，主觀認爲各種事物對他自己當下的幸福有什麼影響分量。它基本上並不指涉事物本身的價值，而僅指涉行爲人預期從各種事物得到的服務或滿足的價值。

如果我們誤信：邊際效用法則是關於各種事物的客觀使用價值，我們將被迫假設，隨著可供使用的單位數量遞增，邊際效用除了可能遞減外，也一樣可能遞增。有時候可能發生這樣的情況：某一最低數量——n單位——的a財貨所能提供的某種滿足或服務，被認爲比預期從1單位的b財貨獲得的服務更有價值。但是，如果a的供應量少於n，a就只能用來提供另一種服務，而這種服務的價值被認爲小於1單位b的服務。這時，a的供應量從n－1單位增至n單位，導致1單位的a被認爲有較高的邊際價值。一百根木材的主人可以蓋一棟小木屋，讓他得到比一件雨衣更好遮風避雨的服務。但是，如果可供使用的木材少於三十根，他就只能用它們架起一個臥鋪，使他免於地上的濕氣侵襲。作爲九十五根木材的主人，他會同意放棄雨衣以取得多五根木材的機會。作爲十根木材的主人，即使能多取得十根木材，他也不會放棄雨衣。一個只儲蓄了一百元的人，也許不願意承擔某一件工作以獲得二百元的報酬。但是，如果他已有二千元的儲蓄，而且非常焦急想取得某一件不可分割、價格不少於二千一百元的財貨，那麼，他肯定會同意爲了一百元而完成該工作。前述情況一點也不牴觸正確陳述的邊際效用法則；根據該法則，價值端視預期獲得的服務效用大小而定。效用遞增法則，根本不會有存在的可能性。[4]

邊際效用法則絕不可和伯奴利（Bernoulli）的風險測量理論混淆，也不可和韋伯─費希勒（Weber-Fechner）定律混淆。伯奴利的這個貢獻的基礎，是一些大家熟知、而且從未質疑的事實，亦即，人渴望在滿足比較不迫切的需要之前，先滿足比較迫切的需要，以及富人比窮人更能滿足本身的需要。但是，伯奴利根據這些自明之理而推衍出來的結論，全都是錯誤的。他提出一個數學理論，主張滿足的增量隨著個人的總財富遞增而遞減。他說，對年所得五千金幣的人來說，一金幣的重要性，通常很可能不會大於〇．五金幣對年所得二千五百金幣的人的重要性。這樣的主張，純然只是一個離奇的幻想。不同行爲人之間的價值判斷，其實沒有任何辦法做比較，除非是任意武斷的比較。但姑且不提這一點，即使僅就同一人，對不同所得數目的價值判斷問題來說，伯奴利的處理方法也同樣不適當。他沒意識到，關於這個問題，我們只能說：隨著所得的增加，每一新增的所得，都會用來滿足一個，比所得增加前所有已滿足的需要當中那最不迫切的需要，還要不迫切的需要。他沒意識到，在價值判斷上、在選擇上和在行爲上，沒有什麼可測量的，沒有什麼等式可確立的；有的只是分級，亦即，只有取和捨。[5]因此，不管是伯奴利，還是採納他的推理模式的數學家和經濟學家，都不可能成功解決所謂價值悖論的問題。

混淆韋伯─費希勒的心理物理學定律和主觀的價值理論，所涉及的一些本質的錯誤，曾經被馬克斯．韋伯抨擊過。沒錯，馬克斯．韋伯對經濟學的確不夠熟悉，而且他還過度受歷史主義（historicism）的影響，以致沒能正確領悟經濟思想的一些根本觀念。但是，機伶的直覺提示他一個正確的解答方向。他斷言，邊際效用理論不是「建立在心理學的原理上，而是──如果用一個認識論的術語來說──建立在實用觀點上（pragmatically），亦即，是應用目的和手段這些行爲範疇建立起來的。」[6]

如果某人想要藉著服用　定劑量的某種藥物來祛除某一疾病，那麼，多服幾倍的劑量，結果不會更好。比起適當的劑量（最適量），多服的部分，或者效果不變，或者反會產生其他不良效果。所有的各類滿足也同樣是這個道理，儘管最適當的滿足，通常要在應用很大的一份劑量後才達到；而繼續增加劑量將產生不良結果的那個轉折點，通常還很遙遠。之所以如此，乃是因爲我們的世界存在因果關係，而且是因果之間有確定數量關係的世界。某人處在室溫華氏三十五度的房間裡，因爲感到不舒服，會把房間加熱到華氏六十五或七十度，以驅除這個不舒服。他之所以沒把房間加熱到華氏一百八十或三百度，和韋伯—費希勒定律毫無關係。另外，他所以沒那麼做，也和心理學沒有任何關係。心理學對於怎樣解釋前述事實，唯一能做的，只是確立下面這個事實當作最終的給定資料：人，通常偏好保持生命和健康甚於死亡和生病。然而，對行爲學來說，要緊的只是下述事實：行爲人在不可兼得的選項之間作抉擇。人之所以宛如處在交叉路口，之所以必須、也的確做了選擇，除了別的一些原因，也是因爲下面這樣的事實：他生活在有數量關係的世界裡，不是生活在沒有數量關係的世界裡，對人心而言，沒有數量關係的世界甚至是不能想像的。

邊際效用和韋伯—費希勒定律所以遭到某些論述者混淆，原因在於他們犯了一個錯誤，亦即他們只注意達到滿足的手段，卻沒注意滿足本身。如果滿足本身被納入考量，以刺激的強度遞增而感覺的強度遞減來解釋人對於溫暖的渴望狀態，如此荒謬的想法，就不會有人採納。一般人所以不想把臥室裡的溫度調高到華氏一百二十度，和溫暖的感覺強度沒有任何關係。某人所以沒和其他正常人一樣調高室溫，或調高到他本人，若非他當時更執意於購買一套新西裝或參加一場貝多芬交響曲演奏會，原本很可能會調到的溫度，是不可能用自然科學方法予以解釋的。客觀的、而且可以用自然科學方法予以處理的，只是一些客觀的使用價值問題；至於行爲人本身對於客觀使用價值的價值判斷，則是另外一回事。

第二節　報酬律

經濟財和它所產生的效果，有確定的數量關係。就第一順位的財貨（消費財）而言，這句話的意思是：在一定期間內或在所有時間內，a數量的原因A，產生α數量的效果。就較高順位的財貨（生產財）而言，它的意思是：b數量的原因B，如果同時有c數量的互補原因C貢獻γ數量的效果，產生β數量的效果；只有β效果和γ效果協調一致才產生p數量的第一順位財貨D。在這場合，有三個數量：兩種互補原因B和C的數量b和c，以及它們所生產的財貨D的數量p。

假設b保持不變，我們稱那導致p/c數值最高的c數值爲最適量的c。如果有好幾個c數值導致最高的p/c數值，我們稱那同時也導致最高p數值的c數值爲最適量的c。如果這兩種互補財貨按最適量比例使用，它們都貢獻了最高的產出；它們的生產能力，也就是它們的客觀使用價值，都獲得充分利用；它們沒有任何一部分浪費。如果我們偏離這個最適量比例的組合，譬如，增加C財貨的數量c，卻沒改變B財貨的數量b，報酬（即p）通常會進一步增加，但是不會和C數量（即c）的增加成正比。即使只增加一種互補財貨，譬如，只增加c，亦即，以$c \cdot x$取代c，$x > 1$，真的能將報酬從p增加到p_1的話，反正也只會得到：$p_1 > p$和$p_1 \cdot c < p \cdot c \cdot x$。因爲如果能以c的相應增加，來補償b的任何減少，使得p保持不變，那麼，B特有的物質生產能力便是無限的，而B也就不會被認爲是稀少的，也就是不會被視爲經濟財。對行爲人來說，可供使用的B，數量是多、是少，將不是一個有意義的問題。因爲只要C的供應量足夠大，即使只有極少的B，也將足夠生產任何數量的D。另一方面，如果C的供應量沒增加，則增加B的供應量也不可能增加D的產量。生產過程的全部報酬將歸功於C；B不可能是一種經濟財。例如，關於生產過程所隱含的那個因果關係的知識，便是這樣的一種可提供無限服務的事物。教導我

們怎樣烘焙咖啡的公式或祕訣，一旦爲我們所知曉，便可以提供無限的服務。不管它使用了多少次，都無損於它特有的生產能力；它的生產能力是永遠不會衰竭的；所以它不是一種經濟財。行爲人絕不會面臨，必須在一個已知公式的使用價值和任何其他有用的事物之間做出取捨。

報酬律宣稱，就較高順位的經濟財（生產要素）的組合而言，有一最適量比例。如果只增加一種生產要素的投入，從而偏離該最適量比例，實質產出或者完全沒增加，或者至少沒和增加投入的要素等比增加。正如上面已經證明的，這個定律隱含在如下的事實中：任何經濟財和它所產生的效果之間有確定的數量關係，是經濟財之所以爲經濟財的一個必要條件。

這個報酬律，一般稱爲報酬遞減律，所提供的訊息只是：有一最適量的生產要素投入比例。有許多別的問題，報酬律完全沒觸及，只能嘗試以經驗歸納的方式予以解答。

如果某一互補要素所產生的效果不可分割，則最適量的投入組合便是那個唯一能導致所要求結果的要素投入組合。譬如，若要將一匹羊毛布料染成一定的色澤，需要一定量的染料；染料數量過多或不足，就達不到要求的目標。如果手上染料太多，必須留下一部分不用；如果染料太少，就只能先染一部分的布料。在這個例子裡，報酬遞減律導致額外數量的生產要素完全沒有效果，事實上，那額外數量甚至絕不可使用，因爲它會導致生產計畫失敗。

在別的一些場合，若要產生最低必要的效果，至少需要某一劑量的要素投入。在這最低必要的效果和最適量的效果間，有一要素劑量投入範圍：在該範圍內，要素劑量投入增加，所得效果或者按比例增加，或者以更大的比例增加。譬如，若要一部機器運轉，至少需要投入某一數量的潤滑油。在這最低必要數量的潤滑油之外，增加投入潤滑油後，機器的運轉表現究竟按投入比例提高，或按更高比例提高，是一個只能由技術經驗確定的問題。

報酬律回答不了下面這些問題：(1)最適量的生產要素投入，是否就是唯一能產生所要效果的那個分量？(2)變動的生產要素投入是否存在某一僵固的界線，在該界線之上，任何增加都不會產生什麼效果？(3)愈來愈偏離最適量投入比例所引起的產出數量遞減，以及愈來愈接近最適量投入比例所引起的產出數量遞增，是否導致變動的生產要素每單位投入的產出數量成比例或不成比例的遞減和遞增？所有這些問題，都必須由經驗來判別。但報酬律本身，亦即，必然有一最適量的投入組合，卻是先驗有效的。

馬爾薩斯的人口律，以及從該定律衍生出來的一些概念，譬如，絕對的人口過剩、絕對的人口不足和最適人口等等，都是報酬律在特殊問題上的應用。人口律以及相關概念，在其他生產要素維持不變的假設下，處理勞動力供應變動的問題。有些人出於政治考慮，想拒絕馬爾薩斯的定律，乃以熱情洋溢、但其實錯誤的一些論據，抨擊報酬律——順便說一下，他們認爲，報酬律只是在土地上施用資本與勞動的報酬遞減律。現在我們已不再需要爲這些譴責和抗議浪費唇舌。報酬律的適用範圍，並不僅限於在土地上施用互補生產要素。各種試圖以歷史的和實驗的農業生產研究，駁斥或證明報酬律的有效性，都是徒勞的，這種努力都是枉費的。凡是想要拒絕報酬律的人，都不得不解釋：人爲什麼願意花錢買土地。如果報酬律是無效的，農夫絕不會考慮擴大農場面積；而會改以增加資本和勞動投入的方式，無限量的增加任何一塊土地的產出。

稍早人們曾認爲，雖然報酬遞減律在農業生產方面站得住腳，但在加工業方面，盛行的卻是某一報酬遞增律。經過很長一段時間，他們才領悟到，報酬律同樣適用於所有生產部門。說農業適用報酬律、而加工業不適用，是不對的。所謂報酬遞增律——這是一個非常不恰當、甚至引人誤解的術語——只不過是報酬遞減律的反面，而報酬遞減律則是報酬律的一個不及格的陳述方式。如果在其他要素投入量保持不變的情形下，以逐步增加某一要素投入量來接近最適量，這時每單位變動要素投入的產出量，或者按同一比例增加，或者甚至以更大的幅度增加。譬如，某一部機器，由兩個工人操作時，也許產出p；由三個工人操作時，產出3p；由四個工人操作時，產出6p；由五個工人操作時，產出7p；由六個工人操作時，產出也不超過7p。於是，僱用四個工人，可使平均每一個工人的產出達到最高，亦即，$\frac{6}{4}$p，而在其他僱用組合下，每一個工人的平均產出分別是$\frac{1}{2}$p、p、$\frac{7}{5}$p和$\frac{7}{6}$p。如果不是僱用兩個工人，而是僱用三或四個工人，則報酬增加幅度相對大於工人增加幅度；報酬不是按2：3：4比例增加，而是按1：3：6比例增加。這時我們面對的，是每一個工人的產出遞增。但這只不過是報酬遞減律的反面罷了。

如果某一座工廠或某一家企業偏離最適量要素投入組合，那麼，和偏離最適量組合比較小的工廠或企業相比，會比較沒效率。不管是在農業，或是在加工業，都有許多不能完美分割的生產要素。遇到這種情形，大多會擴大工廠或企業規模，而不是縮小規模，因爲比較容易達到最適量組合，尤其是在加工業方面。如果某種或某幾種生產要素的最小單位數量實在太大，不能在小型或中型工廠或企業裡得到最適當的利用，那麼，擴大整個工廠或企業規模，便成了唯一達到最適量組合的方式。這些事實，也導致大規模生產的優勢地位。這個問題全部的重要含義，將在下面討論成本會計時，予以敘明。

第三節　作為手段的人的勞動

人的生理功能與生命表徵，如果當作手段使用，就稱爲勞動。人體潛在能量與生命機能的展現，如果只是該能量的自發釋放與該機能的單純運轉、或只是在人的維生系統的生物性圓滿操作中發揮生理作用，而沒被該能量與機能表徵爲存在的本人用作手段，以達成某些外在的目的，那麼，人體潛能與生機的展現就不是勞動，而只是生命罷了。說某人在工作，意思是說，他使用自己的各種力量與能力作爲手段，以去除他所感覺到的不適；也就是說，他有意的利用自己的生命力，而非放任自身各種能量與神經緊張自發地釋放。勞動是手段，它本身不是目的。

每一個人都只擁有一定數量的精力可以支用，而每一單位勞動也只能產生某一有限的效果。如果不是這樣，人的勞動供應將是充裕的，而不是稀少的，將不會被視爲去除不適感的手段，也不會被當作手段來安排利用。

假設有這樣一個世界：在那裡，勞動所以被審慎安排利用，完全是因爲可供使用的勞動數量，不足以達成所有能以它作爲手段來達成的目標，那麼，可供使用的勞動供應量，將等於所有的人加起來能支用的全部勞動量。在這樣一個世界裡，每一個人都將渴望工作，直到完全耗盡最後一滴工作能量。除了重建和恢復先前工作所耗盡的工作能量所需的時間之外，所有時間都將完全奉獻給工作。全部的工作能量中，凡是沒用於工作的部分都將視爲損失；因爲每個人藉由更多的工作，都可增進自己的幸福。凡是可供利用的工作潛能留下來、沒利用的部分，因爲沒有在其他方面增加任何對應的幸福作爲補償，所以都將被看成是一部分幸福的淨損。人將不知道有懶惰的念頭。沒有人會這樣想：我能做這個、做那個；但是都不值得做、都不划算；我寧可享受閒暇。每個人都將把自己的全部工作能量，視同他急於想要完全利用的某種生產要素供應量；哪怕只是增進一絲絲幸福的機會，他也會認爲是從事更多某項工作的充分誘因。

然而，實際世界裡，情況卻不一樣。行爲人認爲勞動的支用是痛苦的，不工作是比工作更令人滿足的狀態；如果其他情況相同，人會偏好閒暇甚於辛勤工作。只有在認爲勞動報酬的價值高於閒暇縮減所導致的滿意度下降時，人才會去工作。因爲工作產生負效用。

心理學和生理學可以嘗試解釋：工作爲什麼產生負效用。行爲學毋須追究其他科學對這個問題的研究努力能否成功。人渴望享受閒暇，所以在看待自身可以產生某些效果的能量時所懷有的情感，不同於看待其他物質類要素的生產能量時所懷有的情感。這個事實對行爲學來說，是不能進一步分析的最終給定資料。每個人在考慮自身勞動的某個支用目的時，不僅會研究有無別的、更可取的目的可以支用考慮中的勞動量，同時也會研究避免再支用自身任何勞動是否更爲可取。同樣的事實還能以另一種方式來表述。我們可以把獲得閒暇視爲一個有意的行爲目的，或者說，閒暇是第一順位的經濟財（消費財）；因而在使用「閒暇」這個有些微妙的術語時，必須從邊際效用的角度，將閒暇和其他任何消費財相提並論。我們必須推論說，第一個單位的閒暇，滿足了一個比第二單位閒暇所滿足的更爲迫切感覺到的慾望；而第二單位又滿足一個比第三單位更爲迫切的慾望，依此類推。把這個命題反過來說，我們得到如下的陳述：當支用的勞動量增加時，工作者感覺到的勞動負效用以相對更高的比例增加。

然而，當支用的勞動量增加時，勞動的負效用是否按同一或更高比例增加，行爲學倒是毋須追究。至於對生理學和心理學來說，這個問題是否重要，以及該等科學能否予以闡明，我們可以不用理會。反正工作者總會在某個時候丟下工作，因爲那時他不再認爲繼續工作的效用足以補償額外支用勞動的負效用。在形成這個判斷時，他考慮到後續的每單位工作時間和先前的每單位工作時間，如果忽略愈來愈疲乏所導致的產量遞減，有相同數量的產品；但是，隨著完成的勞動、產出的產品總量遞增，每單位產品的效用相應遞減；亦即，先前每單位工作時間的產品所供應、滿足的需要，比後續要完成的工作產品所供應、滿足的需要更爲重要。滿足後來這些重要性下降的需要，行爲人也許不認爲是繼續做更多工作的充分誘因，即使供應該等需要的滿足僅需相同數量的實質產品。

所以，就此處的行爲學論述來說，勞動負效用的增加，是否和勞動總支用量的增加成正比，或者勞動負效用增加的幅度大於工作時間增加的幅度，都是無關緊要的問題。反正，在其他情況相同下，當全部工作潛能中已支用的部分愈來愈多，再支用剩餘潛能於後續工作的意願就會變得愈來愈低。工作意願下降的速度是否遞增或遞減，始終是有待實際經濟資料確定的問題，而不是行爲範疇的原則問題。

勞動有負效用的先驗認識，可以解釋：在人類歷史中，伴隨著科技進步和愈來愈豐富的資本供應，導致勞動實質生產力逐步上升，爲什麼大體上出現工作時間縮短的趨勢。和較不文明的祖先相比，文明人可以更豐富享有的各種生活便利當中，有一項就是更多的閒暇。因此，我們能就這個意思回答哲學家和慈善家常常提出的一個問題：經濟進步是否讓人更幸福？與現在的資本主義世界裡的實際勞動生產力相比，過去的勞動生產力既然較低，人勢必被迫工作更長時間，或者放棄許多生活的便利品。在確立這個事實的時候，經濟學家並沒說：達到幸福的唯一手段，是享受更多物質面的舒適、生活得更奢華或享有更多閒暇；而只是承認這個事實：人，對於所有自己認爲需要的事物，現在可以供應得更好。

至於人偏好某一滿足自己更多的事物，甚於另一滿足自己較少的事物，以及人根據各個事物的邊際效用，來判斷事物的價值，等等基本的行爲學認知，並不會因爲此處新增了一個關於勞動負效用的陳述，而需要更正或補充。前述這些基本的行爲學認知，已經隱含如下的陳述：只有在勞動的收穫比閒暇的享受更迫切可取時，人對勞動的偏好才會甚於閒暇。

勞動這種生產要素，在我們世界所占據的獨特位置，是由於它具備一個稱作非特殊性的特徵。所有自然給定的初級生產要素——亦即，所有可以被人用來增進生活幸福的自然事物和力量——都各具特殊的能力和長處，它們比較適合用來達成某些目的、比較不適合用來達成其他一些目的，而完全不適合用來達成其餘所有目的。但是，對於所有想得到的生產過程和生產模式來說，人的勞動，不僅適合用來執行它們，而且還是不可或缺的。

當然，論述人的勞動，是不容許一概而論的。沒看出人人和他們工作能力彼此不同，是一個根本的認知錯誤。其實每個人能執行的工作，對某些目的比較合適、對其他一些目的比較不合適，對其餘所有目的則完全不合適。古典經濟學的一個缺失，在於不夠重視上述事實；古典經濟學者在建構古典的價值、價格和工資理論時，沒考慮到這個事實。人安排利用的對象不是一般勞動，而是一些特定種類的勞動供應。工資支付的對象，不是被用掉的勞動，而是勞動的成就；不同人的勞動成就，在數量和品質上是千差萬別的。生產每一種特定產品，都需要僱用能完成特定種類勞動的工人。對於古典學者沒考慮到這個事實，有些人還荒謬的提出所謂「事實」的辯解；他們說，事實上，勞動的需求和供給，主要是關於每一個健康的人都能執行的那種非技術性的普通勞動，至於技術性的勞動，亦即，一些需具備先天才能，和經過特殊訓練的人，才能執行的那種勞動，大體上都是一種例外。此處毋須深究，在遙遠的過去，「事實」便是如此，或者即便在原始的部落社會裡，人先天的與後天學得的工作能力彼此不相等，也是審愼利用勞動時的主要考慮因素。無論如何，在論述文明人的處境時，是不容許忽略不同的人完成的勞動品質是有所差別的。不同人所能完成的工作質量不同，不僅因爲他們天生不相同，也因爲個人在人生過程中，各自學得的技巧和經驗，使得不同個人的工作能量更加不同。

我們在講到人的勞動的非特殊性時，當然不是意謂：所有人的勞動都是同一性質的。我們想要確認的，毋寧是這個事實：生產不同商品所需的勞動種類，其差異的幅度，大於人天生的能量差異（這裡並不是在論述天才的創造性表現；天才的工作不屬於尋常人的行爲範圍，而像是命運女神賜予的免費禮物，一夜之間來到人間。[7]再則，我們這裡也不考慮制度性的職業障礙；這些障礙阻止某些族群的人加入某些行業，或阻止他們得到加入這些行業所需訓練的機會）。人與人之間天生的不相同，並沒把人在動物學意義上的均匀性和同質性粉碎到這樣的程度，以致將勞動供給切割成無數個不連續的部分。因此，可供執行任何一種特定工作的潛在勞動供給，都超過這種勞動的實際需求。每一種專門的勞動供給，都可以從別的生產和訓練部門挪來一部分工人而得到增加。沒有哪一個生產部門所能提供的需求滿足數量，永遠受限於能夠執行特殊工作的人手短少。只有在短期內，才可能出現專家短缺的情況；長期而言，只要找來一些展現出必要的先天能力的人，加以適當訓練，專家短缺的情況便可消除。

勞動在所有初級生產手段當中是最稀少的，這除了因為勞動在前述有所限制的意義上是非特殊性的之外，也因為每一種產品的生產都需要支用勞動。因此，就別的初級生產手段而言——亦即，就自然界供應的那些非人力生產手段而言——所謂稀少，從行為人的角度來看，指的就是只需要最少量的勞動支出便可開發、利用的初級物質生產手段數量稀少。[8]換言之，每一種自然界的生產要素，為了滿足人的各種需要，開發、利用到什麼程度，取決於可供使用的勞動供給多寡。

如果人能夠、且願意執行的勞動其供給增加，則生產也會增加；勞動不可能因為對進一步改善需求滿足毫無用處，而投閒置散。孑然孤立、自給自足的人，總是有機會以支用更多勞動的方式，來改善自己的處境。在市場社會的勞動市場上，每一應市的勞動供應量總是找得到買主。勞動供給充裕或過剩的現象，只可能發生在勞動市場的某些部門；這種現象導致勞動被推向別的部門，也導致那些別的部門生產擴張。另一方面，可供使用的土地數量增加，在其他情況不變下，只有當新增的土地比耕作中的邊際土地更肥沃時，才可能導致生產增加。[9]對於著眼未來的生產而累積起來的各種實質資本財，上述關於土地的陳述同樣有效；各種資本財是否值得利用，也得視可供使用的勞動供給情況而定，因為如果必要的勞動能用來滿足別的更迫切的需求，則提高使用現有的資本設備容量將是一種浪費。

互補的生產要素，只可能利用到其中最稀少的那個要素供應量所容許的程度。且讓我們假設，生產一個 p，必須支用七個 a 和三個 b，而且 a 和 b 都不能用來生產 p 以外的任何東西。如果有四十九個 a 和二千個 b 可供使用，能生產出來的 p 不會超過七個；因為 a 的供應量決定 b 的利用程度。在這個例子中，只有 a 被視為經濟財；人們只願意給 a 支付價格；p 的全部價格只考慮七個 a。另一方面，b 不是經濟財，它沒有任何價格好考慮；而且會剩下許多b沒利用。

我們可以嘗試想像這樣的情況：在某個世界裡，所有物質類生產要素都已充分利用，以致沒有機會僱用所有的人，或按照人們願意工作的程度僱用所有的人。在這樣的世界裡，勞動是充裕的；勞動供給增加，不會給總產量帶來任何增加。如果我們假設，所有的人都有同樣的工作能量和熱忱，同時進一步忽略勞動的負效用，那麼，勞動在這個世界裡將不是經濟財。如果這個世界是一個社會主義共和國，那麼，人口增加，將會被視爲無所事事的消費者人數增加。又如果這個世界是一個市場社會，那給付的工資率將不足以塡飽肚子；尋找就業機會的人將願意爲任何工資率去工作，不管工資率多麼低。即使低到不足以維持他們的生命，甚或只是把餓死稍微延後一會兒，人們也樂意接受。

這個假設所隱含的種種悖論這裡毋須細究，也毋須討論這樣一個世界的種種問題，畢竟我們的世界和它不一樣；在我們的世界裡，勞動稀少更甚於物質類生產要素。此刻，我們不是在討論人口最適規模的問題，而只是在討論眼前這個事實：有一些物質類生產要素還沒利用，因爲所需的勞動用於滿足比較迫切的其他需求。在我們的世界裡，人力並不充裕，而是短缺，因此還有一些物質類生產要素沒被利用，包括：土地、礦藏，甚至工廠、設備等等。

如果人口大量增加，以致所有必須用於生產嚴格而言不可或缺的糧食，以維持人生命的物質類生產要素，都充分開發利用了，前述的情況可能改變。但是，只要人口並沒如此增加，人力相對短缺的情況，便不可能因生產技術方法的任何改善而改變。以比較有效率的生產方法取代比較沒效率的，只要還有物質類生產要素可供利用來增進人的幸福，就不會使勞動變得多餘起來。相反的，生產技術進步、增加產出，各種消費財的供應量因而增加。各式各樣「節約勞動」的生產設備只會減少財貨匱乏，不會導致「技術性失業」。

每一單位產品都是同時僱用勞動和物質類生產要素的結果。人不僅節約利用各種勞動，也節約利用各種物質類生產要素。

直接滿足的勞動和間接滿足的勞動

勞動通常只能間接滿足勞動者，也就是經由勞動產出的成果來消除勞動者的不適感。勞動者放棄閒暇，同時忍受勞動的負效用，以便享受勞動成果，或者享受別人爲了換得該勞動成果，而願意交給勞動者的東西。勞動支出，對勞動者來說，是爲了達到某些目的的手段，是他付出去的代價、承受的成本。

但有些事例顯示，執行勞動可以直接滿足勞動者；亦即，勞動者從勞動支用中直接獲得滿足。這時，勞動的收穫是雙重的：包含勞動獲得的產品，以及執行勞動本身給予勞動者的滿足。

有些人曾經錯誤、荒誕的解讀這個事實，甚至根據錯誤的解讀提出一些異想天開的社會改革計畫。社會主義的一個主要教條，便是：勞動只有在資本主義生產體系裡才有負效用，而在社會主義體制下，勞動將是純粹的喜悅。可憐、精神失常的傅立葉（Charles Fourier）所提出的那些奇思怪想，我們可以忽略；但是，馬克思「科學的」社會主義在這一點，和那些烏托邦主義者並無不同。馬克思主義的一個最主要捍衛者——卡爾·考茨基（Karl Kautsky）曾明白宣稱，無產階級政權的一個主要任務，就是要把勞動從一種痛苦改造成一種快樂。【10】

有些活動導致直接滿足，因此是快樂和喜悅的直接來源；但是，這些活動本質上不同於勞動和工作，這個事實時常遭到忽視。若非對相關事實只做了非常膚淺的觀察，不可能沒看出這種本質上的差異。像例假日在公園小湖上划獨木舟娛樂那樣的划槳動作，只有從流體力學的觀點，才能和船夫或古戰艦船奴的划槳動作相提並論。如果把划獨木舟當作是達到某些目的的手段來審視，那麼，它和眞手段的差別，就好比散步的人邊走邊哼著一曲詠嘆調，和演唱家在歌劇表演裡吟誦同一曲詠嘆調的差別。那個無憂無慮在假日裡划船的人和那個哼著小曲兒散步的人，直接從自己這種活動中獲得滿足，但沒有獲得任何間接的滿足。所以，他們的活動不是勞動；他們並不是在使用各自的一些生理功能，以達到操練這些功能之外的某些目的，而純粹是娛樂。這種活動，本身就是目的；他們爲了該活動本身而活動，而該活動也沒讓活動者享有任何額外的好處。因爲該活動不是勞動，所以不容許稱該活動爲直接滿足的勞動。[11]

有時候，膚淺的觀察者可能認爲，別人執行的勞動會直接導致滿足，因爲他自己很想玩玩某種表面上模仿該種勞動的遊戲；正如孩童玩起模仿學校、模仿軍人和模仿火車的遊戲一般，某些成年人也會想玩玩模仿這個或那個的遊戲。有些成年人以爲，鐵路司機員必定很享受運轉和駕馭火車頭，就好像他們自己如果被允許玩玩火車頭，也會覺得很享受那樣。一個急著趕路要進辦公室的簿記員，可能很羨慕某位巡邏警員，因爲他以爲，該警員只要在轄區裡到處閒晃、散步，便有薪水可領。但是，該位警員卻可能羨慕那位簿計員，心想：待在溫暖的房間裡、坐在舒服的椅子上、隨意寫寫畫畫，嚴格來說不能稱作勞動，也可以賺錢。其實這些人都錯誤解讀別人的工作，以爲別人的工作只不過是休閒活動；這些人的意見，我們毋須嚴肅看待。

然而，確實有一些事例顯示，直接滿足的勞動眞的存在。在特殊情況下，某些種類的少量勞動，可以提供直接的滿足。但是，提供直接滿足的勞動，數量是如此微不足道，以致在以滿足需要爲目的的行爲與生產體系中，完全沒有什麼作用。勞動負效用的現象，是我們這個世界的一個特徵。人以導致負效用的勞動，交換勞動的產品；對他們來說，勞動是間接滿足的一個來源。

如果某一特殊種類的勞動產生快樂而非痛苦、產生直接的滿足而非勞動的負效用，那麼，執行這種勞動便不會被給付工資。相反的，這種勞動的執行者或「工人」，就必須購買這種快樂、必須為該種勞動給付價格。打獵，過去和現在一樣，對許多人來說，通常是一種產生負效用的勞動；但對有些人來說，打獵純粹是快樂。在歐洲，業餘獵人向獵場主人購買權利，允許射殺一定數目和一定種類的獵物。這種權利的購買價格，和捕獲的獵物價格，是分開計算的。所以，一頭仍在陡峭岩石上漫遊的公岩羚羊，它的現金價值，高於它被射殺後、扛到山谷下，剝離好它的肉、皮和角，以便進一步利用時的現金價值，雖然要射殺它，必須花費很多力氣攀岩，還需要花費一些打獵的材料。可以說，讓獵人享受射殺的快樂，是一頭活著的公岩羚羊可以提供的服務之一。

創造性天才

在成百上千萬個來去人間的凡人之上，聳立著一些創造性先驅，這些人開創新作爲和新想法，爲人類披荊斬棘、爲文明進步開闢出新的道路。對創造性天才[12]而言，生命的眞諦就是創造；對他來說，生命的意義就在於創造。

這些非凡人物的活動，完全不能納入行爲學的勞動概念之中。它們不是行爲學意義的勞動，因爲對天才來說，它們不是手段，它們本身就是目的。天才活在創造和發明之中。對他來說，沒有閒暇，只有暫時的一事無成、遇到挫折時的間歇停頓；激發他行動的誘因，不是想要獲得什麼成果的慾望，而是產生成果的行動。行動的成果，既沒間接滿足他，也沒直接滿足他。他行動的成果沒間接滿足他，因爲他的同胞對該成果頂多視若無睹，甚至更常以嘲諷、譏笑和迫害來迎接該成果。不知有多少天才，大可利用其天賦，讓自己的生活愜意、快樂，但他甚至沒考慮過這種可能性、毫不猶豫的選擇布滿荊棘的創造之路。天才總想完成某個自認爲是其天賦使命的任務，即使明知這會給自己招來大大不幸。

另外，天才也沒從自己的創造活動直接得到滿足。對他來說，創造活動就是痛苦與折磨，是永不休止的、極度苦惱的、反抗各種內在與外在障礙的掙扎與奮鬥，終究要消磨他、壓垮他。奧地利詩人格里帕策（Grillparzer）有一篇動人的詩作「加斯泰因再見」（Farewell to Gastein）[13]，曾經描述這種情況。我們可以這樣認爲，格里帕策在寫這篇詩作的時候，不僅想到自己經歷過的各種悲痛和苦難，也想到另一個更偉大的人物——貝多芬所遭遇到的更大困苦和折磨；貝多芬的命運很像他自己的遭遇，而基於衷心喜愛和同情欣賞，他比任何同輩人更了解貝多芬。尼采（Nietzsche）把自己比做火焰，永不饜足的消耗和毀滅自己。[14]這種痛苦，和一般人認爲隱含在工作與勞動、生產與成功，以及養家餬口與享受人生等概念裡的那些意思，完全沒有共同點。

天才創作者的成就，包括：他的思想和理論，他的詩篇、畫作和文章，不能從行爲學的角度歸類爲**勞動**的產品。這些產品不是那種可用來生產別的生活便利品的勞動，挪去「生產」哲學、藝術或文學名作所獲得的成果。思想家、詩人和藝術家，有時候根本不適合完成任何別的工作；他們奉獻給創造活動的時間和辛勞，反正不是從別的用途挪過來的。有時候，某個天才原本有能力創造前所未聞的事物，但處境注定他一事無成，注定他除了餓死，或用盡渾身解數、但求苟活之外，別無選擇。反之，如果天才成功達到他的目標，除了他自己，再沒有別人會支付他曾經承受的「成本」。歌德（Goethe）在某些方面的天賦，也許因爲他在威瑪宮廷裡任職而遭到束縛；但即使他沒創作戲劇、詩篇和小說，他在內閣大臣、戲院經理和礦坑管理員等公職上，肯定也不會有更大的成就。

再說，天才創造的作品也不可能以別人的作品來取代。如果但丁（Dante）和貝多芬不曾來到這世上，沒有誰能指派什麼別人承擔生產《神曲》和《第九號交響曲》的任務，而把它們生產出來。不管是社會全體，或是什麼人，都不可能實質培養出天才、或促進天才的工作。在這方面，再強大的「需求」、再專橫的政府命令，也都是無效的。天才不是訂製出來的。人沒辦法調整，或改善自然的、社會的環境，以便產生天才創造者和天才的創造。以優生學的手段培養天才、以學校教育訓練天才或組織天才，都是不可能成功的活動。但是，當然，人能把社會這樣或那樣組織起來，直到沒有任何空間留給創造性先驅和創造性活動爲止。

對行爲學來說，天才的創造性成就，是最終給定的事實。它宛如命運女神賜予的免費禮物那樣，橫空出現在歷史長河之中。它決不是經濟學所謂「生產」的成果。

第四節　生　產

行爲如果成功達到所追求的目的，便可說它生產出產品。生產不是創造什麼的行爲，它沒產生什麼原本不存在的事物。它只是就一些給定的元素，予以安排、結合的改造行爲。生產者不是創造者。人，只有在內在的思想和想像領域才能有所創造；在外在現象的領域，他只是一個改造者。他所能做的，只是把各種可供利用的手段這樣或那樣組合起來，從而按照自然法則，必然會出現他希望得到的結果。

論者過去通常區分有形財貨的生產和個人服務的提供。他們稱製作桌椅的木匠爲生產性勞動；但拒絕將這個稱號頒給該木匠的醫生，雖然醫生的診療諮商幫助木匠痊癒、恢復製作桌椅的能耐。人們當時認爲，醫生與木匠，相對於木匠與裁縫師，是兩種不同的關係。他們說，醫生本人什麼也沒生產；他靠別人生產出來的東西過活，他仰賴木匠和裁縫師維持生活。在更早的時候，法國的重農學派主張，所有的勞動都是沒效果的，除非能從土地掏出些許東西。在他們看來，只有耕作、漁獵和採石採礦，才是生產性勞動。各種加工業在所使用的材料上增加的價值，完全沒超出加工業工人生活所需消費掉財貨的價值。

現今的經濟學家嘲諷前輩做出這些站不住腳的區分；然而，他們倒是應該自我反省，自己其實鬧出更大的笑話。許多現代經濟學家對一些問題的論述方式，例如，對廣告和市場行銷成本的看法，顯然又重蹈覆轍、陷入一些早該消失的粗陋錯誤。

另有一個相當普遍的意見，認為利用勞動和利用物質類生產要素，兩者之間有所不同。有些人斷言，大自然賜予各項禮物不計代價；但是，勞動必須付出代價、忍受負效用。就辛苦工作和克服勞動負效用而言，人給這宇宙增添了一些原本不存在的東西；準此意義，勞動是創造性的。這種論點也是錯誤的。在這宇宙中，人的工作能量，就像土地和動物身上各種物質原始固有的能量那樣，是給定的。而勞動能保留一部分潛能、沒有利用的事實，也不能用來區分勞動和非人力生產要素；因為後者也一樣能保留著不予利用。人之所以願意克服勞動負效用，是由於這個事實：他們偏好勞動的產出，甚於更多閒暇所能提供的滿足。

只有那指導行為和生產的人心，才具備創造性。人心也屬於這宇宙，也是這給定的、存在的世界的一部分。稱人心為創造性的，不等於沉溺於什麼玄學的猜想。我們所以稱人心是創造性的，是因為當我們一步步追溯人的行為所引發的各種改變背後的原因，而達到人的理性介入指導人的各種活動那一點時，我們便不知道如何再繼續追溯其背後的原因了。生產不是什麼物質的、自然的或外在的現象；它是精神的、知性的現象。生產的根本要件，不是人的勞動和外在的自然力量與物質，而是人心決定利用這些人力的和自然的要素，作為手段以達到某些目的。生產出產品的，不是辛苦和困難本身，而是辛苦工作者接受理性指導這個事實。只有人心，才有去除不適感的能力。

馬克思主義者信奉的唯物主義玄學，完全誤解這些事情。「生產力」根本不是物質的。生產，是精神的、知性的和意識型態的現象。它是人接受理性指導，爲了盡可能去除不適感，所採用的一個方法。把我們現在的處境，和我們一千年前或兩萬年前祖先的處境區別開來的，不是什麼物質方面的不同，而是精神方面的不同。物質上的改變，是精神層面改變的結果。

生產，是按照理性的各種設計，將給定的事物予以改造。這些設計——配方、公式、意識型態——是主要的因素；它們把原始要素——包括人力的和非人力的——轉變成手段。人憑藉理性進行生產；他選擇一些目的，並使用一些手段，企圖達到這些目的。俗話說：經濟學論述人的物質生活情況；這完全是錯誤的理解。人的行爲是人心的展現。就這個意思來說，行爲學可以稱爲一門道德科學。

當然，我們不知道人心**是**什麼，就好像我們不知道運動、生命和電流**是**什麼。人心，不過是一個詞，被我們用來代表一個我們不知道的因素，這因素使人成就所有已經成就的事物，包括：理論和詩篇、大教堂和交響樂、汽車和飛機。

第二篇　在社會框架裡的行為

第八章　人的社會

第一節　人的合作

社會是協調的行爲，社會就是合作。

社會是有意識、有目的的行爲造成的。這不是說，人們曾經訂立一些契約，而後根據這些契約建立了社會。曾經導致社會合作和天天重新導致社會合作的那些行爲所追求的目標，只不過是藉由彼此合作、互助，以達到一些各自已經確定的目的。這種協調的行爲，所創造出來的眾多相互關係、所形成的複雜關係網，我們稱爲社會。社會以協同合作，取代——至少可以想像的——人人獨自生活。社會是勞動的分工與結合。人，以作爲行爲動物的身分，變成社會動物。

個人在有社會組織的環境中出生、成長。單就這個意思來說，我們可以接受社會在邏輯上或歷史上先於個人的說法。但是，就其他每一個意思來說，這句格言，不是流於空洞，就是荒謬的。人在社會中生活和行爲。但是，社會不過是一些合作努力的人行爲的結合。社會不存在別的地方，就存在各個人的行爲中。只有痴心妄想的人，才在個人的行爲之外尋找社會。說社會是獨立自主的存在，有其生命、有其靈魂，以及有其行爲，是一個比喻，一個很容易滋生粗劣錯誤聯想的比擬。

究竟是社會，還是個人，該被視爲最終目的？以及社會利益是否該擺在個人利益之後，或者個人利益是否該擺在社會利益之後？這些都是思辨不出什麼結果的無聊問題。行爲總是人人個別的行爲。行爲中所謂社會的元素或社會共同的元素，是指人人個別的行爲中所顯現的一定態度取向。**目的**範疇，只當指涉人的行爲時，才有意義。神學和歷史玄學，可以按照它們的方式，討論社會的目的，以及上帝想要實現什麼關於社會的企圖，就像它們也討論這個被創造出來的宇宙中所有其他部分有些什麼目的那樣。但就科學與理性不可切割的性質而言，科學顯然不是一個合適處理這類問題的工具；如果科學從事關於這類問題的猜想，結果肯定是令人絕望的。

在社會合作的框架裡，社會成員之間，可能出現同情心或友情，乃至彼此一體的感覺。這些感覺是人最愉悅、最高尚的經驗來源，也是人生最珍貴的裝飾；它們把動物類的人提升到眞正是人的存在。然而，它們不是，像有些人曾宣稱的那樣，導致各種社會關係的動因。它們是社會合作的結果，而且只在社會合作的框架內茁壯成長；它們不是在各種社會關係建立以前就存在的，它們不是衍生出各種社會關係的種子。

導致合作、社會和文明，以及把動物類的人改造成人性存在的，是下面這兩則根本事實：第一，在分工下執行工作，比獨自工作更有效果；第二，人的理性能夠認識這個眞理。若不是存在這兩則事實，人人彼此之間將永遠都是死敵，各自爲爭取自然界某部分稀少的生存物資供應、而成爲不可調和的競爭對手。每個人都將被迫把所有別人看成是自己的敵人；他對滿足他本人諸多慾望的渴求，將導致他和所有他的同胞產生不可和解的衝突；這種情況下，不可能發展出什麼同情心或友情。

有些社會學家曾聲稱，原始、基本的主觀社會事實，是某種「同類意識」。[1]其他一些社會學家則聲稱，如果沒有「共同體或彼此一體的感覺」，就不會有什麼社會體系。[2]我們可以同意這種觀點，只要這些有點模糊、含混的名詞獲得正確解讀。我們可以把同類意識、共同體的感覺或彼此一體的感覺，視爲對下面這個事實的承認：在生存奮鬥的過程中，所有別人都是潛在的協調合作者，因爲他們都能認識合作對彼此的好處，而一般動物則欠缺這種認識能力。然而，我們絕不可忘記，導致這種意識或這種感覺的基本事實，是上面提到的那兩則事實。假設有這樣一個世界，分工不會提高勞動生產力，那裡將不會有什麼社會。那裡將不會有什麼仁慈、善意的情感。

分工是一個決定宇宙生成和演化改變的偉大基本原則。生物學家的作法正確，他們從社會哲學借來分工概念，把它應用到研究領域上。任何活著的有機體，身上不同的部分之間有分工關係。再則，世上存在著一些由協調合作的動物個體組成的有機統一體；通常的比喻，稱一群螞蟻或蜜蜂這種聚集體爲「動物社會」。但我們絕不可忘記，人的社會的特徵，是有意的合作；社會是人的行爲的結果，亦即，社會是人有意要達到某些目的的結果。而這種有意的元素，就我們所知，不存在於導致動植物體內出現結構功能體系的過程中，也不存在於導致螞蟻群、蜜蜂群和馬蜂群出現類似社會運作秩序的那些過程中。人的社會，是一個知性的、精神的現象；它是人有目的的利用一個普遍決定宇宙生成的法則，亦即，利用導致較高生產力的分工原則所造成的結果。就像每一個行爲實例那樣，人運用自己對自然法則的認識，來幫助自己的努力，以改善自己的處境。

第二節　對整體的、玄學的社會觀的批判

按照全體主義、概念實在論、整體主義、集體主義和完形心理學的一些代表性人物的說法，社會是一個實體，有它自己的生命，有別於、也獨立於諸多不同個人的生命之外；它爲自己的利益而行爲，有它自己的目的，不同於諸多個人所追求的目的。於是，在社會目的和成員的諸多目的之間，當然就會出現對立的情況。爲了保障社會興盛和進一步發展，就必須掌控人人的私心，必須迫使人人爲社會利益，犧牲他們自私的企圖。在這一點，所有這些整體主義學說，必定放棄凡俗科學和邏輯推理的方法，轉向神學或玄學

信仰的宣示。他們必須假定，天理藉由指派先知、使徒和神授魅力的領袖，強迫本質邪惡的人，亦即，強迫傾向追求自私目的的人，走在上帝、**世界精神**或歷史要他們遵循的正當道路上。

自古以來，這種哲理一直是原始部落的特色信條，也一直是所有宗教教義的基本元素。人，必定要遵守某個超凡權力所發布的法律，必定要服從這個權力所委託、負責執行該法律的權威當局。該法律所創造的秩序——人的社會，因此是神的事功，而不是人的成就。如果上帝未曾介入、未曾啓迪經常犯錯的人，社會是不會成立的。沒錯，社會合作，對人而言，是一個祝福；只有在社會框架裡，人才能披荊斬棘、逐步脫離原始的野蠻狀態，脫離道德與物質雙重貧困的狀態。然而，如果放任人人自理，人人自行摸索，人將永遠看不到使自己得救的道路。因爲要讓人適應社會合作的要求，以及服從道德誡律，等於把沉重的束縛加在他身上。從他本身卑鄙的心智觀點來看，他肯定會把一些預期利益的拋棄，視爲不幸和剝奪。他肯定不會意識到，拋棄眼前可見的快樂，將在稍後獲得難以比擬的更大利益。人若不是獲得超自然的啓示，將永遠無從得知天命希望他爲自己和後代的幸福做些什麼。

十八世紀理性主義的社會哲學和現代經濟學，並未訴諸任何超凡權力的奇蹟式干預。當人以協調行爲取代獨自行爲時，他的每一步都導致自己的處境獲得直接的和可以察覺的改善。和平的合作與分工，所產生的利益是普遍性的，直接有利於每一代人，而不只是有利於後代子孫。相對於個人爲了社會存在而必須犧牲的那些利益，個人獲得的利益補償更大、更豐厚。他的犧牲只是表面的和短暫的；他放棄一份較小的利益，以便在稍後獲得一份較大的利益。沒有哪一個理性的存在，會看不出這個明顯的事實。當人擴大可以實現分工的領域、增強社會合作時，或者當人強化法律保護與和平保障時，基本的誘因總是：所有相關人等都渴望改善他們自己的生活處境。每個人在努力爭取他自己「正確了解的」利益時，也爲社會合作與和平交往的略微強化，貢獻了棉薄心力。社會，是人行爲的結果，亦即，是人渴望盡可能去除不適感的結果。要解釋社會的生成和演化，毋須求助於一個對眞正有宗教情懷的心靈來說，會有所冒犯的學說；按照該學說，上帝最初的創造物是如此蹩腳，以致後來需要反覆超出自然常規的干預，才能避免該創造物歸於失敗。

從休謨到李嘉圖的英國政治經濟學所確立的這個分工理論，它的歷史性角色就在於，徹底摧毀所有關於社會合作的起源和運作的玄學學說。它完成了，自古希臘伊比鳩魯派哲學創始以來，人在精神、道德和知性方面的大解放。它以自律的理性道德，取代他律的和直觀論的舊時倫理學。法律與正當性，道德律與社會體制，不再被尊崇爲深奧難解的上帝旨意；它們源自於人，唯一必須用來衡量它們的標準，就是它們是否適合增進人的幸福。信奉功利主義的經濟學家沒說：讓正義得以伸張，即使世界因此毀滅；他說：讓正義得以伸張，所以世界用不著毀滅。信奉功利主義的經濟學家並未要求個人放棄自己的幸福，以成全社會的利益。他建議個人，認清什麼是「正確了解的」自身利益。在他看來，上帝的莊嚴宏大，不是表現在祂忙碌干預君主和政治家的瑣碎雜務，而是表現在祂以理性和追求幸福的渴望，賦予祂的創造物。[3]

所有形形色色的全體主義、集體主義和整體主義的社會哲學，都有這個根本問題：個人憑什麼標誌認出，什麼才是眞正的法律、誰才是眞正的使徒在傳遞上帝的旨意，以及誰才是合理的權威。許多人聲稱自己是上帝派來的先知，而這些先知每一個都宣揚不同的福音。對虔誠的信徒來說，不可能有任何疑問；他完全相信，自己擁護的是唯一的眞理。但正是這樣堅定的信仰，使得各方的衝突對立不能調和。每一方都很想讓自己這一方的信條普及於世。但因爲對不同的信條，理性的論辯不能決定誰對、誰錯，於是，這種爭論除了武裝衝突，沒有其他解決辦法。非理性主義、非功利主義和非自由主義的社會學說，必然引起戰爭和內戰，直到敵對的某一方被消滅或被征服爲止。世界上所有偉大宗教的歷史，都是一連串戰役和戰爭的記錄，就像當今一些冒牌的宗教——社會主義、邦國崇拜、民族主義和國家至上主義的歷史那樣。

零容忍，並以劊子手或戰士的刀劍進行政治宣傳，是任何他律倫理體系的固有元素。據稱是上帝或天命頒布的法律，聲稱普世有效，所有人都理當服從該等法律所宣稱的合法權威當局。只要他律的道德法典，以及它們在哲學上的引申——概念實在論——的威望屹立不搖，便不可能有容忍或持久的和平。當戰鬥停止時，那也只不過是在累積下一次戰鬥的新能量。只有當自由主義的學說打破全體主義的蠱惑魔咒之後，容忍他人看法不同的心態，才可能生根堅固。在功利主義哲學的燭照下，社會和國家看起來不再是維持某一特定世界秩序的神聖制度；該特定世界秩序，儘管會傷害許多人甚或絕大多數人的塵世利益，卻被全體主義者基於人心無從得知的某些理由，宣稱合乎上帝旨意。其實，社會和國家，對所有人來說，是一個主要的手段，供人人個別達成自選的目的。社會和國家是人努力創造出來的手段，它們的維護和最適當的組織型態問題，本質上，和人的行為所關切的其他一切手段問題並無不同。他律的道德和集體主義學說的擁護者，不能指望藉由邏輯推理，證明他們所主張的那些特殊的倫理原則的正確性，同樣也不能證明，他們所希冀的那些特殊的社會理想具備優越性和唯一合理性。於是，他們不得不要求人們，不要動腦筋、只需要接受他們所宣傳的意識型態；他們要求人人服從他們所認可的權威；他們下定決心，要壓制所有異議者的聲音，要把所有異議者打到屈服。

當然，總是會有若干人和若干群體，他們的心智是如此狹窄，以致不能了解社會合作將帶來什麼好處。另外有一些人，他們的道德心和意志力是如此脆弱，以致不能抗拒誘惑，為了爭取眼前短暫的利益，而做出一些有害社會體系順暢運作的行為。調整個人以適應社會合作的要求，需要個人承擔一些犧牲。沒錯，這些只是短暫的和表面的犧牲，因為在社會裡生活所提供的無與倫比的較大好處，遠遠抵得過這些犧牲。然而，當個人放棄眼前可見的享受時，當下的犧牲是痛苦的。因此，不是每一個人都能了解後來的好處，而採取相應的行為。無政府主義者認為，教育能使所有的人都理解，基於自身利益的要求，什麼才是他們該做的；人被正確教導後，將自願的永遠遵守維持社會秩序必不可少的行爲規範。無政府主義者認爲，理想的社會秩序是可能實現的；在這種社會裡，沒有人享受任何特權而損害其他同胞的利益，也沒有任何強制、脅迫的措施，來防止危害社會的行爲。這種理想的社會，用不著國家和政府，亦即，用不著警察力量——專司強制和脅迫的社會機構。

然而，無政府主義者忽略了一個不可否認的事實：有些人，或者是心胸過於狹窄或者是意志過於軟弱，以致不能自動自發、自我調整、適應社會生活的要求。即使我們承認，每一個心智健全的成年人都具備必要的能力，了解社會合作的好處，從而能夠採取相應的行爲，但仍然有嬰幼兒、老年人和精神失常者的問題尙待解決。我們可以同意，做出反社會行爲的人，應該視同精神病患者，需要治療照顧；但只要不是所有這樣的人都已獲救治，只要還有嬰幼兒和老弱者存在，那就必須有些準備措施，以免他們危害社會。一個無政府的社會，將仰人鼻息、任人揉捏；如果大多數人不願意藉由施用暴力或威脅施用暴力，阻攔少數人破壞社會秩序，社會就不可能存在。這施用或威脅施用暴力的權力，歸屬於國家或政府。

國家或政府是實施強制和脅迫的社會機構。它獨占實施暴力行爲的權力。誰都不可以使用暴力或威脅使用暴力，除非政府賦予他這種權力。國家基本上是一個維護人際關係和平的機構。然而，爲了維護和平，它必須做好準備，隨時粉碎和平破壞者的挑釁或攻擊。

自由主義的社會學說，根據功利主義倫理學和經濟學的教誨，從一個不同於全體主義與集體主義的觀點，看待政府和受統治的人民兩者之間的關係。自由主義意識到，總是居於少數的統治者不可能久居統治地位，除非獲得受統治的人民當中多數的同意與支持。不管是什麼統治體制，政府賴以建構和屹立的基礎，始終在於受統治者認爲：對於他們自身的利益，服從和效忠政府，比反叛政府、然後建立另一個政權，更有幫助。居多數的人民有權力罷黜不受歡迎的政府；而且一旦多數人民深信，若要增進他們自己的福祉，必須使用這種權力，他們就會使用這權力。長期而言，不會有不受歡迎的政府。內戰和革命，過去是心懷不滿的多數，用來推翻不適合他們的統治者和統治方法的手段。爲了保持國內和平，自由主義希望實施民主政治。所以，民主政治不是革命制度。相反的，民主政治正是用以防止革命和內戰的手段。它提供一個和平調整政府、以適應多數民意的方法。當掌權者和所施行的政策不再獲得多數國民的歡心時，該掌權者就會在下一次選舉時，被擁護不同政策的另一批人取代和淘汰。

自由主義所建議的多數統治原則或民主政治原則，目的不是要把統治權交給平凡、普通的人。民主政治的意思，肯定不是像某些批評者宣稱的，主張由卑鄙的人、教養不好的人和被馴養的野蠻人來統治。自由主義者也認爲，國家應該由最適合擔任統治任務的人來統治。但是，他們認爲，以理服人而不是以力服人，能更好證明統治者自己的統治能力。當然，民主不保證選民會把統治權託付給最勝任的候選人；但其他體制也同樣不能提供這樣的保證。如果多數國民堅持不健全的政策原則，並且在謀求官位者當中，偏愛不值得託付的人，那麼，除了努力說明更好的政策原則和推薦更好的人選，來改變多數人民的心意外，沒有別的補救辦法。少數力量絕不可能以其他手段贏得持久的勝利。

全體主義和集體主義者不能接受這個解決統治問題的民主辦法。在他們看來，個人在遵守道德誡律時，並未直接增進他今生的切身利益；而正好相反，他是在犧牲自己的目的，以成就上帝的意圖或某個集合體的利益。再則，人單憑理性，想像不到絕對價值至高無上，想像不到神聖法律絕對有效，而且也不能正確解讀神啓的教規和戒律。因此，在他們看來，嘗試藉由勸說，要使多數人民信服，或嘗試藉由和藹的規勸，要把多數人引向正當的道路，絕不可能成功。而那些得到神靈祝福的人，神賜的特殊才能，使他們具有熠熠生輝的領袖魅力，他們有責任傳布福音給那些溫順聽話的人，也有責任訴諸暴力打擊那些冥頑不靈者。具有人格魅力的領袖，是上帝的代理人，是受託帶領某個集合體的人，是轉動歷史的工具。他永遠不會犯錯、永遠正確。他的命令是至高無上的準則。

全體主義和集體主義必然是訴諸神權的統治體制。所有各種流派的全體主義和集體主義，它們的共同特徵就是毫不懷疑的假定：有一個超越凡人的實體存在，每一個人都必須服從祂。它們彼此之間的差別，只在於給這個超凡實體冠上什麼封號，以及用這個封號的名義所宣布的法律具體內容不一。居於少數的獨裁統治者，不可能找到任何合理的理由，除了訴說他從某個超凡的絕對權威獲得所謂的委任。獨裁統治者是否把統治權力建立在君權神授說的基礎上，或建立在無產階級先鋒的歷史任務上，以及至高無上的存在是否叫做世界精神（黑格爾），或叫做人道（孔德），這些都是無關緊要的問題。不少現代人提倡社會主義、計畫經濟和社會控制人人的一切活動，在他們的筆下和嘴裡，社會和國家都是某位神明的代名詞。這些新教派的牧師相信，他們所崇拜的偶像，具有神學家相信上帝具有的一切屬性——無所不能、無所不知、無限仁慈等等。

如果有人假設，遠在個人的行爲之上，存在著某個不朽的實體，正往它自己不同於凡人的目的在行動著，那麼，他便已經建構了一個超凡存在的概念。於是，他便不能規避這個問題：每當國家或社會的目的，和個人的目的發生衝突時，誰的目的優先。這問題的答案，已經隱含在集體主義和全體主義所構想的國家或社會概念中。如果有人理所當然的認爲，根據定義，有一個比所有個人更高等、更高貴和更完美的存在，那麼，對於前揭問題便不可能有任何其他解答，當然是：該超凡存在的卓越目的，必定高高聳立在卑鄙的個人目的之上（沒錯，有些悖論的愛好者——例如，Max Stirner[4]——以顛倒事實爲樂，儘管完全同意我們的前提，他們還是要斷言個人的目的優先）。如果社會或國家是一個實體，具有意志和意圖，以及所有其他被集體主義的學說歸屬於社會或國家的性質，那麼，拿卑鄙的個人自身微不足道的目的，和社會或國家的崇高意圖對抗，簡直是愚蠢至極。

所有集體主義學說的準神學性質，在它們的互相衝突中表露無遺。一個集體主義的學說，不會只宣稱某個抽象集合體的優越性；它總會頌揚某個特定集體偶像的卓越性，並且或者斷然否認其他集體偶像的存在，或者把它們降級到某個相對於它自己的偶像而言，屬於次要、輔助的地位。國家崇拜者頌揚某個特定國家，亦即，頌揚他們自己國家的卓越性；民族主義者頌揚他們自己民族的卓越性。如果異議者挑戰他們特有的政綱、鼓吹另一個集體主義偶像的優越性，他們除了一再重複聲明：我們是對的，因爲有個內在的聲音告訴我們，我們是對的，而你們是錯的之外，也提不出什麼反對的理由。敵對的集體主義宗教或教派之間的衝突，無法以理性思辨來決定誰對誰錯，而必須以武力解決。除了自由民主的多數統治原則之外，就只有軍國主義的武裝衝突和獨裁壓迫原則，沒有第三種選項。

所有不同的集體主義教派，在某方面是形成統一陣線的；它們都極端仇恨、敵視自由社會的一些根本的政治制度，包括：多數統治、容忍不同意見、思想自由、言論自由、新聞自由、法律之前人人平等。在試圖破壞自由方面，各個集體主義教派的協調合作，讓不少人誤以爲，當今的政治對立問題，是個人主義和集體主義之間的對抗。事實上，政治鬥爭的一方是自由主義，另一方則是許多集體主義教派，而這些集體主義教派彼此之間的仇恨和敵意，兇猛的程度又不亞於它們對自由社會的深惡痛絕。攻擊資本主義的，不是一個統一的馬克思主義教派，而是一大群各式各樣的馬克思主義團體。這些團體——例如，史達林派、托洛斯基派、孟什維克黨、第二共產國際派等等，彼此爭戰，手段極其野蠻殘忍。除此之外，還有許多非馬克思主義教派，也以同樣殘忍的方法彼此鬥爭。以集體主義取代自由主義，將導致永無止境的血腥鬥爭。

習慣用語完全歪曲這些眞實情況。通常稱爲個人主義的哲學思想，是主張社會合作與社會關係漸進增強的哲學。而另一方面，應用集體主義的基本理念，不可能導致什麼結果，除了社會解體和連綿不絕的武裝鬥爭。沒錯，每一個集體主義教派都許諾永久和平，不過，這和平，要等到它自己得到決定性的勝利，並且徹底推翻、消滅了所有別的意識型態和它們的支持者之後，才會開始。然而，集體主義計畫的實現，是以人類經過某一徹底的改造爲前提的。人類必須分成兩個階級：其一是像神那樣無所不能的獨裁者，另一則是人民群眾，這些人民必須拋棄他們的意志和思想，以便成爲獨裁者計畫裡需要擺弄的單純棋子。人民群眾必須去人性化，以便讓某個人成爲他們的神、他們的主人。思想和行爲，是人之所以爲人的最主要特徵，將變成只是某一**個**人的特權。這裡毋須贅言，這樣的企圖是不可能實現的。獨裁者所謂的千年至福帝國，注定要失敗；它們從未持續存在超過幾個年頭。我們已經見證過好幾個這種「千年至福」的秩序崩潰。那些剩下來的，也肯定不曾更走運。

集體主義觀念在現代的復甦——我們當今所有痛苦和災難的主要原因——是如此徹底的成功，以致自由社會哲學的一些基本觀念竟然被世人遺忘了。甚至許多支持民主制度的人，現在也忽視這些自由的觀念。他們提出來爲自由民主辯護的理由，沾染了不少集體主義的錯誤；他們的學說，毋寧說是自由主義的一個扭曲，而不是在爲眞正的自由主義背書。在他們看來，多數的一方永遠是對的，只因爲他們有權力粉碎任何反對力量；多數統治是最多數黨的獨裁統治，而執政的多數不需要在權力的運用和政治事務的管理上自我設限。一旦某個黨派成功贏得多數公民的支持，從而取得政府機器的控制權，它便可以隨意拒絕少數黨享有任何民主權利，雖然它自己先前正是因爲享有這些權利，才得以在最高權位鬥爭過程中迎來最後的勝利。

這種冒牌的自由主義，當然和自由的學說恰恰是對立的。自由主義者沒說，多數是像神一般、永不犯錯的；他們沒說，某一政策僅憑獲得多數的擁護，便足以證明它在增進共同福祉方面利大於弊。自由主義者不建議多數獨裁統治，也不建議鎮壓反對的少數。自由主義追求建立一個保障社會合作順暢運作，以及促進彼此平等的社會關係逐漸增強的政治體制。它的主要目標是避免暴力衝突、戰爭和革命，因爲這些動亂必然使人的社會協作解體，把人推回到所有部落和政治實體彼此戰鬥、永無止境的原始野蠻狀態。因爲分工協作需要寧靜的和平，所以自由主義的目標，是建立一個有希望維持和平的統治體系，亦即，民主政治。

行爲學和自由主義

自由主義是一個政治學說。它不是一個理論，而是行爲學和經濟學，尤其是後者，所發展出來的理論的一個應用，旨在解決人在社會裡行爲所引起的一些問題。

自由主義，作爲一個政治學說，對於各種價值，以及行爲所追求的最終目的，不是中立的。它假定，所有的人或至少大多數人下定決心，想達到某些特定目的。它提供資訊，教導他們哪些手段適合實現這些目的。自由主義者完全知道這個事實：他們的教導只對決心堅持下面這些價值分級原則的人有效。

雖然行爲學，所以經濟學也是，以一種純粹形式的意思，使用快樂以及去除不適感等字眼，自由主義卻賦予這些字眼具體的意思。它預設人人偏好生命甚於死亡、偏好健康甚於疾病、偏好食物豐盈甚於饑饉挨餓，以及偏好富裕甚於貧窮。它教人怎樣按照這些價值排序採取行動。

有些人習慣說，關心這些事物是物質主義的；他們習慣指責自由主義助長所謂物慾橫流，指責自由主義忽視「比較高級的」和「比較高貴的」人性追求。他們說，人不是單靠麵包生活的，他們批評功利主義哲學卑鄙、可恥、下流。然而，這些激昂的謾罵是不對的，因爲它們嚴重歪曲自由主義的教誨。

首先：自由主義者沒說，人**應該**爭取前述那些目標。他們只是說，絕大多數人偏好健康和富裕的生活甚於貧窮、挨餓和死亡。這個陳訴的正確性是不容挑戰的。該陳訴的正確性其實已經獲得證明，因爲事實上所有反對自由主義的黨派——各種以宗教爲名的神權統治教條黨、中央經濟統制黨、民族主義黨和社會主義黨——對於這些議題，也都採取同樣的態度。這些黨派全都許諾追隨者，將有豐裕的生活；他們從來不敢告訴人民，實現他們的政綱將損害人民的物質幸福。相反的，他們強調，實現他們政敵的計畫將導致大多數人民生活貧困，而他們則希望給支持者帶來富裕的生活。在給民眾許諾較高的生活水準方面，信仰基督教的政黨所表現的熱切程度，不會輸給信奉民族主義或社會主義的政黨。當今的教堂聚會話題，時常是比較多關注如何提高工資率和農家收入，而比較少關注如何實踐基督教的義理。

其次：自由主義者並不鄙視知性、精神層面的追求和渴望。正好相反，他們對於知性和道德的完美，以及智慧和品味的卓越，懷有熱烈嚮往的激情。但他們對於這些高級、高貴事物的看法，和批評者相對粗糙的主張大不相同。他們無法苟同批評者的幼稚意見；他們認為，任何社會組織體系都無法**直接**促進哲學與科學思想，或眞接產生文學與藝術傑作，或直接促使人民群眾更加開化文明。他們意識到，在這些層面，社會所能做到的，只限於提供一個環境，一方面使天才毋須面對各種難以克服的障礙，另一方面使普通人在相當程度內免於物質生活的憂慮，使他得以對養家餬口以外的事物也感到興趣。他們認為，要使人更有人性，最重要的社會手段是戰勝貧窮。智慧和科學，以及各種藝術，在富裕的世界裡，會比在貧困的民眾當中茁壯成長得更好。

以所謂物慾橫流指責自由主義的時代，是對事實的故意扭曲。十九世紀不僅是生產技術和民眾的物質生活水準空前進步的世紀。十九世紀的成就，遠遠超過只是一般人平均壽命的延長；它在科學、藝術方面的成就是不朽的；它是產生許多不朽音樂家、作家、詩人、畫家和雕塑家的時代；它徹底改革了哲學、經濟學、數學、物理學、化學和生物學。而且，歷史上頭一遭，它使普通人也可以接觸到偉大的作品和偉大的思想。

自由主義和宗教

自由主義植基於純理性與科學的社會合作理論。換言之，自由主義所建議的政策是某個知識體系的應用，該知識體系完全不涉及任何情感、任何僅能憑直覺得知而不能根據邏輯推理充分證明的信條、任何神祕的經驗，以及任何個人對某些超凡現象的親身感悟。就這個意思來說，無神論的和不可知論的，這兩個時常遭到扭曲、也時常遭到誤解的形容詞，可以套在自由主義頭上。然而，如果就這麼下結論說，人的行爲科學和應用該科學的教誨所衍生的政策——自由主義——是反對有神論的、敵視宗教的，那便是一個嚴重的錯誤。沒錯，自由主義根本反對一切神權統治體制。但自由主義對於那些不主張介入社會、政治和經濟事務治理的宗教信仰，立場是完全中立的。

神權統治是一種以宣稱擁有某一超凡的頭銜爲其合法性基礎的社會體制。一個神權政體的根本法律，是某個不能用理性檢驗的、也不能用邏輯方法證明的親身感悟。它的終極標準是直覺，這直覺給人心提供一個主觀確定的感悟，感悟到某些無法憑理性和邏輯推理來理解的事物。如果這直覺感悟指涉某個傳統教義體系，認爲有某一神聖的宇宙創造者和統治者存在，我們便稱之爲一個宗教信仰。如果它指涉另一類教義體系，我們便稱之爲一個玄學信仰。因此，一個神權統治體制未必是以世界上某個偉大的歷史悠久的宗教爲基礎。它可能是某些玄學教條的產物，這些玄學教條拒絕所有傳統的教會和教派，並且強調它們本身的特質就是反對有神論的、反對玄學教條的，並以此爲榮。在我們這個時代，一些最強大的神權政黨，反對基督教和所有其他源自猶太一神教的宗教。我們所以把這些政黨稱爲神權的，乃是因爲他們渴望按照某一複雜觀念體系的內容安排人間世事，而該複雜觀念體系又不能經由理性證明爲有效。他們宣稱，他們的領袖得到特別祝福，擁有其餘人類無法接觸到的某一認識，而且該認識，和所有沒被賦予超凡魅力的人所堅持的想法又大相逕庭。具有超凡魅力的領袖，受某一神祕的崇高權力委託，授予合法的權位，必須管理時常犯錯的凡人事務。只有領袖是有見識的；所有別人，若非盲人和聾子，就是犯罪分子。

許多歷史上偉大的宗教曾經染上神權統治的傾向，這是事實。當時它們的使徒沉迷於權力慾，要壓制、消滅所有意見相左的教派。然而，我們絕不可混淆宗教和神權統治這兩回事。

威廉・詹姆士（William James）把「個人獨處時的情懷、行動和經驗」稱作宗教的，「只要獨處者當時意識到自己正面對著可以稱爲神聖的東西，不管那是什麼」。[5]他列舉下面這些信仰是宗教生活的特徵：這看得見的物質世界，是一個比較屬於精神性質的宇宙的一部分；物質世界的主要意義，來自於它所屬的比較高等的精神宇宙；和這個比較高等的精神宇宙結合或形成和諧的關係，是我們此生眞正的目的；禱告或內心和這高等宇宙的精神交流——不管這精神叫做「上帝」或「法則」——就是一個眞正成就事功的過程；在這過程中，精神的能量流入這物質顯相的世界，並在這世界產生各種心理的和物質的效果。詹姆士接著說，宗教信仰還包括下面這些心理特徵：一種新的趣味，宛如禮物，自動注入個人生活，該趣味顯化的形式，或者是迷醉於深情抒發，或者是嚮往眞摯與英雄氣概，除此之外，還有一種安全的確信和一種平和的性情，而在面對他人時，內心則是充滿愛憐的情感。[6]

這個關於人類宗教經驗與情懷的描述，完全沒提到如何安排社會合作。在詹姆士看來，宗教是個人和一個聖潔的、神祕的和令人敬畏的神聖實體間，一個純粹私人、個別的關係。它告誡人應該採取一定的爲人處世模式，但對於社會組織的問題，完全沒有什麼定見。亞西西的聖方濟各——西方最偉大的宗教天才，從來不過問政治和經濟事務。他只想教誨信徒怎樣虔誠生活；他從未草擬任何組織生產的計畫，也從未督促追隨者訴諸暴力，攻擊意見不同者。對於他所建立的教派怎樣解讀他的教義，他是不用負責的。

如果某個人只是渴望按照他自己或他的教會或教派解讀福音書教義的模式，去調整自己的行事風格和自己私人的事務，自由主義是不會拋出什麼障礙阻攔他的。但對於所有嘗試訴諸宗教直覺與啓示，來壓制社會繁榮問題的理性討論，自由主義則根本反對。自由主義並未責令什麼人離婚或採取節育措施；但是，對於有些人想要阻止別人自由討論這些事情的利弊得失，自由主義是極力反對的。

自由主義者認爲，道德律的目的，是責令個人調整自己的行事風格，以適應社會生活的要求，避免所有對維繫和平的社會合作與改善人際關係有害的行爲。他們歡迎一些宗教教義對他們自己所贊同的道德戒律可能給予的支持，但他們反對所有肯定會導致社會解體的道德規範，不管這些規範的源頭是不是某些宗教的教義。

許多提倡以宗教爲基礎、建立神權統治政體的人說，自由主義敵視宗教；這是在扭曲事實。在宗教干預世俗事務成爲一個有效原則的地方，各個不同的教會、教派和宗派，彼此攻擊。透過政教分離，自由主義使不同的宗教黨派之間得以確立和平，同時讓每一個教派都有機會傳布它的福音、不受騷擾。

自由主義相信理性。它認爲，有希望說服絕大多數人相信，在社會框架裡的和平合作，比彼此戰鬥或社會解體，更有助於增進「正確了解的」自身利益。它對於人的理性有充分信心。這種樂觀態度也許是不現實的，因此，自由主義者在這一點也許錯了。但是，如果他們眞的錯了，那麼，人類的未來大概也就沒什麼希望了。

第三節　分　工

根本的社會現象是分工，以及和分工配對出現的合作。

經驗教人知道，合作的行爲，比自給自足的個人獨自行爲，更有效率，更有生產力。制約人的生命與努力的，是如下這般的自然情況，乃致勞動分工可以提高每單位勞動支出的產出。這些自然的事實是：第一，在執行各種不同勞動的能力方面，人天生是不相等的。第二，各種自然給定的非人力生產要素開發利用機會，在地表上的分布是參差不齊的。我們倒也無妨把這些事實看成是同一事實，亦即，大自然複雜多樣的變化，使這世界完如一張色彩繽紛的拼布，具有無數不同的區塊。如果這地表上任何區塊的自然生產條件完全一樣，而且如果每一個人和所有別人也都完全一樣，好比是歐幾里德幾何學裡一個圓等於另一個直徑相同的圓，那麼，分工將不會給行為人帶來什麼好處。

還有第三個事實，亦即，有些工作，不是個人的力量可以獨自完成的，需要數人共同努力。這些工作當中，有些所需支用的勞動，因為個人的工作能量不夠大，不是任何人可以單獨執行的；其餘的工作，雖然個人有能力單獨完成，不過，必須為這種工作花費很長一段時間才會有結果，而就因為這麼晚才得到結果，所以該結果不足以補償個人所有的勞動付出。在這兩種情況下，只有數人共同努力，才可能達到所追求的目的。

如果只有這第三種情況，人與人之間肯定會出現短暫的合作。然而，這種為了應付個人獨力無法執行的一些特定工作而形成的短暫結合，肯定不會導致持久的社會合作關係。在文明發展的初步階段，只能以這種方式執行的工作，數目不會很多。除此之外，所有相關人等可能時常不會同意，執行討論中的共同合作，會比完成別的他們能各自單獨執行的工作更有用，也更迫切需要。偉大的人的社會，涵蓋所有人和所有活動，不是起源於這種臨時偶然的結合。社會不是人與人為了某一特定目的而議定的一個短暫的結合，一旦達成這目的，所議定的人與人合作的關係便結束，即使如果再次出現需要臨時合作的情況，他們隨時會恢復合作的關係。社會是一個比這種短暫的合作多很多的東西。

如果參與分工的夥伴之間是如下這樣的不相同，則分工所導致的生產力提升，就很明顯：每一個人或每一塊地，至少在某一方面，優於所有他人或他塊地。如果A合適在1單位時間內生產6p或4q，而B僅合適生產2p，但也合適生產8q；當分別獨自工作時，他們兩人將一共生產出4p＋6q；如果在分工下工作，每個人僅生產那種他生產起來比他的夥伴更有效率的產品，他們兩人將一共生產出6p＋8q。但是，如果A不僅在p的生產方面，而且也在q的生產方面，都比B更有效率，那將會發生什麼事情呢？

這是李嘉圖提出來、並且立即予以解答的問題。

第四節　李嘉圖的結社律

李嘉圖申論結社律的目的，是要說明，當每一方面都比較有效率的某一個人（或某一群人），和每一方面都比較沒效率的另一個人（或另一群人）合作時，分工會有些什麼後果。他研究，兩個自然稟賦不同的區域，在假定產品能在兩個區域之間自由流動、但工人與累積起來的未來生產要素（資本財）不能自由流動的情況下，兩者之間的貿易會產生什麼效果。李嘉圖結社律指出，這兩區域之間的分工，會提高勞動生產力，所以，對所有相關人等都是有利的，即使就任何商品來說，這兩區域中的某一區域的自然生產條件都比另一區域更合適有利。對自然稟賦比較好的區域來說，集中力氣生產它的優勢比較大的那些商品，而把它的優勢比較小的那些商品留給自然稟賦比較差的區域去生產，對它是有利的。把比較合適的國內生產條件留著不用，而向生產條件比較不合適的區域購買國內自己能生產的那些商品，這是一個矛盾；這個矛盾是勞動和資本不能自由流動的結果；如果自然稟賦比較好的區域，能夠從自然稟賦比較差的區域引進勞動和資本，就不會發生前述矛盾現象。

李嘉圖充分清楚如下這個事實：他的比較成本法則，雖然是他主要在處理一個特殊的國際貿易問題時提出來申論的，其實是比較一般性的社會結社律的一個特例。

如果A是這樣的比B更有效率，以致於A生產1單位的商品p需要花三小時相對於B的五小時，而生產1單位的商品q需要花一小時相對於B的四小時，那麼，如果A只限於生產q而把p留給B生產，A和B皆將得益。如果他們每個人都付出六十小時生產p和六十小時生產q，A的勞動成果是20 p + 30 q，而B的勞動成果是12 p + 15 q；兩人一共是32 p+45 q。然而，如果A只限於生產q，他用一百二十小時生產60 q，而B，如果只限於生產p，在同一時間內生產24 p。於是，他們的活動成果變成24 p + 60 q，並且由於p對A來說可以替代$\frac{3}{2}$・q，而對B來說可以替代$\frac{5}{4}$・q，因此對他們倆來說，24 p + 60 q都意味比32 p+45 q更大的產出。所以，顯然的，分工給所有參與分工的各方都帶來好處。比較有才幹的、比較有能力的、比較勤勉的人，和比較沒才幹的、比較沒能力的、比較不勤勉的人，兩者之間的協調合作，結果對雙方都有利。分工所產生的利益，總是彼此共享的。

結社律讓我們得以理解導致人與人的合作漸進增強的一些趨勢。我們可以想像，是什麼因素促使人認爲彼此並非只是競爭對手，爲了占用自然界所賜予、有限供應的一些生存手段，而互相爭鬥。我們意識到，是什麼曾經促使人，而且也將永遠促使人，爲了合作而彼此結交；朝向更發達的分工模式前進的每一步，對所有參與分工的各方利益都有幫助。要理解人爲什麼不停留在孑然孤立的狀態，像其他動物那樣，僅爲他自己或頂多也僅爲配偶與無助的嬰幼兒搜尋食物和居所，我們毋須訴諸上帝某一次奇蹟的干預，或訴諸某個空洞的根本原理，說什麼人性天生有一股傾向社會結合的衝動。另外，我們也毋須假設，原本孑然孤立的人或原始的遊牧部落，有一天湊在一起簽訂契約，宣誓建立社會聯繫。那個最初導致原始社會和天天促進社會關係漸進增強的因素，是一定取向的人的行為；而驅動這種行爲的，則是人對於勞動在分工之下可以獲致較高生產力的領悟。

關於原始的、但已經高度差異化的人類社群，我們有得自於一些遺跡的挖掘、最古老的歷史文獻，以及曾遇見原始部落的探險家和旅行家的報導，等等所提供的資訊。但是，從零零星星的一小群、一小群人類的非人祖先，如何演化到原始人類社群的過程，我們什麼也不知道；不管是歷史、人種學或其他知識部門，都未能提供任何那部分演化過程的描述。關於社會的起源，科學面對的任務，只能局限於證明：哪些因素能夠、而且必然導致人與人結合的關係，以及此等關係的漸進增強。行爲學解答了這個問題。若且唯若分工下的勞動比獨自勞動更有生產力，若且唯若人能夠意識到這個事實，那麼，人的行爲本身便傾向合作與社會結合；人之所以成爲一個社會性的存在，原因不在於他爲了某一虛構的摩洛神（Moloch）——社會——犧牲了他自己的切身利益，而在於他想要增進他自己的幸福。經驗教導我們，這個條件——勞動在分工下可以獲致較高生產力——是存在的，因爲它的原因——人天生不相同，而自然生產要素在地表的分布也參差不齊——是眞實的。於是，我們便能夠理解社會演化的過程。

一些流行的關於結社律的誤解

有些人對李嘉圖這個以比較成本法則爲名比較廣爲人知的結社律吹毛求疵。理由很明顯：對所有急著想從某些生產者的私利或國家戰備以外的觀點，爲貿易保護和國家經濟孤立辯護的人來說，這定律是一個冒犯。

李嘉圖申論這個定律的首要目的，是要駁斥一個反對國際自由貿易的理由。貿易保護主義者提問道：如果一國生產任何商品的條件都不如所有別的國家那樣有利，那麼，在自由貿易下，這個國家將遇到什麼樣的命運？且說，在一個不僅產品、而且資本財與勞動也同樣可以自由流動的世界裡，一個這麼不適合生產活動的國家將不再成爲任何人的產業場所。如果不去利用這個國家所提供的——相對不滿意的——

自然生產條件，人會過得比較好，人肯定不會定居在那裡；人將會離開，讓那裡變成像南北極地、凍土帶和沙漠那樣杳無人煙。但是，李嘉圖面對的，是一個各種條件已由人們早先的定居決定了的世界，一個受限於各種確定的制度，以致資本財和勞動不能自由流動的世界。在這樣的環境下，商品的自由貿易，亦即，只有商品可以自由流動，不可能導致資本和勞動在這地表上，按照各地給勞動生產力提供的自然條件之優劣來分布。在這種情況下，比較成本法則開始發生作用。每一個國家都朝向某些特定產業發展，因爲它的自然條件給這些產業的勞動生產力提供相對——雖然不是絕對——最有利的機會。對某國的居民來說，放棄利用國內某些——就生產技術而言，絕對——比較有利的生產機會，轉而進口國外生產的一些商品，會比較有利；雖然該等進口商品是在自然條件比未獲利用的國內自然條件——就生產技術而言，絕對——更不利的國家生產的。這種情況類似某個外科醫生發現，僱請某個人幫他清理手術室和手術器具，對他自己比較好，雖然該助手執行清潔的能力絕對不如他，不過，該助手讓他得以專注於手術治療工作，而相對於他在清潔能力上的優勢，他在手術工作上的優勢更明顯。

比較成本法則和古典經濟學的價值理論毫無牽連。它不處理價值或價格的問題。它是一個分析性的判斷；它的結論已隱含在它的兩個前提中：技術上可流動的一些生產要素，在不同的地方有不同的生產力；而制度上，它們的流動性受到限制。這個法則可以忽略價值評定的問題，而無損於它若干結論的正確性。因爲它可以利用下面這組簡單的假設：只有兩種產品將被生產出來；這兩種產品是可以自由流動的；每一種產品都需要使用兩種生產要素；其中一種生產要素（或者是勞動，或者是資本）是生產這兩種產品同樣需要使用的，而這兩種產品所需使用的另一種生產要素（土地的某一特性）是各不相同的；兩種產品都需使用的那種共同的生產要素，由於比較稀少，就決定了兩種產品所需使用的、另一種各不相同的生產要素被利用的程度。在這些假定的框架裡，可以確立那個共同的生產要素和產出之間的替代率，於是這個法則便回答了貿易保護主義者所提的問題。

比較利益（或成本）法則的推理類似報酬律，兩者同樣和古典的價值理論沒有關係。在這兩個場合，我們都只須比較實質的投入和實質的產出就可以了。在報酬律的場合，我們比較同一產品的產出量。在比較利益法則的場合，我們比較兩種不同產品的產出量。這樣的比較所以可行，是因爲我們假定，生產這兩種產品中的任何一種，除了某一特殊要素外，只需要同一種非特殊要素。

有些批評者指責比較成本法則，說它這樣的假設過於簡化。他們認爲，現代的價值理論要求該法則必須有一個嶄新的公式化陳述，以符合主觀價值的原則。只有這樣的一個陳述，才能提供一個令人滿意的決定性證明。然而，他們並不想要以貨幣單位來計算。他們偏好利用效用分析的那些方法，他們認爲那些方法讓他們能以效用爲單位來進行價值計算。在下面進一步的論述中，我們將證明，這些嘗試把貨幣單位從經濟計算中剔除的努力是虛妄的。它們的一些根本假設是站不住腳的，是互相矛盾的，而且它們所衍生出來的一切公式或陳述都是不對的。除了以市場所決定的貨幣價格爲依據的經濟計算，沒有什麼經濟計算的方法是可行的。[7]

比較成本法則所根據的那些簡單的假設，當時對古典經濟學家的意義，和它們現在對現代經濟學家的意義，並不完全相同。有些古典經濟學派的追隨者認爲，它們是國際貿易領域內的一個價值理論的起始點。我們現在知道，他們的這個想法是錯的。另外，我們還知道，就價值和價格如何決定的問題而言，沒有國內和國際貿易的差別。行爲人之所以區分國內和國外市場，原因完全在於一個給定的事實方面的差異，亦即，各種不同的制度條件限制了生產要素和產品的流動性。

如果我們不想在李嘉圖所使用的那些簡化的假定下論述比較成本法則，我們就必須公開的使用貨幣計算。我們絕不可陷入幻覺，以爲毋須貨幣計算的幫忙，也能比較各種不同生產要素的支用和各種不同產品的產出。如果我們要處理的，是外科醫生和他的助手這個例子，那麼，我們就必須說：如果外科醫生能把他自己有限的工作時間用在執行手術上，他每小時會獲得五十元的酬勞，因此，如果他以每小時二元僱請一個助手幫他清理手術器具，對他是有利的，雖然這個助手需要花三小時才能完成外科醫生在一小時內就能完成的清理工作。在比較兩個國家的情況時，我們必須說：如果情況是，在英國，生產1單位的兩種產品a和b各需要支用一個工作天的同一種勞動；而在印度，使用相同的資本投資，a需要二個工作天，b需要三個工作天，如果資本財，以及a和b在英國與印度之間可以自由流動，而勞動則是沒有流動性，那麼，在印度生產a的工資率必定傾向等於在英國生產a的工資率的50％，而在印度生產b的工資率必定傾向等於在英國生產b的工資率的33又$\frac{1}{3}$％。如果英國的工資率是6先令，在印度生產a的工資率將約當3先令，而生產b的工資率將約當2先令。如果勞動在印度國內的勞動市場具有流動性，同一種勞動報酬的這種差異不可能持久。工人將從生產b轉往生產a；他們的流動將傾向降低a產業的酬勞，同時傾向提高b產業的酬勞。最後，在印度，這兩種產業的工資率將會相等。在印度，a的生產將傾向擴大，終至把英國的競爭排擠掉。另一方面，b的生產，在印度會變得無利可圖，終至被停掉，而在英國則會擴大。如果我們假定兩國在生產條件上的差異也包括，或者僅在於，所需投入的資本數量，和前述同樣的推理也是有效的。

有人曾宣稱，李嘉圖的法則，只對他那個時代曾經有效，而對我們這個時代則是無效的，因爲情況變了。李嘉圖認爲，國內和國際貿易的差別，只在於資本和勞動在國內與國際之間的流動性差異。如果我們假定資本、勞動和產品都是可流動的，那麼，除了運輸成本的考量，區域內和區域之間的貿易就不會有什麼差別。因此，沒必要去建構　個有別於國內貿易的國際貿易理論。資本和勞動在地表上的分布，會按照各個不同區域所提供的生產條件好壞而定。會有一些區域，人口比較密集，也擁有比較多的資本，而其餘區域人口比較不密集，資本也比較少。整個地表上，同一種勞動的工資率，會有朝向均等化的趨勢。

然而，李嘉圖從如下這個假定出發：資本和勞動，只在每一個國家內具有流動性，而在不同的國家之間則沒有流動性。他提出這個問題：在這種情況下，產品的自由流動會產生哪些後果（如果連產品也沒有流動性，那麼，每一個國家在經濟上便都是孤立、自給自足的，這時根本就不會有國際貿易）。比較成本的理論解答了這個問題。李嘉圖的那些假定大致適用於他那個時代。後來，隨著十九世紀的流逝，情況改變了。資本和勞動的流動性障礙逐漸崩解；資本和勞動的國際移轉變得愈來愈普通。然後，來了個反動。現在，資本和勞動的國際流動性再次遭到限制；現實情況又符合李嘉圖的那些假定了。

然而，古典國際貿易理論的那些教誨，是不受任何制度條件變化影響的。那些教誨讓我們得以研究，任何想像得到的假定下所涉及的問題。

第五節　分工的效果

分工，是人對差異多樣的自然條件進行有意識反應的結果。另一方面，它本身也是導致差異多樣的因素。它給各個地理區域，指派它們各自在複雜的社會生產關係網中的特殊功能。它使某些區域成爲都市，使其餘區域成爲鄉村；它把諸多不同的製造、採礦和農業部門定位在不同的地方。然而，更爲重要的，是這個事實：它擴大、加劇人與人之間天生的差異。練習和操作特殊任務，使人更能適應各自的工作要求，分別發展一些天生不同的能力，同時抑制其他能力的發展。職業類別出現了，而人則變成不同行業的專家。

分工，把諸多不同的生產過程分成許多細小的工作，其中許多是能用機械執行的。這個事實使得利用機器成為可能，並且導致生產技術方法的驚人進步。機械化生產，是分工的結果，是分工最有益於人的效果，而不是分工的動機和泉源。電動的特殊機器設備，只有在分工下的社會環境中才可能使用。在使用愈來愈特殊、愈精細和愈有生產力的機器這條道路上，前進的每一步，都需要生產工作的進一步細分和專業化。

第六節　社會裡的個人

行為學只是為了更透澈理解社會合作的問題，才討論獨自存在的個人——一個只顧他自己一個人行動、和別人沒有任何交集的人。行為學沒說，這種獨自存在的、自給自足的人曾經活在世上；也沒說，人的歷史在進入社會階段之前，曾有某個階段，人像動物那樣獨自漫遊、四處搜尋食物。人的非人祖先演化成生物學意義上的人，和出現原始的社會關係，是在同一過程中實現的。人，以社會性的存在，出現在世事變遷的場景中。獨自存在的、沒有社會性傾向的人，只是一個虛構的分析概念。

從個人的觀點看來，社會是用來達成行為人所有目的的偉大手段。個人不管想要以什麼行為實現什麼計畫，社會的持續存在，都是一個必要的條件。即使是冥頑不靈的流氓，亦即，不能按照社會合作體系裡的生活要求而調整其行為舉止的人，也不想錯過任何源自分工的好處。他不會刻意想要破壞社會。他想要從共同生產出來的財富中，攫取一份比社會秩序分配給他的還要多的財富；而如果反社會行為變得如此普遍，以致這種行為的必然後果——回到原始的匱乏狀態——竟然成真，他將會覺得很痛苦。

有些異想天開的人宣稱，某些人在加入社會時，放棄了某個據稱非常美妙的自然狀態所給予的各種恩賜與祝福；而因為這些人曾放棄這些利益，所以他們有一合理的權利為曾經蒙受的損失要求賠償。在一個沒有社會交往的人類狀態下，有人將會過得比較好，所以，該人恰恰因社會的存在而受到傷害；這樣的想法實在荒謬。由於社會合作的較高生產力，人類已經繁衍到遠遠超過很早以前那種初步分工下、一般情況所能苟且養活的人口數。每個人現在都享有遠比其野蠻祖先更高的生活水準。在原始自然的狀態下，人是極端貧窮、不安全的。埋怨原始野蠻狀態的快樂日子一去不復返，其實是浪漫的牢騷廢話。在野蠻狀態下，這些發牢騷的人肯定無法活到成年，或者即使活到成年，也不會享有文明所提供的各種機會和便利。盧騷（Jean Jacques Rousseau）和恩格斯（Frederick Engels），如果曾活在他們以思古幽情浪漫描述的原始狀態下，肯定享受不到他們用來研究和寫作所需的那些閒工夫。

社會給予個人的一個特權，是讓個人即使生病或身體殘缺，也得以活著的特權。生病的動物，注定難逃一死。它們的衰弱妨礙它們嘗試尋找食物、擊退其他動物的攻擊。耳不聰、目不明或殘疾的野蠻人必定死亡。但這樣的缺陷，不會讓個人毫無機會調整自己以適應社會裡的生活。我們現代大多數人，患有某些生物學觀點視爲病態的身體缺陷；我們的文明在很大程度內就是這種人的成就。在社會合作的情況下，物競天擇的淘汰力量大大削弱了。因此，有些人說，文明傾向使社會成員的一些遺傳性質變差。

如果某人是以種畜繁殖者的眼光在看待人類，下定決心要養育出一種具有特定性質的人仔，前述的判斷便是合理的。但是，社會不是種馬場，專門經營來生產某一特定類型的人。在人的演化過程中，沒有什麼「自然的」標準可以確定什麼可遺傳的改變是可喜的、而什麼則是不可喜的。任何選定的標準，都是任意武斷的、都是純主觀的，總之，都是一個價值判斷。如果不是根據某些確定的未來人類養育計畫，種族進步和種族退化等詞兒是無意義的。

沒錯，文明人適應的是社會裡的生活，而不是原始森林中的獵人生活。

神祕的交流分享神話

行爲學的社會理論受到神祕的交流分享神話抨擊。

這種神話的支持者宣稱，社會不是人有意行爲的結果；社會不是合作與分工；社會源自深奧難測的心底，源自某一根深柢固於人性本質的衝動。有一群支持者說，社會是人全心全意受到神聖實體聖靈的吸引，透過某一神祕的交流，分享上帝的力量和愛。另一群支持者則認爲，社會是一種生物學意義的現象；它是血脈呼喚的結果；血脈是把子孫和他們的共同祖先，以及子孫彼此，團結起來的紐帶；另外，農夫和他所耕種土地之間那種神祕的和諧，對於社會的形成，也貢獻了一份力量。

這樣的心理現象，眞有人感覺到，是錯不了的。有一些人，經歷過這種神祕的交流，認爲這種經驗比什麼都更爲重要；另有一些人深信，他們聽到血脈的呼聲，而且全副身心都聞到他們所珍愛的鄉土獨特的氣息。這種神祕的經驗和心醉神迷的感覺，像其他心理現象那樣，是心理學必須認眞看待的事實。這些神祕的交流分享學說的錯誤，不在於它們聲稱這些心理現象確實發生，而在於：它們認爲這些心理現象是和理性思考無關的根本事實。

觸動某個父親和子女親近的那種據稱血脈的呼喚，那些不知道同居和懷孕之間因果關係的野蠻人是聽不到的。現在，由於每個人都知道這個因果關係，某人如果對妻子的忠貞有充分信心，也許聽得到這種聲音。但是，如果對妻子的忠貞有疑慮，血脈的聲音是沒什麼用的。從來沒人敢說，關於誰才是父親的疑慮，可以憑血脈的聲音來決斷。一個母親，如果從小孩出生便一直監看著，她可能聽得到這種血脈的聲音；如果她在很早的時候便和小孩失去聯繫，後來也許還可以憑藉小孩身上的一些痕跡辨認出它來，例如，憑藉小孩身上的胎痣或疤痕；小說家曾一度很喜歡加入這種情節。但是，如果小孩身上的特徵，以及從這種特徵得出的結論，沒讓血脈開口呼喚，血脈是不會發出聲音的。德國的種族主義者堅稱，血脈的呼喚神祕地把德國民族所有成員團結起來。但是，人類學顯示，德國人其實是一些不同種族、亞種和血脈後裔的混種，並非某一共同始祖的純種後裔。最近歸化爲德國人的斯拉夫人，不久前才把他的父系姓氏改成德語拼音的姓氏，自以爲和全德國人民血肉相連。另一方面，他卻沒體驗到什麼內在的衝動，促使自己和他那些目前仍然是捷克人或波蘭人的兄弟或堂表親戚團結在一起。

血脈的呼喚不是一個原始、基本的現象，而是理性思考所引發出來的。因爲某人相信他自己和另一個人有共同的血統關係，所以他發展出某些特別針對該人的情感；有些人將這些特別情感，詩情畫意地形容爲血脈的呼喚。

對宗教信仰的心醉神迷，以及神祕的鄉土情結，也是同樣的情形。信仰虔誠的神祕家，和聖靈的神祕交流，是以熟悉他所信仰宗教的基本教義爲前提的。個人只有在得知上帝的偉大和榮耀後，才可能會有和祂直接交流的體驗。神祕的鄉土情結，和特定地緣政治思想的發展有關。因此，可能發生這樣的情況：平原或濱海地區的一些居民，在他們聲稱和他們熱情連結的鄉土印象中，納入一些他們不熟悉、也不可能適應的山地區域，只因爲這些區域是某個政治實體的領土，而他們是或希望是這個政治實體的成員。另一方面，他們往往沒在他們聲稱可以聽到其呼喚的鄉土印象中，納入一些地理結構和他們的鄉土非常類似的鄰近區域，如果這些區域湊巧是某一外國的領土。

某個民族或語群的不同成員，以及他們分別形成的一些社群，不一定是彼此友好、團結的。每一個民族的歷史，都是各個分支彼此厭惡、甚至仇恨的一部記錄。例如，英國的英格蘭人和蘇格蘭人，美國的北方人和南方人，德國的普魯士人和巴伐利亞人。其實是一些意識型態克服了民族或語群成員之間的敵意與憎恨，進而啓發所有成員衍生出那些稱爲共同體或彼此血肉相連的感覺；當今的民族主義者將這些感覺視爲自然、原始的現象；其實，它們是特定意識型態的結果。

兩性之間彼此的性吸引，是人類固有的動物性之一，和思想與推理沒有任何關係；把性吸引形容爲原始的、生殖的、本能的或神祕的，並無不可；比喻地斷言，性吸引從兩個存在創造出一個存在，那是無妨的。我們可以稱性吸引爲兩個實體之間的神祕交流分享，以致形成一個共同體。然而，不管是同居，或同居之前和之後的性吸引，都不會產生社會合作和社會性質的生活模式。在交配時，動物也會聚在一起，但它們未曾發展出社會關係。家庭生活並不僅僅是兩性交配的結果。父母和子女像現在這樣一起生活在家庭裡，絕不是自然的、必要的。交配關係並不必然導致家庭組織。人類的家庭，是思想、計畫和行爲的一個結果。正是這個事實，把人類的家庭和我們比擬爲動物家庭的那些動物群居現象，根本區分開來。

交流分享或共同一體的神祕體驗，不是社會關係的起源，而是社會關係的結果。

和神祕的交流分享神話對立的，是另一種神話。據說，不同種族或民族間，有一自然的、原始的互斥性。這種互斥的神話聲稱，某一本能教人分辨同一種類的人和外人，並且教人厭惡外人。高貴種族的子孫，厭惡和低等種族的成員發生任何接觸。要駁斥這種陳述，只須指出種族混合的事實。由於當今的歐洲沒有純種人，我們必須下結論說，曾經定居在歐洲的那些不同種族的成員間，有性吸引，而沒有本能的互斥性。對於宣稱不同種族之間有一自然的互斥性，數百萬黑白混血兒和其他混血兒，正是活生生的反證。

像神祕的交流感覺那樣，種族仇恨也不是人天生固有的自然現象，而是特定意識型態的結果。但即使不同種族之間有這樣一種自然天生的憎惡感存在，它也不會使社會合作變得沒作用，同樣也不會使李嘉圖的社會結合理論變得無效。社會合作，和個人的愛恨、或是否有一要求人與人彼此相愛的普遍誡律，完全無關。人不是因爲彼此相愛或應該彼此相愛，才分工合作的。他們合作，因爲這樣對他們各自的利益最有幫助。歸根究柢，促使個人自我調整以適應社會生活的要求、促使他尊重同胞的權利與自由、並促使他以和平協調合作取代仇恨衝突的初始原因，既不是愛，也不是慈善，或任何其他同理心的情感，而是他自己「正確了解的」私利。

第七節　大社會

不是所有人與人的關係，都是社會關係。當人與人在生死決戰中彼此衝殺時，當人與人冷酷無情彼此殘殺，好像是在消滅極其有害的動植物時，在交戰的各方間，也有相互效果和相互關係，但沒有社會。社會是聯合行為與合作，每一個參與者都把其他夥伴的成功，當作是成就他自己的手段。

原始的遊牧人群或部落間，彼此為了爭奪水源地、狩獵場、牧草地和戰利品，所進行的鬥爭，是冷酷無情的徹底消滅戰。它們是總體戰。十九世紀歐洲人在新開拓的領土和原住民的首次衝突，也是這種總體的消滅戰。但早在太古時期，在有歷史記錄之前很久，另一種交戰模式便已開始發展。即使在戰爭進行中，人也保留一些先前建立的基本社會關係；在和先前從未接觸過的民族作戰時，人也開始考慮到，人與人之間儘管目前處於敵對狀態，未來還是可能有某個約定與合作的。作戰是為了傷害敵人；但敵對行為不再是那麼徹底的殘酷無情了。交戰的各方開始尊重某些界限，認為在和他人鬥爭時，不同於和野獸鬥爭，有些界限是不應該逾越的。在難解的仇恨和毀滅的狂暴中，某個社會元素開始取得優勢。人開始認為，每一個敵人都應該視同一個潛在的未來合作夥伴，而且在進行軍事活動時，這個事實不該忽略。戰爭不再是人際關係的正常狀態。人意識到，和平合作是贏得生物學意義的生存鬥爭的最佳手段。我們甚至可以說，一旦人意識到，奴役戰敗者比殺死戰敗者更為有利，那麼，人即使還在戰鬥，也會考慮戰鬥的後果——和平。奴役戰俘，大體上，是走向合作的預備步驟。[8]

即使在戰爭中，也不是所有行動都是可允許的；有些戰爭行爲是合法的，另有一些則是非法的；有一些法律，亦即，一些社會關係，是位在所有民族之上的，甚至是在那些彼此暫時交戰的民族之上；這樣的想法逐漸取得優勢，終於建立了涵蓋所有人類和所有民族的大社會。所有區域性社會匯合在一起，成爲一個涵蓋全世界的大社會。

那些沒像野獸般野蠻進行的戰爭，而是按照「人道的」和社會的戰爭規則進行的戰爭，交戰各方放棄使用一些毀滅性方法，藉以得到敵方同樣的讓步。只要交戰各方遵守這些規則，他們之間便還存在著一些社會關係。敵對行爲本身，不僅是非社會的，更是反社會的。把「社會關係」定義成也包含那些旨在消滅他人或阻撓他人行爲的行爲，是不對的。[9]當人與人之間只有以互相傷害爲目的的關係時，是不會有社會，也不會有社會關係的。

社會不僅僅是互動。這世界的所有部分之間也都有互動，亦即，相互影響：在豺狼和牠所吞噬的羊之間；在細菌和它所殺害的人之間；在滾落的石頭和它所擊中的東西之間。然而，社會總是指涉某些人和其他一些人合作，以便讓所有參與者達到他們各自的目的。

第八節　攻擊和毀滅的本能

有人曾斷言，人是一種掠食性野獸，天生自然的本能驅使他攻擊、殺戮和消滅。文明創造出非自然的人道主義輕鬆環境，使人疏遠他的動物性本源，還一直努力要消除人本能的衝動與慾望。文明已經把人變成墮落的弱者；這弱者以他自己的動物性爲恥，並且驕傲的把他自己的墮落叫做眞正的人道。爲了防止人進一步退化，勢必要把他從文明的惡劣影響解放出來。因爲文明只是劣等人的一個狡黠的發明。這些劣等人太過軟弱，不是充滿活力的英雄的對手；他們太過怯懦，不敢承受應得的懲罰——徹底歸於滅絕；而他們也太過懶惰、太過傲慢，不合適作爲服侍主人的奴隸。於是，他們乞靈於一個狡猾的障眼法。他們顚倒宇宙不變法則所絕對確定的永恆價值標準；他們所宣揚的道德，把他們自己的低劣品行稱作美德，把高貴的英雄卓越的品行稱作惡習。奴隸的這種道德反叛，必須藉由所有價值的重新評估予以撥亂反正。奴隸的道德體系、這個出自弱者對強者心懷憎恨的產物，必須完全拋棄；強者的道德體系，或確切的說，所有道德規範的廢棄，必須取代奴隸的道德。人，必須成爲和他的先祖——昔日高貴的野獸——相配的子孫。

前述這種學說通常稱爲社會達爾文主義。我們在這裡毋須評斷這個名稱是否恰當。但是，給這種學說冠上演化的或生物學的稱號，至少是一個錯誤；這種學說輕佻的貶低整個人類歷史，把人類開始自我提升到非人祖先之上、擺脫純動物性存在以來的發展，視爲一系列不斷的退化和衰落。對於如何評價生物身上的變化，生物學沒提供任何標準，除了看變化是否成功調整生物個體適應賴以生存的環境，從而改善它們在生存競爭中的機會。事實上，如果從這個觀點來看，文明應該視爲一件好事，而不是一件壞事。它讓人得以在和所有其他生物，包括大型的掠食性猛獸，以及甚至更爲凶惡致命的微生物，競爭生存時，未曾落敗；它使人的維生手段增加了無數倍；它使人平均長得更高、更敏捷靈巧、更多才多藝、也更長壽；它使人在這地球上成爲無可爭議的主人；它使人口增加了無數倍，並且把生活水準提升到史前時代天然穴居的人從沒夢想過的高度。沒錯，這個演化過程阻礙了某些能力和天賦的發展，這些在生存競爭中曾經有用的能力和天賦，因爲情況改變而不再有用。另一方面，它也使其他一些在社會框架下生活不可或缺的才能和技巧得到發展。然而，任何生物演化觀點，絕不會對這種變化吹毛求疵。堅硬的拳頭和好戰的性格對原始人有用，就好比精於算術和正確拼寫的能力對現代人有用那樣。只把過去對原始人有用的特質稱爲自然的，和人的天性相配的，而把文明人迫切需要的才能和技巧貶抑爲變質的，或貶抑爲生物退化的標誌；這完全是任意武斷，而且無疑是違背任何生物學標準的。給人建議，勸說他回歸史前祖先那樣的身體和心智特徵，並不會比勸說他放棄直立走路、並且再長出一條尾巴，更爲合理。

值得一提的是，那些站在最前面、叫得最歡、大聲頌揚我們野蠻的祖先一些凶殘的衝動很了不起的人，他們的體質是如此脆弱，根本達不到「危險生活」所要求的條件。尼采（Nietzsche），即使在他精神崩潰之前，是如此病懨懨的，以致他唯一能忍受的是瑞士恩加丁山谷，以及某些義大利山區的那種氣候。如果文明社會沒保護好他那嬌嫩纖細的神經，免於生活的粗殘折磨，他肯定無法完成自己的著作。那些倡導暴力革命的人，在他們揶揄諷刺和鄙薄輕蔑的「資產階級安全」所提供的保護傘下，撰寫他們個人的著作。他們可以自由發表煽動性的講道文章，因爲他們所輕蔑的自由主義保障了新聞和出版自由。如果他們被迫捨棄他們的哲學所鄙視的文明的祝福，他們肯定會感到絕望。瞧！那是什麼樣的奇異景觀！一個膽小怯懦的作家喬治・索雷爾（Georges Sorel），對殘忍野蠻的稱頌是如此極端，乃至譴責現代的教育體系，說它削弱了人類天生殘暴的傾向。[10]

我們可以承認，原始人身上那種殺戮和毀滅的習性和殘忍的傾向是天生的。我們也可以假定，在早期人類的情況下，攻擊和殺戮的傾向有利於維持生命。人，曾經是一種凶殘的野獸（這裡毋須深究，史前的人類是肉食性，還是草食性動物）。但我們絕不可忘記，體格上，他是一種軟弱的動物；如果他沒被賦予一種奇特的武器——理性，他肯定不是大型掠食性野獸的對手。人是一種理性的生物，所以他不會毫不反抗的屈服於任何衝動，而是會根據理性考慮、安排自己的行爲舉止；這樣的事實，從動物學觀點，絕不可稱爲不自然。理性行爲的意思是：人，在面對不可能滿足所有自己的衝動、願望和欲求時，放棄某些自己認爲比較不迫切的滿足。人，爲了不至於危害社會合作的運行，不得不避免滿足某些慾望，因爲滿足這些慾望會阻礙社會制度的確立。毫無疑問，這樣克制自己的慾望是痛苦的。然而，人已經做出選擇。他已經放棄滿足某些和社會生活不相容的慾望，而選擇優先滿足其他一些慾望，這些慾望只在某一分工體系下才能獲得滿足，或更充分的滿足。於是，他開始邁向了文明、社會合作和富裕之路。

這個選擇並非不可改變的最後決定。父祖輩的選擇不會減少兒孫輩的選擇自由。兒孫輩能夠把從前的決定顛倒過來。每一天，他們都能重新評估價值，都能偏好野蠻甚於文明，或者像某些作家所說，偏好靈魂甚於知性，偏好神話甚於理性，以及偏好暴力甚於和平。但他們必須取捨。因爲要擁有互不相容的事物，是不可能的。

科學，基於價值中立，不會譴責暴力原則的倡議者讚美狂暴的殺戮和瘋狂歡樂的施虐。價值判斷是主觀的，而自由的社會給予每個人自由表達看法的權利。文明尚未根除原始人特有的一些傾向，例如，攻擊、嗜血和殘忍，等等原始傾向。它們蟄伏在許多文明人身上，一旦文明所發展出來的一些約束讓步，它們便暴發出來。記得納粹集中營那種無法形容的恐怖景象吧！新聞報紙不斷報導一些可惡的犯罪情節，表露潛在的殘忍獸性衝動。一些最暢銷的小說和電影，所描述的主題，是流血殺戮和其他暴力行爲。像鬥牛和鬥雞，就吸引大批群眾。

如果某位作家說，群眾渴望血腥，而我和他們一樣；他這麼說也許是正確的，不亞於他斷言原始人也喜歡殺戮那樣正確。但如果他忽略滿足這種施虐慾對社會的持續存在其實有害；或者如果他斷言，「眞正的」文明和「好的」社會是某一群人的成就，這群人輕率的縱容自己酷愛暴力、殺戮和殘忍的衝動；或者如果他說，壓抑殘暴的衝動傾向，危害人類的演化，而以野蠻原則取代人道原則，將拯救人類免於退化變質，他無疑是錯了。社會分工與合作，建立在調和解決各種紛爭之上。正如赫拉克利特（Heraclitus）所言，所有社會關係的源頭，不是戰爭，而是和平。人，除了殺戮的慾望之外，還有其他一些天生的慾望。如果他想滿足其他這些慾望，就必須克制他自己的嗜殺衝動。想要盡可能好、也盡可能長久保持生命與健康的人，必須意識到，尊重他人的生命與健康，比相反的行爲模式，更有助於他達成目的。某人也許哀嘆實際的事態是這個模樣。但是，無論多少這樣的哀嘆，都不可能改變這個確定的事實。

從非理性的角度批判上面的陳述，是沒用的。所有本能衝動都不容許理性檢視，因爲理性只處理達到目的的手段，不處理最終的目的。但人之所以有別於其他動物，恰恰在於人不會自然而然的屈服於本能衝動，亦即，他自己的意志不會完全沒作用。人使用理性，以便在不相容的慾望滿足之間做出選擇。

我們絕不可告訴民眾說：縱容你們的殺戮衝動吧；因爲它是純正的人性，而且最有益於你們的幸福。我們必須告訴他們：如果你們滿足嗜血的慾望，就必須摒棄許多其他慾望。你們希望有食物吃，有酒喝，有好房子住，有衣服穿，以及有其他無數種只有社會才能供應的事物。你們不可能一切都有，你們必須選擇。危險的生活和狂暴的施虐也許會讓你高興，但它們和你們也不想缺乏的安全與富裕是不相容的。

行爲學，作爲一門科學，不會侵犯個人選擇和行爲的權利。最終的決定權在行爲人身上，不在理論家身上。科學對生活和行爲的貢獻，不在於確立價值判斷，而在於說明：人必然在什麼情況下行動，以及各種行動模式會有哪些效果。行爲學提供行爲人選擇時必須具備的所有資訊，讓他充分知道各種選擇的後果。可以說，行爲學爲行爲人準備了一份成本和收益的估算表。在這份估算表裡，如果漏列某一項可能影響行爲人選擇與決定的成本或收益，行爲學肯定沒完成它的任務。

當今一些關於現代自然科學（特別是達爾文學說）的誤解

當今一些反對自由主義的人士，包括右翼的和左翼的，把他們的學說建立在錯誤解讀現代生物學的成就上。

一、**人與人是不相同的**。十八世紀的自由主義和當今的平等主義一樣，都從「所有的人都生而平等，而且他們都被他們的創造者賦予一些已確定的、不可轉讓的權利」這個「自明的眞理」出發。然而，某一從生物學衍生出來的社會哲學的提倡者卻說，自然科學已經以一種無可辯駁的方式證明了人與人是不相同的。另外，在自然現象的實驗觀察框架裡，自然的權利這種概念沒有容身的空間。對於任何存在的生死和喜悲，大自然是不會有同情心的，也不會有感覺的。大自然是鐵似的必然性和規律性。把「滑溜的」和模糊的自由概念，和宇宙秩序不可改變的絕對法則連結在一起，是玄學的廢話。於是，自由主義的根本觀念遭到揭穿，據說是一個謬誤。

沒錯，十八和十九世紀的自由民主運動，從自然法學說和個人天生擁有效期無限制的權利，汲取了一大部分力量。這些觀念，首先發軔於古代哲學和猶太神學，後來滲入基督教的思想。某些反對舊羅馬天主教的新教派，以這些觀念爲核心，論述新的政治主張。後來，許多傑出哲學家相繼充實這些觀念的內容。於是，這些觀念變得流行起來，成爲最大的一股推動民主演化的力量。時至今日，仍然有許多人支持這些觀念。他們不關心這個不容爭辯的事實：上帝或大自然沒把人造成相同，因爲許多人生下來時很健壯，而另外有些人則是殘廢畸形。在他們看來，人與人之間的所有差異，都源自教育、機會和社會制度。

但是，功利主義哲學和古典經濟學的論述，和天賦人權或自然權利學說完全沒有關係。對功利主義哲學和古典經濟學來說，唯一的要點是社會功效。它們推薦民選政府、私有財產、容忍異見和出版與言論自由，不是因爲這些政策是自然的、公正的，而是因爲這些是有益的。李嘉圖哲學的核心在於證明，各方面都比較優越與比較有效率的人，和各方面都比較差與比較沒效率的人，進行社會合作與分工，對兩者皆有利。邊沁（Bentham），這個激進的哲學家，大喊：「自然的權利是單純的廢話；自然的、且效期沒限制的權利，是修飾過的廢話」。[11]對邊沁來說，「政府的唯一目標，應該是求社會中盡可能多的最大多數人的最大幸福」。[12]因此，在研究是非對錯的標準時，他不在乎人對於上帝（或大自然）的計畫與意圖有些什麼成見，因爲那些所謂計畫與意圖永遠不是凡人所能探知的；他只專注於發現什麼最有助於增進人的幸福快樂。馬爾薩斯證明，由於大自然限制了生存的手段，所以大自然沒賦予任何生命存在的權利；另外，如果漫不經心、縱容天生自然的繁殖衝動，人將永遠不可能擺脫餓死邊緣的狀態。他聲稱，人的文明與幸福能發展到什麼程度，端視人學會道德約束，把自己的性慾克制到什麼程度。功利主義者抨擊專制政府和特權，不是因爲它們違反自然法，而是因爲它們有害於社會繁榮。他們建議在民法之下人人平等，不是因爲人人生而平等，而是因爲這樣的政策有益於大眾福利。就駁斥虛幻的自然法和人生而平等的觀念而言，現代生物學只是重複那些從功利主義觀點提倡自由主義和民主的人、在很早以前便以更有說服力的方式、教導過的東西。顯然的，關於民選政府、私有財產、言論和出版自由，以及法律之前人人平等這些制度的社會功效，功利主義哲學的論述，絕不會有什麼生物學的學說能證明它無效。

當今贊同社會解體和暴力衝突的各種學說盛行，不是因爲社會哲學據說必須調整、順應生物學的一些新發現，而是因爲人們幾乎普遍拋棄功利主義哲學和經濟理論。人們已經用一種不可調和的階級衝突與國際衝突的意識型態，取代了「正統的」意識型態，後者認爲所有個人、社群和國家「正確了解的」利益，也就是所有他們的長期利益是和諧一致的。人們現在彼此攻擊，因爲他們深信，把對手滅絕和清除，是唯一能增進他們本身幸福的手段。

二、達爾文學說的一些社會含義。有一派社會達爾文主義，說達爾文所提出的演化理論業已清楚證明，自然界沒有和平，也沒有尊重其他生物的生命和福祉此等事情。自然界永遠是鬥爭，而沒能成功保衛自己的弱者，面對的是無情的滅絕。自由主義的永遠和平計畫——國內的和國際的——是虛幻的理性主義的產物，違背自然的秩序。

然而，達爾文理論從馬爾薩斯那裡借來的這個「生存鬥爭」概念，必須當作一個比喻來了解。「生存鬥爭」的意思是，一個生物積極抵抗各種對它自己的生命有害的力量。這種抵抗，如果要成功，必須適合該生物賴以生存的那個環境的各種條件。所謂抵抗未必總是一種消滅戰，像人和各種病菌之間的關係那樣。理性業已證明，對人來說，要改善他的處境，最適當的手段是社會合作與分工。它們是人最重要的「生存鬥爭」工具。但是，它們只在有和平的地方才能發揮作用。戰爭、內戰和革命，不利於人的「生存鬥爭」成功，因爲它們瓦解社會合作機構。

三、理性和理性行爲是不自然的

理性和理性行爲是不自然的。基督教神學鄙視人身的各種動物性功能，並且把「靈魂」描述爲某種和所有生物現象無關的東西。對這種哲學的過分反彈，使一些現代人傾向蔑視人和其他動物不同的每一樣事物。在他們看來，人的理性不如人的各種動物性本能和衝動；理性是不自然的，所以也是不好的。對他們來說，理性主義和理性行爲是有可恥含義的字眼。完美的人、眞正的人，是服從自己的原始本能多於服從自己的理性的人。

明顯的事實是，理性——人的最主要特徵，也是一種生物現象。和現代人種的任何其他特徵相比，例如，和直立走路或無毛的皮膚相比，理性既不是比較自然，也不是比較不自然。

第九章　觀念的作用

理性是人獨有的特徵。理性是否爲認識最終與絕對眞理的合適工具？這個問題，行爲學毋須窮究。行爲學所指涉的理性，僅限於使人得以行爲的理性。

那些作爲人的感覺、知覺和觀察對象的物件，也都在其他動物的感官前面通過。但是，只有人，能把感受到的刺激轉變成爲觀察與經驗，而且也只有人，能把各式各樣的觀察與經驗安排成連貫的思想體系。

行爲之前，先有思考。思考，在事前權衡將來的行爲，而在事後反省過去的行爲。思考和行爲是分不開的。每一個行爲，總是根據某一確定的因果關係想法。想到某一因果關係，就是想到某一定理。沒有思考的行爲，和沒有理論的實踐，都是不可想像的。人的思考本身可能犯錯，他相信的理論也可能是錯的；但是，思考和理論絕不會在任何行爲中缺席。另一方面，思考總是思考某一潛在的行爲。甚至任何純粹思考某一理論的人，也會假定該理論是正確的，亦即，假定眞照該理論的內容去行爲，將導致該理論所預期的結果。所以，就邏輯來說，理論所指涉的行爲是否實際可行，是無關緊要的。

第一節　人的理性

思考的主體，永遠是個人。社會不會思考，一如它不會吃飯、也不會喝水。人的思考演化——從原始人那種幼稚的思考，演化到現代科學這種比較微妙複雜的思考，發生在社會框架內。然而，思考本身永遠是人人個別的成就；有聯合的行爲，但絕不會有聯合的思考。只有思想傳統，保存前人的思想，並且把思想傳遞給後人以刺激後人的思考。然而，人除了把前人的思想再思考一次，沒有什麼別的辦法可以接納、利用前人的思想。然後，他當然可以根據前人的思想再往前邁進。思想傳統最主要的承載工具是語言文字。思考是和語言掛勾的，反之亦然。各種概念都載在語言文字裡。語言是思考的工具，就像語言也是社會行爲的工具那樣。

思想和觀念的歷史，是一個連續的跨世代對話過程。後代的思想產生自前代的思想。沒有前代思想的刺激和幫助，知識是不可能進步的。人類發展的連續性，爲後代播種、同時在前人開闢和耕種的土地上收穫，也表現在科學和觀念的歷史上。我們從先人手中不僅繼承了某一存量的各種不同順位的財貨與產品——這是我們的物質財富的來源；我們也同樣繼承了許多觀念和思想、理論和技術——這是我們的思考生產力的來源。

但是，思考永遠是個人的表現。

第二節　世界觀和意識型態

指導行爲的各種理論，往往不完美，不能令人滿意。它們也許互相矛盾，不適合編輯成一個全面連貫的體系。

如果我們把指導某些人或團體行爲的所有定理和理論，視爲一個連貫的綜合體，並且盡可能把它們編輯成一個系統，亦即，一個綜合的知識體系，我們便可以稱之爲一個世界觀（world view）。一個世界觀，作爲一個理論，是所有事物的一個解釋；而作爲指導行爲的箴言，則是關於盡可能去除不適感的最佳手段究竟是什麼的看法。因此，一個世界觀，一方面，是所有現象的一個解釋，而另一方面，則是一種技術；解釋和技術在這裡的意思，都是它們最爲廣義的意思。宗教、玄學和哲學的目標，都在於提供某個世界觀。它們解釋宇宙，而且也建議人怎樣行爲。

意識型態（ideology）這個概念，範圍比世界觀狹窄。提到意識型態時，我們想到的，只限於人的行爲和社會合作，不管玄學的和宗教信仰的問題，也不管各種自然科學，以及所衍生的各種技術。意識型態是所有關於個人行爲舉止和社會關係之教條（或原則）的綜合。不管是世界觀或是意識型態，其範圍都超出純粹價值中立、實然的學術研究必須遵守的界限。它們不僅包含各種科學理論，也包含應然的教條，亦即，關於人在塵世生活中應該以什麼作爲最終目的。

禁欲主義教導我們說，人要去除痛苦，達到完全的平靜、滿足和快樂，唯一的辦法是遠離塵囂，不理塵世事物。人要獲得解脫，除了放棄追逐物質幸福，甘心忍受塵世旅程的各種橫逆，專心致力爲永恆極樂的來世做準備，沒有別的辦法。然而，堅定不渝、一貫奉行禁欲主義的人，畢竟太少了，甚至要多舉出幾個人當例子，都不容易。禁欲主義主張的那種完全消極的處世態度，似乎違反自然。生活的誘惑獲勝！禁欲主義的原則遭到汙染，不再純淨了。甚至最聖潔的隱士，也對生活與塵世的利害考量，做出了一些違背隱士嚴格處世原則的讓步。但是，某人一旦對塵世的利害有所顧慮，一旦以承認塵世事物的意義取代了純粹出世無爲的理想，不管這種承認有什麼條件限制，或和他所信奉教條的其餘內容怎樣不相容，他都已跨越了那一道把他和所有肯定各種塵世追求的人分隔開來的鴻溝。於是，他和所有別人便有了一些共同之處。

有些東西，純粹的推理和經驗都提供不了任何知識；關於這些東西，人的思想歧異也許是如此徹底，永遠不可能達成一致。在涉及這些東西的領域，由於人心的隨意幻想、不受思考邏輯和感官經驗的限制，人能盡情發洩自己的個性和主觀性。沒有什麼比關於超自然的觀念和印象更具個人主觀性。語言文字無法傳達任何關於超自然的感覺；任何人都不可能確定，聽者心裡想的，和說者的想法是否相符。關於超自然的東西，不可能有一致的意見。宗教戰爭是最可怕的戰爭，就因爲這種戰爭沒有任何和解的前景。

但是，在涉及塵世事物的時候，人與人之間天生的親近性，以及維持生命所必須的生物條件的共同性，便開始發揮作用。分工合作具有較高的生產力，這個事實使社會成爲每個人實現自身目的的最重要手段，不管是什麼目的。社會合作的維持和進一步增強，每個人都關心。每一個世界觀和每一個意識型態，只要不是完全絕對、決心奉行禁欲主義和隱居遁世的生活，必定會注意到這個事實：社會是達成各種塵世目的的偉大手段。於是，人與人便有了一個共同的基礎，可以從那裡出發、清除障礙，針對一些比較不重要的社會問題和社會組織細節，達成一致的意見。不管各式各樣的意識型態彼此怎樣衝突，它們在某一點是和諧的：它們都承認必須生活在社會裡。

人有時候未能看出這個事實，因爲在面對各門派的哲學和意識型態時，人比較注意這些學說在超自然和不可知的事物方面說了什麼，而比較不注意它們在塵世行爲方面的陳述。在一個意識型態體系裡，不同部分之間往往有無法跨越的鴻溝。對行爲人來說，眞正重要的是那些導致行爲守則的教誨，而不是那些純學術的、對社會合作框架裡的行爲沒有任何意義的論述。我們可以忽略一貫堅定不渝的禁欲主義哲學，因爲這種嚴格的禁欲主義勢必導致擁護者徹底滅絕。所有其他意識型態，由於贊同追求各種生活必需品，不得不在某一程度內考慮分工比獨自工作更有生產力的事實。於是，它們承認需要社會合作。

行爲學和經濟學沒有資格處理任何學說當中屬於超自然和玄學的層面。但是，另一方面，訴諸任何宗教或玄學教條與信仰，對於邏輯正確的行爲學推理所發展出來的那些關於社會合作的定理和理論，也不能證明是無效的。如果某派哲學承認人與人之間的社會結合是必要的，那麼，它便處在必須正視社會行爲問題的立場，不可能逃脫、躲進不受科學方法徹底檢視的個人信念和信仰宣示裡。

這個根本事實往往被忽視。人們認爲世界觀的分歧所產生的衝突是不可調和的。堅持不同世界觀的各方之間的基本對立，據說不可能妥協和解。那些對立源自人的靈魂深處最隱蔽的地方，並且是人天生和某些超自然、永恆力量交流的顯現。不同的世界觀所分化的人群之間，絕不可能合作。

然而，如果我們檢視所有政黨的綱領——包括那些詳盡說明、並且廣爲宣揚的政綱，以及一些政黨執政時實際執行的黨綱——我們便能輕易發現，這樣的解讀是錯的。當今所有政黨，都想爲支持者爭取塵世裡的幸福與繁榮。他們承諾，將使經濟情況變得讓追隨者更覺得滿意。就這個議題而言，在羅馬天主教和各個新教門派之間，只要他們介入政治和社會問題，就沒有什麼差別，甚至在基督教和非基督教之間，在支持經濟自由的政黨和支持馬克思主義唯物論的政黨之間，在民族主義者和國際主義者之間，在種族主義者和種族和平論者之間，也同樣沒有差別。沒錯，許多這些政黨認爲，除非犧牲別的社群，否則他們自己的社群不可能繁榮；而且甚至有些政黨竟然認爲，把別的社群徹底殲滅或征服爲奴，是他們自己的社群得以繁榮的必要條件。但是，滅絕或奴役別的社群，對他們來說，不是最終目的，而是達成他們想要的最終目的——他們自己的社群繁榮興盛——的一個手段罷了。如果他們得知他們自己的策略，是由一些錯誤的理論所引發的，而且肯定不會帶來他們所預期的有利效果，他們勢必會改變他們的政綱。

關於不可知的、超出人心能力範圍的東西，人們所提出的那些浮誇的陳述——各種宇宙哲學、各種世界觀、各種宗教、各種神祕主義、各種玄學和各種概念幻想，彼此有很大的差異。但是，各種意識型態的實際要義，亦即，關於在塵世生活中要追求一些什麼目的，以及要用什麼手段達到這些目的，它們的教導卻顯得很一致。誠然，不管是關於目的或關於手段，它們之間還是有一些差異和對立。不過，關於目的的那些差異，並非不可調和；那些差異不至於在社會行爲方面妨礙合作與和睦的安排。至於那些只涉及手段和行爲模式的差異，由於純粹屬於技術層次，更可以用理性的辦法予以檢視。如果在黨派爭執最激烈的時候，某個黨派聲明：「在這一點上，我們無法繼續和你們協商，因爲我們面對的這個問題觸及我們的世界觀；在這一點上，我們必須堅決、必須嚴格堅持我們的原則，不管結果如何。」我們只消更仔細檢視問題便可了解，這種聲明把彼此的對立說得比實際情形還要尖銳。事實上，對所有下定決心要爲人民爭取塵世幸福，從而贊同社會合作的政黨來說，社會組織和社會行爲模式的問題，不是最終原則和世界觀的問題，而是意識型態的議題。這些議題是技術性問題，總是可能找到一些安排加以解決。沒有哪一個政黨存心喜歡社會解體、無政府狀態和退回原始的野蠻時代，而不喜歡解決技術性問題，儘管必須在某些意識型態細節上讓步。

在政黨的綱領中，這些技術性議題，當然至關重要。一個政黨，是和一定的手段綁在一起的；它推薦某些政治行爲的辦法，而拒絕所有別的它認爲不適當的辦法和政策。一個政黨，是所有渴望使用同一手段、共同行爲的那些人結合而成的團體。區別黨派、同時整合黨派內部的原則，是手段的選擇。因此，就政黨本身而言，所選擇的手段是它的根本。一個政黨如果所推薦的手段被看穿明顯無效，注定沒前途。政黨的首領，基於其威望與政治前途和黨綱綁在一起，也許有充足的理由，不想讓黨綱的原則被無限制討論；他們也許會說，黨綱具有絕不容質疑的最終目的性質，說黨綱是以某一世界觀爲依據。但是，對政黨首領自稱要代理的那些人，對政黨想要拉攏、想要獲得其選票支持的選民來說，事情有另外一面。這些人民不反對仔細檢查每一個黨綱的每一個環節；他們認爲，這種綱領只不過是在推薦某個手段罷了，而這個手段對於達成他們自己的目的——塵世裡的幸福——是否合用，當然必須仔細檢查。

現在有些政黨被人們稱爲世界觀政黨，因爲人們認爲，這些政黨堅持某些基本哲理所決定的最終目的。但是，使他們彼此差異的，只是最終目的方面的貌似分歧。他們彼此的對立，或者涉及宗教信仰，或者涉及國際關係問題，或者涉及生產工具所有權問題，或者涉及政治組織問題。但我們能證明，所有這些對立、分歧都是關於手段，而不是關於最終目的。

且讓我們從一國的政治組織問題講起。有些人支持民主政治，有些人支持君主世襲，另有些人則支持自稱精英者的統治和獨裁專制。[1]沒錯，有些人在推薦這些政綱時，往往會提到一些神聖的制度、宇宙永恆的法則、自然的秩序、歷史演化不可避免的趨勢，以及其他一些超越經驗認知的事物。但是，這種陳述只是附帶的花邊、點綴。在吸引選票時，這些政黨提出的是另一套說法。他們急於證明，他們所主張的制度將比其他政黨主張的制度，更能成功實現選民所追求的目的。他們會列舉，過去在他們執政下，或其他實施相同制度的國家，已經達成的一些有利結果；他們會貶抑其他政黨的政綱，細數這些政綱過往的失敗。他們不僅訴諸純粹的推理，也訴諸歷史經驗的解讀，企圖證明他們自己的建議最優越，而對手的建議則是沒用的。他們的主要說法總是：我們主張的政治體制將使你們更加繁榮、更覺滿意。

在社會經濟組織方面，有自由主義政黨主張生產手段私有制，有社會主義政黨主張生產手段公有制，還有干預主義政黨主張某一第三種制度、並且聲稱這種制度距離社會主義和距離資本主義一樣遠。在這些政黨的衝突中，也有人大談特談基本的哲理議題，譬如，眞正自由、平等、社會正義、個人權利、社群共同體、團結和人道主義等等。但是，每一個政黨都下定決心，要以邏輯推理和歷史經驗的解讀，證明只有自己推薦的制度才能使選民繁榮、滿意。每一個政黨都會告訴人民，實現它的政綱，將使生活水準提高，超過其他政綱所能達到的高度。每個政黨都堅決主張它的各項計畫合宜有效。顯然，各個政黨彼此之間的差異，不在於目的，而只在於手段。所有政黨都自稱要為大多數選民謀求最高的物質幸福。

民族主義政黨強調，國與國之間有不可調和的利益衝突，但是，另一方面，就國內所有公民而言，個人「正確了解的利益」卻是彼此和諧的。一國要更繁榮，只能以犧牲他國的繁榮為代價；只有自己的國家更繁榮，個別公民才可能過得更好。自由主義者有不同的看法；他們認為，各不同國家的利益是和諧的，一如一國之內不同個人、團體、階級或階層的利益是和諧的；要達成他們和民族主義者都一樣追求的目的——本國的繁榮幸福——和平的國際合作是一個比國際衝突更適當的手段。他們之所以主張和平與自由貿易，絕非像民族主義者指責的那樣，要出賣本國的利益，去成就外國人的利益。相反的，他們認爲，要使本國富裕繁榮，國際和平與自由貿易是最佳手段。自由貿易主義者和民族主義者的區別，不在於兩者的目的彼此不同，而在於建議用來達成相同目的的手段彼此不同。

宗教信仰方面的糾紛不可能用理性的辦法解決。宗教衝突基本上很難和解或調和。然而，任何宗教團體，一旦涉入政治領域，嘗試處理社會組織的問題，勢必要考慮一些塵世的利害關係，不管這種考慮多麼牴觸教義和信條。從來沒有哪一個宗教敢在世俗活動中坦率告訴人們：實現我們的社會組織計畫將使你們貧窮，將損害你們的塵世幸福。一貫堅持清貧生活的宗教人士，會選擇退出政治舞臺、遁世隱居。但是，想要吸引新的信徒，想要影響信徒的政治與社會活動的教會和宗教團體，一向擁護塵世的行爲原則。在處理人的塵世旅程的諸多問題時，他們和任何非宗教政黨幾乎沒有什麼兩樣。在競選拉票時，他們比較強調爲教友準備了什麼物質利益，而比較少談天堂至福。

理性的考慮揭示，社會合作是達成人世間所有目的的偉大手段。只有完全放棄塵世活動的世界觀，才可能疏於留意前述理性的考慮和結論。因爲人是社會動物，只能在社會裡茁壯成長，所以，所有意識型態不得不承認社會合作至爲重要。所有意識型態都必須謀求最令人滿意的社會組織，都必須附和人們對改善物質幸福的關心。因此，所有意識型態都站在一個共同基礎上；使它們彼此有所差別的，不是什麼世界觀或是什麼不能理性討論、超越經驗範圍的問題，而是手段、方法層面的問題。意識型態的這種對立，是可以用行爲學和經濟學的科學方法予以徹底研究、解決的。

去誤存眞

對偉大的思想家所建構的哲學體系加以批判檢視，時常可以發現，在那些看似一貫相連的綜合思想體系所組成的宏偉建築裡，存在著一些瑕疵和裂縫。即使是天才，在草擬某個世界觀時，有時候也未必能避免一些矛盾和謬誤的演繹推理。

輿論所接受的那些意識型態，更常沾染到凡人心智的一些毛病。那些意識型態大多是由一些彼此徹底不相容的觀念折衷拼湊起來的，內容禁不起邏輯檢視，內在的諸多矛盾是不可補救的，絕不可能把不同部分拼湊成一以貫之的思想體系。

有些論述者嘗試爲這些意識型態裡的矛盾辯護。他們說，折衷妥協，不管從邏輯觀點來看是多麼不理想，並非一無是處。他們說，折衷妥協有利於人際關係的順暢運行。他們參照流行的謬見，說生命和現實是「非邏輯的」，並據此聲稱：某個矛盾的思想體系，也許事實證明是合宜的，甚至事實會證明它是一個眞理，因爲它的運作令人滿意，反而邏輯一致的思想體系將導致災難。這裡毋須重新駁斥這種流行的謬誤。邏輯思考和現實生活不是兩條分開的軌道。對人來說，邏輯是用來克服現實問題的唯一工具；在理論上矛盾的想法，在現實中不會變得比較不矛盾。絕不會有哪一個矛盾的想法，能提供什麼滿意或行得通的辦法，解決現實拋出的問題。意識型態內部矛盾的唯一效果，是隱瞞某些眞正的問題，從而妨礙人們及時找到適當的政策加以解決。一些矛盾的意識型態有時候也許能延緩公開衝突的出現，但是，它們肯定會加重它們所遮掩的弊端，使得徹底的解決更加困難。它們使痛苦倍增、使仇恨加深，使和平解決成爲不可能；以爲意識型態的一些矛盾無傷大雅、甚或有益，其實是嚴重的錯誤。

行爲學和經濟學的主要目標，是要以邏輯一貫正確的意識型態，取代流行的折衷主義所產生的矛盾教條。除了理性（reason）所提供的手段，沒有其他手段，可以防止社會解體、並保障人的處境穩步改善。人必須在心力所能達到的極限內，努力把所有相關問題想個透澈明白；絕不可默許前人留傳下來的任何解決辦法而不加以挑戰；相反的，必須永遠重新質疑每一個理論、每一個定理；絕不可在努力掃除謬論、尋找最佳可能的認知時，有任何鬆懈；必須揭露似是而非的學說，詳細講解眞理，去誤存眞、永不懈怠。

這裡牽涉到的一切問題都是純知性的，必須當作知性問題來處理。把它們轉移到道德領域，同時把支持相反意識型態的人叫做惡棍，這種對待問題的方式其實是一個災難。一味堅持我們想達到的目的是好的，而我們的對手想達到的目的是不好的，那是沒用的。需要解決的問題，正是什麼該視爲好的，以及什麼該視爲不好的。宗教團體和馬克思主義特有的那種死硬的教條主義，只導致不可調和的衝突；它預先譴責所有反對者爲惡棍，質疑反對者的眞誠，要求反對者無條件投降。在這種態度橫行的地方，沒有社會合作的可能。

另一種當今很流行的心態也沒比較好；這種心態動輒把不同意識型態的支持者辱稱爲精神失常者。關於精神正常和不正常的鑑別，精神病醫生所給的意見不是很明確。外行人介入精神醫學的這個根本問題，肯定是很不明智的。然而，很明顯的，如果只因某個人認同錯誤的見解、並且根據自己的誤解去行爲，便能把他視爲精神失常，那麼，要找到一個可以稱爲精神正常的人，肯定非常困難。那麼，我們勢必要把以前的人稱爲精神失常者，因爲關於自然科學的一些問題、他們的想法，以及從而處理這些問題的方法，和我們今天的想法與方法不一樣。而未來的世代，也將根據同一理由，說我們是精神失常者。人是會犯錯的。如果犯錯是精神不健全的特徵，那麼，每個人應該都可稱爲精神不健全者。

同理，即使某個人的意見和同時代的多數人不一樣，我們也不能說他精神失常。哥白尼（Copernicus）、伽利略（Galileo）和拉瓦錫（Lavoisier）精神失常嗎？歷史的常態是，某個人想到了一些和別人相反的新觀念。其中有些後來被納入公認爲眞的知識體系內。只稱呼那些從來沒有自己想法的粗野鄉下佬「精神正常」，而拒絕給所有創新者同一稱呼，難道是可容許的？

當代某些精神病醫生的作風實在令人無法苟同。他們完全不知道行爲學和經濟學的理論。他們對當今一些意識型態的熟悉程度相當膚淺，而且對它們的對錯，也沒有什麼鑑別能力。然而，他們卻輕率的稱呼某些意識型態的支持者爲偏執狂。

有些人現在通常被辱稱爲貨幣怪咖。貨幣怪咖建議某個以貨幣措施使每個人都變富裕的辦法。他的那些計畫是虛幻的。然而，它們卻是某個貨幣意識型態一以貫之的應用，而這個意識型態不僅獲得當代輿論的贊同，而且幾乎得到所有國家政策的青睞。經濟學家針對此一意識型態的許多錯誤，所提的反對意見，反而得不到各國政府、政黨和媒體的適當考量。

不熟悉經濟理論的人通常認爲，要把利率永遠降低到沒有人爲操縱的資本與借貸市場所決定的水準以下，擴張信用和增加流通中的貨幣數量是有效的手段。這個理論完全是幻覺。[2]但是，它卻幾乎實際指導了當代每一個政府的貨幣和信用政策。且說，根據這個錯誤的意識型態，沒人能有效反對普魯東（Pierre Joseph Proudhon）、索爾維（Ernest Solvay）、道格拉斯（Clifford Hugh Douglas），和其他許多自稱改革者所提出的那些計畫。這些人只是比其他人更徹底一以貫之罷了。他們希望把利率降爲零，從而完全消除「資本」的稀少性。任何人若想駁斥他們，就必須攻擊各主要國家的貨幣與信用政策所依據的理論。

精神病醫生也許會反駁說，一個精神失常者的特徵，恰好在於欠缺節制，總是走向極端，而正常的人是足夠審慎的，知道自我約束。偏執狂患者總是逾越所有界限。這樣的反駁實在令人不敢苟同。所有提出來贊同信用擴張能把利率從百分之五降至百分之四，或從百分之三降至百分之二的理由，對於把利率降爲零的主張，也同樣有效。從輿論所贊同的貨幣謬論觀點來看，這些「貨幣怪咖」的建議無疑是對的。

有些精神病醫生，稱擁護納粹主義的德國人爲精神失常者，並且希望利用一些治療程序加以醫治。這裡我們又遇到同樣的問題。納粹主義的那些理論是不對的，但它們基本上和他國輿論所贊同的社會主義與民族主義意識型態並無不同。納粹主義的特色，僅在於納粹在德國特殊的情況下一以貫之的應用這些意識型態。和當代所有其他國家一樣，納粹主義也主張政府控制企業，以及本國經濟自給自足，亦即，經濟自立。納粹政策與眾不同的地方，僅在於：對於其他國家也採納同一經濟自立的體制時、德國勢將嘗到的那些苦果，納粹絕不甘心接受。納粹坦言，他們不甘心被永遠「禁錮」在一個人口相對過剩而自然條件相對不足以致勞動生產力不如其他國家的地方。納粹相信，他們本國人口眾多、地理位置具戰略優勢，而且他們的軍隊天生精力強壯、勇敢英武，讓他們有很好的機會，可以透過武力侵略，掃除一切讓他們悲嘆的不幸。

且說，不管是誰，一旦把民族主義和社會主義的意識型態視爲眞理，視爲他本國的政策標準，那麼，他便沒有立場去反駁納粹黨員根據這些意識型態所得出的結論。其他擁護這兩種主義的國家，若想駁斥納粹主義，剩下來的唯一辦法，就是在戰爭中打敗納粹黨。而且，只要世界輿論認爲社會主義和民族主義的意識型態是至高無上的眞理，德國人民或其他國家人民，如果他們覺得下一次很可能成功，就會再度嘗試以侵略和征服爲手段，來達成他們的目的。想要根除侵略者的心態，就必須廓清衍生出這種心態的意識型態謬誤，否則是沒有希望的。這不是精神病醫生的任務，而是經濟學家的任務。[3]

德國人的毛病，肯定不在於他們沒遵守福音書的教誨。沒有哪一個國家曾經遵守過福音書。除了爲數極少、並且沒有什麼影響力的教友派信徒，幾乎所有基督教教派和宗派都曾經祝福戰士的武器。從前的日耳曼征服者當中，最冷酷無情的，便是以十字架爲名而肆意征戰的條頓武士。當今德國人的侵略性，根源於德國人拋棄了自由主義哲學，而以民族主義和社會主義取代了主張自由貿易與和平的自由主義原則。如果人類不能重拾現在遭到鄙視、稱爲「過時的」、「曼徹斯特哲學的」和「自由放任的」理念，那麼，要防止新的侵略戰爭，唯有剝奪德國人發動戰爭的手段，使他們失去獠牙、變得無害。

人，只有一個去誤存眞的手段：理性。

第三節　統御力

社會是人行爲的結果。人的行爲接受意識型態的指引。因此，社會和任何具體的社會事態都是意識型態的結果；這和馬克思主義聲稱的正好相反，意識型態不是既定社會事態的結果。沒錯，人的思想和觀念，不是孤獨的個人創造出來的。努力思想，若要有所收穫，需要許多思想家的合作。任何人在推理思考上的努力，如果總是必須從頭開始，將不會有絲毫進步的成果。某個人能在思想上有所進步，完全是因爲他的努力得到許多思想前輩的幫助；前人的努力產生了許多思想工具，產生了許多概念和術語，而且也提出了許多重要的、深具啓發意義的問題。

任何社會秩序，都是事先想好、計畫好，才可能成形。某種意識型態在時序與邏輯上的先發性，並不隱含這樣的命題說：眾人事先像空想的社會主義者那樣，草擬了一份完整的社會體系建構計畫。實際上，事先想好的，而且也必須想好的，不是要怎樣協調眾人的行爲形成統一的社會組織體系，而是眾人各自對同胞要怎樣行爲，以及既有的社群各自對其他社群要怎樣行爲。在某個人幫助同伴砍伐一棵樹之前，這樣的合作必定是事先想好的。在以物易物的行爲發生前，彼此交換財貨與服務的念頭必定是事先想好的。相關人等不一定需要知道，他們的相互關係事實上導致社會連結確立，以及導致社會體系出現。個人沒計畫、也沒執行刻意要建構整個社會的行爲。他的行爲和別人相應的行爲，產生了各種社會連結。

任何當前的社會事態都是先前想好的意識型態的結果。在社會裡，一些新的意識型態可能出現，並且取代一些舊的意識型態，從而改變社會體制。社會總是由一些時序與邏輯上先發的意識型態創造的。行爲總是受到觀念的指引；行爲實現了思想先前已經計畫好的事項。

如果我們把意識型態的概念實體化或擬人化，我們也許可以說，意識型態對人有統御力。統御力是指引行爲的能力或權力。通常我們只在講到某人或某團體時，才會說他們有統御力。這時，統御力的定義是：指引他人行爲的權力。有統御力的人，他的統御力來自於某一意識型態。只有意識型態，才能讓某個人擁有指引他人選擇與行爲的權力。某個人所以能成爲領袖，完全是因爲他得到某個意識型態的支持，這個意識型態促使別人對他馴服、配合。因此，統御力不是一種實質有形的東西，而是一種道德的、精神的現象。一位國王的統御力，在於他的臣民認可君權統治的意識型態。

統治國家的人，使用他的統御力管理國家，亦即，管理用來強制和脅迫人民的社會機構。統治是在一個政治實體裡運用統御力。統治總是以統御力爲基礎，亦即，以指引他人行爲的權力爲基礎。

當然，把政府建立在暴力鎮壓頑抗的人民之上，是可能的。國家和政府的特色標誌，就是對不準備自願屈服者使用或威脅使用暴力強制。然而，這種暴力鎮壓也同樣是建立在意識型態的統御力之上。想要使用暴力的人，需要某些人的自願合作。單一個人完全靠他自己，絕不可能以實質暴力維持統治。[4]他需要一群意識型態的支持者，以便制伏其他眾人。專制統治者必須有一群自願聽從其命令的黨羽隨從。這些人的自發服從，使得他擁有征服他人所需的工具。他是否成功持續保有統治地位，取決於兩群人的相對人數，亦即，那些自願支持他的人和那些被他打到屈服的人，哪一邊的人數比較多。一個專制統治者雖然可能憑藉少數人暫時維持統治，如果少數的這一方有武器，而多數的那一方沒有武器，但是，長期而言，少數的一方是不可能使多數的一方保持順服的。被壓迫的一方終將起義造反，擺脫專制的桎梏。

一個可長可久的統治體制，必定奠基於某一得到多數人認可的意識型態上。「現實」因素，亦即，那些作爲統治基礎、並且讓統治者擁有權力對少數頑強的反對者使用暴力的「現實」力量，基本上是意識型態的、道德的和精神的。歷史上，那些未能意識到這個第一統治原理的統治者，自恃他們的軍隊無敵，鄙視精神力量和觀念，最後都被對手擊倒了。許多政治和歷史書籍常見的一個錯誤，就是把統御力解讀爲一種毋須倚賴意識型態的「現實」力量。現實政治（Realpolitik）一詞，只當用來表示所採取的政策，考慮到一般接受的意識型態，而並非以未獲得充分認可、所以不可能長久支撐統治體制的意識型態爲根據時，才有意義。

有些人只是從主管部分軍警力量的次級官員那種偏狹觀點在看問題，所以才會把統御力解讀爲可以堅持下去的實質、「現實」權力，並且認爲暴力行爲是統治的眞正基礎。其實，在居於統治地位的意識型態框架裡，有確定的任務分派給這些次級官員執行。他們的長官把一些軍警部隊託付給他們管理，這些部隊不僅有充分的戰鬥裝備、武器和組織，而且還一點沒少被灌輸服從上級命令的精神。這些下屬部隊的指揮官把這個精神因素視爲理所當然，因爲他們自己也同樣被灌輸了這個精神，他們甚至不能想像還有什麼別的意識型態。一個意識型態的力量，就在於人們沒有任何遲疑或顧慮的順從它的指引。

然而，對政府首腦來說，實情不是這樣。他必須注意維持軍警部隊的士氣，以及其餘人民的忠誠。因爲前述士氣與忠誠等精神因素，是攸關他的統治地位是否持續的唯一「現實」因素。如果支持他掌權統治的意識型態消失不見，他的權力勢將萎縮。

少數人有時候憑藉優越的軍事技巧也能征服多數人，從而建立少數統治政權。但是，這種統治秩序不可能持久。如果得勝的征服者，隨後沒能成功把起初的暴力統治體制，轉變成一種獲得被統治者認可的意識型態統治體制，那麼，他們勢必在新的鬥爭中敗亡。所有得勝、並且曾經建立持久統治體制的少數族群，都是憑藉後來的意識型態優勢使他們的統治地位經久不墜。他們為了合理化自己的統治權力，或者會順從被征服族群的意識型態，或者會改變這些意識型態。凡是在這兩條件沒有一條被滿足的地方，被壓迫的多數族群，或者藉由公開反叛，或者藉由意識型態力量沉默、但堅定的運作，後來都會攆走壓迫他們的少數族群。[5]

歷史上許多偉大的征服之所以能夠持久，完全是因為入侵者和被征服民族中的某些階級形成同盟關係，這些階級享有族人主要意識型態支持，族人認為是合法的統治者。歐洲中古世紀韃靼人在俄羅斯，土耳其人在多瑙河流域的諸公國，以及大體而言在匈牙利和特蘭斯凡尼亞（Transylvania），近代英國人在西印度群島，以及荷蘭人在東印度群島，採取的就是這種統治體制。相對微乎其微的極少數英國人能夠統治數以億計的印度人，乃是因為印度的公侯和貴族地主把英國人的統治，看作他們的特權得以維持的一個手段，於是他們把一般印度人民認可的、支持他們享有統治地位的那個意識型態的統御力，提供給外來的英國統治者。只要印度輿論繼續贊同傳統的社會秩序，英國的印度帝國便是穩固的。英國統治下的和平保障了印度公侯和地主的特權，也保護了一般印度民眾免於無數戰爭的痛苦，包括公侯之間的戰爭和各公侯國內部的繼承戰爭。在我們這個年代，來自國外的顛覆性思想的滲透，已經侵蝕了英國在印度的統治基礎，同時印度那種歷史悠久的社會秩序也岌岌可危。

得勝的少數族群有時候是由於技術優勢而獲得成功。但是，這改變不了前面的論點。長期而言，要阻擋多數族群取得較佳的武器，是不可能辦到的。不是憑藉軍隊的裝備精良，而是某些意識型態因素，保護了待在印度的英國人。[6]

一國的輿論也許在意識型態上是如此分歧，以致沒有哪一群人能獲得足夠的意識型態支持，而有足夠的統御力建立一個持久的政府。這時，就會出現無政府狀態。革命和內鬥將成為常態。

作爲一種意識型態的傳統主義

傳統主義，作爲一種意識型態，認爲忠於祖輩，或據稱是祖輩留傳下來的價值標準、習慣和程序方法，不僅是正當的，而且也是合宜有利的。這裡所謂的祖輩並不必然是生物學意義的祖先，或有相當根據能認定是這種意義的祖先；所謂祖輩有時候只是有關國家的前住民，或同一宗教信仰的前支持者，或完成某一特殊任務的先驅。什麼人會被當作祖先，以及什麼會被當作留傳下來的傳統實體內容，取決於各種傳統主義的具體教條。這種意識型態凸顯某些祖先，而把其餘的祖先遺忘；有時候，它會把一些和所謂後代子孫毫無關係的人稱爲祖先。它時常會揑造「傳統的」教條，其實這教條是不久前才出現的，而且也和祖先眞正堅持的意識型態不符。

傳統主義爲了辯護它的那些教條，會嘗試引證該等教條過去取得的成功。至於聲稱的成功是否屬實，則是另外一回事。相關研究有時候能在傳統相信的歷史陳述中發現一些錯誤。然而，這並不必然會推翻傳統教條。因爲傳統主義的核心，並不是眞實的歷史事實，而是關於歷史事實的某個看法——不管錯得多離譜；以及一個決心，決心要信服據稱起源悠久的某些事物的權威。

第四節　社會改良論和進步的觀念

只有在植入目的的思想體系裡，進步和退步的觀念才有意義。在這種思想框架裡，把朝向想要的目標接近稱作進步，而把相反方向的移動稱作退步，是合理的。如果沒參照某一動因（agent）的行爲，以及某一確定的目標，進步和退步的觀念便是空洞的，沒有什麼意義的。

許多十九世紀哲學的一個缺點，就是錯誤解讀了宇宙變化的意義，而把進步的觀念偷偷搬進生物演化理論裡。從任何給定的事態回顧過去的事態，我們能按某一中性的意義，適當使用發展和演化這些字眼。於是，演化一詞，表示那個從過去的情況導致目前這一情況的過程。但是，我們必須愼防混淆改變和改善，或混淆演化和朝向比較高級的生命形式演化，這些都是嚴重的錯誤混淆。同樣不容許的，是以某種假冒科學的人類中心說（anthropocentrism），取代宗教的人類中心說和古老的玄學教條。

然而，行爲學毋須參與批判前述這種哲學謬誤。它的任務是剷除當今的意識型態所隱含的種種錯誤。

十八世紀的社會哲學深信，人類當時終於進入了理性時代；過去是神學和玄學的錯誤觀念當道，而今後將是理性主導一切。人將漸進從傳統和迷信的枷鎖中解脫出來，可以專心致力持續改善社會體制。每一個世代對此一光榮的任務，都將貢獻它的一份心力。隨著時間的推進，社會將愈來愈趨近自由人的社會，將會以最大多數人的最大幸福爲目標。當然，暫時的挫折是難免的。但是，好的目標終將得勝，因爲好的目標就是理性的目標。當時有些哲學家認爲，他們自己的幸福就在於身爲啓蒙時代的公民，可以藉由發現理性行爲的法則，爲人間世事的不斷改良鋪就一條康莊大道。他們感到痛惜的，只是自己過於年邁，無法親自見證他們參與創建的新哲學產生所有的效益。邊沁對Philarète Chasles訴說，「但願我被授予特權，把我還能活著的這幾年，挪到我死後的每一個世紀末來活；這樣我就能見證自己著作的效果了。」[7]

所有這些希望，都建立在那個時代特有的、這個堅定的信念上：人民群眾不僅道德良善，而且也是理性的。上層階級——那些錦衣玉食的貴族特權階級，當時被認爲是腐敗墮落的。而一般平民，尤其是小農和工人，在浪漫的氣氛下，則被美化稱頌爲品行高貴、並且具有永不出錯的判斷力。當時的哲學家就是這樣篤定認爲，民主政治——由人民統治——將導致社會完美。

這個偏見是當時的人道主義者、哲學家和自由主義者的致命錯誤。人並非不可能犯錯；人經常犯錯。事實上，人民群眾並非總是正確的，並非總是知道什麼手段可以達到他們想要的目的。「相信普通人」並沒有比相信國王、僧侶和貴族的神奇天賦更好的依據。民主政治保證有一個符合多數人願望與計畫的統治體制。但是，民主政治不能防止多數人民誤信錯誤的觀念，不能防止他們採納不適當的政策，結果不僅達不到他們想要的目的，反而導致大災難。多數方的人民也可能犯下大錯，而摧毀我們的文明。好的目標，不會僅憑它本身是合理有利的緣故就必定獲勝。只有當多數人終於下定決心要擁護合理、可行的政策手段時，文明才會進步，而社會與國家也才可能使人更滿意；不過，這滿意不是某一玄學意義的幸福。這個條件是否存在，只有未知的將來才能揭曉。

在行爲學的理論體系裡，沒有社會改良論和樂觀的宿命論容身的空間。人，每天必須重新在那些導致成功的政策，和那些導致災難、社會解體和野蠻狀態的政策之間做選擇；就這個意義來說，他是自由的。

進步一詞，若用來形容宇宙事件或某個綜合的世界觀，是沒意義的。因爲我們對最原始的動因（agent）或原動者（prime mcver）有些什麼計畫一無所知。但是，如果在某個意識型態的框架內使用進步一詞，那就不會沒意義。絕大多數人爭取比較多、比較好的食物、衣服、住家和其他物質生活便利設施的供應。經濟學家雖然把人民群眾的生活水準提高稱作進步和改善，但這可不是在擁護某個卑鄙的唯物主義。經濟學家只是在確立這個事實：人有一衝動，想要改善生活的物質條件，這衝動驅使人行爲。經濟學家從人想要達到的目的觀點，評判政策的好壞。一個鄙視嬰幼兒死亡率下降，以及鄙視饑荒與瘟疫逐漸消失的人，也許可以帶頭攻擊經濟學家的這種唯物主義。

評估人的行爲，只有一個標準：它是否適合達到行爲人想要達到的目的。

第十章　社會中的交換

第一節　獨自交換和人際交換

行爲，基本上總是某一事態和另一事態的交換。某個人的行爲，如果完全沒涉及別人的合作，我們可以稱之爲獨自交換。一個例子：某個獵人獨自獵殺了一隻動物，供他自己消費；他拿閒暇和一盒子彈交換食物。

社會中的合作，以人際（或社會）交換取代獨自交換。人，給別人某些事物，以便從別人手中獲得其他一些事物。相互關係出現了。人，幫助別人，以便得到別人幫助。

交換關係是最基本的社會關係。把人與人連結起來，形成社會的那種關係，是由財貨或服務的人際交換編織而成的。社會形成的公式是：彼此交換。如果沒有刻意的相互關係，如果某人執行某一行爲時，沒打算從別人相伴執行的行爲獲得任何好處，那麼，就沒有人際交換，而只有獨自交換。至於該獨自行爲對別人有利、有害或沒有任何關係，那是無關緊要的。某個天才，執行任務，可能只是爲他自己，而不是爲群眾；然而，他卻是人類傑出的恩人。某個強盜爲了自己的利益而殺害某個人，該位被害人絕不是這樁罪行的一個夥伴，而只是這樁罪行的對象；強盜的所作所爲，是不利於被害人的。

惡意攻擊，是人的非人祖先的日常行爲。至於有意識、有目的的合作，則是長期演化的結果。關於早期、原始的人際交換型態，民族學和歷史學都提供了有趣的資訊。有些學者認爲，彼此送禮和回禮的習慣，並附帶事先約定一定的事物當回禮，是人際交換的初步型態。[1]另有些學者則認爲，緘默的以物易物

（dumb barter）是原始的交換型態。然而，期望獲得受禮者的回禮而送禮，或爲了取得某個人的好感、以避免他的敵意可能導致的災難而送禮，就已經等於人際交換了。緘默的以物易物也是一樣，這種交換和其他以物易物的交換型態不同之處，只在於有沒有透過口頭討論。

人的行爲的各個範疇，基本特徵在於，它們是必然附隨行爲的、完整的、不可能有中間過渡階段的。或者是行爲，或者無行爲；或者是交換，或者無交換，涇渭分明；每一個和行爲與交換相干的範疇，在每一個事例中，是不是確定存在，端看該事例是不是行爲與交換。同樣的，獨自交換和人際交換之間的界線也是涇渭分明的。單方面送禮，沒打算獲得受禮者或其他第三者任何形式的報答，是獨自交換；送禮者因受禮者的處境改善而感到滿足，而受禮者則把這禮物視爲天上掉下來的。但是，如果送禮是爲了影響某些人的行爲，送禮就不再是單方面的事，而是送禮者和他打算影響的對象之間的人際交換。雖然人際交換的出現是長期演化的結果，但在獨自交換和人際交換之間是不可能有什麼逐漸轉變階段的。在這兩種交換間，沒有任何中間階段的交換型態。從獨自交換過渡到人際交換的這一步，是跳躍的一步，一躍而變成完全嶄新、本質上不同的事物，就像從人體細胞與神經的自動反應，過渡到有意識、有目的的動作，或者說，過渡到行爲的那一步，同樣也是跳躍的一步。

第二節　契約型連結和支配型連結

有兩種不同的社會合作型態：倚靠契約與協調的合作，以及倚靠命令與服從或倚靠霸權支配的合作。

在任何地方，只要合作是基於契約，合作的個人之間的邏輯關係便是對稱的。他們每個人都是人際交換契約的某一方。某甲之於某乙的關係，和某乙之於某甲的關係是一樣的。在任何地方，只要合作是基於命令與服從，那就必然有某個發號司令的人，而其他人則聽從他的命令；這兩類人之間的邏輯關係是不對稱的。有一個指揮者，還有在他指揮監管之下的一些人。指揮者獨自選擇和指揮；其他人——被監管者——則只是指揮者用來執行其獨自行為的卒子。

任何社會團體賴以形成和汲取活力的泉源，總是某一意識型態的統御力；而某個人所以成為某一社會團體的一個成員，原因也總是在於他自己的選擇。這個陳述，對於支配型的社會連結，同樣有效。沒錯，人通常出生於最重要的支配型社會連結裡，也就是出生於某個家庭、某個國家，甚至在早期的西方文明範圍內，出生於一些現在已經消失的支配型社會連結裡，譬如，奴隸制度和農奴制度。然而，任何肢體暴力和強制，都絕不可能迫使任何人違背他自己的意志，留在支配型連結的社會秩序裡，當一個被監管者。暴力或暴力威脅所導致的，是一個這樣的事態：人在面對這個事態時，通常認為屈服比反叛對自己更有利。面對順從與不順從的後果之間的抉擇，被監管者偏好前者，於是把他自己整合到相關的支配秩序裡。每一個新命令都把抉擇機會再一次擺在他面前。在一次又一次選擇服從裡，他自己為該支配型社會體制的持續存在貢獻了一份力量。即使在這種體制裡，他只是一個被監管者，他仍然是一個行為人，亦即，他不是一個只會一味服從、盲目衝動的存在，而是一個會使用理性、在不同選項中抉擇的存在。

支配型連結和契約型連結的不同之處，在於個人的選擇對事態發展的影響範圍不同。某個人一旦決定了要服從某個支配型體制，則在該體制的活動範圍內，以及在他的服從期間內，他就變成指揮者用來執行其行為的一顆卒子。在支配型社會體制裡，在該體制指揮下屬操作的範圍內，就只有指揮者在行為。所有下屬的被監管者只在選擇是否服從指揮時有所行為；一旦選擇了服從，他們便不再為自己而行為，而是由別人看管了。

在契約型社會框架裡，個別成員彼此交換質量確定的財貨或服務。而某個人在選擇服從某一支配型團體時，他既沒給出、也沒取得任何確定的事物。他把自己整合到某個體制裡，在那裡他必須提供質量不確定的服務，也將獲得指揮者願意分派給他的報酬。他聽任指揮者擺布；只有指揮者自由選擇。指揮者是否為一個人或一群有組織的人（譬如，指導委員會），以及指揮者是否為自私瘋狂的暴君或仁慈如父的專制君主，對於整個支配型體制的結構來說，是不相干的元素。

這兩種社會合作型態的區分，是所有社會理論的普遍認識。Ferguson以好戰的民族和商業的民族為對比，描述這種區分；[2]Saint Simon以好戰的民族和愛好和平或工業化的民族為對比；Herbert Spencer以個人自由的社會和戰鬥結構的社會為對比；[3]Sombart以英雄和小商販為對比。[4]馬克思主義者區分兩種類型的社會，一方面是原始社會狀態下無比美妙的「氏族組織」（gentile organization）和未來永恆極樂的社會主義體制，另一方面則是當今不堪聞問的資本主義墮落社會。[5]納粹哲學家區分虛偽的資產階級安全體制和英勇的威權領袖體制。不同的社會學家對這兩種社會體制的評價高低不同。但是，他們完全同意這種對比確立，而且也同樣一致承認，再沒有第三種社會組織原則是可以想像的或是可行的。

西方文明，以及一些比較進步的東方民族文明，是曾經按照契約型態協調合作的人的成就。沒錯，這些文明在某些方面採取了支配型結構的合作關係。國家作為強制與脅迫機構，必然是一個支配型組織。家屬共同生活的家庭，也是一個支配型組織。然而，這些文明的特徵，還是在於各個家庭之間的合作特有的那種契約型結構。人類各個共同生活單位，早先曾經是幾乎完全自給自足的，經濟上幾乎完全孤立。當初被人用在家庭之間、以取代各個家庭經濟自給自足的那種財貨與服務交換模式，在所有通常認為文明的民族裡，都是根據契約的合作。歷史經驗所知，迄今為止的人類文明，絕大部分是契約型合作的結果。

任何型態的人類合作與社會相互關係，基本上，是一個和平、調解紛爭的秩序。任何社會團體，不管是契約型的或支配型的，其內部關係必須是和平的。任何地方，只要有暴力衝突，就沒有合作，也沒有社會連結。有些政黨渴望以支配型體制取代契約型體制；他們批評和平與資產階級的安全是腐敗易碎的，頌揚暴力與流血是高貴的道德，稱讚戰爭與革命是明顯自然的人際關係辦法；他們其實是自相矛盾的，因爲他們口中的烏托邦據說是和平的國度。納粹帝國和馬克思主義者的共和國，根據設計，都是平靜、祥和的社會；他們將採取綏靖辦法，把它們創造出來。所謂綏靖，就是要以暴力征服所有不準備放棄抵抗、不直接投降的人。在契約型世界裡，各個國家能和平共存。在支配型世界裡，只能有一個帝國或共和國，而且也只能有一個指揮者。社會主義必須選擇放棄涵蓋全球與所有人民的分工秩序所產生的利益，或建立一個包含全世界的支配型秩序。就是這個事實，使俄羅斯的布爾什維克主義、德國的納粹主義和義大利的法西斯主義變得「很有活力」，亦即，「很有侵略性」。在契約型關係下，帝國會分解成一個鬆散的聯盟，其中各個成員國是獨立自主的。支配型體制勢必要爭取兼併所有獨立的國家。

契約型社會秩序是一種權利與法律的秩序，一個法治之下的統治體制，不同於福利國或父權統治的干預體制。權利與法律是一套複雜的規則，決定個人自由行爲的範圍。在支配型社會裡，被監管者沒有這種自由範圍；在支配型國家裡，既沒有權利、也沒有法律；只有各種指令和規定，指揮者可以天天改變它們，也可以隨自己高興、任意差別對待的應用它們，而無論如何，那些被監管者總是必須遵守。被監管者只有一種自由：默默的服從。

第三節　可計算的行為

行爲的所有範疇都是永恆不變的，因爲它們是人心的邏輯結構和人類生存所依附的那些自然條件獨特決定的。無論是在行爲，或是在思考行爲的理論，人都不可能脫離或超越這些相關範疇。某種行爲，如果截然不同於這些範疇所決定的那種，不僅不可能存在，對人來說，也是不可能想像的。人，絕不可能理解那些既不是行爲、也不是無行爲的事物。行爲範疇沒有歷史；沒有什麼演化過程會從無行爲過渡到行爲；在行爲和無行爲之間沒有任何過渡階段。只有涇渭分明的行爲和無行爲。而且對每一個具體行爲來說，所有從行爲範疇演繹出來和確立的那些關於一般行爲的論點，都是嚴格有效的。

每一個行爲都能應用序數。至於應用基數和根據基數的算術計算，則需要特殊條件。在契約型社會的歷史演化過程中，這些條件出現了。於是，在計畫未來的行爲，以及在確定過去的行爲所達成的一些效果時，人便可以應用算術計算。基數和應用基數於算術演算，也是人心永恆不變的範疇。但是，它們是否能應用於行爲的事前思考和事後記錄，端看某些特殊條件是否存在；這些條件，在人類發展的早期階段並不存在，是後來才出現的，而將來則可能再次消失。

當初就是某些人對於行爲可以用基數計算的世界所發生的一些事情有所認識，才導致他們推敲、發展出行爲學和經濟學這兩門科學。經濟學基本上論述某一特定範圍的行爲，這範圍內的行爲，如果某些條件成立的話，實際應用基數計算，或可能應用基數計算。對人的實際生活，以及對研究人的行爲來說，不會有什麼比區分行爲是不是可以計算更爲重要的區分了。現代文明最重要的特徵，就在於它已經詳盡發展出一套辦法，使人得以在廣泛的活動範圍內使用算術計算。當某些人以「理性」一詞來形容現代文明時（這樣形容其實不是很妥當，也時常引起誤會），他們心裡頭想的，就是這個廣泛使用算術計算的事實。

理解與分析使用算術計算的市場體系所呈現的眾多問題，是經濟思想的出發點，後來才導向一般行爲學知識。然而，不是因爲考慮到這個歷史事實，所以在闡述完整的經濟理論體系時，必須從分析市場經濟體系開始，而且在此之前還必須檢討經濟計算的問題。責令我們遵循這個程序的原因，既不是歷史的考量，也不是啓發教學的考量，而是邏輯與系統性嚴謹的要求。我們要討論的那些問題，只有在使用算術計算的市場經濟領域裡，才顯而易見，而且也才有實際意義。只有借助於假設性和比喻性的穿越挪移，才能利用它們來研究不容許算術計算的其他經濟組織體系。要理解所有通常稱為經濟問題的問題，經濟計算是根本關鍵。

第三篇　經濟計算

第十一章　沒有計算的價值排序

第一節　手段的價值分級

行爲人將目的的價值轉移至手段上。他認爲，合適達成某一目的的一組各種手段的集合，其他情況相同下，其價值等同於該目的的價值。在這裡，我們暫時忽略利用手段達成目的所需的時間，以及這時間對目的的價值和手段價值之間的關係會有什麼影響。

手段價值的分級（或排序），和目的價值的分級（或排序）一樣，都是一個偏好什麼 a 甚於什麼 b 的程序。這種分級（或排序）是一個判斷，表示渴望 a 比渴望 b 更爲強烈；它打開一個可以應用序數的領域，但不容許應用基數，更不用說以基數爲基礎的算術演算。如果某人給我機會，在欣賞歌劇阿伊達、福斯塔夫和茶花女的三張門票之間做選擇，假使我只能挑選一張，我會拿走阿伊達的門票；而假使我能再挑選一張，我也會拿走福斯塔夫的門票，我已經做了選擇。這表示：在給定情況下，我偏好阿伊達和福斯塔夫甚於茶花女；如果我只能選擇兩者之中的一個，我將選擇阿伊達、而捨棄福斯塔夫。如果我把阿伊達的門票稱作 a，把福斯塔夫的門票稱作 b，把茶花女的門票稱作 c，我便能說：我偏好 a 甚於 b，並且偏好 b 甚於 c。

行爲的直接目標，往往是取得一些可計算的、可測量的有形事物供應量。這時，行爲人勢必在幾個可計算的數量之間作選擇；譬如，他偏好15r甚於7p；但是，如果他必須在15r和8p之間作選擇，他也許是偏好8p。要表達這個事態，我們可以宣稱，他認爲15r的價值低於8p，但是高於7p。這個說法，等於說他偏好 a 甚於 b，並且偏好 b 甚於 c。以 8p 替代 a，以 15r 替代 b，和以 7p 替代 c，既沒改變前一說法的意義，也沒改變它所描述的事實。這樣的替代，肯定不會使應用基數的計算成爲可能；它沒給經濟計算和根據這種計算的心智操作，打開任何應用領域。

第二節　初級的價值與價格理論中以物易物的虛構故事

經濟理論的推敲鋪陳，在摸索方向的啓發上，是如此仰賴算術計算的邏輯推演，以致有一些經濟學家未能意識到經濟計算方法所涉及的根本問題。他們傾向把經濟計算視爲理所當然會有的程序；他們沒看出經濟計算不是一個最終給定的行爲元素，而是一個衍生出來的事態，需要追溯至一些更爲基本的現象。他們誤解了經濟計算，誤以爲經濟計算是人的一切行爲的範疇。他們忽略了這個事實：經濟計算只是某些特殊條件下的行爲才具備的範疇。他們完全知道，人際交換，以及市場交換，事實上是透過某個共同的交換媒介——貨幣——完成的，而貨幣和市場價格是社會經濟組織發展到了某個階段才有的特徵，早期的原始文明沒有這些特徵，而在未來可能的歷史變遷過程中，這些特徵也可能消失；[1]但是，他們沒領悟到，各種財貨的貨幣價格是經濟計算的唯一媒介；因此，他們的大部分研究是無效的。甚至最傑出的一些經濟學家的著作價值，在某一程度內，也因爲他們的經濟計算觀念所隱含的一些謬誤而有所減損。

現代的價值和價格理論說明，在人際交換領域，人的選擇——偏愛某些事物和捨棄其餘事物——導致市場價格的出現。[2]這些大師級精湛的闡述，在一些細節上，並不很令人滿意，而且還因爲有一些不適當的用語而失色不少。但是，這些大師級的闡述，基本上是不可辯駁的。即使是在若干需要修改的地方，也必須順著原作者的根本思想盡心去推敲、改正，而不是全盤推翻原作者的理論。

爲了把市場現象追溯到「偏好 a 甚於 b」這個普遍的行爲範疇，初級的價值與價格理論不得不利用一些假想情況。這些不可能實現的假想情況，是不可或缺的思想工具；沒有其他思考方法，對於現實的解釋能有任何幫助。但是，科學研究的一個最重要問題，就是避免這種假想情況的不當利用所可能產生的謬誤。

初級的價值與價格理論，除了利用其他一些我們稍後將討論的假想情況外，[3]還假想了一個所有買賣都是以直接交換方式完成的市場。沒有貨幣；各種財貨與服務都直接和其他財貨與服務交換。這個假想的直接交換市場，是必要的。我們必須忽略貨幣所扮演的交換媒介角色，才能意識到：人最終交換的總是第一順位的經濟財（或消費財）。貨幣只不過是人際交換的一個媒介。但是，我們必須小心提防，避免陷入這個假想的直接交換市場很容易產生的一些謬見。

有一個嚴重的謬見，其起因與頑強難除，就是緣於誤解了這個假想的直接交換市場。該謬見想當然的以爲：交換媒介只是一個中性因素罷了。根據這個想法，直接和間接交換的差別，只在於間接交換使用了一個交換媒介。於是，許多經濟學者斷言，貨幣介入買賣，對買賣的主要性質沒有任何影響。這些學者並沒忘記，貨幣購買力過去曾發生過好幾次巨大的起伏，而這些起伏往往引發整個交換體系的劇烈震盪。但是，他們認爲，這種事件不是常態，只是例外的市場現象，是不恰當的政策所導致的。只有「不好的」貨幣，才可能導致這種混亂。此外，這些學者還誤解了這些騷亂的原因和效果。他們暗地裡假定：貨幣相對於所有財貨與服務的購買力變化，是同時、且按同一比例發生的。這當然是中性貨幣的神話所隱含的意思。他們認爲，整個市場交換理論可以在只有直接交換的假定下，推敲鋪陳出來。一旦達成這個目標，唯一需要再做的工作，就是把貨幣「簡單的」塞進直接交換的理論體系裡。然而，市場交換理論最後完成的這個步驟，他們認爲，只是次要的，因爲該步驟對於經濟理論基本上沒有任何影響。經濟學的主要任務，就是研究直接交換。除了這個，剩下來要做的，頂多是研究「不好的」貨幣所產生的一些問題。

順著前述的想法，經濟學家也就大多疏於重視間接交換的問題了。對於貨幣問題，他們只有膚淺的研究；而且他們在貨幣方面的研究，和他們在市場過程方面的研究，兩者之間的邏輯聯繫相當鬆散。在十九、二十世紀交替之際，間接交換的問題大體上被貶抑到次要的地位。當時不少市場交換學的專論，都只附帶、輕率處理貨幣問題；而另一方面，許多討論貨幣和銀行的書籍，甚至未嘗試將相關主題整合到任何市場交換的理論體系裡。在英美語系國家，大學還分別開設講授經濟學和貨幣銀行學的科系，而在德國的大學，貨幣問題則幾乎完全遭到忽視。[4]直到後來，經濟學家才意識到：間接交換領域存在一些最重要、最難理解的市場交換學問題；而一個未能充分重視這些問題的經濟理論體系，其缺陷是十分可悲的。結果，對於「自然利率」和「貨幣利率」關係的研究變得流行起來，貨幣的景氣循環理論興起、居於主導地位，而貨幣購買力變化的同時性與同比性學說，則被完全揚棄；在在都標誌著經濟思潮有了新的基調。當然，這些新觀念基本上是延續大衛・休謨（David Hume）、英國的通貨學派、約翰・穆勒（John Stuart Mill），以及肯恩斯（John Elliot Cairnes）等人輝煌開啓的研究。

假想的直接交換市場遭到粗心大意的利用，還產生另一個錯誤，而且所造成的傷害比前一個錯誤更爲嚴重。

一個根深柢固的謬見認爲，人與人交換的那些財貨與服務，它們的價值是相等的；而且價值是客觀的，是各種事物本身固有的性質，而不是只表示不同行爲人個別有多麼渴望取得它們。有些經濟學者想當然的認爲，人會先以某一測量方法，確定財貨與服務本身具有的價值量，然後再拿來和同一價值量的某些財貨與服務交換。這個誤以爲價值客觀、可測的謬見，不僅導致亞里斯多德對經濟問題的研究結果失效，而且在隨後幾近兩千年內，所有把亞里斯多德的意見奉爲圭臬的學者，他們的經濟推理也一概無效。結果，古典經濟學家的非凡成就被嚴重削弱了；他們的追隨者的著作，尤其是馬克思和馬克思學派的著作，也因之完全無效。現代經濟學的基礎在於認識到，正因爲行爲人個別認爲所交換的那些東西價值不同，才導致彼此交換。行爲人之所以進行買賣，完全是因爲他認爲所出讓東西的價值，低於所換取東西的價值。因此，任何價值測量的觀念，都是沒用的。在任何交換行爲之前或伴隨交換行爲的進行，不會有任何可稱爲價值測量的程序發生。某個人也許會認爲，某兩樣東西的價值相等；不過，這種情境下，不會發生任何交換。但是，如果某兩樣東西的價值排序不同，我們對於這排序所能斷言的，只是某某 a 的價值被認爲比較高，或某某 a 被偏愛的程度高於某某 b。價值和價值排序是內含量（intensive quantities），而不是外延量（extensive quantities）；它們是不可能應用基數予以表述或掌握的。

然而，價值可測量、且在經濟交易過程中實際經過測量的錯誤觀念，是如此根深柢固，以致即使是聲名赫赫的經濟學家也不免爲該觀念隱含的謬誤所害。甚至維塞爾（Fried von Wieser）和費雪（Irving Fisher）也理所當然的認爲：必定有什麼像價值測量的東西存在，而經濟學必須能夠指出、並且解釋實際測量價值的方法。[5]而大部分知名度不高的經濟學家則乾脆說，貨幣可充當「價值測量的標準」。

且說，我們必須知道，價值排序的意思是偏好 a 甚於 b。就邏輯而言，就認識論而言，就心理學而言，以及就行爲學而言，都只有這一種偏好型態。不管是某個情人偏好某個女孩甚於其他女孩，或是某人偏好某個朋友甚於其他朋友，或是某個業餘畫家偏好某幅畫作甚於其他畫作，或是某個消費者偏好某條麵包甚於某塊糖果，都是這樣一種偏好。偏好總是意味著：喜愛或渴望 a 甚於 b。正如兩性之間的愛情，兩個人之間的友誼和意氣相投，以及審美欣賞的感受，沒有什麼標準和測量；所以，各種商品的價值也沒得測量。如果某人用兩磅奶油交換一件襯衫，對於這筆交易，我們所能斷言的只是：他——在交易的那一刻，以及在那一刻所處的情況下——偏好一件襯衫甚於兩磅奶油。無可置疑的，每一個偏好什麼的行爲所隱含的感覺，有其獨特的心靈強度。對達到某一確定目標的渴望，其強度是有等級差別的；而且這種渴望強度的高低，決定行爲成功會給行爲人帶來多少心靈上的利潤。但是，這些心靈的量，只有行爲人本人感覺得到；它們完全是屬於個人的，沒有什麼語言可以表達它們的強度、可以將它們的相關訊息傳達給別人。

世上眞的沒有什麼方法可用來建構什麼價值單位！且讓我們記住：任何一種財貨供應量當中的任何兩個單位，必然會有不同的價值排序。在行爲人心中，第 n 個單位的價值，必然低於第 n － 1 個單位的價值。

在市場社會裡，有各種事物的貨幣價格。經濟計算是以貨幣價格爲依據（或媒介）的計算。不同數量的各種財貨與服務，按它們在市場上實際或預期買賣所需支付或可能取得的貨幣數量，進入經濟計算程序。所謂一個孤獨的自給自足者，或一個社會主義體系（亦即，一個沒有生產手段交易市場的生產體系）的計畫當局，能夠計算，不過是純屬虛構的假設。無論是誰，都沒有辦法把市場經濟裡的貨幣計算，轉化爲某種可以在非市場體系裡執行的經濟計算；換言之，非市場經濟體系下，絕無可能進行經濟計算。

價值理論和社會主義

一些社會主義者、制度學派學者和歷史學派學者曾經譴責經濟學家，說經濟學家假想孑然孤立的人也能思考與行爲。他們說，這個假想的魯賓遜．克魯梭（Robinson Crusoe）模式，對於研究市場經濟的情況毫無用處。這個譴責多少有點道理。一個孤獨的人，以及一個沒有市場交換的計畫經濟，這兩個假想情況，必須借助另一個純屬虛構的假設所引申的含義，才能據以說明一些問題；這個自相矛盾，而且違背現實、純屬虛構的假設就是：一個沒有生產手段交換市場的經濟體系也可能執行經濟計算。

經濟學家沒意識到市場經濟情況和非市場經濟情況兩者之間可不可能計算的差異，無疑是一個嚴重的過失。然而，社會主義者可沒理由批評這個過失。正是因爲經濟學家犯了這個過失，等同暗地裡、不自覺的假定社會主義的社會秩序也能應用經濟計算，所以，才會認爲社會主義者的那些計畫可行。

古典經濟學家和他們的追隨者，當然不可能意識到這裡所涉及的問題。如果各種事物的價值，眞的取決於生產（或再生產）它們所需的勞動量，那麼，便不會有進一步的經濟計算問題。我們不能指責那些支持勞動價值說的學者，說他們誤解了社會主義經濟體系的問題；他們最大、最嚴重的失敗，其實在於他們的價值理論站不住腳。他們當中有些人傾向認爲，就社會組織的徹底改革而言，假想的社會主義經濟不失爲有用的、可以實現的模式；這樣的想法並未牴觸他們理論分析的基本內容。但是，就主觀主義的市場經濟學來說，情況可不一樣。現代的經濟學家，如果未能意識到這裡所涉及的問題，是不可原諒的。

維塞爾曾經說，許多經濟學家一直不知不覺的在論述共產主義的價值理論，而且由於這個緣故，一直疏於論述社會現狀下的價值理論。[6]他所說，對極了；可悲的是，他自己也避不開這個缺失。

許多人以爲，一個理性的經濟操作秩序，在一個以生產手段公有制爲基礎的社會裡，是可能實現的；這是一個幻覺。它的起源，在於古典經濟學家的價值理論，而它之所以經久不褪，則是因爲許多現代的經濟學家未能一以貫之、把主觀價值理論的根本定理推演到最終結論，也就是——價值沒得測量，遑論計算。於是，社會主義的烏托邦就這樣藉由一些學派思想的缺陷而衍生出來、並且保存下來。然而，馬克思主義者拒絕這些學派的思想，說它們是「剝削成性的資產階級自私的階級利益在意識型態上的一種僞裝」。其實，正是這些學派的錯誤思想，使得社會主義的觀念成長茁壯。這個事實清楚證明，馬克思主義關於「意識型態」的學說，以及它的現代衍生物——知識社會學，都是空洞無效的。

第三節　經濟計算的問題

行爲人利用各種自然科學所提供的知識，琢磨生產科技學（technology）。這是一門應用科學，在外部事件的領域中，探討哪些行爲可行。生產科技學，說明某一目標是否能達成，以及如果行爲人想達成該目標、並準備支用科技學所指明的手段，怎樣達成該目標。隨著自然科學的進步，科技學也跟著進步；許多人也許寧願說，對改善各種科技方法的渴望，促進了各種自然科學的進步。自然科學的數量化，使得科技學也是數量化的。現代科技學基本上是一門應用藝術，用來預測行爲會有什麼數量上的結果。人們能相當精確的計算某些計畫行爲的數量後果，並且能根據這種計算去安排行爲，以便產生一定數量的結果。

然而，光有科技學所提供的資訊並不足以完成計算任務，除非所有生產手段——包括物質的和人力的——能按確定的比例互相替代，或者所有生產手段都是絕對特殊的。在前一種情況下，雖然不同手段的投入產出比例不同，但所有生產手段都適合用來達成所有目的；這種情況下，就宛如只有一種手段，宛如只存在一種比較高順位的經濟財。在後一種情況下，每一種手段只能用於達成一種目的；這種情況下，人將認爲，每一組互補的生產要素的價值，等同於它們適合生產的那種第一順位經濟財（亦即，消費財）的價值（這裡，我們再一次暫時忽略時間因素所導致的價值關係改動）。但是，在人行爲的世界裡，這兩種情況都不存在。各種手段只能在狹小的限度內彼此替代；它們基本上各自特別合適達成分別不同的目的。但是，另一方面，大部分手段又不是絕對特殊的；它們大多合適達成某些不同的目的。實際上，有許多不同種類的手段，這些手段大部分比較適合實現某些目的、比較不適合達成其他一些目的，而絕對不能用於任何第三類目的，所以有些手段容許有不同的用途。這些事實，使得人必須考慮怎樣把它們配置到不同的用途上，好讓它們發揮最大的作用。在這個環節上，科技學所應用的那種實物計算是無濟於事的。科技學處理種種外界事物與效果可計數與可測量的量；它儘管知道這些量之間的因果關係，卻完全不知道它們對行爲人的各種需求和渴望有什麼重要的意義。科技學的領域只是客觀使用價值的領域。在判斷所有問題時，它所採取的觀點，是一個中立觀察者在觀察一些物理的、化學的和生物學的事件時，所採取的那種公正客觀的觀點。主觀的使用價值觀念、人性特別的角度，以及行爲人的選擇難題，在科技學教導的知識裡，沒有任何容身的空間。它忽視眞正的經濟問題：怎樣運用可供使用的手段，以便不會發生尙有任何更迫切感覺到的需求留待滿足，只因爲適合滿足該需求的手段已用在，或者說浪費在滿足某個比較不迫切感覺到的需求上。要解決這種問題，科技學的那些計數與測量方法是不適用的。科技學告訴行爲人：某一給定目的，可以利用哪些手段、按什麼比例組合來達成，或現有的各種手段能用來達成哪些目的。但是，它不知道怎樣告訴行爲人：在無限可以想像、可能實現的生產模式中，他該選擇哪些生產步驟。行爲人想要知道，他必須怎樣利用可供使用的手段，以便最佳可能地，或者說最經濟有效地去除他所感覺到的不舒適。但是，科技學提供給行爲人的，不過是關於外界事物之間的一些因果關係的陳述。譬如，它告訴行爲人，7a + 3b + 5c +…+ xn 應能導致 8P。但是，即使它知道各種不同的第一順位經濟財在行爲人心目中的價值排序，它也不能確定，這個科技方案，或無數個以科技學方法擬定的方案中的哪一個，最適合用來達到行爲人所追求的目的。工程技術能確定怎樣蓋一座橋，以便在某個給定的地點跨越某一條河，並且承受某一既定的負載。但是，它不能回答，蓋這樣的一座橋，所需使用的物質類生產要素和勞動，是否抽取自某一更迫切需要使用它們的用途，以致使某一更迫切感覺到的需求得不到滿足。換言之，它不能回答，那座橋究竟該不該蓋、蓋在什麼地方、該有多大的負載能量，以及在許多種可能的造橋方式中該選哪一種。各種手段之間的關係，科技計算能確立的，僅限於它們能彼此替代用來嘗試達到某一已確定的目標。但是，行爲必須知道各個手段之間的所有關係，不管這些手段是多麼不同，而且也不管在執行某一功能時它們是否能彼此替代。

如果不能在科技擬定的那些方案中引進各種財貨和服務的貨幣價格，科技和從科技衍生出來的一些考量，對行爲人將沒什麼用處。如果工程師不能在某一共同基礎上比較投入和產出，他們的那些擬議和設計將純粹是空談。高高在上的理論家，獨自關在實驗室裡，是不理會這些瑣碎事務的；他正在探索這宇宙內不同元素之間的因果關係。但是，務實的人，渴望盡可能去除不適感，以改善人的處境，他必須知道，在給定的情況下，他正在計畫的方案是不是最佳的辦法或甚至只是個辦法，可以使人少點不適感。他必須知道，和目前的事態相比，以及和（因爲他構想中的計畫付諸實施、吸納了一些可用的手段而排擠掉的）其他技術上可能實現的計畫完成後的預期利益相比，他想要完成的計畫，結果是不是一個改善。只有使用貨幣價格，才可能進行這種比較。

貨幣成爲經濟計算的媒介。這不是貨幣的另一個功能。貨幣是人普遍使用的交換媒介，如此而已。只因貨幣是共同的交換媒介，因爲大部分財貨與服務能在市場上用貨幣買到或賣得貨幣，而且只在這種情形下，人才能在計算時用上貨幣價格。市場上過去確立的貨幣和各種財貨或服務之間的交換比率，以及未來預期確立的同一類比率，是經濟計畫的知性工具。在沒有貨幣價格的地方，便不會有經濟數量這種東西，將只有外在世界中各種不同的原因和效果之間的數量關係；將不會有任何辦法，使人得以確定什麼樣的行爲，最能幫助他盡可能去除不適感。

我們毋須詳述自給自足的農夫那種原始家庭共同生活的經濟情況。這些農夫只執行非常簡單的生產程序，不需要計算什麼，因爲他們能直接比較投入和產出。如果他們需要襯衫，他們就種麻，接著紡紗、織布和縫製衣裳。他們毋須計算，便能輕易在心裡頭確定：他們付出的辛勞，是否可從辛勞的產品得到足夠的補償。但是，對於文明人來說，回歸這樣的生活，是根本不可能的事。

第四節　經濟計算與市場

經濟問題的計量處理，絕不可和處理外界的物理、化學事件時所應用的計量方法相混淆。經濟計算的特別標誌，就在於它既不是以什麼可以稱爲測量的程序爲基礎，而且也和這種程序毫無關聯。

一個測量程序，旨在確立某一物體相對於另一物體——測量單位——的數值關係。測量的原點是空間維度的原點。借助於指涉空間展延的單位長度概念，我們測量能量與潛能，亦即測量某一事物導致其他一些事物和其間關係改變的能力，以及測量時間的經過。一個指針的讀數，直接指示某一空間關係，而只間接指示其他性質。測量的基本假設，是測量單位的永恆不變。長度單位是所有測量的基石。有些人認爲，凡是人都會忍不住認爲長度單位永恆不變。

過去幾十年間，物理學、化學和數學領域的傳統認識論發生了一次革命。我們現在正處於種種理論創新的前夕，它們的影響範圍很難預測。也許未來世代的物理學家勢將面對的一些問題，在某方面會很類似行爲學必須處理的問題。也許他們將來不得不拋棄像這樣的想法：有某個不受宇宙任何變化影響的東西，觀察者能利用它作爲一個測量標準。但是，不管將來的物理學思想會有什麼變化，在肉眼可見的或摩爾量級的物理學領域裡，地球上任何實體的測量，其邏輯結構是不會改變的。在顯微物理學的領域，測量也是利用米尺、測微計、光譜儀，最終利用本身也是肉眼可見的人——觀察者、實驗者——粗糙的感覺器官。[7]它脫離不了歐幾里德幾何，也脫離不了有一個永恆不變的標準這樣的觀念。

市場上有各種貨幣單位，有人與人買賣的各種經濟財可測量的物理單位，而人與人買賣的許多服務也有這種單位。但是，行爲學必須處理的，是那些總是變個不停的交換率；從這些交換率找不到什麼固定不變的東西；它們抗拒任何測量的嘗試。在確定了一些銅的重量後，物理學家會把該測量結果稱作一個事實。但市場上的交換率不是這種意義的事實；它們是歷史事件，是在某一確定的時刻、某些確定的情況下曾經發生的事情。同一數值的交換率也許會再出現，但是，誰也無法保證這種事情將會發生；而如果眞的發生，誰也不能確定這相同的交換率，是不是因爲相同的情況繼續保存下來所致，或是因爲再次回到和過去相同的情況所致，抑或根本是另一組非常不同的價格決定因素互動所致。行爲人在經濟計算時所應用的那些數字，指涉的不是什麼測量到的數值，而是他——根據了解——預期在未來的市場上實現的交換率，因爲一切行爲都是朝向未來，而對行爲人來說，也只有未來才是重要的。

我們此時此刻探討的，不是某種「計量經濟科學」的問題，而是行爲人在應用計量方法分辨各種選項的利弊以計畫未來的行爲時，究竟執行了些什麼樣的知性程序。由於行爲永遠旨在影響某一未來的事態，所以經濟計算永遠指涉未來。即使它將過去的事件、過去的交換率納入考慮，那也完全是爲了安排未來行爲的緣故。

行爲人應用經濟計算，希望完成的任務，是藉由投入、產出的比較，以確立行爲的後果。經濟計算，或者估計未來行爲的預期後果，或者確立過去行爲的後果。但是，後者並非只是用來達成一些歷史的、教訓的目的。它的實際意義，在於給行爲人顯示，在不損害未來生產能量的條件下，他現在可以自由支用多少財貨於消費。正是針對這個問題，所以經濟計算的一些根本概念——資本與收入、利潤與損失、支出與儲蓄、成本與收益——才發展出來。這些概念和它們所衍生的一切概念的實際應用，和某個市場的實際運作是不可須臾分離的；在該市場裡，所有順位的財貨與服務都是和某一普遍使用的交換媒介（即，貨幣）交換。在一個行爲結構不同的世界裡，所有經濟計算的相關概念都將只是空談，對行爲毫無意義可言。

第十二章　經濟計算的範圍

第一節　貨幣登錄的性質

經濟計算能納入每一件和貨幣交換的事物。

財貨與服務的價格，若不是關於過去事件的歷史資料，就是未來可能事件的預列。某一過去的價格訊息，傳達這樣的知識：曾有某次或某幾次人際交換按照該交換率進行。過去的價格訊息，不會直接傳達任何關於未來價格的知識。我們時常假定：在最近的過去決定價格的市場形勢，在最近的未來將不會有任何變化，或至少不會有太大的變化，所以價格也將保持不變，或只會稍微改變。如果相關價格是許多行爲人互動的結果（這些人只要認爲交換率看起來合適，便準備下手買賣），而且，如果市場形勢過去並未受到大家認爲是意外的、特別的和不可能再發生的情況影響，前述的假定或預期便是合理的。然而，經濟計算的主要任務，不是要處理恆常不變或僅輕微改變的市場情況和價格問題，而是要處理市場情況和價格的變化。行爲人，可能預期外界在他本人沒干預下將發生一些什麼變化，而想調整自己的行爲去適應預期來臨的外界事態；也可能在沒有其他因素將產生事態變化之下，他自己想執行某一勢將改變外界事態的計畫。無論如何，過去的價格，對行爲人來說，只是他努力預測未來價格的起點。

歷史學家和統計學家只在意蒐集過去的價格，而務實的人則關心未來的價格，即使這未來只是下一個小時、明天或下個月。對務實的人來說，過去的價格只是預測未來價格的墊腳石；不管是在預先估算某些計畫行爲的後果時，或是在嘗試確定過去買賣的結果時，他主要關心的，都是未來的價格。

在資產負債表和損益表裡，過去行爲的結果，顯現在以貨幣當量表示的期初和期末自有資金（總資產減總負債）的差額，以及報表期間內以貨幣當量表示的總應付成本和總應收收入之間的差額。在這些財務報表裡，必須登錄所有資產與負債項目（除了現金）的貨幣當量估計值。這些項目應該按它們未來可能賣得的價格來估計，或就某些項目而言，尤其是生產設備，應該參考它們所協助製造的商品的預期售價來估計。然而，商業積習、商業法、稅法的一些規定，已經導致行爲人偏離了這些但求盡可能正確的健全會計原則。這些積習和法律，與其說是關心財務報表的正確性，不如說是關心其他目標的落實。商業法訂立的一個目的，是要透過某一會計方法，間接保護債權人免於損失；它基本上傾向將資產估價壓低至估計的市價以下，以便使得淨利和總自有資金看起來少於它們的實際數。如此便會有一筆安全儲備創造出來，以降低可能使債權人蒙受損失的危險，譬如，業主可能從企業提取太多所謂利潤、而損害企業的自有資金，或已經資不抵債的企業也許還繼續經營，直到耗盡可用來償付債權人的手段。相反的，稅法往往傾向規定一種使企業利潤看起來比公正的估計還要高些的計算方法。這種方法的用意在於，一方面將有效稅率提高，另一方面則維持名目稅率級距不變，以掩蓋實際稅率提高的事實。所以，我們必須區分，商人在計畫未來的買賣時所應用的經濟計算，和那些爲了其他目的而採用的關於買賣事實的計算方法。應付稅款如何確定，和經濟計算是不同的兩回事。如果某一條家僕稅法規定，一個男僕應該算作兩個女僕，這除了是一個確定應付稅額的方法外，沒人會認爲還能有什麼其他意義。同樣的，如果某一條遺產稅法規定，證券應該按被繼承人死亡當天的證券市場報價估計價值，這除了提供一個確定遺產稅的方式外，沒有別的意思。

按照正確的複式簿記原則適當登錄的帳冊與報表，在金錢數目上是精確的。它們所展現的精確度令人印象深刻，每一個項目數值的精確性，似乎都可消除所有疑慮。然而，事實上，它們當中最重要的一些數值，是關於未來市場形勢的推測性預列。拿任何商業帳冊裡的數值，和純粹科技的計算，譬如，在設計怎樣製造一部機器時，所使用的那些數值相提並論，是一個錯誤。工程師——只要他專注於工作裡的科技面——只應用自然科學實驗方法所確立的數值關係；而商人不可避免使用的一些數值，只是他對一些人未來行為嘗試了解、推測的結果。資產負債表和損益表裡，主要的項目是一些本身不是現金的資產和負債項目的估價。所有這些報表，實質上都是期中財務報告。它們在某一任意選定的時刻，盡可能正確捕捉企業當時的營運狀態，儘管生活與行為繼續前進，從未停頓。個別的企業單位可能會結束營運，但整個社會生產體系永遠不會停頓。即使本質上是現金的那些資產與負債項目，也免除不掉所有會計項目固有的不確定性；它們倚賴未來市場形勢的程度，不亞於任何存貨或設備項目。因此，企業會計帳冊和計算在數值方面再精確，也不應阻礙我們看出：帳上那些數值和所有以那些數值為基礎的計算，本質上是不確定的、推測性的。

然而，這些事實並不會減損經濟計算的效能。經濟計算總是如其所能的有效。沒有什麼改革能提高它的效能。它給予行為人所有能從數值計算獲得的幫助。它當然不是一個完全掌握未來情況的手段，所以行為的投機性質不會因它而消失。但沒有人會認為這是一個缺陷，除非他還沒意識到：生活其實不是僵固不變的；所有事物其實是永遠變動不居的；人其實不是百分百知道未來情況的。

經濟計算的任務，不是讓人獲得更多關於未來情況的資訊。它的任務是幫助行為人調整行為、盡可能適應他**現在**對於未來的需求滿足情況所持的看法。為了這個目的，行為人需要一個計算方法，而凡是計算都需要所有納入計算的項目都指涉某一共同的事物。經濟計算的這個共同指涉物，就是貨幣。

第二節　經濟計算的一些限制

經濟計算不能納入不是用貨幣買賣的事物。

有些事物是不供出售的，要取得它們所必須付出的犧牲，不是金錢，也不是可以換成金錢的事物。某個人若想訓練自己成爲一個有偉大成就的人，必須使用許多手段，其中有些需要支付金錢。但是，另有一些根本的，需要奉獻給這種努力的事物，不是金錢買得到的。名譽、美德、光榮，以及同樣的，活力、健康和生命本身，在行爲中所扮演的角色，既是手段，也是目的；但是，它們不在經濟計算之列。

有些事物根本不能以金錢估價，而另有些事物，能以金錢估價的，只是人們認爲的全部價值中的一部分罷了。一棟老舊建築的估價必須忽略它在藝術和歷史方面的價值，只要這些價值不是金錢收入的來源或可販售的商品。任何事物，如果只感動其擁有者的心靈，但吸引不了別人願意付出某些犧牲以獲得它，便進不了經濟計算的範圍。

然而，這些事實絲毫不會減損經濟計算的效能。那些不能列入會計和計算的事物，若不是行爲的目的，就是第一順位的財貨。人毋須計算便可充分承認或適當考慮它們的重要性。行爲人，只消拿它們的重要性和取得或保存它們的總成本相比較，便可做出選擇。且讓我們假定，某個城鎮議會必須在兩個供水計畫之間做選擇：其中一個計畫必須拆除某一歷史性地標，而另一計畫不必拆除該地標，不過必須以增加一筆金錢支出爲代價。那種傾向把紀念性地標保護下來的情感，即使不能用一筆金錢來估價，然而，這個事實一點兒也不會妨礙議員的決定。正因爲這樣的事實，那些沒被任何貨幣交換比率反映出來的價值，反而被提升到一個獨特的地位，使得下決定更容易。有人悲嘆，市場的計算方法沒納入不可販售的事物；沒什麼抱怨會比這更沒道理了。道德的，以及審美的價值，是不會因爲不可販售而蒙受任何傷害的。

貨幣、貨幣價格、市場買賣，以及以它們為依據的經濟計算，遭到某些人列為抨擊的主要對象。喋喋不休的佈道家，將西方文明貶抑為卑鄙的商販體制。自鳴得意、自以為是，以及言行不一之徒，興高采烈嘲諷我們這個時代的「銅臭味哲學」。神經質的社會改革家、心態不平衡的文人墨客，以及野心勃勃的群眾煽動家，以指控「理性」和宣揚「非理性」的福音為樂。在這些嘮叨者的眼裡，貨幣和經濟計算是諸多最嚴重罪惡的根源。然而事實是：行為人只是發展出一個方法，幫自己盡可能弄明白行為是否合宜，是否將以最實用、最經濟的方式去除不適感；而且該方法並不妨礙任何人按照各自認為正當的原則，去安排自己的行為。證券市場和企業會計的「唯物主義」，並不妨礙任何人恪守托馬斯・肯皮斯（Thomas à Kempis）的標準過活或為某一高貴的志業犧牲性命。群眾偏好偵探小說甚於欣賞詩篇，因而寫作偵探小說比創作詩篇更為有利可圖，這固然是事實，卻不是使用貨幣和貨幣計算所造成的事實。這世界上有流氓、小偷、殺人兇手、娼妓、易腐敗的官員和法官，並不是貨幣的過錯。說誠實「划不來」，是不對的。對那些寧可忠於自認為正當的原則，也不願屈就另外一種不同態度而獲利的人來說，誠實永遠是划得來的。

另外有些抨擊經濟計算的人未能意識到：經濟計算只是一個專供某些特定人士使用的方法，這些人生活在一個以生產手段私有制為基礎的社會秩序裡，並且在分工的經濟體制下行為。它只能幫助在這種社會秩序、這種制度背景下操作的那些人民或人民團體思考他們的問題。因此，它是一個計算私有利潤，而不是計算「社會福利」的方法。這意思是，對經濟計算來說，市場價格是最終的事實和標準。對於行為問題，如果考慮的標準不是市場裡實際顯現的消費者需求，而是某個管理整個國家或塵世事物的獨裁團體所核定的假設性價值，那就不能應用經濟計算來幫助思考。某個人若想從某個冒稱「社會價值」的觀點，亦即，從所謂「整個社會」觀點來審判行為，或者想以某一虛構的、以他自己的意志為最高決策的社會主義體制中某個虛擬情況爲標準，來批評行爲，那也用不上經濟計算。以貨幣價格爲依據的經濟計算，是企業家的計算，這些人組織生產活動，以供應市場社會裡的消費者需求。對於其他任務，經濟計算是無濟於事的。

某個人若想利用經濟計算，就絕不可用專制君主的心態來看待事物。可以用價格來計算的，是資本主義社會裡的企業家、資本家、地主和賺取工資者；在這些角色所追求的事物之外，利用經濟計算是不恰當的。按貨幣當量爲那些沒在市場上買賣的物件估計價值，或任意使用沒有任何市場現實作爲參照的數值來計算，那是沒意義的。法律判決某人應該支付多少金額，作爲造成某個他人死亡的賠償。但是，有這個爲確定賠償金額而制定的法律，並不表示人命有一個價格。在實施奴隸制度的地方，奴隸有市場價格。在沒實施奴隸制度的地方，人命和健康是不得買賣的事物。在自由人的社會裡，保全生命和健康是目的，不是手段；因此，生命和健康不能進入任何算計手段的程序。

根據貨幣價格確定某些人的總收入或總財富，可能是有意義的。但是，計算一國的收入或一國的財富，是沒意義的。在市場社會範圍內操作的個人，有其特別的一種思維邏輯，一旦我們開始考慮一些和這種思維無關的事項，貨幣計算方法就再也幫不到我們了。嘗試依據貨幣去確定一國或全人類的財富，和神祕主義者認爲努力琢磨埃及吉塞大金字塔的尺寸和角度，便可解開許多宇宙之謎，是一樣的荒唐幼稚。如果某一商業計算將某一數量的馬鈴薯價值列爲一百元，這意思是，該數量的馬鈴薯可賣得一百元，或一百元可再次購入該數量的馬鈴薯。如果某一整個企業單位被估價值一百萬元，這意思是，某人預期可按此金額賣出該企業單位。但是，一國之總財富報表裡的那些項目，它們的意思是什麼呢？這種計算的最終結果，有什麼意義呢？什麼項目該列入計算？什麼項目不該列入？該不該納入該國氣候的「價值」？該不該納入該國人民先天的，以及後天學到的技巧？商人能把他的財產換成貨幣，但國家不能。

行爲和經濟計算所應用的那些貨幣當量是貨幣價格，亦即，貨幣和其他財貨或服務的交換率。價格不是以貨幣爲單位的測量；所謂價格就是一筆貨幣。價格，若不是過去的價格，就是預期的未來價格。一個價格必然是一個歷史事實，它若不是過去的歷史事實，就是未來的歷史事實。價格沒有任何固有的性質容許將它比作物理或化學現象的測量。

第三節　價格的易變性

交換率是不停變動的，因爲形成交換率的那些情況永遠變個不停。某個人認爲貨幣，以及各種財貨與服務，各値多少，是他在某一時刻選擇的結果。每一後來的時刻都可能產生一些新事物，引發新思量，導致不同的價値選擇。持平的說，能當成一個問題，需要解釋的，不是價格變動不居，而是價格竟然沒變動得更快、更頻繁。

日常的經驗顯示，市場上的交換比率是易變的。有人也許會以爲，一般人對於價格的想法，會充分考慮到這個事實。然而，在生產與消費方面，以及在行銷與價格方面，所有流行的概念都或多或少沾染上「價格僵固性」這個含糊和矛盾的觀念。一般人傾向認爲，保持昨日的價格結構，既是正常的，也是公平的，而且還譴責交換率的改變，說違反自然與公正的法則。

如果把這些流行想法解釋爲，從前生產與行銷情況比較穩定的年代，所形成的舊觀念累積、沉澱下來的結果，那將是個錯誤。以前的年代，價格是否比較不常改變，是很有疑問的。反倒不如說，諸多地方性市場逐漸合併、形成比較大的國內市場，最後出現一個全世界範圍的市場，以及商業發展朝向連續、穩定供應消費者，已經使得價格變動比較不頻繁、不劇烈。在前資本主義時代，生產科技與方法固然比較固定，但是，在供應不同的地方性市場方面，以及在因應各地不同的需求變化方面，以前比較沒規律。即使很早以前的價格確實稍微穩定些，到了我們這個年代，以前的事實也應該起不了什麼作用了。現在流行的那些關於貨幣和貨幣價格的觀念，不是承襲過去形成的觀念；若把它們解讀為好幾代以前遺留下來的東西，肯定是錯的。在現代社會的情況下，每個人每天都面對如此多或買或賣的問題，所以我們有把握認定，關於這些問題，每個人的想法不會只是不假思索的接受傳統觀念。

我們很容易理解，那些因價格變動而暫時受害的人，為什麼會怨恨價格變動，為什麼會強調先前的價格不僅比較公平、也比較正常，以及為什麼他們會主張價格穩定合乎自然、道德的法則。但是，每一次價格變動都會增進其他一些人的暫時利益。那些受惠的人肯定不會感覺到什麼衝動，促使他們出聲強調價格僵固的公平性和正常性。

無論是好幾代以前的記憶，或是自私的集團利益結構，都不能解釋為什麼價格穩定的觀念是這麼的流行。其實，這種流行觀念的根源在於這樣的事實：一般人向來按照自然科學的模式建構有關社會關係的各種觀念。有些經濟學家和社會學家企圖按照物理學或生理學的模式打造社會科學；這些學者只不過是沉溺於一般民眾慣有的謬見早已採納的那種思維方式罷了。

古典經濟學家甚至遲遲未能從這個錯誤解脫出來。他們認為，價值是一種客觀的東西，亦即，是外在世界的一個現象，事物固有的一個性質，所以是可測量的。他們完全不能理解價值判斷是純粹人為的、唯意志的性質。就我們現在所知，最早揭露人偏好某樣事物甚於其他事物究竟是怎麼一回事的，是Samuel Bailey。[1]但是，他寫的書，和主觀價值理論的其他先驅的著作一樣，被當時的論者忽略了。

從行為領域中剷除有什麼東西可測量的謬見，不僅是經濟理論的一個艱鉅任務，同樣也是經濟政策方面一個困難的任務。當今許多經濟政策之所以失敗，在某一程度內，可歸因於令人遺憾的觀念混淆，而混淆的源頭，就是一般人誤以爲：人際關係當中有某一固定的，所以，可測量的東西。

第四節　穩定化

所有這些錯誤觀念的一個副產品，就是經濟「穩定化」這個念頭。

政府在處理貨幣事務所犯的諸多毛病，以及企圖透過信用擴張以壓低利率、鼓勵企業活動的政策所造成的災難性後果，使得某些人產生了一些想法，終於形成「穩定化」這個口號。我們能解釋它的出現、它的大眾吸引力；我們能了解，它是過去一百五十餘年貨幣銀行史的結果；我們能在某種程度上，提出一些辯解的理由，爲它所涉及的錯誤申辯、求情。但是，這種同情的理解再怎麼多，也絲毫不可能使它的那些謬見更爲站得住腳。

穩定——穩定化方案想達到的目標，是一個空洞、矛盾的概念。使人傾向於行爲的那種衝動，或者說，使人傾向改善生活條件的衝動，是與生俱來的。人，本身時時刻刻在改變，他的價值取向、意願與行爲也跟著改變。在行爲領域，沒什麼是永恆的，除了改變。在這不停的改變中，除了永恆、先驗的行爲範疇，沒有什麼固定點。只有無聊的人，才會把價值取向與行爲，和人本身的不穩定性與行事作風的易變性切割開來，然後進行論述。在他們心目中，這世界彷彿有一些永恆的價值，獨立於人的價值判斷之外，並且適合當作標準，用來評量眞實行爲。[2]

所有曾建議用來測量貨幣單位購買力變動的方法，基本上都不經意的建立在一個虛幻的想像上，就是以爲有一永恆不變的生靈，應用某一不變的標準，可以確定一單位貨幣會給他本身帶來多少數量的滿足。爲這個考慮欠周的觀念辯護，說只是爲了測量貨幣購買力的變動，實在是一個拙劣的理由。因爲穩定觀念的核心就在於這個虛幻的購買力概念。外行人，囿於物理學觀念，曾經認爲貨幣是測量價格的標準。他以爲，交換率的變動，只發生在不同的財貨與服務彼此的交換關係上，而沒發生在貨幣和「全體」財貨與服務之間的交換關係上。後來，論者把這種想法顛倒過來，不再認爲貨幣單位的價值不變，而是反過來認爲，價值不變的是可以買到或賣出的東西「全體」。他們開始設計一些方法，構思一些複雜的商品單位，以便和貨幣單位比較。由於熱切渴望找到一些指數來測量貨幣購買力，所有疑慮都遭到壓制；所採用的價格記錄是否可疑、是否可以比較，以及用來計算各種平均數的程序是否僅是任意武斷的設計，所有這些疑慮也都置之不理。

聲名赫赫的經濟學家歐文．費雪（Irving Fisher）是美國穩定化運動的提倡者；他拿美元和家庭主婦在一定期間內爲供應全家生活，在市場上購買的一籃子商品相比。購買這籃子商品所需貨幣數量的變動比例，就是美元購買力的變動比例。穩定化政策的目標，就是要維持購買這籃子商品的貨幣支出固定不變。[3]如果，該家庭主婦，以及費雪假設她購買的那一籃子商品，都固定不變；如果，該一籃子總是包含相同種類的商品，而所包含的每一種商品的數量總是相同；並且如果，該一籃子商品在該家庭生活中的作用永遠不會改變，這樣的比較程序或許不會有什麼大錯。但是，我們生活所在的世界，這些條件其實沒有哪一個是會實現的。

首先，存在這個事實：許多商品品質的差異變化，並非跳躍式的，而是連續性的。認爲所有小麥都相同，是不對的，更不用說鞋子、帽子和其他製成品。按照通俗語言和統計歸入同一類的一些商品，它們在同一時間的銷售價格，彼此有很大的差異，就是一個明證。俗諺說：（什麼和什麼）像兩顆豌豆一模一樣；然而，買者和賣者一樣，都會分辨不同品質與等級的豌豆。某些商品在科技面或統計上也許名稱相同，但比較不同地方（或不同時候）購買它們所支付的價格，卻是沒意義的，除非我們可以確定，除了購買地點之外，它們的品質完全相同。品質在這裡的意思是：購買者（或潛在購買者）會在意或注意到的那些性質。光是所有第一順位財貨與服務的性質都可能改變的事實，便足以推翻所有編製價格指數方法的根本假定。有限的一些較高順位的財貨，尤其是性質完全由成分、配方決定的一些金屬和化學品，它們的特徵很容易精確描述，這固然是事實，卻是不相干的事實。想要測量貨幣購買力，勢必得倚賴第一順位財貨與服務的價格，而且是**所有**這類財貨的價格。使用生產財價格是無濟於事的，因爲避免不了會把同一消費財在不同生產階段的價格重複計算好幾次，從而得到扭曲、不實的結果。若只挑選其中幾項商品去計算價格指數，這樣的限制又是完全任意武斷的，所以不是正確的作法。

但是，即使沒有以上這些不能克服的障礙，計算貨幣購買力的問題也一樣無解。因爲不僅商品科技面的性質會改變，新種類的商品也會出現，而許多舊商品更會從市場上消失。消費者的價值取向也會改變，導致需求和生產改變。「貨幣購買力測量理論」的那些假定，要求人的需求和價值取向固定不變；只有當人永遠依相同方式評價相同事物時，我們才可能認爲價格變動表示貨幣購買力變動。

由於消費者在一定期間內購買消費財的總金額不可能蒐集得到，統計學家不得不轉而倚賴購買個別商品所支付的價格。這引起兩個新問題，而且兩個問題都沒有必然正確的答案。因爲使用個別商品的價格，所以必須給它們分別乘上一個表示重要性的權數。如果沒考慮各種商品在家庭支出結構中所扮演的角色，就讓各種商品價格進入價格指數計算程序，那顯然不是正確的作法。但是，各種商品的適當權數無論怎樣推敲、確定，結果都只是任意武斷的決定。接著，平均數必須根據蒐集得來，且調整過的價格資料算出；而平均數有許多不同的計算方法，有算術平均數、幾何平均數、調和平均數，還有稱作中位數的準平均數。不同計算方法得出的結果不同，當中沒有哪一個能認定是唯一在邏輯上無懈可擊的答案。無論選擇哪一個作爲計算方法，都是任意武斷的決定。

如果人的所有情況都是不會改變的，如果所有的人總是重複相同的行爲，因爲他們的不適感，以及他們對於如何去除不適感的想法，都是固定不變的；或者如果我們能夠假定，當這些因素在某些個人或群體身上有所變化時，總是會被其他個人或群體身上的相反變化抵銷，所以不至於影響總需求和總供給，那麼，我們生活所在將是一個穩定的世界。但是，在這樣的世界，說貨幣購買力可能改變，本身就是一個矛盾的想法。我們稍後將證明，貨幣購買力的改變，必然會在不同時間、按不同程度影響不同商品與服務的價格；因此，貨幣購買力的改變，必然會導致需求與供給，以及生產與消費的改變。[4]**價格水準**，這個不當術語所隱含的觀念——亦即，只要其他情況相同，所有價格彷彿能均勻上漲或下跌——根本是站不住腳的。因爲，如果貨幣購買力改變，其他情況不可能保持相同。

在行爲學和經濟學的領域，測量的概念不可能有什麼意義。在假設一切情況僵固不變下，沒有什麼改變可供測量。在實際多變的世界裡，沒有什麼固定的點、尺度或關係，可以作爲測量的標準。相對於所有可以買賣的事物，貨幣單位的購買力如果改變，從來都不會是均匀改變的。穩定和穩定化，如果不指涉某一僵固狀態與這個狀態的保持，只不過是空洞的觀念。然而，這個什麼都僵固不變的狀態，甚至不可能邏輯一貫的推演通透（亦即，是邏輯不通的假設），更不用說能實現。[5]凡是有行爲的地方，就會有改變。行爲是改變的手段。

統計學家和統計當局在計算貨幣購買力和生活費用指數時，所展示的那種裝腔作勢的莊嚴肅穆，其實和他們的實質作爲並不相配。這些指數充其量不過是就已經發生的改變，提出一些相當粗糙、不精確的說明。在貨幣供需關係緩慢改變的時期，這些指數根本傳達不了什麼訊息；而在通貨膨脹、因而也是價格劇烈改變的時期，它們也只提供一個關於事態變化的粗略印象，在它們算出、公告之前，每個人便已天天體驗到這種事態變化了。一個識字的家庭主婦，在價格變動對她自家影響範圍內，所親身感知的價格情勢，遠遠超過所有統計平均數帶給她的訊息。如果在列入指數計算的那些價格下，她能夠或可能購買的商品，在品質和種類方面的變化被忽略了，價格指數對她便沒什麼用處。如果她爲了個人欣賞之用，也去「測量」價格變動，即使只選取兩三種商品作爲標準，所得結果，和技巧老練的數學家揉捏擺布市場資料時，所選擇使用的那些深奧的方法相比，她那土法的「科學含量」不會比較少，而任意武斷的程度也不會比較多。

在實際生活中，沒有哪個人會容許自己被一些指數愚弄。沒有哪個人會認同將它們視爲測量什麼和什麼的神話。按理說，凡是在測量到某些數量的地方，所有進一步關於它們的長短、大小的疑慮與紛爭都會終止，相關問題都解決了。沒有哪個人膽敢和氣象專家爭辯溫度測量、濕度測量、氣壓測量和其他氣象數據。但是，另一方面，沒有哪個人會默認某個指數正確，如果該指數得到輿論承認後，他無法預期自己將可獲益。指數的確立，不會解決紛爭；它只把紛爭轉移到相反意見與利益衝突更難以調和的某個領域。

人的行爲引起改變。只要有人的行爲，便不會有穩定，只有不停的改變。歷史過程就是一序列的改變。人，沒有能力停止歷史，沒有能力創造一個所有歷史都靜止不動的穩定年代。人的天性，就是追求改善、想出一些新觀念，並按照這些新觀念重新安排他的生活。

市場價格是歷史事實，表示在不可逆的歷史過程中，某個確定時刻曾經存在什麼樣的事態。在行爲學的領域，測量的概念沒有任何意義。在假想的——而且，當然，不可能實現的——僵固、穩定狀態下，沒有什麼變動可供測量。在不斷改變的實際世界裡，沒有固定的點、物件、性質或關係，可以作爲測量變動的依據。

第五節　穩定化觀念的根源

經濟計算不需要以穩定化運動提倡者所稱的幣值穩定，作爲先決條件。固定不變的貨幣單位購買力，是不可能想像、也不可能實現的；但是，這個事實不會損害經濟計算的效能。經濟計算需要的，是一個沒遭到政府干預破壞、能正常運作的貨幣體制。那些爲了增加政府支出，或者爲了引導利率暫時下降，而嘗試擴大貨幣流通數量的政策作爲，瓦解了通貨體制的正常運作、擾亂了經濟計算。貨幣政策的首要目標，必須是杜絕政府從事通貨膨脹、杜絕政府創造條件鼓勵銀行擴張信用。但是要知道，這種政策大大不同於既糊塗，又自相矛盾的購買力穩定政策。

要讓經濟計算發揮效能，唯一需要的只是：避免貨幣供給發生巨大、突然的變動。金本位制和十九世紀中期以前的銀本位制，就很適合經濟計算的所有目的。貴金屬的供需關係變化，以及所導致的購買力變化，當時是如此緩慢，以致企業家的經濟計算即使忽略這些變化，也不會錯得太離譜。經濟計算是不可能百分百精確的，更不用說未能適當注意貨幣變動所引起的毛病。[6]商人在計畫未來行爲時，不得不用上某些關於謎樣之未來的數據；他的計畫涉及未來的價格與未來的生產成本。會計和簿記，在嘗試確定過去行爲的結果時，只要必須倚賴固定生產設備、存貨和應收帳款的估計值，那也就和籌劃未來的情形一樣。儘管存在所有這些不確定因素，經濟計算還是能達成任務；因爲這些不確定因素並非源自於計算方法本身有什麼缺陷，它們是行爲本質固有的東西，因爲行爲總是在處理不確定的未來。

使購買力變穩定的念頭，不是因爲有人試圖使經濟計算更正確而引起的。該念頭的根源，是有人希望創造出一個和不斷流動、變遷的人間世事隔開的領域，一個不受歷史過程影響的領域。爲了永遠供應生活費給教會團體、慈善機構或家族而設立的基金，很早以前是以捐贈土地或實物支付農產品的方式設置的。後來加入了以貨幣給付的年金模式，捐贈者和受益人希望，按一定數量的貴金屬給付的年金所能維持的生活水準，不會受到經濟情況變動的影響。但是，這希望其實是虛幻的，後來的世代發現祖輩的計畫沒能實現。受到這種經驗的刺激，有人開始研究怎樣才能達成希望的目的；於是，著手測量貨幣購買力的變動，並且試圖消除這種變動。

在各級政府啓動長期不可贖回和無期借款的政策後，這個問題變得更爲重要。國家，這個邦國崇拜發軔時期的新上帝、這個沒沾染到任何塵世弱點的永恆超凡機構，給公民提供了一個機會，讓個人可以把財富放在安全、又可以享有穩定收入的地方，不受任何塵世變遷的影響。它打開了一個途徑，使得個人不再爲了重新取得既有的財富與收入，而需要天天在資本主義市場裡承擔新風險。某人若是把自己的資金投資在政府和所屬單位發行的債券上，就不再受制於不可避免的市場法則和消費者至上的權力。換言之，他不再需要擔心他的投資方式是否最能滿足消費者的需要和希望。他是安全的、得到保護，免於市場競爭的危險，毋須顧慮因爲無效率而導致他遭到財富損失的懲罰；永恆的國家已經把他納入卵翼，保證他不受干擾、安靜享受他的資金收益。此後，他的收入，將不再源自於以盡可能最好的方式，供應消費者需求的市場過程，而是源自於國家這個強制與脅迫機構所課徵的稅收。他不再是消費者同胞的一個僕人，受制於他們的至高權力；他是政府的一個夥伴，一起統治人民、一起向人民強取貢品。政府支付的所謂利息，低於市場的利率。但是這個利息差額，和債務人——其收入不靠滿足公眾而是靠強迫公眾納稅的國家——無可置疑的償債能力相比，不值一哂。

儘管早期的公債經驗並不美好，人民還是不吝惜信任十九世紀的現代化國家。當時人民普遍認爲，這種新國家將嚴格履行自願簽訂的債務契約。資本家和企業家充分知道，在市場社會裡，除了每天和每一個人，包括已經存在的企業，以及「小本經營」的新手企業，艱苦競爭，設法重新取得財富，其實沒有別的辦法保全曾經取得的財富。企業家，逐漸老了、疲倦了，不再傾向以他辛苦得到的財富做賭注，嘗試以新方式滿足消費者的需求，而前人財富的繼承者既懶惰、又充分意識到本身沒能力，偏好投資於政府公債，因爲他們也希望從市場法則解脫出來。

且說，不可贖回的無期公債是以貨幣購買力的穩定爲其先決條件的。雖然國家和它的強制力也許是永恆的，公債所支付的利息，除非按某一價值不變的標準支付，不見得同樣永恆。就這樣，爲了安全的緣故，避開市場、避開企業家功能、避開投資於自由企業，而偏好政府公債的投資者，再度面臨所有人間世事的易變性問題。他發現，在市場社會的框架裡，絕不會有任何空間供不受市場影響的財富停泊。他奮力尋找永不枯竭的收入來源，結果失敗了。

這個世界上，沒有穩定與安全這種東西；而人的努力，也沒強大到足以創造出這種東西。在市場社會體制裡，除了繼續成功服務消費者，沒有別的辦法取得和保持財富。國家當然能夠強求轄下的人民納稅，也能夠借到資金。然而，長期而言，即使是最堅定不移的政府，也不可能違抗決定人的生活與行爲的法則。如果政府把借來的資金投資在最符合消費者需要的一些生產事業上，又如果政府在這些產業活動上，成功和所有私人企業家進行自由、公平的競爭，那麼，它就和任何商人沒什麼兩樣；它能支付利息，因爲它獲得利潤。但是，如果政府的投資沒成功、沒獲利，或者它把借來的錢用在經常支出上，那麼，借來的資金就會萎縮或完全消失，沒有開發出任何新財源來支付利息和本金。於是，向人民課稅變成唯一可用來履行借貸契約的辦法。政府要求人民納稅以應付這種支付，等於是要求人民爲政府過去所浪費的金錢負責。人民所納的稅，沒獲得政府機器提供任何當期服務作爲回報，而是作爲利息，由政府支付給已經消耗掉（所以不再存在）的資本。國庫於是承擔先前政策的不幸後果。

在某些特殊情況下，政府發行公債籌款有很好的理由。當然，時下流行的，爲戰爭貸款辯護的理由，是荒謬的。進行一次戰爭所需的一切材料，必須由限制民間消費、或用掉一部分以前累積起來的資本，以及要求人民更努力工作，等等手段來提供。戰爭的全部負擔著落在戰爭世代的肩膀上。而後來的世代受到的影響僅限於：因爲戰爭支出，他們從目前存活的世代手中繼承到的財富，將少於戰爭沒開打的情況下可望繼承到的財富。以貸款支應戰爭花費，不至於把負擔轉移到後代身上。[7]如果全部戰費都由稅款提供，便只有擁有流動性財源者才可能被課稅；其餘人民將被豁免適當的犧牲貢獻。短期貸款可用來消除這種不公平，因爲它讓政府有比較寬裕的時間，對固定資本的擁有者進行公平的估價、以便課稅。

對市場社會的框架來說，長期公債和準公債是一個外來的干擾因素。公債的設立是一個無效的嘗試，嘗試超越人的行爲能力限制，妄想遠離轉瞬無常的人間世事，創造出一個永恆、牢固的領域。這是多麼傲慢的一種心態：永生永世的金錢借貸、永遠有效的契約、爲永遠的未來約定怎樣行爲。就這一點而言，這種貸款在形式上究竟可贖回或不可贖回，是無關緊要的問題；在意向上和實際上，它們通常被認爲是不可贖回的，並且實際當成這樣在處理。在古典自由主義的全盛時期，有些西方國家眞的誠實支付現金，贖回部分它們的長期負債；但是，大多數國家在大多數時候，總是把新債務堆疊在舊債務上。十九世紀的金融史顯示，公債金額逐步穩定增加。沒人相信國家將永遠背負這些愈來愈沉重的利息支出；很明顯的，所有這些負債遲早將設法以某種方式清償掉，但肯定不是按照合約的規定支付利息和本金。而一大群善於詭辯的論述者，也早已忙著爲最後結帳的日子，推敲、鋪陳各種理由，以緩解政府可能受到的道德責難。[8]

有些人爲了建立一個不可能實現的穩定領域，一個避開人的行爲不可避免的缺憾、提供永恆安全的領域，而設想出一些虛幻的方案。以貨幣爲依據的經濟計算，對於這些虛幻的方案所指派的任務，根本沒有能力完成。我們不能說此一事實是經濟計算的一個缺陷。這世界沒有永恆、絕對與不變的價值這種東西；爲這種價值尋求某個標準，是白費工夫的。有些人渴望有一穩定的、不倚賴人的生產過程的收入；經濟計算倒不會因爲和這些人的這種糊塗觀念並不契合，而變得不完美。

第十三章　貨幣計算是行爲的一個工具

第一節　貨幣計算是一個思考工具

在分工的社會體系裡，以貨幣爲共同指涉物的經濟計算（以下簡稱貨幣計算或經濟計算）是行爲的指南針。它是人從事生產時的羅盤。行爲人計算，以便區分什麼是可以獲利的、而什麼則是不能獲利的生產方向，區分什麼是至高無上的消費者可能贊同的，而什麼則是消費者可能不贊同的生產行業。企業活動的每一步，都可根據貨幣計算予以詳細檢視。行爲的預先策劃，變成預期成本和預期收入的商業預算。而在事後追溯、確定過去行爲的結果時，變成商業損益會計。

貨幣計算以某些社會制度爲其先決條件。貨幣計算只能在分工與生產手段私有的制度環境下操作，而且在這種環境下，不管是什麼順位的財貨與服務，都使用某一通用的交換媒介（即，貨幣）進行買賣。

貨幣計算是某些人所使用的計算方法，這些人在生產手段由私人支配的社會框架裡行爲。貨幣計算是某些行爲人使用的一個工具，這些行爲人在自由企業的社會裡爲籌謀自己的利益而行爲，他們使用貨幣計算這個工具，是爲了弄清楚他們私人的財富和收入，以及他們私人的利潤和虧損。[1]所有這些計算的結果，都僅指涉個人的一些行爲而已。當統計學家彙整這種計算的結果，所得到的數值，僅顯示某一群人各自行爲結果的總和，而不是顯示某一集合體、某一整體或某一全體行爲的結果。對於不是從個人觀點來看待事物的任何考量，貨幣計算完全不合適，而且也沒有用。貨幣計算僅涉及計算個人的利潤，不涉及計算想像的「社會」價值和「社會」福利。

在自由企業的社會裡，貨幣計算是計畫與行爲的主要工具，因爲在這種社會環境下，市場與市場價格指導、支配一切企業活動。貨幣計算發展於這種社會架構下，並且隨著市場機能的改善和使用貨幣買賣事物的範圍擴展，而逐漸完善。在我們這個計量、計算的文明裡，正是經濟計算給測量、數值和計算分派它們所扮演的角色。物理和化學的那些測量之所以對實際行爲有意義，全因爲有經濟計算。正是經濟計算，使得算術成爲一個可用來爭取較佳生活的工具。經濟計算讓人得以找出按什麼方式使用實驗室裡的成就，最能有效去除他們感覺到的不適。

貨幣計算的全部作用，顯現在資本會計上。資本會計確定可供利用的各種手段的貨幣價格，把這些價格的總計，拿來和行爲以及其他因素的運作所造成的改變相比較。這種比較，顯示行爲人的處境發生了哪些改變，以及這些改變的大小；它使得成敗和損益可以確定。自由企業制度一向被稱爲資本主義，用以表達蔑視、詆毀之意。然而，這個名詞可以說相當貼切，它點到了這種制度最具特色的特徵；這種制度的主要特徵，就是資本概念在整個制度運作中扮演重大的角色。

對某些人來說，貨幣計算是可憎的。他們不想從白日夢當中被理性批判的聲音喚醒。現實使他們作嘔，他們渴望留在機會無窮的夢境裡。他們厭惡每一樣事物都按幾元、幾角算得清清楚楚，他們認爲這樣的社會秩序是卑鄙的。他們稱他們的牢騷抱怨爲舉止高尚，是崇尚靈性、美術與美德的人士該有的風範；而與之形成強烈對比的，則是物慾橫流、自鳴得意和商業文明墨守成規的可恥、下流與邪惡。然而，對美術與美德，以及對智慧與眞理的崇拜、愛好，不會遭到計算的心靈理性的阻礙。只有浪漫的空想，在冷靜批判的氛圍下，不能成長茁壯。頭腦冷靜的計算者，是狂歡幻想的嚴峻警戒者。

我們的文明和我們的經濟計算方法，不可切割、連結在一起；如果我們眞的拋棄這個最珍貴的行爲思考工具，我們的文明將會毀滅。歌德（Goethe）是對的，他說：複式簿記是「人心最精緻的一項發明」。[2]

第二節　經濟計算與人的行為科學

資本主義經濟計算的演化出現，是一個有系統的、邏輯連貫的人的行爲科學得以建立的必要條件。行爲學和經濟學，在人類歷史中和科學研究的演化過程中，有一確定的位置。它們所以能出現，全因行爲人事先成功創造出一些思考方法，讓他得以計算自己的行爲。人的行爲科學起初只是一門處理某一類行爲的學問，這一類行爲能利用貨幣計算加以斟酌。該門學問當初只局限於我們現在可以稱之爲狹義經濟學的範圍，亦即，只研究那些在市場社會裡藉由貨幣媒介進行的行爲。走向經濟學系統性論述的最初幾步，是一些關於通貨、金錢借貸和形形色色商品價格的零星研究。格萊欣法則（Gresham's Law）、貨幣數量說最早的一些粗糙表述——像Bodin和Davanzati的那些提法——以及格萊戈・金恩法則（Law of Gregory King）所傳達的知識，代表人類有史以來第一次認識到：在人的行爲領域，存在著有規律的現象與不可避免的必然性。第一個綜合的經濟理論體系——古典經濟學的輝煌成就——基本上是一個關於可計算的行爲的理論。它暗地裡沿著區分可貨幣計算的行爲和其他行爲的那條線，畫下一條界線，隔開什麼可以視爲經濟的，和什麼該視爲經濟之外的事項。從這個基礎出發，經濟學家勢必逐步擴大研究範圍，直到終於發展出一個處理人的所有選擇的理論、一個一般性的行爲理論。

第四篇　交換學或市場社會的經濟學

第十四章　交換學的範圍與方法

第一節　交換學的界限

關於經濟學的範圍，從來沒有任何疑義或不確定。從人們渴望有一系統性的經濟學或政治經濟學以來，大家一直同意，這一門知識的任務是研究市場現象，亦即，研究市場上買賣的那些財貨與服務彼此的交換率如何決定，研究這些交換率如何根源於人的行爲，以及這些交換率又如何影響後來的行爲。然而要精確界定經濟學的範圍，卻是一個錯綜複雜的問題。其原因不在於它研究的現象、範圍不確定，而在於要解釋市場現象，事實上必須跨越市場與市場交換的範圍。爲了充分理解市場，經濟學家一方面不得不假設有與世隔絕、獨自存在的人，並研究他的行爲，另一方面也不得不拿市場體系和想像的社會主義國家相對照。在研究人際交換時，經濟學家不可能忽略研究獨自交換，但如此一來，在特別屬於狹義經濟學範圍的那種行爲和其他行爲間，便不再能劃出一條明確的界線。於是，經濟學範圍擴大，變成一門研究人的所有行爲和每一行爲的通論性科學，亦即，變成一般行爲學。於是出現這個問題：在相對廣泛的一般行爲學領域內，如何精確劃分出一個較爲狹窄的、可以特別稱之爲經濟問題的領域呢？

在解決如何精確界定交換學範圍的問題上，有不少失敗的嘗試，它們若不是在引起行爲的動機方面、就是在行爲要達到的目標方面，選擇某個標準以判別某一行爲是否屬於交換學或狹義的經濟學。但是，對於一個全方位的行爲研究來說，引發個人行爲的動機，即使再怎麼不同、多樣，那也是完全不相干的。每一個行爲的動機，都在於渴望去除某個不適的感覺。對於研究行爲的科學來說，人如何從生理學、心理學或倫理學的某個觀點來形容這個不適感，是無關緊要的。經濟學的任務在於研究所有商品在市場上的實際價格，因此絕不可把研究局限在討論心理學、倫理學或其他任何看待人行爲的觀點，所界定的某些心態所促動的行爲，以及所導致或可能導致的價格。按照不同的動機把行爲分門別類，對心理學來說也許是重要的，而且也許還可提供某一針砭行爲的道德標準；然而，對經濟學來說，給行爲分類並不重要。對於嘗試把經濟學的範圍局限在以供應市場有形物品爲目的的行爲，相同的論斷基本上也一樣有效。嚴格來說，人渴望的，不是有形的物品本身，而是物品適合提供的服務。人希望得到的，是這些服務給他帶來的邊際幸福。但如果這是事實，那麼，那些毋須借助任何有形、可見的物品介入，便能直接去除不適感的行爲，便不容許排除在「經濟的」行爲範圍之外。某個醫生的忠告、某個老師的教導、某個藝術家的表演，以及其他人身服務，和建築師所提供的某一建物的建築藍圖、科學家所提供的某一化合物的生產配方，以及作家對一本書出版的貢獻，同樣都是經濟學研究的對象。

交換學的主題，是所有市場現象，以及它們的一切根源、分支和後果。人在市場上交易，事實上不僅有渴望得到食物、居所和性享受的動機，也有形形色色「理想的」動機。行爲人始終不僅關心「物質的」，也關心「理想的」事物。他在不同的選項之間取捨，無論這些選項是歸類爲物質的還是理想的。在實際的價值排序中，物質的和理想的事項是混雜在一起的；即使這兩種事項實際上可以明確劃分，我們也必須了解，每一個具體行爲，若不是想實現某些既是物質的、也是理想的目的，就是行爲人在物質的和理想的事項之間取捨的結果。

完全爲了滿足生理需要的行爲，和其他「比較高級的」行爲是否能夠截然劃分的問題，我們毋須理會。但是，我們切不可忽略，事實上沒有哪一樣食物是僅就營養效能、也沒有哪一件衣服是僅就禦寒、或哪一棟房子是僅就防風避雨的功能，評定價值的。不可否認，商品的需求廣泛受到玄學、宗教和道德考量的影響，也受到審美的價值判斷影響，受到習俗、習慣、成見、傳統、流行風尚，以及其他許多非物質事項的影響。經濟學家如果嘗試把他的研究限制在「物質的」層面上，那麼，他所研究的主題，在還沒抓住的那一刻，就消失不見了。

我們能主張的只是這個：經濟學主要分析市場上交易的商品與服務，看它們的貨幣價格如何決定或形成。爲了完成這個任務，經濟學必須從一個廣泛的人的行爲理論出發。另外，它不僅必須研究市場現象，也同樣必須研究獨自存在的人和社會主義共同體，研究他們的假設性行爲。最後，它切不可把研究範圍局限在世俗語言稱作「經濟行爲」的那些行爲模式上，反而也必須研究不夠嚴謹的世俗語言稱作「非經濟行爲」的行爲。

行爲學或人的行爲通論的範圍，可以精確加以界定。特別稱作經濟問題的那些問題，或者說，狹義的經濟行爲問題，只能大致上從主方位的行爲學理論體系區隔出來。經濟科學史上的一些偶發事件和慣例約定，在所有給「純正的」經濟學界定範圍的嘗試中，都扮演一定的角色。

倒不是基於邏輯或認識論的嚴謹，而是基於方便和傳統慣例的考慮，促使我們宣布：交換學或狹義經濟學的範圍，是分析市場現象。這等於說：交換學分析的是依據貨幣計算而執行的行爲；市場交換和貨幣計算是連在一起、不可分割的。所謂全由直接交換行爲構成的市場或以物易物的市場，只不過是假想的情況罷了。另一方面，貨幣和貨幣計算則是以市場存在爲先決條件。

分析假想的社會主義生產體系，肯定是經濟學的一個任務。但是，也只有透過交換學的研究、透過闡釋一個有貨幣價格和經濟計算的行爲體系，才可能著手研究假想的社會主義體系。

拒絕經濟學

有一些學說斷然否認有可能存在一門叫做「經濟學」的科學。當今在大多數大學裡以經濟學爲名所傳授的東西，實際上是在否定經濟學。

否定經濟學存在的人，實際上拒絕承認：人的幸福可能遭到任何外界因素供應有限的事實干擾。他們暗示，只要某一社會改革成功克服一些不當的人爲制度所造成的障礙，每個人都能完全滿足自己所有的慾望。大自然是慷慨的，非常大方賜給人類滿山滿谷的禮物。對於人數不限的人來說，實際情況可以像天堂那樣美好。生存資源供應有限的事實，是人爲制度與積習所造成的結果。廢除這些制度與積習，就可以導致富饒。

在馬克思和追隨者的學說裡，稀少性只不過是一個歷史性元素罷了。稀少性是人類歷史在原始階段的特徵，未來會因財產私有制的廢除而永遠消失。一旦人類從必然（受制於外物）的領域跳躍到完全自由的領域[1]，從而達到「共產主義社會的高級階段」，富饒將成爲常態，因此「各取所需」將可以實現。[2]在馬克思主義者汗牛充棟的著作裡，壓根沒提到，共產主義社會到達「高級階段」，也許可能面臨自然生產要素稀少的問題。馬克思主義者斷言，在共產體制下，工作將不再是痛苦，而是享樂，是「生命的基本需要」[3]；勞動有負效用的事實，就這麼被忽視不見了。俄羅斯「實驗」的不愉快經驗，被解讀爲資產階級的反抗造成的；因爲社會主義只在一個國家實施，還不夠完善，所以還不能夠達到「高級階段」，而最近則是因爲戰爭的緣故。

然後，有許多極端的通貨膨脹論者，例如，以普魯東（Pierre Joseph Proudhon）和索爾維（Ernest Solvay）爲代表的，以及在當今的美國，以「功能性財政」學說爲代表的諸多改革者，在他們看來，稀少性情況，是信用擴張和其他增加貨幣流通數量的辦法遭到一些人爲限制造成的；而這些人爲限制則是銀行家與其他剝削者基於自私的階級利益，哄騙容易上當的大眾接受、執行的。他們建議，以無限制的公共支出治療一切社會沉痾。

在美國，有不少人提倡以富饒的經濟體制取代據稱是人爲稀少的經濟體制。其中，首屈一指的代表性人物是美國前副總統亨利．華萊士（Henry A. Wallace）。歷史將記得，華萊士先生曾經發起一個空前龐大的、以政府法令強制執行的基本食物和原料供應縮減計畫。然而，這個記錄絲毫無損他的學說廣受大眾歡迎的程度。

這就是潛在的充裕與富饒的神話。經濟學可以留給歷史學家和心理學家去解釋：這種一廂情願的想法，和自我陶醉的白日夢，爲什麼這麼流行？對於這種空談，經濟學者只是不得不說：經濟學所研究的那些問題，正是由於人的生活受限於自然生產要素的稀少性，才必須面對的問題。它研究行爲，亦即，研究有意識的、以盡可能去除不適感爲目的的努力。在一個機會無窮、基本上不可能實現、甚至人的理性也無法想像的世界裡，能有什麼樣的情況？對於這個問題，經濟學沒有什麼可說。在這樣一個世界裡，可以說，不會有價值法則、不會有稀少性，也不會有經濟問題。不會有這些事情，因爲不會有什麼兩難的選擇問題必須面對；不會有行爲，也不會有需要使用理性解決的問題。在這樣一個世界裡成長茁壯起來的生靈，絕不會發展出推理和思考。如果這樣一個世界眞的賜給人類的後裔，這些蒙受祝福的生靈將會看到：他們的思考能力枯萎消散，從而不再是人的存在。因爲理性的主要任務，就在於有意識的應付大自然給人設下的種種限制、在於對抗稀少性所導致的問題。能行爲、也能思考的人，是一個稀少性世界的產物；在這種世界裡，任何能取得的幸福，都是勞心勞力、辛苦掙來的獎品，都是通俗稱作「經濟」行爲的成果。

第二節　假想情況的方法

經濟學特有的研究方法，是假想各種情況進行推演。

這個方法也是行爲學的方法。它所以在狹義的經濟學研究領域中被仔細琢磨、完善起來，完全是由於至少到目前爲止，經濟學是行爲學當中最發達的學門；每一個想對通常所謂經濟問題表示意見的人，都採取這個方法。利用一些假想情況進行思辨，無疑不是唯獨科學研究經濟問題時才會採取的程序。外行人，在面對經濟問題時，也採用同樣的方法。不過，外行人所使用的假想情況，或多或少是混亂含糊的，而經濟學則是決心以竭盡所能的小心、謹愼與精確，去琢磨鋪陳一些假想情況，並且決心以嚴格批判的眼光，檢視它們的條件和假設。

一個假想情況，係指一系列想像的事件，這系列事件是根據行爲邏輯，從行爲的一些元素推衍出來的；這些行爲元素則是爲了形成討論中的假想情況，而特別選定的。假想情況是邏輯演繹的結果，最終源自行爲的根本範疇，亦即源自或取或捨的行爲邏輯。在設計這種假想情況時，經濟學家不在乎它是否描述自己想分析的現實情況。他也同樣不關心所假想的那一系列事件，是否能視爲眞實存在，且有效運作的一個系統。一些假想情況，即使是不可思議的、自相矛盾的或無法實現的，只要經濟學家知道怎樣適當使用它們，對於現實的理解還是能提供有用的、甚至不可或缺的幫助。

利用假想情況而取得的思想成就，可證明它是一個有效的方法。行爲學不可能像自然科學那樣，把學說建立在實驗室的實驗和感官對外物的知覺上；它不得不發展出完全不同於物理學與生物學的方法。如果有人想在自然科學的領域尋找類似假想情況的東西，那將是嚴重的錯誤。行爲學的各種假想情況絕不能拿去和任何外界事物的經驗對照比較；相反的，也絕不能從外在經驗的觀點來評價、批判假想情況。假想情況的功能，是幫助我們考察一些不可能倚賴人的感官去考察的情況。在比較各種假想情況和現實時，我們不能問：它們是否符合經驗、是否充分描述經驗數據？我們必須問的是：假想情況所根據的那些假設，是否和我們要想像、理解的那些行爲的條件完全一致？

假想情況主要的設計公式，是從實際行爲中抽離一些有效運作的條件或元素；然後，著手掌握沒有這些條件或元素時的假想後果，以及想像這些條件存在時的效果。例如，我們藉由假想某個人，或者因爲完全滿足而沒感覺到任何不適，或者因爲不知道任何可望增進幸福（滿足狀態）的辦法而沒有任何行爲的情況，來構想一般行爲的概念。又例如，我們在構想本源利息的概念時，假想人沒有時序偏好的情況，亦即，假想人只在乎滿足期間的長短，而不在乎滿足的起點距離行爲的那一刻有多麼遙遠。

利用假想情況的推演，對行爲學來說，是不可或缺的；它是行爲學和經濟學唯一的研究方法。它無疑是一個高難度的操作方法，很容易發生演繹推理的謬誤，它宛如走在一條高聳狹窄的稜線上，兩旁是廣闊無邊的荒謬和愚蠢的深淵。研究者只有毫不留情的自我批判，才能避免一頭栽入深不見底的愚蠢荒謬裡。

第三節　純粹的市場經濟

一個假想純粹或未受干擾的市場經濟，假設有分工與私有生產工具，從而有財貨與服務的市場交換；它假設市場的運作未受到任何制度因素的干擾；它假設政府這個用來強制與脅迫的社會機構，專心於維持市場體系的操作、戒絕妨礙市場運行，並且保護市場免於外力的侵害。這個假想的市場是自由的；完全沒有非市場因素干預價格、工資和利率。經濟學從這些假設出發，嘗試說明一個純粹的市場經濟如何運作。直到後來某個階段，當已經徹底探討完我們從這個假想情況所能學到的每一個定理之後，才轉向研究政府和其他機構運用強制與脅迫手段，干預市場運作所產生的各種問題。

令人訝異的是，這個在邏輯上無可爭議的程序，也唯一適合解決相關問題的程序，竟然遭到激烈抨擊。有些人稱它是擁護自由經濟政策的先入之見，辱稱這種政策為反動的經濟保皇主義、曼徹斯特自由貿易主義、消極不作為主義等等。他們認為致力於研究這個假想情況，絕不能得到任何有助於認識現實的啓發。然而，這些蠻橫的批評者其實自打嘴巴，因為他們在提倡自己的主張時，也採用了同樣的論述程序。在要求最低工資率時，他們描述一個未受干擾的勞動市場據說不如人意的情況。而在要求關稅保護時，他們描述自由貿易據說導致的災難。當然，要說明對純粹市場因素的自由運作，採取某種限制措施，將會產生什麼效果，除了首先研究經濟自由下事態究竟如何進展外，沒有別的辦法。

沒錯，經濟學家研究得到的結論是：大多數人民，實際上甚至可以說，所有人民決心藉由辛苦工作，以及藉由經濟政策，想達到的那些目標，在未遭到政府法令干擾的自由市場體系下，可以獲得最好的實現。但是，這個結論可不是一個預設的、未充分探討政府干預市場措施的判斷。恰恰相反，它是仔細、持平考察政府干預的所有層面後，所得出的結論。

沒錯，古典經濟學家和追隨者習慣把未受干擾的市場經濟稱作「自然的」，而把政府干預市場現象稱作「人為的」和「擾民的」。但是，這些用語也是他們仔細研究政府干預的諸多問題後，所獲致的結論。他們遵照所處時代的語意習慣，把不受歡迎的社會事態稱作：「違反自然的」。

啓蒙時代的有神論和自然神論，把自然現象的規律視為源自上帝的旨意。當啓蒙時代的哲學家發現人的行為和社會演化也有規律時，他們也就自然而然、同樣把這種規律當成是慈父般的宇宙創造者藉以關懷世人的證據。這就是某些經濟學家所闡釋的「天定和諧說」的眞義。[4]君主專制統治的社會哲學強調，君主和獨裁統治者秉承上帝預先指定，擔負統治人民的神聖使命。自由主義者則反駁說，未受干擾的市場運作所導致的結果，比上帝選定的統治者頒布法令所能達成的還更令人滿意，因爲在市場上，消費者——亦即，每一個公民——是至高無上的。他們說，只要仔細觀察市場體系的運作，你將發現上帝的手指就在其中。

除了假想純粹的市場經濟，古典經濟學家也同時詳細鋪陳市場經濟在行爲邏輯上的相對體系——假想的社會主義國。在摸索乃至最後發現市場經濟規律運作的過程中，這個假想的社會主義秩序甚至在邏輯上是先於假想的市場經濟秩序的。起先吸引經濟學家全神貫注的問題是：如果政府沒有強制命令麵包師和鞋匠供應裁縫師的需要，裁縫師是否能獲得麵包和鞋子的供應。首先可能想到的是，要使每一個專業師傅爲同胞提供服務，政府權力的干預是必要的；而當經濟學家發現，根本不需要這種強制手段時，還眞嚇了一跳。在對比獲利性和生產性、對比私利和公益，以及對比利己和利他時，經濟學家暗中參照假想的社會主義體系；他們之所以驚訝於市場體系究如「自動」般運作，正是因爲他們意識到：「無政府的」生產狀態導致人民獲得的供應，比中央集權下全能政府透過命令所能提供的還要更好。社會主義——完全由某個計畫當局控制、管理的社會分工體系——的構想，並非烏托邦改革者想出來的。起初，這些空想家倒是希望成立許多小規模的、自給自足的團體，經濟上彼此獨立共存；例如，傅立葉（Fourier）所鼓吹的人口約一千八百人的共產村莊（Phalange）。後來，當這些改革者把經濟學家的理論所隱含的那種假想的、由某國政府或某一世界級權威當局管理的經濟體系，拿來當作新社會秩序的模型時，他們的根本教義才轉向社會主義。

利潤極大化

一般認爲，經濟學家在研究市場經濟問題時相當不切實際，說他們假設：所有的人永遠渴望盡可能獲得最大的利益。據說，在經濟學家的想像中，人是一個完全自私、理性的存在，除了利潤，別的什麼都不在乎。這樣一個假想的經濟人，也許很像證券經紀商和投機者，但是和絕大多數人是非常不同的。研究這個虛妄的經濟人的行爲，不可能學到有助於認識現實的什麼教誨。

對於這個批評所隱含的一切混淆、錯誤和扭曲，此處毋須再加以反駁，本書頭兩篇已經揭露其中的諸多謬誤。在這個環節，我們只須處理利潤極大化的問題就夠了。

一般來說，行爲學，以及它的特殊領域——經濟學，對於人的行爲根源，除了假設行爲人希望去除不適感之外，別無其他。在市場交易這種特別情況裡，行爲的意思就是買什麼、賣什麼。經濟學就需求和供給所作的任何陳述，都適用於所有需求和供給事例，而並非僅適用於某些特殊的、需要特別描述或界定條件的需求和供給。我們可以斷言，希望出售某件商品的某個人，在面對能有比較高或比較低的售價選擇時，如果其他情況相同，會選擇比較高的售價；這樣的斷言不需要任何進一步的假設作爲依據。對賣主來說，較高的售價意謂他的需要將可獲得比較好的滿足。同樣的道理，也準用於任何一個買者；以較低價格購買有關商品，所節省下來的錢讓買主有更多籌碼來滿足別的需要。其他情況相同下，在最便宜的市場買進，而在最昂貴的市場賣出，這種行爲模式不需要以什麼關於行爲人的動機或道德的特殊假設作爲前提。它只不過是任何行爲，在市場交換的情況下，必然會衍生出的一個面相。

商人乃是消費者的僕人，勢必順應消費者的渴望，而不能沉溺於自己的奇思怪想。但是，對商人來說，只要顧客願意爲他自己的奇思怪想掏錢、埋單，顧客的奇思怪想便是法律。商人爲適應消費者的需求，不得不調整自己的行爲。如果消費者沒有審美的品味，反而喜歡醜陋粗俗的事物，商人就必須違背自己的信念，供應這種事物。[5]如果消費者不想爲國產品支付高於舶來品的價格，商人就必須買進國外的產品，只要它比較便宜。雇主沒辦法拿消費者的利益來施惠給員工；如果買主不願意按比例支付比較高的價格、來購買工資率比較高的工廠所生產的商品，雇主就沒辦法支付比市場所決定的工資水準更高的工資率。

然而，對於一個花費自己收入的顧客來說，情況就不同了。他可以隨意做自己最想做的事情。他能施捨救濟，能基於相信某些教條或偏見，歧視某一產地或來源的商品、偏好比較差勁或比較貴的產品，而捨棄選用——就科技觀點而言——比較好、比較便宜的同種產品。人在買東西時，通常不會送禮給賣主。但是，還是有例外的；購買所需的商品與服務，和施捨救濟，兩者之間的界線有時候很難分辨。在慈善義賣會上買東西的人，通常把購買行爲和慈善捐贈合併執行。某個人給了一個在街頭演奏的盲人樂師一塊錢，他當然不是在支付酬勞給那個水準有問題的表演者；他純粹是在施捨。

人，在行爲時，是各種身分的統一體。一個擁有整個企業的商人，有時候可以抹去生意買賣和慈善救濟之間的界線。如果他想幫助某個陷入財務困境的朋友，敏銳體貼的感覺也許會促使他採取一個辦法，免除朋友因接受他的救濟而感到難堪。他可能提供朋友一份辦公室裡的工作，雖然原本不需要該朋友的幫忙或者他能以較低薪資聘用某個能力相當的幫手。於是，他所贈與的薪資，形式上等同生意上的一部分開銷。事實上，它是這個商人從收入中支付的一部分花費。從正確的觀點來說，它是消費，而不是計畫用來增加企業利潤的一項支出。[6]

一些令人尷尬的錯誤，源自學者傾向只注意有形的、看得見的和可以測量的事物，而忽略其他一切。消費者購買的，不僅僅是食物或熱卡而已。他不要像狼虎那樣吞噬，而要像人那樣進食。對許多人來說，食物烹調得愈美味可口、餐桌布置愈優雅別致、用餐環境愈舒爽愜意，就愈能滿足他們的食慾。如果只考慮消化過程的化學面，這些事項將被視為無關緊要；[7]但是，它們對食物價格的決定的確有重大影響；這個事實，和斷言人在其他情況相同下會選擇在最便宜的市場買東西，是絲毫沒有牴觸的。每當某個買主，在化學家和科技專家認爲完全相同的兩件事物當中，選購了那個比較貴的物件時，他總是有理由的。如果他沒犯錯，他就是多花錢購買一些服務，而這些服務是化學與科技學以它們特有的研究方法所不能理解的。如果某人在兩家夜店之間選擇去了比較昂貴的那一家，只因爲他喜歡在某位公爵或某些時常進出該夜店的藝文名流旁邊啜飲雞尾酒，我們也許可以議論他的虛榮心荒謬可笑，但是我們絕不能說：那個人的行爲，不是以增進自己的滿足爲目的。

個人的所作所爲，永遠以增進自己的滿足爲目的。就此意義，而且僅就此意義，我們可以自由使用自私一詞、可以強調行爲必然總是自私的。即使某個行爲直接以改善他人的處境爲目的，它也是自私的。這個行爲人認爲，讓別人有得吃，比他自己有得吃更讓他感到滿足。他的不適感，是由於知道別人處於窮困這個事實造成的。

沒錯，許多人其實以另一種方式在行爲，他們寧可吃爆自己的肚子，也不在乎他人是否挨餓。但是，這個事實，和經濟學理無關；它是一項既定的歷史事實。無論如何，經濟學處理每一種行爲，不管行爲的動機究竟是某個人渴望自己享受，或是渴望他人享受。

利潤極大化的意思，如果是指人在所有市場交易中以盡可能獲益爲目的，那就是一個冗長累贅、拐彎抹角的說法，其實只陳述一般行爲概念所隱含的意思；如果還有別的意涵，那就是在表達某個錯誤的想法。

有些經濟學家認爲，經濟學的任務在於確立：如何在整個社會範圍內，讓所有的人或最大多數人達到最大可能的滿足。他們沒意識到，沒有任何方法容許我們測量不同個人達到的滿足狀態；他們誤解了以不同個人之間的幸福比較爲基礎的判斷性質。當他們只是在表達任意的價值判斷時，卻自以爲在確立某個不得了的事實。某人也許可以稱劫富濟貧爲正義之舉；然而，稱某事爲公平或不公平，永遠是一個主觀的價值判斷。因此，這純粹是個人的意見，既不可能證明是錯的，也不可能證明是對的。經濟學無意宣示價值判斷，它旨在認識一些行爲模式的後果。

有些人曾宣稱：所有人的生理需要都是同一種類型的，而這個相同點提供了一個標準，可用來測量行爲人的客觀滿足程度。表達這種意見、並建議使用這種標準指導政府政策，就等於是建議按照牲畜飼養者處理牲畜的觀點去處理人的問題。但是，這種改革者未能意識到：對人來說，沒有任何普遍有效的飼養原則。在諸多不同的飼養原則當中，究竟要採用哪一個，端視飼養者想達到什麼目的而定。牧牛者飼養母牛的目的，不是要讓牠們快樂，而是要讓牠們達成他在計畫中指派給牠們的目的。他所指派的目的，也許是更多的牛乳或更多的牛肉，或別的什麼東西。把人當作飼養對象的人，究竟想飼養出什麼類型的人呢？運動家，還是數學家？戰士，還是工廠作業員？某人，若是想把他人變成某一特定目的的飼養計畫裡的材料，就會想要霸占專制統治的權力，想要利用同胞作爲手段以達成他個人的目的，而這絕不同於他的同胞自己想要達成的目的。

個人的價值判斷，分辨什麼使他自己比較滿足、而什麼又比較不滿足。當某個人在說別人的滿足狀態多麼好或不好的時候，他說的，其實完全不是這個別人的滿足狀態，而是這個別人的什麼情況會讓他自己覺得比較滿意。那些妄稱以追求一般人的最大滿足爲目的的社會改革者，只是在告訴我們：別人的哪一種狀態，最適合他們個人的品味。

第四節　獨自經濟

沒有什麼假想情況，會比一個獨自存在、經濟上完全倚賴自己的行爲人，更讓許多人大皺眉頭了。然而，經濟學不能沒有它；爲了研究人際交換，經濟學必須拿它和沒有它的情況相比較。經濟學建構兩種假想的、只有獨自交換的獨自經濟體系：一是獨自存在的個人經濟體系；二是社會主義國的經濟體系。在利用這種假想的經濟體系時，經濟學家不在乎這種體系是否眞能有效運作的問題。[8]他們充分知道，這種假想情況純屬虛構。某個魯賓遜．克魯梭（Robinson Crusoe），儘管是小說中的主角，也許曾經存在過，以及某個從未存在過、完全孤立的社會主義國總經理；他們兩者絕不可能像行爲人只有借助經濟計算才能做到的那樣，去計畫、去行爲。然而，在我們假想的情況框架裡，不妨假想他們能計算，只要這樣的假想有助於討論我們特別想處理的問題。

假想的獨自經濟體系，是通俗語言區分生產性（productivity）和獲利性（profitability）這兩概念的基礎，反映某些人拿它作爲價值判斷的標準。採納這種區分的人認爲，獨自經濟體系，尤其是社會主義那種，是最令人滿意、最完美的經濟管理體系。市場經濟中，每一個現象是好、是壞，端看它能否從社會主義體系的觀點證明爲正當。只有在社會主義體系管理者的計畫中找得到適當位置的活動，才具有正面價值，才可稱爲具生產性的活動。而所有其他市場經濟活動，儘管事實上對活動執行者來說，可以獲利，都是非生產性的。譬如，促銷、廣告和銀行業務，被認爲是可獲利，但非生產性的活動。

對於這種任意的價值判斷，經濟學當然無話可說。

第五節　靜止狀態和均勻輪轉的經濟

處理行爲問題的唯一方法，是想像行爲的最後目的，是要實現某一不再有任何行爲的狀態；在這個狀態下，若不是所有不適感已經去除，就是無法再進一步去除感覺到的不適。就這樣，行爲趨向某一靜止狀態、某一沒有行爲的狀態。

價格理論也是朝這個方向分析人際交換。市場上，人持續交易，直到不再有進一步交易的可能；因爲沒有任何一方預期，可以進一步透過新交易來改善自己的處境。潛在的買主不滿意潛在的賣主索要的價格，反之亦然；於是，不再有交易發生。一個靜止狀態出現了。這個靜止狀態，我們可以稱爲單純的靜止狀態，它不只是一個假想的情況，而是實際一再發生。每天證券市場收盤時，經紀商已經執行完所有能按市場價格執行的委賣、委買訂單；只有那些認爲市場價格太低或太高的潛在賣主與買主，還沒賣掉或買進。[9]這個陳述對於一切交易同樣有效，整個市場經濟，可以說，是一個龐大的交易所。在任何時刻，買方、賣方都願意按可實現的價格完成的所有交易，實際上都發生了，而新的交易，只有在買、賣雙方的價值評估有了變化以後，才可能實現。

有些人曾宣稱，單純的靜止狀態是一個不能令人滿意的概念。據稱是因爲它僅指陳供應量已確定的商品價格如何決定，至於這些價格如何影響商品的生產，則完全沒說。這個反對意見是沒道理的。單純的靜止狀態概念所隱含的那些定理，對於任何交易毫無例外，都是有效的。沒錯，生產要素的買主會立即從事生產、並且很快再進入市場兜售產品，同時購買供他們自己消費，以及繼續生產所需的東西。但即使如此，也不會致使這個假想概念失效。這個概念當然沒說，靜止狀態將永遠持續下去；一旦導致暫時靜止狀態的情況改變，靜止狀態當然就消失不見。

單純的靜止狀態不只是一個假想情況，而是適當描述每一個市場一再發生的現象。就這一點而言，它和假想的最終靜止狀態截然不同。

在處理單純的靜止狀態時，我們只注意當下發生了什麼事。我們把注意力限縮在當下發生的狀況，不管後續的下一刻、明天或更遠的未來將發生什麼事。這時，我們只處理眞正的成交價格，亦即最近實際的銷售價格，而不問未來的價格是否將等於這些價格。

但是，現在我們要更進一步，注意那些勢必引起價格變動的因素。我們嘗試找出，在所有這些驅動價格改變的力量耗盡、從而出現一個新的靜止狀態之前，這改變的趨勢必然朝向哪一個目標。和此一未來靜止狀態相對應的價格，前輩經濟學家稱爲自然價格；現在通常使用靜態價格一詞。爲了避免誤導聯想，我們可以稱它爲最後價格，而且也可以稱相應的靜止狀態爲最後的靜止狀態，這樣會比較妥適。這個最後的靜止狀態，是一個假想的情況，不是眞實情況的一個描述。因爲最後的靜止狀態永遠也不會達到，在它實現以前，新的擾動因素會不斷出現。之所以必須求助於這個假想情況，乃緣於一個事實：市場時時刻刻都在往某一最後的靜止狀態移動。每一個後續的新時刻，都能產生一些新事實，改變這個最後的靜止狀態。但是，市場總是因奮力追求某一最後靜止狀態而變化不定。

市場價格是眞實現象；它是已完成買賣的實際交換率。最後價格則是假想的價格。市場價格是歷史事實，所以我們能夠精確指出它們是幾塊幾毛錢；而最後價格則只能以描述它出現所需的外在情況來指陳它。我們不可能明確的說，若以貨幣數量表示，最後價格是幾塊幾毛錢；或者若以其他財貨數量表示，最後價格的數值又是多少。最後價格永遠不會在市場上出現。市場價格也永遠不可能等於最後靜止狀態實際出現當下的最後價格。但是，交換學如果疏忽處理最後價格，就只能遺憾的達不成分析價格如何決定的任務了。因爲在市場價格實際出現的那種市場情況裡，便已經有一些潛在力量在運作；在沒出現新的市場資料的情況下，這些力量將繼續導引市場價格變動，直到最後價格和最後靜止狀態確立。[10]如果我們只注意暫時的市場價格和單純的靜止狀態，而忽略市場已經受到一些因素擾動的事實，我們對於價格形成問題的研究將受到不當限縮，因爲這些因素勢將導致價格進一步變動，使市場趨向另一個（單純的）靜止狀態。

我們必須面對的現象是這樣的事實：決定價格形成的那些因素，並非一旦有所變化，就立即產生所有的效果。在它們所有的影響力道耗盡之前，必定會經過一段時間。從出現新的市場資料，到市場完全調整適應該資料，必定會經過一段時間（而在這一段期間，當然還會有別的新市場資料出現）。在處理任何市場因素變動所產生的效果時絕不可忘記，我們是在處理一系列、一個接一個相繼發生的事件和效果。我們無法事先知道，必定要經過多長的時間；但是我們確知一定會經過一段時間，即使這段時間或許太過短暫，以致在實際生活中幾乎可以完全加以忽略。

經濟學家時常犯了忽略時間元素的錯誤。關於貨幣數量變動效果的爭論，就是一個例證。經濟學家中，有些只關注貨幣數量變動的長期效果，亦即，只關注最後價格和最後靜止狀態；另有些則只注意短期效果，亦即，只注意給定事實或市場資料改變後的立即效果。這兩方的處理方式都是錯誤的，因此所得到的結論也都是無效的。同樣錯誤的例子還有許多。

眞正的經濟學家在建構假想的最後靜止狀態時，對市場現象在時間過程中的系列變化會給予充分注意。這一點和建構均勻輪轉的經濟假想時不同；經濟學家在建構均勻輪轉的經濟假想時，完全抽離市場資料的變動和時間元素（均勻輪轉的經濟假想情況，通常稱爲靜態經濟或靜態均衡；這實在很不妥當，很容易引人誤解，而把它和假想的停滯經濟混淆在一起，更是一個嚴重的錯誤[11]）。均勻輪轉的經濟也是一個假想的經濟活動體系，其中所有財貨與服務的市場價格等於最後價格。在這個假想體系裡，沒有任何價格變動；價格完全穩定；同樣的市場交易一再重複；較高順位的財貨，按相同組合數量、經過相同加工步驟，直到最後生產出消費品落到消費者手中消費掉。市場資料沒有任何變動，意謂今天和昨天沒什麼兩樣，而明天也將和今天相同。整個體系處於永遠流動的狀態，但總是待在同一位置；它均勻的繞著某一固定的中心旋轉、均勻輪轉。單純的靜止狀態一再被攪亂，但隨即重新確立在先前狀態。所有（給定的）市場因素，包括那些反覆出現、攪亂單純靜止狀態的因素，都維持不變。所以，所有價格——通常稱為靜態或均衡價格——也維持不變。

均勻輪轉的經濟假想情況的精髓，在於抽離時間的流逝和市場現象的不斷位移流變。供給與需求方面的任何改變，和這種假想情況是不相容的；這種假想情況只容得下那些不會影響價格決定因素的變化。在均勻輪轉的經濟裡生活的人，不一定是永恆不朽、永保青春和不會繁衍子孫的人。我們可以想像，嬰兒出生、長大、變老，最後死去，只要總人口和每一年齡層的人口維持不變，則和年齡相關的商品消費需求就維持不變，雖然這種需求來自一些不同的人。

事實上，絕不會有均勻輪轉的經濟體系這樣的現象存在。然而，爲了分析市場資料變動的問題，以及市場不均勻、不規則變動的問題，我們必須拿這些變動，和假設這些變動已被排除的假想情況，相對照。所以，有些人實在很荒謬，他們認爲，假想的均勻輪轉經濟無助於解釋變化不斷的世界裡的情況，並且要求經濟學家揚棄對於「靜態經濟學」據稱的專注，轉而研究「動態經濟學」。這個所謂靜態的方法，恰恰是研究變化唯一適當的思考工具。研究複雜的行爲現象，除了首先完全抽離變動，然後引進某一孤立的因素激起變動，接著在假設其他因素維持不變的情況下分析它的效果，沒有其他辦法。再則，有些人荒唐的以爲，我們想研究的對象——實際行爲領域——愈是和均勻輪轉的經濟這個假想架構相符，亦即，愈是沒有變化，那麼，均勻輪轉的經濟假想就愈有分析價值。然而，利用均勻輪轉的經濟假想進行分析，這個所謂靜態分析的方法，其實就是分析變動唯一適當的方法，不管變動是大或是小，是急促或是緩慢。

迄今為止，那些反對利用均勻輪轉的經濟假想進行分析的理由，完全文不對題。提出這些反對理由者既不知道這種假想在哪方面是有問題的，也不知道為什麼它很容易產生錯誤與混淆。

行為即改變，而改變則存在於不可逆的時間順序中。但是，在均勻輪轉的經濟假想裡，改變和事件發生的順序都被抹除了。行為是抉擇，是要應付不確定的未來。但是，在均勻輪轉的經濟假想裡，沒有抉擇，而未來也不是不確定的，因為未來和現在已知的情況沒什麼兩樣。這樣一個僵固體系裡的生命，不是作抉擇的、可能犯錯的活人；這個假想的體系是一個沒有靈魂、不會思考、沒有自主意識的自動機世界；它不是人的社會，它是一個螞蟻窩。

然而，這些無解的矛盾，並不妨害這個假想情況，在處理唯一一個不僅適合它、而且也非得利用它來處理的問題上發揮作用。這個問題是：各種產品價格和生產它們所需的要素價格之間究竟有什麼樣的關係，以及所隱含的企業家功能和利潤與虧損的意義。為了掌握企業家功能和利潤與虧損的意義，我們假想一個沒有企業家，也沒有利潤與虧損的行為體系。這個假想情況只是我們的一個思考工具，而不是在描述一個可能實現的情況。我們甚至不可能毫無矛盾、徹底想通均勻輪轉的經濟假想所有的邏輯後果。因為企業家角色絕不可能從任何市場經濟的想像中抹除；各種互補的生產要素絕不可能自動自發湊在一起；需要有一些人刻意追求某些目的的努力，才會將它們組合起來。而這些人的這種努力，則是源自他們渴望改善自己的滿足狀態。抹除了企業家，也就抹除了整個市場體系的動力。

接下來，有第二缺陷。均勻輪轉的經濟假想隱含間接交易和使用貨幣；究竟它所隱含的可能是哪種貨幣呢？在一個沒有任何變化的體系裡，關於未來沒有任何不確定，任何人都不需要持有貨幣。每個人都精確知道，他在未來的每一個時刻將需要多少貨幣，所以他能夠把所有收到的貨幣按某種方式貸出，以便在他需要貨幣的時候剛好到期償還。且讓我們假設，只有金幣，而且也只有一個中央銀行。隨著某個均勻輪轉的經濟狀態逐漸接近，所有的人和企業逐步縮小他們持有的現金，於是不斷有黃金釋放出來流入非供貨幣使用的——工業——用途。當均勻輪轉的經濟均衡狀態終於達到時，不再有貨幣持有量；不再有黃金當作貨幣使用。所有的人和企業都擁有對中央銀行的債權，每一筆債權都恰好在他們需要清償債務時到期，而且金額也恰好相等。中央銀行也不需要有任何黃金儲備，因爲客戶每天支付的款項總和恰好等於提取的款項總和。事實上，所有交易都能透過開立在中央銀行的存款帳戶轉帳完成。於是，這個體系裡的「貨幣」不是一種交易媒介；它根本不是貨幣；它只是一個計價單位（numéraire），一個虛無縹緲、不知何物的記帳單位；在某些經濟學家的幻想中，以及許多外行人的錯誤觀念裡，這種記帳單位被誤認爲具有實際貨幣也擁有的某種含混不明的性質。在賣主和買主之間插入按這種記帳單位表示的數值，對買賣的本質毫無影響；對於人的經濟活動，這種記帳單位是中性的、沒有影響的。但是，中性的貨幣，是不可能實現、也不可能想像的概念。[12]如果借用當代許多經濟著作所採用的不太恰當的術語，我們將不得不說：貨幣必然是一個「動態的因素」；在一個「靜態的」體系裡，貨幣沒有容身的空間。但是，一個沒有貨幣的市場經濟，這概念本身是自相矛盾的。

均勻輪轉的經濟假想是一個極限概念。在這個假想的框架裡，事實上不再有任何行爲。會思考的人有意識爭取去除不適感的努力，由自動反應取代了。只有在我們沒忘記之所以設計它的用意時，我們才能使用這個有問題的假想。首先，我們想分析朝均勻輪轉的經濟狀態趨近的行爲傾向，每一行爲都有這種傾向；在進行這方面的分析時，我們必須永遠記得，在一個不完全僵固不變的世界裡，亦即，在一個活著、沒死的世界裡，這個傾向絕不可能達到它的目標。其次，我們需要理解一個有行爲、還活著的世界，在哪些方面不同於一個僵固不變的世界；而這只有透過假想一個僵固不變的世界所提供的反面論證，才能有所發現。於是，我們一步步達到這個根本的認識：應付謎樣的未來不確定的情況——亦即，投機——是每一行爲固有的元素，而利潤與虧損則是行爲必然會有的特徵，它們絕不可能被任何一廂情願的想法，像變魔術那樣變不見的。那些充分掌握這些基本認知的經濟學家所採取的研究程序，可以稱爲經濟學的邏輯方法，以有別於數學方法的技巧。

對於在假想的、不可能實現的假設下，亦即，在沒有更多新的市場資料將出現的情況下，勢將導致均勻輪轉的經濟狀態出現的那些行爲，數理經濟學家完全不予理會。他們沒注意到：投機者個別的目的，不在於建立均勻輪轉的經濟狀態，而在於採取行爲、調整其私人的事物情況，以便更有利於達成他一切行爲的目的——盡可能去除他自己的不適感。他們唯獨強調，所有投機行爲所形成的複雜結構，在市場資料沒有任何進一步變動下，將會達到的那個假想的均衡狀態。他們以聯立微分方程式描述此一假想的均衡狀態。他們未能意識到，他們所處理的那種事物狀態，是一個不再有任何行爲的狀態，而只有某個神祕的原始動因所引發的一系列事件。他們盡一切努力，以數學符號描述不同的「均衡狀態」，亦即，靜止、沒有任何行爲的狀態。他們處理均衡狀態的方式，宛如它是一個眞實的存在，而不是一個極限的概念、單純的思考工具。他們所作的一切，只是虛有其表的玩弄數學符號、一種不適合傳達任何知識的消遣。[13]

第六節　停滯的經濟

停滯的經濟假想和均勻輪轉的經濟假想，有時候被混淆在一起，但其實是兩個不同的假想情況。

假想的停滯經濟，是所有個人的財富與收入維持不變的經濟體系。有一些變動，和這個假想的經濟體系相容，卻不容於均勻輪轉的經濟假想。譬如，人口可以增加或減少，只要這些變動伴隨著財富與收入相應的增減。某些商品的需求可以變動；但是，這些變動必須是如此緩慢，以致人們可以不再於需求萎縮的生產部門重置耗損掉的生產設備，轉而投資於需求擴張的生產部門，藉以使資本從那些需求萎縮、必須減產的生產部門，轉移至那些需求擴張的生產部門。

停滯的經濟假想，進一步產生兩種假想的經濟體系：進步的（或擴張的）經濟，以及退步的（或萎縮的）經濟。前一種假想情況，每個人的財富與收入，以及總人口，趨向比較高的數值，而後一種假想情況則相反。

在停滯的經濟裡，所有利潤與所有虧損的總和等於零。在進步的經濟裡，利潤總和超過虧損總和；在退步的經濟裡，利潤總和小於虧損總和。

這三種假想經濟是並不怎麼可靠的思考工具。它們的不可靠，在於它們隱含財富與收入可以測量的假設。然而，由於這些測量是不可能做到的，甚至是不可能想像的，所以根本不可能利用它們來嚴格劃分實際的經濟情況。每當經濟史冒險按照停滯、進步或退步的經濟架構來劃分某一歷史期間的經濟演變時，它事實上是求助於歷史的了解，而不是在「測量」。

第七節　市場功能的整合

當普通人各自在處理自己的行爲問題，以及當經濟史、敘述經濟學和經濟統計在報導他人的行爲，而使用企業家、資本家、地主、工人和消費者等等名詞的時候，他們講的是一些理想類型（ideal types）。當經濟學使用這些相同名詞的時候，講的卻是在市場過程中的行爲類型或功能。經濟理論裡的企業家、資本家、地主、工人和消費者，不是我們在實際生活和歷史裡碰到的各種活生生的人，他們是市場過程中一些不同的行爲類型或功能的化身。實際行爲的人和歷史科學，在推理過程中，都應用經濟學的成果，而且也依據或參考行爲學理論中的市場行爲類型，建構所需的理想類型。但是，這個事實不妨礙理想類型和市場行爲類型在邏輯上的截然區別。我們所處理的市場行爲類型，指涉純粹擬人化的市場功能，而理想類型則指陳歷史事件。活生生的行爲人，必然融合一些不同的市場功能或行爲類型於一身；他絕不會只是一個消費者。除了是消費者，他或者還是一個企業家、地主、資本家或工人，或者還是一個倚賴這些人掙得的收入爲生的人。再則，企業家、地主、資本家和工人等不同市場功能，往往融合、出現在同一些人身上。歷史科學專注於，按照人追求什麼目的和應用什麼手段實現他的目的，把人分類。經濟學，研究市場社會裡的行爲結構，不管人追求什麼目的和利用什麼手段，專注於辨明不同的市場行爲類型和功能。這是兩種不同的任務，其間的差異，藉由討論交換學的企業家概念，最容易說明清楚。

在均匀輪轉的經濟假想裡，沒有企業家活動容身的空間，因爲這個假想情況抹除了任何能影響價格的資料變動。一旦我們拋棄資料不變的假定，我們就會發現，行爲必然會受到每一資料變動的影響。由於行爲必然旨在影響某一未來情況（即使有時候這未來只是轉瞬即至的下一刻），所以，在開始行爲、直到行爲想要照應的那個期間（照應期[14]）結束之前，所發生的每一個沒正確預料到的資料變動，對行爲的效果一定會有影響。因此，行爲的結果總是不確定的。這個定理，不僅對市場經濟有效，而且對「魯賓遜·克魯梭」這個假想的孤獨行爲人，以及對社會主義經濟，也同樣有效。在均匀輪轉的經濟假想裡，沒有什麼人是企業家或投機者。在任何眞實活著的經濟體系裡，每一個行爲人永遠都是一個企業家、投機者；而行爲人所照顧的人——譬如，市場社會裡幼小的家庭成員，以及社會主義社會裡的人民群眾——雖然他們本身不是行爲人，所以不是投機者，但也一樣會受到行爲人投機結果的影響。

經濟學在講到企業家的時候，想到的不是什麼人，而是某種確切的市場功能。這種功能不是某個特殊群體或階級的人所特有，而是每一個行爲固有的一個面相，是每一個行爲人的責任。把這種功能具體化爲某種假想人物，是我們在論證方法上的一個權宜措施。交換學理論所謂企業家，意思是：專從每一行為固有的不確定性這一面來看待行為人。在使用這個術語時，絕不可忘記，每一行為都鑲嵌在不斷流逝的時間中，所以都涉及投機。資本家、地主和勞動者，必然都是投機者。消費者，在為預期的未來需要預作準備時，也是一個投機者。世事難料，往往事與願違。

且讓我們嘗試把純粹假想的企業家類型推演到它的邏輯最終結果，亦即，把它想個透澈。這個企業家沒有任何資本，他的企業活動所需的資本，是資本家以貨幣貸款的方式借給他的。沒錯，法律認定他是他用借來的錢購置的那些生產工具的所有人。儘管如此，他依然沒有財產，因為他的資產總額全被負債總額給抵銷了。如果他成功，淨利是他的。如果他失敗，虧損必定落在借錢給他的那些資本家身上。這樣的企業家，實際上是資本家的一個雇員，用資本家的錢投機、取走百分之一百的淨利，完全不操心虧損。這個企業家即使能夠自己提供一部分所需的資本，其餘才是用借的，情形也沒有什麼根本不同。發生的虧損如果超出這個企業家自有的資本，超出的部分將全數落在借錢給他的資本家身上，不管借錢的契約條件怎樣規定。資本家永遠也是一個實質的企業家與投機者。他總是冒著損失資本的風險；沒有完全安全的投資這回事。

自給自足的地主，耕種自有的地產，只為了供應自己的家庭，然而任何對他的農場生產力或他本人所需物品的種類與多寡有影響的因素一旦有所變化，他也不免受到影響。在市場經濟體系裡，對一個農夫來說，所有對他持有的土地在市場供給所占的重要性有影響的因素，一旦有所變動，就會影響到他的活動成果。即使從通俗用語的觀點來講，這個農夫顯然也是一個企業家。沒有哪一個生產工具的所有人，不管這生產工具是以有形財貨或以貨幣形式體現，能免於未來不確定的影響。使用任何有形財貨或貨幣進行生產，亦即，為供應將來的日子預作準備，本身就是一種企業家的冒險活動。

對勞動者來說，情形基本上是一樣的。他是某些天生能力的所有人；他固有的能力，是一種生產手段，比較適合某些種類的工作，比較不適合另外一些種類的工作，而完全不適合其餘的工作。[15]如果他已經學到執行某些種類勞動所需的技巧，那麼，就相關教育訓練所用掉的時間和材料花費而言，他是一個投資者。他在希望獲得足夠的產出補償下，已經做了一些投入。就這個勞動者的工資取決於他能完成的那種工作的市場價格而言，他就是一個企業家。這個價格和其他每一種生產要素的價格一樣，都隨著市場情況的變動而變動。

在經濟理論的脈絡中，這些名詞的意義是這樣的：企業家指的是行爲人處理市場資料發生變動這一面。資本家和地主指的是行爲人處理價值與價格的某種特別變化這一面；這種變化純粹是時間推移的結果，即使所有市場給定因素維持不變；而時間推移之所以能產生這種特別變化，則是因爲行爲人對現有的和未來的財貨有不同的價值評等。[16]工人指的是行爲人利用人的勞動作爲生產要素這一面。於是，每一個市場行爲類型或功能都有一個巧妙的假想化身：企業家賺取利潤或蒙受損失；生產工具（資本財或土地）的所有人賺取本源利息；工人賺取工資。在這些意義下，我們推敲、建構假想的、有別於實際歷史分配的**功能性分配**概念。[17]

然而，經濟學過去總是，而現在也仍然，按一種不同於假想的功能性分配裡所謂企業家的意思，使用企業家一詞。經濟學也稱某些人爲企業家，這些人特別渴望預先調整生產活動，以因應預期的市場情況變化來獲利；他們比較具有主動開創的精神、比較敢於冒險，他們的眼光比群眾更敏銳，他們是首倡、推動經濟進步的先鋒。這個企業家概念，比假想的功能性分配裡所採用的那個企業家概念狹窄些；它不包括許多後者涵蓋的例子。使用同一名詞表示兩種不同的意思，實在很不方便。這第二意思，用另一個名詞表示，譬如，用「首倡者」表示，會比較恰當。

我們得承認，企業家—首倡者這個概念，不像行爲學的其他概念那樣，能加以嚴格定義（就這一點來說，它和貨幣一樣；貨幣也沒有嚴格的行爲學定義，這和交換媒介的概念不同）。[18]然而，經濟學不能沒有首倡者這個概念。因爲它指涉某一事實，這事實涉及人性的一個一般特徵，而這特徵出現在、並且深深影響所有市場交易。我們所說，是這個事實：對於情況的變動，不同的人有不同的反應速度和方式。由於人天生的品行和生命的歷程彼此不同，所以人與人是不相同的，而這種不同也以上述方式顯現。在市場上，有些人是走在前面的領頭羊，而其餘的人則只會跟在後面、模仿比他們更敏捷的同胞的步伐。在市場上，如同在其他任何人的活動領域，領導和被領導是一個眞實的現象。推動市場的力量，使之趨向不斷創新、改善的因素，在於首倡者個性躁動，渴望盡可能牟取利潤。

然而，在闡述交換體系時，使用企業家這個雙關詞，當不至於有產生歧義的危險。凡是在有可能出現疑義的地方，只要以首倡者一詞取代企業家，一切疑義便可消除。

停滯經濟裡的企業家功能

期貨市場可以解除企業家的一部分功能。只要企業家透過適當的遠期交易合約，給自己「買了保險」，保障自己免於可能蒙受的損失，他就不再是一個企業家，同時他的企業家功能便移交給該合約的另一方。某個紡紗廠主人，如果在爲他的紡紗廠買進原棉現貨時，也賣出同一數量的原棉期貨，那麼，他便已拋棄一部分他的企業家功能。在期貨合約的期間內，原棉的價格若有變動，他將不會因此而獲得利潤或蒙受損失。當然，他並非完全不再擔負企業家功能。一般棉紗的價格，或他所生產的特殊支數、特殊種類的棉紗價格，如果出現一些不是原棉價格變動所引起的變動，對他的利潤或損失還是會有影響的。即使他只按某一議定的報酬爲別人代工生產棉紗，就他已投資於紡紗廠的資本而言，他仍然是一個擔負著企業家功能的人。

我們可以假想一個經濟體系，其中所有財貨與服務成立期貨市場所需具備的條件都已就緒。在這樣一個假想的經濟體系裡，企業家功能和所有其他市場功能完全分開；那裡出現一個純粹的企業家階級。期貨市場所決定的價格，指導整個體系的生產活動。只有期貨市場的那些交易商賺取利潤或蒙受損失。所有其他人，可以說，都買了保險，都免於未來不確定可能產生的一切不良影響。各企業單位的首腦，可以說只是賺取固定收入的雇員。

如果我們進一步假設，這個經濟體系是一個停滯的經濟，而且所有期貨交易合約都集中於某一公司，那麼，這家公司在期貨交易上的總損失，顯然會恰好等於它的總利潤。我們只須把這家公司收歸國營，便可實現一個沒有利潤、也沒有虧損的社會主義國，實現一個平靜的安全與穩定狀態。但是，出現如此這般的情況，全因爲我們所定義的停滯經濟隱含總虧損等於總利潤。在一個非停滯的經濟裡，必定會出現總利潤多於或少於總虧損的情形。

繼續討論這些過度複雜、對經濟問題的深入分析毫無助益的假想情況，將是浪費時間。這裡所以提到它們，只有一個理由，那就是，它們所反映的一些理念，不僅是資本主義經濟體制所以遭到批評反對的源頭，也是某些虛妄的計畫建議實施社會主義統制經濟的思想基礎。沒錯，社會主義統制經濟，以及均勻輪轉的經濟與停滯經濟等不可能實現的假想情況，在邏輯上是彼此契合的。數理經濟學家幾乎盲目的偏愛，只一味處理這些假想經濟的情況，以及它們所隱含的「均衡」狀態。這樣的偏愛使某些人忘了，這些假想情況其實只是一些虛構的、自相矛盾的和一時方便的想像思考工具罷了。它們肯定不是什麼妥適的擬眞模型，遑論要用來建構一個活生生的行爲人社會。

第十五章　市　場

第一節　市場經濟的特徵

市場經濟是生產手段私有制下的社會分工體系。每個人都爲自己的利益而行爲；但是，每個人的行爲除了指望滿足自己，也滿足了別人的需要。每個人在行爲中幫助同胞，而另方面，每個人也獲得同胞的幫助。每個人既是一個手段，本身也是一個目的。對他自己來說，他是一個最終目的；而對別人來說，他是一個手段，別人嘗試利用他來達成他們自己的目的。

這個分工體系接受市場操控、引導；市場引導個人活動進入對別人的需要最有效用的途徑。在市場運作中，沒有強制和脅迫。國家，這個用來強制和脅迫的社會機構，不干預市場、也不干預市場所引導的人民活動。國家若使用權力迫使人民屈服，純粹是爲了防杜那些對市場經濟順暢運作有害的行爲。國家保護個人生命、健康和財產，使之免於國內匪徒和國外敵人的暴力或詐欺侵害。於是，國家創造、並維持容許市場經濟安全運作的環境。馬克思主義者的口號，「無政府的生產體系」，適切描述這個社會結構的特徵，因爲沒有獨裁者指揮這個經濟體系，沒有指揮生產活動的經濟沙皇給每個人分派任務，並強迫每個人服從命令、執行任務。每個人都是自由的；沒人必須服從他人命令。個人出於自願和別人合作，把自己融入社會合作體系。市場引導他，向他透露：他該怎樣做，除了最適合增進別人的幸福，也最適合增進他自己的幸福。市場是至高無上的統御力量。市場獨自使整個社會體系井然有序，使整個社會體系具有方向感和意義。

市場不是一個場所、一件事物或一個集體單位。市場是一個過程，是眾多分工合作的個人行爲、相互作用所驅動的一個過程。市場狀態是不斷變化的；人人個別的價值判斷，以及這些價值判斷所引發的個人行爲，是決定市場狀態的力量。任何時刻的市場狀態，係指當時的價格結構，亦即，渴望買賣的人彼此互動所確立的所有交換率。市場沒有什麼超凡的或神祕的屬性可言。市場過程完全是眾多個人行爲的結果。每一個市場現象，都可以溯源至市場社會成員的某些確定的選擇。

市場過程是市場社會眾多個別成員爲了適應互相合作、所進行的行爲調整。市場價格告訴生產者生產什麼、如何生產和生產多少。市場是眾人活動匯聚的焦點，也是眾人活動向外輻射、擴散的中心。

市場經濟和第二種可以想像、但不可能實現的社會分工合作體系——生產手段社會（或政府）所有制——必須嚴格區別開來。這個第二種體系通常稱爲社會主義、共產主義、計畫經濟或國家資本主義。通常稱爲資本主義的市場經濟，和社會主義經濟是互不相容的。這兩種體系的混合，是不可能的、也是不可想像的；不可能有混合經濟這回事，不可能有一部分是資本主義、一部分是社會主義的經濟體系。生產活動，或者受市場引導，或者受某一指揮生產活動的獨裁者或獨裁委員會發布命令引導；沒有第三種方式。

如果在一個以生產手段私有制爲基礎的社會裡，某些生產手段是公有或公營的，亦即，由政府或代理機構擁有或經營，這並不會形成一個結合社會主義和資本主義的混合體系。國家或市政府擁有和經營某些工廠，並不會改變市場經濟的特色風貌。這些公有和公營企業同樣接受市場統御。作爲原料、設備和勞動的買者，以及作爲商品和服務的賣者，這些公有和公營企業必須使自己融入市場經濟體系裡；它們受制於市場法則，仰賴可以光顧它們、也可以不光顧它們的消費者。它們必須爭取利潤，或至少避免虧損。沒錯，政府可以利用公共財源，彌補公營工廠或商店的虧損。但是，這不會消除或減緩市場至高無上的統御力，而只是把市場統御力推卸到另一個市場部門。因爲彌補虧損的財源必須以徵稅手段籌措；但是，徵稅會影響市場，會按照市場法則影響經濟結構。是市場運作，而非徵稅的政府，決定這些稅最後由誰承擔，以及如何影響生產和消費。因此，公營企業的運作效果，取決於市場，而不是取決於政府單位。

凡是以任何方式和市場運作發生連結的事物，就行爲學或經濟學的意義而言，都不能稱爲社會主義。所有社會主義者設想和定義的社會主義概念，都隱含去除生產要素市場和生產要素價格。個別工廠、商店和農場的「社會主義化」——亦即，把它們從私有轉移成公有——是逐步實現社會主義的一個方法。它是走向社會主義的一個步驟，但它本身還不是社會主義（馬克思和正宗馬克思主義者，斷然否定這種逐步接近社會主義的可能性。根據他們的學說，資本主義的演化有一天將達到某一臨界點，那時資本主義將一舉變成社會主義）。

政府經營的企業和蘇聯的經濟體系，僅憑它們在市場上買賣的事實來看，便可斷定它們和資本主義體系是有聯繫的。它們本身就以貨幣計算的行爲證實這個聯繫，就這樣利用它們自己瘋狂譴責的資本主義體系特有的知性操作方法。

以貨幣爲共同指涉物而執行的經濟計算，是市場經濟運作的知性基礎。在任何分工的社會體系裡，要達成行爲的任務，不能沒有經濟計算。市場經濟根據貨幣價格執行計算。在市場經濟的演進過程中，能夠進行這種計算的事實，是一股決定性的力量；而今該事實則是市場經濟每天賴以操作的一個條件。市場經濟是眞實存在的，因爲它能計算。

第二節　資　本

市場經濟的思考工具是經濟計算。經濟計算的根本概念是**資本**和相關的**收入**概念。

資本和收入概念，應用在會計學，以及應用在經過精緻改良最後會成爲會計學的尋常考慮中，對比的是手段和目的。行爲人計算的心靈，在兩種財貨之間劃下一條界線：一邊是消費品，他計畫用於立即滿足自己的需要；另一邊是所有順位的財貨——包括第一順位的財貨[1]，他計畫用來照應更多、更遠的行爲，以滿足自己未來的需要。手段和目的的區分，於是變成追求財富和消費的區分、事業和家庭的區分，以及事業用財貨和家用財貨的區分。所有各式各樣、預定用於事業經營、追求財富的財貨，按貨幣當量予以估價、加總，得出的總和——資本——是經濟計算的起點。追求財富的行爲，直接目的是增加資本，或至少保持資本。在一定期間內，能消費掉而不致使資本減少的那個金額，稱作收入。如果消費超過收入，這差額稱作資本消費。如果收入大於消費掉的金額，這差額稱作儲蓄。確定收入、儲蓄和資本消費的大小，是經濟計算的三個主要任務。

有一些特別思慮，潛伏在每一行爲的預想和計畫中；是這些思慮，逐步將行爲人引向資本和收入概念所隱含的一些觀念。即便是最原始的農夫，也模模糊糊意識到那些在現代會計人員眼裡顯然是資本消費行爲的後果。獵人不願意獵殺懷孕的母鹿，以及即使最冷酷無情的戰士在砍伐果樹時也不免內心不安，顯示他們的心態受到這些思慮的影響。這些思慮出現在古老的用益權（usufruct）法律規定，以及類似的習俗與慣例中。但是，只有能夠借助貨幣計算的人，才能把經濟財和經濟財所衍生的利益這等概念之間的區別，發展到充分清晰的地步，也才能把此等概念上的區別，適切應用到所有等級、所有類別和所有順位的財貨與服務上。只有他們，在面對各種高度發展、且情況不斷變動的加工業，以及包含無數專門工作與行業的複雜社會合作結構時，還能清晰確立此等概念上的區別。

根據現代會計學所提供的認識，回顧野蠻時期人類祖先的情況，我們也許能比喻的說，他們也使用「資本」。現代的會計人員，能將所有他的專業方法應用在人類祖先原始的漁獵工具上、牲畜飼養上和土地耕作上，只要他知道該給有關的各種項目分派什麼價格。有些經濟學家因此下結論說，「資本」是所有人類生產行爲的一個範疇，它出現在每一個可以想像的生產管理體制裡，亦即，不僅出現在魯賓遜・克魯梭那種非自願的獨居狀態，也同樣出現在社會主義社會；換言之，它不以貨幣計算的慣常使用爲先決條件。[2]然而，這樣的結論其實是思想混淆的結果。資本的概念，不能和貨幣計算的情境分離，也不能和市場經濟的社會結構分離，因爲唯獨在市場經濟裡才可能執行貨幣計算。在市場經濟的情境之外，資本的概念是沒意義的。資本只在某些行爲人的計畫和記錄中發生作用，這些人在以生產手段私有制爲基礎的市場經濟裡自行負責他們的行爲。再說，資本的概念，其實也是隨著貨幣計算的逐漸普及而發展起來的。[3]

現代會計方法，是歷史長期演化的結果。如今，商人和會計人員對於資本的意義有一個共識。資本係指：在某一確定時日，用來經營某一確定事業單位的所有資產項目的貨幣當量總計數，減去所有負債項目的貨幣當量總計數。這些資產項目是什麼，是無關緊要的，它們可以是土地、建物、機器設備、工具、任何種類和順位的財貨、求償權、應收帳款、現金或其他類似項目。

一個歷史事實是：在會計方法發展初期，帶頭走向貨幣計算的零售商，大多沒把他們的建物和土地的貨幣當量納入資本的概念裡。另一個歷史事實是：農夫遲遲未把資本概念應用到他們的土地上。現今即使在大部分先進國，也只有一部分農夫熟悉健全的會計方法。許多農夫因循使用的會計方法，仍然輕忽土地和它對生產的貢獻。他們的帳簿登錄不包含土地的貨幣當量，因此對於此一當量的變化漠不關心。這樣的帳簿記錄是有瑕疵的，因爲它們不能傳達資本會計唯一想要掌握的資訊。它們沒顯示農場操作是否已經導致土地產能變差，亦即，是否已經導致土地客觀使用價值變差。如果土壤發生侵蝕情況，而帳簿忽略了此情況，計算出來的收入（淨收益）就會大於採用相對完整的會計方法所顯示的數值。

這裡必須提到這些歷史事實，因爲它們曾誤導經濟學家嘗試構思**實質資本**的概念。

經濟學家，過去和現在一樣，面對一個迷信問題。這迷信認爲：藉由增加貨幣流通數量和信用擴張，生產要素稀少的情況可以完全消除，或至少可以消除到一定程度。爲了適切處理這個攸關經濟政策的根本問題，並且鑑於商人的資本計算指涉所有錯綜複雜的求財活動，經濟學家認爲必須建構一個實質資本的概念，來對抗商人所使用的資本概念。在經濟學家開始這方面的努力時，土地的貨幣當量在資本概念裡的位置仍然遭到質疑。於是，經濟學家認爲，在建構實質資本概念時，忽略土地是合理的，從而把實質資本界定爲全部可供利用的、生產出來的生產要素。經濟學家接著開始吹毛求疵的討論，企業單位持有的消費財存貨是不是實質資本的問題。不過，經濟學家倒是幾乎一致認爲，現金不是實質資本。

且說，所謂「生產出來的生產要素全部」這個概念，其實是一個空洞的概念。某一企業單位所擁有的各種生產要素的貨幣當量，可以被確定、然後加總；但是，如果將這種以貨幣表示的估價抽離，「生產出來的生產要素全部」就只是一份列舉無數不同財貨實質數量的清單。對行爲人來說，這樣的一份財貨盤點清單是沒用的。它只從科技和地形學的角度，描述世界的一部分情況，而完全沒觸及人爲了改善自身處境所引起的行爲決斷問題。我們可以勉強接受以**資本財**這個專門術語稱呼生產出來的生產要素。但是，這個名稱並不會使實質資本的概念更有意義。

使用實質資本這個虛構的概念所導致的最壞副產品，就是經濟學家開始遐想所謂（實質）資本生產力的虛假問題。生產要素，根據定義，是指能幫助某一生產過程取得成功的事物。它的市場價格，完全反映人認爲這幫助的價值有多大。在生產要素市場的交易中，人預期從僱用某項生產要素獲得的那些服務（亦即，該生產要素對生產力的貢獻），會按照人認爲那些服務的全部價值獲得給付。生產要素所以被認爲有價值，只因爲它能提供某些服務；而這些服務就是生產要素被給付價格的唯一理由。一項生產要素一旦被給付了它的市場價格，它就不再有什麼額外的生產服務貢獻，能促使什麼人給付更多的報酬。把利息解釋爲資本生產力所衍生的收入，是一大錯誤。[4]

實質資本概念所衍生的另一個思想混淆，也同樣有害。有些人開始構思一個有別於**私人資本**的**社會資本**概念。從假想的社會主義經濟出發，他們致力於定義一個合適這種經濟體系的總經理在進行經濟活動時使用的資本概念。他們正確的意識到，這個總經理將渴望知道自己的經營管理是否成功（亦即，從他自己的價值判斷，以及他根據這價值判斷所追求的目的觀點來看，是否成功），以及他可以花費多少生產要素供應他監護下的人民消費，才不會使可供使用的生產要素存量減少，以致損害未來的產量。沒錯，社會主義政府迫切需要資本和收入的概念來引導它的經濟運作。然而，在一個沒有生產手段私有財產權、沒有市場和沒有生產手段價格的經濟體系裡，資本和收入的概念只是學術性的假設，沒有任何實際應用意義。在一個社會主義經濟裡，有資本財，但沒有資本。

唯獨在市場經濟裡，資本概念才有意義。對於在市場經濟體系裡自負盈虧操作的人，以及他們所組成團體的決策考量和計算，資本是一個有用的概念。它是渴望獲得利潤和避免虧損的資本家、企業家和農夫的思考工具。它不是所有行爲的一個範疇，而是市場經濟中行爲特有的範疇。

第三節　資本主義

迄今一切文明都以生產手段私有制爲基礎；文明和私有財產制可說一直連結在一起。主張經濟學是實驗性科學、卻又建議生產手段公有的那些人，自相矛盾得令人慨嘆。如果歷史經驗能教導我們什麼，那無疑是：私有財產制和文明的連結是不可分割的。迄今爲止，還沒有任何經驗大致顯示，社會主義能和資本主義提供一樣高的生活水準。[5]

充分、純粹的市場經濟體制從來未曾被嘗試過。但是，在西方文明範圍內，自從十五世紀以來的一般趨勢，主要是朝向廢除阻礙市場經濟運作的制度發展。隨著此一發展趨勢，人口大幅增加，一般民眾的生活水準提高到空前的、從未夢想到的水準。現今美國普通工人享有的諸多生活便利設施，連以前的克羅伊斯（Croesus）、克拉蘇（Crassus）、梅第奇家族（the Medici）和路易十四都會羨慕。

社會主義者和干預主義者對市場經濟的批判，所提出的諸多純屬經濟方面的問題，只能以本書所採取的方式來處理，亦即：以人的行爲，以及所有想像得到的社會合作體制的徹底分析來處理。至於某些人爲什麼鄙視、貶抑資本主義，爲什麼把每一件他們不喜歡的事物稱作「資本主義的」、而把每一件他們讚美的事物稱作「社會主義的」？則是一個涉及歷史的心理問題，必須留給歷史學家處理。但是，有幾個其他問題，我們必須在這裡提出來討論。

極權主義的支持者認爲，資本主義是一個恐怖的惡靈，是人類突然染上的可怕疾病。在馬克思眼裡，資本主義是一個不可避免的人類演化階段；即使如此，資本主義仍是最壞的禍害，所幸，救贖即將來臨，人類即將解放，永遠免於這個禍害。在其他人看來，人類歷史是可能避免資本主義的，只要人曾經更有道德或更高明的經濟政策選擇。所有這些焚膏繼晷的研究論述，有一共同特徵，亦即，都把資本主義看成好比是偶然發生的現象；即使將它撤銷，也不致改變文明人賴以行爲和思考的根本條件。由於他們疏於關心經濟計算問題，他們沒意識到廢除貨幣計算必將導致的後果。他們沒意識到，社會主義體制中的人，在心性和思考模式上，將完全不同於我們當代人，因爲算術在他們計畫行爲時根本沒有用處。在處理社會主義問題時，我們絕不可忽略此一心思運作模式的轉變，即使我們準備默默接受社會主義對人的物質幸福即將造成的災難性後果。

市場經濟是人「做成的」一個分工下的行爲模式。但這不等於說，它是偶然發生的或不自然的、可以用另一種行爲模式取代。市場經濟是長期演化過程的產物，是人努力調整自己的行爲，盡可能適應他們所不能改變的自然給定環境而導致的結果。市場經濟，可以說，是一個策略，該策略的應用，使人得以從野蠻成功進步到文明。

在當今的論述者之間非常流行這樣一個論證模式：資本主義的經濟體制，在過去兩百年間，完成不可思議的驚人成就；所以它注定要完蛋了；因爲過去有益的事物，對我們這個時代、對未來都不可能是有益的。這樣的推理，公然牴觸實驗認知的原則。這裡毋須再討論：人的行爲科學是否能採用實驗的自然科學研究方法；即使這個問題容許以肯定的方式回答，但是像這些反常的實驗主義者這樣論證，其實還是很荒謬的一回事。實驗的科學論證會說：因爲 a 以往是有效的，所以它未來也將有效；它絕不會顚倒過來說：因爲 a 以往有效，所以未來是沒效的。

經濟學家時常因據稱漠視歷史而遭到指責。有人聲稱，經濟學家認爲市場經濟是唯一理想的、永恆的社會合作模式。他們集中研究、探索市場經濟情況，而忽略其他一切。他們對於資本主義是晚近兩百年才出現的事實，以及即使現在也僅局限在相對狹小的地理範圍和少數的民族，一直漠不關心。而且從古到今，還有別的一些文明，具有不同於資本主義的心性和操持經濟事務的模式。從永恆的觀點來看，資本主義不過是一時的現象，一個短暫的歷史演化階段，只是前資本主義時期過渡到後資本主義未來的一個短暫階段。

所有這些批評都是錯誤、無效的。經濟學當然不是一門歷史學或別的什麼歷史科學。它是人的行爲通論，是研究某些永恆的行爲範疇，以及這些範疇在所有想像得到的特殊行爲情境中怎樣運作的通論科學。它因此提供了處理歷史與民族學問題不可或缺的思考工具。一個歷史學家或民族學者，如果在工作中疏於充分利用經濟學的理論成果，那麼，他就不是稱職的歷史學家或民族學者。事實上，他在著手處理研究主題時，並非不受他視爲理論而加以鄙棄的概念影響。在他工作的每一步，包括在他蒐集據稱是純粹的事實時、在安排這些事實時，以及在根據這些事實推衍結論時，他都受到一些膚淺的經濟學說殘餘混亂觀念的引導。而這些膚淺的學說，往往是在經濟科學獲得精細發展之前好幾個世紀，一些笨拙的論述者建構的、並且早已遭到徹底駁倒的。

市場社會是唯一容許行爲人在計畫行爲時運用基數計算的社會組織模式，因此唯有藉由分析市場社會問題，才可能進一步分析所有想像得到的社會組織模式，以及分析歷史學家和民族學者所面對的一切經濟問題。所有非資本主義的經濟管理方法，只有假想它們也能使用基數，記錄過去的行爲與計畫未來的行爲，才能加以分析研究。這也是經濟學家爲什麼把純粹的市場經濟置於研究核心的理由。

缺乏「歷史感」和忽視演化因素的人，不是經濟學家，反而是他們的批評者。經濟學家始終充分知道，市場經濟其實是一個長久歷史過程的產物，這過程開始於人類超脫其他靈長類動物之際。那種誤稱爲「歷史主義」（historicism）學說的捍衛者，熱中於抹煞歷史演化改變的效果。在他們眼裡，任何存在的社會制度，若是不能回溯到過去某一遙遠的年代，或不能在某些玻里尼西亞原始部落的習俗裡發現，都是不自然的，甚至是墮落的。他們認爲，某一制度不爲野蠻人所知的事實，足以證明它的沒用和腐敗。馬克思和恩格斯，以及普魯士歷史學派的教授，當他們得知私有財產權「只」是一個歷史現象時，狂喜歡躍。對他們來說，這是他們的社會主義計畫可以實現的明證。[6]

創造性天才和市民同胞格格不入。作爲前所未聞的新事物開創者，他會和不加批判鑑別、一股腦兒接受傳統標準與價值的同胞起衝突。在他眼裡，守規矩的市民或普通人那種例行作爲，簡直是愚蠢。對他來說，「布爾喬亞」（bourgeois）是愚昧的同義詞。[7]一些樂於模仿這位天才風格的落魄藝術家，爲了忘卻和隱蔽他們自己的無能，採納此一用詞。這些落魄藝術家對每一樣他們不喜歡的事物，都稱爲「布爾喬亞」。因爲馬克思已經使「資本主義的」等同於「布爾喬亞」，他們便將這兩個形容詞當成同義詞使用。在所有語言的詞彙中，凡是可恥的、丟臉的和不名譽的，現在都用「資本主義的」或「布爾喬亞」來表示。[8]反之，他們稱所有自認爲好的、值得讚美的事物爲「社會主義的」。這種思辨格式是這樣的：某人稱任何他不喜歡的事物爲「資本主義的」，然後根據這個稱呼推斷那事物是不好的。

這樣的語意混淆還遠不止於此。西斯蒙第（Sismondi）、浪漫的中古世代謳歌者、所有鼓吹社會主義的作家、普魯士歷史學派和美國制度學派都倡言，資本主義是一個不公不義的剝削體系，犧牲大多數人民的重要利益，獨厚一小群牟取暴利者。正派人士絕不可能擁護這個「瘋狂的」體系。經濟學家是「資產階級的諂媚者」，所以才會聲稱：資本主義不僅是對一小群人有利，而是對每個人也都有利。經濟學家要不是笨得認不清事實，就是被收買的辯解者，專爲剝削者自私的階級利益辯解。

在這些反對自由、民主和市場經濟的人士術語中，「資本主義」意謂大企業和富豪所提倡的那種經濟政策。面對某些——但無疑不是全部——富有企業家和資本家現在支持一些措施，限制自由貿易和競爭從而導致獨占此等事實，他們說：當今的資本主義代表保護主義、卡特爾和廢除競爭。他們還說，在過去某一段時間，英國的「資本主義」的確支持自由貿易，不管是在國內市場，還是在國際關係方面。但這是因爲當時這樣的政策對英國資產階級有利。然而，情況已經改變了，今天的資本主義，亦即，剝削階級所擁護的政策，希望推行另一種措施。

本書前面業已指出，這個說法嚴重扭曲經濟理論和歷史事實。[9]過去曾經有、而將來也總是會有一些人基於自私與野心，要求政府保護他們的既得利益，並且希望從限制競爭的政府措施中獲利。一些企業家變老了、也覺得累了，以及一些過去成功者的頹廢子嗣，不喜歡機敏靈巧的新貴挑戰他們的財富、挑戰他們在社會中的顯赫地位。他們渴望經濟情況僵固不變，渴望阻撓社會進步；這種渴望是否能實現，取決於輿論形勢。十九世紀，享有威望的自由主義經濟學家的學說所塑造的社會意識型態結構，使得這種渴望無效。當自由主義時代的科技進步徹底改革傳統生產、運輸和行銷方法時，既得利益遭到傷害的那些人並未要求政府保護，因爲他們知道這種要求沒有希望獲得正面回應。然而，如今人們大多認爲，政府的一個正當任務，是阻止比較有效率的人和比較沒效率的人競爭。輿論同情強大的壓力團體所提出的阻止進步的要求。奶油生產者在反對人造奶油的抗爭中相當成功，而音樂家反對錄製音樂也一樣。工會是每一部新機器的死對頭。在這樣的環境下，比較沒效率的商人希望獲得政府保護、免受比較有效率的競爭者傷害，一點兒也不奇怪。

以如下的方式描述當前的情況，應該是正確的：現在許多或一些工商業團體已不再是自由主義者；他們不擁護純粹的市場經濟和自由企業，反而要求政府以各種措施干預工商活動。但是，如果說資本主義這個概念的意義已經改變了，說什麼「成熟的資本主義」——美國人的說法——或「後期的資本主義」——馬克思主義者的說法——的特徵，在於以各種限制性政策保護勞工、農夫、小店主和工匠的既得利益，乃至有時候也保護資本家和企業家的既得利益；那就是一個完全誤導性的說法。資本主義這個概念，是一個不可變的經濟學概念；如果它有什麼意思的話，它的意思只能是市場經濟。我們如果默認資本主義有另一種意思，那麼就自我拋棄了一個可以用來適切處理當代歷史和經濟政策問題的語義工具。只有當我們意識到，應用「成熟的資本主義」或「後期的資本主義」此等詞彙的僞經濟學家和政客，希望藉此阻止一般人知道市場經濟的眞正意義，此等錯誤的命名法才變得可以理解。他們希望使一般人誤以爲，政府的限制性政策所引起的種種令人厭惡的癥狀，都是「資本主義」造成的。

第四節　消費者權力至上

在市場經濟裡，管理所有經濟事務，是企業家的任務。他們控制生產過程；他們好比是掌握舵輪的舵手，操縱著船隻。膚淺的旁觀者也許會以爲他們是至高無上的，其實，他們不是。他們必須無條件服從船長的命令，而這船長就是消費者。決定必須把什麼生產出來的人，既不是企業家，也不是農夫或資本家。做這種決定的，是消費者。如果某位商人不嚴格遵守消費大眾以市場價格結構傳遞給他的命令，他就會蒙受損失、就會破產，然後被拉下掌握舵輪的顯赫位置。取代他的，會是讓消費者的需求得到的滿足比他好的人。

消費者光顧某些商店，因爲他們在那裡能以最便宜的價格買到想要的東西。他們的買或不買，決定了誰該擁有並經營工廠與農場。消費者使窮人變富，也使富人變窮；他們嚴格決定該生產什麼東西、什麼品質和什麼數量。他們是無情、自私、自利的老闆，滿腦子反覆無常的奇怪念頭和幻想，隨時可變、且無法預測。對他們來說，什麼都不重要，除了滿足自己的需求。他們絲毫不在乎商家過去的優點和既得利益。如果有人提議賣給他們某樣他們比較喜歡或比較便宜的東西，他們就會捨棄原來的供應商。作爲購買者和消費者，他們鐵石心腸、冷酷無情，完全不會考慮別人的感受。

只有銷售第一順位財貨與服務的商家，才直接和消費者接觸，才直接聽從他們的命令。但是，這些商家會把得自消費大眾的命令，傳達給所有生產比較高順位財貨與服務的商家。因爲提供消費財的製造商、零售商、服務業和自由業者，不得不向最便宜的供應商購買他們自己做生意所需的生產要素。如果他們不盡心盡力在最便宜的市場買進，並且適當安排這些生產要素的加工處理，以便能以最好、最便宜的方式滿足消費者需求，他們將被迫倒閉。比他們更有效率，在買進和處理生產要素方面比他們更成功的人，將會取代他們。消費者可以放縱自己的任性與奇思怪想。但是，企業家、資本家和農夫不可以隨意行動；他們在生意操作方面必須順應消費大眾的命令。任何偏離消費者需求所指定的生意操作路線，都會借記在他們的帳簿上。即使最輕微的偏離，不管是故意造成的，或是錯誤、差勁的判斷與無效率造成的，也會縮減他們的利潤或使利潤消失。而比較嚴重的偏離則將導致虧損，從而減損、乃至完全吞蝕掉他們的財富。資本家、企業家和地主只有以最佳方式滿足消費者的命令，才能保持和增加他們自己的財富。他們在事業經營上不能隨意花任何一筆錢，除非消費者願意，藉由支付較高的價格購買他們的產品，返還他們花掉的那筆錢。在處理他們的生意上，他們必須是無情的、鐵石心腸的，因爲消費大眾——他們的老闆是無情的、鐵石心腸的。

消費大眾不僅是消費財價格的最終決定者，同樣也是所有生產要素價格的最終決定者。他們決定市場經濟裡每一個成員的收入。最終支付每一個工人、富有魅力的電影明星和清潔婦工資酬勞的人，是消費大眾，而不是企業家。消費大眾以花掉的每一分錢，決定所有生產方針和所有工商活動最微末的組織細節。爲了描述這種情況，有人把市場稱爲一個民主體制，每一分錢都有權利投下一張選票。[10]比較正確的說法應該是：民主憲政是一個模仿市場經濟的方案，這方案讓人民在政府政策操作方面，同樣擁有和他們作爲消費者在市場經濟操作中所擁有的最高權力。然而，這個模仿是不完美的。在民主政治裡，只有投給多數方候選人或多數方計畫的選票，才有效決定事態發展。而少數方獲得的選票，不會直接影響政策。但是，在市場上，消費者投下的每一張選票，都不會是無效的；花出去的每一分錢，都發揮了影響生產過程的力量。出版商不僅出版偵探小說迎合多數民眾，也出版抒情的詩作和哲學論文集，迎合少數人的閱讀興趣。麵包坊不僅爲健康民眾烘焙大宗正常的麵包，也爲少數需要特殊飲食的病人烘焙特製麵包。每一個消費者的決定，都按他願意支付的金額賦予該決定的力度，全部產生效果。

沒錯，在市場上，並非每個人都有相同投票權。富人比窮人有更多票可投。但是，這個不平等，本身就是先前某一輪投票過程的結果。富有，在一個純粹的市場經濟裡，是以最佳方式成功滿足消費大眾需求的結果。一個富有的人，只有繼續以最有效率的方式滿足消費大眾，才能保持他的財富。

因此，物質類生產要素的擁有者和企業家，實質上，是消費大眾透過每天重複的選舉程序、任命的可撤銷代理人或受託人。

在市場經濟運作中，資產階級，只在一種情況下，不完全受制於消費大眾的最高權力：獨占性價格侵害消費者至上的權力。

使用政治術語作爲比喻

商人在管理自己的事業時所下達的命令，旁人能聽到、看到；即使傳令小夥計也知道，店老闆發號施令管理店務。但是，必須多花一點腦筋，才能意識到企業家聽命於市場。消費大眾所給的那些命令是無形的，感官察覺不到。許多人欠缺認識這些無形命令所需的洞察力。這些人陷入錯覺，誤以爲企業家和資本家是不負責任的獨裁者，亦即，誤以爲不會有人要求他們爲所作所爲負起責任。[11]

這種心態的副產物，是某些人習慣將政治統治和軍事行動的術語應用在商界。他們稱一些成功商人爲國王或公爵，稱這些人的企業爲帝國、王國或大公國。如果這種慣用語只是無傷大雅的比喻，那我們就毋須多費唇舌批評它。但是，它是許多嚴重錯誤的源頭，這些錯誤在當代某些學說中產生了邪惡的作用。

政府是一個強制與脅迫機構，有權力強迫人民服從。政治上的最高統治機構，不管它是某個獨裁者或是受人民委託的代理人，只要獲得相關意識型態力量的支持，有權力鎮壓反叛。[12]

企業家和資本家在市場經濟中所處的地位，和政府在政治統治中所處的地位性質不同。一個「巧克力國王」沒有權力控制消費大眾——他的顧客。他以品質盡可能最好、而價格盡可能最低的巧克力供應他們。他沒統治消費大眾，他服侍他們。消費大眾可沒將自己拴在他身上；他們可以隨意不再光顧他的店鋪。如果消費大眾選擇把錢花在別的地方，他就會失去他的「王國」。而且他也沒「統治」他的工人；他僱用他們服務，付給他們酬勞，數目恰恰等於消費大眾在購買巧克力產品時願意返還給他的金額。一般資本家和企業家更說不上行使什麼政治霸權了。歐美文明國家曾經長期控制在一些並不怎麼阻撓市場經濟運作的政府手中，但如今，在這些國家掌權的許多政黨，對資本主義並不友善；他們認為，凡是讓資本家和企業家遭到傷害的事情，都是最有利於人民的事情。

在未受干擾的市場經濟裡，資本家和企業家無法期望以賄賂官員和政客獲取利益，另一方面，官員和政客也不可能勒索商人，榨取不法利益。在干預主義國家裡，一些強大的壓力團體熱中於為成員謀取特權，不免犧牲弱勢團體與人民的利益。這時，有些商人可能認為，為了保護他們自己免於行政官員和立法機構的歧視，行賄不失為權宜之計；而一旦習慣了這種辦法，他們甚至可能嘗試藉此為自己謀取一些特權。無論如何，商人腐敗某些政客和官員，以及遭到這些政客和官員勒索敲詐的事實，並不表示商人至高無上或商人統治國家。行賄和送禮的，是被統治者，而不是統治者。

大多數商人，或者基於他們的道德信念，或者由於害怕，不敢行賄。他們試著以合法的民主方法，努力保存自由企業體制，以及保護他們自己免於歧視。他們組成同業公會，並嘗試影響輿論。這些努力的成果一直相當可憐，許多反資本主義政策一路奏捷、向前推進，就是明證。他們迄今所能達成的，頂多是把某些特別可憎的措施稍微延緩一下而已。

一些煽動家以最粗糙的方式歪曲這種情況。他們告訴我們說，某些銀行家和製造商組成的同業公會，才是他們國家真正的統治者；而且他們稱之為「財閥民主」的統治機構，整個掌握在這些銀行家和製造商手中。事實上，簡單列舉過去幾十年間任何國家立法機構所通過的法律，便足以駁倒這種故事。

第五節　競　爭

自然界充斥著不可調和的利益衝突。生存手段稀少；個體繁殖，傾向超出生存手段容許的範圍；只有最強的動植物，才得以倖存。一隻瀕臨餓死的動物，和另一隻從牠嘴中搶走食物的動物，牠們之間的對立是難解難分的。

分工下的社會合作，消除這種對立，以合作互助取代撕殺對抗。社會成員聯合起來，共赴同一目標。

「競爭」一詞，用在動物生活情境，意謂動物之間在搜尋食物時，顯現的那種敵對撕殺。我們可以稱此現象爲生物性競爭。生物性競爭絕不可和社會性競爭混淆；後者係指人人在社會合作體系裡，努力想要達到最有利的位置。因爲總是會有一些位置比別的位置更被看重，於是人人企圖勝過競爭者、爭取那些位置。因此，每一個想像得到的社會組織模式，都存在社會性競爭。如果我們希望想像一個沒有社會性競爭的情況，我們就必須建構這樣　個社會主義社會的想像：這個社會的首領，在努力給每個人分派社會中的位置和任務時，沒有任何下屬顯露任何抱負，藉以協助他完成該分派過程；下屬完全漠不關心，沒向他申請特殊任命。他們表現得像種馬那樣，在主人要挑選某匹公馬和最好的母馬配種時，沒嘗試把自己最討喜的那一面展現出來。但是，這樣的人將不再是行爲人。

在極權主義體系裡，社會性競爭以成員努力巴結掌權者的方式顯現。在市場經濟裡，競爭顯現於下面這些事實：賣者必須在提供更好或更便宜的商品與服務上彼此超越；而買者必須在開出更高的價格上彼此超越。在處理這種可以稱爲市場競爭的社會性競爭時，我們必須小心提防一些流行的謬誤。

古典經濟學家贊成廢除所有阻止人人在市場上競爭的貿易障礙。他們說，這種限制性法律導致生產活動從自然生產條件比較有利的地方，移往條件比較不利的地方。所有貿易障礙都保護比較沒效率的人，對抗比較有效率的競爭對手。所有貿易障礙都傾向永遠保持落後的生產科技方法。總之，貿易障礙削減生產，因此降低生活水準。這些經濟學家主張，爲了使所有人民更富裕，應該允許每個人自由競爭。他們按此意義使用自由競爭一詞；在他們的用語裡，自由一詞沒有任何玄學、抽象的意思。他們倡議廢除阻止新人加入某些行業或進入某些市場的特權。有不少深奧微妙的刻苦研究，對自由競爭一詞裡的「自由」形容詞的玄學含義吹毛求疵。所有這些論述都是似是而非的，都和市場競爭問題沒有任何關係。

在自然條件發生作用的範圍內，只有針對那些不是稀少的、因此不是人的行爲對象的生產要素，競爭才可能是「自由的」。在市場交換行爲的領域，競爭永遠受限於經濟財貨與服務必然稀少的事實。即使完全沒有制度性障礙限制參與競爭者的人數，實際情況也從來不允許每個人都可以在所有市場部門自由參與競爭。在每一市場部門，只有相對少數人能參與競爭。

市場競爭——市場經濟的特徵之一，是一個社會現象，而不是受政府和法律保障的一項權利，讓每個人得以在分工結構中隨意選擇最喜歡的位置。爲每個人在社會中分派適當的位置，是消費大眾的任務。消費者的買或不買，對於每個人的社會位置有決定性作用。消費者的至高地位，不會因爲某些個別生產者被授予任何特權而受損。對潛在的新進者來說，只有當消費大眾贊同某一生產部門擴張，或新進者能以更好或更便宜的方式滿足消費者需求，從而成功取代原來盤據在該生產部門的一些生產者時，該生產部門實際上才是可以自由進入的。新增的投資，只有旨在滿足消費者尚未滿足的需求中最迫切的需求時，才是合理的。如果既有工廠足夠滿足消費者，在同一生產部門投下更多資本，無異是浪費；市場價格結構會把新投資者推向其他生產部門。

此處必須強調這一點，因爲許多流行的據稱不可能存在競爭的抱怨，根源就在於未能掌握這一點。約在五十年前，人們習慣宣稱，你不可能和那些鐵路公司競爭；不可能開闢新的競爭路線挑戰它們的位置；在陸路運輸領域，不再有競爭。事實是：當時已經在營運的那些鐵路線大致足夠滿足消費者。對於新增的資本投入來說，用來改善營運中的鐵路線立即可用的服務效能，或用於別的工商部門，都比用於興建新鐵路線更有利可期。然而，這並未妨礙科技在運輸方面的持續進步。那些鐵路公司的龐大規模與經濟「權力」，並沒阻礙汽車和飛機出現。

現在，對於許多產業部門被大企業占據，人們也同樣聲稱：你不可能挑戰那些大企業的位置；它們規模太大了、太有力量了。但是，競爭的意思，不是說：任何人只消模仿別人的所作所爲便能成功；而是指：以更好或更便宜的方式服侍消費者的機會，沒遭到保護既得利益者免於創新傷害的特權阻礙。一個想要挑戰老牌企業既得利益的新進者，最需要的是腦筋和創意點子。如果他的規劃可以滿足消費大眾尚未滿足的需要中最迫切的需要，或可以用比原來供應者更便宜的價格供應消費大眾，他將會成功；儘管老牌企業的龐大與權力傳說得震天價響。

市場競爭絕不可和職業拳擊賽或選美比賽混淆。這種比賽的目的，是發現誰是最好的拳擊手或最漂亮的女孩。市場競爭的社會性功能，肯定不在於確定誰是最聰明的男孩，然後給優勝者頒贈一個頭銜和獎牌。它的功能是，在給定的經濟基本條件下，保障消費大眾得到所能得到的最佳滿足。

在職業拳擊賽和選美比賽，乃至任何競爭場合，不管是生物性競爭或是社會性競爭，機會平等都不是其中一個元素。絕大多數人，礙於他們身體的生理結構，而失去贏得拳擊冠軍或選美皇后榮銜的機會。在勞動市場上，只有極少數人能以歌劇演員和電影明星的身分參與競爭。在科學成就領域，最有利的競爭機會總是提供給大學教授；然而，成千上萬的教授消失在這世上，在思想和科學進步史上，沒留下任何痕跡，反倒是許多處於不利地位的圈外人憑藉非凡貢獻、贏得榮耀。

市場競爭不是以同一方式對每個人開放，這個事實常遭到指責。創業，對窮人家的小孩來說，比富有人家的兒子要艱難許多。但是，消費大眾不關心這個問題，不在乎將要服侍他們的企業家是否在相同條件下創業。他們唯一的興趣，是使自己的需要獲得最佳可能的滿足。如果世襲財產制度在這方面比較有效率，消費大眾就會選擇它、而不選擇其他效率比較差的制度。他們看待問題，是從社會利害與繁榮的觀點，而不是從每個人都應該有平等競爭機會，這個據稱的、假想的和無法實現的「自然」權利觀點。若要落實這種所謂「自然」權利，就必須把天生比平常人更聰明、更有意志力的那些人，擺在一個比較不利的位置。而這顯然是荒謬的。

「競爭」一詞通常用作「獨占」的反義。但，論者在這個用語模式中，按不同意思使用「獨占」一詞，這些不同意思必須清楚分辨。

獨占的第一個含義，非常頻繁隱含在獨占的通俗意思中，意指獨占者，不管是一個人或是一群人組成的團體，完全掌控某一攸關人人生死的必要條件。這種獨占者，有權力迫使所有不服從其命令者活活餓死。他發號施令，而其他人別無選擇，不是屈服、就是死亡。對這種獨占者來說，沒有市場競爭或任何其他種類的交換性（或替代性）競爭。獨占者是主人，而其他人則是仰承其鼻息的奴隸。我們毋須細究這種獨占的意思。它完全和市場經濟無關。這裡只消舉一個例子就夠了。一個包含全世界的社會主義國，將享有這種絕對完全的獨占；它將有權力，以餓死所有反對者來粉碎他們的反抗。[13]

獨占的第二個含義和第一個不同之處，在於它描述一個和市場經濟相容的情況。這種意思的獨占者係指：某個人或某群充分聯合起來共同行爲的人，完全控制某一特定商品的供給。如果我們以這方式定義獨占一詞，獨占的範圍便顯得非常廣泛。加工業的產品，彼此多少有些不同。每一工廠都生產出一些不同於其他工廠的產品。每一家旅館都獨占其座落地點的旅館服務供應。某位醫師或律師提供的專業服務，絕不會完全等於其他任何醫師或律師提供的服務。除了某些原料、食物和其他大宗物資，這個意思的獨占，在市場上隨處可見。

然而，對市場運作和價格決定而言，僅僅獨占是沒有什麼意義或影響分量的。獨占不會使獨占者在銷售產品時占有任何優勢。在著作權法律保護下，每一個打油詩的作者都享有銷售其詩作的獨占地位。但是，這並不會影響市場運作。他的詩作可能賣不到什麼價錢，於是他的詩篇只能當廢紙賣掉。

就獨占的第二個含義而言，只有在相關獨占產品的需求曲線具有某一特別形狀時，獨占才會成爲決定價格的一個因素。如果有一個如此這般的需求情況，導致獨占者以比較高的價格、銷售比較少量產品時所獲得的淨收益，高於他以比較低的價格、銷售比較多量產品時所獲得的淨收益，這時就會出現某一**獨占性價格**，高於市場沒有獨占時的潛在價格。獨占性價格是一個重要的市場現象，而獨占本身，只在它能導致獨占性價格形成時，才有重要性可言。

論者通常把不是獨占性價格的價格稱爲**競爭性價格**。這個用語是否合宜，雖然頗值得商榷，但現在已被普遍接受，很難改變。但是，我們必須小心提防它被曲解。如果我們從獨占性價格和競爭性價格的對立，推論說獨占性價格是缺少競爭的結果，那將是一個嚴重的錯誤。在市場上，永遠有交換性競爭。市場競爭不僅是決定競爭性價格的因素，它同時也是決定獨占性價格的因素。使得獨占性價格的出現成爲可能、並且指導獨占者如何訂價的那種需求曲線，其形狀取決於所有其他商品的競爭；因爲所有產品全都在競相爭取買家口袋裡的錢。獨占者把準備出售的產品價格訂得愈高，就有愈多潛在買家把錢投向其他準備出售的商品。在市場上，每一樣商品都在和所有其他商品競爭。

有些人主張，交換學的價格理論對於現實的研究沒有什麼用處，因爲從來沒有「自由的」競爭，或因爲，至少現在已不再有自由競爭這回事。所有這些人的主張都是錯的。[14]他們誤解競爭，根本不知道競爭的眞義。事實上，過去幾十年的歷史，是一頁以限制競爭爲目的的政策史。這些政策的明顯意圖，是保護某些生產團體，授予他們某些特權，使他們免於受到更有效率者的競爭。在許多場合，這些政策已經導致有利於獨占性價格出現的情況。在許多其他場合，情形不是這樣；限制性政策的結果，只是阻止許多資本家、企業家、農夫和工人進入某些生產部門，使他們不能在那裡對他們同胞提供最有價值的服務。市場競爭已經受到嚴重限制，不過，市場經濟仍在運作，雖然遭到政府和工會干擾破壞。市場競爭體系也仍在發揮作用，雖然勞動生產力已經嚴重降低。

這些反競爭政策的最終目的，是要以一個完全不再有市場競爭的社會主義計畫體系取代資本主義。計畫主義者，一方面貓哭耗子假慈悲、惋惜競爭程度下降，一方面希冀廢除「瘋狂的」競爭體系。他們已經在一些國家達到他們的目的。但是，在世界上其餘地方，他們只成功限制了某些生產部門的競爭，從而增加了在其他部門競爭的人數。

以限制競爭爲目的的一些力量，在我們這個時代，扮演重要的角色。研究這個時代的歷史，一個重要的任務，是解釋這些力量是怎麼來的；但經濟理論不需要特別提到它們。有各種貿易障礙、特權、卡特爾、政府獨占事業和工會存在的事實，只是經濟史的既定資料，不需要特別的經濟學定理予以解釋。

第六節　自　由

自由一詞，過去對人類一些最傑出的代表性人物而言，意味最珍貴、最可取的東西。如今，嘲諷自由，代表時髦。現代的所謂賢人大聲宣告，自由是「滑溜的」概念，是「布爾喬亞」的偏見。

自由，在自然界是找不到的。在自然界，沒有哪一個現象能有意義的冠上自由一詞。人，無論做什麼，絕不可能免於自然界對他的干擾。如果他想在行為上成功，他必須無條件的順從自然法則。

自由，永遠指涉人與人的關係。某個人是自由的，只要他能夠不受別人任意擺布、活著變老。在社會框架裡，每個人都倚賴他的同胞。社會人不可能變獨立，除非他捨棄所有社會合作的利益。一個自給自足的人是獨立的，但他不是自由的。他任憑每一個比他自己強大的人擺布；比他強大的人有權力無所顧忌的殺害他。所以，如果有人大聲吆喝說，在社會連結出現前的遠古時代，人想必享有一種所謂「自然的」、「與生俱來的」自由，那就是在胡說八道。人不是生而自由的；他所擁有的任何自由，都是社會給他的。只有社會情況能賦予個人權利，讓個人能在一定的範圍內享有自由。

自由，是人在契約型社會裡的處境。[15]在生產手段私有制下，社會合作意謂，在市場運作的範圍內，個人毋須服從、服侍某位「太上皇」。就他給別人東西或服務別人而言，他這麼做，是出於自願的，是為了獲得別人的回報與服務。他和別人交換財貨與服務，他不是在義務勞動，也不是義務納貢。他當然不是獨立的；他倚賴其他社會成員。不過，這倚賴是互相的；買者倚賴賣者，而賣者也倚賴買者。

十九、二十世紀的許多著作家，他們的主要興趣是抹黑、扭曲這個明顯的事實。他們說，工人任憑雇主擺布。沒錯，雇主的確有權利解僱他的雇員。但是，如果雇主任性而為、使用這項權利，他就是在傷害自己的利益。如果他為了僱用一個比較沒效率的、而解僱一個比較有效率的工人，這對他自己是不利的。市場並不直接阻止任何人任意傷害他的同胞；它只懲罰這種行為。店老闆有粗魯對待顧客的自由，只要他準備承受這麼做的後果。消費者有聯合抵制某個供應商的自由，只要他們願意承擔抵制的成本。在市場裡，不是出自警官、劊子手和刑事法庭的強制與脅迫，而是基於自利的考量，敦促每個人克制胡作非為的天性、促使他盡力服侍他的同胞。在契約型社會裡，成員是自由的，因爲他只在服務自己的時候服務別人。約束他的，只是不可避免的自然資源稀少的現實。除此之外，他在市場範圍內是自由的。

自由，除了市場經濟所實現的這一種，沒有任何他種自由。在集權（或極權）主義支配型社會裡，唯一給個人留下的自由，是自殺的自由，因爲無法拒絕任何個人享有這樣的自由。

政府，這個用來強制與脅迫的社會機構，必然是一個霸權支配關係結構體。如果政府能夠隨意擴張權力，它將廢除市場經濟，而代以全面極權的社會主義體制。爲了防止這種情況，必須遏制政府權力擴張。這是所有憲章、人權法案和法律的任務。這是爲自由而戰的人一切奮鬥的意義。

那些抹黑自由的人，稱自由爲一個「布爾喬亞的」議題，譴責所謂保障自由的法律權利只是消極的權利；就這個消極意義來說，他們是對的。在國家和政府行爲的領域，自由意味對警察權的行使施加約束。

自由一詞，是用來形容市場社會裡個別成員的處境的；在市場社會裡，政府這個不可或缺的霸權支配關係結構體的權力遭到遏制，以免危及市場運作。在極權主義體制裡，沒有什麼東西可以冠上「自由的」形容詞，除了獨裁者無限的任意武斷。

如果不是那些擁護廢除自由的人刻意造成語意上的混淆，我們原本毋須在這個明顯的事實上多費唇舌。那些人意識到，如果坦率公開爲束縛與奴役而戰，成功是沒希望的。自由的理念，威望極高，任何政治宣傳絕無可能動搖它的名氣。自古以來，在西方文明範圍內，自由一直被認爲是最珍貴的東西；西方文明最突出的特徵，就在於它對自由——一個對東方人陌生的社會理想——的重視。西方的哲學，基本上是自由的哲學。歐洲，和歐洲移民及後裔在世界其他地方所建立的國家，其歷史主要內容就是爭取自由的奮鬥。「粗獷的」個人主義是西方文明的識別標誌。任何公開攻擊個人自由的政治訴求，都沒有絲毫成功的希望。

於是，極權主義的提倡者選擇其他戰術。他們顚倒語詞的意義。把人在極權主義下、除了服從命令、別無其他權利的處境，稱作眞實的或純正的自由。他們稱自己爲眞正的**自由主義者**，因爲他們爲實現極權主義的社會秩序而奮鬥。他們把俄國的各種獨裁統治方法稱爲民主；把工會暴力脅迫的方法稱爲「工業民主」；把只有政府才可以自由出版書籍和報紙，稱爲新聞自由。他們把自由定義爲：有機會做「對的」事情，而他們當然妄稱，什麼是對的，以及什麼是錯的，得由他們決定。在他們看來，政府萬能意謂完全自由。解放警察權，免除一切限制，是他們爲自由而奮鬥的眞正意義。

這些自封的自由主義者說，市場經濟只讓寄生的剝削階級——資產階級享有自由。這些寄生的惡棍享有奴役人民群眾的自由；而靠工資生活的人是不自由的，他們必須純爲老闆或雇主的利益而揮汗工作。按照不可剝奪的天賦人權，理該屬於工人的利益，資本家卻將之據爲己有。而在社會主義下，工人將享有自由與人性尊嚴，因爲他將不再像奴隸那樣爲資本家辛苦工作。社會主義意味平民得以解放、意味所有人都得自由。另外，社會主義也意味所有人都變得富有。

這些學說能一直大行其道，是因爲還沒有人對它們提出有效的理性批評。有些經濟學家，在揭露社會主義學說的一些愚蠢的謬誤和矛盾上，表現亮眼。但是，一般民眾忽視經濟學的教誨；對於通俗小報和八卦雜誌的讀者來說，經濟學的教誨太過沉重。而一般政客和作家所提出反對社會主義的論點，要不是愚蠢可笑，就是無關宏旨。主張人有一據稱「自然的」權利擁有財產，是沒用的，如果對方斷言：最重要的「自然」權利是收入平等。這樣的爭執永遠不可能得出結果。批評社會主義計畫中一些附帶的、非必要的特點，是離題的。攻擊社會主義者在宗教、婚姻、節育和藝術方面的主張，是不可能駁倒社會主義的。另外，在處理這些議題時，社會主義的批評者經常犯錯。例如，在布爾什維克黨迫害俄國東正教一事上，批評者太過笨拙無能，乃至把對該迫害的撻伐，轉變爲形同贊成該宗教的墮落與固執不寬容，亦即，形似認同它的那些基於迷信的規矩。

儘管經濟自由的辯護者有這些嚴重的缺點，但是，要蒙混社會主義的根本特徵、永遠欺瞞所有的人，仍然是不可能的。最狂熱的社會主義計畫者不得不承認，他們的計畫包含廢除人人在資本主義和「財閥民主」下所享有的許多自由。由於被逼問到陷入窘境，他們訴諸一個新的遁辭伎倆。他們強調：要廢除的自由，只是資本家得以傷害一般人的那種虛假的「經濟」自由；在「經濟領域」之外，自由不僅將完全保存，而且還會大大擴張。「爲自由而計畫」近來已成爲極權主義政府，以及所有國家裡俄國化運動的擁護者最流行的口號。

這種論點的謬誤，根源在於似是而非的將人的生活與行爲，區分成兩個彼此完全分離的領域，亦即，「經濟的」領域和「非經濟的」領域。關於這個問題，本書前面已經處理了，這裡毋須再多說。不過，有一點必須在這裡強調。

從前自由主義風行的年代，西方文明民主國家裡，人民享有的自由，不是憲章、人權法案、法律或成文法的產物。那些法律規章的目的，僅在保護市場經濟的運作牢牢確立的那些自由，使它們免於官員的侵害。任何政府和任何民法，除非透過支持和保護市場經濟的根本制度，否則都不能保證或實現自由。政府永遠意味強制與脅迫，所以必然是自由的反面。只有當政府行使權力的範圍充分限制在保護經濟自由時，政府才是自由的保證人、才不會牴觸自由。凡是在沒有市場經濟的地方，即使立意最爲良善的政治憲章和法律規定，也不過是一堆具文罷了。

在資本主義下，個人享有的自由，是競爭的一個結果。工人不必仰賴任何雇主的仁慈、善意；如果他的雇主解僱他，他就尋找另一個雇主。[16]消費者不會任憑店老闆擺布；只要他喜歡，他可以隨時光顧另一家店。沒有人必須對別人卑躬屈膝或擔憂別人討厭他。人與人的關係是理性、務實的，是不帶情緒的。財貨與服務的人際交換是互相的；賣什麼或買什麼，都不是在施捨什麼恩惠，而是買賣雙方基於各自的私利所完成的一筆交易。

沒錯，每個人，作爲生產者，要不是直接——例如，企業家，就是間接——例如，受僱的工人，倚賴消費者的需求。然而，這種對消費者至高權力的倚賴，不是無限的。如果某人有重大理由抗拒消費者的至高權力，他可以嘗試抗拒它。在市場範圍內，每個人都有非常巨大、有效、反抗壓迫的權利。沒有人，如果良心反對他這麼做，會被迫進入烈酒產業或槍砲工廠。他可能必須爲自己的信念付出一些代價；畢竟在這世界上，沒有什麼目的是可以免費達成的。不過，每一個人，在物質利益和他自認爲的使命召喚之間如何取捨，可以完全自主決定。市場經濟裡，在個人滿足的問題上，唯有行爲人自己才是至高無上的仲裁者。[17]

資本主義社會沒有其他辦法強迫個人改變他的職業、住所或工作，除了提供較高的工資，作爲他順應消費者需求的報償。正是這種壓力，讓許多人覺得難以忍受，乃至希望看到它在社會主義下遭到撤除。他們的腦筋太遲鈍了，以致沒意識到：替代這種壓力的唯一辦法，就是讓有關當局全權決定，每一個人該在哪一個部門、在哪裡工作。

在資本主義下，個人作爲消費者也同樣自由。他獨自決定什麼對他比較重要、什麼比較不重要。他按照自己的意願，選擇怎樣花他自己賺來的錢。

經濟計畫取代市場經濟的結果，是剝奪一切自由，只留給個人服從的權利。有關當局指揮所有經濟事務，控制個人生活與行動的一切層面；它是唯一的雇主。一切勞動變成義務勞動，因爲雇員必須接受領導指定的工作。經濟獨裁機構決定：消費者可以消費什麼，以及每　樣東西可以消費多少。人生再也沒有任何部分留給個人的價值判斷來決定。有關當局給每個人指派一定的任務，訓練他適合這個任務，在它認爲合適的地方，並以它認爲合適的方式使用他。

一旦市場經濟授予個別參與者的經濟自由被剝奪了，所有政治自由和人權法案就變成廢話。一旦有關當局有充分權力，在經濟權宜的藉口下，把每一個它不喜歡的公民下放到北極或下放到某個沙漠，乃至派給他終身「苦役」，那麼，人身保護權和陪審制度將不過是騙人的幌子。而一旦有關當局控制所有印刷廠和造紙廠，新聞自由也不過是掩耳盜鈴的謊言。依此類推，所有其他人權也都會是這樣。

某個人是自由的，只要他可以按照自己的計畫過自己的人生。而如果某個人的命運是由某個上級權威的計畫來決定，而計畫的權力又全部歸屬於這個上級權威，那麼，按照所有人使用與理解「自由」一詞的意思來說，若非語言混淆造成我們這個時代的語意顚覆，他都不是自由的。

第七節　財富和收入的不平等

人與人彼此的財富與收入不平等，是市場經濟的一個基本特徵。

財富與收入平等，和自由是不相容的；這個事實有許多論述者強調過。這些論述者所提到的那些情緒性論點，此處毋須仔細檢視，也沒必要討論：放棄自由是否就足以保證確立財富與收入平等，以及一個社會是否能在這種平等的基礎上持續存在。這裡的任務，只是描述不平等在市場社會裡的作用。

在市場社會裡，政府僅爲了防止有害社會合作的行爲，才實施直接強制與脅迫，其他行爲，不會受到警察力量的干擾；守法的公民毋須擔心獄卒和劊子手的干預。促使個人爲社會合作生產貢獻他的一份力量，所需的壓力來自市場的價格結構。這種壓力是間接的。市場，按照消費者認爲每個人的貢獻有多大的價值，劃分貢獻等級、給予個人報酬。一方面，市場按照每個人完成工作的價值，報答他的努力；另一方面，讓每個人自由選擇，隨他決定要把自己的各種天賦與能力使用到什麼程度。這個方法，當然不能消除個人因天賦較差而導致的競爭劣勢；不過，市場給每個人提供誘因，激勵他盡量發揮自己的各種天賦和能力。

在市場間接對個人施加財務壓力之外，唯一促使個人對社會合作生產做出貢獻的辦法，就是由有關當局利用警察權力，對個人直接施予壓力與強制。有關當局必須被委以重任，負責決定每個人該完成的工作數量和品質。由於人的能力彼此不相等，這種責任要求有關當局檢視人人個別的性能。於是，每個人變成好比是監獄裡的囚犯，由當局分派給他一定的工作；如果有關當局命令他做的工作未能達成，他就得接受懲罰。

有一點很重要，那就是認清：爲了防止犯罪而實施的直接壓力，和爲了強索一定的行爲結果而實施的直接壓力，兩者之間的差異何在。在前一種場合，個人必須做到的，不過是避免某種由法律精確界定的行爲模式；要確定是否已遵守這樣的禁令，通常是很容易的。在第二種場合，個人有責任完成一定任務；法律要求他執行某一未確切標明的行爲，至於實際該執行什麼確切的行爲，則留給行政當局決定。不管行政當局命令個人做什麼，個人都必須服從。儘管行政當局發出的命令是否適合個人的能力，以及個人是否已經盡力服從命令，都很難確定；但是每個人，就他個人品質的每一層面，以及就他實際的一切表現，好壞都任由行政當局判定。在市場經濟裡，刑事法庭的審判過程中，檢察官有義務提出充分證據，證明被告有罪。但是，在有關當局分派的強制工作執行問題上，要證明分派給被告的工作超過被告的能力，或被告已經竭盡所能試圖執行分派給他的工作，這舉證的責任卻移轉到被告身上。行政當局的官員身兼立法者、執法者、公訴檢察官和法官等職能，而被告只能完全任憑官員擺布。這正是一般人在講到欠缺自由時，所想到的情況。

任何社會分工體系都不能沒有某個辦法，促使每一成員爲自己在社會生產過程中所做的貢獻大小負起責任。如果激起這種責任感的辦法，不是市場的價格結構，以及這個結構所產生的財富與收入不平等，那麼，社會就必須利用警察權力實施直接強制，強制人人負起責任。

第八節　企業家的利潤與虧損

利潤，廣義而言，是指行爲產生的增益，亦即，行爲所引起的滿足感增加（或不適感減少）。它是行爲所達到的結果被認爲比較高的價值、和行爲所付出的犧牲被認爲比較低的價值，兩者之間的差別；換言之，它是行爲的收益減掉成本。產生利潤，永遠是任何行爲的主旨。如果某一行爲未能達成所追求的目的，則該行爲的收益，或者超過相關的成本，或者落後相關的成本。在後一種情形，行爲結果意味虧損，意味滿足感減少。

此一原始意義的利潤與虧損，是一些心理現象，因此是不能測量的，是不可能以某種表達方式，把關於它們的強度訊息傳達給別人的。某人能告訴某個同胞說，a 比 b 更適合他，亦即，他從 a 得到的滿足超過從 b 得到的滿足；但究竟超過多少，他除非以某種含混不清的方式，否則無法表達。

在市場經濟裡，所有使用貨幣買賣的東西都標記貨幣價格。在貨幣計算下，利潤表現爲貨幣收入超過貨幣支出的餘額；而虧損則表現爲貨幣支出超過貨幣收入的餘額；利潤和虧損，可以用確定數量的貨幣表示。貨幣計算可以確定某個人（透過市場交易）究竟得到多少利潤或蒙受多少虧損。然而，這可不是一則關於這個人的心理利潤或虧損的陳述，而是一則關於某一社會現象的陳述。所陳述的是：社會其他成員就這個人對社會合作生產的貢獻大小所作的估價。某個人透過市場交易所獲得的利潤或所蒙受的虧損，並非有關他個人的滿足或幸福增減的訊息，而僅僅反映他的同胞就他對於社會合作生產貢獻的大小所作的估價。這個估價最終取決於，每一個社會成員爲了得到最大可能的心理利潤，所作的各種努力。換言之，該估價（或以貨幣表示的利潤與虧損）是所有社會成員個別的價值判斷，透過他們在市場上買賣行爲的綜合效應所產生的結果。不過，該估價絕不可和這些價值判斷本身相混淆。[18]

我們甚至無法想像，在什麼情況下，人的行爲不想爭取心理利潤，或人的行爲既沒產生心理利潤，也沒產生心理虧損。[19]假想的均勻輪轉經濟情境裡，既沒有以貨幣計算的利潤（或謂貨幣利潤），也沒有以貨幣計算的虧損（或謂貨幣虧損）。但是，每個人都從自己的行爲得到一些心理利潤，否則他根本不會去行爲。農夫飼養乳牛、擠奶和賣牛奶，因爲他認爲，他利用由此賺來的錢所買到東西的價值，會高於他所花掉的金錢成本價值。這種均勻輪轉的假想經濟裡，之所以沒有貨幣利潤或虧損，是由於「生產所需的所有互補生產要素的價格總和，恰恰等於產品價格」這個假想事實（在此我們暫時忽略，眼前財貨在人人心目中的價值高於未來財貨的價值，而產生的價格差額）。

在不斷變動的實際世界裡，互補生產要素的價格總計，和產品價格間，一再出現落差；正是這些落差，導致貨幣利潤和貨幣虧損。關於市場情況變動會怎樣影響勞動出售者、大自然給定的原始生產要素出售者和作爲放貸者的資本家，我們將在稍後處理。這裡我們只處理企業家的利潤和虧損。在平常的談話中，當一般人提到利潤和虧損時，他們心裡想的，就是這個問題。

就像每一個行爲人那樣，企業家永遠是一個投機者，處理不確定的未來情況。他的成功或失敗，取決於他對種種不確定事件的預料是否正確；如果他對未來情況的了解錯誤，他就可能完蛋。企業家利潤唯一的來源，是他對於消費者的未來需求，能預料得比別人好。如果每個人都正確預料到某一商品未來的市場情況，則市場現在就會把該商品和相關互補生產要素的價格調整到適應那個未來的情況。於是，從事這門商品生意，便不可能出現利潤或虧損。

企業家特殊的功能，就在於決定如何利用生產要素；他就是把生產要素配置到各種特定用途的那個人。企業家做這種事，純粹出於他想賺取利潤和累積財富的私利考量。但是，他無法規避市場法則，只能以提供消費者最好的服務來取得成功；他的利潤有賴於消費者贊同他的作爲。

企業家的利潤與虧損，和影響企業家個人收入的其他因素，絕不可混爲一談。

企業家本人的科技能力，無關企業家特有的利潤。就他自己的科技活動對企業收入，以及對他個人淨收入的貢獻而言，我們面對的是一筆工作報酬，是支付給他的勞動工資。每一生產過程未必都成功導致科技所預期的產品；這個事實，也無關企業家特有的利潤或虧損。生產過程在科技上的失敗，或者是可避免的，或者是不可避免的。在失敗可避免的場合，生產失敗是因爲應用科技處理生產問題時無效率或無能；這時所導致的虧損，應該歸咎於企業家個人的科技能力不足，亦即，應歸咎於他本身欠缺科技能力，或歸咎於他欠缺能力僱用適當的科技幫手。在失敗不可避免的場合，生產失敗是因爲當前的科技知識，無法完全掌控生產成功所需的一切條件。這種缺憾，或者是因爲關於生產成功的條件尚欠缺完整知識，或者是因爲還不能完全掌控某些已知會影響生產成敗的條件。知識和科技能力這種令人遺憾的狀況，會反映在生產要素價格上。例如，可耕地價格所以取決於預料的平均收成，就是反映：人力無法控制的氣候會使得有些年頭農作歉收。酒瓶突然爆破使香檳酒產量減少的事實，無關企業家的利潤和虧損。它只是決定香檳酒生產成本和價格的一個因素。[20]

那些影響生產過程、生產工具和庫存產品的意外事故，是生產成本帳上的項目。經驗，除了給商人提供所有其他科技知識，也提供關於這些意外事故可能平均減損多少實質產出的資訊。藉由設立意外損失準備金帳戶，可以把這些意外事故的影響轉變爲經常性的生產成本。對於預期發生頻率過於罕見、過於沒規律，以致正常規模的個別企業無法藉前述方式單獨處理的意外事故，則可以集合數目足夠多的企業，採取協調一致的行爲來解決。眾多個別企業，在保險原則下，可以合作對付火災、水災或其他類似意外事故所造成的損失。這時，保險費的支付，便取代意外損失準備金的提撥。無論如何，這類意外事故所引起的風險，並不會給生產科技的實施過程，引進什麼不確定因素。[21]如果某個企業家疏於適當處理這類意外事故，他便是在證明自己的技術能力不足。如此招致的損失，應該歸咎於他應用差勁的生產技術，而不是歸咎於他的企業家功能。

有些企業家，或因未能使所屬企業具備充足的科技效率，或因本身的科技無知，以致成本估算出錯，而另一些企業家則因在執行企業家特殊的功能上有所缺失，他們一樣都會因爲蒙受虧損而終至被淘汰出市場。某個企業家，可能在企業家特殊的功能上獲得巨大成功，以致能彌補他在科技上失敗所造成的損失；也可能以本身優越的科技能力所產生的利益，或以僱用到一些生產力較高的生產要素所產生的差額租收益，來抵銷他在企業家特殊功能執行失敗所導致的損失。但是，我們絕不可混淆事業單位經營所結合的各種不同功能。較有效率的工人掙得的工資率，比效率較差的工人高；同樣的，較有科技效率的企業家掙得的工資率或準工資率，也比科技效率較差的企業家高。較有效率的機器和較肥沃的土地，每單位成本支出會有較多的實質產出；和效率較差的機器與較不肥沃的土地相比，它們產生一筆差額租收益。這些較高的工資率和較高的租金收益，在其他情況相同下，是實質產出較高的一個必然的結果。但是，企業家特殊的利潤和虧損，不是實質產出數量多寡導致的；它們取決於因應消費者最迫切的需求所執行的產出調整。產生利潤或虧損的原因，是企業家過去在預料必然不確定的未來市場情況時成功或失敗的程度。

企業家也可能受到各種政治風險的傷害。政府的政策、革命和戰爭，都會傷害或消滅他的企業。這些事情不會唯獨影響到他，而是影響整個市場經濟和所有的人，雖然不是所有的人都受到同一程度的影響。

對個別企業家來說，這些是他無力改變的市場因素。如果他很有效率，他將會及時預料到這些。但是，他未必總是能夠以某種方式調整操作、避免傷害。如果預期的風險只涉及他的企業家活動所能延伸範圍內的一部分區域，他還可以避免在受威脅的區域操作，或選擇轉移到風險比較不是迫在眉睫的國家操作。但是，如果他不能移居國外，他就必須待在原來的地方。即使所有企業家都徹底相信布爾什維克主義即將取得全面勝利，他們也肯定不會拋棄他們的企業家活動。由於財產即將遭到沒收，資本家會傾向消費自己的財產；因此企業家將不得不調整他們的企業計畫，以因應這種資本消費，也因應他們的商店與工廠面臨國有化威脅所造成的市場情況。但是，他們不會停止操作。如果某些企業家倒閉或歇業，其他企業家將會取代他們——一些新進企業家會出現，或原有企業家會擴大他們的企業規模。在市場經濟裡，永遠會有一些企業家。對資本主義並不友善的一些政策，也許會剝奪消費者原本可以從不受限制的企業家活動獲得的大部分利益。但是，這些政策不可能消滅整個企業家族群，只要它們還沒徹底摧毀市場經濟。

企業家利潤與虧損的最終來源，是未來供需結構的不確定。

如果所有企業家都正確預料到未來的市場情況，那就不會有利潤或虧損；所有生產要素現在的價格便已經完全調整到對應未來的產品價格；在購買生產要素時，企業家就必須花費一筆（在適當考量現在的財貨和未來的財貨價格之間的差額後）不小於未來產品購買者將付給他的金額。一個企業家，只有在比其他企業家對未來的市場情況預料更為正確時，才能在未來賺到利潤；因為他現在買進的互補生產要素價格總和，小於他未來出售的產品價格。

我們如果要想像一個既沒有利潤、也沒有虧損、而供需情況又不停變動的世界，我們就必須訴諸一個不可能實現的假設：所有的人對於所有未來的事情都有完美的遠見。如果那些據稱最先將生產出來的生產要素累積起來的原始獵人與漁夫，事先知道所有未來的人間世事變遷，而且如果他們本身和所有他們的後代、直到世界末日的子孫，都一樣的無所不知，都按照他們確知的未來供需情況給所有生產要素估價，那麼，企業家的利潤與虧損就永遠不會出現。企業家的利潤與虧損，是先前預期的價格和後來市場實際決定的價格之間的落差造成的。沒錯，政府確實能沒收利潤，確實能從獲得利潤者的手中拿走利潤、移轉給別人。但是，利潤與虧損絕不可能從正在改變的世界中消失，除非這世界裡全是無所不知的人。

第九節　進步的經濟裡企業家的利潤和虧損

在假想停滯的經濟裡，所有企業家的利潤總和，等於所有企業家的虧損總和。某個企業家的利潤，在整個經濟體系裡，被另一個企業家的虧損所抵銷。所有消費者在購買某一商品多支出的金額總和，被他們購買其他商品少支出的金額所抵銷。[22]

但在一個進步的經濟裡，情形就不一樣了。

每人平均資本投入正在增加的經濟，我們稱爲進步的經濟。我們使用這個名詞，沒有任何價值判斷的含義。我們既沒採取「唯物論的」觀點認爲這樣的進步是好的，也沒採取「唯心論的」觀點認爲它是不好的，更沒採取「比較崇高的」任何觀點認爲它一點也不重要。當然，眾所周知，絕大多數人認爲：這種意義的進步，將產生最令人滿意的事態發展；他們盼望只有經濟進步才能實現的那種情況到來。

在停滯的經濟裡，企業家在發揮他們的特殊功能方面，除了從某些產業撤出一些尚能轉換用途[23]的生產要素，供其他產業使用，或把生產過程中用掉的資本財的復原準備金，導向擴張某些產業，而讓其他產業萎縮外，不可能完成什麼。在進步的經濟裡，企業家的活動，還包括決定如何運用新儲蓄所累積的新增資本財。這些新增資本財的注入，勢必會提高生產出來的總收入，亦即，勢必會提高可供消費的消費財供給，而不至於減少用來生產消費財的資本設備，從而不至於減少未來的消費財產出。總收入的提高，或者是在生產科技方法未變的情況下由於生產活動擴大了，或者是由於生產科技方法改善了，而這種改善在先前資本財供給較不充裕的情況下，恰好是辦不到的。

企業家的利潤總和超過企業家的虧損總和，這差額的源頭就在於新增的收入。但是，很容易證明，這差額絕不可能吞沒經濟進步所導致的新增收入。市場法則會把這新增的收入分給企業家、勞動供給者和某些物質類生產要素的供給者，大部分是分給非企業家族群。

首先，我們必須認清，企業家的利潤不是一個持久現象，它不過是暫時的。市場有一固有的強大趨勢，促使利潤和虧損消失。市場總是在往最後的價格結構和最後的靜止狀態移動。如果市場資料沒有新的變化打斷這移動、沒有新的變化導致需要重新調整生產結構來因應，所有互補的生產要素價格最後——適當加計時序偏好所造成的價格差額後——會等於產品價格，這時利潤或虧損將不再有存在的餘地。長期而言，社會生產力的每一分增加，利益全歸於勞動者和某些土地和資本財的擁有者。

資本財擁有者當中，獲得利益的是：

一、因儲蓄而使資本財供應量增加的那些人；他們擁有這新增財富，是他們節約消費的結果。

二、某些先前已存在資本財的擁有者；他們的資本財由於生產科技方法的改善，現在獲得比從前更好的利用。當然，這些利益只是暫時的，必定會消失，因爲這些利益會激勵某些人擴大相關資本財的生產與供應。

另一方面，資本財供應量的增加，會降低資本財的邊際生產力；因此導致資本財價格下跌，從而傷害某些資本家的利益。利益受損的資本家，在儲蓄和累積新增資本財供應的過程中，或者完全沒參與，或者參與的程度不夠。

土地擁有者當中，獲得利益的那些人，是他們的農場、林地、漁場、礦場等等，在新的經濟情況下，有了比從前較高的生產力。另一方面，也由於這些獲得利益的地主的地產變得具有較高的生產力，使得其他一些地產變成邊際或邊際以下的地產，從而使相關地主的利益受到傷害。

勞動者當中，因勞動邊際生產力提高而全部獲得持久的利益。但是，另一方面，一些勞動者短期內可能蒙受損害。這些人原來從事的專門工作因科技進步而遭到淘汰，而他們又僅適合一些報酬比從前掙得的收入爲低的工作，儘管工資率普遍提高。

所有這些生產要素價格的變化，是企業家採取行動、調整生產過程，以因應新的市場狀況所引發的，所以在企業家採取相關調整行動時，生產要素價格便開始變化了。在處理這個問題時，和處理市場資料改變所引起的其他問題一樣，我們必須小心提防犯了流行的謬誤，乃至在長期和短期效應之間劃下一條涇渭分明的界線。短期內發生的效應，正是傾向導致長期效應的那一連串相繼發生的轉變當中，最先的幾個階段。就眼下這個問題來說，長期效應是企業家的利潤和虧損消失；短期效應則是這個消除過程的初期階段；這個消除過程，如果沒因市場資料進一步改變而中斷，最後將導致均勻輪轉的經濟出現。

必須知道，出現企業家利潤總額大於虧損總額這回事，有賴於這樣的事實：消除企業家利潤和虧損的過程，和企業家調整生產活動結構、以因應市場資料的改變，是同步進行的。整個事態演變的順序，絕不會有哪一個時候，源自資本供應量增加和生產技術進步的好處，僅讓企業家獲得利益。如果其他社會階層的財富和收入保持不變，則這些人購買了某些新增的產品時，只能相應縮減他們購買其他產品的支出金額。這時，某一群企業家的利潤，將恰好等於其他企業家所蒙受的虧損。

事實會是這樣的：企業家在啓用新累積起來的資本財和新近改善的生產科技方法時，需要一些互補的生產要素。他們對這些要素的需求，是一筆新增的需求，必然會抬高它們的價格。只有生產要素價格和工資率因而上漲，消費者才能夠購買新的產品、而毋須縮減其他產品的購買。只有在這樣的情況下，所有企業家的利潤總額才可能大於所有企業家的虧損總額。

經濟進步的媒介，是儲蓄累積新增資本財和生產技術改善；而生產技術的改善，幾乎總是以儲蓄所提供的新資本為基礎。而進步的動因，則是企業家——首倡者；這些人熱中調整企業經營方向，使消費者得到最大可能的滿足，以賺取利潤。在執行他們的計畫實現經濟進步的過程中，他們勢必會和工人，以及一部分資本家和地主，分享源自於經濟進步的利益，而且分享給這些人的利益勢必會逐步提高，直到他們自己享有的那一份利益完全消融不見為止。

由此可見，「利潤率」或「正常利潤率」或「平均利潤率」的說法，實在荒謬。利潤多少，和企業家所使用的資本數量沒有關係。資本不會「產生」利潤。利潤和虧損，完全取決於企業家因應消費者需求、調整生產決策效果的成敗。在所有利潤當中，沒有什麼是「正常的」利潤，也永遠不會有什麼是「均衡的」利潤。相反的，利潤和虧損永遠是一個偏離「常態」的現象、一個大多數人預料之外的變化所引起的現象，也是一個「不均衡」的現象。在常態、均衡的假想世界裡，沒有利潤和虧損容身的餘地。在一個變化中的經濟裡，永遠有一個內在的、使利潤和虧損消失的強大傾向。惟因出現新的變化，使利潤和虧損一再重現。在停滯的經濟裡，利潤和虧損的「平均率」是零。利潤總額超過虧損總額，正是經濟進步，以及所有階層人民生活水準改善等事實存在的證據。利潤超額愈大，普遍繁榮進步的幅度就愈大。

許多人完全不能克制嫉妒、不滿的情緒，乃至不能理性處理企業家利潤這個現象。在他們看來，利潤源自對工資所得者和消費者的剝削，亦即，利潤源自不公平的降低工資率，以及同樣不公平的提高產品價格。公正的說，根本不該有任何利潤存在。

經濟學不在乎這種任意的價值判斷，也不在乎下面這樣的問題：根據某一所謂自然法的觀點，以及某一所謂永恆不變的道德律觀點而言（據說個人的直覺或神明的啓示，想必會傳遞關於這個道德律的精確訊息），利潤是否該受到贊同或譴責？經濟學只確立這個事實：企業家的利潤和虧損，是市場經濟的根本現象。沒有利潤和虧損的市場經濟，是不可能存在的。沒錯，動用警察力量，無疑能夠沒收所有利潤。不過，這種政策必然會把市場經濟轉變成一團毫無秩序的混亂。人，毫無疑問，有摧毀許多事物的能力；而在過去的歷史中，也有人曾大肆使用過這種能力。人，現在也能夠摧毀市場經濟。

如果那些自命清高的道德家沒遭到嫉妒蒙蔽心眼，他們在處理利潤時，就不會不同時處理必然和利潤相伴的虧損。他們就不會默不作聲、略過這樣的事實：經濟進步的預備條件，是儲蓄者和發明家的成就，前者的儲蓄和後者的發明形成新增的資本財累積，而實際利用這些預備條件實現經濟進步的，則是企業家——首倡者。其餘的人對經濟進步沒有貢獻，但是卻因爲別人供應他豐富多樣的產品與服務而獲益。

上面關於經濟進步的論述，經過必要的更改後，也準用於經濟退步的情境，亦即，準用於每人平均資本投入正在減少的經濟體系。在退步的經濟裡，企業家的虧損總額大於利潤總額。陷入集體或整體概念思考謬誤、而無法自拔者也許會問，在這樣的經濟裡，怎麼可能有任何企業家活動？如果某人事先知道，就數學而言，他掙得利潤的機率小於他蒙受虧損的機率，他爲什麼還要從事企業活動呢？然而，這是錯誤的提問方式。企業家，和其他人一樣，不是以作爲某一階級成員的身分在行爲，而是以作爲個人的身分在行爲。任何企業家都絲毫不會關心全體企業家的命運。對個別企業家來說，根據什麼理論、依據什麼特徵而歸屬於同他一類的其他人遭遇到什麼命運，是無關緊要的。在活著、不斷變化的市場經濟裡，總是有利潤等著有效率的企業家來賺。在退步的經濟裡，虧損總額大於利潤總額的事實，嚇阻不了對自己的優越效率有信心的人。有希望的企業家不會參考數學或然率（mathematical probabilities）的計算；在適用歷史了解的領域，這種計算是無濟於事的。[24]有希望的企業家相信，他自己了解未來市場情況的能力，優於一些才華不如他的同胞。

企業家功能，亦即，企業家努力追求利潤，是市場經濟的驅動力。利潤和虧損，是消費者藉以在市場行使最高權力的媒介。消費者的行爲，使利潤和虧損出現，從而使生產手段的所有權（或控制權）從比較沒效率的人，移轉給比較有效率的人。某個人如果在服侍消費者需求方面比別人更成功，他在領導企業活動方面就會更有影響力。如果沒有利潤和虧損，企業家就不會知道消費者最迫切的需要是什麼；即使某些企業家猜得到，他們也不會有辦法，按照自己的猜測去調整社會生產活動。

營利事業必須服從消費者至高無上的權力；至於非營利機構，它本身就是至高無上的，可以自行其是，不對公眾負責。爲利潤而生產，必然是爲使用而生產，因爲只有提供消費者最迫切需要使用的東西，才賺得到利潤。

道德家和佈道家沒有抓到問題的癥結，才會批評利潤。消費者——人民、普通人——偏好烈酒甚於聖經、偏好偵探小說甚於嚴肅讀物，以及政府偏好槍砲甚於奶油，並不是企業家的過錯。企業家不會因爲銷售「壞」東西而賺得比銷售「好」東西更多的利潤。在提供消費者最強烈需要的那些事物上，企業家做得愈成功，利潤就愈大。人不是爲了讓「酒精資本」快樂而飲用醉人的飲料；他們也不是爲了增加「死亡販子」的利潤而上戰場。軍火工業的存在，是窮兵黷武精神的結果，不是它的原因。

使人幡然悔悟，以健全的意識型態取代不健全的，不是企業家的本分。改變人的觀念和理想，是哲學家的任務。企業家就消費者今天這副德行服侍他們，不管他們是多麼的缺德與無知。

我們可以欽佩那些能在生產致命武器或烈酒賺到錢、卻放棄賺這種錢的人。然而，他們這種值得讚美的作爲，不過是沒有任何實際效果的宣示罷了。即使所有企業家和資本家都效法他們的榜樣，戰爭和嗜酒狂也不會消失不見。就像前資本主義時代那樣，政府會在自己的兵工廠裡製造武器，而酒徒則會爲自己蒸餾烈酒。

淺談消費不足的妄想和購買力論

當某些人說「消費不足」的時候，他們是想描述這一種據說的狀況：生產出來的財貨有一部分沒消費掉，因爲可能消費這部分財貨的人，由於貧窮，無力購買它們。這部分財貨滯銷或只能按不敷成本的價格賣出去。因此，產生各式各樣的失序和混亂；所有這些亂象的複雜糾結，他們稱爲經濟蕭條。

且說，某些企業家錯估未來的市場情況，這種事情一再發生。他們沒生產出消費者需求最爲強烈的財貨，反倒生產出消費者比較不迫切需要或根本不想買的財貨。這些比較沒效率的企業家蒙受虧損，而在此同時，那些比他們有效率的競爭者則因預料到消費者想要的財貨而賺得利潤。前者蒙受的虧損，不是消費者普遍節制購買所造成的，而是由於消費者事實上偏好購買別的財貨所引起的。

即使眞的像消費不足的迷思所隱含的想法那樣，工人實在太窮了，因爲企業家和資本家不公平的把理當分給工人的收入據爲己有，以致工人買不起那些滯銷的產品，上面的結論也不會有任何改變。這些「剝削者」想必不會因爲覺得剝削好玩而剝削。他們其實被影射：爲了增加他們自己的消費或投資而犧牲「被剝削者」的利益。他們不會把掠奪來的財富拋到大海裡，而是會用來購買奢侈品供他們自己消費，或用來購買生產財以擴大他們的企業。當然，他們的需求所指向的財貨，不同於如果政府沒收他們的利潤或「剝削」所得、然後分給工人，工人將會用來購買的財貨。企業家誤判這種「剝削」所造成的各類商品市場供需情況變化，和企業家誤判任何其他原因所造成的市場供需變化，後果不會有兩樣。誤判市場供需結構，導致一些不能幹的企業家蒙受虧損，同時也導致另一些能幹的企業家利潤增加，抵銷前者所蒙受的虧損。

誤判使一些產業生意清淡，同時使另一些產業生意更加興旺，但不會導致一切產業生意普遍蕭條。

消費不足的迷思，是毫無根據、自相矛盾的胡說八道。它的論證，一旦加以認眞檢視，就立即崩潰。即使爲了論證的緣故，我們姑且接受所謂「剝削」的說法，它也是站不住腳的。

購買力論的說法稍微有些不同。它主張工資率上漲是生產擴張的先決條件；如果工資率沒上漲，企業提高與改進財貨生產的數量和品質是沒用的，因爲新增的產品將找不到買主，或只能找到縮減購買其他產品的買主。要實現經濟進步，首先需要使工資率不斷上漲。因此，政府或工會透過壓力與強制落實較高的工資率，是接引經濟進步的主要手段。

前面已經證明，「企業家利潤總額大於虧損總額」這個現象的出現，和一部分源自資本財供應量增加與生產技術進步的利益流向非企業家階層的事實，是不可切割、綁在一起的。互補的生產要素價格上漲，尤其是工資率上漲，既不是企業家，不管願不願意，一定要對同胞做出的讓步，也不是企業家爲了賺取利潤而採取的精明算計，而是企業家爲了賺取利潤，努力調整消費財的供應以適應新市場情況，勢必相繼引發的一連串事件中，一個不可避免的必然現象。導致企業家利潤大於虧損的同一過程，首先——亦即，在利潤大於虧損的結果出現之前——會導致工資率和許多物質類生產要素價格出現上漲的傾向。而且，只要市場資料沒有發生進一步變化，導致資本財供應量進一步增加，則同一過程的進一步發展，也將使利潤大於虧損的現象消失。利潤大於虧損的現象，不是生產要素價格上漲的後果。這兩個現象——生產要素價格上漲和利潤大於虧損——都是企業家爲因應資本財供應量增加和生產技術進步，所啓動的生產調整過程必經的步驟。只有在此一調整過程使社會中的非企業家階層變得更爲富有的程度內，利潤大於虧損的現象才會暫時存在。

購買力論的基本錯誤，在於誤解前述因果關係。它顚倒因果，把工資率上漲當成導致經濟進步的原因。

我們將在本書後面某個階段，討論政府和工會組織暴力強制工資率上漲高過未受干擾的市場所決定的水準時，會產生哪些後果。[四]這裡我們只須再加上一則解釋性的評語。

當我們講到利潤和虧損，以及價格和工資率時，我們心裡想的總是實質利潤和虧損，以及實質價格和實質工資率。任意互換貨幣名稱和實質名稱，讓許多人產生誤解。這個問題也將在後面的章節詳盡處理。且讓我們在此僅順便提及這個事實：實質工資率上漲，和名目工資率下跌，是可以並存的。

第十節　首倡者、管理者、技術專家和官僚

企業家會僱用技術專家，亦即，一些有能力和技巧去執行一定工作種類和工作數量的人。技術專家這群人，包括偉大的發明家、應用科學領域的一流人才、營造技師和設計師，以及最簡單任務的執行者。企業家也可以加入技術專家的行列，只要他本人也參與自己企業計畫的技術執行層面。他作爲技術專家貢獻自己的辛苦勞動；但指導他的勞動朝向一定目標的，是作爲企業家身分的他。企業家本人，可以說，是以消費者的受託人身分在行爲。

企業家不可能化身千萬、無所不在、親自處理必須處理的各種工作。調整生產、盡可能供應消費者最迫切需要的財貨，這工作不僅包括在大方向上決定該怎樣利用各種資源，許多細節上的調整也是必要的。當然，毫無疑問，大方向的決定是企業家作爲首倡者和投機者的主要功能。但是，大方向調整之外的每一細節，個別看起來也許微不足道，對整個結果沒什麼影響。但是，許多這些細節的缺失、累積起來的效果，有可能使解決偉大問題的正確方案徹底失敗。無論如何，在處理較小的問題上，每一步的小缺失肯定

會導致一些稀少生產要素的浪費，從而損害消費者最大可能的滿足。

必須注意我們在這裡考慮的企業家問題，在哪些方面不同於技術專家的科技任務問題；這一點很重要。在企業家決定執行他的全盤計畫時便同步啓動的每一項目，其執行需要許許多多細微的決定。每一個這些決定，作成的方式，必須是在不干擾整個項目的全盤計畫下，優先選擇最爲經濟解決問題的方案，亦即，必須像全盤計畫那樣避免不必要的成本花費。技術專家，根據他純粹的科技觀點，可能看不出這些細節問題的各種解決方案中有什麼差別，或者可能在這些方案中偏愛某個實質產出數量比較大的方案。但是，企業家行爲的動機是追求利潤。這動機督促他必須選擇最爲經濟的解決方案，亦即，這方案必須避免使用那些，如果使用了，將對消費者最迫切需要的滿足造成傷害的生產要素。在技術專家認爲一樣好的各種方案中，企業家應該選擇執行起來成本花費最小的方案。他可能拒絕技術專家的建議，不會按照該建議選擇成本花費較大、但可獲得較大實質產出的方案，只要他的計算顯示，增加的產出不會比多支出的成本更有價值。不僅在大方向的決定和計畫上，而且在處理日常事務時出現的小問題上也一樣，企業家都必須執行他的任務，亦即，根據市場價格結構所反映的消費者需求調整生產活動。

市場經濟慣用的經濟計算，尤其是複式簿記方法，使企業家得以免除涉入太多細節。他能專注於一些偉大任務，不會被一大堆任何凡人都照顧不來的瑣事纏身。他能任命一些助手，把次要的企業家責任託付給他們打理。而這些助手接著也能按照同樣原則，把較小範圍的責任託付給他們的助手。整個管理階層組織，就可以這樣建立起來。

管理者，可以說，是企業家的次要合夥人，不管僱用**管理者**的合約條件與財務待遇如何。唯一重要的事實是，**管理者**基於自己的財務利益考量，會在精確界定的行爲範圍內竭盡所能、承擔所受託付的企業家功能。

複式簿記方法使管理階層系統具有操作的可能性。由於有複式簿記方法，企業家能夠按一定方式給整個企業的每一部門分別計算盈虧，藉以整合企業中個別部門所發揮的作用。於是，他能把每一部門視同一個獨立單位，評估它對整個企業的成功貢獻了多少分量。在這個商業計算的系統裡，企業的每一個部門代表一個完整的事業體，或者可以說，是一個假想的獨立企業。這樣的部門被假設「擁有」企業所使用全部資本中的某一部分，它和其他部門做買賣，有它自己的支出和營收，它的買賣或者導致利潤或者導致虧損；這利潤或虧損會和其他部門的盈虧區別開來，以歸功或歸咎於它自己的經營方式。因此，企業家會給每一個部門的管理者分派大量獨立自主的權限。接受企業家委託承擔某一限定職務的管理者收到的唯一指令是：盡可能賺取利潤。企業家只須檢查一下帳簿，便可知道管理者是否成功執行該指令。每一個管理者和次級管理者，都爲他所轄部門或分部的盈虧負責。如果單位帳簿出現利潤，那是他的功勞，而如果出現虧損，則會對他不利。他自己的利益，促使他盡心盡力處理他的部門事務。他如果招致虧損，將遭到企業家撤換，由預期更爲成功的另一個管理者取代，甚或整個部門都遭到裁撤；無論如何，該管理者必然會失去他的工作。而他如果成功獲得利潤，他的收入將會增加，或者至少不會有失去工作的風險。就他本人和所負責部門營運結果的利害關係而言，管理者是否有權利享有部分歸屬於他所負責部門的利潤，並不是重要的問題。反正他個人的利害和他負責部門的榮枯息息相關。他的任務不像技術專家的任務，技術專家僅按照一定方式，執行一定分量的工作；而管理者的任務則是——在某個他接受委託、可以自由裁量決定的權限範圍內——因應市場狀況，調整他所負責部門的營運。當然，就像企業家本身可能結合企業家功能和技術專家功能一樣，這種兼具多功能的情況也可能出現在管理者身上。

管理功能永遠服從、協助企業家功能，它能減輕企業家一部分次要的責任，但永遠不可能替代企業家功能。至於和這相反的謬見，乃是源自將假想的功能性分配概念中所定義的企業家功能，和市場經濟裡實際操作的企業家情況混淆了。[26]企業家功能，離不開指導生產要素如何利用，以完成一定的任務。企業家控制生產要素如何利用；也正是這項控制，給他帶來企業家的利潤或虧損。

管理者的酬勞，可能根據他受託管理的部門對企業家所賺得利潤的貢獻值，依一定比例給付。不過，這無關宏旨。正如前面指出的，管理者的利益，無論如何，都與他受託管理部門的生意成敗息息相關。但是，管理者不可能爲發生的虧損負責；這些虧損係由企業家所使用資本的擁有者承擔，不可能移轉給管理者承擔。

資本財擁有者怎樣運用他們的資本財、效果可能最好的問題，社會大可放手讓他們自己處理。資本主在從事任何投資項目時，將他們自己的財產、財富和社會地位暴露在風險中。他們甚至比社會整體更關切他們自己的企業冒險活動的成敗。對社會整體來說，投資在一定項目的資本浪費掉，只意味總財富的一小部分損失；然而，對該項投資的資本主來說，損失的意義就比較大，對大多數資本主來說，很可能意味失去全部家當。但是，管理者如果得到完全自由的授權，那情形就不同了。管理者拿別人的錢冒險投資；他看待前景不確定的投資項目，角度和承擔虧損者不同。正是在管理者酬勞按利潤的一定比例給付時，管理者才變得魯莽起來，因爲管理者並不分擔投資虧損。

認爲管理是企業家活動的全部，以及管理功能可以完美取代企業家功能的錯覺，是對公司這個典型現代商業組織誤解的一個副產品。有人斷言：公司由領取薪水的管理者經營，而股東只是消極的旁觀者。所有權力都集中在公司僱用的職員手上；股東是懶散、沒用的，他們收割公司管理者播種的成果。

這個說法，完全忽略了資本和貨幣市場，以及股票和債券交易所——一個貼切的慣用語將這些特別的市場簡稱爲「市場」——所扮演的角色。這個「市場」的交易，遭到流行的反資本主義偏見汙名化，視爲危險的遊戲或純粹的賭博。事實上，普通股和優先股價格，以及公司債價格的變化，是資本家最終控制資本流動方向的手段。在資本和貨幣市場上，以及在大宗商品交易所裡，資本家投機買賣所決定的價格結構，不僅決定每一家公司的業務經營可獲得多少資本供應；他們投機買賣所造成的情勢，也是管理者在營運細節上必須力行調整、以求適應的重要考量。

公司的業務經營，大體上受股東，以及股東所推選的一些受託人——董事——指揮。董事任、免一些管理者。在較小的公司企業，有時候甚至在較大的公司企業，董事和管理者的職位時常由同一群人兼任。成功的公司企業，最終的掌控者絕不是受僱的管理者。全權掌控公司企業的管理階級，不會出現在不受干擾的市場經濟裡。相反的，它是干預主義的諸多政策，刻意要消除股東影響力，以及要實質剝奪股東所有權，所衍生出的一個結果。在德國、義大利和奧地利，這種現象是邁向以政府掌控企業取代自由企業的預備步驟，就像英格蘭銀行和鐵路公司在英國的情形那樣；類似的傾向在美國的公用事業領域也很普遍。公司企業過去一些非凡的成就，不是領取薪水的管理階級寡頭掌控企業營運的結果；而是一些擁有過半或更多公司股份，與公司的興衰密切關聯的人完成的。但這些人遭到部分民眾蔑視，視為投機歪風的助長者、奸商。

企業家，不受任何管理者干擾，獨自決定在哪些行業使用資本，以及使用多少資本。他決定是否擴張或收縮整個企業和主要部門的規模；他也決定企業的財務結構。這些都是影響企業經營的根本決定；它們總是著落在企業家身上，無論企業的法律架構是公司、抑或是其他類型的組織。在這些方面，任何給予企業家的協助，都只是輔助性質的：關於過去情況的資訊，企業家可以請教法律、統計和科技方面的專家；但是，最後的決定，隱含對於未來市場情況的判斷，則完全取決於企業家；至於他所企劃的投資項目細節，則可以委託他所聘僱的管理者執行。

對市場經濟的運作而言，傑出管理者的社會功能，和傑出發明家、科技專家、工程師、設計師、科學家、實驗家等傑出專家的社會功能，是同樣不可或缺的。許多最傑出的人才投入管理者行列，爲社會的經濟進步大業服務。成功的管理者獲得高薪資報酬，也時常分享企業總利潤；許多管理者，在職業生涯中，自己也變成資本家、企業家。儘管如此，管理功能還是不同於企業家功能。

就像流行的輿論把「管理階級」和「勞動階級」列爲兩個相反詞那樣，把企業家功能和管理功能混爲一談，也是一個嚴重的錯誤。當然，這個混淆是故意的，故意要模糊企業家功能和受託打理企業經營細節的管理者功能全然不同的事實。產業結構、各產業和企業的資本多寡分配、每一工廠和商店的規模和營業項目等等，都被當作給定的事實，隱含它們不會有進一步的變化。按照老規矩繼續辦事，是唯一的任務。在這種假想停滯的世界裡，當然不需要創新者和首倡者；總利潤恰好被總虧損抵銷。要駁倒這個學說的種種謬論，只消比較美國一九四五年和一九一五年的產業結構就夠了。

不過，即使在停滯的世界裡，如果按照某個流行口號的要求，讓「勞動階級」分享管理功能，那也是荒謬的。實現這種要求，將導致工團主義。[27]

另外，還有一個混淆管理者和官僚的思想傾向，值得說說。

官僚管理，和利潤管理不同，乃是處理行政事務所應用的方法；這種事務處理的結果，沒有市場上的現金價值。委託警察部門處理的任務，若成功執行，對社會合作秩序的維持至爲重要，對每一個社會成員也都有益。但是，這種任務沒有市場價格，不可能買它或賣它；所以，它的效益不能和所招致的費用相比。它導致一些利益，但這些利益不能以金錢表示的利潤反映出來。經濟計算、尤其是複式簿記的方法，對它們並不適用。警察部門的那些活動究竟是成功或失敗，按照營利事業那套計算程序，是不可能釐清的。沒有哪一個會計人員，能確定任何警察部門或其下屬部門的操作是否成功。

每一個營利生產部門所使用的資本大小，都取決於消費者的行爲。如果汽車產業把使用的資本擴增爲原來的三倍，無疑將給社會大眾提供更多、更好的服務，將會有更多的汽車供應。但是，汽車產業的此一擴張，將從其他生產部門撤走它們原本要用來滿足消費者更迫切需求的資本。這個事實，將使汽車產業的擴張無利可圖，同時會提高其他產業的利潤。由於企業家努力追求最高可得的利潤，所以他配置在每一個產業的資本，勢必只能多到對滿足比較迫切的消費需求沒有妨害的程度。因此可以說，企業家的活動，自動接受消費財價格結構所反映的消費需求的制約與指導。

政府各部門執行肩負的任務，所需的經費如何配置，並沒有像前述那樣自動調節的市場機制。紐約市警察局所提供的服務，如果經費預算增加三倍，其質量無疑能大大提高。但是，問題是，這方面的改善幅度，是否抵得過其他政府部門——譬如，衛生部門——所提供服務的縮減，或納稅者私人消費的縮減。這個問題不可能以警察局的帳簿來回答；這些帳簿只提供關於支出多少費用的訊息，但不可能提供任何關於獲得多少有益結果的訊息，因爲這些結果不可能以折算成貨幣當量的方式表現出來。市民必須直接決定，自己希望獲得多少警察服務，以及願意爲此服務支付多少經費；他們藉由推選願意遵從市民意向者擔任市議員和市政府官員，來完成這個任務。

於是，市長和市政府各局處首長受到預算限制。對於市民必須面對的各種問題，他們不能自由按照自己認爲最有利的解決方案，任意採取行動解決。他們必須按照預算指定的用途，支用預算指撥的經費；絕不可把經費支用在別的任務上。公共行政領域的審計工作，目標是確定各項指撥經費是否嚴格按照預算規定支用，完全不同於營利事業審計。

在營利事業，管理者和次級管理者的自由裁量受到損益考慮的節制。要使他們遵從消費者的願望，唯一需要下達的指令是盡可能追求利潤；毋須以細膩的指示和規定，限制他們的自由裁量。如果他們是能幹的，這樣干涉細節，即令沒有綁手綁腳而有損於他們發揮效率，充其量也只是多此一舉。如果他們是不能幹的，細節干涉也不會使他們的所作所爲更成功，反而可能爲他們提供一個蹩腳的藉口，把失敗歸咎於一些不適當的規定。唯一需要下達的指示，是不言而喻的、是不需要特別解說的，那就是：追求利潤。

在公共行政、政府事務處理方面，情形就不同了。公共行政方面，官員和下屬的自由裁量並不受損益考慮的節制。他們至高無上的老闆——不管是擁有最高權力的全體人民或某個擁有最高權力的獨裁者——如果放手讓他們自由行動，那就等於自我拋棄了至高權力讓他們受益。行政官員將變成不負責任的代理人，他們的權力將取代全體人民或獨裁者的權力；他們將做自己感覺高興的事，而不做老闆希望他們做的事。爲了防止這個結果，也爲了使他們服從老闆的意志，就必須詳加指示，在每一方面規定他們怎樣處理事務。於是，嚴格遵守這些規定處理一切事務，變成他們的責任。除非在這些規定限制的範圍內，否則他們不能自由調整自己的行爲，以自認爲最合適的辦法解決任何具體問題。他們是官僚，亦即，他們是在任何事例中都必須恪守某一套僵硬規定的人。

官僚管理，必然要遵守上級權威機構所訂定的詳細規則和規定；那是唯一替代利潤管理的管理方式。利潤管理，不適用於執行在市場上沒有現金價值的事務，如社會強制與脅迫機構的管理；也不適用於不以營利爲目的的事務管理，如學校、醫院或郵政系統等非營利機構的管理，雖然這些事務的操作也能在營利的基礎上進行。反正任何系統的運作，只要不受利潤動機的指導與節制，就必須接受官僚規則的指導與節制。

因此，官僚管理本身並不是一件壞事。它是唯一適合處理政府事務的方法，唯一適合管理政府這個社會強制與脅迫機構的方法。由於政府是必要的，所以官僚主義——在行政事務領域——也同樣是必要的。凡在經濟計算不可行的地方，官僚管理的辦法必不可少。社會主義國的政府，必須把官僚管理應用到所有事務上。

任何事業單位，不管規模大小或肩負什麼特殊任務，只要它的操作完全、純粹在營利基礎上進行，就不會變成一個官僚機構。但是，一旦它放棄追求利潤，以所謂服務原則取代利潤原則——亦即，以提供服務為目的，不管這服務獲得的價格是否足以支付所需費用——就必須採取官僚管理的辦法，代替企業家的利潤管理。[28]

第十一節　挑選過程

汰弱留強的市場挑選過程，是由市場經濟所有成員努力、共同驅動的。每個人都渴望盡可能去除自己的不適感，因此一方面會努力嘗試達到他對其他每個人的最佳滿足、最有貢獻的市場位置，而另一方面，也會盡量從其他每個人所提供的服務獲得好處。這意味：他嘗試在最昂貴的市場賣出，而在最便宜的市場買進。所有個人努力的綜合結果，不僅是價格結構，而且也是社會結構，亦即，給眾多不同個人分派各種不同任務。市場，使人富有或貧窮，決定誰來經營大型工廠、誰來洗刷地板，決定多少人在銅礦場工作、多少人在交響樂團演奏。這些決定，沒有哪一個是一經作成就永遠不變的，幾乎每天都可撤銷。市場的挑選過程永不停歇，從而社會生產機器不斷調整，以因應供需變化；市場會一再重新審查過去的決定，強迫每個人接受新的考驗。任何人都沒有安全保障，也沒有權利保有過去取得的任何職位；沒有人不受市場法則——消費者權力至上——的約制。

生產手段所有權，不是特權，而是社會責任。資本家和地主不得不利用他們的財產，好讓消費者獲得最佳可能的滿足。他們如果在這任務執行上表現遲鈍、笨拙，就會受到虧損的懲罰；他們如果沒學到教訓，沒改變行事作風，就會失去財富。沒有哪一項投資永遠安全；資本家和地主，如果沒有以最有效率的方式利用所擁有的財產去服務消費者，就注定要失敗。市場沒有空間留給那些只想懶散、不花腦筋享受財產的人；財產所有者必須設法運用自己的資金，俾使本金或收益至少沒有減少。

過去在階級特權橫行、貿易障礙充斥的時代，有些收入是不倚賴市場的。封建君主和領主靠身分低下的奴隸和農奴的犧牲過活，這些下人有繳納什一稅，以及提供傜役與奉獻貢品的義務。土地所有權只能透過征服或征服者慷慨施捨的方式取得。另一方面，土地所有權也只能透過施主取消施捨或透過另一個征服者的征服而喪失。後來，即使當領主和臣下開始在市場上出售他們利用奴隸生產出來的剩餘農產品時，比較有效率的農產競爭者也不可能使他們喪失地產。只有在非常狹窄的範圍內，競爭才是自由的。莊園地產限由貴族取得，城鎮的房地產限由城鎮的公民取得，農地限由鄉下人取得。手工藝方面的競爭，受到行會組織的限制。消費者不能夠以最便宜的方式滿足自己的需求，因為價格管制要求賣家不得降價求售。買家只能任憑賣家擺布；擁有特權的生產者如果拒絕採用最適當的原料和最有效率的加工方法，消費者就得忍受這種頑固、保守心態的後果。

完全自給自足的地主，倚賴他自己的耕作成果過活，和市場沒有關係。但是，現代農夫，在市場上購買農用設備、肥料、種籽、勞動和其他生產要素，並且出售農產品，因此受制於市場法則。他的收入取決於消費者，所以必須調整他的操作、順應消費者的願望。

市場的挑選功能對勞動也有同樣的作用。每一工人都受到他個人期望能掙得最多報酬的那種工作吸引。和物質類生產要素一樣，勞動這種生產要素也被市場配置到對消費者最有利的用途上。市場總是傾向不支使任何數量的勞動去滿足比較不迫切的需求，只要還有更爲迫切的需求尚待滿足。像所有其他社會階層那樣，工人也受制於消費者至上的權力；如果他不順從，就會遭到收入減少的懲罰。

市場的挑選不會建立馬克思所謂的社會階級；企業家和首倡者也不會形成一個凝固的、鐵板一塊的階級。每個人，只要自認爲比其他同胞更有能力預料未來的市場情況，而且肯冒險、肯負責嘗試得到消費者的認同，都可以自由成爲首倡者。不問他是什麼身分，想躋身首倡者的行列，憑藉的是積極進取的精神，甘心接受市場給每一個想成爲首倡者或想繼續保持這種顯赫位置的人一視同仁的考驗。每個人都有機會冒險嘗試；市場新進者毋須等待誰來邀請或鼓勵，他必須自行負責、冒險躍進，而且必須自己知道怎樣備妥冒險躍進所需的手段。

一再有人聲稱，在「後期的」或「成熟的」資本主義下，一文不名者不再可能攀登到資本家和企業家的位置。從來沒有人嘗試證明這個論點。事實上，自從這個論點首次提出以來，企業家和資本家群體的成員已經有了相當大的改變。一大部分先前的企業家和繼承人已經遭到淘汰，而由其他一些新富取代了他們的位置。的確，過去幾年間，已經有一些制度被刻意發展出來，這些制度如果未盡快廢除，市場的運作可能在每一方面都受到阻礙，窮人就更不會有翻身的機會了。

消費者在選擇誰來擔任工商界龍頭時，只看誰在調整生產結構、以順應消費者需求方面具有合格的能力，而不關心其他的長處與優點。消費者希望製鞋業者生產質優、價廉的鞋子，但並不熱中於把製鞋業的經營工作託付給親和可愛的帥哥，以及嫻熟社交禮儀且風度翩翩的、有藝術天分的、具有學者風範的或具有其他任何美德與才幹的人。這許許多多有助於個人在其他生活領域獲得成功的才能，熟練的商人往往是缺乏、不足的。

現在常見有人抨擊資本家和企業家。畢竟平常人習於嘲諷比自己更爲成功的贏家。嘲諷者可能認爲：這些贏家之所以比較富有，只因爲他們比他更無所顧忌；他本人要不是基於道德和社會觀感的考慮，也會像他們那樣成功。於是，不少人在自滿和自以爲是的僞善光環中自豪。

沒錯，在干預主義打造的情境下，許多人能以貪汙、行賄的手段致富。在許多國家，干預主義已經大大削弱市場至上的權力，以致於對平常商人來說，倚賴官員的幫助，要比倚賴盡可能滿足消費者的需求更爲有利可圖。然而，那些批評他人財富的名嘴所想的倒不是這一點。他們聲稱：從道德觀點來說，在純粹的市場社會裡取得財富的那些方法，是不堪聞問的、應該反對的。

針對這種說法，我們必須強調：只要市場的運作沒受到政府干預和其他強制因素的破壞，商業運作成功，是給消費者提供滿意服務的證明。窮人在其他方面未必輸給成功的商人；窮人有時候也許在科學、文學和藝術成就上，或在引領公共議題的討論上勝出。但是，在社會生產體系裡，他卻是輸家。一個創造型天才也許眞有資格鄙視商業方面的成就；他要不是因爲對其他事物比較感興趣，也許眞的已經在商業方面成功了。但是，一般職員和工人如果吹噓自己道德優越，那不過是在騙自己、在自欺裡尋找安慰。他們不會承認，他們自己也曾經嘗試過，但是被他們的同胞——消費者發現不夠格！

時常有人聲稱，窮人在市場競爭中失敗，是因爲缺乏教育。據說，只有對所有人開放各級教育，才能提供平等的機會。現代人大多傾向把人與人之間的一切差異，歸因於教育，而不承認天生已然存在智力、意志力和性格方面的不平等。一般人大都沒意識到，教育頂多不過是灌輸一些已發展出來的理論和觀念罷了。教育，不管能否給受教育者什麼好處，總是在傳輸傳統理論和價值標準；它必然是保守的。教育產生模仿和常規，卻產生不了改善和進步。學校不可能培養出創新者和創造型天才。這一類人正是向學校曾灌輸給他們的那一套東西發起挑戰的人。

想在商場上成功，不需要從哪一個企業管理學校取得什麼學位；這些學校只能訓練擔任例行工作的次級管理者。它們肯定訓練不出企業家，而企業家也不是訓練出來的。某個人透過抓住某個機會，塡補了市場的某個空缺，而變成企業家；要展現這樣敏銳的判斷、遠見和活力，不需要什麼特別教育。即使是最爲成功的一些商人，如果以教書匠的學術標準加以評量，往往可以說他們是沒受過教育的。但是，他們能勝任自己選擇承擔的社會功能——調整社會生產、順應消費者最迫切的需求。就因爲有這個優點，所以他們獲得消費者挑選，擔任工商界領袖。

第十二節　個人與市場

現在有些人習慣說，自動的、無名的力量驅動市場「機制」。在使用這些比喻時，他們很容易忽略，事實上引導市場決定價格的唯一因素，是他們自己有意的行爲。沒有什麼自動的力量；只有他們有意識、刻意要達到自己所選定的目的。沒有什麼神祕的機械力量；只有他們要去除不適感的意志。沒有什麼無名的力量；只有我和你，張三和李四，以及所有其他的人。而我們每個人，既是一個生產者，也是一個消費者。

對個人來說，市場是一個社會體（social body），並且是最重要的社會體。所有市場現象，都是社會現象，都是綜合每一個成員的積極貢獻、所得到的結果。但是，市場現象不同於單一個人的貢獻。對單一個人來說，市場現象看似某種他自己不能改變的給定事物。他未必能看出，自己是決定市場每一瞬間狀態的那些綜合因素的一部分，儘管是很小的一部分。正因爲他未能意識到這個事實，所以在批評市場現象時，他總覺得自己可以隨意撻伐別人的某個行爲模式；而同樣的行爲模式，一旦出現在他自己身上，他卻又認爲是完全正當。他譴責市場冷酷、不近人情、不講情面；他要求社會控制市場，使市場「人性化」。他一方面要求一些措施保護消費者，以對抗生產者。但另一方面，他甚至更爲激昂的堅持必須保護像他自己這樣的生產者，以對抗消費者。這些矛盾要求的結果，就是現代政府採取各種干預市場的辦法；其中最顯著的例子，是德意志帝國的社會福利政策和美國的新政。

有一個古老的謬見，認爲公民政府理當保護效率較差的生產者，以對抗效率較好的生產者競爭。許多人要求一個有別於「消費者政策」的「生產者政策」。有人一方面誇誇其談，重申這個不言自明之理：生產的唯一目的是充裕供應消費；同時又滔滔不絕，強調「勤勉的」生產者應該獲得保護，以對抗「懶散的」消費者。

然而，生產者和消費者其實是同一個人。生產和消費，是行爲的兩個不同階段；交換學將這兩個行爲階段擬人化爲生產者和消費者，但實際上，他們是同一個人。當然，要保護比較沒效率的生產者、對抗比較有效率者競爭，是可能辦到的。這種特權給受益者輸送的利益，在未受干擾的市場裡，只有成功滿足消費者最迫切需求的那些人才得以享有。因此，這種特權必然損害消費者的滿足。如果只有某個或某一小群生產者享有這種特權，這些受益者會享受到以犧牲其他人爲代價的利益。但如果所有生產者都享有同一程度的這種特權，每一個人身爲消費者所損失的利益，和他身爲生產者所獲得的利益一樣多。另外，一旦最有效率的人受到阻礙，不能把他的技巧應用在原本能給消費者提供最好服務的用途上，所有的人都將受傷害，因爲產品供應勢將減少。

如果某個消費者認爲，按比進口穀物售價更高的價格購買國產穀物，或按比其他來源的製成品售價更高的價格購買小企業經營（或僱用工會成員）的工廠所製造的產品，是划算的或正當的，他自己可以隨意這麼做。他只消弄清楚，求售的商品符合他所以願意支付較高價格的條件。禁止僞造產地標示與商標的法律，便可成功達到關稅、勞動立法和授予小企業特權想達到的目的。但是，消費者顯然不打算這麼做。事實上，某件商品標記爲進口的，並不妨害它的銷路，只要它比較好或比較便宜，或者又好又便宜。買家通常希望東西盡可能便宜，不管商品來自何處或生產者有哪些特徵。

當今世界上所有國家實施的生產者政策，可以在一些似是而非的經濟理論裡找到心理根源。這些理論斷然否認，讓效率比較差的生產者享有特權，事實上會犧牲消費者利益。這些理論的支持者聲稱：這種措施只對遭到排擠的生產者不利。當進一步逼問，乃至不得不承認消費者也會受害時，他們便堅持說：儘管消費者會蒙受一些損失，但另一方面，他們的貨幣收入也勢必因生產者保護政策的實施而大大增加，從而所蒙受的損失會獲得綽綽有餘的補償。

於是，在歐洲一些以工業爲主的國家，就有保護主義者首先急著宣稱：如果對農產品課徵進口關稅，將受傷害的，只是農業出口國的農夫和穀物交易商。的確，農業出口國這些人的利益會受到傷害；但是，同樣確定的是，採取這種關稅政策的進口國消費者也一起受害，因爲必須支付較高價格購買所需的食物。當然，保護主義者會反駁說，這可不是一項毫無補償的負擔，因爲國內消費者額外支付的金額，會增加國內農夫的收入和購買力，所以國內農夫接著也會把國內消費者多付的金額，全部花在購買更多國內非農業人口所生產出來的製成品。要駁倒這個邏輯倒錯的謬論很容易，只消參考如下這則眾所周知的趣聞就夠了：有個乞丐要求某個酒店主人送他十塊錢，據說這不會使該店主蒙受什麼損失，因爲這個乞丐答應把這十塊錢全部花在他的酒店裡。但是，儘管如此，這個保護主義的謬論仍然主導了輿論，只有這樣才可以解釋，保護主義所鼓吹的那些措施爲什麼如此大受歡迎。許多人根本沒意識到，貿易保護的唯一效果，是把生產活動從每單位資本與勞動投入可以生產出更多的地方，轉移到同樣的生產活動只能生產出比較少的地方。貿易保護使人民變得比較窮，而非變得比較富有。

現代保護主義，以及各國之所以追求經濟自給自足，最終的思想基礎在於：誤以爲保護主義和經濟自給自足是使每一個國民或至少絕大部分國民變富的最佳手段。在這裡，變富的意思，是指個人的眞實收入增加，以及個人的生活水準改善。沒錯，經濟孤立政策，是政府干預國內經濟必然會導致的一個後果，也是好戰心態的一個後果，以及產生好戰心態的一個因素。但事實仍然是：如果不能讓選民相信貿易保護不僅不會損害、反而會大大提高他們的生活水準，那就絕不可能讓他們接受保護主義。

我們所以特別強調這個事實，是因爲它完全駁倒當前許多暢銷書所傳播的一個迷思。這些暢銷書說，現代人的動機，不再是渴望增進物質幸福和提高生活水準；經濟學家的相反論斷是錯誤的。其實，現代人優先考慮一些「非經濟的」或「非理性的」事物，一旦物質方面的改善牴觸「理想的」目的，人民將隨時願意放棄物質生活的改善；通常在經濟學家和企業界人士中比較常見的一個嚴重錯誤，就是從某種「經濟的」觀點，解釋我們這個時代的情況演變，並且批評當代的一些意識型態，說它們隱含一些什麼經濟謬誤；但人民其實渴望其他事物，比渴望過好日子，更爲強烈。

像這樣愚蠢曲解我們這個時代的歷史，幾乎就要超過人的想像能力極限了。我們這個時代的人狂熱的想取得更多生活便利品，永不滿足的渴望更多生活享受。這個時代特有的一個社會現象是壓力團體，這是某些人組成的利益聯盟，渴望利用一切手段，不管合法或非法，不管和平或暴力，來增進他們自己的物質幸福。對壓力團體來說，什麼都不重要，除了團體成員的眞實收入增加；它不擔心它的計畫一旦實現是否會傷害別人、自己的國家或民族、乃至全體人類的重大利益。不過，當然，每一個壓力團體都急於辯解，說它的要求有利於一般大眾，也會汙衊它的批評者是卑鄙的惡棍、白痴和叛徒。爲了實現它的計畫，它展現一種準宗教信仰的激情。

所有政黨，毫無例外，都向支持者承諾會有較高的眞實收入。在這方面，民族主義政黨和國際主義政黨間，以及支持市場經濟的政黨和支持社會主義或干預主義的政黨間，沒有什麼差別。如果某個政黨要求支持者爲該黨的主張奉獻一些犧牲，它總是會解釋，說這些犧牲是爲了達到最終目標——改善支持者的物質幸福——暫時必要的手段。在每一個政黨看來，如果有人膽敢質疑它的那些計畫項目是否眞能使支持者變得更富裕，那無疑是一個狡猾的陰謀，意在破壞該黨的聲譽和生存。對於從事這種批評的經濟學家，每一個政黨都極端仇視、恨之入骨。

所有形形色色的生產者政策倡議，都立基於據稱能夠提高支持者的生活水準。保護主義和經濟自給自足、工會壓力和強制、勞動立法、最低工資率、公共支出、信用擴張、各種補貼和其他一些臨時措施的倡議者，總會以強調這是最合適或唯一能使眞實收入增加的手段，大力推薦給他們想要拉攏的選民。現代每一個政治家或政客，總是一成不變的告訴選民：我的政綱，將使你們得到最大可能的富足；而對手的政綱，將給你們帶來匱乏和不幸。

沒錯，某些象牙塔裡的知識分子在他們自己的祕密圈子裡，另有一套說法。他們聲稱某些所謂永恆、絕對的價值高於一切；也在他們滔滔不絕的雄辯中——但不是在他們個人的操守上——虛僞的表達對世俗、短暫事物的鄙視。但是，一般民眾對於這種沒營養的長篇廢話不感興趣。當今所有政治行爲的主要目標，無非是分別爲各種壓力團體成員謀取最高的物質幸福。政治人物相信，灌輸選民相信他的政綱最有利於達成該目標，是讓他得以功成名就的唯一途徑。

各種生產者政策的謬誤，在於它們的經濟學大有毛病。

如果某人想縱容自己追隨時髦趨勢，以精神病理學的術語解釋人間世事，他或許會忍不住要說：現代人之所以拿生產者政策和消費者政策對比、相抗，是因爲患了某種精神分裂症的緣故。現代人未能意識到，他自己是一個統一的、不可分割的人，亦即，一個個體；他不僅是一個生產者，同時也是一個消費者。他的完整意識分裂成兩部分；他的心靈悄悄分裂和他自己作對。不過，對於導致這些政策的經濟理論謬誤，我們是否採取這個描述模式，是無關緊要的。經濟學不在乎某個謬誤有什麼病理來源，而只在乎這個謬誤本身和其邏輯根源。透過推理，把錯誤揭露，是最基本的科學任務。如果某則陳述的邏輯謬誤沒被揭露，精神病理學便不能夠把產生該則陳述的心理狀態稱爲病態。如果某人自以爲是暹邏國王，精神病醫師必須確定的第一件事，就是：他是否眞是他自以爲的暹邏國王。只有在這個問題的答案是否定的情況下，才能認定該人是一個精神病患。

沒錯，當代人大多固執的誤解生產者和消費者的關係。在購買東西時，他們的行爲像煞自己只作爲購買者和市場產生聯繫；而在出售東西時，則與此相反。作爲買者，他們支持嚴厲的措施保護自己對抗賣者；而作爲賣者，他們支持同樣嚴厲的措施對抗買者。不過，這種動搖社會合作根基的反社會行爲，並不是一種病態心理的副產物；而是目光短淺、未能理解市場經濟運作，以及未能預見自己行爲的最終效果所導致的。

可以這麼說：絕大多數當代人，在心態上和理性上，還沒調整到適應市場社會生活的地步，雖然他們自己和他們的祖先都不經意的以本身的行爲造成了市場社會。但是，這種失調，只不過是由於未能認清什麼是錯誤的理論罷了。

第十三節　商業宣傳

消費者並非無所不知。他不知道在什麼地方，能以最便宜的價格買到自己想要的東西。很多時候，他甚至不知道，哪種合適的商品或服務能最有效去除他希望去除的不適感。他頂多熟悉最近過去的市場情況，以安排他的消費計畫。商業宣傳的任務，是將實際的市場情況傳達給他。

商業宣傳必須突兀、大膽。它的目標，是吸引遲鈍的人注意，喚起潛在的慾望，誘惑消費者以創新取代固執傳統常規的惰性。廣告若想成功，必須適應它想招徠的顧客的心態。它必須適合他們的品味，使用他們慣用的語言。廣告是刺耳的、喧鬧的、粗俗的、誇張的，因爲一般民眾對端莊凝重的典故暗示沒反應。一般民眾的低俗趣味，迫使廣告商在宣傳活動中展現低俗趣味。廣告藝術已經演變成一門應用心理學，它是教育學的一門姊妹學科。

像所有旨在適合大眾品味的事物那樣，廣告也令神經敏感的人覺得噁心。這種厭惡影響商業宣傳的評價。某些人斥責廣告和所有其他商業宣傳方法，認爲是：無限制競爭所導致最令人無法容忍的副產物，應該禁止。消費者應接受公正的專家教導；公立學校、「無黨無派」的新聞媒體和合作社組織，應該執行該任務。

限制商人爲產品打廣告的權利，將會限制消費者按照自己的需要與慾望支用收入的自由。限制廣告，將使消費者不可能獲知他們原本能夠獲知、也希望獲知的相關市場狀態，以及當他們在選擇買什麼或不買什麼的時候，可能認爲有影響分量的一切其他訊息。他們將不再能根據自己對於賣者自訴的產品評價形成意見、做出決定；而是被迫根據一些輔導者的建議來下決定。這些輔導者也許可能使他們免於某些誤判。不過，消費者個人將好比被置於某些監護人的保護監督之下。如果廣告不受限制，消費者大體上好比是一個大陪審團，透過聽取所有證人的證詞，以及直接檢視所有其他手段產生的證據，獲得有關訴訟案件的一切資訊。如果廣告受限制，他們這個陪審團便宛如只能面對某個官員，聽取他報告他檢視證據後所得出的結論。

有一個流行的謬見認爲：有技巧的廣告，能說服消費者購買廣告商希望他們購買的每樣東西。根據這個傳說，消費者對於「高壓」廣告簡直毫無防衛能力。如果眞是如此，企業的成敗將僅僅取決於廣告模式。然而沒人會認爲，有什麼廣告能讓蠟燭製造商守住蠟燭市場，成功對抗電燈泡，或讓馬車成功對抗汽車、讓鵝毛筆尖成功對抗鋼筆尖，以及讓鋼筆尖成功對抗自來水鋼筆。但不管是誰，一旦承認這一點，就得連帶承認：商品的品質是廣告宣傳成功的關鍵因素。那麼，他便沒有理由主張：一般民眾是容易受騙上當的，而廣告就是對他們行騙的一個有效方法。

毋庸置疑，廣告商當然可能成功引誘某個人，購買某件如果事先知道品質便不會購買的商品。但是，只要所有競爭廠商都有打廣告的自由，從消費者嗜好的觀點來講，不管用什麼方法打廣告，比較好的商品終將勝過比較不適合的商品。廣告的小把戲和伎倆，不但較差產品的銷售者會使用，較好產品的銷售者也同樣會使用。但是，只有後者能享有品質較好所衍生的競爭優勢。

商品廣告的效果，受制於這樣的事實：購買者對於自己所購買的東西，通常能夠形成正確的評價。家庭主婦，在嘗試過某一品牌的肥皂或罐頭食品後，根據經驗知道將來再購買這品牌的東西來消費，對她而言是否有益。所以，只有第一次買來試用後不會導致消費者拒絕再買的產品，才值得廣告主花錢打廣告。商人一致認爲，不值得爲品質不好的產品打廣告。

在我們不可能從經驗學到任何教訓的那些領域，情形就完全不一樣。宗教信仰、玄學和政治宣傳的那些聲明，經驗既不能核實，也不能否定。對於來世和絕對的東西，生活在這世上的人絕不可能有任何經驗。在政治方面，任何經驗都是複雜經驗，可以有各種不同的解釋；唯一能應用在政治宣傳方面辨明是非、對錯的標準，是先驗的推理。因此，政治宣傳和商業宣傳，根本是兩回事，雖然它們時常採取相同的伎倆和方法。

現代科技和治療學對許多人生不幸沒有補救辦法。有一些疾病無法治療，有一些身體缺陷無法修復。令人遺憾的是，有些人嘗試利用自己同胞的困境牟利，他們吹噓可以提供祕方，解救同胞的苦難。這些江湖郎中當然不會使人返老還童、也不會使「無鹽」變「西施」，他們只是激起希望。如果主管當局禁止這些江湖郎中打廣告、宣傳實驗的自然科學方法不能證實的效果，市場的運作應不致遭到損害。但是，任何同意授予政府這項權力的人，如果反對別人要求教會和教派的言論也必須通過同樣的審查，可能會遭質疑立場前後矛盾。自由是不可分割的。一旦你開始限制它，你便踏上一道很難停止下滑的斜坡。如果你允許政府負責審核任務，使香水和牙膏的廣告只有眞實、沒有虛假，那麼，在更爲重要的宗教信仰、哲學和社會的意識型態方面，你就不能反對政府有權力爲眞理把關。

有人以爲商業宣傳能強迫消費者順從廣告商的意志，這是一個錯誤的想法。廣告永遠不可能成功將較好或較便宜的商品擠出市場。

就廣告主而言，廣告費用是生產總成本的一部分。商人花錢做廣告，若且唯若他預期廣告所增加的銷貨收入將增加整個銷貨淨利。在這方面，廣告成本和所有其他生產成本，並無不同。有人曾經嘗試區分生產成本和銷售成本，據說，生產成本增加，可增加供應，而銷售成本（包括廣告成本）的增加，則僅增加需求。[29]這是一個錯誤。所有生產成本的支出，都意在增加消費者需求。如果某個糖果製造商使用某種比較好的原料，所著眼的是這樣可使需求增加，那麼，這和他把糖果包裝得比較誘人、或他把店鋪裝飾得比較漂亮、或他花更多錢打廣告，心裡的盤算其實是一樣的。在增加每單位產品的生產成本時，生產者所著眼的，總是想要增加消費者的需求。如果某個商人希望增加供應，他必須增加總生產成本，而這時常導致每單位產品生產成本降低。

第十四節　國家經濟

市場經濟，就眞正的意義而言，是不理會政治疆界的。它的範圍是全世界。

「國家經濟」（Volkswirtschaft），是擁護政府萬能的德國學者早就在使用的一個名詞。直到過了很久，英國人和法國人才開始講「英國經濟」（British economy）和「法國經濟」（l'économie française），以便和其他國家經濟有所區分。不過，不管是英語或法語，迄今都還沒產生任何相當於德語Volkswirtschaft的單一名詞。隨著現代朝向國家計畫和國家自給自足發展的趨勢，這個德語名詞所指涉的理論變得到處流行起來。不過，只有德語能以一個字表達所有涉及的概念。

「國家經濟」係指一個主權國所有由政府指導和控制的經濟活動所構成的綜合體系；它是在個別國家的政治疆界內實現的社會主義。在使用這個名詞的時候，人們充分認識到，眞實情況和他們認爲唯一適當與理想的狀態還有差距。不過，他們根據自己的理想，評斷市場經濟發生的每一件事情。他們認爲，在「國家經濟」和那些自私的渴望牟取利潤的個人之間，有不可調和的利益衝突。他們毫不猶豫的認爲，「國家經濟」的利益應當優先於所有個人的利益。正直的公民，應該永遠把「國家經濟」利益擺在他自己的私利之上；他應該主動像是政府官員在執行政府命令那樣，安排他自己的行爲。Gemeinnutz geht vor Eigennutz（國家的幸福優先於個人的自私自利），是納粹主義經濟管理的根本原則。但是，由於人民太笨了、也太邪惡了，以致無法遵守該原則，所以強制執行該原則，是政府的任務。十七、十八世紀的德國君主，當中首推布蘭登堡的霍亨佐倫氏諸侯和普魯士國王，完全勝任這個任務。十九世紀，從英、法引進的自由主義意識型態，即使在德國也取代了久經施行、視爲自然的民族主義和社會主義政策。然而，經過俾斯麥和繼任者的社會福利政策，以及後來的納粹主義，民族主義和社會主義政策還是在德國復甦了。

「國家經濟」理論的倡議者認爲：一個國家的經濟利益，不僅不可調和的與公民個人的利益相對立，而且也一樣不可調和的與任何外國的國家經濟利益相對立。一國經濟最理想的狀態，是經濟方面完全自給自足。某個國家，如果倚賴任何國外進口品，就是欠缺經濟獨立，它的獨立自主便只是一個騙人的幌子。所以，一個國家，如果不能在國內生產它所需的一切東西，就必須征服所有必要的領土。一個國家若要眞正獨立自主，就必須有足夠的生存空間，亦即，領土是如此遼闊、而自然資源又是如此豐富，以便能在一個不低於其他任何國家的生活水準下自給自足。

因此，「國家經濟」這個概念，是對市場經濟所有原則最爲根本的否定。過去數十年，或多或少引領所有國家經濟政策的，就是這個概念。正是這個概念的執行，引起我們這個世紀那些可怕的戰爭；而將來也不無可能引起更多、更具毀滅性的戰爭。

從人類早期的歷史開始，市場經濟和「國家經濟」這兩個彼此對立的原則就不停纏鬥。政府，亦即，強制與脅迫的社會機構，是和平的社會合作的必要條件。市場經濟不能沒有警察力量，以威嚇或實施暴力對付和平破壞者，來保障市場經濟順暢運作。但是，不可或缺的政府管理者，以及他們的武裝護衛隊，總是忍不住會使用手中武力，企圖建立自己的極權統治。對野心勃勃的國王和軍隊最高統帥來說，存在某一不受他們統一指揮的個人生活領域，就是在挑戰他們的權威。君主、總督和將軍，永遠不會是自動自發的自由主義者。除非受到公民強迫，否則他們是不會變成自由主義者的。

社會主義者和干預主義者的計畫所引起的各種問題，本書稍後將予以處理。這裡只須剖析這個問題：「國家經濟」這個理念，是否有什麼根本特點和市場經濟相容？「國家經濟」的倡議者認爲，他們的方案並非只是建立未來社會秩序的一個模型。他們以強調的語氣聲明：即使在市場經濟體系下——當然，在他們眼裡，這個體系是違背人性的政策所造成的一個卑劣、邪惡的產物——各個國家的經濟也是永遠彼此利益對立、無法調解的個別統合單位。把某個國家的經濟和所有其他國家的經濟分開的，絕非經濟學家要我們相信的，只是一些政治制度。造成國內貿易和國外貿易之間的差別的，並非政府爲了干預商業而建立的那些貿易與移民障礙、法律差異，以及法庭或裁判所給予不同國籍的人不同的保護。相反的，國內、外貿易的差別，是勢所必至、理所必然的結果，是一個糾結難解的因素所造成的結果；這個因素任何意識型態都無法驅除，而且不管立法、行政和司法部門是否注意到它，它一樣會發揮它的影響。「國家經濟」

是一個自然給定的事實，而包含全人類的世界大同社會——「世界經濟」（Weltwirtschaft）——只是一個似是而非的學說，一個旨在毀滅人類文明的計畫所虛構的一個幻影。

眞相是：人，以身兼生產者與消費者、同時具備賣者與買者的身分，在行爲時，不會區分國內市場和國外市場。他們僅在運輸成本方面，區分本地貿易和較遠距離的貿易。如果政府干預，譬如，課徵關稅，使國際交易變得比較貴，他們把此一事實納入考慮的方式，和他們考量運輸成本上漲的方式，是一樣的。對魚子醬課徵關稅，除了產生和運輸成本上升一樣的作用外，沒有其他作用。嚴格禁止魚子醬輸入所造成的情況，和魚子醬如果經過船運，其品質菁華就會變差所引起的情況，沒有兩樣。

在西歐歷史上，從來沒有區域或國家自給自足這種事情。我們承認，也許有某個時期，分工沒跨越家庭共同生活成員的範圍。曾經有過一些自給自足的家庭和部落，他們之間沒有人際交易。但是，人際交易從一開始出現，便是跨越政治群體藩籬的。在鄰居之間出現以物易物的交易習慣之前，便已存在較遠距離的區域居民間，以及不同部落、村莊和政治群體成員間，彼此以物易物的交易。人透過以物易物和貿易，首先想要取得的，是一些他們不能利用自己的資源生產的東西。鹽、在地表上蘊藏分布不平均的礦物和金屬、國內土地栽種不出來的穀物、特定區域的居民才能製造的一些器物，是最早的貿易標的。所以貿易是從國外貿易開始的；直到後來，才發展出國內鄰居之間的貿易。最初打通封閉的家庭共同生活經濟圈，引進人際交易的那些孔洞，是由來自遙遠區域的產品所鑽透的。沒有哪一個消費者，在爲他自己的利益打算時，會關心他所買的鹽和金屬是「本國」生產的或「外國」生產的。如果不是這樣，政府將不會有任何理由，以關稅和其他國際貿易障礙爲手段來干預貿易。

但是，即使某個政府成功設置不可逾越的障礙，截然分隔國內市場和國外市場，從而完全建立本國經濟自給自足，它也沒創造出一個「國家經濟」。一個市場經濟，儘管是完全自給自足的，也還是一個市場經濟；它構成一個封閉、孤立的交換體系。該國的公民失去原本能從國際分工獲得的好處，這個事實只是他們的經濟處境中一個給定因素。只有當這樣一個孤立、封閉的國家徹底走向社會主義，該國才把它的市場經濟轉變成一個「國家經濟」。

由於受到新重商主義宣傳的迷惑，現代人的一些習慣用語，開始變得不僅和他們實際當作行爲嚮導的原則大異其趣，也和他們生活所在社會秩序的一切特徵形成強烈對比。很早以前，英國人開始把位在大不列顚的工廠和農場，甚至把位在大英國協自治領、西印度群島和殖民地的工廠和農場，稱爲「我們的工廠和農場」。但是，某人如果不是只爲了展現他的愛國熱情，以便給別人留下深刻印象，他是不會支付比較高的價格去購買他所謂「自己的」工廠產品，而略過價格比較低的「外國的」工廠產品。即使他眞的這麼做了，把位於本國政治疆界內的工廠稱作「我們的工廠」也是不妥當的。從什麼意義上講，某個倫敦人能把位於英格蘭一座不是他所擁有的煤礦，在收歸國有之前，稱作「我們的」煤礦，而把德國魯爾區的煤礦稱作「外國的」煤礦呢？不管他購買「英國的」煤或「德國的」煤，他總是必須支付全部的市場價格。不是「美國」向「法國」購買香檳酒；永遠是：某一個美國人向某個法國人購買香檳酒。

只要還保留有一些供個人自主行爲的空間，只要還有私人財產，以及人與人之間的財貨與服務交易，便不存在什麼「國家經濟」，只有在政府控制完全取代了人民自主選擇時，眞實的「國家經濟」體系才會出現。

第十六章　價　格

第一節　價格形成的過程

平常不倚賴買賣過日子的人，偶而一次的以物易物，交換平常沒議價、轉讓的財貨，交換比率只能斷定會落在某一寬廣的範圍內；至於實際的交換比率會落在此一範圍內的哪一點，交換學——研究交換率和價格的理論——不能斷定。對於這一類交換，交換學只能斷定：唯有買賣雙方都認爲換得的、比讓出的東西更有價值時，交換才會實現。

在以私有財產權爲基礎的社會裡，隨著分工的演進，個別的交換行爲一再重複，於是逐步產生市場。由於爲別人的消費而生產成爲常規，社會成員經常買賣。交換行爲的增多，以及求售或索買相同商品的人數增加，使得買賣方之間的商品價值評估差距縮小。間接交換，以及因使用貨幣而完善的間接交換，把交換細分成兩個不同的部分：買入和賣出。對某一方是賣出的行爲，對另一方卻是買入的行爲。由於貨幣實際上可以無限細分，所以商品的交換率可以精細確定；這時，交換率通常是指以貨幣計算的價格（簡稱貨幣價格）。交換率確定落在非常狹窄的範圍內：這範圍的一邊，是邊際購買者和放棄出售機會的邊際求售者的價值評估；另一邊，則是邊際出售者和放棄購買機會的邊際潛在購買者的價值評估。

眾多交換行爲連成一氣、形成市場，是企業家、首倡者、期貨交易商和套利者行動的結果。有人曾斷言，交換學以違悖現實的假設爲基礎，亦即，假設每個人都擁有關於市場情況的完整知識，所以都能夠盡量利用買賣機會獲得最大的好處。沒錯，有些經濟學者確實相信價格理論隱含這樣的假設。然而，這些學者並未意識到，人人在知識和遠見上完全相等的世界，和經濟學家鋪陳理論想要解釋的眞實世界，究竟在哪些方面不一樣；更甚的是，他們還錯在沒察覺到，自己在論述價格時並未採用這樣的假設。

經濟體系裡，如果每一個行爲人都有同等洞察力，能夠同樣正確認識市場情況，則每當市場情況一有變化，相應的價格調適將瞬間完成。我們無法想像，每個人對於市況變化，除非獲得某些神力加持，能有如此正確的認識和估量。我們將不得不假設，每個人都得到某位天使加持，這位天使告訴他情況發生了什麼變化，並且建議他如何以最適當方式調整行爲、因應情況變化。交換學所論述的市場，無疑充斥各式各樣的人，他們對情況變化有不同程度的察覺，而且即使他們有相同的情況變化資訊，但對情況變化將產生什麼影響也會有不同的估量。市場的運作反映這樣的事實：市場情況的變化，最初只有少數人察覺，而且不同的人估量這些變化的影響，得出不同的結論。比較有企圖心、比較機靈的人帶頭行動，其餘的人在後追隨。和較不聰明的人相比，較敏銳的人對情況變化的領悟較爲正確，反應的行動也比較可能成功。經濟學家在推論過程中，絕不可忽視這樣的事實：人，由於先天和後天方面的不同，對於環境變化的調適也會出現差異。

驅動市場過程的力量，既不是來自消費者，也不是來自土地、資本財和勞動等生產手段的所有者，而是來自倡導創新和思索投機的企業家。這種人一心想從價格的差異中獲取利潤，他們比別人更具悟性、也更有遠見，四處搜尋利潤來源。他們在自己認爲價格太低的某時、某地買進，而在自己認爲價格太高的某時、某地賣出。他們和生產要素所有者交涉，他們彼此之間的競爭，會抬高生產要素的價格，直到和他們預期的未來產品價格相配。他們和消費者交涉，他們彼此之間的競爭，會壓低消費品的價格，直到他們的供給能全部賣掉。追求利潤的投機買賣，是驅動市場的力量，也是驅動生產的力量。

市場上的攪動，永不止歇；均勻輪轉的經濟假想，絕不可能實現。換句話說，市場絕不可能出現這樣的情況：適當考慮時序偏好所引起的價差後，互補生產要素的價格總和恰恰等於產品價格，並且所有價格將不再有任何變動。實際上，永遠會有利潤空間等待某個企業家來賺取；也永遠有預期可以獲利的投機者進入、攪動市場。

均勻輪轉的經濟假想，是學者的思考工具，用來理解企業家的利潤和虧損。確切的說，它不是一個用來理解價格形成的設計。和這個假想情況對應的最後價格，絕不可能等於實際的市場價格。在經濟場合中，引導企業家或其他任何人行動的，絕不會是什麼均衡價格或均勻輪轉的經濟這一類考量。企業家考量的，是預期的未來價格，不是最後價格或均衡價格。他們發掘互補生產要素價格和未來產品預期價格之間的差距，並致力於利用這種差距牟取利潤。企業家的這種努力，只要決定市場情況的基本資料未發生進一步變化，最後將導致均勻輪轉的經濟情況出現。

企業家的操作，使相同商品在所有市場分區的價格趨於相等，只要分區之間的運輸成本和所需花費的時間略去不計。一些不僅是暫時、而是企業家的操作所不能抹除的價格差異，永遠是某些特別障礙阻擋了市場固有的價格均等化趨勢，從而造成的結果。這些障礙阻止了追求利潤的企業活動介入；旁觀者，因爲不夠熟悉實際商場情況，往往看不出有什麼制度性障礙在阻撓價格均等化趨勢。但是，切身相關的商人始終知道，究竟是什麼讓他們不能利用價格差異去牟利。

統計學家在處理價格差異問題時太過輕率。當他們發現某一商品的躉售價格在兩個城市或國家之間有差距，而此差距不完全是運輸成本、關稅和貨物稅所致時，他們便默認兩地之間所謂貨幣購買力和「價格水準」不同的陳述。[1]根據這樣的陳述，某些人草擬以貨幣措施移除這些價格差距的方案。然而，這些價格差距的根本原因，不可能在於貨幣方面。如果兩國的價格是以同一種貨幣表示的，那就必須回答這個問題：究竟是什麼阻止商人從事那些勢必會消除價格差異的買賣？如果兩國的價格不是以同一種貨幣表示，情況基本上並無不同。因爲不同種貨幣的互換率會趨向某一水準，在此水準下，將不存在利用商品價格差異牟取利潤的空間。每當異地之間的商品價格差異持續存在時，經濟史和敘述經濟學的一個任務，便是確定哪些制度性障礙，阻撓商人執行那些必然導致價格均等化的買賣。

所有我們知道的價格，都是過去的價格，亦即，都是經濟史的事實。當提及現在的價格時，我們則是在暗示，最近未來的價格將不會和最近過去的價格不同。然而，關於未來的價格，任何人所說的一切，只不過是反映他對於未來變化的某個了解罷了。

經濟史的事實或經驗，從來不過是告訴我們：在某一確切的時間和某一確切的地點，A和B兩造以某一確切數量的 a 商品交換某一確切數目的 p 貨幣。在講這種買賣按 a 的市場價格成交時，我們接受了某一理論性見解的引導，這個見解是從某一先驗的出發點推衍出來的。這個見解是：當不存在特別導致價格差異的因素時，在同一時間和同一地點購買同一數量的同一商品，所支付的價格趨於相等，亦即，趨向某一最後價格。但是，實際的市場價格從來不會達到這個最後價格。我們所能知悉的那些不同的市場價格，是在不同的條件下決定的。千萬不可把這些市場價格的平均，混淆爲最後價格。

只有講到透過有組織的證券或商品交易所議價轉讓的可替代（fungible）商品，我們才能在比較一些不同的價格時，假定它們指涉相同的品質。除了這種透過交易所撮合成交的價格，以及除了品質能用科技分析方法、精準確定相同的那些商品的價格外，如果忽略討論中的商品在品質方面的差異，那就犯了一個嚴重的錯誤。甚至在未經加工的紡織品批發業內，物品的種類繁多、品質差異巨大，也是一個主要的事實。由於各種消費品的品質千差萬別，比較它們的價格，多半只會產生誤導作用。單筆交易的買賣數量，對於所支付的單位價格高低，也是有些影響分量的。某一公司的股票，一次大筆出售所得到的單位價格，和分次多筆出售所得到的單位價格，是不同的。

這裡所以必須再次強調這些事實，是因爲現在有些人習慣拿統計揉捏、整理過的價格資料，攻擊價格理論。然而，價格統計是完全不可靠的。它的基礎是靠不住的，因爲情況大多不允許把各種各樣的價格資料拿來比較，把它們做成系列連結在一起，或計算它們的各種平均數。統計學家頭腦發熱，急於著手數學演算，受不了誘惑，不顧他們取得的那些資料不具可比性。某一店家在某一特定時點，按每雙六塊錢的價格出售某一款鞋子，這樣的資訊敘述的，是經濟史的一個事實。至於一份關於一九二三年至一九三九年間鞋價走勢的研究，不管它所應用的統計方法是多麼的深奧微妙，終歸是瞎猜性質的文章。

交換學證明，企業家的行動，傾向消除任何不是由運輸成本和貿易障礙造成的價格差異。目前還沒有任何經驗和這個定理相牴觸；任意把一些不同的事物視爲相同，從而獲得的那些結論，和這個定理是不相干的。

第二節　評值和估價

價格最終取決於消費者的價值判斷。價格是偏好 a 甚於 b 這樣的價值判斷或評值（valuation）的結果。價格是社會現象，因爲價格是由所有參與市場操作的人各自的評值、互動形成的。每個人的抉擇，他買或不買，以及他賣或不賣，對市場價格的形成，都發揮了他的那一份影響。但是，市場愈大，每個人的影響分量就愈小。於是，對每個人來說，市場的價格結構宛如既定事實，是他必須自我調整、適應的事實。

形成價格的那些個人評值，是彼此不同的。每個人都認爲自己換得的價值比付出的更高。交換率，亦即，價格，不是評值相等的結果，反倒是評值互異的結果。

估價（appraisement）和評值必須明確區分。估價絕不取決於執行估價的那個人的主觀評值。從事估價的人，志不在確定有關財貨的主觀使用價值，而在預測市場將決定的價格高低。評值是一個表達價值差異的價值判斷。估價是對某一未來事實的預估，旨在確定某項商品在市場上將按什麼價格售出，或購買某項商品將須支付多少貨幣。

然而，評值和估價密切關聯。某個自給自足的農夫，對各種手段的評值，直接比較這些手段對於去除他的不適感，在他看來有多重要。但是，在市場上買賣的人，對各種財貨或手段的評值，絕不可忽略市場的價格結構；他的評值有賴於他的估價。爲了知曉某一價格的意義，他必須知曉相應於這價格的那筆貨幣的購買力。大體而言，他必須熟悉他想取得的那些財貨的價格，並且根據這樣的知識，對於它們未來的價格有個預估。當某個人講到某些已經取得財貨的購買成本，或講到某些他計畫取得的財貨未來的購買成本時，他所謂的購買成本，是一定數量的貨幣。但是，在他看來，如果用來取得其他財貨，這一定數量的貨幣便代表他可能得到的滿足程度。因此，他對各種財貨做了一個迂迴的評值；他的評值繞經市場價格結構的預先估計或估價；但是，他的評值永遠著眼於比較各種去除不適感的方法效用大小。

最終決定價格形成的，永遠是人的主觀價值判斷。在構思價格形成的過程時，交換學必然回溯至行爲的根本元素——對某 a 的偏好甚於對某 b 的偏好。鑑於一些流行的錯誤，在此我們須強調，交換學所處理的價格，是在確切的交易中支付的眞實價格，而不是什麼假想的價格。最後價格的概念只是學者的思考工具，用來掌握某個特殊問題，亦即，用來掌握企業家利潤和虧損出現的原因。「公平的」或「合理的」價格概念，完全沒有任何科學意義；它是某種希冀的僞裝，希冀有一個和現實不同的狀況。現實的市場價格，完全取決於人的實際行爲所展現的價值判斷。

某人如果說價格趨向某個點，在那裡總需求等於總供給，他不過是以另一種方式表述和這裡所處理的相同的現象連結。需求和供給是從事買賣的人實際行爲的結果。如果供給增加，而其他情況相同，價格必定下跌。在原先的價格下，所有願意支付該價格的人，都能買到他們想要購買的數量。如果供給增加，他們購買的數量必須比較多，或一些先前沒買的人現在必須變得有意購買。這種情況只有在某個較低的價格才能實現。

把前面那樣的互動圖象化是可允許的，譬如，劃兩條曲線，一條需求曲線和一條供給曲線，它們的交叉點表示價格（和買賣成交數量）。以數學符號表示這種互動，也同樣是可允許的。但是，我們必須知道，這種圖形的或數學的表述方式，對我們前面的解釋沒有任何本質的改動，而且對我們的見識也絲毫沒有增益。再者，有一點很重要，必須知道，亦即，我們沒有任何關於這種曲線形狀的知識或經驗。我們知道的，始終只是市場價格，亦即，我們永遠不知道那兩條曲線，而只知道某個點，這個點我們解釋爲兩條假想曲線的交叉點。劃這兩條曲線也許眞的方便把有關問題清楚呈現在大學生的心裡。然而，對交換學的眞正任務來說，它們只是偏離主題的穿插演出罷了。

第三節　較高順位財貨的價格

市場過程是連貫、不可分割的。它是諸多行爲和反應行爲、動作和反應動作難解難分的複雜體系。但是，由於我們的心智能力不足，不得不把它拆成好幾個部分，一個、一個加以分析。在採用這種人爲的拆解處理程序時，我們絕不可忘記，這些看似獨立存在的部分，其實只是虛構的、爲了進行思考研究而不得不採用的暫時想像；它們只是某個整體的諸多部分，我們甚至不能想像它們獨立存在於它們合起來構成的整體結構之外。

各種較高順位財貨的價格，最終取決於第一或最低順位財貨的價格，亦即，最終取決於消費品的價格。基於這種依附關係，它們最終取決於市場社會所有成員的主觀評值。然而，重要的是，我們必須知道，我們面對的這種依附關係是價格方面的關係，不是評值方面的關係。互補生產要素的價格依附於消費品的價格。生產要素的價格是參照產品的價格獲得估價的，它們的價格根源於這樣的估價。被人從第一順位財貨移轉到較高順位財貨的，不是評值，而是估價。消費品價格所促動的行為，導致生產要素價格的確定。生產要素價格，主要只和消費品價格有關係。它們和人對消費品的評值只有間接的關係，亦即，各種生產要素，透過它們共同產品——消費品——的價格作為媒介，和人對消費品的評值發生關係。

著落在生產要素價格理論上的任務，應該同樣以我們處理消費品價格時所使用的方法來解決。我們從兩個方面構思消費品市場的操作情形。一方面，我們想到導致交換行為的情況。這種情況是：某些個人的不適感，在某一程度內能去除，因為不同的人認為一些相同的事物有不同的價值。另一方面，我們想到不再有交換行為的情況。這種情況是：沒有哪個人預期，進一步的交換對自己的滿足會有任何增益。我們依照同樣的方式構思生產要素價格的形成。要素市場的操作，被倡議創新的企業家啓動，而且也由於企業家的努力而保持運轉；企業家渴望從生產要素的市場價格和產品的預期價格之間的差額牟取利潤。另一方面，如果眞的出現這下述情況，要素市場的操作將會停止：互補生產要素的價格總和——要是不算利息的話——等於產品的價格，而且沒人認為價格結構會有任何進一步的變化。我們先正面的指出，什麼情況會啓動這個市場過程，然後再反過來指出什麼情況將中斷它的運轉，這樣我們便已經充分、完整陳述了這個過程。應該當作主要的陳述，被我們看重的，是正面的陳述。至於反面的陳述，導致最後價格和均匀輪轉的經濟這些假想情況，只有輔助推理的作用。因為眞正的任務，不是論述一些永遠不會出現在現實生活和行為當中的假想概念，而是論述市場上高順位財貨的實際買賣價格。

我們得感謝高森（Gossen），孟格爾（Carl Menger）和龐巴衛克（Böhm-Bawerk）給了我們這個方法。它的優點在於暗地裡意識到，我們面對的，是一個離不開市場過程的價格形成現象。它區別下列這兩種事情：(1)直接爲生產要素評值，將產品的價值歸屬於全部的互補生產要素整體，以及(2)諸多生產要素個別的價格形成，這些價格是市場上參與競爭的最高出價者行爲匯集所導致的結果。獨自存在的行爲人（譬如，魯賓遜．克魯梭或某個社會主義國的生產管理當局）所能執行的第一種事情，永遠不可能決定什麼價值分配額。評值只能把各式各樣的財貨按照偏好順序，排列它們的優次等級，絕不可能把某種可以稱作價值量的東西分配給某一財貨。評值加總或價值加總的說法，是荒謬的。如果有人宣稱，某一產品被評定的價值，適當折減時序偏好的因素後，等於全部的互補生產要素整體的價值，那是可以容許的。但是，如果斷言某一產品被評定的價值等於各種互補生產要素個別分配到的那些價值量的「總和」，那就荒唐透頂了。價值或評值是不能加總的。以貨幣數表示的價格能加總，但偏好的優次順序是不能加總的。價值是不能分割的，我們不能從價值當中分割出一些配額來。一個價值判斷，除了就是偏好某 a 甚於某 b 之外，絕對不會有別的含義。

價值歸屬的心理過程（value imputation），不會導致個別生產要素的價值從它們共同產品的價值中被推導出來。它不會導致一些可以進入經濟計算的成分。只有市場，在確立各生產要素價格之際，創造出經濟計算所需的條件。經濟計算總是處理價格，永遠不處理價值。

市場決定生產要素價格的方式，和它決定消費品價格的方式相同。市場過程是刻意追求、盡可能去除不適感的人一起互動的過程。講到市場過程，不可能不講到啓動市場操作的人，或把他們剔除在外。在處理消費品市場時，我們不能忽略消費者行爲。在處理較高順位財貨市場時，我們不能忽略企業家行爲，以及在企業家的買賣行爲中，非得使用貨幣不可的事實。沒有什麼自動的或機械的力量在市場中運作。企業家渴望賺取利潤，以出價者的身分出現在某一可以稱作拍賣場的地方，在那裡生產要素所有者拿出土地、資本財和勞動等待出售。每一個企業家都渴望勝過競爭對手，競相喊出比對手高一些的價格。企業家的出價，一方面受限於企業家對未來產品價格的預估；另一方面，企業家又必須勝過其他競爭對手，買下產品所需的生產要素。

企業家是專門防止某種生產狀態持續存在的力量，該種生產狀態不適合以最便宜的方式滿足消費者最迫切的需要。所有的人都渴望盡量滿足自己的需要，就這個意義而言，他們都奮力爭取他們所能得到的最高利潤。首倡者、投機者和企業家的心態，和他們的同胞並無不同。他們只是在智能和活力方面優於一般大眾，是邁向物質進步道路上的領頭人。他們最早了解到，在目前做到的和可能做到的，兩者之間有一落差。他們猜測消費者想要的東西，並且決心要供應消費者這些東西。在落實這種計畫的過程中，他們出比較高的價格購買某些生產要素，並且降低了其他一些生產要素的價格，因為他們縮減了自己對它們的需求。在把那些可望售得最高利潤的消費品供應給市場的行動中，他們使它們的價格趨向下跌；而在把那些沒希望獲利的消費品減產的行動中，他們使它們的價格趨於上升。所有這些變化不斷發生，只有當均勻輪轉的經濟和靜態均衡這些不可能實現的假想情況真的發生時，變化才會停止。

企業家在籌謀自己的計畫時，首先注意最近過去的價格，這些價格通常誤稱為現在的價格。當然，企業家絕不會沒考慮到預估的變化，就把這些價格納入他的計算。對企業家來說，這些最近過去的價格只是思慮的起點，他在意的是設法預估未來的價格。過去的價格對未來的價格形成沒有影響。反倒是企業家對於未來產品價格的預估，決定互補生產要素價格的高低。價格的決定，就各種商品之間的相互交換率而言，[2]和過去的價格沒有直接的因果關係。不能轉換用途的生產要素在各不同生產部門間的配置，[3]以及可供未來生產使用的資本財數量，是既定的歷史事實；就這一點而言，過去對於未來的生產進程和未來的價格是有影響的。但是，就直接關係而言，生產要素的價格完全取決於企業家對於未來產品價格的預估。過去任何人對商品有些什麼評值或估價，是無關緊要的事實。消費者不在乎企業家過去因應市場情況所做的那些投資，也不關心價格結構的變化對企業家、資本家、地主和工人的既得利益可能造成的傷害。這種情感對於價格的形成沒有什麼作用（正因爲事實上市場不尊重既得利益，這才促使有關人士請求政府干預）。對於企業家這個未來生產結構的形塑者來說，過去的價格只不過是思考未來的參考資料。企業家不會天天重新想像一套徹底嶄新的價格結構，或天天在不同的生產部門之間重新配置全套生產要素。他們僅僅改造過去遺留下來的生產結構，使它更適合情況的變化。過去的生產結構中，哪些他們會保留，以及哪些他們會改變，端看市場資料改變到什麼程度而定。

經濟過程是生產與消費不斷交互作用的過程。今日的種種活動，一方面，通過吾人現在的科技知識、各種可供使用的資本財質量，以及這些資本財的所有權在不同人之間的分布，和過去的活動產生聯繫；而另一方面，則透過吾人的行爲本質，和未來產生聯繫；行爲永遠旨在改善未來的情況。爲了在謎樣、不確定的未來看到自己的方向，個人只有兩個助力可供憑藉：往事的經驗，以及他自己的了解能力。知道過去的價格，是往事經驗的一部分，同時也是了解未來的起點。

所有過去價格的記憶如果都消失了，價格形成的過程會比較麻煩，但是，就不同商品之間的交換率這部分而言，並非不可能進行。企業家要調整生產、適應大眾的需求，會變得比較困難，但是，仍然能夠進行。他們必須重新彙整所有需要用來作爲操作基礎的資料。他們將避免不了一些他們現在由於有可供參考的經驗而避免掉的錯誤。價格波動剛開始會比較激烈，有些生產要素會浪費掉，大眾的需求滿足程度會受損。但是，最後，在付出昂貴的學費後，企業家將再次取得讓市場過程順暢運作所需的經驗。

基本的事實是：正是追逐利潤的企業家彼此的競爭，讓**錯誤的**生產要素價格難以持續存在。而只要市場資料沒有進一步的變化，也正是企業家的行動，傾向導致不可能實現的均匀輪轉經濟出現。在包含全世界、稱爲市場的那個公共賣場上，企業家是出價購買生產要素的人。在出價時，可以說，他們是消費者的委託人。每一個企業家都代表消費者需求的一個不同面相，要嘛是某樣不同的商品，要嘛是同樣商品的另一種生產方式。企業家彼此之間的競爭，歸根究柢是各種不同的、可供吾人選擇的、以取得消費品、盡可能去除不適感的方式之間的競爭。消費者購買某樣商品，以及延緩購買另一樣商品的抉擇，決定製造這些商品所需的生產要素價格。企業家之間的競爭，把消費品價格反映在生產要素價格的形成上。企業家之間的競爭，把生產要素無情的稀少，在每個人心裡引起的衝突，投射到外在世界。企業家之間的競爭，使消費者對於哪些非特殊用途的生產要素應該用在什麼地方，以及哪些特殊用途的生產要素應該用到什麼程度的概括決定，獲得有效執行。

價格的形成過程是一個社會過程。它是由所有社會成員的某種互動關係完成的。在分工的架構裡，所有社會成員都各自在自己選擇的特定崗位上和別人通力合作。每一個成員都起作用，在合作中競爭，在競爭中合作，於是形成市場的價格結構，同時把生產要素配置在滿足各種不同的需求用途上，並且決定每一個成員所獲得的產品份額。這三件事不是三件不同的事項。它們只是一個不可分割現象的不同面向，被我們拆成三部分進行分析。在市場過程中，它們是一舉完成的。只有執迷於社會主義、忍不住嚮往社會主義方法的人，才會在論述市場現象時，說有三個不同的過程：價格的形成、生產手段的配置和生產成果的分配。

生產要素價格形成過程的限制條件

使生產要素價格從產品價格衍生出來的過程，只有在下述條件下，才能完成它的任務：在不能以替代品取代的互補生產要素當中，不能有超過一種是屬於絕對特殊性質的，亦即，不適合其他任何用途。如果生產某種產品需要兩種或更多種絕對特殊用途的生產要素，那就只有一個綜合的價格能共同歸屬於這些絕對特殊用途的生產要素。如果所有生產要素都是絕對特殊用途的，則生產要素價格形成的過程所能達成的，將不過是這種綜合的價格。它所能達成的，不過是像這樣的陳述：由於聯合3a和5b生產出1單位的p，所以3a和5b合起來等於1p，而3a＋5b的最後價格——納入適當的時序偏好扣除額後——等於1p的最後價格。由於沒有企業家因爲想把a和b用在非p的生產用途上而出價購買它們，所以不可能給它們定出更詳細的價格。只有當某些企業家爲了其他用途，想使用a（或b），從而出現了對a（或b）的需求時，他們和計畫生產p的那些企業家之間的競爭，從而a（或b）的價格，才會出現；這時，a（或b）的其他用途需求的大小也將決定b（或a）的價格。

所有生產要素都絕對特殊的世界，倚賴綜合價格，仍然能解決它的經濟問題。在這種世界裡，如何在不同的需求滿足部門之間配置生產要素的問題將不存在。在我們這個眞實的世界裡，情形就不同了。有許多稀少的生產要素，分別能用來達成不同的任務。這世界裡的經濟問題，是怎樣使用這些生產要素，才能避免因爲某一生產要素用於滿足某一比較不迫切的需要，以致某一比較迫切的需要沒獲得滿足。在決定生產要素價格的過程中，市場解決的，就是這個生產要素配置效率問題。即使對於一些只能綜合使用的生產要素，市場只能確定它們的綜合價格，但這個事實，絲毫不會損害市場解決生產要素配置效率問題的功能。

如果某些生產要素，除了按某一固定比例聯合使用於生產各式各樣的商品外，沒有別的使用方式，那麼，它們就應當視爲絕對特殊的生產要素。因爲對於生產某一能有不同用途的中間品而言，它們是絕對特殊的。這中間品的價格只能綜合歸屬於它們。不管這中間品我們的感官能否直接感知，或者它只是聯合使用了這些生產要素所產生的一個看不見、也摸不著的效果，都是無關宏旨的。

第四節　成本計算

在企業家的計算中，成本是取得生產要素所需支付的貨幣數量或金額。企業家志在從事他預期收入減去成本後，所得盈餘最高的生意項目，同時避開他預期盈餘比較少或甚至產生虧損的項目。他所從事的工作，就是努力調整生產方向，盡可能滿足消費者的需要。某個項目之所以成本高於收入以致無利可圖，是因爲事實上它所需的生產要素另有更爲有益的用途。有一些產品，消費者在購買它們時，願意支付所需生產要素的價格。但是，在考慮是否購買另一些商品時，消費者不願意支付所需生產要素的價格，以致它們無利可圖。

下列兩個條件並非總是存在，這個事實對成本計算有影響。

第一：用於生產任一種消費品的要素數量，只要增加，都會增加該商品去除不適感的功能。

第二：想增加任一種消費品的產出數量，都需要按同一比例，甚至更高比例，增加支用生產要素。

如果這兩個條件總是毫無例外的成立，則在某一商品 g 的供應量 m 之上追加的每一增量 z，將是用來滿足某個，比先前的供應量 m 所滿足的那個最不迫切的需要，更不迫切的需要。同時，這增量 z 將會從滿足其他某些需要的用途、挪來所需使用的生產要素；這些被迫放棄滿足的需要，和爲了生產最後一個單位的m而放棄滿足的需要相比，將會是更爲迫切的需要。一方面，g供應量增加，所增加的邊際滿足價值遞減。另一方面，追加生產較多數量的g，所需的成本將使邊際負效用遞增；挪來追加生產g的那些生產要素，將是取自其他一些更迫切需要滿足的用途。g的生產必定會增加到某一點爲止，在那裡，產量遞增的邊際效用，將不再能夠補償成本方面遞增的負效用。

沒錯，這兩個條件經常存在，但是，一般來說，並非毫無例外。在所有順位的財貨當中，都有許多商品，它們的物質結構不是均勻同質的，因此，並非可以無限細分。

當然，如果要玩弄文字魔術的話，是可以把偏離前述第一個條件的情況變不見的。我們能說：半部汽車不是汽車。如果我們把半部汽車加在四分之一部汽車上，我們並不會增加可供使用的汽車「數量」；只有在製造一整部汽車的生產過程圓滿完成時，才會有一個單位的汽車生產出來，而汽車的「數量」也才會增加。然而，這樣的辯解沒有抓住要點。我們必須面對的問題是，並非生產支出一旦增加，都會按比例增加客觀的使用價值，或增加某種物品提供一定服務的效能。各個相同的生產支出增量，產生不同的結果。有些生產支出增量，如果沒追加一定數量的生產支出，將不會產生任何效能。

另一方面——這是偏離第二個條件的情況——要增加實質產出，並非總是需要按比例增加支出，甚至不需要增加支出。有時候會出現這樣的情況：成本沒提高，或成本提高，但產出以更高比例增加。因爲許多生產手段也不是均勻同質的，不是可以無限細分的。這是工商界所熟知的大規模生產的優勢現象。而經濟學界則稱之爲報酬遞增或成本遞減法則。

且讓我們考慮這樣的一種情況（情況A）：假設所有生產要素都是這樣的不能無限細分：若要充分利用每一種要素每一不能再細分的部分所提供的效能，就必須充分利用其他每一種互補要素不能再細分的部分所提供的效能。於是，就生產要素的每一組合而言，每一納入這組合的要素單位——每一部機器、每一個工人、每一件原料——只有在其他每一單位的所有生產效能也都得到充分利用時，才能得到充分利用。在這些限制內，要生產出可能達到的最大產出當中的一部分產出，所需的支出不會高於生產最高可能的產出所需的支出。我們也可以說，最小規模的組合總是生產出相同數量的產品；要生產出某一較少數量的產品，是不可能的，即使一部分的產品沒有任何用處。

我們接著考慮這樣的一種情況（情況B）：假設有一群生產要素（p），就實際目的而言，是能無限細分的。另一方面，不能無限細分的那些生產要素，能這樣細分：若要充分利用其中某種要素不能再細分的部分所提供的效能，就必須充分利用其他每一種不能無限細分的互補要素不能再細分的部分所提供的效能。於是，若要提高某一組不能再細分的要素組合的利用率以增加產出，便只需增加那些能無限細分的要素p的使用量。然而，我們必須小心避免謬誤，以爲這必然隱含平均生產成本下降的意思。沒錯，在不能無限細分的那些要素的組合當中，每一種要素現在都得到更充分利用，所以只要這些要素合作所招致的那部分生產成本維持不變，每單位產品所分攤的成本就會下降。但是，另一方面，能無限細分的那些生產要素（p）的使用量若要增加，只能從其他某些用途把它們（p）挪移過來。隨著這些其他用途的收縮，在其他情況相同下，這些其他用途所滿足的邊際價值就會增加；於是，當愈來愈多的那些能無限細分的要素（p）被用來提高不能再細分的那些要素組合的生產效能利用率時，它們（p）的價格會傾向上升。我們在處理這問題時，絕不可只考慮這樣的一種情況：所有追加使用的p全部抽取自其他一些生產同一種產品、但比較沒效率的企業，從而迫使這些企業縮減它們的產出。顯然的，在這種情況下——在一個比較有效率的企業，和一個以同樣原料、生產同一種產品、但比較沒效率的企業競爭下，擴大生產的那個工廠，平均的生產成本會下降。更爲全面的考慮，導向不同的結論。如果追加使用的p是抽取自原本用於生產其他產品的用途，那麼，這些p的價格便會傾向上升。這種傾向，也許會因爲偶然出現了一些相反的傾向，而被抵銷；有時候，這種傾向也許是這麼微弱，以致它的效果可以略而不計；但它總是存在的，並且可能影響成本的走勢。

最後，我們考慮這樣的一種情況（情況C）：假設各式各樣、不能無限細分的生產要素只能以如下的方式細分，亦即，在給定的市場情況下，不管選定以怎樣的規模整合它們構成一組生產組合，都不可能在某一要素的效能得到充分利用時，讓其他不能無限細分的要素效能也得到充分利用。只有情況C具有實際意義，至於情況A和B實際上幾乎不存在。情況C的特色，在於生產成本的走勢變化不平順。如果所有不能無限細分的生產要素效能都還沒得到充分利用，則擴大生產會導致平均生產成本下降，除非增購那些能無限細分的生產要素所需支付的價格上升，抵銷了前述效果。但是，一旦某一不能無限細分的要素效能得到充分利用後，進一步擴大生產，將導致生產成本急遽大幅上升。然後，再開始平均生產成本下降的走勢，直到某一不能無限細分的要素效能又得到充分利用了。

在其他情況相同下，某一商品的產量愈多，必然會有愈多的生產要素被撤離原本用來生產其他商品的用途。因此——在其他情況相同下——平均生產成本會隨著產量的增加而增加。但是，這個一般法則會分階段被前述那種不平順的成本變化現象取代，因爲並非所有生產要素都是能無限細分的，而且它們在能細分的程度內，也未必能如此細分到，只要它們當中有一種得到充分利用，其餘不能無限細分的要素也都得到充分利用。

企業家在計畫生產項目時，總是面對這樣的問題：預估的產品價格是否會高過預估的成本，以及高到什麼程度？如果企業家，就計畫中的項目而言，仍然是自由的，因爲他還沒爲了落實該項目、而做了任何不能轉換用途的投資，那麼，平均成本就是他所關心的。但是，如果他在相關項目已經有了一定的支出投入，他便會從需要增加花費多少成本的角度來考慮問題。就一個已經擁有一組尚待充分利用的要素組合的企業家而言，他考慮的，不是平均生產成本，而是邊際成本。他不在乎那些不能轉換用途的投資已經花了多少錢，他只關心後續生產所得到的銷貨收入，是否高於後續生產所需的花費。即使投資在那些不能轉換用途的生產設備上的錢，必須全部當作虧損一筆勾銷，他也會繼續生產，只要他預期繼續生產的銷貨收入減去銷貨成本後，會出現一筆合理的盈餘。[4]

鑑於一些流行的謬見，這裡有必要強調，如果不存在出現獨占性價格所需的條件，那麼，企業家便沒有能力藉由限制產量，把他的淨利提高到消費者的需求狀態容許的水準之上。我們稍後將在第六節詳細討論這個問題。

某一生產要素不能無限細分的意思，不一定是說它只能按一個尺寸建造和使用。當然，在某些場合，也許是這樣。但是，通常能夠改變這些生產要素的尺寸大小。如果這樣的一種要素——譬如，一種機器——可以有許多不同的尺寸，在這些不同的尺寸當中，有一特別的尺寸，會使該種機器每單位生產效能的建造和操作成本（簡稱爲該種機器的單位效能成本），低於其他尺寸的單位效能成本，那麼，情形基本上也是相同的。這時，大型工廠的優勢，便不是基於它充分利用了某一部機器的效能，而小型工廠只利用了同一大小的機器一部分的效能。大型工廠的優勢，毋寧在於它所使用的機器操作起來，讓建造和操作這種機器所需的生產要素，比小型工廠所使用的較小型機器，獲得更好的利用。

許多生產要素不能無限細分，這個事實，在所有生產部門，都是一個很重大的成本影響因素。在工業部門，它的影響尤其重大。但是，我們必須小心避免許多關於它有多重要的誤解。

誤解之一，以爲加工業盛行報酬遞增律，而農業和礦業則盛行報酬遞減律。這個教條所隱含的一些謬誤，我們在前面已經駁倒了。[5]在這方面，即使農業的情況和加工業眞的有所不同，那也全是因爲給定的基本事實不同所致。土地不能移動，以及各式各樣的農事操作有季節性限制，這些基本事實，使農夫不可能把許多可以移動的生產要素效能，利用到一般製造業大多辦得到的程度。生產要素組合的最適規模，在農業生產方面，通常遠小於加工業。這是顯而易見的，不需要任何多餘的解釋來說明，農業耕作的集中程度，爲什麼不可能推進到稱得上接近加工業常見的程度。

自然資源在地表上的分布不平均，是分工之所以會有較高生產力的兩個原因之一，但同時也使加工業集中化的程度受到限制。不斷前進的專業化，以及上下整合的加工過程集中於少數幾個工廠的發展傾向，受阻於自然資源的區域散布。原料和糧食生產不可能集中的事實，迫使吾人散布在地表上許多不同的地方，同時也要求加工業保持一定程度的分散。這個事實，促使吾人必須把運輸問題當成一項特殊的生產成本因素來考量。吾人必須權衡，運輸成本和更爲徹底的專業化可能省下的成本，孰輕孰重。在某些加工業部門，徹底集中是降低成本的最好辦法，但在其他部門，一定程度的分散卻是比較有利。在服務業方面，集中所產生的種種弊端很快變得太大了，以致幾乎完全壓倒集中所產生的好處。

再者，有一個歷史性因素也會發生作用。過去的世代把一些資本財固定在我們這個世代的人不會安置它們的地點。那些資本財被這樣固定，對當時負責決策的人來說，是不是他們所能採取的最有經濟效益的作法，是個無關緊要的問題。無論如何，現在的世代面對一個既成事實；他們必須調整操作以適應該事實；他們在處理加工業的位置問題時，必須把該事實納入考慮。[6]

最後，有制度方面的因素。除了貿易和移民障礙，不同國家在政治組織和統治方式上，也有一些差異。一些遼闊的區域，治理方式是如此不堪，以致實際上不可能選擇它們作爲任何資本投資的場所，不管它們的自然條件是多麼有利於投資。

企業家的成本計算，必須處理所有這些地理的、歷史的和制度的因素。除此之外，還有限制工廠和企業最適規模的純技術性因素。較大的工廠或企業，也許需要一些較小的工廠或企業能免掉的管理規定和程序。在許多情況下，這些規定和程序所招致的花費，也許因爲某些不能無限細分的生產要素效能得到更充分利用、導致成本下降，而獲得綽綽有餘的補償。但是，情況並非總是這樣。

在資本主義社會裡，由於有經濟計算的方法可用，成本計算，以及比較成本與收入所需的算術演算，很容易做。然而，在考慮營利事業項目的興廢時，相關成本和經濟效益的計算並非只是純數學問題，並不是只要熟悉基本算術規則就可以滿意解決。主要的問題在於，如何確定必須納入計算的那些項目的貨幣當量。像許多經濟學家那樣，將這些貨幣當量假定爲給定的數值、完全取決於實際經濟情況，其實是一個錯誤。事實上，那些貨幣當量是企業家本人對於未來不確定情況的推測性預估，因此取決於企業家個人對未來市場情況的了解。就這一點而言，固定成本，多少是虛幻、誤導性的用詞。

行爲，總是志在盡可能妥善供應未來的各種需要。爲了達到目的，它必須盡可能妥善利用現有的生產要素。然而，導致現有生產要素供應狀態的歷史過程，是無關緊要的。重要的，以及對於未來該採取什麼行爲有影響的，唯有該歷史過程的結果，亦即，現有生產要素供應的數量和品質。現有生產要素的重要性，端視它們在去除未來不適感，所能提供的生產服務質量而定。至於過去爲了生產和取得它們所花費的金額，那是無關緊要的。

前面已經指出，某個企業家若是已經在某個生產項目上做了一些不能轉換用途的投資，後續的決策處境，和他從頭開始該項目時的處境是不一樣的。他現在擁有一組能用來達成某些特定目的、但不能轉作其他用途的生產要素。在考量進一步的行爲時，他的抉擇會受到這個事實的影響。不過，他不會根據過去花了多少購置成本來估量這組生產要素的重要性，而會完全從該組生產要素對未來行爲能提供什麼助益來估量它。至於他過去爲了購置它、花了多少錢的事實，是無足輕重的。該事實，只是該企業家已實現的虧損或利潤，以及他現在擁有財富多寡的一個決定因素。沒錯，該事實是導致生產要素供應現狀的歷史過程中的一個成分，而就曾經影響生產要素供應現狀的意義而言，它對未來行爲，是有重要意義的。但是，對於未來行爲的規劃，以及未來行爲的成本與效益計算而言，既有生產要素的購置成本是無足輕重的。這些不能轉換用途的生產要素在企業帳簿登錄的成本，和目前實際的市場價格不同，那是無關緊要的。

當然，這些已經既成事實的虧損或利潤，也許會刺激一家企業採取一種不同於如果未曾受到這些損益的影響、它原本會採取的操作方式。已實現的損失，可能使一家企業的財務狀況岌岌可危，尤其是如果導致該企業負債累累、肩負分期還本付息的重擔。然而，把這些債務支付說成是固定成本的一部分，那是不正確的。這些支付和目前的企業營運沒有任何關係，它們不是由現在的生產過程造成的，而是企業家過去爲了取得所需資本和資本財、所採用的一些方法所造成的。相對於企業的繼續經營而言，它們只是偶然、意外的事故。不過，它們可能迫使該企業改變營運態度，採取某些財務狀況如果更健全一些就不會採取的作法。爲支付到期應付款而迫切需要現金，不會影響企業的成本計算，倒是會影響企業對於能立即取得的現金，和後來才能取得的現金之間的相對價值評估。這可能促使該企業在不適當的時機拋售存貨，或迫使它在使用耐久生產設備時，不適當的忽視保養、維護的問題。

對於計算成本的問題來說，一家廠商是否擁有投資於本身事業的資本，或者是否多少借了一部分資本，因此必須遵守貸款契約關於利率和還本付息到期日的僵硬規定，是無關緊要的。生產成本，只包含仍然存在於事業體內、繼續運作的那部分資本的利息；而不包含過去因爲投資出錯，或日常操作無效率，而浪費掉的那些資本的利息。商人肩負的任務，始終是如何使用**現在**可供使用的資本財供應，以盡可能滿足消費者未來的需要。在追求這個目標的過程中，他絕不可受到過去的一些錯誤、後果已無可挽回的失敗誤導。譬如，某人過去投資興建了一座，如果他當時對現在的情況有更精準的預測，他現在肯定不會投資興建的工廠。對著這個歷史事實唉聲嘆氣，是沒用的；要緊的是，弄清楚該座工廠是否還能提供什麼服務，而如果答案是肯定的，那就得弄清楚如何利用它最划算。對企業家個人來說，他過去沒避免掉一些錯誤，無疑是可嘆的；因而蒙受的損失，也傷害到他的財務狀況。但是，那些損失，和計畫進一步行爲所需考慮的成本，並無關聯。

強調這一點很重要，因爲時下對各種政策措施的理解和辯護都把它扭曲了。減輕公司行號的債務負擔，不是「降低成本」的正確手段。把債務或債務利息全部或部分抹銷的政策，不會使成本降低，而只是把財富從債主手中移轉給債務人，把某一群人已蒙受的損失轉嫁給另一群人承擔，例如，從普通股擁有者轉嫁給優先股和公司債擁有者承擔。這個降低成本的理由，時常有人用來支持貨幣貶値的主張。以降低成本爲由而主張貨幣貶値，和所有爲了主張貨幣貶値而提出來的其他理由，都一樣錯得離譜。

通常稱爲固定成本的項目，也是使用某些既有生產要素所招致的成本；這些生產要素，或者是嚴格意義的不能轉換用途，或者能加以調整、以適應其他生產用途，但必定會有相當大的折損。這些生產要素通常比其他必要的生產要素更爲耐久。但是，它們不是永久的。它們在生產過程中還是會用光耗盡的。每生產出一單位產品，便會消耗掉一部分機器效能。科技方法可以精準確定機器效能消耗的程度，從而得出該效能消耗的貨幣當量。

然而，企業家的計算必須考慮的，不單只是機器消耗的貨幣當量。企業家不只關心機器的技術生命長短，他還必須考慮未來的市場情況。從技術觀點來看，一部機器雖仍完全可用，但市場情況卻可能使它變得落伍而毫無價值。如果市場對利用該部機器生產的一些產品的需求下降得很嚴重或完全消失，或出現效率更高的方法可以供應消費者這些產品，那麼，從經濟觀點來看，該部機器不過是一堆廢鐵罷了。在計畫如何經營他的事業時，企業家必須充分重視未來市場狀況的預估。他納入計算的那些「固定」成本的大小，取決於他對未來市場情況的了解；成本可不是單純由技術性考量確定的。

科技專家也許能確定某組生產要素組合有某個最適當的利用方式。但是，這個科技觀點的最適利用方式，可能不同於企業家根據未來市場情況的研判、從而在進行經濟計算時所採納的計畫利用方式。且讓我們假定，有一座工廠，備有數部能使用十年的機器；機器原始成本每年有百分之十攤提當作折舊。在第三年，市場情況讓企業家面臨一個兩難的抉擇：該年的產出可以增加一倍，並且按某一價格把產品全數賣出，這價格除了足以抵償變動成本的增加之外，還超過該年的機器折舊加上最後一年的機器折舊現值。但是，產出增加一倍，會使機器的損耗增加兩倍，而產品加倍所增加的銷貨收入剩餘，卻不足以同時補償第九年的機器折舊現值。如果這企業家把每年的折舊當成僵硬固定的成本計算的話，那麼，他肯定會認爲加倍產出不划算，因爲增加的收入小於增加的成本。他將不會把生產擴大到超過科技觀點所決定的最適產量。但是，這企業家卻不是這麼計算的，儘管在他的帳簿裡，他可能每年都攤提一樣的機器折舊額。這企業家究竟會選擇現在獲得第九年折舊現值的一部分，抑或選擇在第九年使用機器的服務效能，取決於他對未來市場情況的看法。

輿論、政府、立法者，以及稅法，都把營利事業體當作一個永遠會自動產生收入的源頭。他們認爲，企業家只消每年攤提適當的折舊準備以維持資本固定不變，便永遠能從耐久生產財的投資收取一筆合理的報酬。實際的情況並不是這樣的。像一座工廠連同設備這樣的生產組合，是一個生產要素，它的經濟效益，不僅取決於變化不斷的市場情況，還取決於所屬企業家在因應市場變化上所展現的技巧。

在經濟計算範圍內，沒有什麼成分是確定的，亦即，所有經濟計算成分都不像我們針對科技事實所講的那種意義的確定。經濟計算的一些基本成分，是對於未來情況的推測性預估。商業習慣和商業立法已經給會計和審計建立了明確的規則。帳簿的記載，有所謂的精確；不過，這種精確只是相對於會計和審計規則而言。帳簿上的價值未必精確反映實際情況。某個耐久生產財組合的市場價值，可能不同於帳簿所顯示的名義數值；證券交易市場在估計營利事業體的價值時無視這些名義數值，就是明證。

所以，成本計算並不是一個能由中立的裁判確立和考評的算術過程。它所運算的，並不是能以客觀方式獨特確定的數值。成本計算所涉及的一些基本項目的數值，是對於未來情況的某種了解的結果，必然總是會摻雜企業家個人對於未來市場情況的看法。

嘗試在某一「公平的」基礎上確立成本計算，注定要失敗。成本計算是行爲的思考工具，是有意的企圖，旨在盡可能妥善利用現在可供使用的手段、以改善未來的情況。成本計算必然是主觀意志的，不是客觀事實的。在一個公平的裁判手上，成本計算的性質將完全變調。這裁判不瞻望未來，他回顧已經消逝的過去，執著於一些對眞實生活與行爲毫無用處的僵硬規則；他並不預估未來的變化，他也不經思考，就預先認定均勻輪轉的經濟是正常的，也是最理想的世間狀態。他的想法容不下利潤；他對於「公平的」利潤率或「公平的」資本報酬率有一錯亂的觀念。然而，事實上並沒有這種所謂「公平的」東西。在均勻輪轉的經濟裡，不會有利潤。在不斷變化的經濟裡，利潤不是按照可以區分公平與否的規則決定的。利潤永遠不是正常的。凡是正常的情況，亦即，凡是沒有變化的情況，就不會出現利潤。

第五節　邏輯交換學和數理交換學的對立

價格和成本問題，有人以數學方法處理。甚至有些經濟學家堅定認爲，唯一適合處理經濟問題的方法是數學方法，並且嘲笑邏輯經濟學家是「玩弄文字的」經濟學家。

如果邏輯和數理經濟學家之間的對立，只是對於什麼方法用來研究經濟問題最爲恰當，雙方意見不同，那麼，注意這個對立，便是多餘的。哪個方法比較優越，只須看哪個方法得到比較好的結果，便一目了然。再者，也許不同的問題必須用不同的方法解答，或者對某些問題來說，某個方法比另一個方法有用。

然而，這個對立，並不是哪一個解答問題的程序比較優越的爭執，而是經濟學基礎何在的爭執。我們必須捨棄數學方法，不只是因為它的結果乏善可陳。它本身就是一個完全錯誤的方法；從錯誤的假設出發，導致錯誤的推論。數理經濟學的推論模式，不僅結果乏善可陳，它還使我們的心思偏離研究眞實的問題、而且扭曲各種現象之間的關係認識。

數理經濟學家的理念和方法並不一致。有三個主要的思想流派，必須分別處理。

第一派的代表是一些統計學家，他們志在從經濟經驗的研究中發現經濟法則，要把經濟學改造成一門「計量的」科學。他們的研究計畫，濃縮在計量經濟學會的這個座右銘中：科學即測量。

這個想法所隱含的根本謬誤，我們業已在前面表明。[7]經濟史的經驗，永遠是複雜現象的經驗，絕無可能給我們帶來實驗家從實驗室裡的實驗提取出來的那種知識。統計是陳述價格以及其他與行為相關的數據等歷史事實的一個方法。它不是經濟學，也不可能產生經濟學的定理和理論；價格統計是經濟史。需求增加，其他情況相同下，必然引起價格上升，這個見識不是從經驗得來的。絕對沒有哪個人，曾經或將來，能夠在其他情況相同下觀察到某一市場數據的變化。沒有計量經濟學這種東西。我們所知的一切經濟數量，都是經濟史的數據。沒有哪一個明理的人能夠主張，價格和供給之間的關係，一般來說或就某些商品來說，是固定不變的。相反的，我們知道，外在現象對不同的人有不同的影響；同樣的人對同樣外在事件的反應因時而異；不可能把人歸類，說屬於同一類的人對外在事件有相同的反應。這些見識，是先驗的行為學理論的成果。沒錯，經驗主義者拒絕這個先驗的理論；他們佯稱立志只向歷史經驗學習。然而，一旦他們越過單純、忠實記錄個別價格的範疇，而著手建構價格系列和計算平均數，他們便違背了他們自己的原則。一項經驗資料和一項統計事實，只是在某一特定時間和某一特定地點、購買某一特定數量的某一特定商品，所支付的一個價格。分門別類的安排不同的價格資料，和計算它們的平均，是根據某些理論考慮的，這些考慮在邏輯上和時序上都是先行的。相關價格資料伴隨的一些特徵，以及其周遭附帶的一些情況，是否該納入考慮，以及該考慮到什麼程度，取決於同樣先行的理論思考。沒有哪個人會莽撞到主張，某一商品供給增加a％必定會——在任何國家和任何時候——導致價格下跌b％。但是，由於從來沒有哪個計量經濟學家膽敢根據統計經驗，精確界定哪些特殊情況會產生哪些程度的偏離這個a：b比例，所以計量經濟學家的那些努力沒有成效，是顯而易見的。再則，貨幣不是測量價格的標準；它是一個媒介物，它和各種商品的交換率，以及各種商品與服務彼此的交換率，都會有變化，雖然通常不是同一速度、同一程度的變化。

我們幾乎毋須再多費唇舌，揭露計量經濟學的一些虛矯主張。儘管它的提倡者大肆高調宣揚這些主張，就它的研究方案而言，迄今卻是一事無成。已故的Henry Schultz致力研究各種商品的需求彈性測量。Paul H. Douglas教授曾讚揚Schultz的研究成果，說那是「要幫助經濟學發展成爲一門不失爲精確的科學，必須完成的工作，其必要性好比確定原子量之於化學的發展」。[8]事實是，Schultz從來沒著手就任何商品本身確定其需求彈性；他所倚賴的資料局限於一定的地理區域和一定的歷史期間。針對某一特定商品，例如，馬鈴薯，他的那些研究結果並非指涉一般的馬鈴薯，而是僅指涉一八七五年至一九二九年間美國的馬鈴薯。[9]那些研究，充其量，給經濟史的某些章節添加了一些可疑的、不能令人滿意的敘事；它們肯定不是實現計量經濟學那錯亂、矛盾宗旨的步驟。必須強調的是，另外兩個數理經濟學流派，充分意識到計量經濟學沒用。因爲他們從未貿然把計量經濟學家找到的那些量值，納入他們的公式和等式中，亦即，從未引用那些量值去解決特定問題。在人的行爲領域內，要處理未來的事情，除了運用歷史的了解辦法之外，別無它法了。

第二派數理經濟學家的研究領域，是關於價格與成本的關係。在處理這些問題時，數理經濟學家既忽視市場運作的過程，又自以爲抽離了一切經濟計算必定隱含的貨幣媒介；然而，當他們談到一般價格和成本時，他們卻默默暗示存在和使用貨幣。其實，價格永遠是貨幣價格；而成本，如果不以貨幣爲共同指涉物，是不可能納入經濟計算的。如果不以貨幣爲共同指涉物，那麼，成本就是爲了完成某一產品而用掉的一堆各式各樣、數量各異的財貨與服務。而價格——如果這個詞還真的適合用來指陳以物易物場合所確定的那些交換率的話——則是「賣者」用一定數量的產品能交換到的一堆各式各樣、數量不等的財貨與服務。這種「價格」所指涉的那些財貨，和「成本」所指涉的那些財貨，是不相同的。這種以實物表示的價格和以實物表示的成本，是不可能比較的。至於賣者認爲他交出去的財貨價值低於他換回來的財貨價值；至於賣者和買者彼此交換的兩種財貨，他們主觀認定的價值排序並不一致；至於一個企業家，只在他預期他的產品換得的財貨，在他看來，價值高於生產所花費的財貨時，才會著手生產；所有這些事情，我們根據行爲學的先驗理解便已經知道了。正是這先驗的知識，讓我們能預料：一個能採用經濟計算的企業家會怎樣行爲。但是，數理經濟學家卻要自己騙自己，自以爲完全略而不提貨幣，是在以更爲一般的方式處理這些問題。他們完全不顧以貨幣爲共同指涉物的經濟計算，卻妄想研究生產要素不能無限細分所產生的一些問題，終究是白忙一場。這樣的研究絕不可能走出既有知識的範圍，亦即：企業家著手生產的那些產品，他自認爲銷售所得的價值，會高於生產所需花掉的各式各樣財貨全部的價值。但是，如果沒有間接交換、如果也沒有普遍使用任何交換媒介，那麼，即使企業家能正確預料到未來市場情況，也不可能成功獲利，除非他擁有超人的智力。企業家必須一眼就能領會市場決定的所有交換率的意義，才能在思量決策時，根據這些交換率，精確給每　財貨分派它該在的位置。

所有關於價格與成本關係的研究，都不僅預設使用貨幣，也預設市場過程；這是不可否認的。但是，數理經濟學家對這個明顯的事實卻視若無睹。他們列出一些方程式，也劃出一些曲線，據說在描述事實。其實，他們只描述某個假想的、不可能實現的情況，絲毫不像我們要討論的交換學現象。他們以一些代數符號、取代經濟計算中所用的那些金額確定的項目，並且認爲此一程序使他們的推理更爲科學。他們把容易受騙的外行人唬得一愣一愣的；其實，他們只是把商用算術和會計學的教科書可以圓滿處理的一些事情，搞得混沌不清、一場糊塗罷了。

有些這類數學家甚至宣稱，經濟計算能建立在以效用爲單位的基礎上，還稱他們的方法爲效用（或價值）分析。他們的這個錯誤，也同樣出現在第三派的數理經濟學中。

這第三派數理經濟學家的特徵是，他們公然刻意、決心繞過市場過程去處理交易問題。他們的理想是按照古典力學模式建構一門經濟理論。他們一再模擬古典力學，認爲古典力學是唯一絕對的科學研究典範。這裡毋須再解釋，爲什麼這樣的模擬是膚淺的、誤導的，以及有意義的人的行爲在哪些方面根本不同於力學研究的主題——運動。這裡只須強調一點就夠了，那就是，微分方程式在這兩個領域的實際意義大不相同。

導致一條方程式被陳列出來的那些思慮，其屬性必然是非數學的。方程式之陳列，是我們知識的極致表現，並沒有直接擴大我們的知識。但是，在力學方面，方程式有非常重要的實際用處。由於不同的力學元素之間存在著一些固定關係，而且這些關係能由實驗確定，所以我們能利用方程式解答一些明確的科技問題。我們現代工業文明的成就，主要就是這樣利用物理學方程式所獲致的。然而，在不同的經濟學元素之間，不存在這種固定關係。於是，數理經濟學所陳列的那些方程式便只是一節節沒用的頭腦體操，即使它們表達的東西遠比它們實際表達的多很多，它們仍舊是沒用的頭腦體操。

正確的經濟思考絕不可忘記價值理論這兩個基本原則：第一，導致行爲的評值，永遠意味偏好什麼和捨棄什麼；它從不意味什麼和什麼相等。第二，沒有辦法比較不同個人的評值，或比較同一個人在不同時刻的評值，除了確定相關評值是否按照同一偏好順序，排列考慮中的各個可供選擇的事物。

在均匀輪轉的經濟假想情況下，所有生產要素都得到最經濟有效的利用，每一生產要素都在最需要它的用途上提供最有價值的服務。沒有什麼想得到或可能的用途改變，能夠增進滿足狀態；沒有哪一個生產要素用於滿足某一需要a，如果此一用法阻礙了另一需要b的滿足，而有人認爲b的滿足比a的滿足更有價值。當然，如果有人想以微分方程式描述此一假想的資源配置狀態，或以曲線圖形把它表現出來，那是可允許的。但是，這些表述方式完全沒觸及市場過程。它們只描述某一假想的情況，在該情況下，市場過程將停止運作。數理經濟學家完全漠視如何以理論說明市場過程，反而自得其樂、埋頭擺弄邏輯經濟學家以理論說明市場過程時，臨時使用的一個輔助性概念，一個在理論說明市場過程之外沒有任何意義的概念。

在物理學的領域，我們處理一些感覺現象的變化。我們發現在一個接著一個發生的變化系列中，存在著某一規律，這些觀察引導我們建構一門物理科學。我們不知道哪些終極力量驅使著這些變化，對我們來說，這些變化就是最終資料。對追求知識的心靈來說，它們是最終給定的，是不能再進一步分析的。我們從觀察得知的，是一些不同的、可觀察到的事物和屬性，有規律的連結在一起。物理學家以微分方程式描述的，正是這種現象變化資料的相互依存關係。

在行爲學的領域，我們首先知道的事實是：人有意、決心要引起一些變化。正是此一認識，把行爲學的主題整合起來成爲一體，同時把它和自然科學的主題區別開來。我們知道哪些力量在背後驅動變化，此一先驗的知識引領我們認識行爲學領域的一些過程。物理學家不知道電「是」什麼。他只知道一些現象歸因於某一稱作電的事物。但是，經濟學家知道，驅使市場過程的因素是什麼。只因有此一知識，所以他能夠把市場現象和其他現象區分開來，並且能夠描述市場過程。

且說，對於市場過程的闡釋，數理經濟學家沒有任何貢獻。他只描述邏輯經濟學家當作一個極限概念、臨時用來輔助推理的手段，亦即，他只定義一個不再有任何行爲、市場過程已經陷入停頓的狀態。那正是數理經濟學家所能說的全部。當邏輯經濟學家在定義假想的最後靜止狀態和假想的均勻輪轉的經濟狀態時，以文字詳盡解釋的概念，以及在數理經濟學家著手他的數學工作之前，他自己必定也以文字描述的同一概念，被數理經濟學家轉譯成爲一些代數符號。一個膚淺的比擬，居然被過度引申，如此罷了。

邏輯經濟學家和數理經濟學家，雙方都斷言，人的行爲最終指向建立某一這樣的均衡狀態，而且只要基本給定因素（或基本資料）不再有任何進一步的變化，將會達到這樣的均衡狀態。但是，邏輯經濟學家知道的，比這個還多很多。他說明，熱中於從價格結構的差異中牟利的企業家、首倡者和投機者，他們的行動怎樣傾向抹除價格結構差異，從而也傾向抹除企業家利潤和虧損的源頭。他說明這個過程最後怎樣導致均勻輪轉的經濟狀態成立。各種均衡狀態的數學描述，只是遊戲。眞正的問題，是市場過程的分析。

比較這兩個經濟分析方法，讓我們得以了解一個時常有人提起的要求的意義——時常有人呼籲，應該建構一個動態的理論，以擴大經濟學的範圍。經濟學家不該只忙於鑽研靜態問題！就邏輯經濟學而言，這樣的要求沒有任何意義。邏輯經濟學，本質上就是一個分析過程和變化的理論。它採用假想的靜止概念，只是爲了闡釋變化的現象。但是，數理經濟學就不同了。它的那些方程式和公式，全是用來描述均衡和沒有行爲的狀態。只要它還待在數學推演的範圍，對於這種狀態是怎麼形成的，以及某個這種狀態怎樣轉變成另一個這種狀態，它就沒有什麼可說。因此，針對數理經濟學來說，該有一個動態的理論，這要求是確實有效的。然而，數理經濟學沒有任何辦法順應這個要求。過程分析，這個唯一要緊的經濟問題，不容許採用任何數學的處理方法。給方程式引進時間參數，解決不了問題。這個主意甚至沒觸及數學方法的根本缺點。每一變化都牽涉到時間；變化總是發生在時間順序當中。這些陳述只是表達下面這個事實的一個方式：只要有僵固性和不可變性，便沒有時間。數理經濟學的主要缺點，不在於它漠視時間順序這個事實，而在於它漠視市場運作的過程；市場過程，根據定義，絕不可能僵固不變。

對於那些傾向建立均衡的行爲如何從非均衡狀態湧現出來，數理經濟學完全不知道從何下手、加以說明。當然，數理經濟學也許能夠表明，要把某一非均衡狀態的數學描述，轉變成均衡狀態的數學描述，需要做些什麼數學操作。但是，這些數學操作絕不是在描述價格結構差異所驅使的市場過程。力學的那些微分方程式，據稱可以精確描述運動中的物體在任何時刻的移動情況。而數理經濟學的那些方程式，卻和非均衡狀態過渡到均衡狀態的歷程中每一時刻的實際情況完全無關。只有那些遭到先入爲主的偏見所蒙蔽、認定經濟學必須是力學的一個蒼白複製品的人，才會低估這個反對理由的分量。一個非常殘缺、膚淺的比喻，絕不可能取代邏輯經濟學的分析。

以數學方法處理經濟學，所產生的災難性後果，在交換學的每一章，都能得到驗證。這裡只消提兩個例子就夠了。第一個例子，就讓所謂交易方程式來提供；數理經濟學家企圖用這種方程式處理貨幣購買力變動的問題，結果是無效的、誤導的。[10]要說明第二個例子，以熊彼得教授的名言爲代表，效果最好；他說，消費者在評估一些消費品的價值時，「事實上也在評估這些消費品的生產所使用的那些生產要素的價值。」[11]幾乎不可能有比這樣解釋市場過程更爲錯誤的陳述方式了。

經濟學的主題，不是財貨與服務，而是活生生的人的行爲。它的目標，不是論述一些假想情況，譬如，均衡。這些假想情況，只是經濟學推論的工具。經濟學的唯一任務，是分析人的行爲、分析市場過程。

第六節　獨占性價格

競爭性價格是賣者調整行爲，完全適應消費者需求的結果。在競爭性價格下，供給全部售出；特殊性生產要素被利用到互補的非特殊性生產要素價格容許的程度；沒有哪一部分供給被永久扣留、不供應市場；被利用到的特殊性生產要素，其邊際單位沒獲得任何淨收入。整個經濟過程全是爲了消費者的利益而進行。買者和賣者之間，以及生產者和消費者之間，沒有任何正確了解的（或長期的）利益衝突。商品的擁有者沒有能力影響消費和生產狀態，使之偏離財貨與服務（不管是什麼順位）的供給狀況，和科技知識狀態所要求的途徑。

對每一個賣者來說，如果其他競爭者可以處分的供給減少，他將發現自己的收入增加，因爲這時他能夠按比較高的價格出售自己的供給。但是，在競爭性市場上，他自己並沒有能力作成這樣的局面；除非政府干預市場讓他享有特權，否則他就必須順應市場的實際狀況。

企業家，以其身爲企業家的身分，始終受制於消費者完全至高無上的決定。至於各種財貨和生產要素的擁有者，處境就和企業家不同；當然，企業家，以其身爲財貨和生產要素擁有者的身分，也一樣不完全受制於消費者。在某些情況下，財貨和生產要素的擁有者，藉由限制供給、並以較高的單位價格出售，可以取得更大的利益。如此決定的價格——獨占性價格，對消費者至高無上的權力和市場民主而言，是一種侵害。

出現獨占性價格所需的特殊條件、附屬情況，以及獨占性價格在交換學上的特色，陳述如下：

一、必須存在某一供給獨占的情況。獨占商品的全部供給，被某一單獨行動的賣者或某一群一致行動的賣者組成的團體掌控。獨占者——不管是某個人或某個團體——能夠限制上市銷售或用於生產的供給數量，以提高每單位獨占商品的售價，毋須顧慮他的限制計畫會因爲有其他賣者出售同種商品的干擾而受挫。

二、獨占者，若不是無法在價格上歧視不同買者，就是自願放棄價格歧視。[12]

三、對於價格提高到潛在的競爭性價格以上，買方大眾的反應——需求下降，沒導致按任何超過競爭性價格出售的總銷貨收入，都少於按競爭性價格出售的總銷貨收入。因此，煞費周章、討論什麼特徵必須視爲相同商品的標誌，實在是多餘的。是否所有領帶都該視爲同一種商品，或者是否該根據布料、顏色和花樣區分不同的領帶種類，根本沒必要討論。吹毛求疵分辨商品的類別，是沒用的。唯一要點是買方對價格上漲的反應。對獨占性價格理論而言，指出每一個領帶製造商都生產獨特的領帶，乃至把他們每一個都稱作一個獨占者，那是離題了。交換學不處理獨占本身，而只處理獨占性價格。一個領帶販賣者，即使他的領帶不同於其他賣者所販賣的領帶，也不可能取得獨占性價格，除非他所面對的買者對提高價格的反應、並未使任何提高的價格都對他不利。

獨占，是出現獨占性價格的一個先決條件，不過，它不是唯一的先決條件。有一個進一步的條件：必須存在一定形狀的需求曲線。只是存在獨占，並不意味什麼。版權書籍的出版商，是一個獨占者。但是，他可能連一本書都賣不出去，不管他要求的價格多麼低。不是某個獨占者出售某一獨占商品所取得的任何價格，都是獨占性價格。只有某些價格，才是獨占性價格；在那些價格下，限制總銷售量，比擴張總銷售量至競爭性市場容許的極限，對獨占者更有利。獨占性價格是獨占者刻意限制交易量的結果。

雖然我們把獨占者的行爲說成是刻意的，但這並不意味我們暗示他會拿他所要求的獨占性價格，和某一假想的非獨占性市場所決定的競爭性價格相比。只有經濟學家才會把獨占性價格拿來和潛在的競爭性價格對照。一個已經取得獨占地位的獨占者在考慮行動時，競爭性價格的概念是完全無足輕重的。和其他每個賣者一樣，他也希望獲得可能達到的最高價格。只是一方面，市場狀態受制於他的獨占地位，和另一方面，消費者的行爲傾向讓某個高於競爭性價格的售價對他有利，這才導致獨占性價格的出現。

四、有些人認爲有第三類價格存在，既不是獨占性價格，也不是競爭性價格；這是一個根本的錯誤。如果我們不理會稍後要討論的價格歧視問題，某一確定的價格，若不是競爭性價格，就是獨占性價格。與此相反的說法，源自一個錯誤的見解，誤以爲除非每個人都有機會以某一特定商品賣者的身分出現在市場上，否則競爭就不是自由的或不是完全的。

每一種商品現有的供給都是稀少的、有限的。如果相對於大眾的需求，它不是稀少的，就不會被視爲經濟財、不會有任何價格支付給它。所以，把獨占概念如此這般應用，以致讓它涵蓋所有經濟財，是叫人迷惑的。只是供給有限，這是經濟價值和所有價格支付的根源；只是供給有限，並不足以產生獨占性價格。[13]

另有些人如今把獨占性競爭或不完全競爭一詞，應用在不同生產者或賣者的產品有些差異的場合，這意味幾乎所有消費財都應歸入獨占品的類別。然而，在價格形成的研究中，唯一要緊的問題，是賣者能否將這些差異用來形成某一刻意限制供給的謀略，以便提高該賣者自己總的淨收入。只有當這樣的謀略是可行的、也付諸實施了，不同於競爭性價格的獨占性價格才會出現。每個賣者也許眞的有一群死忠的顧客，偏愛他的品牌甚於其他競爭者的品牌，即使價格高一點，也會繼續購買。但是，對於賣者來說，眞正的問題是，這樣死忠的顧客是否多到足以彌補其他顧客不再購買所導致的總銷貨收入下降、乃至還有多餘。只有在答案是肯定的情況下，他才會認爲以獨占性價格取代競爭性價格對他自己有利。

不完全競爭或獨占性競爭這個錯亂的概念，源自對**控制供給**一詞的誤解。每一種產品的每一個生產者，對於控制商品在市面上的供給，都各自貢獻了一份力量。如果他生產出比較多的商品 a，他就已增加了供給，使價格趨跌。但問題是，他爲什麼沒生產更多的 a？他所以把他的 a 產量限制在 p，難道不是因爲他打算竭盡所能、順應消費者的願望？或者是因爲他打算爲了自己的利益、反抗消費者的命令？第一種情況，他沒生產更多的 a，因爲如果增加 a 的產量超過 p，將會從其他生產部門抽取一些稀少的生產要素，而這些原先是用來滿足消費者某些更迫切需求的。他沒生產 p＋r，而只生產 p，因爲一旦生產增量 r，將使他的生產事業沒有利潤或較少利潤；而這又是因爲還有其他更有利可圖的投資運用途徑。第二種情況，他沒生產 r，因爲保留他獨占的某種特殊生產要素 m 的一部分現有供給不利用，對他比較有利。如果他沒獨占 m，他便不可能期待從限制他的 a 產量獲得任何利益。他的競爭者將會填補他所造成的缺口，而他也就賣不到較高的價格。

在處理獨占性價格時，我們始終必須尋找這個遭人獨占的生產要素 m。在這種場合，如果沒有這種生產要素，就不會出現獨占性價格。獨占性價格的第一個必要條件，是存在某一遭人獨占的財貨。如果沒有任何數量的這種財貨 m 被扣留下來不利用，企業家便沒有機會以獨占性價格取代競爭性價格。

企業家的利潤和獨占完全無關。如果某個企業家能夠按獨占性價格賣東西，他所以得到這個好處，是因爲他擁有對某一生產要素 m 的供給獨占地位。他從 m 的所有權獲得特別的獨占利益，這利益不是他從擔負企業家的特別功能而得到的。

且讓我們假設發生了某一意外事故、切斷了某座城市的電力供應好幾天，迫使居民只得點蠟燭過日子。蠟燭的價格上漲到 s；在此一價格下，所有市面上的蠟燭供給銷售一空。那些賣蠟燭的商店，按價格 s 出售所有他們的供給，獲得很高的利潤。但是，也可能發生下面這樣的情況：賣蠟燭的店家聯合起來一致行動，保留一部分他們的蠟燭不供應市場，然後按某一價格 s + t 出售其餘的蠟燭。果眞如此，則前面假設的 s 便是競爭性價格，而 s + t 則是獨占性價格。店家在價格 s + t 下所獲得的收入，超過他們按價格 s 出售時所獲得的收入，這多出的部分是他們特別的獨占利益。

店家以什麼方式限制市面供給，是個無關緊要的問題。把一部分可用的實物供給銷毀，是執行獨占性行爲的傳統方式。就在不久前，巴西政府還採取這種方式，焚毀大量咖啡。但是，保留一部分供給不利用，也能產生同樣的效果。

市場經常存在導致利潤消失的強大趨勢，然而，特別的獨占利益卻是一個永久的現象，除非給定的市場基本資料改變，否則不會消失。利潤和均勻輪轉的經濟假想狀態不相容，然而，獨占性價格和特別的獨占利益並非不容於均勻輪轉的經濟假想。

五、競爭性價格取決於市場狀態。在競爭性市場上，有一強大的趨勢，弭平價格差異，建立某個均一價格。至於獨占性價格，那情況就不同了。如果賣者能夠藉由限制銷售數量、提高單位售價以增加自己的淨收入，那麼，通常會有好幾個獨占性價格滿足這個條件。一般來說，在這些獨占性價格中，有一個會產生最高的淨收入。但是，也有可能發生多個不同的獨占性價格對獨占者一樣有利的情況。我們可以把對獨占者最有利的某個或某些獨占性價格，稱爲最適獨占性價格。

六、獨占者事先不知道消費者會以什麼方式因應價格上漲。他必須努力反覆試驗，以確定他所獨占的商品，如果按某一高於競爭性價格的價格出售，是否於他有利；而如果答案是肯定的，那麼，在多個可能的獨占性價格中，再確定哪一個才是最適獨占性價格或最適獨占性價格之一。實際上，這個反覆試驗的過程，遠比經濟學家，當他劃下需求曲線，把充分的先見之明歸屬於獨占者時，所以爲的困難，還要困難許多。所以，我們必須把獨占者發現獨占性價格的能力，列爲出現獨占性價格的一個特別條件。

七、不完全獨占是一個特別的情況。總供給大部分由某個獨占者擁有；其餘由一個或數個獨立者擁有，他們不願意和獨占者合謀、限制銷售量，實現獨占性價格。然而，如果獨占者所控制的那部分供給p_1，相比於獨立者所控制的供給部分總計p_2來得足夠大，獨立者不願意合作，並不會阻礙獨占性價格的成立。且讓我們假設，全部供給（$p = p_1 + p_2$）能按每單位價格c售出，而供給$p - z$則能按獨占性價格d售出。如果$d(p_1 - z)$大於$c \cdot p_1$，執行獨占性銷售限制，有利於獨占者，不管獨立者會不會跟隨。獨立者可能繼續按價格c銷售，或者他們可能會提高他們的售價最高達到d。唯一的重點，是這些獨立者不願意忍受他們自己的銷售數量下降。因此，必要的銷售數量下降，必須全數由p_1的擁有者承擔。這會影響他的計畫，通常導致一個和完全獨占情況不同的獨占性價格出現。[14]

八、雙頭獨占和寡占不是什麼特別的獨占性價格種類，而只是一些不同的、用來成立某一獨占性價格的方式。兩個或好幾個人擁有全部的供給，他們全都準備按某些獨占性價格銷售、相應限制各自的銷售數量。但是，基於某些理由，他們不希望一致行動；各個自行其是，彼此之間沒有任何正式的協議或默契。不過，他們也都知道，每一個競爭對手都決心對自己的銷售數量執行某一獨占性限制，以便取得比較高的單位售價和特別的獨占利益。他們每個都仔細觀察競爭對手的一舉一動，努力調整自己的計畫，因應對手的行爲；於是，他們之間發生一連串的動作和對抗動作，彼此各顯神通、企圖以智取勝，結果如何，端視對抗各方別出心裁的狡黠能量而定。雙頭獨占者和寡占者心中有兩個目標：一方面，要找出對賣者自己最有利的獨占性價格；另一方面，要盡可能把限制銷售數量的負擔移轉給對手。正因爲他們彼此之間對於減少後的總銷售量如何分配，意見不一致，所以他們不像卡特爾的成員那樣採取一致的行動。

雙頭獨占或寡占絕不可和不完全獨占混爲一談，也不可以把它們拿來和以建立獨占爲目標的競爭混爲一談。在不完全獨占的場合，只有某個獨占性的團體願意限制其銷售量，以便成立某一獨占性價格；所有其他賣者拒絕限制銷售量。但是，雙頭獨占者和寡占者每個都願意扣留一部分供給、不供應市場。在削價競爭的場合，某個團體A計畫強迫所有或大部分競爭者停業，以便取得完全獨占或不完全獨占的地位。A把價格削減到某個很低的水準，讓那些比較脆弱的競爭者無法承受低價銷售所帶來的損失。按這個低價銷售，A可能也須承受一些損失；但是，A比其他人更能長時間承受這些損失，而且A確信自己未來將會獲得豐厚的獨占利益，把這些損失彌補過來。這個削價競爭的過程，和獨占性價格沒有關係；它是爲了取得獨占地位而採取的一個謀略。

雙頭獨占和寡占是否具有實際意義，我始終感到懷疑。通常，相關的各方對於變少的總銷售量如何在彼此之間分配，終究至少會有一個心照不宣的了解。

九、扣留一部分不應市、使獨占性價格得以成立的那種遭人獨占的財貨，可能是一種最低順位的財貨——消費財，也可能是一種較高順位的財貨——一種生產要素。這種生產要素可能是控制生產所需科技知識——「配方」——使用的權利。這種配方通常是免費的自由財，因爲它們產生一定效果的能量是無限的。除非它們遭人獨占，利用受到限制，否則它們不可能成爲經濟財。配方的使用費，無論多少，都是獨占性價格。至於配方所以能限制使用，究竟是因爲諸如專利和著作權法等制度性條件使然，或是因爲配方可保密而別人還猜不出來，則是個無關緊要的問題。

某種遭人獨占後能導致獨占性價格成立的互補生產要素，也可能是基於某個人有機會，讓消費者在得知他自己參與生產某一產品的事實後，會認爲他的參與具有特殊意義。這個機會可能是由有關商品或服務的本質賦予的，也可能是由諸如保護商標的法律等制度性規定賦予的。消費者爲什麼看重某個人或某家廠商的貢獻，理由是多種多樣的。它們可能是：由於先前的經驗，對有關個人或廠商特別有信心；[15]純然沒根據的偏見或誤會；勢利自傲或附庸風雅；一些毫無根據乃至比較理性者會加以嘲諷的巫術信仰，或超自然的成見。一種打上商標的藥物，在化學結構和生理功效方面，可能和其他沒有打上同一商標的藥物沒有差別。然而，如果買者認爲這商標具有特殊意義，並且願意支付較高的價格、購買印有這商標的產品，那麼，只要需求曲線形狀合適，賣者便能獲得獨占性價格。

使獨占者得以限制應市的數量、而別人無力挑戰的獨占地位，也可能是基於獨占者掌控了某個生產力較高的生產要素，而潛在競爭者只掌控到生產力比較低下的替代生產要素。如果獨占者獨占的那種生產要素所提供的較高生產力，和潛在競爭者所掌控的替代生產要素所提供的較低生產力，兩者之間的差距大到足以出現某一獨占性價格，一種也許可以稱爲邊際獨占（margin monopoly）的情況便產生了。[16]

且讓我們以當下最常見的例子說明邊際獨占：在某些特別情況下，保護性關稅能夠產生獨占性價格。亞特蘭提斯國對進口商品 p 每單位課徵關稅 t，p 的國際市場價格爲 s。如果在價格爲 $s+t$ 時，亞特蘭提斯國內的 p 消費量爲 a，而國內的 p 產量爲 b，b 小於 a，則邊際廠商的生產成本爲s＋t。國內廠商能夠按價格s＋t銷售它們全部的產出。這進口關稅是有效的，並且激勵國內企業擴大p的產量，從b開始直到某一略微低於a的數量。但是，如果b自始便大於a，那情形就不同了。如果我們假設b數量是如此巨大，以致即使在價格爲s時，國內的消費量還少於b，因此多餘的部分必須出口到國外銷售，那麼，課徵進口關稅就不會影響p的價格。不管是在國內或國際市場，p的價格保持不變。然而，這進口關稅，基於差別對待國內和國外生產的p，給予國內廠商一項特權，能用來形成一個獨占性的組合，只要若干進一步的條件存在。如果能夠在s＋t和s之間找到某一獨占性價格，對國內廠商來說，形成一個卡特爾，便可帶來豐厚的獨占性利益。這個卡特爾在亞特蘭提斯國內市場按某一獨占性價格銷售，把剩餘的產量按國際市場價格抛售到國外。當然，由於限制了在亞特蘭提斯國內市場的銷售數量，抛售到國際市場的p數量增加了，p的國際市場價格從s下跌至s_1。所以，國內市場要出現獨占性價格，必須滿足一個進一步的條件，亦即：國際市場價格下跌所導致的收入縮減總額，沒大到把國內卡特爾的獨占利益全部抵銷掉。

長期而言，只要新來者可以自由進入p產業，這種全國性的卡特爾不可能保持獨占地位。這個卡特爾爲了建立獨占性價格（在國內市場的範圍內）、而予以限制的那種遭到獨占的生產要素服務，是某一地理條件，而這條件每一個在亞特蘭提斯國境內設立新廠的新投資者都很容易複製。現代產業環境的一個特徵，是科技穩定進步，新工廠通常比舊工廠更有效率，平均生產成本更低。因此，潛在的新投資者面對的激勵是雙重的。他們不僅可以分享卡特爾原有成員的獨占利益，甚至還可能因爲較低的生產成本、而享有超越原有成員的利益。

這時，一些制度因素再次發生作用，幫助那些形成卡特爾的舊廠商。專利權讓他們享有任何人都不得侵害的合法獨占地位。當然，他們的生產過程只有某些部分受到專利保護。但是，競爭者，如果被禁止採用這些過程或生產有關專利品目，很可能會受到嚴重的阻撓，以致放棄考慮進入這個已形成卡特爾的產業。

專利權的擁有者享有某一合法的獨占地位，在其他條件合適的情況下，該獨占地位能用來達成某些獨占性價格。在專利權本身涵蓋的範圍外，某一專利可能發揮一些輔助性質的作用，在主要的制度性條件容許出現邊際獨占的場合，協助建立和保持邊際獨占地位。

我們可以想像，即使沒有任何政府的干預，給任何商品提供成立聯合獨占所需滿足的必要條件，還是會有一些世界性的商品卡特爾存在。某些商品，例如，鑽石和水銀，它們的供給，天生只有少數幾個來源。這些資源的擁有者很容易聯合起來一致行動。但是，在世界生產舞臺上，這種卡特爾只是小角色。它們的經濟分量相當小。我們這個時代，各種卡特爾所占據的重要地位，是世界各國政府所採取的干預主義政策的一個結果。今天人類必須面對這個嚴重的獨占問題，並不是市場經濟運作的一個副產物。它是各國政府刻意干預下所產生的結果；它並非如政客蠱惑民心的宣傳，說是資本主義固有的禍害。相反的，它是某些敵視資本主義、並且致力破壞和摧毀資本主義運作的政策所造成的結果。

德國是卡特爾組織高度發達的典型國家。在十九世紀最後的幾十年，德意志帝國開始一個龐大的社會政策（Sozialpolitik）計畫。這主意是要：以各種所謂同情勞工的立法措施、以受到高度吹捧的俾斯麥社會安全計畫，以及以工會壓力和脅迫謀取較高的工資率，來提高受僱者的收入和生活水準。該政策的鼓吹者藐視經濟學家的警告，宣稱：不存在經濟法則這種東西。因爲曾經打敗奧地利和法國幾位皇帝、讓全世界無數國家在其面前顫抖的霍亨索倫氏帝國，是超越任何法則的；該帝國的意志就是至高無上的準則。

赤裸裸的事實是，這項社會政策在德國境內抬高生產成本。所謂同情勞工的立法，每進一步，以及每一次成功的罷工，都搞亂產業環境，對德國多數企業不利。該社會政策使德國多數企業更難勝過外國競爭者，因爲德國境內的勞動紛爭並沒抬高外國對手的生產成本。如果德國人能夠放棄製造品的出口生意，只爲國內市場而生產，則進口關稅想必能夠保護德國境內的工廠，對抗外國企業相對增強的競爭力。德國境內工廠的產品想必能夠獲得較高的價格。受僱者透過勞動立法的成果和工會施壓所獲得的利益，將隨著他在買東西時必須支付比較高的價格而遭到抵銷。實質工資率只會上升到企業家能夠改善生產科技程序，從而使勞動生產力增加的程度。進口關稅想必會阻止失業的情況擴散，使社會政策無害於就業。

但是，德國是、而且在俾斯麥開始他的社會政策時已經是，工業化程度相當高的國家。德國工廠輸出很大的一部分產品。這些出口品使德國人得以進口自己國家不能生產的食物和原料；德國，事實上是人口相對眾多、自然資源相對貧乏的國家。正如上面已經指出的，這多餘的產出使保護性關稅無效。只有組成各種卡特爾，才能使德國免於「進步的」同情勞工政策將造成的災難性後果。這些卡特爾在國內索取獨占性價格，而在國外則以較低的價格銷售。只要倚賴國外市場的產業受到某一「進步的」勞工政策影響，卡特爾便是該政策必要的一個伴隨現象和結果。當然，對於勞工陣營的政客和工會領袖承諾爲受僱者爭取的那些虛幻的社會紅利，這些卡特爾不會有任何保障作用。沒有任何辦法能夠幫所有渴望賺取工資者，把工資率提高到勞動生產力所決定的水準之上。卡特爾所能達成的，不過是以國內商品價格相應上升，抵銷名目工資上漲的表面利益罷了。但是，最低工資率的最嚴重惡果——永久的大量失業，起初還是避免了。

德國不是第一個採取「同情勞工」立法和縱容工會強制執行最低工資率的國家。在這方面，有些國家比德國先行。但是，這些有害的政策措施，遭到來自經濟學家、理性的政治家和商人的反對，推進速度長年受到壓制。大多數時候，它們授予受僱者的所謂利益，並未多於受僱者在沒有任何政府干預下，透過資本主義永不停歇的科技進步，已經獲得的利益。有些時候，政府確實過分了一些，不過，企業向前推進的步伐很快便把情況撫平了。然而，後來，特別是第一次世界大戰結束之後，所有其他國家，在它們的勞工政策方面，都採取了德國人那種徹底的方法。於是，卡特爾再度必須用來補充那些「同情勞工」的政策，以遮掩它們的無效，同時暫時延緩它們的徹底失敗顯現在世人眼前。

對所有不能滿足於國內市場、渴望銷售一部分產出於國外的產業來說，進口關稅的作用，在這個政府干預市場的年代，是使國內獨占性價格的建立變爲可能。不管關稅的目的和效果過去曾經是什麼，一旦某個出口國開始採行一些措施，以提高受僱者或農夫的收入至潛在的市場價格之上，關稅必然會助長企業界的某種聯合，導致有關商品出現國內的獨占性價格。一國政府的權力僅及於它所統治的領土範圍。它有權力提高國內的生產成本，但沒有權力強迫外國人按相應升高的價格購買它國內的產品。如果國內產業要繼續出口，就必須獲得補貼。這補貼可以公開由國庫支付，或透過卡特爾的獨占性價格，攤給國內的消費者承擔。

有些人提倡政府干預市場，他們認爲「國家」有權力僅憑一紙命令，讓市場架構內的某些群體獲益。事實上，這權力正是政府助長企業界進行獨占性聯合的權力。獨占利益是給「社會紅利」提供資金的財源。只要這些獨占利益不夠充分，干預主義的各種措施便會立即癱瘓市場的運作；大規模失業、經濟蕭條和資本消費的現象便會出現。這解釋爲什麼，對於所有和出口貿易有關聯的市場部門，所有當代政府都熱中於助長獨占。

政府如果未能達成間接助長獨占的目標，便會採取直接行動。在煤和鉀鹼方面，德意志帝國政府建立了強制性的卡特爾。美國的新政（New Deal），遭到企業界反對，未能把美國一些重要產業組成強制性的卡特爾。新政在一些重要的農業部門比較成功，為了建立獨占性價格，推行了一些限制產出的措施。世界上一些最重要國家的政府達成一連串的協議，要給許多種原料和食物建立獨占性價格。[17]聯合國公開聲明，要繼續推動這些協議計畫。

當代各國政府這種助長獨占的政策，我們必須當成一個性質相同的現象來看，才容易看出背後促成這種政策的理由。但是，從交換學的觀點來看，這些獨占情況並不相同。企業家利用保護性關稅所提供的誘因，趁機形成的契約性卡特爾，是邊際獨占的例子。在政府直接促成獨占性價格的場合，我們面對特許獨占的例子；獨占性價格成立所需限制使用的生產要素，是某種法定的特許，任何賣者除非獲得特許，否則不得供應消費者。

這種特許可能有不同的授予方式：

㈠數目無限的特許，幾乎授予每一個申請者。這等於是完全不需要特許。

㈡特許只授予符合一定資格的申請者。競爭受到限制。然而，只有在獲得特許者一致行動，而且需求曲線的形狀合適時，才會出現獨占性價格。

㈢只有一張特許狀。獲得特許者，例如，某一專利或版權的擁有者，是獨占者。如果需求曲線的形狀合適，而獲得特許者也想獲得獨占利益，就能索要獨占性價格。

㈣特許狀授予的張數是有限的。為了防止獲得特許者搞亂權威當局的計畫，獲得特許者只有權利生產或銷售一定數量的某種東西；獨占性價格的建立由權威當局自己管理。

最後，某些特許場合，是政府爲了財政目的而設立的獨占，獨占利益繳入國庫。許多歐洲國家的政府設立菸草獨占機構；其他一些國家所設立的類似獨占機構，包括鹽、火柴、電報與電話服務、廣播等等。無一例外，每個國家都有政府獨占的郵遞服務事業。

十、邊際獨占，並非總是需要有像是進口關稅的制度性因素存在才會出現。某些生產要素，如果在肥沃度或生產力方面存在足夠大的差異，也能產生邊際獨占。

上面已經說過，在解釋農產品價格和地租時，提及土地獨占或指涉獨占性價格與獨占利益，是嚴重的錯誤。我們在歷史上看到的那些農產品獨占性價格事例，都是政府法令促成的特許獨占。然而，承認這些事實，並不表示土地肥沃度的差異絕不可能導致獨占性價格。在仍有人耕種的最貧瘠土地，和可供擴大生產的最肥沃休耕地之間，如果肥沃度的差距是如此巨大，以致耕地的地主能夠在這兩種土地的肥沃度差距之間找到某一有利的獨占性價格，他們便可能考慮一致行動、限制生產，以謀取獨占性價格。但是，事實上，農業方面的自然條件並不符合這些要求。正是因爲這個事實，所以渴望獲得獨占性價格的農夫才沒倚賴自動自發的行爲，而是請求政府干預。

在某些礦業部門，情況時常比較有利於出現以邊際獨占爲基礎的獨占性價格。

十一、有些人一再斷言，大規模生產的經濟效益，在許多加工產業，已經產生有利於獨占性價格出現的趨勢。這種獨占，用我們的術語來說，稱爲邊際獨占。

在詳細討論這個課題之前，我們必須先弄清楚，如果某個獨占者正在找尋最有利的獨占性價格，那麼，在他的考慮中，每單位產品平均生產成本的增減，究竟扮演什麼角色？且讓我們考慮這樣的情況：某一獨占的互補生產要素擁有者，例如，某項專利權的持有人，自己製造相關的產品p。如果一單位p的平均生產成本，在不考量專利費的情況下，隨著產量的增加而下降，則該獨占者必定會權衡，這成本下降和他預期從限制產量獲得的獨占利益孰輕孰重。另一方面，如果每單位生產成本隨著總產量的限縮而下降，則從事獨占性減產的誘因就增強了。很明顯的，大規模生產通常傾向降低平均生產成本的事實，本質上不是助長獨占性價格出現的因素，而反倒會抑制獨占性價格的出現。

把獨占性價格擴散現象歸咎於大規模生產經濟效益的那些人，眞正想說的是：大規模工廠的生產效率比較高，使小規模工廠很難同它競爭，甚至不可能成功。他們相信，大規模工廠能夠安然索取獨占性價格，因爲小商人沒有能力挑戰大企業的獨占地位。沒錯，在許多加工業部門，採用小型、落伍的工廠生產高成本的產品供應市場，是愚蠢的行爲。一座現代化的紡紗廠，毋須擔心老式搖紗桿的競爭；它的競爭對手是其他生產配備相當的紡紗廠。但是，這並不表示現代化紡紗廠享有索取獨占性價格的機會。在大型企業之間也是有競爭的。如果大企業產品的售價出現獨占性價格，原因或者在於專利權，或者在於礦脈或其他原料來源所有權的獨占，或者在於以關稅爲基礎所形成的卡特爾。

我們絕不可混淆獨占和獨占性價格這兩個概念。光是獨占本身，如果沒導致獨占性價格，在交換學上，是沒什麼重要性可言的。而獨占性價格所以具有重要意義，全因爲它是某種企業行爲的結果，這種企業行爲藐視消費者的至高權威，以獨占者私利取代公眾利益。在市場經濟的運作中，如果有人打算不理會獨占利益和嚴格意義的利潤完全沒有關係這個事實，那麼，也唯有在獨占性價格存在的場合，他才能在某一程度內，在概念上區別爲利潤而生產和爲使用而生產。然而，各種獨占利益並不是交換學能稱爲利潤的那個概念的一部分；它們是某些生產要素服務出售時，所取得價格的上升；這些生產要素中，有些是物質要素，有些則純粹是制度性要素。如果企業家和資本家在市場需求欠缺形成獨占性價格的要件下，放棄在某一產業部門擴大生產，因爲其他產業部門給他們提供更誘人的機會，則他們這不是在藐視消費者的願望。相反的，他們這是在嚴格遵從消費市場需求的指示。

使獨占問題的討論變得模糊混亂的政治偏見，刻意忽略一些根本的癥結。在處理每一個獨占性價格的案例時，我們首先必須提出這個問題：是什麼障礙阻止新人挑戰獨占者？在回答這個問題時，我們通常會發現，制度性因素在出現獨占性價格的場合所產生的作用。說某些美國廠商和德國卡特爾之間的買賣涉及什麼陰謀，那是荒謬的。如果某個美國人想要製造某種受到某一專利保護的商品，而這專利是德國人所持有的，那麼，礙於美國的法律，他就不得不和德國的相關企業談妥某種協議。

十二、有一特別的獨占，或許可以稱爲失敗獨占（failure monopoly）。

譬如，過去有資本家投資設立一座專門用來生產商品 p 的工廠；後來的事態發展，證明這項投資失敗。銷售 p 所能獲得的價格是如此低，以致有一筆資本，因爲已花在購置不能轉換用途的工廠設備上，得不到任何報酬；它損失掉了。然而，價格還是夠高，足以給日常用來操作固定設備、進行生產的那一筆變動資本帶來合理的報酬。如果那筆不能轉換用途的工廠設備購置資本，由於損失已不可挽回，在帳面上完全打消，而所有相關帳目也相應做了更動，則日常用於工廠營運的那筆資本，大致上是如此賺錢，以致如果工廠現在完全停止營運，那將是一次新的決策錯誤。於是，這座工廠效能全開，生產 q 數量的產品 p，並按每單位價格 s 出售。

但情況有可能是這家企業能夠把產出限制在 $\frac{q}{2}$，並按每單位價格 3s 銷售，以獲取一筆獨占利益。這時，那筆用途不能轉換的設備購置資本，看來便不再是完全損失掉了。它產生一筆相當有限的報酬，亦即，一筆有限的獨占利益。

這家企業現在按獨占性價格銷售，獲得獨占利益了，雖然全部已投下的資本所得到的報酬，和投資者當初如果投資於其他行業現在肯定已經賺到的相比，非常的少。這家企業現在把它的耐久設備中，沒利用的那部分產能可能提供給市場的服務，扣留下來不應市，從而獲得比利用全部的設備效能、滿載生產時更多的報酬。它違抗公眾的意思。如果投資者當初避免掉錯誤，沒把一部分資本固定在生產p的用途上，公眾現在肯定會比較稱心如意。果眞如此，則公眾當然就不會得到任何p。但是，另一方面，公眾肯定會得到某些他們現在沒得到的商品，因爲生產它們所需的資本，當初浪費在建造生產p的要素組合上。然而，在這個無可挽回的錯誤已經鑄成後，公眾現在想要獲得更多的p，並且準備爲它支付目前看來是它潛在的競爭性市場價格，亦即，q。在目前的情況下，他們不贊同這家企業阻擋某一筆變動資本用來生產更多的p。這筆被阻於該企業門外的資本肯定不會持續留在門外、不利用。它進入別的行業，並且在那裡生產出某些別的東西，譬如，商品m。但是，就目前的情況而論，消費者偏好獲得比較多的商品p，肯定甚於偏好獲得比較多的商品m。這樣的偏好確實存在，因爲設若生產p的產能沒遭到獨占性限制，則在目前給定的情況下，將商品p的產量擴大到q，將比增加商品m的產量更有利潤。

這個例子有兩個顯著特徵。第一，如果投資者所有投入的資金全都算進成本，買者所支付的獨占性價格仍然低於p的總生產成本。第二，這家廠商的獨占利益是這麼的少，以致並未使整個事業看起來是成功的投資項目。它依然是一項錯誤的投資。正是此一事實，構成了該家廠商的獨占地位；不會有局外人想要進入它這個企業活動領域，因爲生產p商品會導致虧損。

失敗獨占，絕不是一個純學究式的假想情況。舉例來說，當今某些鐵路公司便是失敗獨占的實例。但是，我們必須小心提防，不可犯錯，把每一個有產能沒利用的場合，看成一個失敗獨占的例子。即使沒有獨占，把變動資本用在其他途徑，可能比用來擴大某一廠商的生產、直到不可轉換用途的耐久設備所決定的產能極限，更爲有利可圖；果眞如此，則限制產出恰好是順應競爭性市場狀態、並符合公眾的期望。

十三、地方性獨占（local monopolies）通常有一制度性的起源。不過，也有一些地方性獨占，源自未受干擾的市場情況。制度性獨占時常是被設計來處理，在沒有任何權威干預市場的情況下，某個已經形成或很可能即將形成的獨占。

交換學如果要對各種地方性獨占加以分類，就必須區分三種類型：邊際獨占、有限空間獨占和特許獨占。

地方性邊際獨占的特徵，在於這樣的事實：阻止局外人在地方市場上競爭、打破本地賣者獨占的障礙，是相對高的運輸成本。如果某家製磚廠擁有所有鄰近製磚所需的自然資源，它便不需要任何關稅授予它有限的保護，藉以對抗來自遠處的同業競爭。只要需求曲線的形狀適合，運輸成本便提供某一價格差距，讓地方上的賣者能在其中找到一個有利的獨占性價格。

到這裡爲止，地方性獨占，在交換學上，和其他邊際獨占情況沒有什麼不同。之所以把它區別開來，同時迫使我們必須以某一特別方式處理它的原因，一方面，在於它和都市土地租金的關係；另一方面，則在於它和都市發展的關係。

且讓我們假設，有某　區域A，環境很適合一群漸增的人口聚集，不過，該區域受制於建築材料的獨占性價格。所以，建築成本，比在沒有這種獨占的情況下，高出許多。但是，那些權衡利弊得失、考慮是否選擇A作爲住家和作坊所在地的人，沒有理由爲了購買或租賃A地的住家和作坊，而支付較高的價格。這些住家和作坊價格的決定因素，一方面，是其他區域的住家和作坊的價格；另一方面，則是定居於A相對定居於其他區域的好處。A區域建築成本較高，對這些價格沒有影響；它的影響著落在土地的收益上。建築材料的賣者收取的獨占利益，最後轉嫁給都市土地的地主來承擔。該獨占利益吸收掉一些原本會進入地主口袋的收入。即使住家和作坊的需求情況——這種情況不太可能發生——有利於地主，在出售或出租土地時設法謀取獨占性價格，建築材料的獨占性價格也只會影響到地主的收入，而不會影響到住家和作坊的買者或承租人。

獨占利益的負擔，只轉嫁到土地的都市使用價格上，這個事實並不意味獨占利益不會抑制都市成長。它延緩都市周圍土地用於擴大都市範圍的時程，因爲變得有利於地主把市郊土地，從農業或其他非都市用途撤出、轉爲都市發展用途的時刻，會出現得比較晚。

那麼，阻止城市發展，便是一刀雙刃的行爲。它對獨占者的效用，是曖昧不明的；他不可能知道，未來的情況是否會吸引更多人到A區域——他的產品的唯一市場——定居。一個城市對新來者的吸引力之一，是它的巨大、它的人口龐雜；工商業傾向往人口中心匯聚。如果獨占者的行爲延緩都市人口成長，那就可能把人口推往其他地方；一個永不回頭的機會可能失之交臂。爲了獲得相對很少的短期利益，可能犧牲掉未來比較鉅量的收入。

所以，對擁有地方性邊際獨占地位的人來說，從事獨占性價格銷售的行爲是否符合他自己的長期利益，至少是很可疑的一個問題。很多時候，差別對待不同的買者，對他會比較有利。他可能按比較高的價格，銷售建材給位於都市中心區的建案；而按比較低的價格，銷售建材給位於都市外圍的建案。地方性邊際獨占涵蓋的範圍，實際比一般想像來得更爲狹窄。

有限空間獨占是下面這個事實的結果：受到自然條件的限制，某一營運區域只能容許一家或少數幾家企業操作。當只有一家企業在該區域內營運或少數幾家營運中的企業聯合起來一致行動時，獨占便出現了。

有時候，有可能讓兩家競爭的電車公司，在同一座城市的相同街道上營運。有一些實例，是兩家或甚至更多家公司分享生意，供應某一區域居民所需的瓦斯、電力和電話服務。但是，即使在這些例外的場合，很少有任何眞正的競爭。實際的情況讓那些生意上的對手想到至少要默默聯合行動。無論如何，營運空間的狹窄，終究導致獨占。

實際上，有限空間獨占和特許獨占是密切相關的。如果沒事先和控制街道，以及街道下方的市政當局取得諒解，實際上不可能進入這種所謂公用事業領域操作。即使沒有法律規定成立公用服務事業必須經過特許，提供這些服務的企業也必須和市政當局達成協議。這些協議是否在法律上名爲特許，是無關緊要的。

當然，獨占未必導致獨占性價格。獨占的公用事業公司是否能夠採取獨占性價格，端視每一個案的特殊情況而定。不過，無疑有一些獨占的公用事業公司索取獨占性價格的實例。這樣的公司，在選擇獨占性價格一事上，可能是不夠明智的；它若選擇索取較低的價格，可能更有助於它的長期利益。但是，沒人能保證，獨占者將會發現什麼是對它最有利的選擇。

我們必須知道，有限空間獨占往往可能導致獨占性價格。果眞如此，那我們便遇到了一個市場過程未能落實民主功能的情況。[18]

私有企業非常不受我們當代人歡迎。在出現有限空間獨占的領域，生產手段由私人擁有，尤其惹人厭，即使有關企業沒索取獨占性價格，甚至它的生意只產生一點點利潤或產生虧損。一家「公用事業」公司，在傾向干預主義和社會主義的政客眼中，是一個公敵。有關當局對它的任何謾罵詆毀，選民都拍手叫好。一般人普遍認爲，這些企業應該國有化或市有化。獨占利益，據說絕不能落入私人口袋，而應該全數進入公眾的荷包。

過去數十年間，市有化和國有化政策的結果，是幾乎毫無例外的財務失敗、服務差勁和政治腐敗。人民遭到反資本主義偏見的蒙蔽，容忍差勁的服務和腐敗，並且有好長一段時間不關心財務失敗的問題。然而，這方面的失敗，是促成目前干預主義危機出現的因素之一。[19]

十四、經濟學界目前習慣把一些傳統的工會政策描述爲獨占性計畫，說目的在於以獨占性工資率取代競爭性工資率。然而，工會通常不是以獨占性工資率爲目的。工會通常決意要在它自己所影響的勞動市場部門限制競爭，以便抬高該部門的工資率。但是，限制競爭和獨占性價格絕不可混淆。獨占性價格的特徵，在於這個事實：出售總供給P的一部分p所獲得的收入，高於出售P所獲得的收入。獨占者，透過扣留P－p不供應市場，賺到一筆獨占利益。分辨獨占性價格的標誌，不在於這獨占利益的高低，而在於獨占者有意實現這價格的行爲性質。獨占者關切全部現有供給的用途；他對這批現貨的每一部分都同樣關心。如果有某一部分留下來沒利用，那是他的損失。儘管如此，他選擇保留一部分不利用，因爲在當時的需求形勢下，這麼做對他最有利。正是特殊的市場狀態，促使他做出這樣的決定。出現獨占性價格不可或缺的兩個條件之一，獨占地位，可能是——通常是——制度干預市場資料的結果。但是，這些市場外部的力量不會直接導致獨占性價格；只有當第二個條件滿足時，採取獨占性價格的機會才會就緒。

在單純供給限制場合，情形就不同了。在這裡，發起供給限制的那些人，不關心他們阻止進入市場的那部分供給最終的下落如何。這一部分供給擁有者的命運如何，對他們來說，無關緊要。他們只關注還留在市場的那一部分供給。只有在獨占性價格下全部淨收入、超過潛在的競爭性價格下全部淨收入時，索取獨占性價格才對獨占者有利。限制供給或市場競爭的行爲，永遠有利於享有特權的群體，而不利於該行爲所排斥在市場之外的人。限制供給總是志在抬高每單位供給的價格，從而抬高特權群體的全部淨收入。遭到排斥的那一群人的損失，限制供給者沒納入考慮。特權群體從限制競爭所獲得的利益，有可能遠高於他們從任何想像得到的獨占性價格賺到的利益。但是，這是不相干的問題，它不會抹煞這兩種不同模式的行爲在交換學上的差異。

現今盛行的工會政策，是限制競爭的，而不是獨占性的價格政策。多數工會決意在它們的領域限制勞動供給，完全不關心遭到排斥的那些人的命運。工會已在每一個人口相對稀少的國家成功築起各種移民障礙，因而得以保持它們相對高的工資率。那些遭到排斥的外國工人，被迫留在原來的國家；在那裡，勞動邊際生產力、從而工資率，都比較低。從前，在勞工可以跨國自由移動下，工資率均等化趨勢相當明顯，現在這種趨勢已經停滯。在國內勞動市場，多數工會不容許非工會工人競爭，並且只接納限量的工人加入工會。那些沒被接納的工人，必須謀求報酬比較差的工作或繼續失業。工會對這些人的命運無動於衷。

即使某一工會對失業會員負起責任，動用就業會員所繳納的會費，並以不低於就業會員收入的失業救濟金支付給失業會員，它的行爲也不是一種獨占性價格政策。因爲失業會員，並不是工會政策——以較高的工資率取代潛在較低的市場工資率——唯一傷害到的人；還有那些被拒絕加入工會的人，工會並未將他們的利益納入考慮。

數學方法處理的獨占性價格理論

數理經濟學家向來特別注意獨占性價格理論。獨占性價格，看來似乎是交換學中，比其他章節更適合數學方法處理的一個章節。然而，在這方面，數學所能提供的服務也一樣乏善可陳。

對於競爭性價格，數理經濟學所能處理的，不過是以數學描述種種（無行爲的）均衡狀態和均勻輪轉的經濟假想狀態。至於市場資料如果不會發生任何進一步的變化，怎樣的行爲最後將建立這些均衡狀態和均勻輪轉的經濟，數理經濟學完全無法處理。

在獨占性價格理論方面，數理經濟學稍微接近行爲事實。它說明，獨占者如果掌握了所有必要的資訊，怎樣可以找到最適獨占性價格。但是，獨占者實際上不知道需求曲線的形狀；他所知的，只是過去的需求曲線和供給曲線相交的那些點。所以，他不可能利用數學公式，去發現他所獨占的商品是否存在任何獨占性價格，遑論在不同的獨占性價格當中，發現哪一個是最適獨占性價格。所以，在此一行爲領域，數學的、圖解的論述，和在其他領域一樣都沒有用處。不過，數理經濟學家至少概要的列出獨占者的一些考慮，不像在競爭性價格場合那樣，僅自滿於描述一個在理論分析時、純粹用來輔助推理的假想建構，一個在眞實的行爲中、沒有任何作用的假設概念。

然而，當代數理經濟學家還是搞亂了獨占性價格的研究。他們不把獨占者視爲某一獨占商品的賣者，而是視爲一個企業家和生產者。然而，把獨占利益和企業家利潤清楚分辨開來，卻是必要的。獨占利益只能由某一商品或服務的賣者獲得；企業家，只能以身爲某一獨占商品的賣者，而不是以身爲爲企業家，獲得獨占利益。隨著總產量的增加，每單位生產成本的下降（或上升），可能帶來的好處（或壞處），會增加（或減少）獨占者的全部淨收入，從而影響他的舉動。但是，交換學在處理獨占性價格時，絕不可忘記，除了一定的需求曲線形狀外，獨占利益只源自對某一商品或某項權利的獨占地位。只有這獨占地位，才使得獨占者有機會限制供給，毋須顧慮他的行爲可能因爲他人擴大供應量而遭到挫敗。嘗試從生產成本如何變化的角度，去界定出現獨占性價格所需的一些條件，可說白費工夫。

有些數理經濟學家說，在導致競爭性價格出現的那種市場情況下，個別生產者能按市場價格，賣出某一比實際賣出的還要多的數量；這是一個令人迷惑的說法。只有當兩個特殊條件滿足時，該說法才是有效的：第一，有關的生產者，某A，不是邊際生產者；第二，因擴大生產而增加付出的成本，能以出售增加的產量回收。這時，A的擴大生產，會迫使邊際生產者停止生產；而應市銷售的總供給數量則維持不變。相對於獨占性價格，競爭性價格的特徵在於，它是某種市場狀態的結果；在這種狀態下，所有不管是什麼順位的財貨與服務的擁有者，都被迫要盡可能滿足消費者的渴望。在競爭性市場上，沒有賣者的價格政策這回事。他們除了按消費者願意支付的最高價格盡可能多賣之外，別無更好的選擇。相對的，獨占者的選擇要比他們多一點，他可以嘗試扣留一部分他所掌控的供給不應市，以便獲取獨占利益。

第七節　商　譽

這裡必須再次強調，在市場上活動的人並不是無所不知；他們對於實際情況的認識多少有些瑕疵。買者必定始終寄望賣者值得信賴。在生產財方面，即使買者通常是相關領域的專家，在某一程度內還是得倚賴賣者信用可靠。在消費財方面，情形尤其是這樣；在那裡，賣者在科技和商業見識上大多優於買者。推銷員的任務，不單是出售消費者開口索要的東西，他還必須時常指點顧客，如何挑選最能滿足需要的商品。零售商不僅是賣主，也是友善的幫手。一般民眾不會漫不經心的光顧任一家店鋪；如果可能的話，買者會挑選自己或可信賴的友人有過良好交易經驗的商店或品牌。

信譽是一家企業基於過去的實績、所獲得的名聲，它隱含一般人預期：享有信譽者將來會依照過去的標準行動。信譽不是一種僅存在於買賣關係方面的現象，而是存在於所有社會關係中，決定個人終身的婚配對象、平時的交友對象和選舉時的投票對象。當然，交換學僅處理商業方面的信譽——商譽。

商譽是否建立在客觀的實績上，或者只是空想和誤解的結果，是無關緊要的問題。就人的行爲而言，要緊的，不是無所不知的生靈可能認爲的眞理是什麼，而是容易犯錯的人意見是什麼。有時候，有些顧客願意支付比較高的價格購買某一特殊品牌的化合物，雖然該品牌的化合物，在物理和化學結構上，和另一件比較便宜的產品沒什麼不同。專家可能認爲這種行爲不合理。但是，沒有哪個人能夠在所有和他自己的抉擇有關的領域，都具備充分的專門知識。他不可能完全避免以他對某些人的信任，取代他對眞實事態的認識。經常要買東西的人，不會一再費神挑選商品或服務，但總是會小心挑選自己能信任的供應商。他會支付額外的費用給他認爲可靠的商人。

商譽在市場上所發揮的作用，不會損害或限制競爭。每個人都有獲得商譽的機會，而每一個享有商譽的人也都可能得而復失。許多社會改革者，嚮往威權統治體制，主張以獨裁的分級標章取代商標。如果統治者和官僚無所不知、大公無私，這樣的想法會是對的。但是，由於官員並非全無人性弱點，實現這種改革計畫，只不過以政府委任機關的缺陷、取代公民的個別缺陷。阻止某個人區別哪一個品牌的香菸或食品罐頭他比較喜歡，以及哪些品牌比較不喜歡，不會讓他更快樂。

商譽的取得，不僅需要誠實、熱心服務顧客，還需要金錢花費。一家企業需要花上一段時間，才能獲得一群穩定的顧客。在這段期間內，它時常必須忍受虧損，只期待未來的利潤能把這虧損彌補過來。從賣者的觀點看來，商譽可說是一項必備的生產要素，而它也的確按此性質獲得估價。商譽的貨幣當量，會計帳簿和資產負債表通常不會登錄，但這個事實無關緊要。如果某家企業的所有權要轉讓，會有一定價格支付給商譽，只要這商譽能移轉給新東家享有。

因此，交換學的一個課題，是研究這個稱爲商譽的特殊事物有些什麼性質。在這方面，我們必須區分三種不同的情況。

情況一、商譽讓賣者有機會索取獨占性價格或向不同類別的買者索取不同的價格。這種情況，和其他獨占性價格或價格歧視的情況，並無不同。

情況二、商譽只讓賣者有機會按相當於同業競爭者得到的價格銷售產品和服務。如果賣者沒有商譽，便完全不可能銷售或只能削價出售。對賣者來說，商譽的必要性，不亞於必須有一個營業處所、維持一批種類齊全的商品貯存和僱用技術純熟的助手。取得商譽所花費的成本，和其他任何營業費用，地位是相同的。它們同樣必須用總收入超過總成本的財源予以支付。

情況三、賣者在某一有限的忠實顧客圈當中，享有如此閃耀的名氣，以致他能按某些比較高的價格出售商品或服務，高於名氣比較小的競爭者索取的價格。然而，這些比較高的價格，不是獨占性價格，亦即，不是一個蓄意限制總銷售數量的策略，以提高總收入的結果。在這種情況裡，賣者很可能沒有任何機會出售較大的數量，譬如，就像某位醫生忙到他的能力極限那樣，儘管他索取的診療費高於比較沒名氣的同僚。這種情況也有可能是，擴大銷售數量，需要增加資本投資，而賣者或者欠缺這資本，或者他認爲這資本另有利潤更高的用途。在這裡，阻止產量增加，從而阻止增加商品或服務上市銷售的因素，不是賣方某一刻意的行爲，而是市場狀態。

對前述事實的誤解，已經衍生出一整部「不完全競爭」和「獨占性競爭」的神話，所以這裡有必要更加仔細探討，一個正在權衡事業擴張之利弊得失的企業家，會有哪些考量。

擴大某一生產要素組合，和提高該組合的利用率、以增加產出直到產能滿載，一樣都需要增加資本投資，而這資本投資只在沒有其他更賺錢的投資途徑時才是合理的。[20]企業家是否自己有足夠的資本，或者必須貸款來投資，是無關緊要的問題。而且，企業家自有的一部分沒在他企業內運用的資本，也不是「閒置的」，而是用在經濟體系內的某個地方。這些資本金若用來擴大討論中的企業規模，就必須撤離它們當下的用途。[21]這個企業家，將只會在他預期改變投資方向可增加他的淨報酬時，才會從事投資方向的改變。另外，還有其他一些顧慮，可能抑制一家欣欣向榮的企業傾向擴張，即使市場情況看似提供有利的機會。可能是因爲企業家對自己的能力沒信心，不認爲自己能成功經營更大的事業；也可能他被一些曾經欣欣向榮的企業因擴張而倒閉的例子嚇著了，以致打消擴張的念頭。

某個商譽傑出的商人，雖然能以高於較不出名的競爭者索要的價格銷售自己的產品，當然也可能放棄這種競爭優勢，而減低自己索要的價格至競爭者的水準。像每一個銷售商品或勞動的賣者那樣，他可能放棄充分利用市場形勢提供給他的有利機會，而按某一導致需求超過供給的價格銷售他的產品。如果他這麼做，他將是在給某些人贈送禮物。受贈者將是那些能按這調降的價格買到貨品的人。其他人，雖然也願意按相同的價格購買，卻不得不向隅而回，因爲供給不夠滿足所有的人。

每一種商品的生產和上市銷售數量受到限制，始終是熱中於賺取最高可能的利潤、和規避虧損的企業家選擇的結果。獨占性價格的特徵，不在於企業家未選擇生產更多的有關商品、從而沒導致該商品價格下降這個事實。獨占性價格的特徵，也不在於一些互補生產要素事實上留著不用，雖然比較充分利用它們將會降低產品的價格。唯一要問的是：限制生產，是不是「獨占某一財貨或服務供給的那個人，保留了一部分供給，以便在銷售其餘部分時獲得比較高的價格」，這樣的行爲所產生的結果。獨占性價格的特徵，是獨占者對消費者願望的公然反抗。銅的某一競爭性價格，意指銅的最後價格趨向某一水準，在這水準下，所有銅礦藏都開採到所需非特殊用途的互補生產要素價格允許開採的程度；邊際的銅礦脈沒產生礦租收入。在這種情況下，消費者得到他們自己——依照他們準備給銅和所有其他商品支付的價格——決定的那個數量的銅。銅的某一獨占性價格，意指銅礦藏只開採到某一較小的程度，因爲這對銅礦主比較有利；當消費者的至高權力沒遭到損害時，那些肯定會用來生產更多銅的資本與勞動，現在由於獨占性價格的出現，被用來生產消費者需求較不強烈的其他商品。這時，銅礦主的利益，優先於消費者的利益。可供使用的銅資源，未按照公眾的願望與計畫獲得利用。

當然，利潤也是消費者的願望和企業家的行爲兩者之間出現落差的結果。如果企業家過去對於現在的市場狀況有更好的先見之明，就不會出現任何利潤和虧損。他們過去的競爭便已經把互補生產要素價格調整到——在納入適當的時序偏好折扣後——和產品目前價格相配的地步。但是，這個關於落差的陳述，不可能抹消利潤和獨占利益之間的根本差異。企業家獲得利潤，只因他在滿足消費者的願望方面比別人更爲成功；而獨占者則是藉由損害消費者的滿足，以獲取獨占利益。

第八節　需求獨占

獨占性價格，只可能出現在供給獨占的情況。需求獨占所導致的市場情況，和沒有需求獨占的市場情況並無不同。獨占性買者——不管他是一個人或是一群聯合行動的人——不可能取得某一相當於獨占性賣者的獨占利益那樣的特別利益。如果他限制需求，他將可按某一較低的價格購買。但此時，他買到的數量也會下降。

就像政府爲了改善某些特權賣者的處境而限制競爭，政府也同樣能爲了某些特權買者的利益而限制競爭。有些政府一再禁止某些商品輸出。它們用這種辦法排除國外買者的競爭，目的在於降低國內的價格。但是，這樣一個較低的價格，不是相當於獨占性價格的東西。

通常被論者當作需求獨占處理的現象，其實是某些特殊性互補生產要素價格怎樣決定的問題。

假設生產一單位的商品m，除了需僱用各種不同的非特殊性要素外，還需僱用兩種絕對特殊的要素a和b各一單位。a和b都不能由其他任何要素取代；另一方面，如果沒和b結合起來使用，a是沒有任何用處的，反之亦然。現有的a供給，遠多於現有的b供給。所以，a的所有者無法爲a索取任何價格。對a的需求總是落後於供給；a不是一種經濟財。如果a是一種礦藏，開採它需要使用資本和勞動，則這礦藏的所有權不會產生權利金，不會有礦租收入。

但是，如果a的所有者組成一個卡特爾，他們就能逆轉形勢，把市面上的a供給限制到這麼小的一部分，以致市面上b的供給超過a的供給。於是，a變成一種須支付價格的經濟財，而b的價格則下降至零。這時，如果b的所有者也組成一個卡特爾予以反制，則在這兩個獨占性的卡特爾之間便會出現價格鬥爭，結果如何，交換學無從置喙。正如前面已經指出的，在生產所需的互補要素有一種以上是屬於絕對特殊用途的場合，要素價格的形成過程不會導致個別確定的結果。

就這一點而言，市場狀況是否允許要素a和b一起能按某一獨占性價格出售，是一個無關緊要的問題。一組包含a和b各一單位的要素組合價格，是一個獨占性價格，或是一個競爭性價格，對此處的問題沒有影響。

因此，有時候被論者當作一種需求獨占看待的現象，其實是某些特殊情況下所形成的一種供給獨占現象。生產要素a和b的賣者都決心按獨占性價格出售，不管產品m的價格是否能變成某一獨占性價格。他們唯一關心的，是在買者願意綜合付給a和b的共同價格當中，盡可能爭奪，希望分得較大的一份價格。

這種情況沒有任何特徵允許我們在它身上應用**需求獨占**一詞。然而，如果我們顧及這兩個卡特爾之間的爭奪所附帶的一些面貌，這個表達方式會變得可以理解。如果a（或b）的所有者湊巧也是主持加工生產m的企業家，則他們的卡特爾便呈現出一種需求獨占的外觀。但是，這種個人身上結合兩種不同交換學功能的情況，改變不了問題的本質；問題的本質在於，這兩組獨占性賣者如何解決彼此之間的價格份額鬥爭。

即使a和b除了生產m之外還有一些其他用途，只要這些其他用途只產生比較小的報酬，那麼，上面的例示，加以必要的變更後也一樣適用。

第九節　獨占性價格影響下的消費

不同消費者可能以不同方式反應獨占性價格。

一、儘管價格上漲，消費者沒減少他對獨占性商品的購買量。他寧可減少其他商品的購買量（如果所有消費者都依這方式反應價格上漲，則競爭性價格肯定已經上漲至獨占性價格的高度）。

二、消費者對獨占性商品的購買量減少到這樣的一個程度：他花在購買這商品的金額，沒多於他在競爭性價格下——購買某　較大數量——所花的金額（如果所有消費者都依這方式反應價格上漲，則賣者在獨占性價格下所得到的，將不會多於他在競爭性價格下所得到的；他不會從偏離競爭性價格獲得任何利益）。

三、消費者對獨占性商品的購買量減少到這樣的一個程度：他花在購買這商品的金額，少於他在競爭性價格下所花的金額；他用省下來的錢，購買其他原本沒買的東西（如果所有消費者都依這方式反應價格上漲，則賣者以某一較高的價格取代競爭性價格，反而會傷害他自己的利益；獨占性價格將不可能出現。在這種情形下，只有某一行善者，希望他的同胞戒掉有害藥物的消費，才會把相關商品的價格提高到競爭性價格以上）。

四、消費者花在購買獨占性商品的金額，多於在競爭性價格下所花的金額，而只獲得較少量的該商品。

不管消費者怎樣反應，從他自己的價值評估觀點來看，他的滿足顯然受到損害。他在獨占性價格下所得到的服務，不像在競爭性價格下所得到的那樣好。賣者的獨占利益，由買者遭受某一獨占剝削來承擔。即使某些消費者（如前面第三種情況所述）獲得他們在獨占性價格不存在時沒買過的一些商品，他們的滿足也是低於在不同的價格型態下會得到的滿足。那些由於生產所需的互補要素之一的供給遭到獨占性限制，以致減產的產品所釋出的資本與勞動，被用來生產其他一些原本不會生產的東西。但是，消費者對這些東西的價值評估比較低。

一般來說，獨占性價格有利賣者、損害買者，侵害消費者利益至上的地位。然而，這個通則有一個例外。如果在競爭性市場上有一生產消費品 g 所需的互補生產要素 f 完全沒獲得任何價格，雖然生產 f 需要各種支出，而消費者也願意為消費品 g 支付某一價格，使 g 的生產在競爭性市場上有利可圖，這時，給 f 支付獨占性價格便成為生產 g 的一個必要的條件。這就是某些論者提出來，藉以支持立法，保護專利權和版權的理由。如果發明家和作家沒辦法憑發明和寫作賺錢，他們便不會把時間投注在這些活動上，也不會出錢支應這些活動所涉及的成本。公眾不會因 f 沒獲得獨占性價格而得到任何好處。相反的，他們將錯過 g 能給他們帶來的滿足。[22]

許多人對於魯莽使用一些不能恢復原狀的礦物和石油儲藏，感到驚惶。他們說，我們這一代人揮霍那些容易耗竭的儲藏，完全不顧未來的世代。我們正在消費自己和未來世代與生俱來的權利。但是，這些抱怨毫無意義。我們不知道未來世代是否仍將像我們現在這樣倚賴那些礦物資源。沒錯，石油儲藏，甚至煤礦儲藏，現在正迅速趨向枯竭。但是，在一百年或五百年後，人很可能採用其他方法產生熱力和電力。沒人知道，如果我們比較不浪費這些儲藏，我們是否只在剝奪我們自己而無益於二十一或二十四世紀的人。爲我們甚至夢想不到會有什麼科技能力的未來世代的需要做準備，是徒勞的。

再則，同一批人，如果一方面痛惜某些自然資源的耗竭，另一方面又同樣激烈譴責獨占限制了這些自然資源目前的開採，那就自相矛盾了。水銀的獨占性價格，無疑有減緩水銀蘊藏枯竭的作用。在那些想到未來水銀稀少的情景就感到驚悚的人看來，獨占性價格的這個作用想必是非常可喜的。

經濟學揭露這種自相矛盾的想法，目的不是爲了「正當化」石油、礦物和礦石的獨占性價格。經濟學既沒有辯護什麼的任務，也沒有譴責什麼的任務。它只是必須仔細檢查所有行爲模式的效果。它不會進入獨占性價格的敵、友雙方激辯的競技場。

在這個熱烈的爭論中，雙方都採取了一些錯誤的論點。反對獨占的一方錯在認爲，每一獨占地位，都能夠藉由限制供給，導致獨占性價格，損害買者的利益。它同樣錯在認爲，在未受政府干預、阻礙、破壞的市場經濟裡，一般盛行的趨勢是傾向形成獨占。談論獨占性資本主義而不是獨占性干預主義，談論私人卡特爾而不是政府做成的卡特爾，這是對眞實事態的一個奇形怪狀的扭曲。只要政府沒致力助長獨占，獨占性價格將局限於某些只能在少數幾個地方開採的礦物，以及地方性有限空間獨占的場合。

贊成獨占的一方錯在認爲，卡特爾具有大規模生產經濟效益的優點。他們說，把生產集中在某一獨占者手中，通常會降低平均生產成本，從而釋出可供其他生產使用的資本和勞動。然而，淘汰生產成本較高的工廠，其實不需要組成卡特爾。自由市場的競爭，在沒有任何獨占和獨占性價格的情況下，便可達成這樣的效果。相反的，政府發起組成的卡特爾，用意往往在於保存那些正因爲生產成本過高、將被自由市場強迫停業的工廠和農場。例如，自由市場肯定已經淘汰掉邊際以下的農場，而只保留那些在目前市場價格下耕作仍然划算的農場。但是，美國新政偏向某一不同的安排。它強迫所有農夫按一定比例減產。美國新政利用獨占性的限制供給政策，把農產品價格抬高，使邊際以下土地的耕作再度變得合理。

同樣錯得離譜的是，搞混了產品標準化的經濟效益和獨占，而推衍出來的一些結論。如果消費者只希望取得某一標準型態的一定商品，則這種商品的生產，便能按某一比較經濟的方式來安排，而成本也將相應降低。然而，如果消費者眞的是這麼希望，那麼，即使沒有獨占，也會出現產品標準化和相應的成本降低。另一方面，某人如果**強迫**消費者滿足於只有單一標準型態可買，他並不會增加消費者的滿足，而是傷害這滿足。獨裁者可能認爲消費者的作風相當愚蠢。爲什麼女人沒像軍人那樣穿制服？爲什麼她們如此痴迷於樣式獨特的衣飾？從他自己的價值判斷觀點來看，他可能是對的。但問題是，價值判斷是私人的、獨特的和任意的事情。市場民主的意義，就在於這樣的事實：人人自己做選擇，沒有什麼獨裁者有權力強迫他人服從他的價值判斷。

第十節　賣方的價格歧視

競爭性價格和獨占性價格，對所有的買者都是相同的。在市場上，有一不變的強大趨勢，傾向消除同一種商品或服務的價格差異。不同買者的價值判斷和有效需求，雖然各不相同，卻都支付相同價格。富者購買麵包所支付的價格，沒高於較不富者，雖然富者只要不能按比較低的價格買到麵包，肯定願意支付比較高的價格。音樂狂熱者，寧可縮減自己的食物消費，也不願意錯過貝多芬交響曲演奏會，但他所支付的門票價格，並沒高於某個只把音樂當成純消遣的人，後者甚至不會參加音樂會，儘管只須暫時拋棄他對某此零碎事物的慾望，便能省下參加音樂會的錢。某人購買某物所須支付的價格和他願意支付的最高價格，兩者之間的差額，有人稱之爲消費者剩餘。[23]

但是，市場上可能出現一些情況，使賣者能夠在價格上歧視不同的買者。他能夠按不同的價格銷售某一商品或服務給不同的買者。他能夠獲得的某些價格，有時候甚至高到能讓某個買者的消費者剩餘完全消失。有兩個條件必須同時存在，才會使價格歧視變得有利於賣者。

第一個條件是，那些按較便宜價格購買的人，不能夠將買到的商品或服務，轉賣給歧視性賣者只按某一較高價格銷售的對象。如果不能禁止這樣的轉賣，第一手賣者的歧視意圖肯定會遭到挫敗。第二個條件是，買方大眾的反應方式，不至於使賣者的總淨收入低於他在均一價格下所獲得的總淨收入。在有利於賣者以獨占性價格取代競爭性價格的情況下，這第二個條件總是存在。但是，這條件也可能出現在某個不會導致獨占利益的市場情況中。因爲價格歧視並不要求賣者必須縮減銷售量。他完全沒失去任何買者；他只須考慮某些買者可能縮減他們的購買量。但是，他通常有機會把剩下的供給，賣給一些本來在必須支付均一的競爭性價格下完全不買或買得比較少的人。

因此，生產成本將會怎樣變化，在歧視性賣者的考慮中，沒有任何作用。生產成本沒受到影響，因爲生產和銷售量保持不變。

最常見的價格歧視例子，是醫生的差別收費。假設某個醫生，每週能完成八十次診療，每次診療收費$3，所有工作時間目前完全投入照顧三十個病人，每週賺得$240。如果他向最富有的十個總共看診五十次的病人每次診療收費$4而不是$3，他們將只上門消費四十次診療。這個醫生把剩下的十次診療，按每次收費$2，賣給一些不會花$3購買其專業服務的人。於是，他的每週收入上升至$270。

由於價格歧視只有在比均一價格對賣者更有利時才會實施，所以價格歧視顯然會導致消費，以及生產要素在各種不同用途之間的配置，發生變化。價格歧視的結果，總會使取得有關商品所需支付的總金額增加。買者爲了支應這增多的支出，必須縮減購買其他商品的金額。由於受惠於價格歧視的買者，因受惠而購買的商品和數量，不太可能就是別人現在因受害於價格歧視而不再購買的那些商品和數量，所以，市場資料和生產工作的改變是不可避免的。

在上面的例子裡，那十個最富有的病人受害了；他們現在要花$4購買他們過去只花$3便買到的服務。但是，從這價格歧視獲得利益的，不單是那位醫生；那些被他收取$2診療費的病人，也獲得利益。沒錯，他們必須拋棄一些其他方面的滿足，以省下的錢支應醫生的診療費。然而，他們對這些其他方面的滿足的價值評估，低於這個醫生的診療帶給他們的滿足。他們的滿足程度提高了。

要充分理解價格歧視的意義，最好記住：在分工的情況下，渴望獲得同一種產品的眾人彼此競爭，未必會傷害競爭者個別的利益。只有在競爭是針對自然給定的一些互補生產要素所提供的服務時，競爭者個別的利益才是彼此敵對的。這種不可避免的自然敵對，被來自分工的利益取代了。只要生產成本可因大規模生產而降低，渴望獲得同一種產品的眾人彼此競爭，導致競爭者個別的處境獲得改善。不只是少數幾個人而是一大群人渴望獲得商品c的事實，使得採用節省成本的過程製造c成爲可能；於是，甚至一些並不怎麼富裕的人也買得起c。同樣的，有時候，價格歧視會使某個在沒有價格歧視下一直沒獲得滿足的慾望，變得可能獲得滿足。

假設某個城市住了p個音樂愛好者，他們每個都願意花$2參加某位大師的演奏會。但是，這樣一場演奏會需要一筆多於$2p的支出，所以不可能安排舉辦。如果能夠差別收取入場費，而在這p個樂友當中有n個人願意支付$4買票入場，則這個演奏會便可能舉辦，只要$2（n＋p）足夠支應全部的費用。這時，這n個人每人支付$4入場，而其餘（p－n）個人，每人支付$2入場；他們每一個都放棄，若非比較喜歡參加這場演奏會，原本會予以滿足的某個比較不迫切的需要。每一個參加音樂會的聽眾，都過得比他在這音樂會因不能執行價格歧視而受阻時更爲愉快。透過價格歧視，把參加音樂會的聽眾擴大，直到允許更多聽眾入場將使音樂會成本增加超過增多的聽眾願意支付的入場費爲止，對音樂會的組織者是有利的。

如果即使沒有任何人支付多於$2的入場費，演奏會事實上也能安排舉辦，那情形就不同了。這時，價格歧視便會傷害那些遭到索取$4入場費的愛樂者的滿足。

最常見的一些按不同費率、出售藝術表演門票和火車票的作法，不是交換學意義的價格歧視。付出較高費率的人，得到某種比他付出較低費率時得到的，更受他看重的東西。他得到一個較好的座位，一個較舒服的旅行機會等等。眞正的價格歧視出現在某些醫生收費的場合；這些醫生，以同等關心照顧每一個病人，但是向較富有的病人收取的費用，高於向較不富有的病人收取的。價格歧視也出現在某些鐵路公司收費的場合，這些鐵路公司對某些貨物收取較高的運輸費，因爲運輸服務在這些貨物所增加的價值，高於其他貨物所增加的價值，儘管鐵路公司爲運送所有這些貨物所付出的成本是一樣的。顯然，醫生和鐵路公司都只能在某個範圍內實施價格歧視，這範圍取決於病人和發貨人有什麼樣的機會，給所需滿足的問題找到另外一個更有利於他們自己的解決方案。但是，這就回到出現價格歧視所需的兩個條件之一了。

我們用不著擔心，也許在某一市場狀態下，所有種類的商品與服務的所有賣者都能進行價格歧視；因爲這擔心沒有實際的意義。比較重要的是，確立這個事實：在一個未受到政府干預、破壞的市場經濟裡，價格歧視所需具備的條件是如此罕見，以致可以很恰當的說價格歧視是一種例外現象。

第十一節　買方的價格歧視

雖然對獨占性買者有利的獨占性價格和獨占利益不可能實現，但在價格歧視方面，情況不同。在自由市場上，出現獨占性買方價格歧視的條件只有一個，即：賣方對於市場狀況的愚鈍無知。由於這樣的無知絕不可能持久，所以只有在政府干預的情況下，買方的價格歧視才可能實施。

瑞士政府設立一個由政府擁有和經營的穀物貿易獨占公司。它在國外市場按世界市場價格購買穀物，同時以更高價格自本國農夫進貨。在國內採購方面，它給在石質土壤的高山地區以較高成本生產的農夫支付較高價格；同時，支付較低價格——雖然還是高於世界市場價格——給在較肥沃土地上耕作的農夫。

第十二節　價格的關聯性

假設某一特定生產過程同時生產出兩種產品p和q，則企業家的決定和行爲將會受到p和q合起來的預期價格影響。p和q的價格彼此有特別的關聯，因爲p（或q）的需求變化會產生q（或p）的供給變化。p和q之間的這種價格關係，可以稱爲生產方面的關聯性。商人稱p（或q）爲q（或p）的副產品。

假設消費財z的生產需要使用要素p和q，p的生產需要使用要素a和b，而q的生產需要使用要素c和d。則p（或q）的供給變化會產生q（或p）的需求變化。使用p和q生產出z的生產過程，是否由同一家使用a和b生產出p、並且使用c和d生產出q的企業來完成，或者是由財務上彼此獨立的企業來完成，又或者是由消費者在消費過程中作爲一個準備步驟來完成，和前面的結論沒有關係。p和q的價格彼此有特別的關聯，因爲如果沒有q，p是沒有用的，或是只有比較小的效用，反之亦然。p和q之間的這種價格關係，可以稱爲消費方面的關聯性。

假設某一商品b所提供的服務能用另一商品a所提供的服務予以替代，即使這不是一種完全令人滿意的替代，則這兩種商品之一的價格變化，也會影響另一商品的價格。a和b之間的這種價格關係，可以稱爲替代方面的關聯性。

生產方面的關聯性、消費方面的關聯性和替代方面的關聯性，是有限的幾種商品之間特殊的價格關聯性。必須和這些特殊的關聯性區別開來的，是所有財貨與服務價格一般的關聯性。這種一般的關聯性，是這樣事實的結果：每一種慾望的滿足，除了需要使用各種不失爲特殊的要素外，還需要使用一種稀少的要素；這種稀少的要素，儘管個別在生產效能上有一些差異，但是在上面精確界定過的某一程度內[24]，可以稱爲一種非特殊性的要素──亦即，勞動。

在一個所有生產要素都是絕對特殊的假想世界裡，人的行爲將在許多彼此獨立的領域裡操作，以滿足各種慾望。在我們這個實際世界裡，各種滿足慾望的領域連成一氣，因爲存在著許多非特殊性的要素，適合用來達成各種不同的目的，而且在某一程度內合適彼此替代。某一要素──勞動，一方面，在每一種生產工作上都需要使用，而另一方面，在一定程度內，它又是非特殊性的，以致人的所有活動都具有一般的關聯性。這種一般的關聯性，把各種價格形成的過程整合起來成爲一個整體，其中所有齒輪彼此相互作用；它使市場成爲一系列彼此相互依存運行的現象。

如果把某一確定的價格當成一個獨立存在的事物來看待，那就荒唐了。某一價格只表示，正在行爲的人認爲，此刻在他們努力去除不適感的過程中，某一東西的位置。該價格並不表示這位置和什麼不變的東西存在某一關係，而只表示該東西在某一萬花筒般、千變萬化的組合中某一瞬間的位置。在這個由正在行爲的人認爲有價值的各種東西組成的集合中，每一個東西的位置和所有其他東西的位置都是互相關聯的。那稱爲某一價格的東西，永遠是某一整合爲一體的系統裡的一個關係，而這整合爲一體的系統，則是人人種種價值評估的綜合結果。

第十三節　價格和所得

某一市場價格，是一個眞實的歷史現象，是某兩個人在一定的地點和一定的時間，交換一定數量的兩種財貨所確定的那個計量比率。它指涉該具體交換行爲的特殊情況，最終取決於那兩當事人當時的價值判斷。它不是從一般的價格結構或從某一特別種類商品或服務的價格結構衍生出來的。那稱爲價格結構的東西，是從許許多多個別具體的價格衍生出來的抽象概念。市場既沒產生一般土地或一般汽車的價格，也沒產生一般的工資率，而是產生某一塊土地的價格、某一輛汽車的價格，以及完成某一種工作任務所得到的工資率。對價格形成的過程來說，彼此交換的那些東西該按照什麼觀點，歸到什麼類別，是無關緊要的。不管在其他方面它們如何不同，在交換行爲的當下，它們不過是商品罷了，亦即，不過是鑑於它們具有去除不適感的效能，當事人認爲有價值的東西。

市場沒產生，也沒決定所得。市場不是一個形成所得的過程。如果某塊土地的地主和某個工人審愼利用他們所擁有的物質資源，則該地主和該工人將可恢復和保存相關物質資源——該塊土地和該工人身體——提供服務的效能；農業和都市土地的效能幾乎可無限期的恢復和保存，而該工人身體的效能則可在若干年內不斷恢復和保存。如果這些生產要素面對的市場情況沒有變壞，則它們將來也可能在某些生產用途上獲得某一價格。如果土地和工作能力被相關人等當作所得的源頭來對待，亦即，如果它們的生產能量沒遭到魯莽的剝削利用以致過早耗竭，它們便可以稱爲所得的源頭。這是因爲某些生產要素被審慎、克制的利用，而不是因爲那些要素本具的物理性能，使它們變成有些耐久的所得源頭。在自然界，沒有源源不斷的所得這回事。所得，是行爲的一個範疇（或者說，是行爲人本具的一個思想元素）；它是稀少的生產要素被審慎、節約利用的結果。這一點在資本財的場合更加清楚。這些生產出來的生產要素不是永久的，雖然有些可能有好幾年的生命；它們全都會因磨損，有時候甚至只因時間經過，而最後變得毫無用處。它們所以變成耐久的所得源頭，全因爲它們的主人把它們當成耐久的所得源頭來對待。市場資料維持不變下，如果對資本產出的消費是如此節制，沒損害到資本被磨損部分的替換和恢復，資本能被保存下來作爲所得的一個源頭。

市場資料的變化，可能使試圖維持某一所得源頭的一切努力遭到挫敗。如果需求改變，或者如果有更好的設備出現，現有的工業設備會變得落伍無用。如果有更肥沃的土地變得很容易獲得，而且數量還很充足，原來的某塊土地可能變得毫無用處。完成某些特殊工作所需的專門知識與技巧，當新的時尚或新的生產方法縮減了利用它們的機會時，它們獲取報酬的能力就會大大失色。任何爲不確定的未來所做的準備，成功到什麼地步，取決於該準備功夫所根據的、對於未來的預料正確到什麼地步。沒有什麼種類的所得，能確定免於沒充分預料到的變化影響。

再則，價格形成的過程也不是一種分配什麼的方式。正如前面已經指出的，在市場經濟裡，沒有什麼現象能用上分配這個概念。

第十四節　價格和生產

價格形成的過程，引導生產活動進入最能滿足市場上所展現的消費者願望的途徑。只有在出現獨占性價格的場合，獨占者才能夠在某一有限範圍內，使生產活動偏離該途徑，轉移到對獨占者自己特別有利的途徑。

價格決定哪些生產要素須利用，以及哪些生產要素須閒置不用。特殊性生產要素，只有在互補的非特殊性生產要素找不到更有價值的用途時，才會利用。有一些科技祕方、土地和不能轉換用途的資本財，它們的生產能量須閒置不用，因爲若要利用它們，將意味必須浪費所有要素中最稀少的要素——勞動。雖然在我們這個世界目前的情況下，自由的勞動市場，不可能有勞動長期沒獲得僱用或失業的情形發生，然而土地和不能轉換用途的工業設備產能沒利用，卻是經常發生的現象。

對有些產能沒獲得利用，大表哀嘆，是荒唐的。因爲科技進步而變得過時、以致產能沒獲得利用的舊生產設備，是物質進步的里程碑。如果建立了持久的和平，使彈藥工廠不再啓用；或者如果發現了某一有效防止和治療肺結核的方法，使治療肺結核患者的療養院變得過時無用，那將是一件值得慶賀的事。至於悔恨過去考慮不周、導致資本財方面的錯誤投資，那是合乎情理的。然而，人並非永遠不會犯錯。一定金額的錯誤投資，是避免不了的。我們必須做的是，避免一些像是信用擴張那樣、人爲助長錯誤投資的政策。

現代科技能夠輕易利用溫室，在極地種植柑桔與葡萄。每個人都會把這種投機事業叫做瘋狂行爲。但，一方面聽任許多地方的肥沃土地休耕，另方面卻以關稅，以及其他保護主義手段，保存多岩石山谷裡的穀物種植事業，這和極地種植本質上並沒無不同。兩者之間的差異，只是程度不同而已。

瑞士Jura區的居民選擇製造鐘錶，而不種植小麥。對他們來說，製造鐘錶是獲取小麥最便宜的方式。另一方面，種植小麥是加拿大農夫獲取鐘錶最便宜的方式。Jura區的居民不種植小麥和加拿大人不製造鐘錶的事實，不會比裁縫師不製作自己要穿的鞋子或鞋匠不製作自己要穿的衣服更值得驚異。

第十五節　非市場價格的怪想

價格是市場現象。價格是從市場過程產生出來的；價格是市場經濟的精髓。沒有市場之外的價格這種東西。價格，可以說，不可能（在想像的實驗室裡）合成的建構出來。價格是一定的市場資料組合形成的結果，是市場社會成員一定的行爲和反應行爲所導致的結果。沉思冥想如果某些決定因素不同的話，價格將會是怎麼樣，是沒意義的。這種奇幻的遐想，不會比異想天開的揣測，如果拿破崙在Arcole戰役中被殺，或者如果林肯曾命令Anderson少校撤離Sumter要塞，歷史將會怎樣發展，更有意義。

同樣沒用的，是思考價格應該怎麼樣。如果想買的東西價格下跌，而想賣的東西價格上漲，每個人都會很高興。在表達這樣的願望時，某人是眞誠的，只要他承認這是他個人的觀點。至於他敦促政府使用強制與脅迫權力干預市場價格，從他個人利益的觀點來看，是不是一樁明智的行爲，那就是另外一個問題了。本書的第六篇將表明，這樣的干預主義政策，必然會有哪些不可避免的後果。

但是，如果某人把這樣的願望和任意的價值判斷稱爲客觀眞理的聲音，那他就是在自欺或者欺人了。在人的行爲領域，除了許多不同的人各自渴望達到某些目的，什麼都不作數。就這些目的的選擇而言，沒有眞理或非眞理的問題；和這些目的的選擇有關係的，只是價值判斷。而一切價值判斷必然總是主觀的，不管是某個人單獨下的判斷，或是許多人下的判斷，或是某個傻瓜、某個大學教授或某個政治人物下的判斷。

市場上決定的任何價格，必然都是兩股運作中的力量——需求與供給——互動的結果。不管產生某個價格的市場情況是什麼，相對於該情況而言，該價格總是適當的、眞正的和眞實的價格；只要沒有買者願意出更高的價格，它便不可能更高，而只要沒有賣者願意按較低的價格交貨，它也就不可能更低。只有出現願意這樣買或這樣賣的人，價格才可能改變。

經濟學分析形成商品價格、工資率和利率的市場過程。它沒發展出什麼公式，讓任何人得以計算某一「正確的」價格，某一不同於買者和賣者在市場上互動所確立的那個價格的價格。

許多人努力想要決定非市場價格，這些努力的根柢，是所謂「眞實成本」這個迷糊、矛盾的概念。如果成本是一個眞實的東西，或者說，是一個獨立於個人價值判斷之外的、可以客觀辨別、測量的數量，那麼，某個公正無私的仲裁者便可能確定成本的高低，從而確定正確的價格。這裡不需要再詳述這種想法的荒謬性。成本是一個價值評估現象。成本，是尚未獲得滿足的那個最迫切的慾望滿足在行爲人心中的價值；而該慾望之所以沒獲得滿足，乃是因爲它的滿足所需使用的手段正被行爲人用於我們正在討論其成本的那個慾望的滿足。獲得某個超過成本的產品價值，或者說，獲得某筆利潤，是每一分生產努力的目標。利潤是行爲成功的報償，它不可能有獨立於價值評估之外的定義。它是價值判斷現象；它和外在世界的物理或其他現象，沒有直接關係。

經濟分析不得不把一切成本項目還原爲價值判斷。社會主義者和干預主義者把企業家的利潤、資本的利息和土地的租金叫做「不勞而獲的」收入，因爲他們認爲：唯有工人的辛勞與煩惱是眞實的、值得獎勵的。然而，現實世界不獎勵辛勞和煩惱。如果辛勞與煩惱按照設想周全的計畫支用，則辛勞與煩惱的結果會增加一些可供滿足慾望的手段。不管人怎樣認爲什麼才是公正、公平的，唯一要緊的，總是這個相同的問題。唯一要緊的總是：哪 個社會組織體系比較適合達成人願意花費辛勞與煩惱去達成的那些目的？問題是要市場經濟呢？還是要社會主義？不會有第三個答案。具有非市場價格的市場經濟，這樣的觀念是荒謬的。成本價格，這個想法是不可能實現的。即使這個成本價格公式只施用在企業家利潤上，它也會癱瘓整個市場。如果商品和服務必須以低於市場原本會決定的價格出售，則供給總是會落後需求。於是，市場既不能確定什麼該生產或什麼不該生產，也不能確定生產出來的商品和服務該供應給誰，結果會是一團混亂。

這一點和獨占性價格也有關係。應避免一切可能導致獨占性價格出現的政策，這樣的建議是合理的。但是，不管獨占性價格是由助長獨占的政策所引起的，抑或是儘管沒有這種政策仍然會出現的，都不會有什麼所謂「事實考察」或躺在靠背椅上的理論猜想，能發現另一個讓供給和需求變得相等的價格。對於公用事業有限空間獨占的價格問題，所有想要找出某個滿意解答的學究嘗試終歸失敗，可以清楚證明這裡講的眞理。

價格的本質，在於價格是人個別或組成團體，爲他們自己的利益而行爲的結果。交換學的交換率和價格概念，自始排除任何中央權威行爲的結果，排除任何人以社會或國家或某一武裝壓力團體的名義，訴諸暴力與威脅的結果。在聲明決定價格不是政府的事情時，我們並未逾越邏輯思考的範圍。政府不能決定價格，就好比母鵝不能下雞蛋！

我們能想像沒有任何價格的社會體系，而且我們也能想像一些政府命令，企圖把價格定在和市場將會決定的價格不同的水準。研究這些情況所隱含的問題，是經濟學的任務之一。然而，正因爲我們想研究這些問題，所以我們必須清楚區別價格和政府命令。價格，根據定義，取決於人的買和賣、或不買和不賣。價格，絕不可和透過強制與脅迫手段執行命令的政府或其他權責單位所發布的命令相混淆。[25]

第十七章　間接交換

第一節　交換媒介和貨幣

人與人之間交換財貨，如果在最終交換的商品與服務之間，有一個或數個交換媒介插入其中，就稱爲間接交換。間接交換理論的主題，是研究交換媒介和所有順位財貨（與服務）的交換率。間接交換理論指陳一切間接交換的場合，以及一切當作交換媒介使用的東西。

人人通常當作交換媒介使用的東西，稱爲貨幣。這樣的貨幣概念，是含糊的，因爲相關定義提到「通常」這個含糊的形容詞。在一些模稜兩可的場合，很難確定某一交換媒介是不是人人「通常」使用的，從而該不該稱爲貨幣。但是，貨幣定義的含糊性，絕不會影響行爲學理論必須具備的精確性。因爲以下一切有關貨幣的陳述，對於每一種交換媒介都是有效的。所以，我們是否保留**貨幣理論**這個傳統名稱，或以另外一個名稱取代，是無關緊要的問題。貨幣理論，過去和現在一樣，始終是關於間接交換和交換媒介的理論。[1]

第二節　流傳甚廣的一些謬誤

若非許多經濟學家在處理貨幣問題時，本身就犯了一些大錯，而且還頑固的、堅持繼續犯錯，流行的貨幣學說所隱藏的那些致命的、幾乎把所有政府的貨幣政策都導入歧途的錯誤，肯定不至於產生。

第一個致命的錯誤，是中性貨幣這個似是而非的假想概念。[2]中性貨幣學說的一個衍生物，是價格

「水準」隨著貨幣流通數量的增減、而等比例漲跌的想法。他們沒意識到，貨幣數量的變化絕不可能在同一時候、按同一程度，影響所有財貨與服務的價格。而且，他們也沒意識到，貨幣單位購買力的變化，必然伴隨買者與賣者相對關係的變化。爲了證明這個貨幣數量和價格等比例漲跌的學說，他們在處理貨幣理論時，採用了一個完全不同於現代經濟學處理所有其他問題時所應用的方法。他們沒遵守交換學必須毫無例外遵守的程序——從人人的個別行爲出發，反而建構了一些企圖涵蓋整個市場經濟體系的公式。這些公式的元素是：「國家經濟」（Volkswirtschaft）體系內現有的貨幣供給；交易量——亦即，「國家經濟」體系內所有實際發生產權移轉的商品與服務的貨幣當量；平均每單位貨幣的流通速率；價格水準。這些公式貌似提供了價格水準學說正確的證據。然而，整個推理模式其實只是惡性循環論證的一個範例。因爲，交易方程式已經隱含它企圖證明的價格水準學說；本質上，不過是以數學符號表示如下這個站不住腳的學說：在貨幣數量的變動和價格的變動之間，有一等比例的關係。

在分析交易方程式時，他們只假設某一元素——貨幣總供給量、交易量或流通速率——發生變化，卻沒問這種變化如何發生。他們沒意識到，這些量的變化不是發生在整個「國家經濟」體系身上，而是發生在行爲人的個別處境上，而且是這些人行爲的反應和互動，使價格結構發生變化。數理經濟學家拒絕從行爲人對貨幣的需求與供給出發，反倒引進一個似是而非、效法力學模型所塑造出來的流通速率概念。

數理經濟學家認爲，貨幣所提供的服務，完全或基本在於貨幣的周轉、流通。他們的觀點是否正確，我們毋須在這個環節處理；即使該觀點是對的，根據貨幣的服務效能來解釋貨幣單位購買力——貨幣單位的價格——也仍然是錯誤的。水、威士忌和咖啡所提供的服務，並不能解釋人購買這些東西所支付的價格。它們的服務效能所解釋的只是，人爲什麼在認識這些服務效能的程度內，且在某些更進一步的條件下，需求一定數量的這些東西。影響價格結構的，始終是人的需求，而不是客觀的使用價值。

沒錯，交換學在貨幣方面的任務範圍，比在任何可銷售財貨方面還更為廣泛。解釋人為什麼想獲得各種可銷售商品所提供的服務，不是交換學的任務，而是心理學與生理學的任務。然而，處理貨幣方面的這個問題，**卻是**交換學的一個任務。唯有交換學能告訴我們，某人預期從持有貨幣得到哪些好處。但是，決定貨幣購買力的，並非這些預期的好處；渴望獲得這些好處，只是引起貨幣需求的因素之一。在市場交換率形成的過程中，實際發揮作用的是需求——一個強度完全取決於價值判斷的主觀元素，而不是任何客觀事實或任何能引起一定效果的客觀能量。

交易方程式和它的那些基本元素的缺陷，在於它們隱含從某一整體的觀點看待市場現象，亦即，反映滿腦子的「國家經濟」整體思想。但是，就「國家經濟」的嚴格意義而言，凡是在「國家經濟」存在的地方，便不存在市場，也不存在價格和貨幣。在市場上，只有個別的人和一致行動的人所組成的團體。促使這些行為人行動的，是他們自己所關切的利益，而不是什麼經濟整體的利益。如果交易量和流通速率等概念要有什麼意義的話，那就是指涉一群人行為的綜合結果。現在倒過來使用該等概念去解釋人的行為，是不合邏輯的。對於市場體系中總貨幣供給量的變化，交換學首先必須問：這種變化會怎樣影響人的行為。現代經濟學不問「鐵」或「麵包」有什麼價值，而是問某一塊（或某一條）一定大小的鐵（或麵包），在一定的時間和一定的地點，對某個行為人有什麼價值。對於貨幣問題，現代經濟學也不得不採取同樣的研究方式。經濟思想的根本原則，和交易方程式所隱含的思想並不相容。交易方程式是思想上的一大退步，退回到從前的時代，那時候論者未能理解行為學所討論的現象，因為他們執著於整體主義的想法。交易方程式是無用的，就像從前關於一般的「鐵」和「麵包」的價值理論那樣無用。

貨幣理論是交換學理論的一個根本組成部分。因此，貨幣理論同樣必須以處理所有其他交換學問題的方法，來處理它的主題。

第三節　貨幣需求和貨幣供給

各種商品與服務，在可銷售性（marketability）方面，通常差異很大。有些財貨，不難立即找到一些買主，在當時給定的情況下，願意支付它們可能交換到的最高報償，或僅僅稍微少一點的報償。有些財貨很難在短時間內找到買主，即使賣主願意接受一份很少的報償，一份遠少於如果能找到另一位需求比較強烈的買主，他可能獲得的報償。正是各種不同商品與服務可銷售性好壞的差異，引起間接交換這種現象。如果此刻，某人不能獲得他想用來經營他自己家庭或事業所需的財貨；或者此刻，他還不知道什麼財貨是他在不確定的未來需要用到的；那麼，如果他拿他想交換出去的那個可銷售性較差的財貨，和某個可銷售性較佳的財貨交換，他就會比較接近他的最終目的。有時候，他也可能遇上這樣的情況：他想交換出去的那個貨物的物理性質（譬如，容易腐壞或儲存招致成本負擔，或其他類似情況）迫使他不能再等下去。有時候，他可能覺得必須趕緊把手上的財貨交換出去，因爲擔心該財貨的市場價值就要下跌。在所有這些場合，如果他換得的財貨可銷售性比較好，就是在改善他自己的處境，即使該財貨不適合直接滿足他自己的任何需要。

交換媒介是一種財貨，人所以想取得它，既不是爲了自己消費，也不是爲了要利用它來生產，而是稍後要拿來交換他希望用來消費或生產的財貨。

貨幣是一種交換媒介，也是可銷售性最好的財貨。人之所以取得它，是因爲想在未來的人際交易行爲中，拿來交換別的東西。貨幣是那種爲一般人所接受、普遍用作交換媒介的東西；這是貨幣的唯一功能。所有其他歸屬於貨幣的功能，只是這個首要與唯一功能——作爲交換媒介的功能——的一些特殊面向而已。[3]

交換媒介必然是經濟財。它們是稀少的；人對它們有一定的需求量。市場上，有人想要取得它們，願意拿財貨或服務來交換。交換媒介具有交換價值。人爲了取得它們而付出犧牲；人支付「價格」以取得它們。這些價格的奇特之處，僅僅在於這個事實：它們不能以貨幣爲單位來表示。在涉及可銷售財貨與服務時，我們講價格或貨幣價格。而在涉及貨幣時，我們講貨幣相對於各種可銷售財貨（與服務）的購買力。

市場對交換媒介有一定的需求，因爲人想持有一定數量的交換媒介。市場社會中，每一個成員都想在自己口袋或儲櫃裡存放一定數量的貨幣，都想保有一定數量的現金握存或現金餘額。有時候，他想要的現金握存爲數較多，有時候爲數較少；在某些例外的場合，他甚至可能放棄持有任何現金握存。總之，絕大多數人不僅想擁有各種可銷售的財貨，也同樣想擁有貨幣握存。他們的現金握存，並非只是一筆剩餘款或是沒花掉的剩餘財富。現金握存並不是在一切有意的購買和銷售行爲都已經完成後，不經意留下的差額。它的多寡，取決於行爲人對一定數量現金的有意需求。而且，和所有其他財貨遇到的情形一樣，正是貨幣需求與供給的關係變化，引起貨幣與可銷售財貨之間的交換率變化。

每一單位貨幣，都歸市場社會某個成員所擁有。貨幣的轉讓，從某個行爲人所擁有、轉爲另一個行爲人所擁有，在時間上是立即的、連續的。轉讓的貨幣，在轉讓期間的分分秒秒，都是某個人或某個企業的現金握存，並非正在「流通」而已。[4]區分流通的和閒置的貨幣，是不對的；區分流通的貨幣和窖藏的貨幣，也一樣是錯誤的。所謂窖藏現金，也是某一數量的現金握存，這現金握存——根據某個旁觀者個人的意見——超過一般認爲適當、正常的水準。然而，窖藏現金仍是握存現金；窖藏的貨幣仍然是貨幣；窖藏中的貨幣，和所謂正常的現金握存中的貨幣，所發揮的作用並沒有兩樣。窖藏現金的人認爲，爲了因應某些特殊情況，適合累積一筆超過他自己在其他情況下，或其他人面對與他相同的情況，或某個經濟學家審視他的情況後，認爲適合握存的現金。然而，窖藏現金者按他自己的方式行爲的結果，和每一單位所謂

「正常的」貨幣需求一樣，都以同一方式對貨幣需求狀態產生影響。

許多經濟學家忌諱按前述貨幣需求和供給的意思，使用需求和供給這兩個術語來談現金握存；因爲他們擔心，這會和銀行界現在所使用的術語產生混淆。事實上，有些人習慣把短期貸款的需求稱爲貨幣需求，把短期貸款的供給稱爲貨幣供給；他們因此把短期貸款市場稱爲貨幣市場。如果短期貸款利率趨於上升，他們說貨幣是稀少的；反之，如果短期貸款利率正在下降，他們說貨幣是充裕的。這些講法是如此根深柢固，我們一時不可能完全摒棄它們。但是，這些講法一向有利於傳播一些致命錯誤的觀念，使人搞混貨幣和資本的概念，誤以爲增加貨幣，能持久降低利率。但是，正因爲這些錯誤愚蠢至極，所以我們這裡所建議的術語想必不太可能產生任何誤解。很難想像，經濟學家在這些根本問題方面居然可能犯錯。

另外有些經濟學家則認爲，我們不該講貨幣需求和貨幣供給，因爲那些需求貨幣的人，和那些需求可銷售商品的人，他們的目的彼此不同。這些經濟學家說，人需求商品終究是要來消費的，而人需求貨幣則是要在後來的交換行爲中交換出去的。這個反對理由同樣是無效的。沒錯，人使用交換媒介的方式，是終究會把它交換出去。但是，首先，人渴望累積一定數量的貨幣，以便在可能完成某一購買行動時，有現金可用。正因爲人不想在把帶到市場的財貨與服務交換出去的那一刻滿足自己的需要，正因爲他們想等待或不得不等待、直到適合購買的時機出現，所以才透過某一交換媒介的插入、進行間接交換，而不直接以物易物。再說，貨幣既不會因爲使用而磨損、又能無限期提供服務，這個事實正是影響貨幣供給格局的一個重要因素。但是，它改變不了我們必須同樣以解釋所有其他財貨估價的方式，來解釋貨幣估價：必須以渴望取得一定數量貨幣（或其他財貨）的人本身對貨幣（或其他財貨）的需求，來解釋貨幣（或其他財貨）的估價。

經濟學家曾嘗試列舉一些可能在整個經濟體系內增加或減少貨幣需求的因素。這些因素是：人口數；個別家庭自己生產供自己消費的程度，以及爲他人的需要而生產、在市場上出售自己的產品，藉以購買他人產品供自己消費的程度；每年商業活動和付款結算在不同季節的分布情況；以互相沖抵方式，結算彼此應收與應付款的清算制度，例如，票據交換所。所有這些因素對貨幣需求、對每一個人和每一個企業的現金握存，確實有影響。但是，它們只是間接的影響因素；在每個人考慮如何決定自己認爲適當的現金餘額時，它們發揮一定的作用。而決定要握存多少現金餘額的，始終是當事人自己的價值判斷。每個人都各自決定自己認爲適當的現金握存應該是多少。他透過放棄購買商品、證券和其他生息債權，或者出售這些資產，或者反過來增加購買這些資產，來執行他自己的決定。這情況，在貨幣方面，和在所有其他財貨與服務方面，沒什麼兩樣。貨幣需求，取決於爲了握存現金、而刻意要取得貨幣的人的行爲。

另一個反對貨幣需求概念的理由，是這樣的：每一單位貨幣的邊際效用，遞減的速度遠比其他商品緩慢；事實上，對於貨幣，從來沒人會說，他的需求滿足了，而且從來沒人會放棄任何取得更多貨幣的機會，只要所需的犧牲不至過於巨大。所以，不容許我們把貨幣需求視爲一種有限的需求。然而，一種無限的需求，本身就是自相矛盾的概念。這個流行的推論，是完全錯誤的；它搞混了用作現金握存的貨幣需求和渴望有更多以貨幣當量表示的財富。當某人說，他對擁有更多貨幣的熱望永遠不可能澆熄，他的意思不是指現金握存永遠不可能太多；眞正的意思是永遠不可能足夠富有。如果有更多貨幣流入他手中，他或者不會用來增加現金餘額，或者只會用上一部分流入的貨幣來增加現金餘額；其餘部分，則可能用來立即消費或用來投資。從來沒有誰，會持有自己不想當作現金握存的貨幣。

一方面的貨幣，和另一方面的可銷售商品與服務，兩者之間的交換率，也和各種可銷售財貨彼此之間的交換率一樣，都取決於需求和供給；這個洞見是**貨幣數量學說**的精髓。基本上，這個理論是一般供需理論在貨幣方面的一個特別應用。它的優點在於，同樣以解釋所有其他交換率的推論方式來解釋貨幣購買力。缺點則在於，它採取了某一整體主義的解釋觀點。它著眼於「國家經濟」整體的總貨幣供給，而不是著眼於個別的行爲人和企業。這個錯誤觀點有一衍生物，就是總貨幣量的變化和價格的變化兩者之間，據說存在著等比關係；這是一個錯誤的想法。但是，從前的批評者未能成功揪出貨幣數量學說固有的這些錯誤，也未能成功引進某個比較健全的理論來取代它。他們沒挑戰數量學說的錯處，反倒攻擊它的核心眞理。他們致力否定價格變動和貨幣數量變動之間存在因果關係。此一否定把他們引入一個充滿錯誤、矛盾和胡言亂語的迷宮。傳統的貨幣數量學說一開始便認識到，必須按照用來處理所有其他市場現象的原則，處理貨幣購買力變化問題；現代貨幣理論拾起傳統貨幣數量學說所提供的線索。就此意義而言，我們可以把現代貨幣理論稱作貨幣數量學說的一個改良版。

孟格爾（Carl Menger）的貨幣起源論在認識論方面的意義

關於貨幣的起源，孟格爾不僅提出一個駁不倒的行爲學理論，也看出他的理論對闡釋行爲學的基本原理和研究方法有重要意義。[5]

過去，有些論述者嘗試以政府命令或社會契約解釋貨幣的起源。他們說，權威當局、國家或公民之間的某一契約，有目的、有意識的建立起間接交換和貨幣制度。這個學說的主要缺點，不在於它認爲：人在某個不熟悉間接交換和貨幣的年代，就能夠設計出一套嶄新的經濟秩序計畫——一套完全不同於他們所處年代實際情況的新經濟秩序，而且人還能夠理解這樣一套計畫的重要性；此外，也不在於：事實上，歷史沒提供任何線索支持上述說法。我們拒絕它，還有更堅實的理由。

如果我們假設：從直接交換過渡到間接交換的每一步驟，所有當事人的處境都會逐步獲得改善，因此他們會逐步選擇某些可銷售性特別高的財貨，作爲交換媒介使用。那麼，我們就很難理解，爲什麼在處理間接交換的起源時，還需要另外引進權威機構的命令或公民之間明確的契約這樣的因素？某人如果發現，在以物易物的直接交換中很難得到他想要取得的東西，但只要他先換得某一可銷售性較佳的財貨，他在後來的交換行爲中，會有更好的機會取得他現在想要的東西。在這種情況下，根本不需要政府干預或公民之間成立某一契約。依循這個方式去行爲的想法，可能湊巧先讓最精明的某些人幸運的想到，而其餘思慮比較平凡的人則模仿他們的作法。貨幣起源契約說隱含這樣的假設：有某個天才先把某種利用貨幣交易的社會整體情況想到通透，然後透過勸說，讓其餘的人明白這種社會的好處，終於同意、成立使用貨幣的社會契約。和前述的假設相比，把當事人認識間接交換對他們自身的立即利益，視爲理所當然的事實，無疑更爲合理可信。

反過來說，如果我們不假設：人各自發現，透過間接交換，會比透過等待某一直接交換機會，使他們生活得更好。而且爲了方便論證的緣故，且讓我們承認：權威當局或某一社會契約引進了貨幣。那麼，就會產生更進一步的一些問題。我們必須問，爲了勸導人採納某個他們不知道效用如何、技術上又比直接交換更爲複雜的方法，有關當局採取了什麼措施？我們可以假設，有關當局實施了某些強制措施。於是，我們必須進一步追問：後來到了什麼時候、發生過些什麼事情，間接交換和使用貨幣，對當事人來說，才不再是令人頭痛或至少是可有可無的方法，乃至終於變成，在他們看來是對他們自己有利的方法？

行爲學的研究方法，把所有社會現象追本溯源至個人一次次的行爲。如果間接交換使人際交換更爲便利的情況確實存在，而且人也意識到存在這情況和間接交換的好處，那麼，在人有這種意識的範圍內，間接交換和貨幣便會誕生。歷史經驗顯示，這些情況過去和現在都存在；如果這些情況不存在，那就很難想像人怎麼可能會採納間接交換，並且一直固守這種交換模式。

間接交換和貨幣起源的歷史問題，畢竟不是行爲學所關心的問題。對行爲學來說，唯一要緊的是，間接交換和貨幣存在，因爲讓它們存在的條件，過去和現在都存在。果眞如此，則行爲學便毋須採納這樣的假說：權威當局的命令或某一社會契約過去發明了這種交換模式。國家至上論者如果喜歡，可以繼續把貨幣的「發明」歸因於國家，不管這是多麼不可能。對行爲學來說，要緊的是，某人取得某一物品，不是爲了消費它或利用它來生產什麼，而是爲了在後來的交換行爲中把它交換出去。人這樣的行爲模式，使某一物品成爲一個交換媒介；如果對於某一特定物品，這樣的行爲模式逐漸變得相當普遍，那就會使該種物品變成貨幣。在交換學理論中，所有關於交換媒介和貨幣的定理，都指涉某種物品作爲交換媒介所提供的服務。即使間接交換和貨幣的引進，推動力當眞來自於政府當局或社會成員之間的某個協議，那也動搖不了如下的陳述：唯有人實際的交換行爲，才能產生間接交換和貨幣。

歷史可能告訴我們，在什麼地方和什麼時候人首次使用某些東西作爲交換媒介，以及後來作爲這種用途的物品種類怎樣逐漸變得愈來愈有限。由於比較廣泛的交換媒介概念和比較狹窄的貨幣概念之間的演進分化，不是急遽的，而是緩慢的，所以，對於什麼時候從某些單純的交換媒介過渡到貨幣的歷史問題，學者不可能達成一致的意見。這是一個需要歷史了解處理的問題。但是，正如前面所說，直接交換和間接交換之間的區別是明確的，而且交換學所確立的每一個關於交換媒介的定理，都無條件的、有效的指涉所有當作交換媒介被人需求和取得的財貨。

至於間接交換和貨幣是政府命令或社會契約所創立的說法，如果只是要說明某段歷史的演變，那麼，揭露它的虛假，便是歷史學家的任務。就它只是一則歷史陳述而言，它，無論眞假，對於交換學的貨幣理論，以及間接交換的歷史演化過程的交換學解釋，是不會有影響的。但是，如果它想成爲一則關於人的行爲和社會事件的陳述，那麼，它就是一句廢話，因爲它沒說到任何關於行爲的東西。如果有人宣稱，有一天聚集起來開會的統治者或公民突然靈機一動，覺得間接透過某一用作交換媒介的商品進行交換是個不錯的點子，那麼，我們就必須指出，這可不是在陳述人的行爲，而只是在推託眞正的問題。

我們必須知道，宣稱國家或某個天縱英明的領袖或某個突然降臨到全民腦中的靈感，導致某些行爲和社會現象，對於科學理解這些行爲和社會現象是沒有任何貢獻的。此外，這樣的宣稱也駁不倒孟格爾所闡示的理論教訓：我們可以怎樣將社會現象理解爲「無意中的結果，不是刻意設計，而是由社會成員個別以一些特定的努力達成的結果。」[6]

第四節　貨幣購買力的決定

某種經濟財，一旦不僅有人想把它用於消費或生產，而且也有人想把它當作交換媒介，以便在未來的交換行爲中，必要時把它交換出去，那麼，對它的需求便增加了。這種財貨有了一個新的用途，因而對它產生了額外的需求。和其他每一種經濟財的情形一樣，此一額外的需求導致它的交換價值上漲，亦即，爲了取得它所需付出的其他財貨數量增加了。在交出某一交換媒介時，所能獲得的其他財貨數量，亦即，該交換媒介以各種財貨或服務爲單位來表示的「價格」，有一部分取決於想把它拿來當作交換媒介使用的那些人的需求。如果這些人停止使用該財貨作爲交換媒介，這額外的特殊需求便會消失，同時該財貨的「價格」也會下降。

於是，對交換媒介的需求，是兩個部分需求的綜合：一是打算把它用於消費和生產的意圖所展現的需求，二是打算把它當作交換媒介使用的意圖所展現的需求。[7]針對現代的金屬貨幣，我們講產業方面的需求和貨幣方面的需求；交換媒介的交換價值（購買力），是這兩部分需求合起來發揮作用的結果。

且說，對於交換媒介的需求當中，緣自它作爲交換媒介的服務而展現出來的那部分需求，大小取決於它的交換價值。此一事實引發的一些難題，不少經濟學家都認爲無解，以致他們放棄繼續沿著前述的推理路線前進。他們說，用貨幣需求解釋貨幣購買力，同時又用貨幣購買力解釋貨幣需求，是不合邏輯的。

然而，這個難題只是表面上難解罷了。我們訴諸特殊的貨幣需求大小所解釋的那個購買力，不同於決定該特殊貨幣需求大小的購買力。關鍵在於，設想不久的將來，或者說，即將來臨的下一刻，購買力是怎麼決定的。爲了解決這個問題，我們訴諸最近過去的那一刻的購買力。這兩個購買力是兩個不同的量。反對我們這個也許可以稱爲「回歸定理」（regression theorem）的定理，說它是一個惡性的循環論證，是不對的。[8]

但是，提出批評的那些人說，這等於只是在推託問題。因爲接著我們仍然必須解釋，昨天的貨幣購買力是如何決定的。如果我們同樣用前天的購買力解釋昨天的購買力，那就必須用大前天的購買力解釋前天的購買力，這樣下去，就陷入無窮無盡的回歸。他們斷言，這樣論證顯然不是有關問題的一個徹底、且邏輯上令人滿意的答案。這些批評者沒注意到的是，這樣的回歸並不會無止境的繼續下去。它會到達某一點，在那裡所有必要的解釋都已完成，沒有任何更進一步的問題等待回答。如果我們一步一步往回追溯貨幣購買力，最後會到達有關財貨開始作爲交換媒介提供服務的那個時點。在這時點，昨天的交換價值，就完全取決於想在其他有別於交換媒介的用途上使用該財貨的那些人所展現出來的非貨幣——產業——需求。

但是，批評者接著說，這意味我們是以貨幣在生產服務方面的價值，解釋貨幣在交換媒介服務方面的購買力；眞正的問題，亦即，貨幣的交換價值中屬於作爲貨幣使用的那部分特別價值如何解釋，還是沒獲得解決。這一點，批評者也錯了。貨幣的價值中，由於它作爲交換媒介提供服務所引起的那部分價值，我們完全用特別的貨幣服務和該服務所產生的需求解釋了。有兩個事實不容否認，實際上也沒有任何人否認過：第一，對某一交換媒介的需求，取決於它的交換價值考量，而這交換價值則是它既提供貨幣方面、也提供產業方面服務的結果。第二，某一財貨在尚無作爲交換媒介提供服務的需求時，它的交換價值完全取決於那些渴望在產業用途上（亦即，或者用於消費，或者用於生產）使用它的人對它的需求。我們的回歸定理旨在解釋，某一原先只需求作爲產業方面使用的財貨，在它的貨幣需求第一次出現的那一刻，僅考慮到它的非貨幣服務、而歸屬於它的那個交換價值，對於出現它的貨幣需求是有影響的。這當然沒牽涉到，以某一交換媒介在產業方面的交換價值，解釋它在貨幣方面的特殊交換價值。

最後，有一個反對意見，說前述回歸定理的觀點是歷史性的，不是理論性的。這個反對理由，也一樣是錯的。某一樁事件的歷史性解釋，表明該事件如何從一些在特定時間與地點操作的力量與因素產生出來。這些個別的力量與因素，是歷史解釋的最終元素。它們是最終給定的事實，因此不能進一步分析與還原。某個現象的理論性解釋，把該現象的出現追溯到某些通則的操作，而這些通則是已經包含在某一理論體系裡的。回歸定理符合這個要求。該定理把某一交換媒介的特殊交換價值，追溯到它作爲交換媒介的功能，以及追溯到一些關於價值與價格形成的定理，而這些定理則是從一般交換學理論推演出來的。回歸定理從某一比較廣泛的理論推演出一個比較特殊的情況。回歸定理表明，這個比較特殊的現象，怎樣必然會在普遍適用於所有現象的一些通則操作下出現。回歸定理不是說：這個現象發生在某個時候和某個地點；而是說：當這樣的條件出現時，這樣的現象總是會發生；每當某一原先並未需求作爲交換媒介的財貨，開始需求作爲交換媒介時，一些相同的效應必定會再出現；沒有哪一種用作交換媒介的財貨，在它開始作爲交換媒介時，沒有緣自其他用途的交換價值。而且，所有隱含在回歸定理中陳述，就像隱含在行爲學先驗理論中的所有陳述，都是可以證明爲絕對正確的陳述。它**必然**是這樣發生的。從來沒有誰能成功想像，存在哪一個情況會讓事情將不是這樣發生。

貨幣購買力取決於需求和供給，就像所有可銷售財貨與服務的價格那樣。由於行爲總是以未來的情況有一個比較愜意的安排爲目的，所以，人在考慮取得或付出貨幣時，首先會注意它未來的購買力和市場未來的價格結構。但是，除非他先注意最近過去的貨幣購買力狀況，他不可能對貨幣未來的購買力形成某一判斷。正是此一事實，把一方面的貨幣購買力決定問題，和另一方面的各種可銷售財貨與服務彼此的交換率決定問題，從根本區分開來。對於貨幣之外的財貨與服務，行爲人沒什麼好考慮的，除了考慮它們對未來需要的滿足有多重要。如果某個前所未聞的新商品上市銷售，譬如，就像幾十年前的收音機那樣，那麼，對個人來說，唯一要緊的問題是：這個新玩意提供的滿足，是否大於他爲了購買該新商品而必須放棄的那些財貨可提供的滿足。知道過去的價格，對買者來說，只是獲得某一消費者剩餘的一個手段。如果他對此一目的並不熱中，即使他完全不熟悉通常稱爲目前價格、但其實是最近過去的市場價格，只要他眞的需要，他也能夠直接安排他自己的各項購買。他能夠只判斷各項財貨的價值（valuation），而不費心思考察評估它們可能的價格（appraisal）。正如已經提過的，抹除過去所有價格的記憶，將不至於阻礙各種可銷售財貨之間形成新的交換率。但是，如果關於貨幣購買力的知識消失，那麼，間接交換和交換媒介的發展過程，將必須從頭開始；將變得必須再從使用某些可銷售性較佳的財貨作爲交換媒介開始；這些財貨的需求將會增加，而這增加的需求，將會在它們作爲產業（非貨幣）使用的那部分交換價值上，加上一份因爲它們作爲交換媒介的新用途而產生的特殊價值。對於貨幣，只有先推估它的價格（或購買力），才可能判斷它的價值。人接受一種新貨幣，這事實預設該貨幣先前已經因爲它能直接提供消費或生產服務而有了交換價值。不管是買者或是賣者，如果不知道某一貨幣單位最近過去的交換價值——它的購買力，就不可能判斷該貨幣單位的價值。

貨幣需求和供給之間的關係——我們也許可稱之爲貨幣關係——決定貨幣購買力的高低。今天的貨幣關係，是在昨天的購買力基礎上形成的，同時決定今天的購買力。某人若想增加現金握存，便會縮減他的各項購買、並增加他的銷售，從而導致價格趨跌。他若想減少現金握存，便會增加他的各項購買——或者供消費使用，或者供生產和投資使用——並縮減他的銷售；他於是導致價格趨漲。

貨幣供給的變化，必然會改變可銷售財貨在市場成員之間歸屬的分布狀態。除非某些成員個別的現金握存首先增加或減少，否則整個市場體系的貨幣數量不可能增加或減少。如果我們想，我們可以假設每一個成員，在新增的貨幣數量流入市場體系那一刻，都立即獲得其中的一份增量，或者一起分攤貨幣數量的減少。但是，不管我們是否這樣假設，我們論證的最後結果將維持不變。這個結果將是：經濟體系的貨幣供給變動所引起的價格結構變動，對各種商品與服務價格的影響，從來都不是齊一幅度、也不是同時發生的。

且讓我們假設，政府增加發行一批紙鈔，用來購買商品與服務，或償還舊債，或支付舊債的利息。無論如何，政府這時對市場上的財貨與服務有一新增的需求；它現在能購買比以前更多的財貨。它現在購買的商品價格上漲了。如果政府購買東西所花的貨幣是課稅收來的，則納稅人勢必會縮減他們的購買，所以一方面，政府購買的商品價格固然會上漲，而另一方面，其他商品的價格勢必會下跌。但現在，納稅人過去購買的商品其價格下跌的情況並沒發生，因爲政府在增加自己可支配的貨幣數量時，並未減少民眾手中的貨幣數量。某些商品的價格——亦即，政府購買的那些商品的價格——立即上漲，而其他商品的價格則暫時維持不變。但是，這個價格變動的過程會繼續下去。那些銷售政府所需商品的人，現在能購買比先前更多的東西；這些東西的價格也會上漲。於是，價格上漲便從某一群商品與服務蔓延到另一群商品與服務，直到所有價格和工資率都上漲了。因此，對各種不同的商品與服務來說，價格上漲不是同步的。

增加的貨幣數量一步一步發揮作用，最後會使所有價格都上漲。但是，各種商品與服務價格上漲的幅度不同。因爲這過程對不同個人的財富地位造成不同程度的影響。當這過程還在進行時，有些人享受到他們所銷售的財貨或服務價格上漲的好處，而他們所購買的東西價格還沒上漲，或者還沒漲到同一程度。另外有些人的情況則比較不幸，他們所販售的商品與服務價格還沒上漲，或者還沒上漲到他們日常消費所須購買的財貨價格上漲的程度。價格上漲對於前者來說，是一個恩賜，但對後者來說，則是一個災難。此外，債務人獲得以債權人的犧牲爲代價的好處。這過程一旦走到盡頭，不同個人的財富已經受到不同方式和不同程度的影響了。有些人變得比較富有，有些人變得比較貧窮。情況已經不復以往；這新的事物秩序，導致各種不同財貨的需求強度改變。各種可銷售財貨與服務的交換率不再和從前相同。價格結構已經改變，而不僅僅是所有以貨幣表示的價格已經上漲。在貨幣數量增加的效應發揮完畢後，市場傾向建立的那個最後價格結構，並不等於先前的最後價格乘上同一乘數。

舊的貨幣數量學說和數理經濟學家的交易方程式，主要錯在他們忽略這個根本問題。貨幣供給的變動，必然引起市場其他資料的變動。市場體系在注入或流出一定數量的貨幣前後，改變的不僅是人的現金握存和價格上升或下降而已。各種商品與服務之間的交換率也會發生變化；這方面的變化，如果我們想比喻的話，比較適合以「價格革命」的形象來描述，而不是以「價格水準漲跌」這個引人誤解的形象來描述。

在這裡，我們可以忽略借貸契約規定的延期支付內容受到實質影響而產生的那些效應。這些效應，我們稍後會來處理，也會處理貨幣供需關係變動對消費與生產、資本財投資，以及資本累積與消費的影響。但是，即使撇開這些事情，我們也絕不可忘記，貨幣數量的變動，以某一不均勻的方式影響價格。各種商品與服務的價格究竟在什麼時候受影響，以及影響到什麼程度，取決於每一特定場合的具體情況。在貨幣擴張（通貨膨脹）的過程中，第一波的反應不只是某些商品價格比其他商品上漲得更快、更猛。也有可能發生某些價格剛開始是下跌的，因爲需求它們的，大多是利益受到傷害的一些族群。

貨幣供需關係的變動，不單是由政府增發紙鈔引起的。用作貨幣的貴金屬產量增加，也有同樣的效果，儘管因此而受益或受害的，可能是另外一些族群。如果在貨幣數量沒相應減少的情況下，現金握存普遍趨向減少，以致貨幣需求降低，價格也一樣會上漲。因爲「反窖藏」而增加支出的貨幣，和從金礦或印鈔機流出的貨幣一樣，會導致價格趨向上漲。相反的，如果貨幣供給下降（例如，由於政府回收紙鈔）或貨幣需求上升（例如，由於流行某一傾向「窖藏」或持有較多現金餘額的趨勢），則價格趨向下跌。價格漲跌的過程，總是不均勻的、逐步的、不成比例的和不對稱的。

有人可能會說，而確實也曾有人說，金礦的正常產量進入市場，固然使貨幣數量增加，但不會增加金礦業主的所得，更不用說增加業主的財富。業主只賺得他「正常的」所得，因此他的這部分花費不可能擾亂市場情況，現行的市場趨勢仍然傾向建立原來的最後價格與均勻輪轉的經濟均衡。對業主來說，金礦的每年產出，並不意味他的財富有所增加，因此不會促使他付出更高的價格。他將繼續按照過去的生活水準過活。他在這些限度內的花費，將不會使市場發生革命性的改變。因此，正常的黃金產量，固然會增加現有的貨幣數量，但不可能啓動貨幣貶值過程。對於價格，正常的黃金產量是沒影響的。

針對這樣的推論，我們首先必須指出，在進步的經濟裡，由於人口正在增加，而分工，以及分工必然的結果——專業化——也在不斷完善中，貨幣需求趨向增加。新人進入市場，他們想建立現金握存部位。經濟自給自足的程度——亦即，爲自家需要而生產的程度——萎縮，人變得愈來愈仰賴市場；一般來說，這促使人增加現金握存。因此，所謂「正常的」黃金生產所產生的價格上漲趨勢，遇到了現金握存需求增加所產生的價格下降趨勢。然而，這兩個相反趨勢並非彼此中和、相互抵銷。這兩個過程分別自行其道，它們都攪動既存的社會情況，讓某些人變得更富有，而某些人變得更窮。它們都在不同的時候，對不同的財貨產生不同程度的影響。沒錯，其中的一個過程所引起的價格上漲，最後可能被另一個過程所引起的價格下降抵銷。有時候，某些或許多價格可能最後又回到它們原先的水準。但是，這個最後結果，可不是貨幣關係變動、沒引起價格變動的結果，而毋寧是兩個彼此獨立的過程同時發生作用的共同結果；這兩個過程各自引起市場資料的變動，也各自改變許多個人與團體的財富情況。新的價格結構，也許和原先的結構差異不大，卻是兩個獨立的連鎖變動過程、分別達成了它們固有的社會變革步驟後，所導致的結果。

金礦業主倚賴每年從黃金生產獲得穩定的收入，這個事實不會抹煞新開採黃金對價格的影響。金礦業主拿他們產出的黃金作交換，從市場取得採礦所需的財貨與服務，以及他們的消費和投資其他生產事業所需的財貨。如果他們沒生產某個數量的黃金，價格就不會受到影響。說他們已經預估金礦的未來收益，把這些收益列爲資本，並且已經調整他們的生活水準、適應來自採礦的穩定收入，那是文不對題的。[9]新開採的黃金，對金礦業主的支出所造成的影響，以及當該批黃金後來逐步流入某些人手中成爲現金握存時，對這些人的支出所造成的影響，都是從金礦業主掌握到該批黃金的那一刻才開始的。如果，他們因爲預期未來的黃金產出，早一步把貨幣花掉，而預期的產出後來卻沒出現，那麼，這情況，就和其他以後來沒實現的收入預期爲根據的貸款支應提早消費的場合，沒什麼兩樣。

就不同的人所需現金握存數量的變動而言，除非這些變動是定期、一再發生，而且彼此被某一互爲因果的關係連結在一起，否則不會相互抵銷。領薪水和賺取工資的人不是每天都領到酬勞，而是在一定的發薪日領到一週或數週的酬勞；他們不會計畫在兩個發薪日的期間中，把他們的現金握存維持在同一水準。他們口袋裡的現金數量，隨著下一個發薪日的臨近，逐步下降。另一方面，供應他們生活必需品的商家，則於同一時間逐步增加現金握存。這兩方面現金握存數量的變動，相互依存、互爲消長；它們之間有一互爲因果的依存關係、在時間和數量上彼此搭配。不管是商家或是顧客，都不會允許自己受到這些一再發生的現金握存數量波動的影響，他們關於現金握存、事業操作和消費支出等等的計畫，會著眼於整個期間，會把整個期間當作一個整體來考量。

正是這個現象，過去讓經濟學家以爲貨幣是定期循環流動的，乃至忽略人的現金握存變化問題。然而，我們這裡面對的，是一個僅發生在某一清楚界定、狹窄範圍內的連鎖現象。只有當某一群人的現金握存增加，在時間上和數量上，和另一群人的現金握存減少連鎖在一起，而且在這兩群人的成員計畫他們個別的現金握存時，作爲一個整體來考慮的那個期間中，這些現金握存的變動會隨著時間經過而自動恢復，這時才可能發生相關變動相互抵銷的現象。在這個範圍外，不可能有這種相互抵銷的事情。

第五節　休謨—穆勒問題，以及貨幣的驅動力

我們能否想像這樣的情況：貨幣相對於各種商品與服務的購買力，同時、按同一程度發生變動，並且還和貨幣需求或供給的變動成比例？換言之，在一個和均勻輪轉的經濟假想不相符的經濟體系框架裡，中性的貨幣是否可能想像？我們可以把這個值得斟酌的問題稱爲休謨—穆勒（the problem of Hume and Mill）問題。

對於這個問題，不管是休謨或是穆勒，都沒成功找出某個肯定的答案；這是毋須爭論的。[10]然則能否以絕對的否定回答這個問題呢？

且讓我們想像兩個均勻輪轉的經濟體系A和B。這兩個體系是獨立的，彼此沒有任何聯繫。這兩個體系只在某一方面彼此不同：對應於A裡的每一數量m的貨幣，在B裡便有n．m數量的貨幣，n可以大

於或小於1；我們假設沒有延期支付，而且這兩個體系所使用的貨幣，只能當作貨幣使用，沒有任何非貨幣用途。因此，這兩個體系的價格結構呈現1：n的比例。A的情況能否按某一方式、一下子改變成完全等於B的情況？這樣的改變可能想像嗎？

這個問題的答案，顯然必須是否定的。凡是想以肯定回答這個問題的人，都必須假設，某個神祕力量在同一時刻鬼使神差、來到每一個人的身邊，把他的現金握存按乘以n的方式增加或減少，並且告訴他今後必須把用於推估未來價格和經濟計算的所有價格資料乘以n。這是不可能發生的，除非奇蹟出現。

前面曾經講過，在均勻輪轉的經濟假想裡，貨幣蒸發爲某一虛無飄渺的計價單位，是自相矛盾的概念，沒有任何意義。[三]在以一切情況僵固不變爲其特徵標誌的假想經濟建構裡，不可能給間接交換、交換媒介與貨幣指派任何功能。

如果未來並非不確定，人便不需要握存任何現金，而由於貨幣必然要被人保留在現金握存裡，所以，也就沒有任何貨幣。人所以使用交換媒介和保持現金握存，先決條件是經濟基本情況的易變性。貨幣本身就是變動的一個元素；它的存在，和均勻輪轉的經濟建構中，所有事情都按一定規律、定期流轉、重複發生的想像情境，是不相容的。

每一貨幣（供需）關係的變動，除了影響延期支付價值外，都會改變社會各成員的處境。有些人會變得更富有，而另一些人則變得更窮。某一貨幣（供需）關係變動的效果，也許可能遇到另一個大致同時發生、而且幅度大致相同、但方向相反的貨幣（供需）關係變動效果；這兩個相反的變動，合起來也許沒使價格結構產生明顯的變化。但即使如此，社會各成員的處境也絕不可能不受影響。每一貨幣（供需）關係變動，都會沿著它自己的作用路徑，發揮特屬於它自己的影響。即使某一通貨膨脹變動和某一通貨緊縮變動同時發生，或者某一通貨膨脹發生後，接著發生某一通貨緊縮，以致價格結構最後沒什麼改變，這兩個變動的每一個所產生的社會效果也不會相互抵銷。通貨緊縮的社會後果，會疊加在通貨膨脹的社會後果之上。沒有任何理由假設，所有或甚至大部分受惠於某一變動的人，將在第二個變動發生時受害，反之亦然。

貨幣既不是抽象的計價單位，也不是價值或價格的標準。它必定是一種經濟財，因此必定按照它本身的一些長處，亦即，按照個人預期從現金握存得到的服務，獲得評值與估價。市場上，總是有改變和更動；因爲有變化，所以才有貨幣。貨幣所以是變動的一個元素，不是因爲它「流通」，而是因爲有人想持有它。只因爲人預期會有一些變化，但對於這些變化的種類和程度又沒有任何確切的知識，所以人才將貨幣握存在手中。

一方面，只有在變動中的經濟，才可能想像有貨幣；另一方面，貨幣本身也是進一步變動的元素。市場資料每一變動，都會使貨幣動起來，使貨幣成爲某些新變化的驅動力。各種非貨幣財貨之間的交換率，它們相互的關係一旦有變化，不僅會引起生產方面和通常稱爲分配方面的變化，也會激起貨幣（供需）關係的變化，從而導致進一步的市場變化。發生在可銷售財貨方面的事情，沒有不對貨幣（供需）關係產生影響的，而發生在貨幣（供需）關係方面的事情，也都會影響商品方面的銷售。

中性的貨幣，這概念矛盾的程度不亞於購買力穩定的貨幣。本身沒有驅動力的貨幣，將不是某些學者以爲完美的貨幣；它將完全不是貨幣。

學者普遍誤以爲，完美的貨幣應該是中性的，應該具有僵固不變的購買力，貨幣政策應該以實現這樣完美的貨幣爲其目標。爲什麼會有這樣的主張，並不難了解：它是針對更爲普受歡迎的通貨膨脹主張的反動。但是，它卻是一個過分的反動，它本身是糊塗的、矛盾的，而且它曾經造成嚴重災難，因爲它的影響被許多哲學家和經濟學家思想中隱含的一個根深柢固的錯誤擴大了。

爲數不少的這些思想家受到一個普遍的想法誤導，認爲靜止的狀態比變動的狀態更爲完美。他們的完美概念，隱含不可能有更完美的狀態了，因此任何變動，都將損害他們所謂的完美。任何變動都是不好的，頂多只能說，最好是朝向某一完美的狀態前進，在那裡一切都將靜止下來，因爲任何進一步的變動都將導致比較不完美的狀態。變動，被認爲是還沒達到均衡和完全滿足，是麻煩和有所欠缺的表徵。如果這些思想家只是想確立行爲旨在去除不適感、最後達到完全滿足，那他們還算有點道理。但是，我們絕不可忘記，靜止與均衡，並非僅存在於完全滿足、人已經完全幸福，也同樣存在於儘管在許多方面都呈現匱乏、人卻看不出有什麼手段可以改善本身處境。沒有行爲，不只是與完全滿足相伴；同樣也可能與沒有能力使事物變得更令人滿足的狀態相隨。沒有行爲，可能意味滿足，也同樣可能意味絕望。

中性貨幣，以及貨幣購買力穩定，和行爲所在、變化不斷的眞實世界，以及不可能僵固不變的經濟體系，是互不相容的。中性貨幣和購買力穩定的必要條件，或者說，所預設的那種世界，是沒有行爲的世界。

所以，貨幣既不是中性的而購買力也不穩定的事實，在變化不斷的世界裡，既不奇怪、也非邪惡。所有企圖使貨幣變爲中性和購買力穩定的計畫，都是自相矛盾的。貨幣是行爲的一個元素，因此也是一個導致改變的元素。貨幣（供需）關係的變動，亦即，貨幣需求相對於貨幣供給的變動，影響貨幣相對於各種可銷售商品與服務的交換率。貨幣（供需）關係的變動，不會在同一時間、按同一程度影響各種商品與服務的貨幣價格，因此對社會不同成員的財富會有不同的影響。

第六節　現金引起的相對於財貨引起的貨幣購買力變動

貨幣購買力的變動，亦即，貨幣相對於各種可銷售財貨與商品的交換率變動，可能源自貨幣方面，也可能源自可銷售財貨與商品方面。引起貨幣購買力變動的市場資料變動，可能發生在貨幣需求與供給方面，也可能發生在其他財貨與服務的需求與供給方面。因此，我們可以區別現金引起的和財貨引起的貨幣購買力變動。

財貨引起的購買力變動，可能是由於商品與服務供給方面的變動所引起的，也可能是個別商品與服務需求方面的變動所引起的。至於所有或絕大部分財貨與服務需求普遍上升或下降，則只可能是貨幣供需方面的變動所造成的。

現在，且讓我們在下列三個假設下，仔細檢討貨幣購買力變動的社會與經濟後果：第一，討論中的貨幣只能用作貨幣——亦即，作爲交換媒介——沒有其他任何用途；第二，只有現貨彼此的交換，沒有現貨和期貨的交換；第三，我們忽略購買力變動對貨幣計算的影響。

在這三個假設下，現金引起的購買力變動，所造成的後果，是人與人相對財富地位的改變。有些人變得比較富有，另一些人則變得比較貧窮；有些人享有比原來更好的供應，另一些人享有的供應則變差；某些人獲得的利益，是以另一些人的損失爲代價。然而，絕不可以把這個事實解讀爲總滿足保持不變；也不可以說，儘管總供給沒發生任何變化，但由於財富的分布情形改變了，所以總滿足或總幸福增加或減少了。總滿足或總幸福，是空洞的概念。絕不可能找到任何標準用來比較不同的人所達到的、不同程度的滿足。

現金引起的購買力變動，由於要嘛有利於更多資本的累積，要嘛有利於既有資本的消費，因此會間接產生某些進一步的變動。這種間接效應是否存在，以及影響方向，端視個別情況的特殊條件而定。我們將在稍後處理這些重要的問題。[12]

財貨引起的購買力變動，有時候不過是需求從某些財貨、轉移至另一些財貨的後果罷了。如果購買力的變動是由財貨供給的增減引起的，那麼，變動的後果就不是財富僅僅從某些人移轉至另一些人；它們並不意味某甲獲得某乙損失的財富。有些人可能變得更富有，儘管沒人變得更貧窮，反之亦然。

我們可以如下方式描述這個事實：假設A和B是彼此沒有任何關聯的兩個獨立體系。這兩個體系使用同一種貨幣、而且沒有任何非貨幣性用途。現在，作爲情況一，我們假設A和B彼此只有一點不同，即：B的總貨幣供給爲n．m，m是A的總貨幣供給，而對應於A的每一筆現金握存c和每一筆以貨幣表示的債權d，B便有一筆現金握存n．c和一筆債權n．d。在其他每一方面，A等於B。接著，作爲情況二，我們假設A和B彼此只有一點不同，即：某一商品r在B的總供給爲n．p，p是這種商品在A的總供給，而對應於商品r在A的每一筆庫存量v，在B便有一筆n．v的庫存量。在前述兩個情況，n都是大於1。如果我們問A體系的每個人，是否願意付出最輕微的犧牲，以便把他的位置換成B的對應位置，那麼，在情況一，答案將是全體一致的否定。但在情況二，所有擁有r的人，以及所有沒擁有r、但渴望取得一定數量r的人——亦即，至少有一個人——他們的答案將是肯定的。

貨幣所提供的服務，取決於貨幣購買力的高低。誰也不會只想在自己的現金握存裡持有一定數目或一定重量的貨幣；而是想在現金握存裡持有一定額度的購買力。由於市場運作傾向將貨幣購買力最後建立在使貨幣供給與需求一致的水準，所以絕不可能發生貨幣數量過多或不足的現象。無論總貨幣數量是多或是少，每一個人，以及所有的人，永遠充分享有可以從間接交換和使用貨幣得到的一切好處。貨幣購買力的變動，使財富在社會不同成員之間的分布狀態發生變化。有些人渴望這種變化把他們變得更富有；從他們的觀點來看，也許能說貨幣供給不足或過多；渴求這種利益的慾望，可能促使旨在從貨幣供給方面引起貨幣購買力變動的政策相應產生。然而，改變貨幣供給，既不可能增進、也不可能減損貨幣所提供的服務。貨幣過多或不足的情況，可能出現在某個人的現金握存場合。但是，這種情況可以透過消費或投資的增減予以改正（當然，我們絕不可陷入通俗的迷思，混淆作爲現金握存的貨幣需求，和渴求更多財富的慾望）。整個經濟體系既有的貨幣數量，總是足夠讓每個人獲得貨幣所提供、也能提供的一切服務。

從這個見解的觀點，我們也許可以把爲了增加貨幣數量、而招致的一切花費稱作浪費。某些東西能夠提供其他用途的服務，被人用作貨幣，從而撤離這些用途；這顯然是沒必要的縮減了有限的需求滿足機會。正是這個想法，導致亞當・史密斯和李嘉圖認爲，採用紙鈔以降低生產貨幣的成本，是非常有益的。然而，在研究貨幣史的學者看來，這事好像不是有益的。如果我們審視了歷史上那些重大的紙鈔膨脹所造成的災難性後果，我們就必須承認，昂貴的黃金生產花費反倒爲害較小。這些災難，據說是政府不適當的使用了信用貨幣和不可兌換幣（fiat money）讓它擁有的權力所引起的，據說比較睿智的政府肯定會採取比較健全的貨幣政策云云。這樣的反駁是沒用的。由於貨幣絕不可能是中性的，貨幣購買力絕不可能是穩定的，所以關於貨幣數量的決定，任何政府的計畫，對於所有社會成員，絕不可能是公正、公平的。在影響貨幣購買力的高低方面，政府究竟會追求哪些目標，必然取決於統治階層的價值判斷。它永遠會增進某些人的利益、而以其他一些人的犧牲爲代價。改變貨幣購買力的政策，從來不是爲所謂公益或公共福利服務的。在貨幣政策方面，一樣沒有所謂科學的應然這回事。

選擇哪種財貨作爲交換媒介和作爲貨幣，絕不是無關緊要的選擇；因爲它會決定現金引起的購買力變動過程。唯一的問題是，該由誰來選擇：在市場上買賣的人，還是政府？過去，是市場歷經無數年代的挑選過程，最後才將貨幣功能賦予白銀和黃金這兩種貴金屬。對於市場在貨幣媒介方面的選擇，各國政府已經干預了兩百年。即使是最偏執的國家至上主義者也不敢說，這種干預的效果是有益的。

通貨膨脹與通貨緊縮；通貨膨脹主義與通貨緊縮主義

通貨膨脹和通貨緊縮這兩個概念，不是行爲學的概念。它們不是經濟學家創造的，而是出自一般民眾和政客的通俗用語。它們隱含流行的謬見，認爲存在中性的貨幣或購買力穩定的貨幣，而且認爲健全的貨幣應該是中性的、購買力穩定的。根據這個觀點，通貨膨脹表示現金引起的購買力下降，而通貨緊縮則表示現金引起的購買力上升。

然而，使用這兩個名詞的人不知道，購買力絕不會保持不變，所以，其實永遠存在他們所謂的通貨膨脹或通貨緊縮。他們忽略這些必然不斷會有的、小幅、不顯著的起伏變動，而只對購買力大幅變動使用這兩個名詞。由於購買力變動究竟要大到什麼程度，才開始值得稱爲大幅變動，取決於個人對於這種變動的影響分量判斷，因此，通貨膨脹和通貨緊縮這兩個名詞顯然欠缺行爲學、經濟學和交換學的概念所需具備的絕對精確性。但在歷史和政治方面，這兩個名詞是適合使用的。交換學，只有在應用本身的一些定理解釋經濟史和經濟政策時，才可以採用這兩個名詞。另外，即使在嚴謹的交換學討論中，如果不至於產生誤解，又能避免學究式沉重的表達方式，則使用這兩個名詞有時候倒也是很方便。但是，我們絕不可忘記，對於通貨膨脹和通貨緊縮——亦即，現金引起的購買力大幅變動——交換學說的一切，也同樣適用於購買力小幅變動，儘管小幅變動的後果，當然不像大幅變動的後果那樣顯著。

通貨膨脹主義和通貨緊縮主義，以及通貨膨脹主義者和通貨緊縮主義者等等名詞，指涉以導致現金引起的購買力大幅下降或上升——通貨膨脹或通貨緊縮——爲目的的政策主張。

語意革命是我們這個時代的一個特徵；這方面的革命也改變了通貨膨脹和通貨緊縮的傳統含義。許多人現在稱爲通貨膨脹或通貨緊縮的現象，不再是貨幣供給的大幅增加或減少，而是貨幣供給增減不可避免的後果——各種商品價格和工資率普遍上漲或下跌的趨勢。這個語意創新絕非無害。它在助長常見的通貨膨脹主義傾向上扮演重要的角色。

第一個害處是，現在不再有任何名詞可用來表示通貨膨脹一詞過去所表示的情境了。你不可能對抗一個你無法指名道姓的政策。當某些政治家和論述者想質疑發行鉅量的新增貨幣是否合宜時，他們現在不再有機會採用一個爲一般大眾所接受、了解的術語。每當他們想提到該政策時，他們就必須詳細分析和描述它，列舉所有的特殊情況、並說明細節，而且他們必須在提到相關主題每一個句子裡，重複這種繁瑣的程序。由於該政策沒有名字，它變成是不證自明、理所當然的一回事；幾乎沛然莫之能禦。

第二個害處是，有些人從事一些無效的、沒有希望的嘗試，企圖對抗通貨膨脹不可避免的後果——價格上漲，卻以對抗通貨膨脹的名義僞裝他們的種種努力。儘管只是在治標，他們卻假裝在治本。因爲他們不知道貨幣數量增加和價格上漲之間的因果關係，他們實際上使情況變得更糟糕。最好的例子就是美國聯邦、加拿大和英國政府實施的農業補貼。農產價格的上限規定，減少有關商品的供給，因爲價格上限導致一些邊際生產者產生虧損。爲了避免這個結果，那些國家的政府對生產成本最高的農夫進行補貼。這些補貼由發行更多的貨幣支應。如果聽任消費者必須爲有關產品支付比較高的價格，那麼，更進一步的通貨膨脹效果肯定就不會出現。那時候，消費者將只有先前已經發行的貨幣可用來支付那多出來的支出。因此，混淆通貨膨脹和它的後果，事實上，會直接引起更多通貨膨脹。

通貨膨脹和通貨緊縮這兩個名詞的新奇含義，顯然是徹底混淆的、誤導的，因此，必須無條件予以摒棄。

第七節　貨幣計算和貨幣購買力變動

貨幣計算，考量各種商品與服務在市場上實際已確立的或想必已確立的或將來可能確立的價格。它渴望偵察出一些價格差異（或價差），渴望從這種偵察推斷出一些對企業家的利潤和虧損有意義的結論。

現金引起的購買力變動的影響，不可能在這種計算中用什麼考量方式予以剔除。以某一種貨幣b為共同指涉物的經濟計算，可以用來取代以另一種貨幣a為共同指涉物的經濟計算。果眞如此，則計算的結果，便不會受a購買力變動的影響；但是，它仍然會受b購買力變動的影響。要使任何經濟計算方式免於作爲共同指涉物的那種貨幣購買力變動的影響，是無法辦到的。

所有經濟計算的結果，以及所有從經濟計算得出的結論，都會受到現金引起的購買力變動影響。隨著購買力的升降，在反映先前價格的一些帳目和反映後來價格的該等帳目，兩者之間會出現特別的差額；計算顯示的所謂利潤或虧損，純粹是現金引起的購買力變動所造成。如果我們拿這些利潤或虧損，和同一期間購買力變動比較不劇烈的某種貨幣作爲共同指涉物的計算結果相比較，我們便能說，它們只是虛幻的、表面的利潤或虧損。但是，我們絕不可忘記，這樣的陳述只可能是按不同的貨幣執行計算、再加以比較的結果。由於世上沒有購買力穩定的貨幣，每一種經濟計算方式，不管以哪一種貨幣爲計算時的共同指涉物，都存在這種表面的利潤或虧損。要精確區分眞實的和表面的利潤或虧損，是不可能的。

因此，經濟計算可以說並不完美。然而，誰也提不出什麼辦法能夠使經濟計算免於這些缺點，或設計出哪種貨幣制度能夠完全排除這個差錯的來源。

一個不容否認的事實是，自由市場曾經成功發展出一套貨幣制度，相當適合間接交換與經濟計算的一切需要。貨幣計算想達到的那些目的，是不可能因爲緩慢和相當輕微的購買力變動所導致的計算不精確、而遭到挫折的。過去兩百年使用金屬貨幣，特別是使用金幣的年代，發生過的那種程度的現金引起的購買力變動，不可能對商人的經濟計算結果造成巨大的影響，以致使計算一無是處。歷史的經驗顯示，就所有實際的商業操作目的而言，商人使用的那些計算方法，能很好的解決商人的問題。理論的考慮顯示，不可能設計、更不用說實現一套更好的計算方法。鑑於這些事實，責備貨幣計算不完美，是沒用的。人，沒有能力改變自己的行爲的各個範疇。人，必須調整自己的行爲去適應那些範疇。

商人從來都不認爲，有必要設法使金本位的經濟計算免於購買力變動的影響。某些人建議採用按物價指數調整的貨幣本位，或採用特定商品作爲貨幣本位，來改善貨幣制度。這些建議的著眼點，並非在於完善商業交易或貨幣計算。它們的目的，是要爲長期借貸契約提供比較穩定的價值標準。商人甚至認爲不方便在某些方面稍微修改一下他們的會計方法，儘管這樣將很容易縮小購買力變動所引起的一些計算誤差。例如，他們大可拋棄目前按取得成本的某一固定不變的百分比、作爲每年折舊、逐年打消耐久設備價值的會計習慣，而改爲每年在設備更新基金帳借記一筆認爲必要的金額，使更新基金在耐久設備需要更新時，足夠支付全部的重置成本。但是，企業界卻遲遲未採取這種辦法。

這裡所說，只對不會有急遽大幅的現金引起的購買力變動的貨幣有效。至於購買力時常有這種急遽大幅變動的貨幣，則完全喪失適合作爲交換媒介的性質。

第八節　預先因應購買力的預期變動

人在考慮要握存多少貨幣時，是以他所知最近過去的價格爲基礎來權衡的。如果欠缺這方面的知識，他將不能決定適合握存多少現金，以及適合付出多少貨幣購買各種財貨。沒有過去價格的交換媒介，是無法想像的。沒有什麼東西能開始擔任交換媒介的功能，除非在此之前它已經是一種經濟財，亦即，除非人在需求它作爲交換媒介之前，便已經賦予它一定的交換價值了。

但是，從最近的過去留傳下來的貨幣購買力，被今天的貨幣（供需）關係修改了。人的行爲，總是爲未來作準備，儘管這未來有時候只是即將來臨的某一刻。買東西的人，爲他未來的消費與生產而買。只要他認爲未來將不同於現在與過去，他就會修改他的評值和估價。對貨幣來說，和對所有可銷售財貨來說，情形都是這樣。就此意義而言，我們可以說，貨幣在今天的交換價值，是明天的交換價值的一個預估。所有關於貨幣的判斷，依據的都是它最近過去的購買力。但是，只要人預期將發生現金引起的購買力變動，另外一個影響購買力的因素便出現了，那就是，對購買力變動的預估。

如果某人認爲他感興趣的財貨價格即將上漲，他會比沒這麼認爲時多買一些；相應的，他縮減了他的現金握存。如果他認爲價格即將下跌，他會縮減他的購買，從而增加他的現金握存。只要這些投機性預期僅限於某些商品，它們不至於普遍引起現金握存的增、減趨勢。但是，如果大家認爲身處巨大的現金引起的購買力變動前夕，那情況就不同了。當大家預期所有財貨的貨幣價格即將上漲或下跌時，他們會擴大或縮減他們的購買。這樣的行爲傾向會顯著增強和加速他們所預期的價格趨勢。這個增強和加速作用會繼續下去，直到大家預期不會有更進一步的變動爲止。只有到了那個時候，大家才會停止傾向多買或多賣，也才會重新開始增加或減少他們的現金握存。

但是，一旦輿論相信貨幣數量的增加將持續下去、而且永無止境，從而所有商品與服務的價格將不停上漲，那麼，每個人就會變得急切、盡可能多買一些東西，同時把他的現金握存縮減至某一最少數量。因爲在這種情況下，握存現金，除了招致正常的成本外，還要蒙受購買力累進下降所造成的損失；握存現金，雖然有些好處，但必須付出的犧牲，人人認爲過於沉重。這種現象，在一九二〇年代歐洲大通貨膨脹時期，稱爲逃向實質財貨（Flucht in de Sachwerte）或炸裂的繁榮（Katastrophenhausse）。數理經濟學家茫然不解，不知道該如何理解貨幣數量增加和他們所謂的「流通速率」兩者之間的因果關係。

這種現象的特徵，在於貨幣數量增加導致貨幣需求下降。貨幣供給增加，所產生購買力下降趨勢，因貨幣供給增加所引起的現金握存普遍縮減傾向而增強了。這趨勢最後會達到這樣的情況：能打動人出讓手中「實質」財貨的價格，把購買力累進下降的預期折現到某一駭人的程度，以致價格高到誰也沒有足夠的握存現金支付。相關貨幣制度於是崩潰；一切涉及相關貨幣的交易完全停頓；市場恐慌使該貨幣的購買力完全消失。人人或者回到以物易物，或者使用另一種貨幣。

累進的通貨膨脹，過程是這樣的：起初，新增貨幣流入市場，使某些商品與服務價格上漲；其他價格隨後上漲。正如前面指出的，價格上漲的趨勢，在不同時候與不同程度內，影響不同商品與服務。

通貨膨脹的第一個階段可能持續好幾年。在這個階段，許多財貨與服務的價格，還沒調整到和已經改變的貨幣關係相配的地步。在國內，仍然有些人還沒意識到，他們正面對最後將導致所有價格大幅上漲的價格革命，儘管不同的商品與服務價格上漲幅度不同。這些人仍然相信，有朝一日價格將下跌。他們一邊等待這一天到來，一邊縮減他們的各項購買，同時增加他們的現金握存。只要這種想法還是市場的主流想法，這時政府放棄通貨膨脹政策，還不算太遲。

但是，接著，民眾終於覺醒。他們豁然意識到，這通貨膨脹其實是一個刻意的政策，將永無止境的持續下去。於是，通貨膨脹過程崩潰。炸裂的繁榮現象出現。每個人都急於把自己手中的貨幣換成一些「實質」財貨，不管是否需要它們，也不管必須付出多少貨幣。在非常短的時間內，可能在幾週，甚至幾天內，原本用作貨幣的東西便不再有人用作交換媒介。它們變成廢紙，誰也不想拿什麼東西和它們交換。

這樣的過程，於一七八一年發生在美國大陸議會（Continental Congress）發行的**紙幣**上，於一七九六年發生在法國革命政府發行的**土地券**上，也於一九二三年發生在德國**馬克**上。只要出現同樣的情況，同樣的過程將再次發生。如果某樣東西要讓人用作交換媒介，那就必須讓人相信，該東西的數量不會無止境增加。通貨膨脹是一個不可能永遠持續的政策。

第九節　貨幣的特殊價值

人用作貨幣的財貨，就它在非貨幣方面的功用接受評值與估價的部分來說，不會有什麼需要特別處理的價值問題。貨幣理論的任務，僅在於處理貨幣價值中，以作爲交換媒介的功用得到認定的那一部分價值。

在歷史過程中，人曾把一些商品當作交換媒介使用。這些商品的貨幣功能，經過長期演化，大部分遭到淘汰。只有白銀和黃金這兩種貴金屬的貨幣功能保留下來。十九世紀下半葉，愈來愈多政府刻意採取政策將白銀非貨幣化。

在所有這些例子裡，人當作貨幣使用的，是某種也有非貨幣用途的商品。在金本位制下，黃金就是貨幣，貨幣就是黃金。法律是否僅將法償貨幣或法幣（legal tender）地位授予政府所鑄造的金幣，那是無關緊要的。重要的是，這些金幣眞正含有一定重量的黃金，而且每一定量的黃金條塊都能免費的轉變成一定數量的金幣。在金本位制下，美元和英鎊，在法律規定的一個非常狹窄的容許誤差內，只是一定重量黃金的名稱。我們可以稱這樣的貨幣爲商品貨幣（commodity money）。

另一種貨幣是**信用**貨幣（credit money）。信用貨幣是從貨幣替代物（money substitutes）的使用習慣演化出來的。市場習慣使用一些一經提示即可獲得支付、且絕對安全可靠的債權憑證當作交換媒介，取代這些憑證有權請求支付的那個數額的貨幣（我們將在後文第十一節討論貨幣替代物的特色和問題）。當這些債權憑證有一天暫停立即支付，從而它們的安全可靠，以及債務人的償付能力發生疑問時，市場並沒停止使用它們作爲交換媒介。如果這些債權憑證天天到期，亦即，天天可向某個償付能力沒有疑義的債務人請求償還，毋須另給通知或任何花費，便可收回它們所代表的金額，那麼，它們的交換價值，就會等於它們所代表的價值，或者說，它們的面值。正是這個交換價值等於面值的事實，賦予它們貨幣替代物的性質。但是，它們現在暫停支付，將到期日推遲到未來某一不確定的日子，於是債務人的償付能力（或者至少他的償付意願）出現了疑問，從而喪失了一部分先前被賦予的價值。它們現在只是一些沒有孳息，在某一不確定的到期日，可持向某一有問題的債務人請求支付一定金額的債權憑證。但是，由於它們仍用作交換媒介，它們的交換價值並沒下跌到純粹只是債權憑證將會下跌的那個程度。

我們大可假定，這種信用貨幣很可能會繼續當作交換媒介使用，即使它失去了可向某銀行或國庫請求償付的債權憑證性質，從而變成了不可兌換幣（fiat money）。不可兌換幣是一種純粹由象徵物作成的貨幣，它既沒有任何產業用途，也不代表可向什麼人要求償付的債權。

研究過去是否曾出現不可兌換幣，或所有非商品貨幣是否都屬於信用貨幣，不是交換學、而是經濟史的任務。交換學必須確立的，僅僅是：不可兌換幣是可能存在的。

必須記住的重點是，對每一種貨幣來說，非貨幣化——亦即，放棄使用它作爲交換媒介——必定導致它的交換價值嚴重下跌。這一點的實際意義，在過去八十年間白銀作爲交換媒介使用的習慣變得愈來愈不流行的過程中，一清二楚。

有些屬於信用貨幣和不可兌換幣種類的貨幣，是金屬鑄成的錢幣。這種貨幣，可以說，是印在一塊白銀、鎳或銅上面的。如果這樣的一塊不可兌換幣被非貨幣化，它仍然保有作爲一塊金屬的交換價值。但是，對擁有者來說，這只是一筆非常小，沒有實際意義的補償。

保持現金握存，需要一些犧牲。當某個人在口袋裡保持了一些錢幣或在某個銀行帳戶裡保存一筆餘額時，他放棄了立即取得一些他能用來消費或生產的財貨。在市場經濟裡，這些犧牲能精確計算出來：它們等於如果把現金握存拿去投資，將可賺到的本源利息。某人考慮了這利息損失，還保持現金握存，證明他偏好現金握存的好處、甚於他所損失的利息收入。

若有論者要把人預期從保有一定量的貨幣獲得的好處一一列舉出來，那是可允許的。但是，如果認為只要分析這些動機，毋須訴諸現金握存和貨幣需求與供給等概念，便可提供一個決定購買力的理論，那就是妄想了。[13]從現金握存得到的那些好處和壞處，並不是能夠直接影響現金握存大小的因素。它們被每個人放在心中的天平上權衡，結果是一個主觀的價值判斷，沾染了判斷者的個性色彩。不同的人，和相同的人在不同的時候，對相同的客觀事實會有不同的價值判斷。正如知道了某個人的財富與生理狀況，不會讓我們也知道他願意為一定營養效能的食物花多少錢；所以，知道了某個人的財富情況，也不會使我們能夠明確斷言他將保持多少現金握存。

第十節　貨幣關係的含義

貨幣關係，亦即，貨幣需求與供給之間的關係，獨特決定貨幣相對於各種可銷售商品與服務的交換率或價格結構。

如果貨幣關係保持不變，則貿易、買賣、生產、消費和就業方面，便不可能出現通貨膨脹或通貨緊縮的壓力。與此相反的主張，只是反映某些人的牢騷，這些人不願意調整自己的行動，以配合他們同胞展現在市場上的需求。然而，並不是因爲貨幣據稱稀少，導致農產品價格過低，以致邊際以下的農夫賺不到企盼的收入數目；這些農夫之所以處境艱辛，是因爲其他農夫的生產成本比較低、比較有效率。英國製造業問題的癥結，不在於價格「水準」太低，而在於他們並未成功把所投下資本和所僱用工人的生產力提高，達到足以供應英國人想要消費的所有財貨的程度。

財貨生產數量增加，在其他條件相同下，必定導致人的滿足情況改善。同時，產量增加的那些財貨的貨幣價格也會下跌；只是，貨幣價格這樣下跌，絲毫無損於人從增產出來的財富所獲得的利益。有人也許認爲，增加的財富因此會有一部分落入債權人的口袋，而這是不公平的；如果購買力上升的幅度已經被正確預料到，並且充分反映在一定的負利差上，前述這種批評是有問題的。[14]無論如何，我們絕不可說，產量增加導致有關財貨價格下跌，是某種不均衡存在的證明，而且除非增加貨幣數量，不可能消除該不均衡。當然，每當某些或所有商品的產量增加時，各產業部門間通常需要某一新的生產要素配置安排。如果貨幣數量保持不變，價格結構會清楚顯示該重新配置的必要性。有些生產行業變得比較賺錢，而其他行業則利潤下降或出現虧損。市場運作就這樣傾向消除這些被大談特談的不均衡狀態。我們可以用增加貨幣數量的手段延緩或阻撓這個調整過程。但是，我們不可能使這個調整過程變得沒必要或變得讓當事人比較不痛苦。

如果政府操弄現金引起的購買力變動，僅僅導致財富從某些人移轉至其他人，交換學的科學中立觀點是不允許譴責這一種操弄的。另一方面，以公益或公共福利爲藉口，妄圖證明這種操弄正當，也顯然是騙人的。不過，如果這一種操弄沒有進一步的壞處，仍然可以視爲必要的政治措施，適合用來增進某些族群的利益，而以其他族群的犧牲爲代價。然而，操弄購買力變動，除了財富移轉效果外，還會牽涉到其他一些事情。

這裡毋須指出，持續的通貨緊縮政策必定導致哪些後果；沒人主張這樣的政策。一般民眾，以及渴望掌聲的論述者和政客，毋寧是支持通貨膨脹的。對於這些人竭力的主張，我們必須強調三點。第一，通貨膨脹或擴張性政策必定一方面導致過度消費，另方面導致錯誤投資。它因此浪費資本，損害未來的需求滿足狀態。[15]第二，通貨膨脹的過程，不會消除調整生產和重新配置資源的必要性。它只推遲調整過程，從而使調整過程更為困難。第三，通貨膨脹不能作為一個可以永久採用的政策，因為繼續採用，終必導致貨幣體系崩潰。

零售商或小酒館的老闆，很容易陷入錯覺，誤以為要使自己和同業更為富有，只需一般民眾多花錢就可以了。在他看來，重點是促使民眾花更多錢。但是，這個想法竟然能當作一個嶄新的社會哲學，呈現在世人眼前，那就令人驚奇了。凱因斯勳爵和他的門徒認為，他們所謂不盡如人意的經濟情況，肇因於人民的消費傾向不足。在他們看來，要讓人民更為富有，需要的不是增加生產，而是增加支出。為了讓人民能夠多花錢，他們推薦「擴張性的」（財政與貨幣）政策。

這個學說既古老又拙劣。對它的分析和駁斥，將在後文處理景氣循環的章節提出。[16]

第十一節　貨幣替代物

可向某個償付能力和償付意願都不存在絲毫疑慮的債務人，請求一定數額的貨幣，且一經提示就必須償付或贖回的債權，能給債權人提供貨幣所能提供的一切服務，只要所有可能和債權人進行交易的人都完全熟悉該債權的這些基本性質：天天到期，而且債務人的償付能力與意願毫無疑問。這種債權，我們可以稱為貨幣替代物，因為它能在個人或企業的現金握存中完全取代貨幣的地位。交換學不在乎貨幣替代物在製作技術與法律方面的特色。貨幣替代物可能是銀行鈔票或存入某家銀行可以用支票提領的即期存款（「支票簿貨幣」或存款貨幣），只要該銀行隨時準備、免手續費，拿出眞正的貨幣交換該鈔票或該存款。以象徵物製作的錢幣（或象徵錢幣）也是貨幣替代物，只要持有者在必要時，能立即、免費把它換成貨幣。要實現這個條件，不需要政府按法律規定必須償還它們。要緊的是，這些象徵錢幣實際上能立即、免費換成貨幣。如果象徵錢幣的發行總金額保持在合理範圍內，政府甚至不需要有任何特殊規定或償付準備，象徵錢幣的交換價值還是可以維持在等於面值的水準。一般民眾對零錢的需求，讓每個人有機會輕易把零錢換成貨幣。重點是：每一個擁有貨幣替代物的人，完全相信他手上的替代物能立即免費換成貨幣。

如果債務人——政府或銀行——相對於他所發行的貨幣替代物，保持等量的眞正貨幣儲備，我們便稱這種貨幣替代物爲貨幣憑證（money-certificate）。個別的貨幣憑證，代表——不必然是法律意義的代表，但總是交換學意義的代表——有一相應數額的貨幣保持在儲藏狀態。貨幣憑證的發行，不會增加適合作爲現金握存、滿足貨幣需求的東西。因此，貨幣憑證的數量變動，不會改變貨幣供給與貨幣供需關係。換言之，貨幣憑證的數量變動，對貨幣購買力的決定，毫無作用。

如果債務人所保持的貨幣儲備數量，少於他所發行的貨幣替代物總額，貨幣替代物超出儲備的部分，我們稱爲信用媒介（fiduciary media）。某一個別的貨幣替代物究竟是一貨幣憑證，還是一信用媒介，通常是不可能確定的。債務人所保持的貨幣儲備，通常只夠償付一部分他所發行的貨幣替代物。因此，發行的貨幣替代物，一部分是貨幣憑證，其餘則是信用媒介。但這個事實，只有那些熟悉銀行資產負債表的人才能察覺；至於個別的鈔票、存款單或象徵錢幣，究竟是貨幣憑證，還是信用媒介，那是無法判別的。

發行貨幣憑證不會增加發行銀行能用來放貸的資金。一家沒發行信用媒介的銀行，只可能放貸**商品**

信用（commodity credit），亦即，它只能借出它自己的資金和它的顧客所託付的資金。信用媒介的發行，擴大銀行可用來放貸的資金，超過前述的限制。銀行現在不僅能放貸商品信用，也能放貸**循環信用**（circulation credit），亦即，以發行信用媒介來發放貸款。

雖然貨幣憑證的數量無關緊要，信用媒介的數量卻不然。信用媒介就像貨幣那樣影響市場現象；信用媒介的數量變動，會影響貨幣購買力、價格，以及——暫時的——利率的決定。

從前的經濟學家使用的術語不一。許多人直接把貨幣替代物稱爲貨幣，因爲它也適合提供貨幣所提供的服務。然而，這個術語並不妥當。科學術語的首要目的，乃是方便有關問題的分析。交換學貨幣理論的任務——不同於法律的貨幣理論，也不同於銀行管理和會計等職業學科——在於研究價格和利率如何決定。這個任務需要清楚區別貨幣憑證和信用媒介。

信用擴張（credit expansion）一詞常被誤解。我們必須知道，商品信用是不可能擴張的。信用擴張的唯一載具，是循環信用。但是，放貸循環信用，並非總是意味信用擴張。如果先前放貸的信用媒介數量對市場的作用已經完全發揮完畢，如果價格、工資率和利率已經適應了眞正的貨幣加上信用媒介的總供給（廣義的貨幣供給），則在信用媒介數量沒進一步增加的情況下，循環信用的放貸便不再是信用擴張。只有在銀行以增加發行信用媒介發放貸款時，才會出現信用擴張；如果銀行只是把舊借款人還回來的信用媒介重新放貸出去，便不會出現信用擴張。

第十二節　信用媒介的發行限制

某人把貨幣替代物當作貨幣處理，因爲他完全相信任何時候都能立即、免費把貨幣替代物換成貨幣。我們可以把有這種信心，從而願意把貨幣替代物當成貨幣處理的人，稱爲貨幣替代物發行銀行家、銀行或政府當局的客戶。發行機構是否按照銀行業常見的經營模式操作，是無關緊要的問題。國庫所發行的那些象徵錢幣也是貨幣替代物，雖然國庫通常不會把它當作負債登入帳簿，也不認爲它是國債的一部分。同樣無關緊要的是，貨幣替代物的持有者，是否有權利上告法院要求贖回。要緊的是，該貨幣替代物是否實際上能夠立即、免費換成貨幣。[17]

發行貨幣憑證，是一項花費巨大的商業冒險：鈔票必須印製，象徵錢幣必須鑄造；某一複雜的會計制度必須爲寄存的貨幣（或存款）設立起來；儲藏的貨幣必須保障安全；然後，有遭到僞製的鈔票與支票欺騙的風險。相對於所有這些費用，只存在很小的獲利機會，可能有些發行出去的鈔票也許會遭到銷毀或遺失；以及更小的機會，可能有些存戶會忘記他們的存款。如果沒搭配發行信用媒介，發行貨幣憑證將是一樁傾家蕩產的生意。早期銀行業的發展史中，有些銀行唯一的業務是發行貨幣憑證。但是，這些銀行的客戶補償發行貨幣憑證所招致的成本。無論如何，對於那些不發行信用媒介的銀行如何經營的技術性問題，交換學不感興趣。對於貨幣憑證，交換學唯一感興趣的，僅在於貨幣憑證的發行，和信用媒介的發行有什麼樣的關聯。

雖然貨幣憑證的數量對交換學而言不重要，但是，信用媒介數量的增減，和貨幣數量的變動，對貨幣購買力有同樣的影響。因此，信用媒介數量的增加是否受到限制的問題，具有根本的重要性。

如果某家銀行的客戶群包括所有市場經濟成員，則信用媒介發行量所受到的限制，和貨幣數量的增加所受到的限制是一樣的。如果在某一孤立的國家或全世界內，某家銀行是唯一的一家信用媒介發行機構，它的客戶群包括所有個人和企業，那麼它在業務經營上勢必要遵守兩個規則：

第一：必須避免任何可能使客戶——亦即，一般民眾——起疑的行爲。一旦客戶開始失去信心，就會要求銀行贖回鈔票，並提領存款。這家銀行究竟能繼續增加它的信用媒介發行量到什麼程度，而不至於引起懷疑，取決於客戶的心理狀況。

第二：信用媒介數量增加的幅度和速度，絕不可大到讓客戶認定，價格上漲將按某一加速度，無止境的繼續下去。因爲如果一般民眾認爲情形就是這樣，他們將減少現金握存，逃向「實質」價值，導致炸裂的繁榮。但是，除非假定民眾首先對該銀行信心幻滅，否則我們無法想像這種災難會來臨。一般民眾無疑會選擇先把信用媒介換成貨幣，而不是逃向實質價值，亦即，不會選擇胡亂購買各種商品。那麼，在前述災難來臨之前，這家銀行就必定會倒閉。然而，如果政府介入，免除該銀行按照契約贖回鈔票和支付存款的責任，信用媒介便變成信用貨幣或不可兌換幣。暫停兌付貨幣，使情況完全改變。這時，就不再有任何信用媒介、貨幣憑證和貨幣替代物的問題。政府攜帶它自己炮製的法償貨幣法登場。該家銀行喪失獨立存在的地位；它變成政府的一個政策工具，國庫的一個下屬單位。

就交換學的觀點而言，和客戶群包括所有市場經濟成員的單一銀行或一致行動的數家銀行的信用媒介發行有關的問題中，最重要的，並非發行量受到什麼絕對限制的問題。我們將在專門討論貨幣數量和利率關係的第二十章，處理一些最重要的信用媒介發行問題。

在這個環節，我們必須先仔細研究多家銀行獨立、並存的問題。獨立的意思是，在發行信用媒介時，每一家銀行都自行其是，沒和其他銀行一致行動。並存的意思是，每一家銀行都有一群不包括所有市場經濟成員的客戶。爲了簡單起見，我們將假設沒有哪一個人或哪一個企業是一家以上銀行的客戶。即使我們假設有些人是一家以上銀行的客戶，或者有些人不是任何銀行的客戶，我們所證明的結果也不受影響。

我們必須問的問題，不是這些獨立並存的銀行是否避免不了有信用媒介發行量的限制。由於即使客戶群包括所有人的單一銀行，發行信用媒介都有數量限制，所以，對多家獨立並存的銀行來說，顯然也會有這種限制。我們必須證明的是：多家獨立並存的銀行所受到的這種限制，比擁有無限客戶群的單一銀行所受到的限制更爲嚴苛。

我們假設，在某個市場體系裡，數家獨立的銀行很早便設立了。這體系先前只使用貨幣，不過，這些銀行已經引進貨幣替代物的使用習慣，而一部分貨幣替代物是信用媒介。每家銀行都有一群客戶，也都發行了一定數量的信用媒介，被客戶當作貨幣替代物保持在現金握存中。銀行總共發行的、被客戶的現金握存所吸納的信用媒介數量，已經改變了價格結構和貨幣購買力。改變的效果已經全部發揮完畢，過去的信用擴張所產生的任何變化，不再擾動目前的市場。

現在，且讓我們進一步假設，某家銀行單獨發行一筆新增的信用媒介，其他銀行並沒跟進增發信用媒介。這家信用擴張銀行的客戶——不管是老客戶，或是由於這信用擴張而獲得的新客戶——得到新增的信用，擴大他們的商業活動，他們出現在市場上需求更多的財貨與服務，抬高了一些價格。那些不是這家信用擴張銀行客戶的人，不能夠支付較高的價格，被迫縮減購買。於是，市場上會有一部分財貨從非客戶移轉至這家信用擴張銀行的客戶。客戶向非客戶購買的東西，比他們賣給非客戶的還要多；他們必須支付給非客戶的貨款，比他們從非客戶收到的還要多。但是，這家擴張銀行所發行的貨幣替代物不適合支付給非客戶，因爲這些非客戶不承認它們具有貨幣替代物的性質。爲了結清對非客戶的欠款，客戶必須首先把他們的往來銀行——亦即，該信用擴張銀行——所發行的貨幣替代物換成貨幣。這家擴張銀行必須贖回它的鈔票和支付它的存款。它的貨幣儲備——我們假設它所發行的貨幣替代物只有一部分具有信用媒介的性質——數量縮小。某一可怕的時刻正在逼近，到時這家銀行——在竭盡貨幣儲備後——將不再能贖回仍然發行在外的貨幣替代物。爲了避免喪失償付能力，它必須儘快重新採取某一強化貨幣儲備的經營策略。它必須放棄擴張信用的辦法。

市場對一家客戶群有限的銀行單方面擴張信用時的這種反應，英國的通貨學派（the Currency School）曾有非常出色的描述。通貨學派所處理的特殊情況，指涉某國享有特權的中央銀行或某國所有銀行一致擴張信用，遇上其他國家的銀行所採取的非擴張性政策。我們的證明，不僅涵蓋多家擁有不同客戶群的銀行獨立並存這個比較一般性的情況，也涵蓋某一體系內只存在客戶群有限的一家銀行，而其餘的人並不光顧任何銀行，也不把任何請求支付貨幣的權利當作貨幣替代物，這個最具一般性的情況。當然，是否假設一家銀行的客戶群截然和其他銀行的客戶群分別住在不同區域或國家，或者他們和其他銀行的客戶群混雜住在同一地方，那是無關緊要的。這些具體的情況差異，對此處所涉及的交換學問題不會有什麼影響。

一家銀行所能發行的貨幣替代物，數量絕不可能多於它的客戶能保持在現金握存中的貨幣替代物。個別客戶在現金握存中能保持的貨幣替代物比例，絕不可能高於他和同一家銀行其他客戶的交易額占他總交易額的比例。基於方便的考量，他保持的貨幣替代物比例，通常會遠低於這個最高比例。於是，信用媒介的發行，便遇到了一個限制。我們可以承認，每個人，在他的經常交易中，都準備無差別的接受任何銀行發行的鈔票和任何銀行付款的支票。但是，他不僅會把收到的支票立即存入他的往來銀行，也會把其他銀行的鈔票立即存入他的往來銀行。而接下來，他的往來銀行會和有關銀行結清彼此的帳戶餘額。於是，上面描述的過程就啓動了。

有些論述者寫過不少廢話，聲稱一般民眾有一乖張的癖好，特別容易接受可疑的銀行所發行的鈔票。真實的情況是，除了一小群能夠辨別銀行情況好壞的商人外，一般人過去總是以懷疑的眼光看待鈔票。是政府授予一些特權銀行特別的許可證，慢慢的使民眾的懷疑消失。時常有人說，小額鈔票流入貧窮無知、不能辨別鈔票眞假好壞的人手中；這樣的論點，可不能當眞。收到鈔票的人愈窮、愈不熟悉銀行業務，就會愈快把它花出去，於是，這鈔票就愈快經由零售業和批發業，回到發行銀行或熟悉銀行業情況的人手中。

對一家銀行來說，要增加願意接受它透過信用擴張、以某一數額的貨幣替代物發放貸款的人數，很容易。但是，對任何銀行來說，要擴大它的客戶群，亦即，一群願意把可向它請求支付貨幣的權利當作貨幣替代物、並保持在現金握存中的人，卻很困難。要擴大這樣一群客戶，是一個麻煩和緩慢的過程，就像要取得任何種類的信譽那樣。另一方面，一家銀行可能非常快速的失去客戶群；它如果想保存客戶群，就絕不可容許任何人懷疑它隨時有能力和意願遵照契約規定，履行所有責任。它必須保持足夠多的貨幣儲備，以備贖回持有者可能拿出來請求它贖回的所有鈔票。所以，沒有哪一家銀行能一味發行信用媒介；相對於它所發行的貨幣替代物總額，它必須保持一筆貨幣儲備，於是它合併發行信用媒介和貨幣憑證。

把貨幣儲備的任務，想成是銀行爲了贖回對它已經失去信心的持有者手上的鈔票，是一個嚴重的錯誤。一家銀行和它發行的貨幣替代物所享有的信任，是不可切割的。它若不是享有所有客戶的信任，就是這信任完全消失不見。如果某些客戶對它失去信心，則其餘客戶也會失去信心。一旦所有的客戶失去信心，都要求贖回他們手上的鈔票和提領他們的存款，沒有哪一家發行信用媒介和放貸循環信用的銀行，還能夠履行它在發行貨幣替代物方面所承擔的責任；這是發行信用媒介和放貸循環信用的基本特徵，或者說，這種生意的弱點。沒有哪一種貨幣儲備政策體制或哪些貨幣儲備的法律規定，能夠補救這個弱點。貨幣儲備所能做到的，只是讓銀行能夠從市場上撤回過量發行的信用媒介。如果銀行發行的鈔票數量多於它的客戶能用來和別的客戶交易的數量，就必須把這多出的數量贖回來。

就限制信用媒介和循環信用數量的增加而言，強迫銀行按存款與鈔票發行總額的一定比例保持貨幣儲備的法律，是有效的；但是，如果立法的用意是想在客戶群失去信心時，確保鈔票被銀行迅速贖回，存款被銀行迅速歸還，貨幣儲備的法律便是沒用的。

銀行學派（the Banking School）對這些問題的處理完全失敗；它被一個似是而非的想法搞糊塗了。該想法認爲：商業活動對貸款的需求，嚴格限制銀行最多可能發行的可兌換鈔票數量。他們沒意識到，一般民眾對銀行貸款的需求數量，取決於銀行的放款意願；而一些不關心本身償付能力的銀行，可以透過降低放款利率至市場利率以下來擴張循環信用。銀行學派認爲，如果銀行放款僅限於將買賣原材料和半成品所產生的商業匯票貼現，則銀行所能發放的貸款，頂多便是一個獨特取決於商業買賣狀況、而無關銀行經營策略的數量；這是不對的。銀行貸款數量，其實會隨著貼現率的升降而收縮或擴張。銀行降低利率，等於增加銀行本身誤以爲正常合理的商業貸款需求數量。

對於十九世紀三、四〇年代經常擾亂英國商業情況的那些危機，通貨學派提出了一個相當正確的解釋。當時英格蘭銀行、英國其他銀行與投資銀行家都採取信用擴張策略，而與英國貿易的國家卻沒有信用擴張，或者至少沒有相同程度的擴張。這種情況的必然後果——黃金外流——就發生了。銀行學派提出來反對這個解釋的所有理由，每一個都是無效的。不幸的是，通貨學派犯了兩個錯誤。首先，它從未意識到，它建議的補救辦法：訂定法律、對銀行發行超過黃金儲備的鈔票數量加以嚴格限制，並不是唯一的補救辦法；它從未有過自由銀行業（free banking）的想法。第二個錯誤，通貨學派未能看出支票存款是貨幣替代物，而且只要數額超過銀行所保持的貨幣儲備，就是信用媒介，因此和鈔票一樣，是信用擴張的載具。銀行學派唯一的優點，是它看出稱爲存款貨幣的東西，和鈔票一樣，是一種貨幣替代物；但除了這一點，所有它的學說都是似是而非的。銀行學派接受了一些和中性貨幣有關的矛盾觀念；它嘗試引用某個神奇的現象——被大談特談的貨幣窖藏——反駁貨幣數量學說，而且它還完全誤解了利率問題。

必須強調的是，之所以會出現以法律限制信用媒介發行量的問題，全是因爲政府先授予一家或數家銀行特殊的權利，已經阻止了自由銀行業體制的演化。如果政府未曾爲了某些特殊銀行的利益而進行干預、如果政府未曾免除某些銀行遵照契約規定清償債務的責任、如果銀行完全像市場經濟裡所有個人與企業該做到的那樣履行契約責任，就不會出現任何銀行問題。信用擴張自然而然就會遇到的那些限制，將會有效運作；每一家銀行顧慮本身的償付能力，將不得不審愼限制信用媒介的發行。那些把必要的審愼規則棄若敝屣的銀行，將已經全數倒閉，而一般民眾，吃一塹、長一智，也將已經變得加倍多疑和保守。

歐洲各國政府和御用文人對銀行業的態度，自始就不誠實、盡撒謊。他們對所謂全國福祉，以及對一般民眾、尤其是對貧窮無知群眾，假裝的關懷，只不過是一個騙人的幌子。歐洲各國政府想要的是通貨膨脹和信用擴張、想要的是景氣繁榮和寬鬆貨幣。曾經兩次廢除中央銀行的美國人，知道這種機構的危險；很不幸的是，他們未能看出他們要對抗的那些禍害，存在於政府對銀行業的每一種干預當中。當今，即使是最偏執的國家集權主義者也不能否認，自由銀行業所有據稱的禍害，若是和一些享有特權的銀行，以及政府控制的銀行曾經引起的巨大通貨膨脹、所造成的災難性後果相比，實在算不了什麼。

有人說，政府之所以干預銀行業，是爲了限制信用媒介的發行和防止信用擴張；這是一則神話。正好相反，引導政府介入銀行業的主意，來自政府對通貨膨脹和信用擴張的強烈慾望。政府之所以賦予銀行特權，是因爲未受干擾的市場情況通常會給信用擴張劃下的那些界限，政府想要加以擴大；或者是因爲政府渴望爲國庫開啓一個收入的來源。這些考慮給各國政府提供了大部分干預銀行業的動機。政府深信，信用媒介是降低利率的一個有效手段，因此要求銀行業擴張信用、嘉惠企業和國庫。僅僅在信用擴張的不良後果顯現時，政府才制定法律限制銀行發行鈔票——有時候也限制發行存款貨幣——超出黃金儲備的部分。建立銀行業自由經營的環境，從來沒獲得政府認眞考慮，因爲那種環境，對於限制信用擴張太過有效了。

因爲統治者、御用文人和一般民眾都一致認爲，企業界有合理的權利要求某一「正常、且必要的」循環信用額度，而這個額度，在銀行業自由經營的情況下是不可能獲得的。[18]

許多政府不曾從任何不同於財政收入的觀點，去看待信用媒介發行的問題。在它們看來，銀行的首要任務是借錢給國庫。貨幣替代物是政府發行紙幣的先驅；可兌換的銀行鈔票，只是邁向不能贖回的銀行鈔票的第一步。隨著邦國崇拜主義和干預主義政策的進展，這些觀念變得愈來愈普遍，不再遭到任何人質疑。如今，沒有任何政府願意考慮自由銀行業方案，因爲沒有任何政府想放棄一個它認爲很方便的收入來源。當今稱爲戰備財政的觀念，指的只是國家可以透過特權銀行和政府控制的銀行，取得進行戰爭所需的金錢罷了。根本的通貨膨脹主義，雖然沒獲得公開承認，卻是我們當代經濟意識型態的基本特徵。

但是，即使在自由主義享有最高威望，並且政府也比較渴望保持和平與幸福、而不是煽動戰爭、死亡、毀滅和痛苦的時代，輿論在處理銀行業的問題時也是懷有偏見的。除了英美語系國家，當時一般國家的輿論相信，優良政府的一個主要任務是降低利率，而信用擴張則是達到此一目的的適當手段。

當英國於一八四四年改革銀行法時，還沒有前述錯誤的想法。但這個著名的改革法案失效了，主要因爲通貨學派的兩個缺點。一方面，政府對銀行業的干預體制被保存下來。另一方面，該法案只限制銀行鈔票超出黃金儲備的發行量。只有鈔票形式的信用媒介受到壓制；信用媒介能以存款貨幣的形式旺盛增長。

如果我們將通貨學派的貨幣理論所隱含的概念推演至最徹底的邏輯結論，我們便可能建議，法律應該強迫所有銀行保持百分之一百相對於貨幣替代物（鈔票加即期存款）總額的貨幣儲備。這是費雪教授（Irving Fisher）的百分之一百計畫的核心；但是，費雪教授把這個計畫和他關於某種指數本位制的一些提案合併在一起。我們在上面已經指出，爲什麼這樣的一個構想，不僅是空幻的，而且也等於公開贊同政府有權力按照強大壓力團體的慾望，操縱貨幣購買力。即使這個百分之一百貨幣儲備計畫眞的在純正的金本位制基礎上被採納，它也不會完全消除政府對銀行業的每一種干預固有的弊病。要杜絕任何進一步的信用擴張，必須做到的是：把銀行業置於商事法和民法的一般規範之下，就像要求每一個人和每一個企業那樣，要求銀行業按照契約規定履行所有責任。如果銀行依舊是歸特殊的法律規定、節制的特權機構，政府便依然能掌控銀行作爲備用的財政工具。於是，對發行信用媒介所設下的每一道限制是否有效，便取決於政府和國會的善意。它們也許會在所謂正常期間限制信用媒介發行；但是，一旦政府認爲有緊急狀況證明應該採取非常措施，這種限制將會立即遭到撤銷。如果行政當局和支持它的政黨想要增加支出，卻不想透過徵收比較重的稅、唯恐民意支持度下降，他們將總會很快把面對的僵局稱爲國家緊急狀況。訴諸印鈔機，以及利用那些願意爲銀行業管理當局效勞的銀行經理逢迎拍馬的品性，是政府，當渴望在納稅人不準備納稅支持的施政項目上花錢時，最重要的融資手段。

要防止信用擴張固有的危險，自由的銀行業是唯一可行的辦法。沒錯，允許銀行業自由經營的環境，不會妨礙那些小心謹慎、對外公開所有必要財務資訊的銀行，在非常狹小的範圍內緩慢的擴張信用；但銀行業自由經營的環境，不可能讓信用擴張及所有不可避免的後果，發展成爲市場經濟經常的——有人或許忍不住要說正常的——特徵。只有自由的銀行業，才可能確保市場經濟免於危機與蕭條。

回顧過去一百餘年的歷史，我不禁覺得，自由主義在銀行問題的處理上所犯的錯誤，對市場經濟是一致命的打擊。在銀行業方面，放棄自由企業原則，是完全說不過去的。在面對普遍敵視放貸取息的民意時，自由主義的政治人物大多乾脆投降。他們未能意識到，利率是一個不可能受政府當局或其他任何機構隨意操縱的市場現象。他們認同民粹迷信，誤以爲降低利率是好事，而信用擴張則是降低利率的正確手段。對自由主義大業傷害最大的，莫過於幾乎定期復發的景氣過熱與牛市的突然崩潰、繼以持久的衰退。輿論變成已經相信，在未受干擾的市場經濟裡，發生這種事情是不可避免的。一般人沒想到，他們自己所哀嘆的情況，竟然是企圖透過信用擴張以降低利率的政策不可避免的結果。他們頑固的堅持這種政策，又徒然企圖以愈來愈多的政府干預對抗這種政策所產生的惡果。

關於自由銀行業論述的幾點意見

銀行學派說，銀行如果只做短期放款的業務，便不可能過度發行鈔票。當貸款到期償還時，鈔票便從市場上消失，回到銀行手中。然而，只有在銀行收縮放貸金額時，這事才會發生（但是，即使這樣，它也不會撤銷先前擴張信用的效果；只是在該效果之上添加一個後來的信用緊縮效果）。銀行通常的作法，是以貼現新商業匯票，取代到期還款的舊商業匯票。於是，對應於舊貸款的償還而從市場收回的鈔票，銀行又重新發行了同等金額的鈔票。

在自由銀行業體制下，使信用擴張受限的那個機轉，以不同於銀行學派所說的方式運作，完全和前述所謂Fullarton原則設想的過程無關。它是由這個事實引起的：信用擴張本身不會擴大相關銀行的客戶群，亦即，把相關銀行的即期債務視爲貨幣替代物的人數不會增加。如前所述，當一家銀行單方面過度發行信用媒介時，該銀行的客戶對非客戶的支付金額便會增加，因此它所發行的貨幣替代物被非客戶要求贖回的數量也會跟著增加。於是，迫使擴張信用的銀行重新收縮信用。[19]

在支票存款方面，這個事實從來沒遭到質疑。顯然的，擴張信用的銀行會很快發現，在它和其他銀行清算時，已遇到了困難。然而，論者有時候認爲，在銀行發行的鈔票方面，情況是不同的。

在處理貨幣替代物問題時，交換學斷言：貨幣替代物被某一數目的人當作貨幣處理，亦即，它們像貨幣那樣，被某些人在交易中付出和接受，也被某些人保持在現金握存中。關於貨幣替代物，交換學說的一切，都預設這個情況。但是，我們絕不可荒謬的認爲，任何銀行所發行的每一張鈔票都實際成爲貨幣替代物。發行銀行必須享有特殊商譽，才能使它的鈔票變成貨幣替代物。市場對於銀行在任何時候立即、免費向持有者贖回每一張鈔票的能力或意願，只要有絲毫的疑慮，這個特殊的商譽就會遭到傷害，從而該家銀行所發行的每一張鈔票就會失去貨幣替代物的性質。我們可以假設，每個人不僅願意得到這種有問題的鈔票作爲借款，而且也寧可當下收受它們作爲償付的手段，而不願再多等待一段時間。但是，如果關於它們的主要性質存在任何疑慮，人們將會急忙把它們用掉。人們將在現金握存中，只保持貨幣以及他們認爲絕對安全的貨幣替代物，而把那些可疑的鈔票儘快處理掉。這些鈔票將會被折價交易，而這個事實將使它們迅速湧回發鈔銀行，因爲只有該家銀行必須按面值全額贖回它們。

回顧歐洲大陸銀行業的發展情況，可以把這裡的問題說得更爲明白。在歐洲大陸，法律對於商業銀行創造支票存款並沒有任何數量限制。它們按理能夠採取英美語系國家裡的銀行所使用的那些方法，放貸循環信用、從而擴張信用。然而，一般民眾並不準備把這種銀行存款當作貨幣替代物處理。收到支票的人，通常立即把它兌現，從銀行領走票面金額的貨幣或貨幣替代物。所以，對商業銀行來說，除非金額微不足道，否則不可能以貸記借款人帳戶的方式發放任何貸款。因爲一旦借款人開出支票，銀行就會被提領該張支票面額的貨幣。只有一小群大企業把存款放在它們國家中央發鈔銀行的存款（注意：不是存放在商業銀行的存款），當作貨幣替代物處理。雖然大多數這些國家的中央銀行，在存款業務方面，不受任何法律限制，它們卻不敢使用存款作爲大規模信用擴張的載具，因爲會把存款貨幣當作貨幣替代物的客戶人數太少了。銀行鈔票實際上是循環信用和信用擴張的唯一載具。類似的情況，過去存在於世界上所有不採用英美語系銀行業務方法的國家，現在大體上也大多存在。

在十九世紀八〇年代，奧地利政府推行一個計畫，在郵政儲金匯業局設立一個支票存戶部門，藉以普及化支票簿貨幣。這計畫在某一程度內算是成功。把郵局這個部門的帳戶餘額視爲貨幣替代物的客戶群，比該國中央發鈔銀行支票存款部的客戶群還更爲廣泛。這套制度後來被一九一八年繼承Habsburg帝國的新奧地利聯邦保存下來，也被許多其他歐洲國家採行，例如：德國。必須強調的是，這種存款貨幣，純粹是政府的一項業務，而這套制度授予的循環信用也完全貸予政府。值得注意的一個特點是，奧地利郵政儲金機構的名稱，不是儲蓄銀行，而是儲蓄局（Amt），而國外的模仿者大部分也都使用這個名稱。在大部分非英美語系國家，除了政府郵政系統的這些活期存款，銀行鈔票是循環信用的唯一載具（政府控制的中央發鈔銀行的存款，在某一很小的程度內，也是循環信用的載具）。在講到這些國家的信用擴張時，我們幾乎完全在說銀行鈔票的增加發行。

在美國，許多雇主以開立支票的方式，支付薪水、甚至工資。只要這些受款人立即兌現收到的支票，並且把全部金額從銀行提領出來，這種支付薪資的方法，只意味擺布錢幣和鈔票的繁重負擔，從雇主的出納身上移轉到銀行的出納身上。它沒有任何交換學上的意義。如果所有人都這樣處理收到的支票，銀行存款便不是貨幣替代物，便不可能用作循環信用的載具。完全是由於實際上有相當大的一部分民眾把銀行存款視爲貨幣替代物，才使得銀行存款成爲普遍稱爲支票簿貨幣或存款貨幣的東西。

把自由銀行業概念，和每個人都可以自由發行鈔票、從而都可以自由欺騙民眾這樣的印象，聯想在一起，是一個錯誤。某些學者時常提到Tooke[20]曾引用過的一句出自某一不知名的美國人的警語：「自由的銀行業，就是自由的坑蒙、拐騙。」然而，在銀行可自由發行鈔票下，銀行鈔票的使用習慣，即使沒徹底消失，也將大幅縮小。一八六五年十月二十四日Cernuschi在法國銀行法審查聽證會上提出的，正是這個想法：「我相信，所謂自由銀行業的體制，將導致鈔票在法國完全遭到撲滅。我希望賦予每個人發行鈔票的權利，以便不會再有任何人接受任何鈔票。」[21]

有人可能堅持這樣的意見：鈔票比錢幣更便利好使，因此基於方便的考量，民眾樂於使用鈔票。果眞如此，有人將願意支付額外費用，以避免口袋裝滿沉重的錢幣所造成的不便。因此，在早期，償付能力毫無問題的銀行所發行的鈔票，交換價值稍微高於金屬貨幣。也因爲如此，旅行支票相當受歡迎，儘管發行旅行支票的銀行要收取一定的發行手續費。但是，這個事實和這裡討論的問題沒有任何關係；它不是可以用來爲各種促使民眾使用鈔票的政策辯護的理由。各國政府不是爲了讓逛街採購的女士免於不便，而促使民眾使用鈔票。各國政府的主意，是要降低利率，是要給它們的財政部打開一個低利貸款的來源。在它們看來，增加信用媒介數量，是增進國民福祉的手段。

各種鈔票並非不可或缺，即使它們未曾存在過，資本主義所有的經濟成就還是一樣會達成。再則，存款貨幣做得到所有鈔票能夠做到的事情。而且，要爲政府干預商業銀行存款業務進行辯護，也不能引用「保護貧窮無知的工薪階級和農夫，免於邪惡的銀行家傷害」這類僞善的藉口。

但是，有些人可能會問，如果多家商業銀行組成一個卡特爾，那會怎麼樣呢？難道各家銀行不可能勾結起來，以便無止境的擴大發行它們的信用媒介？這個反對自由銀行業的理由，是荒謬的。只要一般民眾沒因政府干預、而喪失從銀行提領存款的權利，便沒有哪一家銀行能夠冒自毀商譽的風險，和一些商譽不如自己響亮的銀行勾結在一起。我們絕不可忘記，每一家發行信用媒介的銀行都處在一個相當不確定的危險位置。它最有價值的資產，是它的信譽。一旦產生任何關於它是否完全值得信賴、是否有償付能力的疑慮，它必定破產倒閉。對一家信譽良好的銀行來說，把它的招牌和商譽比較差的其他銀行招牌連結在一起，無異於自殺。在自由銀行業體制下，銀行卡特爾將摧毀國家整個銀行體系，對任何銀行都沒有好處。

信譽優良的銀行大多因爲保守經營和不願意擴張信用而遭到指責。在不值得銀行授信的那些人看來，限制信用擴張，顯然是一種惡行。但是，在自由銀行業體制下，限制信用擴張卻是銀行經營首要和最高的準則。

對我們這個時代的人來說，要想像自由銀行業的情況，是極其困難的一件事，因爲他們把政府干預視爲理所當然和必要的一回事。然而，我們必須記住，政府干預銀行業，是以一個錯誤的假設爲根據的；這假設誤以爲，信用擴張是永久降低利率的適當手段，除了不利於麻木不仁的資本家，不會傷害任何人。各國政府所以干預銀行，恰恰因爲它們知道，自由銀行業會把信用擴張限制在狹窄的範圍內。

有些經濟學家斷言，就銀行業目前的狀況來說，政府對銀行業的干預是合理的；他們這個說法，也許是對的。但是，銀行業目前的狀況，不是未受干擾的市場經濟運作的結果。它是各種政府措施，企圖創造大規模信用擴張的條件，所造成的結果。如果政府未曾干預，銀行鈔票和存款貨幣的使用，將僅限於對分辨銀行有無償付能力知之甚詳的社會高層人士。大規模的信用擴張將不可能發生。現在，普通人懷著迷信的敬畏，看待每一張被國庫或國庫所控制的機構印上**法幣**（legal tender）這兩個魔術字眼的紙；這種迷信的四處散布，是政府一手造成的。

政府目前對銀行業經營狀況進行干預，如果目的是要阻止或至少嚴格限制進一步的信用擴張，藉以清除不好的銀行業情況，那是值得辯護的。然而，事實上，當今政府干預的主要目的，卻是要加劇進一步的信用擴張！這個政策注定會失敗；遲早一定會造成大災難。

第十三節　現金握存的大小和成分

貨幣和貨幣替代物的總金額，被個人和企業保持在他們的現金握存中。每個人保有的那一份現金握存取決於邊際效用。每個人都渴望在他的總財富中保持一部分現金。他以增加購買來清除多餘的現金，而以增加銷售來塡補現金缺口。把個人對作爲現金握存的貨幣需求，和個人對財富與可銷售財貨的需求，搞混的通俗用語，應該愚弄不了經濟學家。

對個人和企業有效的陳述，對任一群人和企業合計的現金握存總額也一樣有效。從什麼觀點，把某一群人和企業當成一個整體，合計他們的現金握存，是無關緊要的。某一城市、某一省或某一國的現金握存，是相關地區所有居民的現金握存合計的總額。

現在且讓我們假設，市場經濟只使用一種貨幣，而且貨幣替代物或者不存在，或者在整個市場範圍內被每個人當作貨幣無差別的使用。例如，有黃金貨幣和可贖回的銀行鈔票，這鈔票由某一世界銀行發行，被每個人當作貨幣替代物處理。在這些假設下，那些阻礙商品與服務交換的措施，不影響貨幣關係狀態和現金握存的大小。關稅、禁運和移民障礙，影響價格、工資和利率的均等化趨勢。但是，它們不會直接影響現金握存。

如果政府想增加所轄人民的現金握存金額，它就必須命令他們寄存一定金額在某一官署裡，而且必須紋風不動將它留在那裡。由於必須取得此一金額，每個人將被迫賣得更多、買得更少；國內的價格將會下降；出口將會增加，而進口將會減少；某一數量的現金將會輸入。政府如果只是阻礙財貨進口和貨幣出口，它將不可能達到它的目的；如果進口下降，在其他情況相同下，出口也將同時下降。

貨幣在國際貿易方面扮演的角色，和它在國內貿易方面扮演的角色，沒什麼不同。在國內貿易方面，貨幣是一種交換媒介；在國際貿易方面，它同樣也是一種交換媒介。不管是在國內貿易或是在國際貿易，財貨的買賣，在個人與企業的現金握存上，所引起的變動將只是一時的，除非有人刻意要增加或減少他們的現金握存。只有當一國的居民比外國人更渴望增加他們的現金握存時，流入該國的貨幣才會多於流出的貨幣。反之，只有當一國的居民比外國人更渴望減少他們的現金握存時，流出該國的貨幣才會多於流入的貨幣。貨幣從一國移轉到另一國，如果沒遭到反方向的貨幣移轉抵銷，絕不是國際貿易一個不經意的交易結果。貨幣的跨國淨移轉，永遠是居民有意改變其現金握存的結果。所以，就像只有當一國的居民想輸出多餘的小麥時，小麥才會輸出那樣，只有當居民想輸出他們認爲過剩的貨幣時，貨幣才會輸出。

當一國轉向使用一些外國沒使用的貨幣替代物時，貨幣過剩的現象便會出現。這些貨幣替代物的出現，無異於該國廣義的貨幣供給（亦即，貨幣加上信用媒介的供給）增加；也就導致廣義的貨幣供給過剩。居民渴望移除他們手中過剩的貨幣和信用媒介，於是增加購買國內或國外的財貨。如果是第一種情形，則出口下降；如果是第二種情形，則進口增加。無論是哪一種情形，過剩的貨幣都會流到國外。由於，根據我們的假設，貨幣替代物不可能輸出，所以，只有眞正的貨幣流出國外。結果是，國內廣義的貨幣（貨幣＋信用媒介）當中，貨幣的部分下降，而信用媒介的部分則增加。國內狹義的貨幣存量，變得比以前少了。

現在，我們進一步假設，國內的貨幣替代物不再是貨幣替代物了。發行這些貨幣替代物的銀行，不再償付貨幣贖回它們。這些以前的貨幣替代物，現在是一些可向某家銀行要求支付貨幣的債權憑證，而這家銀行沒履行契約責任，是一家償付債務的能力和意願頗有疑問的銀行。誰也不知道這些債權憑證是否會或何時會獲得償付。但是，這些債權憑證可能被一般民眾當作信用貨幣使用。以前作爲貨幣替代物時，它們等於持有者在任何時候都有權請求償付的那一筆貨幣。作爲信用貨幣，它們現在折價交換。

這個時候，政府可能出面干預：命令這些一張張的信用貨幣是法幣，可以按它們的面値償付一切債務，[22]任何商人都不可以任意歧視它們。這道命令嘗試強迫民眾，對待一些交換價値不同的東西，宛如它們具有相同的交換價値。它干預市場所決定的價格結構。它給信用貨幣訂定最低價格，同時給商品貨幣（黃金）和外匯訂定最高價格。它所產生的結果，不是政府想要達到的目的。信用貨幣和黃金之間的交換價值差異沒有消失。由於政府禁止人民按照錢幣的市場價格使用錢幣，所以人民不再使用錢幣買賣東西或償付債務。他們保留它們，或者輸出它們。商品貨幣從國內市場消失。格萊欣法則說，劣幣把良幣逐出國內市場。比較正確的說法是，交換價值被政府的命令低估的貨幣從市場上消失，而交換價值被政府的命令高估的貨幣則留下來。

商品貨幣外流，因此不是國際收支逆差的結果，而是政府干預價格結構的結果。

第十四節　收支平衡表

某一個人或某一群人，在任何一段特定期間內，所有收入與支出項目的貨幣當量對照表，稱爲收支平衡表。貸方與借方永遠相等。平衡表永遠是平衡的。

如果我們想知道某個人在市場經濟架構內的地位，我們就必須看他的收支平衡表。它告訴我們，作爲社會分工體系內的一分子，他所做的每一件事情。它表明，他給了同胞什麼，以及他從同胞手上收到或取得了什麼。它表明，他是不是一個端正自立的公民，或是小偷，或是接受救濟的貧民。它表明，他是否消費了所有他的收入，或者他儲蓄了他的一部分收入。有許多關於人的事情，沒反映在這些會計分類帳上；譬如，有些美德和成就、有些惡習和罪行，在這些會計帳上沒留下任何痕跡。但是，就某個人融入社會生活與活動方面來說，就他對社會共同努力的貢獻、他的貢獻在同胞眼中的價值，以及他消費了哪些在市場上買賣或可能買賣的東西來說，收支平衡表傳達了完整的訊息。

如果我們合併一定人數的個人收支平衡表，把這群人彼此交易的項目剔除，我們就編製了這群人整體的收支平衡表。這收支平衡表告訴我們，這群人，視爲一個整體，怎樣和市場社會的其餘部分發生聯繫。

譬如，我們能夠這樣編製：紐約律師公會會員全體的收支平衡表、比利時農夫全體的收支平衡表、巴黎居民全體的收支平衡表，或瑞士伯恩省居民全體的收支平衡表等等。統計學家最熱中於為一些組成獨立國家的地方居民全體，分別建立收支平衡表。

雖然某個人的收支平衡表詳細傳達關於他的社會地位的完整訊息，但一群人的收支平衡表所透露的訊息卻少了許多。它完全沒提到這群人彼此之間的關係。這群人的成員愈多，性質愈參差不齊，收支平衡表所傳達的訊息便愈殘缺。拉脫維亞的收支平衡表所透露的、關於拉脫維亞人民處境的訊息，比美國聯邦的收支平衡表所透露的關於美國人民處境的訊息還要多。如果我們想描述某個地方的社經情況，我們的確不需要處理該地方每一個居民的個人收支平衡表。但是，除非成員在社會地位和經濟活動方面大致屬於同一類，否則我們就不該把他們收納成一群，編製他們整體的收支平衡表。

閱讀收支平衡表，因此是很有啓發意義的。然而，我們必須知道怎樣解讀它，小心提防一些流行的謬誤。

統計專家在編製一國的收支平衡表時，習慣分別列出貨幣項目和非貨幣項目。如果貨幣和黃金條塊的進口大於貨幣和黃金條塊出口，他們稱此為收支順差。相反的，當貨幣和黃金條塊的出口大於進口時，他們稱此為收支逆差。這種術語源自根深柢固的重商主義思想謬誤，儘管經濟學家曾給予摧毀性的批評，很不幸的至今尚存。貨幣和黃金條塊的進、出口，他們認為是收支平衡表裡那些非貨幣項目的組合型態的一個無意的結果。這是完全錯誤的見解。一國的貨幣和黃金條塊出口大於進口，不是該國宛如遭到天譴、遇上一連串不幸情況所造成；而是該國居民事實上有意減少貨幣握存、改為購買財貨的結果。這才是為什麼黃金生產國的收支平衡表通常出現「逆差」的原因；也是為什麼一個以信用媒介取代一部分貨幣存量的國家，只要這取代過程還在進行，它的收支平衡表會出現逆差的原因。

一國要避免因為收支逆差而失去所有的貨幣存量，並不需要有什麼仁慈的威權機關、採取什麼有遠見的行動。在這方面，不管是就個人的收支平衡或是就一群人的收支平衡而言，情況並無不同。即使就某個城市、某個區域或某個主權國家的收支平衡而言，這方面的情況也不會不一樣。要防止紐約州的居民，在和美國聯邦其他四十七州交易過程中，花掉所有他們的貨幣，不需要政府干預。任何美國人，只要他自己還認為值得握存現金，他就會自動自發的料理好他自己的這件事情。於是，他就會貢獻他自己的一份力量，維持他的國家享有充足的貨幣供給。但是，如果沒有哪一個美國人願意保持任何現金握存，那麼在國際貿易和國際支付清算方面，就不會有任何政府措施能夠防止美國全部的貨幣存量外流，除了對貨幣與黃金條塊的出口嚴格執行禁運。

第十五節　兩地之間貨幣的交換率

且讓我們先假設，只有一種貨幣。那麼，對該貨幣在各地方的購買力有效的陳述，就是對商品在各地方的價格有效的那些陳述。棉花在英國利物浦的最後價格，和棉花在德州休士頓的最後價格，兩者的差距，不可能高於兩地之間的運輸成本。一旦棉花在利物浦的價格升到某一較高的水準，商人就會把棉花運到利物浦，於是引起利物浦的棉花向最後價格回跌的趨勢。同理，一張在荷蘭阿姆斯特丹支付一定荷蘭盾金額的匯票，在美國紐約的溢價，不可能高於重鑄錢幣、輸送、保險，以及所有這些操作所需期間的利息等等合計的成本。一旦該溢價上升到這一水準之上——這一水準稱為黃金輸出點——將黃金從紐約輸送到阿姆斯特丹，便比較划算。黃金的輸送，迫使荷蘭盾在紐約的溢價低於黃金輸出點。商品在兩地之間的交換率結構和貨幣在兩地之間的交換率結構，之所以有一點差異，只因為商品通常只往某一方向移動，亦即，從生產過多的地方移向消費過多的地方。商人把棉花從休士頓輸送至利物浦，而不是從利物浦輸送至休士頓。它在休士頓的價格比在利物浦的價格低了運輸成本。但是，貨幣有時候往某個方向輸送，有時候往另一個方向輸送。

有人誤以爲，兩地之間的貨幣交換率波動和貨幣輸送，取決於收支平衡表裡非貨幣項目的組成結構；他們誤以爲貨幣有一不同於商品的特殊地位。他們不明白，就兩地之間的交換率而言，貨幣和商品沒什麼不同。如果休士頓和利物浦之間有可能進行棉花貿易，則這兩地方的棉花價格差異，便不可能超過棉花輸送所需的總成本。棉花所以會從美國南部各州輸送至利物浦，情況如同黃金所以從像南非這種產金國輸送至歐洲。

且讓我們不理會產金國的情形；讓我們假設，在金本位制的基礎上，彼此交易的人民和企業不想改變他們的現金握存大小。從他們的買與賣，產生了一些債權和債務，需要進行兩地之間的支付。但是，根據我們的假設，這兩地之間的支付金額是相等的。A地居民須支付給B地居民的金額，等於B地居民須支付給A地居民的金額。因此，可能有辦法省下從A地到B地，和從B地到A地的黃金輸送成本。債權和債務，能以某種兩地之間的沖銷結算制度進行清償。是否透過某一兩地之間的沖銷結算組織，或透過某一特殊的外匯交換市場的沖銷買賣，執行這種沖銷結算任務，只是一個技術性的問題。無論如何，A地（或B地）居民，爲了償付在B地（或在A地）的債務，所需支付的外匯價格，維持在黃金輸送成本所決定的上下範圍內。外匯價格不可能上升至平價加上黃金輸送成本（黃金輸出點）以上，也不可能下跌至平價減去黃金輸送成本（黃金輸入點）以下。

有可能發生這樣的情形——所有其他的假設保持不變——A地該支付給B地的金額和B地該支付給A地的金額之間，有一暫時的差額。那麼，若要避免兩地之間的黃金輸送，就只能插入某種信用交易。如果某個今天必須從A地匯款到B地的進口商，在外匯市場上，只能買到九十天後到期由B地居民兌付的匯票；那麼，如果他能在B地獲得所需金額的貸款為期九十天，他便能省下輸送黃金的成本。如果B地貸款的成本沒比A地貸款的成本高出黃金輸送成本的兩倍，外匯交易商將會採取這種臨時應急的辦法。如果黃金輸送成本為百分之〇．一二五，他們願意為三個月期的B地貸款支付的利率，將高於沒有這種兩地之間暫時支付需求時、A和B兩地之間的信用交易按以成交的那個短期貸款利率，最多達到年利率百分之一。

關於前述那些事實，我們可以同意論者以下面這樣的說法來表達：A地和B地之間每天的收支平衡狀況，在黃金輸出點和黃金輸入點所定下的範圍內，決定外匯交換率落在哪一點。但是，論者絕不可忘記必須加上：只有在A地和B地的居民不想改變他們的現金握存大小時，事情才會這樣發生。只因為兩地的人民不想改變他們的現金握存，所以才可能完全避免黃金的輸送，也才可能把外匯交換率（或匯率）維持在兩個輸金點所定下的範圍內。如果A地的居民想減少現金握存，而B地的居民想增加現金握存，那麼，黃金必定會從A地輸送至B地，而在A地電匯到B地的匯率也必定上升到黃金輸出點。這時，黃金從A地送往B地的情形，就如同棉花經常從美國送往歐洲那樣。電匯到B地的匯率之所以上升達到黃金輸出點，是因為A地的居民正在賣黃金給B地的居民，而不是因為A地居民的收支平衡表出現逆差。

以上所有陳述，對於任何兩地之間的任何匯款交易，都是同樣有效的。有關城市是否同屬一個主權國，或者分屬不同的主權國，是無關緊要的。然而，政府的干預使得情況大為改變；各國政府成立了一些機構，讓國內居民能夠按平價進行國內的異地匯款。在國內異地輸送貨幣所涉及的成本，或者由國庫承擔或者由中央銀行承擔，也可能由政府設立的另類銀行承擔，譬如在許多歐洲國家，由郵政儲蓄銀行承擔。於是，再也沒有任何國內異地匯兌的市場。民眾申購國內異地支付的匯票時被索取的費用，不會高於申購本地支付的匯票時被索取的費用；或者，即使費用稍有不同，這費率差額也和國內異地間的貨幣移動方向變化沒有任何關係。正是這樣的政府干預，使國內匯兌與國外匯兌變得涇渭分明。國內匯兌按平價交易，而國外匯兌的匯率則在兩個輸金點所定下的範圍內波動。

如果人民使用一種以上的貨幣作爲交換媒介，幣別之間的交換率取決於它們的購買力。以不同幣別表示的各種商品最後價格結構，彼此成比例關係；或者說，以不同幣別表示的商品最後價格結構比例不變。各種貨幣之間的最後交換率，反映它們相對於各種商品的購買力。只要出現任何比例差異，便存在有利可圖的買賣機會，渴望利用這種機會賺錢的商人便會努力追逐、促使這種差異再度傾向消失。外匯的購買力平價理論，只是把一般關於價格決定的定理，應用到多種貨幣同時並存的特殊場合。

各種貨幣是否並存於同一國家，或者不同國家使用不同貨幣，是個無關緊要的問題。無論如何，它們彼此的交換率趨向某一最後狀態；在那狀態下，不管人民用哪一種貨幣買賣商品，都不再有什麼區別。當出現需要異地輸送貨幣的情況時，相關的輸送成本必須加上或減去。

貨幣相對於不同商品與服務的購買力變動，不是同時發生的。且讓我們再次討論只有某個國家發生通貨膨脹的問題；這是一個實際上很重要的情況。國內信用貨幣或不可兌換幣數量增加，起初只影響某些商品與服務的價格。其餘商品的價格，在某段期間內，停留在它們先前的位置。本國貨幣和外國各種貨幣的交換率，由某個特殊的貨幣交換市場決定。這個特殊市場的組織和管理方式，會依循股票交易所的模式和商業習慣；市場中的交易商，在預先反應未來的變化方面，比其餘的人更迅速。因此，外匯市場的價格結構，會比許多商品與服務市場的價格更早反映新的貨幣關係。當本國的通貨膨脹剛開始要影響某些商品的價格，或至少距離大部分商品與服務價格完全反映通貨膨脹的影響還很久之前，外匯的價格便已傾向上升、到達對應國內最後的物價和工資狀態的價位了。

某些人完全誤解這個事實。他們未能意識到，外匯的匯率上漲，只是預先反應國內商品價格未來的變動。他們把外匯的匯率上漲，解釋爲國際收支逆差所造成的一個結果。他們說，外匯需求所以增加，是因爲國際貿易收支或其他國際收支項目惡化，或者純粹是因爲沒有愛國心的外匯投機者使出陰謀詭計、操弄的結果。外匯的價格上漲，導致進口品的國內價格上升。一些國內產品的價格因此必須跟著上升，否則它們的低價將鼓勵商人從國內消費市場撤走它們，而按比較高的價格轉賣到國外。

這個流行的學說所涉及的謬誤，很容易點破。如果國內民眾的名目所得沒因通貨膨脹而抬高，他們將被迫減少消費，或者會減少購買進口品，或者減少購買本國產品。如果是第一種情形，進口就會下降；如果是第二種情形，出口將會增加。於是，國際貿易收支將會再度回到重商主義者所謂的順差狀態。

遭到步步逼問之後，重商主義者不得不承認，我們前述推理正確無誤。但是，他們說，這推理僅適用於正常的貿易，而沒考慮這樣的情況：有些國家必須進口諸如食物，和基本原料等絕對必要的商品；這些財貨的進口不可能縮減至某一最低的數量以下。不管必須支付多高的價格，它們都會進口。如果進口它們所需的外匯不能用足夠的出口金額取得，貿易收支就會出現逆差，因此外匯匯率必定漲得愈來愈高。

這個想法虛幻的程度，不亞於所有其他重商主義的想法。某一個人或某一群人對某些財貨的需求，不管是多麼迫切或多麼必要，他們在市場上都必須支付市場價格，才能滿足這需求。如果某個奧地利人想買加拿大的小麥，他就必須以加拿大元支付小麥的市場價格。他必須輸出財貨，或者直接輸出到加拿大，或者輸出到某個其他國家，以取得這些加拿大元。如果他只是以較多的先令（奧地利國內貨幣）支付較高的小麥價格，那是不可能使進口小麥所需的加拿大元數量增加的。再則，如果他的（以先令給付的）收入保持不變，他也承擔不起按比較高的（以先令給付的）價格去購買進口的小麥。只因奧地利政府執行某一通貨膨脹政策，增加了奧地利人民口袋裡的先令數量，所以奧地利人民才能夠繼續購買過去習慣購買的加拿大小麥數量，沒縮減其他方面的支出。如果國內沒有通貨膨脹，進口品價格的任何上漲，都將導致進口品消費下降，或其他財貨消費下降。於是，上面提到的那個重新調整過程就會啓動。

如果某人想向鄰居——村子裡的麵包師——購買麵包，卻沒有所需的貨幣；其原因不在於所謂貨幣稀少，而在於這人未能以出售財貨或提供他人願意購買的服務，取得所需的貨幣。同樣的道理也適用於國際貿易。某個國家可能處境艱難，因爲它不知道怎樣才能把足夠多的商品賣到國外，以便取得外匯、購買人民所需的全部食物。但是，這並不表示外匯稀少。它表示該國的居民貧窮。而國內的通貨膨脹肯定不是消除貧窮問題的適當手段。

此外，投機和外匯匯率的決定也沒有任何關係。投機者只是預先反應預期的改變。如果他們的預期錯了，如果他們所認爲的、某一通貨膨脹正在進行的看法是錯的，那麼，價格和外匯匯率的結構將不會和他們的預先反應相符，從而他們也將爲預期錯誤付出虧損的代價。

認爲外匯匯率取決於收支平衡的學說，是以一個特例爲基礎的；它是這個特例的一個不正確的概括推論。如果A和B兩地使用同一種貨幣，而且如果這兩地的居民不希望他們的現金握存大小有任何變動，所以，在一定期間內，A地居民支付給B地居民的貨幣數額，等於B地居民支付給A地居民的貨幣數額；所有支付都能夠透過某種方式結算，毋須運送貨幣從A地到B地或從B地到A地。那麼，在A地電匯到B地的匯率便不可能上升到高過某一略低於黃金輸送點的價位，也不可能下降到低於某一略高於黃金輸入點的價位，反之亦然。在這範圍內，每天的收支平衡狀態決定每天的外匯匯率狀態。情況所以會這樣，只因無論是A地的居民，或是B地的居民，都不想改變現金握存數額。如果A地的居民想減少現金握存，而B地的居民想增加現金握存，貨幣就會從A地輸送至B地，而電匯到B地的匯率在A地會達到黃金輸出點。但是，黃金不是因爲A地的收支發生逆差而輸送至B地。重商主義者所謂的收支逆差，是A地居民刻意要減少他們的現金握存，而B地居民刻意要增加他們的現金握存，所造成的結果。如果沒有哪一個A地居民想減少他的現金握存，黃金從A地外流現象就絕不可能發生。

貨幣方面的貿易和商品方面的貿易，兩者之間的差別，只在於這一點：商品通常在一個單行道上移動，亦即，從生產過多的地方移往消費過多的地方。因此，某一商品的價格在生產過多的地方，通常比在消費過多的地方低了運輸成本。貨幣的情況和商品不同，只要我們不考慮黃金生產國的情況和居民刻意要改變現金握存的那些國家的情況。貨幣有時候朝某一方向移動，有時候朝另一方向移動。某個時候某個國家輸出貨幣，另一個時候它輸入貨幣。每一個輸出貨幣的國家，很快會變成輸入貨幣的國家，恰恰因爲它先前輸出過貨幣。只因爲存在這個理由，所以才可能透過外匯市場裡的信用交易，省下輸送貨幣的成本。

第十六節　利率和貨幣關係

貨幣在信用交易中所扮演的角色，和它在所有其他商業交易所扮演的角色相同。貸款通常用貨幣發放，而利息和本金也用貨幣償還。信用交易所產生的款項支付，只暫時影響現金握存的大小。收到貸款、利息和本金的人，會花掉收到的金額，或者用於消費，或者用於投資。他們只在一些特定的、和收到的貨幣貸款無關的考慮促使他們增加現金握存時，才會增加他們的現金握存。

對所有性質相同的貸款來說，最後的市場利率是相同的。利率的差異，若不是反映借款人在財務健全與誠信方面的差異，便是反映貸款合約內容的差異。[23]申請貸款者會尋求索取較低利率的貸款者。而貸款者會迎合願意支付較高利率的申貸者。發生在貨幣市場上的事情，和發生在所有其他市場上的事情，沒什麼兩樣。

在兩地之間的信用交易方面，兩地之間的匯率變化，以及貨幣本位制的差異（如果存在），都是相關人等考慮的因素。且讓我們考慮某兩國的例子。A國採取金本位制，而B國則採取銀本位制。要把錢從A貸到B的貸款者，首先必須賣出黃金、買入白銀，然後在貸款到期時賣出白銀、買回黃金。在貸款到期日，如果白銀價格相對於黃金下跌，以借款者（用白銀）還回的本金買到的黃金，將小於貸款者先前投入這信用交易時預期獲得的金額。因此，貸款者只會在A和B兩國之間的市場利率差距大到足以彌補預期的白銀價格相對於黃金下跌的幅度時，才會冒險貸款到B國。如果A和B兩國採取同一貨幣本位制，A和B兩國的短期貸款市場利率會有傾向均等的趨勢。這個利率均等化趨勢，在兩國採取不同貨幣本位制時，受到嚴重阻撓。

如果A和B兩國採取同一貨幣本位制，只要B國的銀行沒同步採取擴張政策，A國的銀行便不可能擴張信用。A國的信用擴張使A國的價格上漲，短期利率下跌，而B國的價格和利率則維持不變。因此，A國的出口下降，進口增加。此外，A國的短期放貸者變得熱中在B國的短期貸款市場放貸。結果是，貨幣從A國外流，使A國銀行的貨幣儲備縮小。A國的銀行如果沒放棄信用擴張政策，就會因喪失償付能力而倒閉。

某些人完全誤解這個過程。他們說，一國的中央銀行有一至關重要、必須代表國家履行的功能：維持外匯匯率穩定和保護國家的黃金儲備，對抗外國投機者和他們在國內的幫凶；這就是中央銀行的神聖責任。眞相是，一國的中央銀行唯恐其黃金儲備蒸發而採取的一切作爲，全是爲了保持它自己的償付能力。它因爲過去從事信用擴張而危及它的財務狀況，現在必須撤回它過去的行爲，以避免該行爲的災難性後果。它的信用擴張政策，碰到了限制信用媒介發行的障礙。

在討論貨幣問題時，和在討論所有其他交換學問題一樣，使用戰爭術語是不適當的。在各國的中央銀行之間，沒有「戰爭」這回事。沒有什麼陰險邪惡的力量「攻擊」銀行的部位，或威脅外匯匯率的穩定。

不需要什麼「捍衛者」「保護」一國的貨幣制度。再則，迫使一國的中央銀行或私人銀行放棄降低國內市場利率的因素，也不是因爲顧慮到要保持金本位制，或要維持外匯匯率穩定，或要挫敗某一國際性資本主義短期放貸者同盟的陰謀詭計。除非在短期內，市場利率不可能因信用擴張而降低，而且即使在短期內，信用擴張也會引起景氣循環理論所描述的一切後果。

當英格蘭銀行按照合約規定贖回一張它所發行的銀行鈔票時，它並未無私的給英國人民提供了什麼至關重要的服務。它只做了每一個家庭主婦在市場採買時所做的買菜給錢的事。關於一國的中央銀行在履行它自願承擔的責任時做了某一特殊功德的想法，之所以產生，全因爲各國政府一再賦予這些銀行特權，縱容它們拒絕客戶請求支付的合法權利。事實上，各國的中央銀行變得愈來愈像國庫的下屬官署，只是幫政府執行信用擴張和通貨膨脹的工具。它們是否爲政府所擁有，或是否直接由政府官員管理，實際上是沒什麼差別的。實際上，今天在每一個國家，發行信用媒介的銀行都只是國庫的附屬機構。

要維持本國貨幣永遠和黃金與外匯平價交換，只有一個辦法：無條件贖回。中央銀行必須用本國銀行鈔票和存款貨幣，按平價匯率，購買上門求售的任何數額的黃金和外匯；另一方面，它也必須無差別的出售任何數額的黃金和外匯給上門求購的人，只要他願意用本國銀行鈔票、錢幣或存款貨幣支付平價匯率。這就是金本位制下各國中央銀行的政策。這也是採取一種通常稱爲金匯兌本位制的政府和中央銀行所實施的政策。從十九世紀二〇年代初期直到第一次世界大戰爆發，英國和其他一些國家曾採取的「正宗的」或古典的金本位制，和所謂金匯兌本位制唯一的差別，僅涉及國內市場是否使用金幣。在古典金本位制下，人民的一部分現金握存是金幣，其餘是貨幣替代物。在金匯兌本位制下，人民的現金握存完全是貨幣替代物。

釘住一定的外匯匯率，等於是按該匯率贖回本國貨幣。

此外，外匯平準基金，若要成功操作，也只能固守相同的方法。

過去數年間，一些歐洲政府所以偏愛以外匯平準基金取代中央銀行操作，理由相當明顯。中央銀行法的制定，是自由主義政府，或至少在金融政策操作方面不敢公然挑戰輿論的自由主義政府的一項成就。所以，中央銀行的各項操作皆以經濟自由爲依歸；也因爲這個理由，這些操作在我們這個極權主義興起的年代是令某些人不滿的。外匯平準基金的操作模式，和中央銀行政策不同之處，主要在於：

一、有關當局將基金的交易視爲祕密。法律責令中央銀行定期公布它的實際操作狀況，通常是每週公布。但是，外匯平準基金的實際操作狀況，只有局內人知道。官方只在很長的一段時間後才公布一份報告，那時該份報告上的數字，只有歷史學家才會感興趣，而對於商人則完全沒有用處。

二、由於保密，所以有關當局能夠歧視一些它不喜歡的人。在許多歐洲國家，這導致貪汙醜聞；其他一些政府則使用該項歧視權力，對屬於少數語言與宗教族群，或支持反對黨的商人不利。

三、平價匯率不再由國會經過適當程序頒布的法律訂定，所以，不再是眾所周知的。官僚可以任意決定平價匯率。新聞報紙不時報導：某國的貨幣走勢疲軟。比較正確的描述應該是：某國匯率當局已經決定提高外匯的價格。[24]

外匯平準基金不是魔術棒，無法去除通貨膨脹的各種禍害。除了「正宗的」中央銀行可用的那些手段，它沒有別的手段可以運用。而且即使再怎麼努力，只要國內有通貨膨脹和信用擴張，它也必定像各國中央銀行那樣無法維持平價匯率。

有人曾斷言，以提高貼現率這個「正宗的」辦法，對抗黃金外流，不再行得通，因爲現在世界各國再也不願意遵守「遊戲規則」了。且說，金本位制並不是一個遊戲，而是一個社會制度。它的運作不倚賴什麼人是否願意遵守某些任意選定的規則。它受制於不可動搖的經濟法則運行。

爲了支持他們反對金本位制的立場，有些批評者指出，在兩次世界大戰中間的年代，貼現率上升事實上未能遏止貨幣外流，亦即，遏止黃金外流和存款移轉至外國。但是，這個現象是各國政府的反金本位制和親通貨膨脹政策造成的。如果某人預期，即將來臨的貶值將使他損失百分之四十的存款餘額，他將會想盡辦法把他的存款轉移至另一個國家，而且絕不會改變他的決定，即使銀行利率在計畫貶值的國家上升百分之一或百分之二。這種幅度的貼現率上升，顯然彌補不了比它大十倍、二十倍，或甚至四十倍的損失。一旦各國政府熱中破壞金本位制的運作，金本位制當然行不通。

第十七節　次級交換媒介

各種可銷售商品在可銷售性好壞的差異，並沒因貨幣的使用而消失。在使用貨幣的經濟體系裡，在貨幣的可銷售性和可銷售的各種財貨的可銷售性，兩者之間有一巨大的差異。但是，就各種可銷售的財貨而言，它們在可銷售性方面也仍然有許多差異。有些可銷售的財貨，在當時的市場狀態下，比較容易立即找到某個買者，願意支付最高可能達到的價格。而其他可銷售的財貨，要立即找到這樣買者則比較困難。一張頂級的債券，比一棟位於某一城市主要街道的房子，更有可銷售性；一件舊皮大衣，比十八世紀某位政治家的一紙簽名，更具有可銷售性。我們這裡不再拿各種可銷售財貨的可銷售性和貨幣的完美可銷售性做比較。我們只比較各種可銷售財貨的可銷售性。我們可以講各種可銷售財貨次級可銷售性的好、壞。

某人如果擁有次級可銷售性相當高的財貨，他便能夠縮減他的現金握存。他可以指望，當某一天他需要增加他的現金握存時，他能立即在市場上按最高可能得到的價格銷售這些次級可銷售性相當高的財貨。因此，某人或某企業的現金握存大小，要看他或它是否擁有次級可銷售性相當高的財貨而定。只要存在次級可銷售性相當高、又可產生收入的一些財貨，現金握存的數額和保持現金握存所招致的費用，便可以減少。

因爲有人渴望持有這些財貨以便減少現金握存成本，所以就出現了對這些財貨的特殊需求。這些財貨的價格，有一部分取決於這種特殊需求；如果沒有這種需求，它們的價格將會降低一些。這些財貨，可以說，是次級的交換媒介，而它們的交換價值則是兩種需求綜合的結果：和它們作爲交換媒介提供的服務有關的需求，以及和它們提供的其他服務有關的需求。

握存現金所招致的成本，等於相關金額用於投資時將會產生的利息。握存一筆次級交換媒介所招致的成本，是那些作爲該用途的有價證券的利息收益，低於其他有價證券的收益；除了收益較高外，後者不同於前者之處，只在於它們的可銷售性較差，所以不適合作爲次級交換媒介使用。

自古以來，珠寶便一直被人當作次級交換媒介使用。現在，通常用作次級交換媒介的東西是：

一、可向銀行、投資銀行家和儲蓄銀行要求支付的一些債權；它們雖然不是貨幣替代物[25]，卻是天天到期或能在短期通知後贖回的債權。

二、一些數量龐大、且很受歡迎的債券，通常能適量銷售，不用擔心壓低它們的市場價格。

三、最後，有時候甚至某些特別可銷售的股票，或甚至某些大宗商品。

當然，預期從降低現金握存成本得到的好處，必須和可能招致的風險相比較。某些有價證券，若不想蒙受損失，便可能賣不掉；要賣掉某些商品，損失可能更大。銀行存款沒有這種風險，銀行倒閉的風險通常非常微小。因此，在短期通知後便可向銀行和投資銀行家要求償還的生息債權，是最受歡迎的次級交換媒介。

我們絕不可混淆次級交換媒介和貨幣替代物。在結算貨款時，人們把貨幣替代物當作貨幣來支付和收受。但是，次級交換媒介，如果要——迂迴的——用來支付貨款或增加我們的現金握存，必須先換成貨幣或貨幣替代物。

用作次級交換媒介的債權，因爲具有此一用途，享有較廣大的市場和較高的價格。結果是，它們的利息收益低於同一種類、但不適合作爲次級交換媒介的債權。能當作次級交換媒介使用的政府債券和國庫券，首次上市的條件，和不能當作次級交換媒介的借款相比，對借款人比較有利。所以，一些借款人熱中爲他們的負債憑證組織一定的市場，使相關債權憑證對正在尋找次級交換媒介的人具有吸引力。他們致力使每一個持有者能在最合理的條件下，出售相關債權憑證，或以該等憑證爲擔保品取得融資。在向大眾廣告推銷他們發行的債券時，他們強調這些有利條件，說是特殊福利。

銀行和投資銀行家同樣致力招徠次級交換媒介的需求。他們給顧客提供方便的條件。他們彼此競相縮短提領存款必須事先通知的時間。有時候，他們甚至支付利息給毋須事先通知、便可提領的存款。在這競爭過程中，有些銀行已經做得過火，而危及他們的償付能力。

過去數十年的政治情況，已經使那些能當作次級交換媒介使用的銀行存款益發重要。幾乎所有國家的政府都參與某一反對資本家的政治運動。它們致力透過徵稅和貨幣措施沒收資本家的財產。資本家渴望保護本身的財產，於是把他們的部分資金保持爲流動狀態，俾能即時逃避各種沒收措施。他們把資金存放在沒收或貨幣貶值風險暫時比別的國家低的一些國家的銀行。一旦前景有變，他們就會把存款移轉至暫時似乎比較安全的國家。當金融界人士講到「熱錢」時，心裡想的就是這部分資金。

熱錢對貨幣供需形勢的巨大影響，是單一儲備制的結果。爲了方便中央銀行進行信用擴張，歐洲各國很早以前便開始把它們國家的黃金儲備集中到它們的中央銀行。其他銀行（私人銀行，亦即，沒被賦予特權、也沒資格發行鈔票的銀行）縮減它們的現金握存，直到僅供它們的日常交易所需；它們不再保持現金儲備，以應付它們每天到期的負債；它們不認為，有必要在它們的各筆負債，和各筆資產的到期日之間維持某一平衡，使它們能夠在每一天毋須別人幫助，便能立即履行對債權人的責任；它們仰賴中央銀行。當債權人想提領的金額超過「正常的」金額時，那些私人銀行便從中央銀行借來所需的資金。每家私人銀行都認為，只要擁有金額充足的，可在中央銀行獲得融資的擔保品，或可在中央銀行申請重貼現的匯票，它自己的流動性便無不足之虞。[26]

熱錢開始流入時，在它暫時寄存的國家裡，某些私人銀行看不出以平常方式處理這些資金有任何不妥。這些私人銀行把增加寄存在它們那裡的資金，用於增加對企業的貸款。它們不擔心這麼做的後果，雖然它們知道，一旦它們本國的財政或貨幣政策傳出任何讓人疑慮的消息，這些資金將會撤走。這些銀行財務狀況欠缺流動性是明顯的：一方面是顧客有權利在短期通知後提領大筆現金的存款，另一方面則是只能在稍後收回的企業貸款。唯一謹慎處理熱錢的辦法，是保持足夠多的黃金和外匯儲備，以便一旦熱錢突然撤出時，可以償付全部的熱錢。當然，這辦法將要求熱錢流入的銀行，向尋求安全存放資金的顧客收取資金寄存手續費。

對瑞士諸銀行來說，攤牌的時刻於一九三六年九月的某一天到來，當天法國將法國法郎貶值。寄存熱錢的存戶大為驚惶；他們擔心瑞士可能以法國為榜樣，跟著貶值。可以預期，他們全都會嘗試把資金移轉到倫敦或紐約或甚至移轉到巴黎，因為在最近的未來幾週，法國法朗再次貶值的風險，似乎比其他國家的貨幣還要小些。但是，瑞士的商業銀行，如果沒得到瑞士國家銀行的協助，便沒有辦法償付這些資金；它們已經把這些資金借給企業——大部分借給外國企業，而這些外國又已實施外匯管制，把它們在各該國家的貸款餘額封鎖了。對它們來說，唯一走出困境的辦法是向瑞士國家銀行借錢。那麼，它們將可維持自己的償付能力。但是，那些得到償付的熱錢存戶，將會立即請求瑞士國家銀行，以黃金或外匯，贖回他們收到的瑞士國家銀行鈔票；如果不答應這個請求，那就等於實際放棄了金本位制，並且將瑞士法朗貶值了。另一方面，如果瑞士國家銀行贖回它的鈔票，就會失去大部分黃金與外匯儲備。這將會導致市場恐慌。瑞士本國人民將會嘗試蒐羅盡可能多的黃金與外匯。整個國家的貨幣體系就會崩潰。

對瑞士國家銀行來說，唯一的選擇是完全不協助私人銀行。但是，這等於是放任該國最重要的一些信用機構倒閉。

於是，瑞士政府沒有任何選擇餘地。它只有唯一的一個辦法防止瑞士發生經濟災難：立刻跟進法國，宣布瑞士法朗貶值。這事不容拖延。

大體而言，在一九三六年九月戰爭爆發時，英國也必須面對類似情況。倫敦曾經是世界銀行業的中心。它早已經失去這個地位。但是，在戰爭前夕，外國人和英屬自治領的人民仍然在英國的一些銀行保有數量相當龐大的短期存款。此外，還有大量「英鎊區」的中央銀行同業存款。如果英國政府沒有以外匯管制措施將所有這些存款凍結，英國諸銀行沒有償付能力的事實便將公諸於世。外匯管制，對英國銀行業來說，是拖延支付的僞裝。它解除英國銀行業的困境，讓英國銀行業免於公開承認沒有能力履行契約責任。

第十八節　通貨膨脹主義者的史觀

一個非常流行的學說認爲，貨幣單位購買力的逐漸降低，在歷史演化過程中，發揮決定性作用。這個學說斷言，如果貨幣供給增加的幅度未曾大於貨幣需求增加的幅度，人類將不會達到目前的幸福狀態。它說，購買力下降，是經濟進步的必要條件。只有在價格逐漸上漲的世界中，才會有隨之而來的日益細密的分工，以及持續增長的資本累積，使勞動生產力得以千百倍的提高。通貨膨脹創造繁榮與財富；通貨緊縮帶來苦難與經濟衰敗。[27]綜觀政治文獻和幾個世紀以來，各國貨幣與信用政策背後的理念，顯示這幾乎是普遍接受的意見。這也是凱因斯爵士和他在全世界的信徒所教導的學說精髓。

通貨膨脹主義所以流行，很大一部分是因爲人們對債權人懷著根深柢固的憎恨。人們認爲通貨膨脹是公正的，因爲它嘉惠債務人而犧牲債權人的利益。然而，我們在這一節要處理的這個通貨膨脹主義史觀，和普遍憎恨債權人的心態，只有鬆散的關係。這個史觀主要以別的一些理由爲根據，主張「信用擴張主義」是驅動經濟進步的力量，而「信用緊縮主義」則是所有禍害中最惡劣的禍害。

通貨膨脹主義所引起的問題，顯然不能以訴諸歷史經驗的教訓來解決。價格的歷史，毋庸置疑，大體上，呈現連續上升的趨勢，雖然有時候出現短暫的中斷。當然，要確立這個事實，除了歷史特殊的了解之外，不可能有別的方法；交換學的精確要求，不適用於歷史問題。某些歷史學家和統計學家努力追溯、並且測量一些貴金屬數世紀以來的購買力變動；他們的努力是沒用的。我們在前面已經表明，所有測量經濟數量的嘗試，都以完全錯誤的假設爲基礎，都展示對經濟學和歷史根本原則的無知。但是，在價格方面，歷史以其特殊的了解方法能告訴我們的事實，足以支持貨幣購買力數世紀以來呈現下降趨勢的論斷是合理的。對於這一點，大家都同意。

但，這不是我們這裡必須闡明的問題。眞正的問題是：從過去貧窮的年代演進到現代西方資本主義這種比較滿意的情況，貨幣購買力下降，到底是不是一個必要的因素？這個問題的答案絕不可涉及歷史經驗；因爲歷史經驗能夠按不同方式解釋，而且總是被人按不同方式解釋；每一個理論、乃至每一個歷史解釋的支持者和反對者，都能引用同一歷史經驗，證明他們那些彼此矛盾、扞格不入的陳述是正確的。這裡需要的，是以先驗的理論思考，闡明購買力變動對分工、資本累積和技術進步的作用。

在處理這個問題時，我們不可自滿於僅駁倒通貨膨脹主義者所提出來支持相關論點的種種理由。這些理由的荒謬性是如此明顯，要駁倒或拆穿它們其實很容易。自有經濟學以來，經濟學家便一再表明：關於貨幣數量豐裕是所謂祝福、而貨幣數量稀少是所謂詛咒的論斷，是推理愚鈍、錯誤的結果。通貨膨脹主義者和信用擴張主義者，爲了駁斥經濟學家正確的學說，所做的種種努力，已證明徹底失敗。

唯一相關的是這個問題：透過信用擴張，可不可能持久降低利率？這個問題我們將留到處理貨幣供需和利率之間的關係時（後文第二十章）再詳細討論。在那裡，我們將表明：信用擴張所造成的景氣繁榮，必定會有些什麼後果。

但是，在這個環節，我們必須自問：是否可能還有其他一些理由，可以支持通貨膨脹主義的歷史解釋。通貨膨脹主義者是否可能漏掉了可以用來支持他們的某些理由？從每一個可能的角度探討問題，無疑是必要的。

且讓我們想像一個貨幣數量僵固的世界。這個世界使用某種商品作爲貨幣，而且在很早以前，居民便已經生產出該商品貨幣可能生產出來的全部數量。進一步增加貨幣數量，是不可能的。至於信用媒介，則聞所未聞。所有貨幣替代物——包括輔幣——都是貨幣憑證。

在這些假設下，日益精細的分工，從家庭、村莊、地域、國家的經濟自給自足演進到十九世紀涵蓋全世界的市場體系，資本的逐漸累積，和科技生產技術的進步，將一直導致價格持續下跌的趨勢。貨幣單位購買力如此上漲，會中斷資本主義的演進嗎？

一般商人對這問題的回答，可能是肯定的。因爲一直在普遍認爲貨幣單位購買力緩慢持續下跌是正常、必要和有益的環境中生活與行動的人，簡直無法想像會有不同的世界景況。他一方面把價格上漲和企業利潤聯想在一起，另一方面則把價格下跌和企業虧損聯想在一起。市場上也有空頭操作，而有些空頭還曾經賺到大筆財富的事實，沒動搖他這獨斷的意見。他會說，空頭操作只是某些人的投機交易，這些人渴望從已經生產出來、供應市場的財貨價格下跌當中賺取投機利潤。而進步的創新、新的投資和改良的科技方法的應用，則需要價格上漲的預期所提供的激勵作用。只有在價格上漲的世界，經濟才可能進步。

該意見是站不住腳的。在貨幣單位購買力逐漸上升的世界中，每個人的思考模式將會自動調整到適應這種情況，就好像在我們這個實際世界中，每個人的思考模式已經自動調整到適應貨幣單位購買力逐漸下降的事實。當今每個人都傾向將他的名目或貨幣所得增加視為他的物質幸福獲得改善。一般人比較注意名目工資率和以貨幣表示的財富數量增加，比較不注意各種商品的供給增加。在貨幣單位購買力逐漸上升的世界中，人將會比較關心生活成本的下降。而這勢將更清楚凸顯這個事實：經濟進步的意義，主要在於使各種生活便利品更容易讓普羅大眾取得。

就實際的企業經營而言，長期價格趨勢方面的考量，完全沒有什麼作用。企業家和投資者不會去計較長期趨勢。引導他們行為的，是他們對未來幾週或幾個月或頂多幾年的價格將會如何變動的看法。他們不會去注意所有價格普遍如何變動。對他們來說，要緊的是，各種互補的生產要素價格，和它們的產品的預期價格之間是否存在差距。沒有哪一個商人會因為相信所有財貨與服務的價格將上漲，而著手進行某一特定生產項目。只要他認為能從各種順位的財貨價格當中的某個差距賺得利潤，他便投入他的資本。在各種財貨與服務價格長期趨跌的世界中，這種賺得利潤的機會出現的方式，和在各種財貨與服務的價格長期趨漲的世界中出現的方式，沒有什麼不同。所有價格普遍累進上漲的預期，不會導致生產活動增強，和物質幸福增進。它導致「逃向實質的財貨」，導致炸裂的繁榮和貨幣制度崩塌粉碎。

如果人人普遍認為所有商品價格將下跌，短期的市場利率就會降低，以反映一般價格下跌的幅度或所謂負價格貼水。[28]於是，企業家運用借來的資金投資，獲得免於承擔價格下跌後果的保障，程度和一般價格上漲的情況下，貸款者透過利率的正價格貼水、所得到的免於貨幣購買力下跌後果的保障是一樣的。

貨幣單位購買力長期上漲的趨勢，將要求商人和投資者使用一些不同於在貨幣單位購買力長期下跌的趨勢下、發展出來的經驗法則。但是，對於經濟情勢的進展，這種經驗法則肯定不會有什麼實質的影響；它不會消除人人改善自身物質處境的動機，人人仍舊會努力以適當的生產安排，盡可能增進物質幸福。人所採取的經驗法則不同，不至於減損經濟體系中有利於物質進步的那些因素，亦即，積極進取的企業家——首倡者追求利潤的奮鬥，和一般人對於適合以最低成本提供他們最大滿足的一些商品的購買意願。

這些意見當然不是在主張通貨緊縮政策。它們只是想駁斥一些難以根除的通貨膨脹主義神話。它們揭露凱因斯爵士所謂貧窮與困苦，以及經濟蕭條與失業，根源在於「信用緊縮主義的壓力」這種學說的虛幻。所謂「通貨緊縮的壓力……肯定會……阻止現代產業發展」的說法，是不正確的；所謂信用擴張導致「把石頭變成麵包的……奇蹟」，這說法也是不正確的。【29】

經濟學既不推薦通貨膨脹政策，也不推薦通貨緊縮政策。它不會敦促政府干預市場在交換媒介方面的選擇。它只確立下面這些眞理：

一、政府致力於通貨膨脹或通貨緊縮政策，不是在增進大眾的福利、公共福祉或全國人民的利益。它只是嘉惠全民中的某個或數個族群，而以其他族群的犧牲爲代價。

二、某一特定通貨膨脹或通貨緊縮政策，對哪一個族群有利和有利到什麼程度，不可能事先知道。這些效果取決於所有相關錯綜複雜的市場資料；它們也大多取決於通貨膨脹或通貨緊縮進行的速度，而隨著通貨膨脹或通貨緊縮的進行，原來的效果可能完全翻轉。

三、無論如何，信用擴張都會導致資本錯誤投資和過度消費。它讓國家變得比較貧窮，而不是比較富有。我們將在後文第二十章詳細討論這些問題。

四、持續的通貨膨脹，最後必定終結於炸裂的繁榮，和貨幣體系的完全崩潰。

五、通貨緊縮政策，對國庫來說，代價很高，而且群眾不歡迎它。但是，通貨膨脹政策，對國庫來說，是一項恩賜，而無知的群眾又很歡迎它。所以，實際上，只有輕微的通貨緊縮危險，而通貨膨脹的危險則是大得驚人。

第十九節　金本位制

人過去基於金銀在礦物學、物理學和化學方面的一些特點而選擇它們作爲貨幣。在市場經濟裡，使用貨幣，就行爲學的觀點而言，是一個必要的事實。至於黃金——而不是其他東西——用作貨幣，則是一個歷史事實，因此不是交換學所能理解的。就像所有其他歷史部門，在貨幣史方面，任何歷史學家都必須訴諸歷史學特有的了解方法。如果有人喜歡把金本位制稱爲一個「野蠻的遺跡」，[30]他便不能反對把相同名稱應用到每一個由歷史過程決定的社會制度上。那麼，英國人講英語——而不是丹麥語、德語或法語——也是野蠻的遺跡，而每個反對以歐洲國際語（Esperanto）取代英語的英國人，其獨斷、保守的程度，也不亞於在面對各種以政府管理的貨幣取代金本位制的計畫時、沒歡天喜地的人。

白銀的非貨幣化和單一金本位制的確立，是各國政府刻意干預貨幣制度的結果。討論如果沒有這些干預政策，將會發生些什麼事情，是無意義的。但是，我們絕不可忘記，當時各國政府的意思並非要確立金本位制；它們的目標是金銀複本位制。它們想用一個僵固的、由政府命令訂定的金銀交換率，取代獨立並存的金幣和銀幣兩者之間浮動的市場交換率。這些努力背後的貨幣學說，以政府官僚才辦得到的那種完全誤解的方式，誤解了市場現象。所有企圖建立金銀雙本位制的嘗試都可悲的失敗。正是從這樣的失敗中，產生了金本位制。金本位制的出現，證明各國政府和它們所珍愛的各種學說慘敗。

在十七世紀，英國政府給金幣和銀幣訂定的價格，高估了金幣相對於銀幣的交換價值，因此銀幣從市場上消失。只有因爲使用而磨損得很嚴重，或因爲其他理由而損傷或重量減少的銀幣，才留在市場上流通；把這種銀幣輸出或融成條塊出售，並不划算。英國人民因此得到了金本位制，違背了本國政府的意思。直到過了很久，英國的法律才把**事實上的**金本位制變成**法理上的**金本位制。該國政府放棄進一步給市場注入標準銀幣的無用嘗試，只鑄造象徵性的銀幣作爲法償效力有限的輔幣。這些輔幣不是貨幣，而是貨幣替代物。它們的交換價值，靠的不是它們的白銀含量，而是它們能在每一刻、立即並且免費的、按面值換成黃金的事實。它們事實上是印製在白銀上面的鈔票或可請求支付一定數量黃金的債權憑證。

後來在十九世紀當中，在法國和其他拉丁貨幣同盟國家，複本位制也如出一轍的導致**事實上的**單一金本位制出現。當一八七〇年代末期，白銀市場價格下跌，**事實上的**銀本位制本該自動取代**事實上的**金本位制時，這些國家的政府暫停鑄造銀幣，以保存金本位制。在美國，金銀條塊市場的價格結構，在內戰爆發前，便已經把**法理上的**雙本位制轉變成**事實上的**單一金本位制。在短暫的美元法幣（greenback）時期結束後，隨即發生擁護金本位制和擁護銀本位制的人士之間的鬥爭。結果是金本位制這一方獲勝。一旦經濟上最先進的一些國家採取了金本位制，所有其他國家只好跟進。在歷經第一次世界大戰期間意想不到的巨大通膨之後，大多數國家急忙恢復金本位制或金匯兌本位制。

金本位制，是資本主義時代世界性的貨幣標準，在政治和經濟方面，增進人民福祉、自由和民主。在自由貿易主義者看來，金本位制的主要優點，就在於它是國際貿易，以及國際金融與資本市場，交易所需的一種國際貨幣標準。[31]西方工業制度和西方資本以它作爲交換媒介，把西方文明帶到地球上最遙遠的角落，到處摧毀各種古老偏見和迷信的束縛，散播新生活和新幸福的種子，解放心靈與靈魂，並且創造前所未聞的財富。它伴隨西方自由主義空前勝利的步伐前進，即將聯合所有民族形成一個彼此和平合作的自由民族共同體。

很容易了解為什麼自由貿易主義者把金本位制視為所有歷史變遷當中最大和最有益的變遷象徵。所有致力於破壞人類朝向福祉、和平、自由和民主演進的人，全都厭惡金本位制，而且不只是基於它的經濟意義。在他們看來，金本位制是所有他們想要摧毀的那些學說和政策的標誌和象徵。在反金本位制的鬥爭中，利害攸關的，不只是商品價格和外匯匯率。

民族主義者反對金本位制，因為他們想切斷他們本國和世界市場的聯繫，想盡可能建立自給自足的「國家經濟」體系。信奉干預主義的政府和壓力團體反對金本位制，因為他們認為金本位制是阻撓他們操縱價格與工資率的最大障礙。但是，金本位制遭到的最狂熱攻擊，來自那些一心想要信用擴張的人。在他們看來，信用擴張是治療所有經濟弊病的萬靈丹。它能降低甚至完全消除利率；它能提高工資和價格，嘉惠所有人民，除了寄生的資本家和剝削勞工的雇主；它能免除國家必須平衡預算的束縛。簡言之，它能使所有高尚端正者變得富裕與幸福。阻止人類獲致永久繁榮的，只有一個原因，那就是金本位制——這個由邪惡與愚蠢的「正統」經濟學家炮製出來的惡毒發明。

金本位制當然不是完美的或理想的貨幣本位制。在人世間，也沒有完美這回事。但是，沒有誰能告訴我們，怎樣才能以某種更好的制度取代金本位制。黃金的購買力，的確不穩定。但是，購買力穩定不變，這概念本身就是荒謬的。在一個活著、變動的世界中，不可能有購買力穩定這回事。在假想的均勻輪轉的經濟架構中，沒有交換媒介存在的空間。貨幣的一個基本特點，在於它的購買力不穩定。事實上，金本位制的反對者並非想讓貨幣購買力穩定；他們倒是想讓政府有權力任意操縱購買力，不用擔心遭到某一「外在」因素——亦即，金本位制的貨幣關係——的阻撓。

他們反對金本位制的理由，是它使一個不受任何政府控制的因素——黃金產量的變遷——在價格的決定上發生作用。於是，一個「外在」或「自動」力量抑制了一國政府按照自己的意思、讓人民富裕起來的權力。只要國際資本家下達指令，國家主權就變成虛有其表的幌子。

然而，干預主義政策無效，和貨幣制度其實毫無關係。稍後我們將說明，爲什麼政府所有個別實施的市場干預措施，必定不可能達到希望的目標。如果干預主義政府想補救先前的干預所招致的一些缺憾，而不停的進一步干預市場，最後會把本國的經濟體系轉變成德國納粹模式的社會主義。那時，政府便完全廢除了國內市場，而沒了市場也就沒了貨幣和所有貨幣方面的問題，即使仍可能保留一些市場經濟的名稱和標籤。[32]無論如何，並不是金本位制，使仁慈的權力當局的美意遭到挫折。

在金本位制下，黃金供給量的增加，取決於生產黃金的獲利狀況；這個事實的重要性，當然在於限制政府推動通貨膨脹的權力。金本位制使貨幣購買力的決定，獨立於各政黨和各壓力團體變幻不定的野心與學說之外。這不是金本位制的一個缺點，而是金本位制的主要優點。每一個操縱購買力的方法，必然是任意武斷的。許多人爲了發現某一據稱客觀、「科學的」貨幣操縱標準，曾經建議了許多方法；所有這些方法，都以能夠「測量」貨幣購買力變動這個幻想爲依據。金本位制使現金引起的購買力變動如何決定的問題脫離政治競技場。人是否普遍接受金本位制，最終取決於是否承認下面這個眞理：印製鈔票不可能使每個人變得更富有。對金本位制的憎恨，源於迷信萬能的政府能從廢紙堆裡創造財富。

有些人曾斷言，金本位制也是一個可受操縱的貨幣標準。政府能夠直接透過信用擴張——即使這擴張須考慮保持貨幣替代物的兌換，而限制在一定的範圍內——或間接透過一些措施誘導人民縮減現金握存，從而影響黃金購買力的高低。他們所說沒錯。發生在一八九六年至一九一四年間的商品價格上漲，大部分是由政府的這些政策引起的；這是不能否認的事實。但重點是，金本位制把所有這些朝向降低貨幣購買力的政策努力，限制在狹窄的範圍內。通貨膨脹主義者所以反對金本位制，恰恰是因爲他們認爲，這些範圍限制嚴重阻礙他們的計畫實現。

信用擴張主義者稱爲缺點的那些金本位制特徵，其實正是金本位制的優點和用處。金本位制的那些特徵，恰恰遏阻了政府推動大規模通貨膨脹。金本位制的功能未曾失敗。各國政府所以渴望摧毀金本位制，是因爲它們死不認錯，誤以爲信用擴張是降低利率和「改善」貿易收支的適當手段。

然而，沒有哪一國政府的權力大到足以廢除金本位制。黃金是國際貿易和超越國家的經濟社會所使用的貨幣。金本位制不可能受到統治權僅及於某些特定國家的政府所採措施的影響。只要一國在經濟方面不是眞正意義的自給自足，只要民族主義政府爲了隔絕它們本國和其餘世界的聯繫而築起的那些圍牆還有破綻，黃金仍將被用作貨幣。即使各國政府將它們能奪取到手的金幣和黃金條塊沒收，並且視爲罪犯懲罰黃金持有者，那也是無關宏旨的。各國政府特地用來淘汰黃金作爲國際貿易貨幣的那些雙邊清算協定，所使用的語言，完全避免提到黃金。但是，根據這些協定執行的貿易額，卻是依商品與服務的黃金價格計算的。任何在國外市場做買賣的人，都用黃金計算買賣的利弊得失。儘管一國已經切斷本國貨幣和黃金之間的任何聯繫，它的國內價格結構仍然和黃金，以及世界市場上以黃金表示的商品價格，保持密切關係。一國政府如果想切斷國內價格結構和世界市場的關係，就必須訴諸其他一些措施，譬如，令人望而卻步的進出口高關稅和禁運。將國際貿易收歸國營，不管是公開實施的或間接透過外匯管制執行的，都消除不了一國和黃金的聯繫。政府作爲貿易商，免不了要使用黃金作爲國際貿易的交換媒介。

反金本位制的政治鬥爭，作爲所有當代政府主要關注的事項之一，絕不可當成一個孤立的現象來看待。它只不過是我們這個時代特有的大毀滅過程的一個事例罷了。人們反對金本位制，因爲他們想以國家自給自足取代自由貿易，以戰爭取代和平，以極權主義的政府萬能取代公民自由。

也許有一天科技將發現一個以極低成本擴大黃金供給的方法，以致黃金將失去作爲貨幣使用的功能。那時人將必須以另一種貨幣本位制取代金本位制。現在擔心這個問題將怎麼解決，是沒用的。對於人將在什麼情況下解決該問題，我們現在一無所知。

國際貨幣合作

國際金本位制的運作，不需要政府當局採取任何行動，它原本就是包括全世界的市場經濟所有成員有效的眞實合作。要讓金本位制作爲一個國際貨幣標準運作，不需要任何政府干預。

各國政府稱作國際貨幣合作的事項，係指各國政府爲了達成信用擴張目的而採取的協同一致的行動。它們已經知道，信用擴張，如果僅限於某一國家，將導致貨幣外流。它們相信，貨幣外流是使它們降低利率、從而創造永久繁榮的計畫，遭到挫敗的唯一障礙。如果所有政府在信用擴張政策方面通力合作，它們認爲能消除這個障礙。爲此需要成立某一國際銀行，發行某種信用媒介，而所有國家的所有人民都應把它當作貨幣替代物處理。

這裡毋須再次強調，信用擴張所以不可能降低利率，原因不只是貨幣外流。這個根本的議題在本書的其他章節有詳盡的討論。[33]

但是，另外有一個重要問題必須在此討論。

且讓我們假設，存在某個發行信用媒介的國際銀行，它的客戶群是世界上全部的人。它所發行的貨幣替代物，是否直接進入個人和企業的現金握存，或者只是由各國中央銀行保有作爲發行本國貨幣替代物的儲備，是無關宏旨的問題。重要的是，有一個統一的世界貨幣。各國的銀行鈔票和存款貨幣，依法應可兌換成該國際銀行發行的貨幣替代物。由於必須保持本國貨幣和國際貨幣平價兌換，所以各國中央銀行體系擴張信用的權力受到限制。但是，這個世界銀行沒有這種平價兌換的限制；限制它的，是那些在某一孤立的經濟體系或全世界內，限制唯一的一家銀行擴張信用的因素。

我們不妨進一步假設，這個國際銀行不是一個發行貨幣替代物（其中有一部分是信用媒介）的銀行，而是一個發行不可兌換的國際貨幣的世界機構。黃金已經完全非貨幣化了。所有人唯一使用的貨幣，是該國際機構創造的不可兌換幣。該國際機構可以隨意增加這種貨幣的數量，只要沒過分到引起炸裂的繁榮，以致瓦解整個貨幣體系。

那麼，凱因斯主義者的理想就實現了。有一個操作中的機構，能「對世界貿易」施加「擴張性的壓力」。它可以任意給世界每一個角落傾注取之不盡、用之不竭的財富。

然而，這種計畫的擁護者忽略了一個根本問題：當增加這種信用貨幣或紙幣的發行量時，增加的數量在各國之間如何分配的問題。

且讓我們假設，該國際機構增加發行一定金額的貨幣，所有增發的貨幣都交給某個國家，R國。此一通貨膨脹行爲的最後結果，將是全世界商品與服務價格紛紛上漲。但是，在這過程中，各國人民的處境受影響的情形不一樣。R國人民是第一群得到該增發貨幣恩賜祝福的人。當他們口袋裡有更多貨幣時，其他國家的人民還沒得到任何一份新增發行的貨幣。他們能夠出比較高的價格，而其他人民卻不能夠。所以，R國人民從世界市場取走比他們從前取走的更多的財貨。非R國人民被迫縮減他們的消費，因爲他們競爭不過R國人民所支付的較高價格。當各種財貨價格調整、以適應貨幣關係改變的過程還在進行時，相對於非R國人民，R國人民處於一個比較有利的位置。當這個過程最後結束時，R國人民已經藉由非R國人民的犧牲而變富了。

這種擴張行動的主要問題，在於按什麼比例將增發的貨幣分配給各個國家。每一個國家都將極力主張，所採取的分配模式，應該盡可能把最大的一份增發的貨幣分給它自己。例如，工業落後的東方國家可能會建議按人口平均分配，這種模式顯然有利於它們，而不利於工業先進國家。無論採取什麼分配模式，所有國家都不會滿意，都會抱怨受到不公平待遇。嚴重的衝突將隨之而起，使整個合作計畫瓦解。

有人可能會說，這個分配問題，在國際貨幣基金成立前的協商過程中，不是一個很受重視的問題，而且當時很容易就對該基金的資源如何應用達成了協議。在這裡，這個反對意見是不相干的。布列敦森林會議（the Bretton Woods Conference）是在非常特殊的情況下舉行的。大多數與會的國家當時完全仰賴美國的慈悲援助。如果美國停止爲它們的自由而戰，或停止以租借法案（lend-lease）對它們提供物資援助，它們將已經殞滅。另一方面，美國政府把該國際貨幣協定視爲戰爭結束後，延續租借法案的一個僞裝方案。美國當時願意犧牲，而其他與會國家——尤其是那些與會的歐洲國家，當時它們大多仍然完全在德軍占領下，以及那些與會的亞洲國家——則願意接受美國的任何提議。一旦戰時美國人民在金融和貿易方面的心態被另一個比較現實的心態所取代，上面提到的問題就會浮現。

注　釋（上）

譯者序

[1] J. M. Herbener, Hans-Hermann Hoppe, & J. T. Salerno (1998), “Introduction to the Scholar’s Edition” in Ludwig von Mises(1949), *Human Action: A Treatise on Economics*, republished by Ludwig von Mises Institute, Auburn, Alabama.

[2] 關於夏道平先生的生平，有興趣的讀者可以參考吳惠林〈金融風暴中緬懷自由經濟導師夏道平〉（《新紀元周刊》第一二二期，二〇〇九年五月十四日），和高全喜〈夏道平：一個自由主義經濟學家的風範〉（《東方歷史評論》，二〇一八年十一月）。

[3] 參見夏道平（一九八八）〈一個自由派國際學會的成長——寫在蒙貝勒蘭學會來臺開會之前夕〉，收錄在夏道平（一九八九）《自由經濟的思路》。

[4] 謝宗林〈米塞斯的「時序偏好」v.s.新古典效用函數〉，中華經濟研究院《經濟前瞻》，二〇一三年一月。

[5] 參見本書第五章第四節〈行為之間的時序關係〉和第十四章第三節。讀者請自問：作為一個消費者，他自己可曾執行數理經濟學家在論述消費者行為時所進行的那種效用計算？答案顯然是否定的。這也意味：數理經濟學家從來沒把他的論述對象當作人或人的行為結果；數理經濟學家可說「目中無人」。

[6] 參見本書第七章第二節。

[7] 參見本書第八章第四節。

[8] 參見本書第三篇。

[9] *The Ultimate Foundation of Economic Science*, Preface, ultimate paragraph.

[10] 詳見本書第一章。

[11] 夏譯《經濟學的最後基礎》第八章第四節最後第二段結語。

[12] 多元邏輯說主張，人的認知邏輯因所屬階級、種族或民族之不同，而有所不同；主張古典濟學不是科學的真理，而是資產階級炮製出來的、虛偽的「意識型態」。而實證主義者則認為，經濟學不是建立在經驗

基礎上，所以不是真實的知識，而是與真實無關的玄學猜想。或許也可以這麼說：多元邏輯說主張人心(human mind)沒有共同的邏輯結構，經濟學只是資產階級炮製出來，用以迷惑無產階級的意識型態：實證主義者則否定人心的存在。

[13] 夏譯《經濟學的最後基礎》〈初版譯者序〉。

[14] 參見本書第八章。

[15] 夏譯《個人主義與經濟秩序》〈初版譯者序〉。

[16] 參見本書第二章第四節。

[17] 對這個議題有興趣的讀者，可以參考Murray N. Rothbard (1992), 'The Present State of Austrian Economics'。

[18] 參見本書第二章第二節。

[19] 參見'Economics and Knowledge' in *Individualism and Economic Order* & 'Introduction' in Ludwig von Mises' *Memoirs*.

[20] 參見本書第二十六章第六節。

導論

[1] Praxeology一詞首先被Espinas 於一八九〇年使用。見Espinas的論文，"Les Origines de la technologie," *Revue Philosophique*. XVth year, XXX, 114-115，和他於一八九七年在巴黎出版的同名著作。

[2] *Catallactics or the Science of Exchanges*一詞，首先是Whately使用的。見Whately, *Introductory Lectures on Political Economy* (London, 1831), p. 6。

第一篇

第一章

[1] 參閱Locke, *An Essay Concerning Human Understanding*, ed. Fraser (Oxford, 1894), I, 331-333; Leibniz, *Nouveaux essais sur l'entendement humain*, ed. Flammarion, p. 119。

[2] 參見Feuerbach, *Sämmtliche Werke*, ed. Bolin and Jodl (Stuttgart, 1907), X, 231。

[3] 參見William McDougall, *An Introduction to Social Psychology* (14th ed. Boston, 1921), 11。

[4] 在這種場合，如下這個事實有很重大的影響：問題中的兩個滿足——屈服於衝動時預期獲得的滿足，和避免了該滿足將帶來的惡果之後預期獲得的另一滿足——不是同一個時點的滿足。參見第十八章第一和第二節。

[5] 關於所謂工資鐵則所涉及的錯誤，見第二十一章第六節；關於對馬爾薩斯人口論的誤解，見第二十四章第二節。

[6] 我們將在第二章第七和第八節討論「研究經驗的社會科學」如何處理最終給定的事實。

[7] 譯者注：這裡採用中文哲學界的慣例，以「範疇」翻譯原文的「category」一詞。據說，「範疇」一詞取自《尚書．洪範篇》「洪範九疇」。「洪」的意思是大，「範」的意思是法或規則，「疇」的意思是類，「洪範九疇」的字面意思是九類治國大法，或九個關於治國的重要概念。這個譯名可能對讀者，不管是否熟悉哲學，造成理解的困擾，因為自從亞里斯多德開創令人費解、卻又意涵豐富的範疇論述以來，範疇一直是西方歷代眾多著名哲學家關注的一個課題，而他們對亞里斯多德範疇的詮釋與闡揚又極為紛歧。然而，這裡由於必須區別兩種概念——行為學或經濟學的論述主題（人）本身心思先天固有的概念，譬如，手段與目的和因果等等，以及另一方面，論述者為了論述各種情況下的人的行為而設想出來、作為推理輔助工具的概念，譬如，本書第十四章提到的那些假想的情況——所以使用「範疇」一詞指陳前一類主題固有的概念，而保留「概念」一詞指稱後一類論述者設想出來、並不必然有真實與其對應的概念。

[8] 參見Alfred Schütz, *Der Sinnhafte der sozialen Welt* (Vienna, 1932), p. 18。

[9] 參見Karel Engliš, *Begründung der Teleologie als Form des empirischen Erkennens* (Brünn, 1930), pp. 15 ff。

[10] “La vie est une cause première qui nous échappe comme toutes les causes première et dont la science expérimentale n’a pas à se préoccuper.” Claude Bernard, *La Science expérimentale* (Paris, 1878), p. 137.

第二章

[1] 經濟史、敘述性經濟學和經濟統計，當然是歷史。社會學一詞有兩個不同的意思。敘述性社會學，論述敘述性經濟學不予論述的一些和人的行為有關的歷史現象；它的範圍，和民族學、人類學自稱的範圍，有一

部分重疊。另一方面，社會學通論，從一個比其他歷史科學更接近普遍有效的觀點，論述歷史經驗。例如，狹義的歷史論述某一城鎮，或論述某一時期的城鎮，或某一民族的城鎮，或某一地理區域的城鎮。馬克斯．韋伯（Max Weber）在他的主要論著《經濟和社會》論述一般城鎮，亦即，論述關於城鎮的全部歷史經驗，不局限於任何歷史時期、任何地理區域、任何民族、任何國家、任何種族或任何文明。

[2] 幾乎沒有哪一位哲學家會比柏格森（Henri Louis Bergson, 1859-1941）更廣泛熟悉各種不同學門的當代知識。然而，他的最後一本巨作有一句不經意的評論卻清楚證明，他完全不懂現代價值與交易理論的根本定理。談到交易，他說，「個人不會去交易，除非他已問過自己，交換的兩個物件是否為價值相等的東西，亦即，是否能按相同價值換得某個第三種東西。」（*Les Deux Sources de la morale et de la religion* [Paris, 1932], p. 68.）

[3] Lévy-Bruhl, *How Natives Think,* trans. by L. A. Clare (New York, 1932), p. 386.

[4] 見前引著作p. 377。

[5] Lévy-Bruhl, *Primitive Mentality*, trans. by L. A. Clare (New York, 1923), pp. 27-29.

[6] 見前引著作p. 27。

[7] 見前引著作p. 437。

[8] 參見Ernst Cassirer於*Philosophie der symbolischen Formen* (Berlin, 1925),II, p. 78的精采陳述。

[9] Meyerson說，科學是“l'acte per lequel nous ramenons à l'identique ce qui nous a, tout d'abord, paru n'être pas tel.”(*De l'Explication dans les sciences* [Paris, 1927], p. 154). 另外，參見Morris R. Cohen, *A Preface to Logic* (New York, 1944), pp. 11-14。

[10] Henri Poincaré, *La Science et l'hypothèse* (Paris, 1918), p. 69.

[11] Felix Kaufmann, *Methodology of the Social Sciences* (London, 1944), pp. 46-47.

[12] Albert Einstein, *Geometrie und Erfahrung* (Berlin, 1923), p. 3.

[13] 譯者注：米塞斯後來在*The Ultimate Foundation of Economic Science*（Kansas City, 1962, p.118）進一步指出，自然科學甚至沒有必要的思想工具，可以察覺人的行為問題。因為思想和目的這兩個行為範疇，在自然科學的理論體系裡沒有容身空間：在論述自然現象的科學家本身和論述的主題之間，有一不可跨越的認知鴻溝，前者有思想和目的，而後者則無法想像會有思想和目的。相比於米塞斯在前文對自然科學的方法

為什麼不適合研究行為學、經濟學和歷史的解釋，他後來的解釋顯然比較正確、易懂。因為自然科學的研究畢竟也需要有預設的理論，雖然所預設的理論只是假說，需要透過實驗檢測，才會被暫時接受，不像行為學的定理是「必然確定、無可爭辯的」，並且是察覺相關經驗的先決條件，絕不會有相關經驗牴觸正確推衍而得的行為學定理。

【14】參見F. P. Cheyney, *Law in History and Other Essays* (New York, 1927), p. 27。

【15】關於集體主義的社會理論批判，見第八章第二節。

【16】譯者注：譬如，某個國王在以其正式身分講話時所使用的「我們」一詞，或一般報紙社論中所使用的「我們」一詞，都是所謂莊嚴的多數（pluralis majestaticus）。而邏輯的多數（pluralis logicus）則是指使用「我們」一詞代表特定的某些人。

【17】譯者注：譬如，一七九〇至一九四五年間，某位英國人說，「我們統治印度。」這裡的「我們」一詞，即所謂帝權的多數（pluralis imperialis）。這個英國人誤以為他自己和英國政府是一體的。

【18】Henri Bergson, *La Pensée et le mouvant* (4th ed. Paris, 1934), p. 205.

【19】參見Ch. V. Langlois and Ch. Seignobos, *Introduction to the Study of History*, trans. by G. G. Berry (London, 1925), pp. 205-208。

【20】參見第十七章第四節。

【21】參見第十六章第五節。

【22】參見A. Eddington, *The Philosophy of Physical Science* (New York, 1939), pp. 28-48。

【23】因為本文不是一篇討論一般認識論的專論，而是討論一本經濟學專論中必不可少的認識論基礎，所以這裡沒必要強調，歷史學家關於影響分量的了解和臨床診斷的醫師必須完成的工作，兩者之間有些什麼類似點：因為生物學的認識論不在我們的研究範圍內。

【24】譯者注：亦即，行為學所提供的概念結構。

【25】詳見第十四章第七節。

【26】參見第十四章第一節和第三節。

【27】參見第七章第三節。

【28】參見F. H. Knight, *The Ethics of Competition and Other Essays* (New York, 1935), p. 139。

[29] William Godwin, *An Enquiry Concerning Political Justice and Its Influence on General Virtue and Happiness* (Dublin, 1793), II, 393-403.

[30] Charles Fourier, *Theorie des quatre mouvements* (Oeuvres complètes, 3d éd. Paris, 1846), I, 43.

[31] Leon Trotsky, *Literature and Revolution*, trans. by R. Strunsky (London, 1925), p. 256.

第二章

[1] 參見，例如，Louis Rougier, *les Paralogisme du rationalism* (Paris, 1920)。

[2] 參見Eugen Dietzgen, *Briefe über Logik, speziell demokratisch-proletarische Logik* (2nd ed. Stuttgart, 1903), p. 112。

[3] 參見Franz Oppenheimer, *System der Soziologie* (Jena, 1926), II, 559。

[4] 必須強調，主張民主的理由，不是基於假設多數永遠是對的，更不用說是基於他們是絕無過錯的。見第八章第二節。

[5] 希特勒於一九三三年九月三日在納粹黨代表大會上的演講詞（Frankfurter Zeitung, September 4, 1933, p. 2）。

[6] 參見Lancelot Hogben, *Science for the Citizen* (New York, 1938), pp. 726-728。

[7] 見前引著作p. 726。

[8] 雖然「合理化」一詞是新出現的，但它所指陳的事物本身，人們其實很早以前就認識到了。例如，富蘭克林（Benjamin Franklin）曾說：「人，作為理性的動物，實在很方便，因為理性讓我們能為我們想做的每一件事找到或製造出一個理由。」（*Autobiography*, ed. New York, 1944, p. 41.）

[9] "Le Moulin à bras vous donnera la société avec le souzerain; le Moulin à vapeur, las société avec le capitaliste industriel."(Marx, *Misère de la Philosophie* [Paris and Brussels, 1847], p. 100)

[10] Marx, *Das Kapital* (7th ed. Hamburg, 1914), pp. 728-729.

[11] *The Communist Manifesto*, I.

[12] 我們這個時代的馬克思主義者賦予這一句箴言的意思，亦即，這宗教的藥是有意開給民眾吃的，很可能也

是馬克思本人的意思。但是，在馬克思於一八四三年創作這句箴言的那一段文章，沒隱含這樣的意思。參見R. P. Casey, *Religion in Russia* (New York, 1946), pp. 67-69。

[13] 參見L. G. Tirala, *Rasse, Geist und Seele* (Munich, 1935), pp. 190 ff。

[14] 參見Morris R. Cohen, *Reason and Nature* (New York, 1931), pp. 202-205; *A Preface to Logic* (New York, 1944), pp. 42-44, 54-56, 92, 180-187。

[15] 參見第二章第六節。

[16] 參見第二章第八節末。

[17] 參見第八章第四節。

第五章

[1] 在一本經濟學的專論裡，毋須詳細討論有些人嘗試把力學建構成一個公理演繹體系，其中，因果概念被函數概念取代。下面將會說明，公理演繹的力學體系不能作為處理經濟理論體系的典範。見第十六章第五節。

[2] 這是Henri Bergson說的話。

[3] Edmund Husserl, "Vorlesungen zur Phänomenologie des inneren Zeitbewusstseins," *Jahrbuch für Philosophie und Phänomenologie Forschung*, IX (1928), 391 ff.; A. Schütz, *loc. cit.*, pp. 45 ff.

[4] "Ce que j'appelle mon present, c'est mon attitude vis-à-vis de l'avenir immediate, c'est mon action imminente." Bergson, *op. cit.*, p. 152.

[5] 為了避免任何可能的誤會，最好在此強調，這個定理和愛因斯坦關於空間距離遙遠的一些事件之間的時間關係定理，毫無關係。

[6] Felix Kaufmann, "On the Subject-Matter of Economic Science," *Economica*, XIII, 390.

[7] Ph. Wicksteed, *The Common sense of Political Economy*, ed. Robbins (London, 1933), I. 32 ff.; L. Robbins, *An Essay on the Nature and Significance of Economic Science* (2nd ed. London, 1935), pp. 91 ff.

[8] 當然，某些計畫也可能是自相矛盾的；它們的內部矛盾有時候也許是判斷錯誤的結果。但是，有時候，這

種矛盾是故意的，是有助於特定目的的。譬如，某個政府或政黨大肆宣傳某個計畫，對生產者允諾高價格，但同時對消費者允諾低價格，這樣支持不相容的目標，用意也許在於蠱惑人心。那麼，這方案——這個被大肆宣傳的計畫是自相矛盾的；但是，這方案背後的作者，正是打算以支持這些不相容的目標，和大肆宣揚這些目標，來達到某一特定目的，因此就他們的意思而言，是沒有任何內部矛盾的。

第六章

[1] John Stuart Mill, *A System of Logic Ratiocinative and Inductive* (new impression, London, 1936), p. 353.

[2] 在人壽保險的場合，被保險人白白花掉的賭注僅止於，他取回的保險金和他透過單純的儲蓄能累積的金額，兩者之間的差額。

[3] "Patience"或"Solitaire"（單人紙牌遊戲）不是一種單人賽局，而是一種消遣、一種逃避無聊的手段。它肯定不像John von Neumann和Oscar Morgenstern（*Theory of Games and Economic Behavior* [Princeton, 1944], p. 86）所斷言的那樣，說代表共產主義社會究竟是怎麼一回事的一個典範。

[4] 見第十五章第五節。

第七章

[1] 必須指出，這一章不討論價格或市場價值的問題，而只討論主觀的使用價值。價格是主觀使用價值的一個衍生現象。見第十六章。

[2] Cf. Carl Menger, *Grundsätze der Volkswirtschaftslehre* (Vienna, 1871), pp. 88 ff.; Böhm-Bawerk, *Kapital und Kapital* (3rd ed. Innsbruck. 1909), Pt. II, pp. 237 ff.

[3] 在這世界裡，沒有種類。其實是我們的心靈把事物分類，以便組織我們的知識。某一將現象分類的模式，是否有益於組織知識的目的？這個實際效益的問題，和邏輯上是否容許該分類模式，是不同的兩回事。

[4] 譯者注：這裡是一處本書作者難得令人費解的地方。作者其實只消說，邊際效用法則僅指涉消費者對各種消費財（可直接滿足消費需要的財貨）的價值判斷，不指涉生產財（必須和其他生產財配合，譬如，和勞動配合，才能間接滿足消費需要的財貨）的價值判斷。事實上，說邊際效用法則不指涉事物的客觀使用價

值，和譯者在這裡附注的意思是一樣的，不過稍嫌隱晦些。

[5] Cf. Daniel Bernoulli, *Versuch einer neuen Theorie zur Bestimmung von Glücksfällen*, trans. by Pringsheim (Leipzig, 1896), pp. 27 ff.

[6] Cf. Max Weber, *Gesammelte Aufsätze zur Wissenschaftslehre* (Tübingen, 1922), p. 372; also p. 149. 馬克斯・韋伯所使用的"pragmatical y"一詞，當然容易引起混淆。把它用在無關實用主義哲學的場合，是不恰當的。如果韋伯事先知道"praxeology"（行為學）一詞，他可能會以"praxeologically"（行為邏輯觀點）取代"pragmatically"（實用觀點）。

[7] 參見本章的附錄：創造性天才。

[8] 當然，有些自然資源是如此稀少，以致它們已完全被開發利用了。

[9] 在勞動可以自由移動的條件下，如果新開墾的土地不是肥沃到足以補償開墾的成本，開墾荒地將是一種浪費。

[10] Karl Kautsky, *Die soziale Revolution*, (3rd ed. Berlin, 1911), II. 16 ff.

[11] 當作一項運動那樣嚴肅的划船，和業餘歌唱家那樣嚴肅的唱歌，都屬於內向型的勞動。見第二十一章第一節。

[12] 領袖不是創造性先驅。領袖引導人們走在先驅已經開闢出來的道路上。創造性先驅清出一條路，通過此前無法接近的領域，他很可能不在乎是否有什麼人想要走這一條新路。領袖指導人們邁向人們想要達到的目標。

[13] 目前似乎沒有這首詩的英文翻譯。Douglas Yates的書（*Franz Grillparzer, a Critical Biography*, Oxford, 1946）, I, 57，對這首詩的內容，有一簡短的概括介紹。

[14] 尼采的這首詩有一英語翻譯，見M. A. Mügge, *Friedrich Nietzsche* (New York, 1911), p. 275。

第二篇

第八章

[1] F. H. Giddings, *The Principles of Sociology* (New York, 1926), p. 17.

[2] R. M. MacIver, *Society*(New York, 1937), pp. 6-7.

[3] 包括亞當．史密斯和巴斯夏（Bastiat）在內的許多經濟學家信神。因此，他們在所發現的事實中，推崇「偉大的大自然監督者」恰到好處的眷顧。無神論的批評家譴責經濟學家不該有此一神祕態度。然而，這些批評家沒意識到，嘲笑亞當．史密斯等人提到「看不見的手」，不等於證明理性主義和功利主義社會哲學的基本教誨是無效的。學者必須理解，在解釋社會如何形成時，他們面對的是這樣的抉擇：社會的結合，若不是一個人為的過程，因為它對人人各自的目的幫助最大，而且這些人本身也有能力了解他們自己從適應社會合作的生活得到什麼好處；就是有一超越常人的存在，命令心不甘、情不願的人服從法律和社會權威當局。至於人把這個超越常人的存在，叫做神、世界精神、天命、歷史、沃坦（Wotan）或生產力，以及把什麼頭銜指派給祂的使徒，或者說獨裁者，那就不是很重要。

[4] Cf. Max Striner (John Kaspar Schmidt), *The Ego and His Own,* trans. by S. T. Byington (New York, 1907).

[5] W. James, *The Varieties of Religious Experiences* (35th impression, New York, 1925), p. 31.

[6] 前引著作pp. 485-486。

[7] 參見第十一章第二節。

[8] 譯者按：關於奴隸的生產力，亞當．史密斯在其所著《原富》中有一些有趣的觀察。他說，奴隸比自由人較沒生產力，因為比較欠缺努力的誘因。另外，第二十一章第九節附錄〈動物和奴隸的工作〉也有相關論述。

[9] Leopold von Wiese (*Allgemeine Soziologie* [Munich, 1924], I, 10 ff.)使用這樣的術語。

[10] Georges Sorel, *Réflexions sur la violence* (3rd ed, Paris, 1912), p. 269

[11] Bentham, *Anarchical Fallacies; being an Examination of the Declaration of Rights issued during the French Revolution*, in *Works* ed.by Bowring), II, 501.

[12] Bentham, *Principles of the Civil Code*, in *Works*, I, 301.

第九章

[1] 現代獨裁專制的典型是布爾什維克黨、法西斯黨和納粹黨等獨裁政權。

[2] 參見第二十章。

[3] Cf. Mises, *Omnipotent Government* (New Haven, 1944), pp. 221-228, 129-131, 135-140.

[4] 一個流氓也許能壓制某個比較軟弱或沒有武裝的同胞，然而，這種事和社會裡的生活毫無關係。這種事是一個反社會事件。

[5] 參見第二十三章第三節。

[6] 這裡我們處理少數歐洲人在非歐洲國家的統治地位如何維護的問題。關於未來亞洲人可能入侵西方的展望，參見第二十四章第二節。

[7] Philarète chasles, *Études surles hommes et les moers du xixe siècle* (Paris, 1899), p.89.

第十章

[1] Gustav Cassel, *The Theory of Social Economy*, trans. by S. L. Banon, (new ed. London, 1932), p. 317.

[2] Adam Ferguson, *An Essay on the History of Civil Society* (new ed. Basel, 1789), p. 208.

[3] Herbert Spencer, *The Principles of Sociology* (New York, 1914), III, 575-611.

[4] Werner Sombart, *Haendler and Helden* (Munich, 1915).

[5] Frederick Engels, *The Origin of the Family, Private Property and the State* (New York, 1942), p. 144.

第三篇

第十一章

[1] 德國的歷史學派，以宣稱生產手段私有財產權、市場交換和貨幣都是「歷史的類型」，表達這個事實。

[2] 特別是Eugen Böhm-Bawerk, *Kapital und Kapitalzins*, Pt. II, Bk. III.

[3] 參見第十四章。

[4] 對間接交換問題的忽視，無疑是一些政治成見的影響所致。人們不想放棄這樣的論點：經濟蕭條，是資本主義生產模式固有的一個弊病，絕不是企圖降低市場利率的信用擴張所導致的。時髦的經濟學老師認為，把經濟蕭條解釋為「完全」是貨幣和信用領域的事件所導致的現象，是「不科學的」。當時甚至有綜合介

紹景氣循環理論歷史的著作，完全沒提到貨幣觀點的理論。例如，參見 Ernst von Bergmann, *Geschichte der nationalökonomischen Krisentheorien* (Stuttgart, 1895)。

[5] 針對費雪的論證，Mises有一批判性的分析和駁斥，見*The theory of Money and Credit*, trans. by H. F. Batson (London, 1934), pp. 42-44；針對維塞爾的論證，同樣的分析和駁斥，見Mises, *Nationalökonomie* (Geneva, 1940), pp. 192-194。

[6] Cf. Friedrich von Wieser, *Der natürliche Wert* (Vienna, 1890), p. 60, n. 3.

[7] Cf. A. Eddington, *The Philosophy of Physical Science*, pp. 70-79, 168-169.

第十一章

[1] 參見Samuel Bailey, *A Critical Dissertation on the Nature, Measures and Causes of Values*, London, 1825。No. 7 in Series of Reprints of Scarce Tracts in Economics and Political Science, London School of Economics (London, 1931).

[2] 人心似乎傾向認為：僵固與不變是根本的，而改變與移動則是偶然的。見Henri Bergson, *La Pensee et le mouvant*。

[3] 參見Irving Fisher, *The Money Illusion* (New York, 1928), pp. 19-20。

[4] 參見第十七章第四節。

[5] 參見第十四章第五節。

[6] 順便說一下，任何實用的計算，絕不可能是精確的。計算程序所根據的公式也許是精確的；但是，計算本身倚賴一些數量的近似估計值，所以必然是不精確的。正如前文已表明的（見第二章第三節第八段），經濟學是一門關於真實事物的精確科學。但是，一旦價格資料進入思想推演的程序，精確性就被拋棄了；這時，經濟史便取代了經濟理論。

[7] 在這場合，「貸款」一詞表示：從手頭上有可貸資金的那些人借來的資金或財源。我們在此沒指涉信用擴張。在現今的美國，主要的信用擴張媒介，是從商業銀行借錢。

[8] 這些學說當中最流行的那個，可以具體化為下面這句話：公債不是負擔，因為那是我們自己欠自己的。如

果這是真的，把公債全盤刪除，將是一個不痛不癢的操作程序，將只是一個簿記和會計動作罷了。事實卻是：公債代表某些人過去曾把資金託付給政府，這些人因此擁有債權，可以向所有現在每天生產新財富的那些人，請求支付利息和本金。公債增加社會生產階層的負擔，以保護另一部分人的利益。如果政府能完全從公債持有者身上收取支付公債所需的稅收，新財富的生產者便可豁免這種負擔。但是，這等同政府赤裸裸的拒付債務。

第十三章

[1] 在合夥企業和公司企業的場合，總是一些個人在行為，雖然不是只有一個人在行為。

[2] Cf. Goethe, *Wilhelm Meister's Apprenticeship*, Bk. I, chap. x.

第四篇

第十四章

[1] Cf. Engels, *Herrn Eugen Dührings Umwälzung der Wissenschaft* (7th ed. Stuttgart, 1910), p. 306.

[2] Cf. Karl Marx, *Zur Kritik des sozialdemokratischen Parteiprogramms von Gotha*, ed. Kreibich (Reichenberg, 1920), p.17.

[3] Cf. ibid.

[4] 這個主張未受法令干擾的市場體系運作呈現「天定和諧」的學說，絕不可和市場體系內所有個人「正確了解的」利益和諧一致的定理相混淆，雖然兩者之間有某一程度的親和性。見第二十四章第三節。

譯者加注：「天定和諧說」和「正確了解的利益和諧說」關鍵的差別在於，人的理性所扮演的角色在「天定和諧說」中缺席，所以對每個人來說，「天定和諧」是不知不覺、不經意的和諧。相反的，「正確了解的利益和諧」需要人的理性有意介入的了解、並採取促成和諧的行為模式。

[5] 一個畫家，如果決心專門畫一些能以高價出售的畫作，他便是一個商人。一個畫家，如果不和買畫的大眾品味妥協，並且蔑視所有不愉快的後果，堅持完全按照自己的理想創作，那麼，他便是一個藝術家，一個創造性天才。見第七章第三節附錄：創造性天才。

〔6〕這種跨越企業支出和消費支出界線的支出，時常受到某些制度性因素的鼓舞。當作交易費用出帳的支出，會減少企業的淨利，從而減少應付的稅金。如果稅金吸納百分之五十的淨利，慈善樂捐的商人實際只從自己的口袋掏出百分之五十的慈善捐款，其餘由國稅局承擔。

〔7〕當然，如果從營養生理學的觀點來考慮，這些事項將不會被視為無足輕重。

〔8〕我們這裡探討的是理論問題，而不是歷史問題。所以，我們用不著指出自給自足的家庭經濟在歷史上所扮演的角色，去反駁某些人，針對我們假想獨自存在的行為人，所提出的反對理由。

〔9〕為了簡化起見，我們忽略交易日當天的價格起伏。

〔10〕譯者注：關於市場資料（the data of the market）的詳細討論，見第二十三章。

〔11〕參見第六節：停滯的經濟。

〔12〕參見第十七章第五節。

〔13〕對於數理經濟學，第十六章第五節有更進一步的批判性檢視。

〔14〕參見第十八章第一節。

〔15〕關於勞動是一種非特殊性生產要素，究竟是什麼意思，見第七章第三節。

〔16〕譯者注：簡言之，資本家和地主指的是行為人的時序偏好這一面。

〔17〕讓我們再次強調，每個人，包括外行人，在思考收入怎樣決定的問題時，總是求助於這個假想的分配概念。它不是經濟學家發明的；經濟學家只精煉它，從中清除掉通俗的想法特有的一些缺點。關於功能性分配的認識論問題，請參考John Bates Clark, *The Distribution of Wealth* (New York, 1908), p. 5，和Eugen von Böhm-Bawerk, *Gesammelte Schriften*, ed.F. X. Weiss (Vienna, 1924), p. 299。「分配」一詞應該不至於誤導任何人；它之所以使用在這個語境中，應該以經濟思想史中假想的社會主義國所扮演的角色來解釋（請參考第三節）。在市場經濟的操作過程中，沒有什麼能適當稱作分配的事項。財貨並非首先生產出來，然後再來分配，像假想的社會主義國假定將會做的那樣。「功能性分配（functional distribution）」一詞裡的「分配」，意思和一百五十年前人們認為「分配」的意思是一樣的。但是，在現代慣用的英語裡，「分配」表示透過商業運作把商品分散、配銷給眾多消費者。

〔18〕見第十七章第一節。

第十五章

[1] 對這個人來說，這些財貨不是第一順位的財貨，而是較高順位的財貨，是進一步生產的要素。

[2] 參見，例如，R. v. Strigl, *Kcpital und Produktion*(Vienna, 1934), p. 3。

[3] 參見Frank A. Fetter in *Encyclopedia of the Social Sciences*, III, 190。

[4] 參見第十九章第二和第三節。

[5] 關於俄國「實驗」成果的檢視，見Ludwig von Mises, *Planned Chaos* (Irvington-on-Hudson, 1947), pp. 80-87。

[6] 這個普遍的思維方式最令人驚異的產物，是一位名叫Bernhard Laum的普魯士教授寫的書（*Die geschlossene Wirtschaft* [Tübingen, 1933]）。Laum蒐集了一大堆摘自某些民族學著作的引文，顯示許多原始部落認為經濟閉關自守、自給自足是自然的、必要的、道德良善的。他於是下結論說，閉關自守、自給自足，是自然的，也是最合宜的經濟管理制度。他還說，回到他所倡議的自給自足狀態，是「生物學上一個必然的過程」（p. 491）。

[7] 莫泊桑（Guy de Maupassant）在*Etude sur Gustave Flaubert*分析福樓拜（Flaubert）據稱對布爾喬亞的憎惡。莫泊桑說，福樓拜喜歡上流社會（*aimait le monde*）：亦即，喜歡在貴族、富有的布爾喬亞，以及精英藝術家、作家、哲學家、科學家、政治家、企業家（首倡者）組成的巴黎社交圈內走動。福樓拜使用「布爾喬亞」一詞作為愚昧的同義詞，並且這樣定義它：「凡是思想卑鄙（pense basement）的人，我都稱之為布爾喬亞。」因此，很明顯的，在使用布爾喬亞一詞時，福樓拜想到的，不是作為一個社會階級的資產階級（bourgeoisie），而是他最常在這個階級中碰到的一種愚昧。他心裡也對普通人（「le bon peuple」）充滿鄙視。然而，由於他較常接觸上流社會的人（「gens du monde」）而非工薪階級，因此前者的愚昧，比後者的愚昧更常讓他惱怒。莫泊桑的這些觀察評論，不僅對福樓拜有效，也適用於所有藝術家的「反布爾喬亞」情緒。必須附帶強調的是：從馬克思主義者的觀點來看，福樓拜是一個「資產階級的」作家，而他寫的那些小說則是「資本主義或布爾喬亞生產模式」的一個「意識型態的上層結構」。

[8] 納粹黨使用「猶太人的」作為「資本主義的」和「布爾喬亞」兩者的同義詞。

[9] 參見第三章第三節後半。

【10】參見Frank A. Fetter, *The Principles of Economics* (3rd ed. New York, 1913), pp. 394, 410。

【11】Beatrice Webb——Passfield夫人，她自己是一個富商的女兒，就是這種心態的一個著例。參見*My Apprenticeship* (New York, 1926), p. 42。

【12】譯者注：參見第九章，特別是第三節。

【13】Hayek, *The Road to Serfdom* (London, 1944) 引述Trotsky (1937) 這麼說。

【14】Hayek曾駁斥一些時髦的不完全競爭和獨占性競爭理論，參見F. A. Hayek, *Individualism and Economic Order* (Chicago, 1948), pp. 92-118。

【15】譯者注：參見第十章第二節。

【16】參見第二十一章第四節。

【17】在政治領域，對已成立的政府所實施的壓迫進行抵抗，是被壓迫者的最後手段。不管壓迫是多麼不合法、多麼難以忍受，不管反政府人士的動機是多麼崇高、多麼尊貴，也不管他們暴力抵抗的後果是多麼有益於社會，革命總是一樁不合法的行為，總是在粉碎已成立的國家統治秩序。公民政府的一項根本標誌是，在它的領土內，它是唯一能夠採取各種暴力措施的機構，或唯一能夠宣布其他機構所實施的任何暴力合法的機構。革命是公民之間的一樁戰爭行為，它廢除一切合法性的基礎，因此它頂多受到一些不可靠的、關於交戰狀態的國際慣例約束。如果革命成功，它能在事後建立新法律秩序和新政府。但是，它絕不可制定一項合法的「抵抗壓迫的權利」。授予膽敢對政府武裝力量進行武裝反抗的人民免於懲罰的權利，等同於鼓勵無政府狀態，這是和任何統治模式不相容的。第一次法國大革命的人民制憲會議愚蠢到頒布這樣的一項權利；不過，它還沒愚蠢到認真尊重它自己所頒布的該項權利。

【18】譯者注：讀者不妨參考第十六章第二節〈評值和估價〉，或許有助於深入理解本段論述。

【19】某一行為，即使既沒改善、也沒降低滿足狀態，仍然會隱含一些心理虧損，因為所花掉的心理努力毫無作用。如果該行為人什麼都沒做、安安靜靜的享受生命，他會比較幸福。

【20】參見Mangoldt, *Die Lehre vom Unternehmergewinn* (Leopzig, 1855), p. 82.利用一百公升的原味葡萄酒，不可能生產出一百公升、而只能生產較少數量的香檳酒；這個事實的意義，和一百公斤的甜菜不可能生產出一百公斤，而只能生產較少數量的糖，是一樣的。

【21】參見F. Knight, *Risk, Uncertainty and Profit* (Boston, 1921), pp. 211-13。

[22] 在這裡，如果我們要使用通俗語言中所使用的「國民所得」這個錯誤的概念，我們就得說，國民所得不會有任何部分歸入利潤。

[23] 資本財的移轉問題，將在第十八章第五和第六節處理。

[24] 譯者注：請參見第六章關於或然性的說明，特別是該章第五節。

[25] 參見第三十章第三節。

[26] 譯者注：關於功能性分配概念裡的企業家功能，以及在實際市場經濟裡操作的企業家，兩者的差別請參考第十四章第七節和附錄。

[27] 參見第三十三章。

[28] 有關官僚問題的詳細討論，參見Ludwig von Mises, *Bureaucracy* (New Haven, 1944)。

[29] 參見Chamberlin, *The Theory of Monopolistic Competition* (Cambridge, Mass., 1935), pp. 123 ff。

第十六章

[1] 有時候價格統計所確立的價格差異只是表面上的差異罷了。商品的報價不同，也許涉及有關商品的品質不同。或者，按照各地的商場習慣，商品的報價不同，意謂不同的東西。譬如，商品報價可能含或不含包裝費用；商品報價也許指涉現金支付或延期支付等等。

[2] 貨幣和可銷售的商品或服務之間的交換率，不同於這裡所討論的情況。見第十七章第四節。

[3] 不可轉換用途的資本財問題在第十八章第五節處理。

[4] 「合理」在這裡的意思，係指繼續生產所需使用的那筆可轉換用途的資本，預估可得的報酬，至少不亞於用在其他項目上的預估報酬。

[5] 見第七章第二節。

[6] 關於許多資本財轉換用途的可能性有限，促使人傾向沿著產業發展的歷史軌跡前進的保守原則，將在第十八章第五和第六節詳細討論。

[7] 參見第二章第一節和第八節。

[8] 參見Paul H. Douglas in *Econometrica*, VII, p. 105。

【9】參見Henry Schultz, *The Theory and Measurement of Demand* (University of Chicago Press, 1938). pp. 405-427。

【10】參見第十七章第二節。

【11】參見Joseph A. Schumpeter, *Capitalism, Socialism and Democracy* (New York, 1942), p. 175。對於此一名言，F. A. Hayek曾提出批評，見Hayek, "The Use of Knowledge in Society," *American Economic Review*, XXXV, 529-530。

【12】價格歧視的問題，將在第十節討論。

【13】Richard T. Ely駁斥獨占概念的一些令人迷惑的引申。參見*Monopolies and Trusts* (New York, 1906), pp. 1-36。

【14】顯然，如果獨立者後來能夠擴張他們的銷售數量，不完全獨占勢必會崩解。

【15】參見第七節關於商譽的討論。

【16】使用「邊際獨占」這個稱呼，就像使用其他任何稱呼一樣，是相當任意的。如果有人要提出異議，說其他每一種導致獨占性價格的獨占地位，也都可以稱為一種邊際獨占，那是沒意義的。

【17】國際勞工總署（ILO）蒐集了一大堆這些協議，於一九四三年把它們編印成冊，書名為《政府間的商品管制協定》（*Intergovernmental Commodity Control Agreements*）。

【18】關於此一事實的重要性，請參見第二十四章第四節末。

【19】參見第三十六章。

【20】增加廣告支出，也意味增加資本投入。

【21】現金握存，即使超過習慣的數目而被稱為「窖藏現金」，也是一種使用現有資本的方式。行為人認為，在當下的市場狀態下，握存現金是他一部分資產的最適當用途。

【22】參見第二十四章第四節。

【23】參見A. Marshall, *The Principles of Economics* (8th ed. London, 1930), pp. 124-127。

【24】參見第七章第三節。

【25】為了避免引進太多新名詞而讓讀者覺得迷惑，我們將遵照普遍的習慣用語，把這種命令稱為政府或其他強制單位（例如，工會）所命令和執行的價格、利率和工資率。但是，對於價格、工資率和利率等市場現象，和另一方面旨在廢除這些市場現象的最高或最低價格、工資率和利率等法律現象，兩者之間的根本差

異，我們絕不可忽視。

第十七章

[1] 依據貨幣價格進行計算的理論，不屬於間接交換理論，而是行為學一般理論的一部分。

[2] 參照第十一章第二節。Hayek, *Prices and Production* (rev. ed. London, 1935), pp. 1 ff., 129 ff，對此一貨幣中立性學說的歷史和術語，貢獻了一些重要的論述。

[3] 參見Mises, *The Theory of Money and Credit*, trans. By H. E. Batson (London and New York, 1934), pp. 34-37。

[4] 貨幣可能是在輸送的過程中，它可能是在火車上、在船舶上或在飛機上，從某個地方移動到另一個地方。但是，在這樣的場合，它也總是在某個人的控制下。

[5] 參見Carl Menger的著作*Grundsätze der Volkswirtschaftslehre* (Vienna, 1871), pp. 250 ff,; ibid. (2nd ed. Vienna, 1923), pp. 241ff.; *Untersuchungen über die Methode der Sozialwissenschaften* (Leipzig, 1883), pp. 171 ff.。

[6] 參見Menger, *Untersuchungen,* l.c., p. 178。

[7] 專門只提供交換媒介服務，不適合提供其他任何可能引起需求之服務的貨幣，我們將在第九節予以處理。

[8] 本書作者首次在出版於一九一二年的著作*Theory of Money and Credit*（pp. 97-123 of the English-language translation）提出這個關於購買力的回歸定理。這個定理曾受到來自各種不同觀點的批評。有些反對意見，特別是B. M. Anderson在其首次出版於一九一七年、思想豐富的著作*The Value of Money*（參見 pp. 100 ff. of the 1936 edition）中的反對意見，值得我們仔細斟酌。由於牽涉到一些重要問題，我們也必須斟酌H. Ellis (*German Monetary Theory 1905-1933* [Cambridge, 1934], pp. 77 ff.)的意見。在這裡，所有這些反對意見都已獲得詳細說明和批判審視。

[9] 譯者注：這裡Mises應該可以說得更好，而非僅說「文不對題」。他可以說，礦主不是，也不能，以他們所謂的「所得」或「收入」在市場上購買東西，而是以現金。以「所得」「不變」為由，論證金礦主花掉這「所得」不會影響價格，是一種障眼法論證；「所得」是煙霧；「不變」是誘惑，誘人聯想價格不變。

[10] 參見Mises, *Theory of Money and Credit*, pp. 140-142。

[11] 參見第十四章第五節末。

【12】參見第二十章。

【13】Greidanus在*The Value of Money* (London, 1932), pp.197ff. 做了這樣的嘗試。

【14】關於市場利率和購買力變動之間的關係，請參見第二十章。

【15】參見第二十章第六節。

【16】參見第二十章第五和第六節。

【17】法律是否賦予貨幣替代物法償貨幣或法幣地位，也是無關緊要的。如果這些東西人們實際上當成貨幣替代物處理，因此是貨幣替代物，購買力等於相應金額的貨幣，則法幣地位的唯一作用，只是防止某些人惡意狡辯，以達到徒然惹惱他人的目的。然而，如果這些東西不是貨幣替代物，從而交換價值低於面值，則賦予它們法幣地位，便等於是政府當局規定了一個價格上限，亦即，規定了黃金和外匯的最高價格，同時規定了那些不再是貨幣替代物、而僅是信用貨幣或不可兌換幣的最低價格。於是，格萊欣法則所描述的那些效果便會出現。

【18】「正常的」信用擴張，是一個荒謬的觀念。增加發行信用媒介，不管數量多少，總是會啟動景氣循環理論所描述的那些價格結構變化。當然，如果增加發行的數量不大，信用擴張不可避免的效果也就不會很大。

【19】Vera C. Smith，在她值得稱讚的著作中，*The Rationale of Central Banking* (London, 1936), pp. 157 ff.，對於這個最根本的事實，沒給予適當注意。

【20】譯者注：Thomas Tooke (1774- 1858)，英國經濟學家，銀行學派的代表性人物。

【21】參考Crenuschi, *Contre le billet de banque* (Paris, 1866), p. 55。

【22】很多時候，這些銀行鈔票，在它們還是貨幣替代物，因此其交換價值等於貨幣時，便已經被賦予法償貨幣（或法幣）的地位了。那時，賦予法幣地位的命令，沒有任何交換學的意義。現在這命令變得有重要的意義，因為市場不再認為它們是貨幣替代物。

【23】參見第十九章第二、三、四節。

【24】參見第三十一章第三節。

【25】例如，不能用支票提領的活期存款。

【26】所有這裡的討論都以歐洲的情況為對象。美國的情況只在技術細節上有所不同，在經濟原則上沒什麼不同。然而，熱錢的問題不是一個美國的問題，因為在目前的情況下，沒有哪一個資本家會認為，有哪一個

國家是比美國更為安全的避難所。

[27] 參見Marianne von Herzfeld的批評研究，"Die Geschichte als Funktion der Geldbewegung," *Archive fuer Sozialwissenschaft*, LVI, 654-586，以及其中所引述的文獻。

[28] 參見第二十章第三節。

[29] 引自*International Clearing Union, Text of a Paper Containing Proposals by British Experts for an International Clearing Union, April 8, 1943* (published by British Information Services, an Agency of the British Government), p. 12。

[30] 凱因斯爵士於一九四四年五月二十三日在英國上議院發表的演說，以此（barbarous relic）稱呼金本位制。

[31] 參見T. E. Gregory, *The Gold Standard and Its Future* (3rd ed. London, 1934), pp. 22ff。

[32] 參見第二十七至第三十一章。

[33] 參見第十二節和第二十章第一六、七、八、九節。

路德維希．馮．米塞斯（Ludwig von Mises）年表

年代	生平記事
一八八一	九月二十九日出生於奧匈帝國加利西亞蘭堡（現烏克蘭利沃夫）。
一九〇〇	就讀維也納大學，在那裡受到了卡爾．門格爾的影響。
一九〇四－一九一四	受教於奧地利經濟學派學者歐根．博姆．巴維克。結識了著名社會學家馬克思．韋伯。
一九〇六	取得維也納大學法律和經濟學博士學位。
一九〇九－一九三四	擔任維也納商會的祕書，實質為奧地利政府的首席經濟顧問。
一九一二	《貨幣與信用原理》（*The Theory of Money and Credit*）出版。
一九一三－一九三四	於維也納大學以私人講師（Privatdozent）身分授課，主持一個經濟理論研究班。
一九一九	*Nation, State, and Economy* 出版。
一九二二	《社會主義：經濟與社會學的分析》（*Socialism: An Economic and Sociological Analysis*）出版。
一九二七	《自由與繁榮的國度》（*Liberalismus:In the Classical Tradition*）出版（一九六二年譯成英文版，以新標題 *The Free and Prosperous Commonwealth* 發表）。
一九二九	*A Critique of Interventionism* 出版。

年代	生平記事
一九三三	《經濟學的認識論問題》（*Epistemological Problems of Economics*）出版。
一九三四－一九四〇	為了躲避納粹對奧地利的威脅，前往瑞士的日內瓦高級國際關係學院擔任國際研究學院的教授。
一九四〇	移居紐約。*Memoirs* 出版。
一九四一	*Interventionism: An Economic Analysis* 出版。
一九四四	《官僚制》（*Bureaucracy*）與《全能政府：極權國家與總體戰爭的興起》（*Omnipotent Government: The Rise of the Total State and Total War*）出版。
一九四五－一九六九	擔任紐約大學的客座教授直到退休為止，不過他始終沒有從大學領取薪資。在此期間，米塞斯參與由奧地利流亡者，時任紐約大學教員的理察．尼古拉斯．馮．康登霍維－凱勒奇領導的國際泛歐聯盟，並著手解決當中的貨幣問題。
一九四七	米塞斯與和其他支持古典自由主義的學者一起創辦了朝聖山學社（Mont Pelerin Society）。 *Planned Chaos* 與 *Observations on the Cooperative Movement* 出版。
一九四九	《人的行為：經濟學專論》（*Human Action: A Treatise On Economics*）出版。
一九五二	*Planning for Freedom, and Other Essays and Addresses* 出版。
一九五六	《反資本主義者的心境》（*The Anti-Capitalistic Mentality*）出版。
一九五七	《理論與歷史：對社會與經濟演變的一個解讀》（*Theory and History: An Interpretation of Social and Economic Evolution*）出版。

年代	生平記事
一九六二	《經濟學的終極基礎：經濟學方法論》（*The Ultimate Foundations of Economic Science: An Essay on Method*）出版。
一九六九	《奧地利經濟學派的歷史背景》（*The Historical Setting of the Austrian School of Economics*）出版。
一九七三	十月十日逝世於美國紐約州紐約市（九十二歲）。
一九七八	《米塞斯回憶錄》（*Notes and Recollections*）出版。 *On the Manipulation of Money and Credit* 出版。 *The Clash of Group Interests and Other Essays* 出版。
一九七九	*Economics Policy: Thoughts for Today and Tomorrow* 出版。
一九八二	米塞斯研究院成立，位於美國阿拉巴馬州歐本市，研究的領域包括經濟學、哲學和政治經濟學。除了紀念奧地利經濟學派的經濟學家路德維希·馮·米塞斯，更發揚奧地利學派的經濟和政治理念。除了數千篇關於經濟和歷史問題的熱門文章之外，研究院還發行了許多書籍和數百篇學術論文。
一九八六	米塞斯學院成立。每年舉辦夏季教學活動，教學計畫包括學者的演講和授課，通常有一〇〇至一二五名來自世界各地的學生。
一九九〇	《貨幣、方法與市場過程》（*Money, Method and the Market Process*）出版。
一九九〇	*Econcmic Freedom and Interventionism: An Anthology of Articles and Essays* 出版。

年代	生平記事
一九九五	Mises.org 上線，提供每日社論、學習指南、書目、傳記、電子書研究工具、工作論文、訪問錄以及在線出版物目錄。為世界上訪問量最大的經濟學網站之一。

1D5A
經典名著文庫 114

人的行爲：經濟學專論（上）

（Human Action：A Treatise on Economics）（**第四版**）

文庫策劃 —— 楊榮川
作　　者 —— 路德維希・馮・米塞斯（Ludwig von Mises）
譯　　者 —— 謝宗林
校 訂 者 —— 洪瑞彬
企劃主編 —— 張毓芬
責任編輯 —— 唐　筠
文字校對 —— 劉天祥、許馨尹、許宸瑞
封面設計 —— 姚孝慈
著者繪像 —— 莊河源
出 版 者 —— **五南圖書出版股份有限公司**
發 行 人 —— 楊榮川
總 經 理 —— 楊士清
總 編 輯 —— 楊秀麗
地　　址：臺北市大安區和平東路二段 339 號 4 樓
電　　話：(02)2705-5066(代表號)
傳　　眞：(02)2706-6100
網　　址：https://www.wunan.com.tw
電子郵件：wunan@wunan.com.tw
劃撥帳號：01068953
戶　　名：五南圖書出版股份有限公司
法律顧問 —— 林勝安律師
出版日期 —— 2017 年 6 月初版一刷
2018 年 3 月二版一刷
2020 年 4 月三版一刷（共三刷）
2022 年 11 月四版一刷
2024 年 10 月四版三刷
定　　價 —— 620 元

國家圖書館出版品預行編目資料

人的行為：經濟學專論（上）／路德維希・馮・米塞斯(Ludwig von Mises) 作；謝宗林譯．-- 四版．-- 臺北市：五南圖書出版股份有限公司，2022.11
冊； 公分．--（經典名著文庫；114）
譯自：Human Action:A Treatise on Economics
ISBN 978-626-343-186-7（上冊：平裝）

1.CST: 經濟學

550　　111012516